[斯洛文尼亚] 斯拉沃热·齐泽克 著

季广茂 译

# 绝对反冲

## ABSOLUTE RECOIL
## SLAVOJ ZIZEK

ZHEJIANG UNIVERSITY PRESS
浙江大学出版社
·杭州·

**图书在版编目（CIP）数据**

绝对反冲 ／（斯洛文）斯拉沃热·齐泽克著；季广
茂译．-- 杭州：浙江大学出版社，2025．3．-- ISBN
978-7-308-25840-1

Ⅰ．B0

中国国家版本馆 CIP 数据核字第 2025T1628K 号

*Absolute Recoil*

by Slavoj Žižek

Copyright © 2014 by Slavoj Žižek

First published by Verso 2014

**绝对反冲**

[斯洛文] 斯拉沃热·齐泽克 著　季广茂 译

| | |
|---|---|
| **责任编辑** | 伏健强 |
| **责任校对** | 赵　珏 |
| **装帧设计** | 林吴航 |
| **出版发行** | 浙江大学出版社 |
| | （杭州市天目山路 148 号　邮政编码 310007） |
| | （网址：http://www.zjupress.com） |
| **排　版** | 北京楠竹文化发展有限公司 |
| **印　刷** | 北京天宇万达印刷有限公司 |
| **开　本** | 635mm×965mm　1/16 |
| **印　张** | 33.5 |
| **字　数** | 498千 |
| **版 印 次** | 2025年3月第1版　2025年3月第1次印刷 |
| **书　号** | ISBN 978-7-308-25840-1 |
| **定　价** | 108.00元 |

版权所有　侵权必究　印装差错　负责调换
浙江大学出版社市场运营中心联系方式：（0571）88925591；http://zjdxcbs.tmall.com

# 目　录

# 引论 : "这里肯定有根骨头"

列宁曾在《唯物主义和经验批判主义》第五章引用恩格斯的断言：唯物主义必须随着每个新的科学发现而改变自身的形式。列宁把这一断言反用于恩格斯本人：

> 恩格斯明确地说，"即使在自然科学领域 [ 更不必说人类历史 ]，唯物主义都要随着每个划时代的发现而改变自身的形式"。因此，修正恩格斯的唯物主义的"形式"，修正他的自然哲学命题，不仅不是公认的"修正主义"，恰恰相反，这是马克思主义所要求的。[1]

如今，我们应该继续反用这一断言：不仅《唯物主义和经验批判主义》显然没有完成使命，没有把哲学唯物主义提升到相对论和量子物理学的水平，而且它无法帮助我们把握其他的突破（如弗洛伊德的精神分析），更不必提 20 世纪的现实情况。

本书旨在努力为辩证唯物主义提供新的根基，进而帮助完成这一使命。我们应该在古希腊 *dialektika*（类似于 *semeiotika* 或 *politika*）一词的意义上解读"辩证法"（dialectics）一词：*dialektika* 类似于 *semeiotika* 或 *politika*，不要把它解读为普遍的概念，而要把它解读为"辩证（符号、政治）事务"，解读为不一致的（并非全部的）混合物。职是之故，本书包含的章节都处于辩证唯物主义之内，而不是处在辩证唯物主义之

---

1　V. I. Lenin, *Materialism and Empirio-Criticism*, available at www.marxists.org.——作者注。参见中文版："恩格斯直率地说：'甚至随着自然科学〈姑且不谈人类历史〉领域中每一个划时代的发现，唯物主义也必然要改变自己的形式。'因此，对恩格斯的唯物主义的'形式'的修正，对他的自然哲学论点的修正，不但不含有任何通常所理解的'修正主义的东西'，相反地，这正是马克思主义所必然要求的。"列宁，《唯物主义和经验批判主义》，人民出版社，1998 年，第 263 页。——译者注

上：辩证唯物主义不是本书的话题，而是在这些页面上的操练。

本书标题使用的"绝对反冲"（*absoluter Gegenstoss*）一语，黑格尔只使用过一次，但黑格尔把它用在了他论反思逻辑的关键之处，指处于运动中的对立物的思辨性并存（speculative coincidence of opposites）。通过绝对反冲，事物脱胎于自身的消亡。关于绝对反冲，最简洁的诗意表达是莎士比亚在《特洛伊罗斯与克瑞西达》（*Troilus and Cressida*）第五幕第二场中提出的（这也没有什么奇怪的）：

> 啊，疯狂的理论！为自己起诉，控诉自己，却又全无实证，矛盾重重：理智造了反，却不违反理智；理智丢光了，却仍做得合理。[1]

在这部戏剧中，这段文字来自特洛伊罗斯在获知克瑞西达不忠时发出的自相矛盾的论证：他想证明什么，他既赞成这样做，又反对这样做，他把自己的"赞成"和"反对"一一列出；他的推理过程反抗他的论点，又不能把它推翻；他的非理性（unreasonableness）呈现出理性（rationality）的外貌，又不与自身矛盾。一个反击自身的原因，一个与反叛（自己）不谋而合的理由……尽管这些文字具有阴柔的非一致性（feminine inconsistency），还是可以把它视为对下列两者的秘密结盟的评论：一者是律法的尊严（dignity of the Law），一者是对律法的粗暴逾越（obscene transgression）。不妨回想莎士比亚的标准做法：在其皇家纪事中，他以庄重的方式，让引入喜剧视角的普通人登场，用他们登场时的场景，补充冠冕堂皇的皇家场面。在皇家纪事中，通过对比，这些喜剧性的插曲强化了高贵的场景。不过，在《特洛伊罗斯与克瑞西达》中，每个人（甚至包括最高贵的勇士）都被荒唐的视角所"污染"，这使我们觉得每个人物要么盲目和可怜，要么参与了无情的阴谋诡计。

---

1　译文见莎士比亚，《莎士比亚全集》（第 7 卷），杨周翰、朱生豪译，人民文学出版社，1991年，第 305 页。——译者注

　　这个去悲剧化（de-tragicization）的"操作员"（operator），这个一出场就全面破坏悲剧氛围的单个能动者（single agent），非尤利西斯莫属。考虑到尤利西斯的首次出场（出场于第一幕的军事会议），这样说或许让人意外。那时，希腊的（或者如莎士比亚所言，"来自希腊的"，这种说话模式，如今可能要被称作布什模式[1]）将军想要说明，何以他们苦战八年而不能占领和摧毁特洛伊。尤利西斯采取的是传统的"陈旧价值"的立场，他认为希腊失败的原因是他们无视中央集权式的等级秩序。在中央集权式的等级秩序中，人人都有其固定的位置。那么，是什么导致了等级秩序的解体［这一解体又导致了人人分享权力的民主恐怖（democratic horror）］？稍后，在这部戏剧的第三幕第三场，尤利西斯试图说服阿喀琉斯重新参战。这时，他动用了时间的隐喻，把时间喻为日益破坏自然等级秩序的毁灭性力量。随着岁月的流逝，用不了多久，你的英勇行为就会被人忘记，你的声誉会被新的英雄遮蔽，所以，如果你想让自己的勇士的荣耀之光继续闪耀，就必须重新参战：

> 　　将军，时间老人的背上负着一个庞大的布袋，那里面装满着被寡恩负义的世人所遗忘的丰功伟业；那些已成过去的美绩，一转眼间就会在人们的记忆里消失。只有继续不断地精进，才可以使荣名永垂不替；如果一旦罢手，就会像一套久遭搁置的生锈的铠甲，谁也不记得它的往日的勋劳，徒然让它的不合时宜的式样，留作世人揶揄的资料……啊！不要让德行追索它旧日的酬报，因为美貌、智慧、门第、膂力、功业、爱情、友谊、慈善，这些都要受到无情的时间的侵蚀。[2]

　　尤利西斯在此使用的策略极其含混不清、暧昧不明。猛一看，他

---

1　"希腊的"（greek）是今天的说法。莎士比亚则说"来自希腊的"（Grecian），"Grecian"的发音类似于美国前总统小布什的发音，故作者有如此讥语。——译者注
2　译文见莎士比亚，《莎士比亚全集》（第7卷），杨周翰、朱生豪译，人民文学出版社，1991年，第271-272页。——译者注

只是提出了自己的论点，谈的是"等级"（精心设置的社会等级制度），并把时间描绘成腐蚀性的力量，说它能破坏过时的真正价值。这是一个极端保守的母题。不过，仔细读后，不难发现，尤利西斯给自己的论点提供了一个异乎寻常的犬儒性扭曲：我们如何对抗时间，使陈旧的价值幸免于难？不是牢牢地抓住它不放，而是用粗暴的现实政治（*Realpolitik*）——冷酷的操纵、欺骗、让英雄们相互厮杀——来补充那些陈旧的价值。只有这个肮脏的阴暗面，只有这个隐秘的不和谐，才能维持和谐。尤利西斯利用了阿喀琉斯的忌妒，利用了这个有助于确立等级秩序的态度。因为这一态度示意的是：人都不满意于自己在社会上所处的卑微地位。对忌妒的这一神秘操纵（此举违反了尤利西斯在首次发话时颂扬的规则与价值）被用来抵消时间的效力，维持等级秩序。尤利西斯这番话是哈姆雷特下列名言的翻版："这个时代已经脱节，倒霉透顶的我，却要把它衔接起来！"[1]"把它衔接起来"，唯一的出路便是以旧秩序（Old Order）自身固有的逾越（transgression）抵消对旧秩序的逾越，以为旧秩序服务而暗中犯下的罪恶抵消对旧秩序的逾越。为此付出的代价是，得以幸存的旧秩序成了对自身的嘲弄，成了对自身的亵渎性模仿。

在解释"根据/理由"（*Grund*）这一范畴时，黑格尔使用的术语是"绝对反冲"（absolute recoil）。在那里，他求助于他著名的双关语之一，把 *Grund*（根据/理由）与 *zu Grunde gehen*（粉身碎骨，字面意义是"跌到地上"）连接起来：

> 因为已经粉身碎骨，被反射的规定（reflected determination）获得了自己的真正意义，成了自身之内，自己对自己的绝对反冲。也就是说，本来从属于本质（essence）的被设置性（positedness）只是被扬弃的被设置性（positedness）。反过来说，只有自我扬弃的被设置性（self-sublating positedness）才是本质的被设置性（essence

---

1　哈姆雷特的原话是："The time is out of joint; O, cursed spite, / That ever I was born to set it right!"大意谓：这个时代上下颠倒，混乱不堪，我被魔咒所困，必须承担扭转乾坤、重整山河的重担。——译者注

positedness）。因为把自己规定为根据（ground），本质被规定为非被规定之物（the non-determined）；它的规定只是对它的被规定的扬弃。因为被规定为自我扬弃，本质并非来自别的本质，它就在自身的否定性中，就在它的自我同一的本质。[1]

这段文字听上去或许晦暗不明，但它的内在逻辑一清二楚：每个术语——每个规定——都处于反射关系中，都被另一个规定——它的对立物——所设置（调停），同一与差异、表象与本质等等，都是如此。从这个意义上说，每个术语都来自别的术语。一旦被设置性（positedness）被自我扬弃，本质就不再被外部的大对体（Other）直接规定，不再被它与它的他者性（otherness）结成的一整套关系直接规定，不再被它与它置身其间的环境结成的一整套复杂关系直接规定。相反，它自己规定自己，进入了自身之内，成了"自己对自己的绝对反冲"。把动力引入自身的分裂或不和谐，是绝对内在性的（absolutely immanent）。

传统些说，本书致力于提升绝对反冲这一思辨概念的地位，使之成为普遍的存有论原理。本书的公设（axiom）是：辩证唯物主义是黑格尔所谓的走向客观性的思想这一思辨态度（speculative attitude of the thought towards objectivity）的唯一真正的哲学继承者。所有其他形式

---

1 G.W.F. Hegel, *Science of Logic*, Atlantic Heights: Humanities Press International, 1989, p. 444.——作者注。这段文字的原文为："The reflected determination, in falling to the ground, acquires its true meaning, namely, to be within itself the absolute recoil upon itself, that is to say, the positedness that belongs to essence is only a sublated positedness, and conversely, only self-sublating positedness is the positedness of essence. Essence, in determining itself as ground, is determined as the non-determined; its determining is only the sublating of its being determined. Essence, in being determined thus as self-sublating, has not proceeded from another, but is, in its negativity, self-identical essence." 参见中文版："反思规定，当它消灭时，就获得了真的意义，是它本身中的绝对反动，即那个适合于本质的建立起来之有，只是作为扬弃了的建立起来之有，反过来说，唯有那个自身扬弃的建立起来之有，是本质的建立起来之有。本质，当它规定自身为根据时，就把自己规定为不被规定的东西，并且唯有它的规定之有的扬弃才是它的规定。——在这个规定之有中，亦即在自身扬弃中，它不是从他物发生的，而是在其否定性中与自身同一的本质。"黑格尔，《逻辑学（下）》，杨一之译，商务印书馆，1976 年，第 71-72 页。这里的"绝对反动"即本书所说的"绝对反冲"。它的德文原文是"absoluter gegenstoß"，指对立面的彻底重合。在这个重合中，行动表现为对其自身的反作用，否定导致它所否定的东西。现在一般译为"绝对反冲"。——译者注

的唯物主义，包括已故的阿尔都塞的"相遇的唯物主义"[1]、科学自然主义和新德勒兹式的"新唯物主义"，都没有达到这个目的。这个公设导致的结果是通过下列三个步骤，系统地布置起来的：1. 从康德的超验主义（Transcendentalism）转向黑格尔的辩证法，即从甘丹·梅亚苏（Quentin Meillassoux）的"相关主义"（Correlationism）转向有关绝对（the Absolute）的思想。2. 真正的辩证法：绝对的反射，对立物的并存（coincidence of the opposites）。3. 以黑格尔的方式超越黑格尔，转向有关"少于空无"[2]的唯物主义。

第一部分的第一章对两个颇具代表性的理论展开批判性分析，那理论便是有关主体性的非超验唯物主义理论（阿尔都塞、巴迪欧）。第二章处理超验维度，把从康德的超验主体向黑格尔式主体的转移视为实体（substance）中的"差异"（disparity）。黑格尔有个公设，据此公设，精神（Spirit）治愈了它给自然造成的创伤。第三章对黑格尔的基本公设作进一步的评注。

第二部分处理黑格尔所谓的绝对（Hegelian Absolute）。这一部分首先描述绝对（the absolute）的彻头彻尾的事件性质（evental nature）。绝对只是它自身的化成（becoming）过程。其次对付黑格尔所谓的绝对之知（Hegelian Absolute Knowing）这个难解之谜。存在（being）与知晓（knowing）的否定性关系，构成了基本的辩证性悖论，即是说，存在之为存在，有赖于不知（not-knowing），这本身就是基本的辩证性悖论。面对这一悖论，我们应该如何阐释绝对之知？最后考察黑格尔的上帝概念的错综复杂性。

第三部分斗胆对黑格尔之外的晦暗地带进行黑格尔式探险。黑格尔

---

1  "相遇的唯物主义"是阿尔都塞在其《相遇的哲学》（*Philosophy of the Encounter*）中提出的哲学概念。阿尔都塞认为事物发展有其"遭遇性"，因为存在着偶然和机缘因素，一味强调必然性就会由唯物主义变成唯心主义。参见 L. Althusser, *Philosophy of the Encounter:Later Writings, 1978—1987*, Verso 2006。——译者注

2  "少于空无"（less than nothing），在英语世界本是寻常的表达方式，却无适当的中文译法。在英语世界，我们常常听见这样的话："Without you, I'm nothing. I'm less than nothing."（"没有你，我什么都不是。我还不如'什么都不是'呢。"或者说："没有你，我就是个屁。我连屁都不是。"）但在哲学界，"nothing"不仅意味着"什么都不是"，它还是一个重要的哲学范畴，意指"空无"。因此，明知笨拙，本书还是把它译为"少于空无"。——译者注

所谓的否定之否定，版本不同，甚至相互矛盾，第一章展示这些版本，然后把"根本不存在关系"（there is no relationship）逆转为"存在着非关系"（there is a non-relationship）。这个逆转是至关重要的辩证性逆转，对应着从辩证思辨理性（dialectical speculative Reason）向真正思辨理性（properly speculative Reason）的黑格尔式转变。本书最后围绕着对抗（antagonism）的不同层面提出几个假说。对于任何存在秩序（order of being），对抗都是构成性的。在提出假说的同时，描述浴火重生的黑格尔式"空粒子论"[1]，即有关"空粒子"[2]的存有论，有关"少于空无"的存有论。

在这些步骤之间，还有两个插曲。一个论勋伯格的《期待》（*Erwartung*），一个论刘别谦的名作。两个插曲为本书的概念性内容（conceptual content）提供了艺术范例。

## 新旧唯物主义

如今西方的唯物主义主要有四个版本：1. 化约主义的"庸俗"唯物主义（认知主义、新达尔文主义）；2. 咄咄逼人地声讨宗教的无神论新浪潮［希钦斯（Hitchens）、道金斯（Dawkins）等人］；3. "话语唯物主义"（discursive materialism）的任何残余（对话语性物质实践进行福柯式分析）；4. 德勒兹式的"新唯物主义"。所以，我们不应害怕在不得不显现为唯心主义（或对德国唯心主义的回归）的事物中寻找真正的唯物主义。或者如同弗兰克·鲁达（Frank Ruda）在谈及阿兰·巴迪欧时所

---

1 "空粒子论"，原文为"dentology"，即牙科学。根据上下文，怀疑它是"denology"的笔误，故译为"空粒子论"。——译者注
2 "空粒子"（*den*），哲学存有论中的一个重要术语，据说由古希腊诗人阿乐凯奥斯（Alcaeus）首创。一般而言，西方哲学始于巴门尼德对存在（being）的肯定。肯定存在，意味着排斥空白（void）。当时的原子论者则认为，没有空白，就没有原子，因为只有空白，才能把原子隔离开来。受此启发，黑格尔认为否定性（negativity）是实证性（positivity）的前提条件。此外，古希腊出现的"偏移"（*clinamen*）理论认为，原子的偶然偏移会颠覆存在。德谟克利特提出的"空粒子"理论比"偏移"理论还要激进，它认为原子就是"空粒子"，不是实存物（entity），不是存在，但也不是非存在（non-being）。这就彻底背离了传统的存有论，构成了所谓的"存有论丑闻"（ontological scandal）。拉康重拾此论，把"空粒子"视为小客体的哲学之源。——译者注

言，真正的唯物主义是"没有唯物主义的唯物主义"。在那里，实体性"物质"消失于纯粹的形式性／理想性关系。这个悖论是以下列事实为根据的：如今，只有唯心主义才强调我们的肉体有限性（bodily finitude），才致力于说明，这一有限性何以为我们无法触及的、超验的神圣大对体性（divine Otherness）打开了深渊［难怪20世纪最具宗教情怀的电影导演塔可夫斯基同时沉醉于泥土的令人费解的潮湿惰性（impenetrable humid inertia of earth）］，而科学唯物主义者则让人们继续怀揣长生不老、摆脱肉体制约的技术－乌托邦式梦想。[1] 沿着这一路线，让－米歇尔·贝尼耶（Jean-Michel Besnier）已经让大家注意到，当代科学自然主义复活了费希特和黑格尔最为激进的唯心主义纲领，即这样的想法：理性可以使自然完全透明。[2] 通过生物遗传程序科学地复制人类，这一生物遗传目标不正在使人类变成自我制造的实存物（self-made entity），并实现费希特的"自我设置之我"（a self-positing I）这一思辨概念吗？如今最终的"无限判断"——对立物的并存——似乎是：绝对的唯心主义是彻底的自然主义的化约主义。[3]

　　这个取向表明，反人本主义的第四阶段已经到来。第四阶段的反人本主义既不是以神为中心的反人本主义（基于这种反人本主义，美国的宗教极端主义者把"人本主义"视作世俗文化的同义词），也不是与20世纪60年代法国结构主义革命相伴而生的法国"理论反人本主义"（阿尔都塞、福柯、拉康），还不是对人类所做的"深度生态"化约的反人本主义（这种反人本主义把人类化约为地球上众多生物物种之一种），而是这样的反人本主义：因为狂妄自大，人类打破了地球上的生命平衡，现在正理所当然地惨遭大地母亲的报复。不过，即使这第四个阶段也有其历史。20世纪20年代的俄国，所谓的"生物宇宙主义"（bio-cosmism）极其流行。它是庸俗唯物主义和诺斯替灵性（Gnostic

---

1　大约十年之前，天主教会谴责一个女人，说她年过六旬，还以非自然的方式生子，提高了我们的生物学天性的地位，使之成为不容亵渎的规范。
2　Jean-Michel Besnier, *Demain les posthumains*, Paris: Fayard 2012.
3　当然，我们在此忽略了下列事实：一边是辩证性的"预设的设置"，一边是自我生成（self-production）这一科学项目，仔细审视，不难发现，两者之间存在着不可化约的裂缝。

spirituality）的离奇结合，构成了苏联官方意识形态的玄妙的影子意识形态（occult shadow-ideology），或者说其粗暴的秘密教诲。今天，在新一拨的"后人类"（post-human）思想中，"生物宇宙主义"好像正在重出江湖。生物遗传学的惊人发展（克隆、直接的 DNA 干预等）一方面在拆除人与动物的边界，另一方面在消泯人与机器的区别，进而导致了这样的想法：我们即将迎来新的智能形式，迎来"超人类"奇点。到那时，心灵将不再受制于肉体，交配繁殖也是如此。有鉴于此，一种奇怪的耻辱感突然出现。这种感觉事关我们的生物学局限，事关我们的生死，事关我们繁殖自身的荒唐方式——金特·安德斯（Günther Anders）称之为"普罗米修斯式耻辱"（Promethean shame）[1]。归根结底，它是这样的耻辱："我们是生出来的，不是造出来的。"尼采说过，我们都是"末人"（last men），为自己的灭绝和新超人的到来奠定了基础。尼采的说法如今又因科技被扭曲了。不过，我们不应该把这个"后人类"立场化约为典型的现代信仰（相信存在着以技术全面统治自然的可能性）。我们如今正在目睹典范性的辩证逆转：如今的"后人类"科学的标语不再是统治，而是惊奇（偶然的、不曾计划的突现）。让-皮埃尔·迪皮伊（Jean-Pierre Dupuy）发现了一个奇怪的逆转，即对传统的笛卡儿式人类中心论的傲慢自大的逆转（这种傲慢自大为人类的技术奠定了根基）。在今天的机器人科学、遗传学、纳米技术、人造生命和人工智能中，这一逆转清晰可见：

> 我们如何解释下列事实：科学成了如此"危险"的活动，以至于在某些顶尖科学家看来，科学如今已对人类的生存构成主要威胁？某些哲学家对这个问题的回答是，笛卡儿的梦想——"成为自然的主宰者和拥有者"——导致的结果很糟糕，我们应该立刻回到"对主宰的主宰"（mastery of mastery）上来。他们一无所知。他们不明白，通过把所有学科"汇聚"起来而呈现于我们眼中的技

---

1　Günther Anders, *Die Antiquiertheit des Menschen* (The Outdatedness of Human Beings), 2 vols., Munich: C.H. Beck 1956.

术，就是要致力于非主宰（non-mastery）的形成。明天的工程师将
会成为巫师的学徒（sorcerer's apprentice），这倒不是因为他们的疏
忽或无知，而是因为他们自愿的选择。他们将会"赋予"自己复杂
的结构或组织，将通过探索这些结构或组织的功能属性（functional
properties），尝试了解这些组织或结构的能力。这是由下而上、逐
渐上升的方法。他们将成为探索者和实验者，至少如同他们将成为
执行者。衡量他们是否成功的尺度将会是他们的创造在多大程度上
令他们自己感到惊奇，而不是他们是否完成了预定的一系列任务。[1]

　　在最激进的自然主义的核心地带，惊奇再次突现。我们是否应该
在惊奇的再次突现中寻找意想不到的希望的迹象（sign of hope）？或者
说，我们是否应该寻找某种方式，以之克服德勒兹式"新唯物主义"中
的认知主义的激进自然主义（cognitivist radical naturalism）陷入的僵局。
认知主义的激进自然主义的主要代表人物是简·本尼特（Jane Bennett），
她提出了"活力物质"（vibrant matter）概念。弗雷德里克·詹姆逊曾
经准确地指出，德勒兹主义如今是唯心主义的主导形式。和德勒兹一
样，新唯物主义离不开那个含蓄的公式：物质＝生命＝能动性的自我
意识之流（stream of agential self-awareness）。难怪新唯物主义常常被
描述为"弱泛心论"（weak panpsychism）或"陆生泛灵论"（terrestrial
animism）。新唯物主义者反对把物质化约为各个机械部件的被动混合，
这时，他们所主张的当然不是陈旧的目的论，而是物质本身固有的机
缘动力（aleatory dynamic）：突现属性（emerging properties）是由多种
行动者（anctants）——"行动者"一词源自布鲁诺·拉图尔（Bruno
Latour）——导致的，而且引发任何具体行为的动能都广泛分布于多
种多样的肉体之中。因此，动能成了一种社会现象，社会性的边界则
被扩展，参与相关组合（relevant assemblage）的所有物体均可囊括其
中。例如，一个生态意义的公众（an ecological public）就是一个由身体

1　参见 Jean-Pierre Dupuy's contribution to *Le Debat*, No. 129 (March-April 2004), 引自 Besnier,
*Demain les posthumains*, p. 195。

（某些人，非多数人）组成的团体（a group of bodies），这个团体忍受着伤害，被人认为，他们的行动能力正在消失。[1] 如此立场的伦理蕴含是，我们应该意识到我们在大型组合（larger assemblages）内部的纠缠（entanglement）：对这些公众的要求，对自私自利的重新表述过的意义（reformulated sense of self-interest）（这样的自私自利呼吁我们对他们陷入的困境做出回应），我们应该更加敏感。通常被理解为惰性实体（inert substance）的物质性（materiality）应该被视为数目庞大的这类事物：它们构成了人类与非人类行动者（non-human actors）的组织。这时，人类仅仅是潜在无限的力量网络中的一种力量。我们由此重返魅化的世界（enchanted world）。难怪本尼特早期的著作是关于日常生活中的魅化问题的。她的《活力物质》是她所谓的"未来唯物主义者的尼西亚信条"（这样说绝非一味讽刺）：

> 我相信存在着一种物质能量，它是可见或不可见之物的造物主。我相信，有所作为的非均质性（heterogeneities）已经穿越这个多元宇宙（pluriverse）。我相信，不承认非人的肉体、力量和形式也有活力是错误的，小心翼翼的拟人化过程可以帮助揭示这种活力，尽管它抵抗全然的转化，也超出了我的理解能力。我相信，与有活力的物质相遇，会使我因为怀揣人类控制一切的幻想而内疚，会突显一切万有的寻常的物质性，展示更广泛的动能分布，重塑自我和自我利益。[2]

活力物质中充满活力的，是它内在的生命力或它的灵魂（"灵魂"一词是在严格的亚里士多德的意义内使用的，指物质的内在的有效成分），而不是主体性。新唯物主义于是拒绝把物质 / 生命、生命 / 思想截然分开——自我或数量众多的能动者（multiple agents）无处不在，只

---

1　我们可以认为，奥斯威辛集中营就是一个组合。在那里，不仅纳粹刽子手是能动者，犹太人也是，复杂的铁路网、毒气室、为犯人提供食物补给的后勤、衣服的分类与分发、从金牙里提取黄金、采集毛发和骨灰等等，全都是。

2　Jane Bennett, *Vibrant Matter*, Durham NC: Duke University Press 2010, p. 122.

是外貌不同。然而，这里存在着基本的含混性：物体的活力质素是我们（这些人类观察者）的"良性拟人化"的结果吗？倘若如此，说物质有活力就意味着，"从某种意义上说，万物皆有生命"[1]。或许我们实际上面对的，只是一个言之凿凿的存有论断言（ontological claim）？它主张没有上帝的唯灵论（spiritualism），却要设法使世俗性（worldliness）恢复神圣性。如果"小心翼翼的拟人化过程"可以帮助揭示物体的活力，那尚不清楚的是，物体的活力究竟是"我们的感知是泛灵性感知"的产物，还是现实的非主观生命力（actual asubjective vital power）的结果？这种暧昧不明、含混不清极具康德色彩。

在康德之前，如果对德谟克利特和卢克莱修的机缘唯物论（aleatory materialism）不予考虑，那主要对立就是分别以柏拉图和亚里士多德为代表的外部目的论（external teleology）和内部目的论（internal teleology）的对立。在柏拉图看来，自然世界是由一个天上的工匠（divine craftsman）创造出来的，他先把目的投向外部存在（external being）的世界，从中寻找优秀模型，然后创造自然秩序。这里的"外在性"（externality）是双重的：能动者处于客体之外，其目标（goal）是从外部获得的，但价值是能动者的价值，不是客体的价值。亚里士多德的看法与柏拉图不同，这表现在两个方面：目标（goal）属于有机体（organism），不属于"外部"设计者，自然过程走向的终点也只是自然客体的存在（being），即生命；自然过程走向自己的终点，这不是"目的"（purpose），既非人的"目的"，亦非上帝的"目的"，而是任何实存物的内在潜能的实现。

康德打破了这整个的传统，把不可化约的分裂引入我们对现实的感知。在他看来，有关目的的观念（idea of purpose）是我们在感知有机体（living organisms）时所固有的。我们无可逃避地这样感知这些有机体，"仿佛概念指引了它的生产"（动物有眼睛、耳朵和鼻子，为的是在环境中引导自己；动物有腿，为的是走路；动物有牙齿，为的是吃起东西来更容易；等等）。不过，无法把这样的目的论思维（teleological thinking）

---

1  Jane Bennett, *Vibrant Matter*, Durham NC: Duke University Press 2010, p. 117.

与被观察现象之客观现实关联起来:目的论的诸范畴并不构成现实〔线性物质因果关系(linear material causality)也是如此〕,这些范畴只是规制性的观念(regulative idea),是纯然的"仿佛"(as if),也就是说,我们在感知有机体时,"仿佛"它们是以目的论的方式建构起来的。虽然有效的因果解释总是最佳的(X 导致了 Y,Y 是 X 的结果),但"永远不可能再有解释草叶的牛顿"[1],所以在解释有机物(the organic)时,必须"仿佛"它就是以目的论的方式生成的。尽管自然世界给目的论提供了一个几乎不可抗拒的外表,或对目标的适应性(adaptedness to goals),还是存在着拟人化的思考模式,即一个主观视点,在这个视点之下,我们(不得不)领悟规定的现象。[2]

　　一边是现代科学,一边是亚里士多德对自然的描述(被人体验过的"自然"现实),两者的分裂关乎作为不可能的实在界(the Real as impossible)。贴近常识的唯实主义存有论(realist ontology)把表象与现实对立起来:一边是事物向我们显现的样子,一边是事物本身的面目。两者相互独立,与我们和它们的关系无关。不过,"事物本身"不是已经嵌入环境,已经与我们有关? "事物本身"不就是我们心灵所做的最终的抽象(abstraction),不就是把事物与它们的关系网隔离开来导致的结果吗? 被科学当成"客观现实"提取[3]出来的东西,正在越来越多地变成抽象的形象结构,依赖于复杂的科学工作和实验工作。不过,这是否意味着,科学的"客观现实"(objective reality)只是主观的抽象(subjective abstraction)? 肯定不是。因为正是在这里,我们应该调用现实(reality)与实在界(the Real)的区别。亚历山大·科伊

---

1　此语出自康德《判断力批判》第 75 小节最后一段。康德的意思是,只靠机械的概念和物理的原理,是无法解释有机物的生成与变化的。牛顿已死,就算再来一个牛顿,他如果不懂物理学,不知生物学,那也是连一根草也解释不了。中文版见康德,《判断力批判》(下),韦卓民译,商务印书馆,1964 年,第 55 页。——译者注

2　把达尔文描述为"解释草叶的牛顿"是相当准确的:他的进化论要达到的目标,就是以非目的论的方式说明生命现象。尽管他使用的概念("适者""选择""生存竞争""最适者生存")具有明显的目的特征(purposive character),但自然选择提供了设计(design),而不需要智能设计者(intelligent designer):进化没有内在的方向或目的论,自然中的所有目的论均为幻觉。

3　请注意,在英文中,"提取"(abstract, abstraction)与"抽象"(abstract, abstraction)是同一个词。但译成中文,"提取"是物理动作,"抽象"是心理活动,仿佛毫不相关,其实并非如此。——译者注

雷（Alexandre Koyré）指出，现代物理学要赌的，正是借助于不可能（impossible），接近实在界（approach the real）：以字符和数学公式表述的科学实在界（scientific Real）是"不可能"，这（也）是在下列意义上说的：它提到的事物，我们永远不能在我们置身其间的现实中遇到。举个简单的例子：在实验的基础上，牛顿做了统计，在绝对真空中，一个物体以自由落体的形式落下，没有任何障碍物阻止它运行，这时，它的速度是多少，加速度又是多少。当然，在我们的现实中，我们从未遇到过如此纯粹的情形。在我们的现实中，空气中的微小颗粒也会减低自由落体的速度。职是之故，钉子落下的速度大于羽毛落下的速度，而在真空中，它们落下的速度会完全相同。职是之故，现代科学必须从不可能的实在界（an impossible-Real）开始，这样才能对可能性（the possible）做出解释。我们首先要设想一个纯粹的情形，在那里，石头和羽毛以相同的速度降落。只有做此设想之后，才能解释，何以实际物体的落速由于实验条件的不同而千差万别。

再举一个例子：在我们普通的物质现实中，物体的运动会发生衰减，为了解释这一现象，物理学以"惯性原理"为起点（也是由牛顿率先阐述的）。它假设，物体若不受外力影响，就会匀速运动，即物体会以当下的速度持续运动下去，直至出现某种力量改变它的速率或方向。在地球上，惯性通常由摩擦力和空气阻力所遮蔽，它们降低了运动物体的运行速度（这通常是相对于静止点而言的）。这个肉眼可见的事实误导了古典理论家（如亚里士多德），使他们相信，物体只有被施加外力，才会运动。[1] 这里应该采纳拉康的"作为不可能的实在界"概念，包括他把现实（reality）与实在界（the Real）对立起来的做法："惯性原理"指的就是不可能的实在界（an impossible Real），即永远不可能在现实中发生的事情。尽管如此，仍要假设它的存在，因为只有这样，才能说明现实中发生的事情。正是从这个意义上说，现代科学是柏拉图式的，而非亚里士多德式的：亚里士多德的方法始于经验现实，始于可能之物（what is possible），而现代科学通过参照在现实中无处可寻的理想秩序

---

1　参见 Alexandre Koyré, *Études de l'histoire de la pensée scientifique,* Paris: PUF 1966, p. 166。

（ideal order）来解释这一现实。

于是康德作为科学现代性（scientific modernity）的代理人涉足目的论之域（field of teleology）：我们这些观察的主体，把目的作为构成原则（organizational principles）强加于自然物体；目的论概念（teleological concepts）发挥的作用不是构成性的，而是规制性的（regulative）。我们运用这些概念，为的是使我们的经验具有意义。康德因此在下列两者之间打开了一个不可化约的裂缝：一者是混沌的自然，这是就其无意义的现实（meaningless reality）而言的；一者是意义，即有意义的秩序、目的性（purposefulness），我们把它强加于自然。

> 他不想强行迫使自然具有目的性，不想抹杀自然的异质性或偶然性部分。相反，他引入的目的性概念是这样的概念，它回溯性地使自然具有意义。他的观点是，不要把混沌的自然转化为按部就班的自然。他以这样的方式设想目的性概念：目的性把自然概念反射为混沌概念。或许，我们应该在此意识到，这里有一个发现，该发现与弗洛伊德（甚至拉康）对幻想概念的发现遥相呼应。我们正在处理的是一个概念的发明，这个概念为对目的性的回溯性安排（retroactive arrangement of successfulness）提供了名称，为某个领域中的治疗（healing）提供了名称。在这个领域，一条缝隙正在裂开。[1]

新唯物主义使我们重返（对我们这些现代人而言只能显现为）前现代的天真状态（premodern naivety），它掩盖了使现代性成为现代性的分裂，重新肯定了自然的目的性活力（purposeful vitality）："小心翼翼的拟人化过程可以帮助揭示这种活力，尽管它抵抗全然的转化，也超出了我的理解能力。"注意这个陈述包含的不确定性：本尼特不仅在弥合分裂，她还非常现代，足以留意自己姿势的天真，同时承认自然活力（vitality of nature）超出了我们的理解力，承认我们正在进入一个晦暗领域。

应该把使新唯物主义成为新唯物主义的那个步骤视为真正黑格尔

---

1 Jela Krečič, *Philosophy, Fantasy, Film*, doctoral thesis, University of Ljubljana 2008.

式辩证唯物主义的对立物。黑格尔式辩证唯物主义克服了超验的维度，克服了主体与客体的分裂：新唯物主义掩盖了这个分裂，把主观动能（subjective agency）视为自然现实固有的动能原理（agential principle），将其重新刻入自然现实，而被辩证唯物主义重新注入自然的，不是主体性，而是主体性（subjectivity）与客观现实（objective reality）的分裂。

因此，如果还能把新唯物主义视为唯物主义的一个变体，那它也是下列意义上的唯物主义：托尔金[1]的中土世界（Middle-earth）也是唯物主义的。中土世界是一个魅化世界（enchanted world），充满了魔力，有好精灵，有坏精灵，等等，但奇怪的是，没有神。在托尔金的世界里，没有超验的神圣实存物，所有的魔法都是物质所固有的，都是我们的世俗世界中的精神力量。不过，我们应该把新纪元（New Age）的话题与唯物主义的话题严格区别开来。前者事关更深的精神联系和世界统一，后者则认为，有可能与非人的大对体（inhuman Other）相遇（与非人的大对体进行某种交流是可能的）。与非人的大对体相遇，会是极具创伤性的，因为我们不得不面对主体化的大对体（subjectivized Other）（想在主观上认同这样的大对体是根本不可能的），主体化的大对体与"做人"（being human）没有任何共同的衡量尺度。这样的相遇不是与大对体主体这个有缺陷的模式（a deficient mode of an Other Subject）相遇，而是与最纯粹的大对体相遇，与大对体性这个深渊（abyss of Otherness）相遇。这样的大对体性尚未被想象性认同（imaginary identifications）——如此认同使得大对体成为"像我们"一样的人，我们真正"理解"的人——所遮盖或促进。有许多文学作品和电影作品表明了这一点。这里列举三部作品，足矣。

在弗兰克·施茨廷（Frank Schatzing）的科幻小说《群》（*The Swarm*，2004）中，来自世界各地的科学家和记者都在研究似乎与海洋有关的诡异事件：游泳者被鲨鱼和剧毒水母驱离海岸，四处逃散；商船被攻击，甚至被毁灭，其方式更是五花八门；被污染的龙虾引发了传染

---

1 托尔金，指约翰·托尔金（John R.R. Tolkien），英国作家、诗人、语言学家，以创作奇幻作品闻名于世，作品包括《霍比特人》《魔戒》与《精灵宝钻》等。——译者注

病，法国苦不堪言；等等。待大家明白，所有这些事件相互关联时，便成立了一个国际特遣队，专门处理这一问题。但攻击还在继续：被费氏藻污染的螃蟹（Pfiesteria-infested crabs）在北美的东海岸泛滥成灾，由此导致的传染病使数百万人死于非命，受影响的城市再也不适于人类居住；墨西哥湾流断流，危及全球气候，而全球气候变化将摧毁人类文明；等等。在国际特遣队召开的一次会议上，一位科学家提出了一个假说：这是某个智能物种蓄意发起的攻击，该物种来自海洋深处，迄今尚不为人知；该物种的目标是根除人类，毁灭海洋。攻击者被命名为"yrr"，是单一细胞生物，它们成群出动，分批进攻，受制于单一的蜂群心智（hive-mind），该蜂群心智可能已经存活了几亿年之久。尽管科学家们成功地与之进行了有限的接触，但攻击并未停止，直至一个科学家潜入海洋深处，投放了一具注满 yrr 的天然信息激素的尸体，希望引发某种"情感"反应。此举果然有效，yrr 停止了对人类的攻击。小说在后记中告诉我们，因为与"群"发生冲突，人类深受其害，一年过去了，人类尚未缓过神来。人类并非地球上唯一的智能生命形式，了解了这一点后，绝大多数团体陷入一片混乱，世界各地依然在忍受 yrr 对其海洋家园（marine homeland）的威胁。人类现在面临着艰难的使命：重建社会和工业，但又不能和在海底世界始终保持警惕的超级强权发生冲突。小说处理的是生态话题（对海洋生态系统的破坏和毒害），但它的实际重点却是：我们没有能力理解异形（aliens），发现地球上还有另外一种智能物种，给我们带来了巨大冲击。

在影片《安德的游戏》（*Ender's Game*，2013）中，一个名为虫族（Formics）的外来物种于 2086 年进攻地球。入侵被挫败，但虫族在自己的星球上开始积蓄力量。故事围绕着绰号为"安德"的安德·维京展开。他是天才儿童，正在训练营接受训练，准备应对将来与虫族开展的战争。在接受军训的过程中，安德用电脑化的"心灵游戏"训练自己，"心灵游戏"中貌似虫族的人物角色在他面前成形和解体。作为最优秀的学生，安德被提名为舰队的指挥官，并在毕业的当天率队参加在虫族星球附近开展的模拟战争。消灭敌军后，他获知，模拟战争原来是真的战争，他已经摧毁了现实中的虫族。在心灵游戏中回顾自己的经验时，安德意识到，虫族曾经试图与他联系。他匆匆跑向一座大山（这山与他在游戏中看到的山类似），发现了一个女王，带着一个女王蛋。他向女王承诺，要为那个蛋找到一个星球，然后驾着宇宙飞船起飞，为新的虫族寻找居住地。于是，安德与虫族女王确立了最低限度的伦理协议或曰信任关系。

两部作品共有的一个关键特征是，它们都把大对体想象为母性大对体（maternal Other），想象为一群前个人单元（pre-individual units），它们从属于单一母性集合心灵（single maternal collective Mind）。简言之，在这两个例子中，相遇均已被性化。这是一个男性主体的相遇，他只是偶然地遇到了一个女性大对体（feminie Other）。女性大对体通常是精神封闭的前符号性母性大对体（pre-symbolic maternal Other），是绝对大对体，不允许任何人靠近，更不会提供空间，来满足主体的欲望。她只把我们当成获得原乐的工具。唯物主义在解读这两部作品时，不仅要避开这一"母性"诱惑，把大对体想象为没有匮乏（without lack）的前俄狄浦斯式绝对（pre-Oedipal Absolute），还要避开与此相反的诱惑，把大对体化约为我们自身被压抑的内容，认为我们只是把自己被压抑的内容投射在它的身上。塔可夫斯基曾经在电影版的《索拉里斯星》（Solaris）中屈从于这一诱惑。[1] 在这里，斯坦尼斯拉夫·莱姆（Stanislaw Lem）的经典科幻小说和塔可夫斯基的改编的差异至关重要。在《索拉里斯星》中，故事的主角是航天局心理学家凯尔文，他被派往一个近乎报废的宇宙飞船，该飞船正围绕着新近发现的一颗行星——索拉里斯星——运行，那里发生了一些奇怪的事情（科学家心智失常、产生幻觉并自杀身亡）。索拉里斯星的表面是不停转动的海洋流体，时不时地出现易于识别的形体——不仅有精心制作的几何结构，而且有巨大的儿童尸体或人类建筑。与这个星球取得联系的所有努力均不成功，科学家们怀揣着这样的假说：索拉里斯星是一颗巨型大脑，不知何故，它能解读人类的心灵。抵达那里后，凯尔文很快发现，他死去的妻子哈莉躺在他的身旁。几年前，在地球上，哈莉被凯尔文遗弃，然后自杀身亡。现在，他无法

---

1 《索拉里斯星》，又译《飞向太空》。——译者注

把她甩掉，摆脱她的任何企图都以惨败告终，因为她总是能在翌日重新现身。分析她的细胞组织后，人们得知，她不像正常人那样，由原子组成。在某个宏观层面上，她空空如也。凯尔文终于明白了，哈莉只是他内心深处的创伤性幻象的物化。

因此人们得知，索拉里斯星是一颗巨型大脑，它物化了我们隐秘的幻象（我们的隐秘幻象支撑着我们的欲望）。它是一台机器，派生出最终的幻象性的客体补充物（objectal supplement）或伴侣。但在现实中，我们永远都不准备接纳它们，即使我们整个精神生活都围绕着它们运转，也是如此。以这种方式解读，这个故事真的事关主人公的内心之旅，事关他的企图——他企图与自己被压抑的真相达成和解。或者如塔可夫斯基在接受采访时所言："其实，凯尔文前往索拉里斯星，或许只有一个目的，那就是向我们表明，他人之爱在人的一生中不可或缺。一个男人没有爱情，那就不再是男人。整个电影的目的就是表明，爱情符合人性。"[1]与此不同，莱姆的小说强调索拉里斯星的惰性外在呈现（inert external presence），强调"会思考的原质"（things which thinks）——这是康德的表述，特别合适用在这里——的惰性外在呈现。小说的要点恰恰在于，索拉里斯星仍然是无法穿透的大对体，与之交流是不可能的。真的，它把处于我们内心深处的、被否认的幻象还给我们，隐藏其后的"*Che vuoi*?"（你想怎么样？）依然是全然无法穿透的（为什么它要这样做？是纯粹的机械回应？和我们搞魔鬼把戏？帮助我们或迫使我们面对被否认的真相？）[2]

## 反对垂头丧气的黑格尔

在《小逻辑》的开端，黑格尔列出了三种基本的"思想对客观性的态度（立场）"。[3]第一种是形而上学的态度，即朴素唯实论（naive

---

1　引自 Antoine de Vaecque, *Andrei Tarkovski*, Paris: Cahiers du Cinema 1989, p. 108。

2　欲知对塔可夫斯基影片的详细解读，请见：Slavoj Žižek, "The Thing from Inner Space," in Renata Salecl, ed., *Sexuation* (Sic 3), Durham NC: Duke University Press 2000。

3　参见 "Introduction" in G.W.F. Hegel, *The Encyclopaedia Logic*, Indianapolis: Hackett 1991。

realism）的 态 度，它 直 接 预 设 了 对 思 想 的 规 定（determinations of thought）和对存在的规定（determinations of being）的重叠：形而上学 "对于思想中的矛盾，或对于思想对自身的敌意，从不疑惑，也无感觉。它怀有一个坚定的信念：反思是规定真理之为真理的手段，是把客体依其本来面目置于心灵之前的手段"。[1] 第一种态度，即简单地描述世界的理性结构的态度，是由第二种态度推翻的。第二种态度的第一个形式是经验主义怀疑主义（empiricist skepticism）。它怀疑：凭借着我们能够接近的唯一事物，凭借着零零散散和相互矛盾的经验，以及众多的数据，我们就能组成连贯一致的结构，掌握现实的真实面目。经验主义怀疑主义是由第二种态度的第二种形式——康德的超验主义立场——颠覆的。超验主义与经验主义怀疑主义的共同之处在于，两者都认可自在之原质的不可接近性 / 不可知性（inaccessibility/unknowability）。不过，与经验主义相比，超验主义好像把障碍变成了解决方案：它提升我们心灵的诸种形式，提升主体性的诸种形式，使之成为先验的、实证的事实。这事实构成我们的现象性现实（phenomenal reality）。

这里的问题是：超验的视域（transcendental horizon）是否就是我们思维的终极视域？如果我们拒斥（也应该拒斥）以自然主义方式或其他方式重返朴素唯实论，那么，要想越过（识破、看穿）超验维度，就只有两条路可走。思想对客观性的第三种态度的第一种形式是直接或直观之知（an immediate or intuitive knowing），它设置了直接接近绝对（the Absolute）。这样的绝对设置了直接接近绝对（the Absolute）处于所有话语性知识（discursive knowledge）之外或之下。它就是费希特的"我即我"（I=I），谢林的"主体与客体的同一"（Identity of Subject and Object）。直接或直观之知还设置了对上帝的直接的、神秘的直观。第三

---

1    G.W.F. Hegel, *The Encyclopaedia Logic*, p. 31.——作者注。原文为："It has no doubts and no sense of the contradiction in thought, or of the hostility of thought against itself. It entertains an unquestioning belief that reflection is the means of ascertaining the truth, and of bringing the objects before the mind as they really are." 参见中文版："思想对于客观性的第一态度是一种素朴的态度，它还没有意识到思想自身所包含的矛盾和思想自身与信仰的对立，却相信，只靠反思作用即可认识真理，即可使客体的真实性质呈现在意识前面。"黑格尔，《小逻辑》，贺麟译，商务印书馆，1980 年，第 94 页。——译者注

种态度的第二种形式，当然就是黑格尔的辩证法，它与直观之知截然相反：没有主张直接、直观地接近绝对，而是把我们的主体性与原质（绝对）的分裂，转入原质（绝对）。

正如黑格尔指出的那样，这最后一种立场本身具有两种形式：一种是辩证的，一种是思辨的。在这里，一切都随着辩证思维和思辨思维的对立而定。或许有人会说，辩证依然是否定性的，只有思辨才能触及最高的实证维度。尚不具有思辨性的辩证法是一个活力十足的领域，即反思的震颤（tremor of reflection）和反思性逆转（reflexive reversals）的领域，是否定性这个疯狂之舞（mad dance of negativity），在那里，"一切坚实之物均告烟消云散"。这就是辩证法，它是永不熄灭的战火，是这样的运动：它最终要摧毁它制造的一切。用马克思主义的话说，我们在此面对的是唯物主义的辩证法，而不是辩证的唯物主义。用黑格尔的话说，我们在此面对的是规定的反思（determinate reflection），而不是反思性的规定（reflexive determination）；用拉康的话说，我们在此面对的是"根本不存在关系"，而不是"存在着非关系"。

所以，在思想对客观性的态度这一方面，合在一起，我们得到的不是三种态度，而是六种态度：1. 朴素的唯实论形而上学（naive realist metaphysics）；2. 经验主义怀疑主义；3. 超验批判（transcendental criticism）；4. 对绝对的直接、直观之知；5. 辩证思维；6. 真正的思辨思维。在以上六种立场中，三种是积极的（1、4、6），三种是消极的（2、3、5）。可以把这六种态度依次化约为三个基本立场：客观的-形而上学的、主观的-超验的、辩证的-思辨的。即使到了今天，由这六种态度构成的母体不是还在继续支配我们的选择吗？科学自然主义（从量子宇宙论到进化论和脑科学）、相对主义历史主义（relativist historicism）、各个版本的超验主义（从海德格尔到福柯）、新纪元直观之知（New Age intuitive knowing）、否定性辩证法［从永恒革命，经过西方马克思主义（阿多诺），直至各种形式的"抵抗"］……真正的思辨立场会是怎样的？不是斯大林主义，因为很显然，它代表着对朴素的唯实论形而上学的回归。

最近几十年出现的黑格尔的主导形象——主张相互认可（mutual

recognition）的、"一蹶不振"的自由派黑格尔——有效吗？至关重要的是，要看到这个一蹶不振的自由派黑格尔的政治局限和存有论局限：归根结底，这个形象使黑格尔成了怪异的达尔文式的黑格尔。罗伯特·皮平（Robert Pippin）对黑格尔的解读（他很少提及他的解读，但总在发出明确的暗示）有个潜在的存有论前提，那便是：在地球上的动物生命和人类动物（human animals）的进化过程中，人类物种不知何故——这种不确定性至关重要——开始以规范性（normativity）和相互认可的模式运作。根据皮平的阐释，"精神"（spirit）既不指超自然的非物质实体（extra-natural immaterial substance），也不指神圣心智（Devine Mind）或宇宙精粹（Cosmic Spirit）。"超自然的非物质实体"是依据笛卡儿的下列做法提出的：他把会思考之物（*res cogitans*）与有延展性之物（*res extensa*）对立起来。神圣心智和宇宙精神则强行霸占人类能动者（human agents），使之成为达到自身目的的工具。下面几个关键段落的文字引自皮平的《黑格尔的实践哲学》，谈论的话题是："某些自然存在（natural beings）有能力以虽不可观察但又更加自决的方式意识到自身的存在"[1]：

> 黑格尔发出的暗示甚是简单：在复杂性和组织（complexity and organization）的某个层面上，自然有机体开始关注自己并最终理解了自己。其理解自己的方式在自然的界域内不再能够得到恰当的解释，或者说，无论如何也不再是经验观察的结果。

> 最终获得了独立，摆脱了自然。尽管独立只是以客观精神获得的，⋯⋯但永远不要把它理解为非自然之物，事实仍然是，与自然保持联系，部分地为自然所规定，是黑格尔永远都在强调的。

> 构成了精神的，正是与自然建立了扬弃关系这一行为；自然存在是精神性的，因为自然存在凭借自然的能力能够获得精神；拥有

---

1　Robert B. Pippin, *Hegel's Practical Philosophy: Rational Agency as Ethical Life,* Cambridge: Cambridge University Press 2008, p. 56.

它和维护它是精神性的；不能拥有它和维护它，就不是精神性的。[1]

　　上述引文的最后一段文字展示了皮平微妙的思路。尽管他写道，人类是"自然存在"（natural beings），"凭借自然的能力能够获得"精神性的自我关联（spiritual self-relating），但他丝毫没有为亚里士多德的观点背书。依亚里士多德之见，人类是实体性实存物（substantial entity），有很多的积极特征，其中包括精神自我关联（spiritual self-relating）的潜能和力量。在皮平（他紧随黑格尔之后）看来，精神不是实体性实存物，而是纯粹的过程性实存物（processual entity），这是它自身化成（its own becoming）的结果，它使自己成了现在的样子。唯一的实体性实存物是自然。因此，自然与精神的不同并不源于下列事实：精神原本与自然物（natural things）不同。自然与精神的不同更多地与标准的不同设置（different sets of criteria）有关，而标准的设置需要做出解释：精神是"一种规范"，是"单个心智性和集体心智性的习得形式，是通过制度体现出来的认可关系（institutionally embodied recognitive relations）"[2]。也就是说，自由行为（free acts）是由理性（reason）分辨出来的。主体在为自由行为辩护时，可能诉诸理性，而辩护是基础性的社会实践，这种实践是：在一套共同的制度下，参与者"提供和要求获得理性"。即使在个人的层面上，表达一个意向（expressing an intention）等于"发誓采取行动，在某种程度上，意向的内容和可信性依旧（即使对我而言）无效，直至我开始兑现誓言"[3]。只有我的意向在别人和我自己看来已经通过我的行为得以实现，我才能把我的行为视为我真正拥有的行为。[4]结果

---

1　Robert B. Pippin, *Hegel's Practical Philosophy: Rational Agency as Ethical Life*, Cambridge: Cambridge University Press 2008, pp. 46, 48, 53.

2　Ibid., p. 51.

3　Ibid., p. 52.

4　注意皮平立场蕴含的激进因素：主体是被构成性地去中心化的（这是在拉康意义上说的）。作为自由的能动者（free agent），主体的隐秘身份（innermost status）是在主体之外被规定的，是在社会认可中被规定的，是回溯地被规定的，而且还要有所延迟，或者说，要在行为（或事实）发生之后。——作者注。"主体是被构成性地去中心化的"（the subject is constitutively decentered），此语意谓：（1）主体被从"中心"移除，被"去中心化"；（2）正是因为被"去中心化"，主体才成为主体，才被"构成"主体。——译者注

是，辩护更具回溯性，而非前瞻性。辩护是一个过程，在这个过程中，能动者对自身行动的看法并不具有权威性。成了一个能动者，有能力把理由提供给他人，以自己的行为辩护，这本身就是"获得社会身份，我们不妨说，就是成为公民或成为教授，它是相互认可这种态度的产物或结果"。[1]

如此解读黑格尔是否适合于我们这个历史时刻？皮平给我的《少于空无》写过一篇评论，题为《重返黑格尔？》。[2] 尽管他的批评相互关联，涉猎广泛，跨越了不同的层面，从有关存在的构造（fabric of being）这一基本存有论问题到今天福利国家的可行性问题，不一而足，但他分四步而行，颇成体系。德昆西在论"小小的杀人艺术"（simple art of murder）时写过一段著名的文字，可以把皮平的观点浓缩为对这段文字的释义："一旦一个人沉醉于寻找存在的构造中出现的裂缝，很快他就会不怎么思考深渊行为（abyssal act）了；从此开始，他的下一步是放弃对理性的依赖（理性使我们深思熟虑），然后是排斥社会民主党的无处不在的宏大梦想，排斥 20 世纪 60 年代的瑞典。"皮平从最基本的存有论层面开始，把我有关现实的存有论的非完备性（ontological incompleteness of reality）的论点问题化了：

> 我并不完全理解有关存在构造中的洞穴这一主张，而且无论如何，如果我们沿着我建议的方向前行，那就不需要这一主张。因为，如果对统觉的概述（formulation of apperception）正确无误，那就意味着，我们能够解释对此状态所做的心理学说明或自然主义的说明的不恰当性，而完全不需要漏洞百出的存有论。弗莱格（Frege）和早年的胡塞尔都曾批评心理主义，而没有求助于"备用"的存有论。即使不能把这两件事情画等号，我这话也是在这样的意义上说的。

---

1　Robert B. Pippin, *Hegel's Practical Philosophy: Rational Agency as Ethical Life*, p. 52.
2　此后有关皮平的引文全部出自他的书评："Back to Hegel?," *Mediations: Journal of the Marxist Literary Group* 26:1–2 (2012—2013)，见 www.mediationsjournal.org (no pagination)。

以主体性的身份（status of subjectivity）为背景，皮平正确地解读了我有关不完备性的观点。他很清楚，我之所以提出存有论的不完备性这一话题，是为了回答下列问题："应该怎样把现实结构起来，（类似）主体性（的东西）才能从中脱颖而出？"皮平解决问题的方案与众不同：在他看来，有康德的超验统觉（transcendental apperception）——意识与自我意识的同一——就足够了，无需他求。自我意识意味着最低限度的自我关联。正是这个缘故，我们作为人类才不得不用理性为自己的行为辩护。当然，皮平以黑格尔对自我意识的（超验性的而非经验性的）生成的说明（黑格尔认为，自我意识脱胎于复杂的社会关系，而社会关系强调相互认可）来为康德做补充。或者用他的尖刻批评说："'精神'来自假想的社会论争，来自我们对对方的要求，而不来自存在的空隙（interstices of being）。"根本不需要存在构造中的洞穴。从我的观点看，这个说明的问题由下列事实突显出来——皮平最后得到的是标准的超验二元论（transcendental dualism）：

> 当然，这是可能的，也是重要的：有朝一日，研究者们会发现，何以有人脑的动物能做这些事情，而没有人脑的动物却不能，天体物理学和进化论的某种结合将能解释，何以人类最后拥有了他们现在拥有的大脑。但这些问题不是哲学问题，它们也不派生任何哲学问题。

说得没错，但是，如此全盘的科学（自我）自然化会给哲学带来不良的后果：如果我们依据自然原因（natural causes）就能彻底说明我们的道德行为，那要在何种意义上，我们还能认为自己是自由的？康德的自由观暗示了自然原因肌质（texture of natural causes）中存在的非连续性，也就是说，自由的行为是这样的行为，它归根结底要立足于自身。如此一来，我们就不能把自由行为解释为先前的原因网络（preceding causal network）导致的结果。从这个意义上说，自由的行为的确暗示了现象性现实肌质（texture of phenomenal reality）中存在的某种洞穴，暗示了现象性现实秩序（order of phenomenal reality）中的另一个维度的干

预。当然，康德并没有宣称，自由行为是暂时中止了自然因果关系的奇
迹。它们发生了，没有违反任何自然定律。不过，存在着自由，这个事
实表明，自然因果关系不能涵盖一切，而只能涵盖现象性现实，不能把
超验主体、自由之能动者（agent of freedom）化约为现象性现实。现象
性现实因而不是完备的，并非全部（non-all）。纯粹理性的二律背反已经
证明了这一点。当我们的理性试图领悟现象性现实，并把现象性现实视
为现实的全部时，二律背反出现了。我们应该永远牢记，在康德看来，
这个"存有性丑闻"（ontological scandal）是超验转向（transcendental
turn）的必然结果。

这把我们带到了皮平的第二个指责上：在他看来，有关现实的存有
论不完备性的观点为深渊性的自由行为（abyssal acts of freedom）开辟
了空间，即为不基于任何理性慎思（rational deliberation）的行为开辟了
空间，因为这些行为位于存在的缝隙（the interstices of being）。也就是
说，在他看来，只要作为集体理性（collective Reason）的一个历史形式
的精神，作为一个空间（理性的慎思就发生于这一空间）的精神，还能
大体上与拉康所谓的"大对体"同义，而且只要我还在追随（已故的）
拉康，坚持认为没有大对体，那么，我们的行为就会丧失理性的根基和
规范性根基（normative foundation）：

> 对齐泽克而言，现代无神论的状况意味着，没有也不可能再有
> 任何"大对体"（用拉康的话说），没有任何担保人来确保还有解决
> 规范性怀疑主义（normative skepticism）和冲突的可能。但是，没
> 有任何超验的担保人，不等于没有这样的可能：我们在慎思明辨
> 时，在对他人提出要求时，信赖理性。

除了大对体，行为（acts）被视为共同拥有的符号性实体。如此一
来，行为只能被视为非理性的干预，没有任何发挥集体约束功能的规
范性根基（collectively binding normative foundation）。也就是说，行为
只能基于直接的残暴力量，只能基于能动者的决心和意志："如果行为
是'深渊性'的，那么'政治'只能指'权力'，这样的权力只由决心

和意志来支撑。与之狭路相逢的，也只能是决心和意志。"我认为这是对我的立场的彻底误读：不存在大对体，这样说绝对没有暗示，人可以生活在符号性坐标的厚厚肌质（thick texture of symbolic coordinates）之外。对于这一肌质的分量，拉康非常清楚。只要回想一下，拉康如何无休无止地重视去中心化的主体性（decentered subjectivity），重视意义的回溯效应（retroactive effect），强调人类并不言说而是被言说，就可以了。拉康只是认为，大对体是不一致的，是自相矛盾的，是被对抗（antagonisms）穿越的，没有任何保证（"没有大对体之大对体"），没有终极的规范，没有使之整体化的规则。一言以蔽之，大对体不是在幕后操纵一切的实体性主人（substantial Master），而是东倒西歪、机能失常的机械。在解读黑格尔的伦理思想时，皮平也强调意义的回溯性：我们行为的意义并非我们内在意向的表现，意义是后来出现的，它来自行为对社会的影响。这意味着，意义的每次出现都具有偶然性，但这里涉及另一个更加微妙的回溯性：说一个行为是深渊性的行为，不是在这样的意义上说的——它不以理由[1]为根基，而是在下列循环意义（circular sense）上说的——它回溯性地设置自己的理由。一个真正自治的符号行为或干预，从来都不是作为战略计算（strategic calculation）的结果出现的，不是作为下列行为出现的：我仔细看过所有可能的理由，然后再选择最恰当的行动步骤。一个行为是自治性的行为，不是在它应用先前存在的规范时，而是在它以"应用它"（applying it）这一行为创造规范时。以坠入爱河为例：我坠入爱河，不是在我遇到某个符合我先前制定的标准的女人时；如果是真正的爱情，那我爱那个女人，不是因为她的微笑、眼睛、双腿等，而是因为我爱她的微笑、眼睛、双腿等，因为这些微笑、眼睛、双腿等是她的。所以，不是说我还没理由就采取了行动，做出了选择，而是说，由我来自由地选择，究竟由哪一套理由来决定我。

　　这又把我们带到了争端的真正焦点上。皮平的推论是，因为在他看来资产阶级社会是无法改良的，所以需要天翻地覆的变化，然而，

---

1　请注意，这里的"理由"（reason）与前面的"理性"（reason）为同一个单词。——译者注

因为没有大对体，所以此一变化不可能是某种历史必然性或目的论的直接上演（这是在经典马克思主义的意义上说的），而必须是深渊性的自愿行为（abyssal voluntaristic act）。皮平在此提出了他眼中"所有问题中的最大问题"，即他在我的著作中发现的"处理得最不令人满意"的问题：

> ［齐泽克］想说，资产阶级社会存在着根本性的自我矛盾，我认为他是在说，资产阶级社会是"无法改良"的。我们需要全新的伦理秩序，那意思就是"行动"（the Act）。那个社会假装具有理性的形式，这种假装被纯粹偶然的因素，即处在顶端的傀儡（君主）所颠覆。（在我看来，更好的问题是，既然已经证明如此的不辞辛劳只是纯粹符号性的，甚至是毫无意义的，那黑格尔又何必如此劳神费力？）

皮平开门见山地告诉我们，在何种意义上，资产阶级社会是无法改良的。不出所料，他提到了"社会民主党的无处不在的宏大梦想"——"（20世纪）60年代的瑞典"。他继续说道：

> 在我看来，它还没有不可避免地制造了它自身的、不合理的、不可调和的非理性（Unreason）或大对体。在美国的得克萨斯州，有更多的律师为穷人服务，那里还有价格合理的日托中心，有全民社保，有几艘航母，更多的工人能够控制自己的工作环境，有被管制的银行或国有化的银行，所有这些都是资产阶级理想的合理延伸，不论现代资产阶级社会现在变得有多么病态，有多么精神错乱。

至于"无法改良性"，我现在只是要宣布，皮平所列名单上的需求似乎只是资产阶级理想的一系列"合理延伸"，但这个表象是抽象的（"抽象"是在严格的黑格尔的意义上说的），而且忽略了今日全球资本主义的总体趋势。[1] 在更基本的层面上，断言资产阶级社会"存在着根本性的自我矛盾"是黑格尔的普通论点（universal thesis）的结果——这个断言适用于任何社会：

> 单一世界历史的国家包括：1. 它自身原则的发展，这发展始于其潜伏的胚胎期，直至全盛期，具有了伦理生活这一自我意识的自由，进而推进世界历史；2. 它自身的衰亡期，它自身的衰亡发出了信号，告诉世人，更高级的原则作为对它自身的纯粹否定，正在出现。[2]

从这个简单的和基本的意义上说，每个特定形式的国家和社会天生都是"自相矛盾"的，因而也是注定要消亡的。如同皮平指出的那样，黑格尔在《法哲学原理》中论述的理性国家（rational state）已经进入了衰亡期。这样说的证据是，黑格尔有能力说明它的概念结构。[3] 正是这个缘故，这里可以想象出来的最不黑格尔的事物（un-Hegelian thing），就是把黑格尔的理性国家观念视为这样的看法：它不再自相矛盾，但它以福山（Fukuyama）的方式，在本质上变成了最后发现的最佳公式。我们这些黑格尔的继承者要逐渐完善之、改良之，而不是改变它的本质。不

---

1　说到 20 世纪 60 年代的瑞典，或许皮平应该读一读亨宁·曼克尔（Henning Mankell）或斯蒂格·拉松（Stieg Larsson）的侦探小说，以便了解瑞典的现状，知道自从神话一般的 60 年代以来，它变得有多么"反改良"。

2　Hegel, *Philosophy of Right*, Third Part: Ethical Life, iii: The State, Remark to §343, available at www.marxists.org.——作者注。原文为："The history of a single world-historical nation contains (a) the development of its principle from its latent embryonic stage until it blossoms into the self-conscious freedom of ethical life and presses in upon world history; and (b) the period of its decline and fall, since it is its decline and fall that signalizes the emergence in it of a higher principle as the pure negative of its own."参见中文版："一个世界历史性民族的特殊历史，一方面包含着它的原则的发展，即从它幼年潜伏状态起发展到它全盛时期，此时它达到了自由的伦理性的自我意识而进窥普遍历史；另一方面，它包含着衰颓灭亡的时期，其实，衰颓灭亡标志着在这个民族中出现了一个作为纯粹否定它自己的更高原则。"黑格尔，《法哲学原理》，范扬、张企泰译，商务印书馆，1961 年，第 354 页。——译者注

3　我们应该在这个意义上解读黑格尔最后发表的文本，那是对英国改革法案（Reform Bill）的猛烈抨击。当时，英国已经向着普遍投票权的方向发展，绕过了法团结构（corporate structures）扮演的调停角色：黑格尔惊惶失措，因为这个法案发出的信号是，他的国家观念已经过时。

过，无论黑格尔在政治上代表什么，那都不是对资产阶级社会的逐渐改良。相反，黑格尔对社会发展的看法充满了出人意料的逆转，如对自由的承诺变成了最糟糕的噩梦，等等。正是这个缘故，按黑格尔的观点，我们才会立刻领悟从十月革命的解放性承诺向之后的一体化逆转所遵循的逻辑，领悟今天各种极端主义在消费主义泛滥成灾的中东崛起所遵循的逻辑。至于改良主义（reformism），黑格尔的立场会是这样的：改良？可以，但要有所扭曲。改良有两个。一个要从温和的改良做起，只是为了使现存的制度更公正和更高效。一个要触发雪崩，彻底清除审慎的秩序（order of deliberation），正是这样的审慎秩序，使我们当初提出了温和改良的建议。

至于皮平有关资产阶级逐渐进步的观念，我们不要忘了，黑格尔是以现代的、和平的社团国家（corporate state）这一理想化的看法，同时又以战争的必要性（necessity of war）给《法哲学原理》画上句号的。他认为，只有爆发战争，国家才能"属于至高无上的自己"。战争是最高的辩证范例，它能表明，对自身的否定关系是如何显现为偶然的、外在的障碍或威胁。出于偶然的原因，外部敌人对国家构成了威胁，但外部敌人的"真相"却是自我关联的否定性（self-related negativity），是对国家的最纯粹的本质的肯定，因而与它全部的特定时刻（个人命运、财产关系等）形成了对比：

> 国家与自身结成的否定关系，是以世界为化身的，而世界也是一个国家与另一个国家的关系，仿佛否定是外部事物似的。因此，在生存世界（world of existence）中，这种否定关系具有了偶发事件的形态，并与来自外部的偶发事件纠缠在一起。但事实上，这种否定关系是国家内部的这样时刻：它属于至高无上的自己，国家的现实的无限性乃自身之内一切有限之物的理想性。它是这样的时刻：在那时，国家这个实体，即是说，它所拥有的反对一切个人事物和特定事物的绝对权力，反对生命、财产及其权利的绝对权力，甚至反对社会和协会的绝对权力，使得这些有限事物的无效性成了一个

相伴而生的事实，并使这个事实进入意识。[1]

皮平对我"有关'纯粹'驱力（或'纯粹'任何东西）的观念"很是不屑，认为它"属于黑格尔动物园"（Hegelian zoo），也就是说，黑格尔的哲学成就早已取而代之，早已在哲学上把它淘汰。但是，战争以及黑格尔使战争概念化的方式，不正是对国家的"纯粹"本质——而非国家的特定内容——的（重新）肯定吗？从这个意义上说，鼓动战争（push-towards-war）不正是"纯粹"死亡驱力（纯粹否定性）的范例吗？当然，有人会争辩说，由于新技术具有制造巨大灾难的潜能，如今的战争更多是用来发挥威吓作用的，但这绝对没有使黑格尔的观点陈旧过时，它只是迫使我们为了适应当代的状况而重新设计战争。例如，如今第一世界和第三世界的分裂其实越来越像下列两者间的分裂：一者过着长期的、心满意足的生活，拥有物质财富和文化财富；一者把自己的一生献给了某个超验事业（transcendent Cause）。说到西方消费主义生活方式和某些宗教极端主义之间的这一意识形态对抗，两种哲学文献立即涌现出来：黑格尔和尼采。这种对抗不正是尼采所谓的"消极"虚无主义和"积极"虚无主义的对抗？我们西方人都是尼采所谓的末人，沉迷于愚蠢的日常享乐，而激进分子已经整装待发，甘冒牺牲一切的危险，投身于斗争，直至自我毁灭。此外，透过黑格尔所谓的主人（Master）

---

1　*Philosophy of Right*, §323.——作者注。原文为："This negative relation of the state to itself is embodied in the world as the relation of one state to another and as if the negative were something external. In the world of existence, therefore, this negative relation has the shape of a happening and an entanglement with chance events coming from without. But in fact this negative relation is that moment in the state which is most supremely its own, the state's actual infinity as the ideality of everything finite within it. It is the moment wherein the substance of the state - i.e. its absolute power against everything individual and particular, against life, property, and their rights, even against societies and associations - makes the nullity of these finite things an accomplished fact and brings it home to consciousness." 参见中文版："国家的这种否定的自我相关，在定在中表现为一个国家对另一个国家的关系，并且似乎否定的东西是一种外在的东西。因此，这种否定关系的实存就具有事故的形态，以及同外来的偶然事变错综交织的形态。但是这种否定关系是国家最特有的环节，国家的现实无限性，其中一切有限的东西都达到了理想性。正是在这个环节中，国家的实体——即对抗一切单一和特殊，对抗生命、财产及其权利，以及对抗其他集团的那国家的绝对权力——使这些有限东西的虚无性出现在定在和意识中。"引自黑格尔，《法哲学原理》，范扬、张企泰译，商务印书馆，1961年，第339页。——译者注

与奴仆（Servant）的斗争来审视这一对立，我们将不可避免地看到下列悖论：尽管我们西方人被视为盘剥他人的主人，但占据奴仆之位置的，正是我们。我们贪生怕死，贪图享乐，不敢搏命冒险（回想一下美国前国务卿科林·鲍威尔的"没有人员伤亡的高科技战争"概念）。贫穷的激进分子才是主人，他们已经做好准备，随时献出生命。但是，他们真是这样的吗？恐怖主义的极端分子在内心深处缺乏真正的信念，他们暴烈的迸发（violent outbursts）证明了这一点。2005年丹麦一家报纸刊登的一组漫画引发了严重后果。极端主义的恐怖行动并不基于恐怖分子的信念（相信自己优越）和欲望（保卫自己的文化-宗教身份，使之免遭全球消费主义的荼毒）。他们的问题并不在于我们认为他们劣于我们，而在于他们在内心深处觉得自己低人一等。只是这个缘故，我们居高临下的政治正确虽然能够保证我们在他们面前不趾高气扬，却使他们更加怒不可遏，更加滋养了他们的怨恨之情。问题不是文化差异（他们在努力维护自己的文化身份），而是下列事实：他们已经和我们一样，他们在私下里已经内化了我们的标准，并以这些标准衡量他们自己。

进一步的指责可能是这样的：黑格尔对战争的解释过于抽象，要知道，战争总是具体的社会状况和政治状况导致的结果。但这样说，还是不得黑格尔的要领：他完全承认冲突原因的外部偶然性，但他的观点是，就战争而言，一边是"非理性"的偶然性，一边是隐秘的（抽象的）概念必然性（notional necessity），二者完全一致。某个荒唐的面子问题会引发微不足道的冲突，而微不足道的冲突有可能引发一场毁灭性的战争。但战争的要义不在这里。

回到资产阶级社会的那个话题：在我看来，皮平认为，因为资产阶级社会无法通过改良来遏制其自我毁灭的趋势，所以只有一条出路，那就是强制实施新的伦理秩序。如果强制实施伦理秩序引发了激烈的社会变化，包括某种文化革命（cultural revolution），那我也不认为这有任何问题。但如何推进这场变革？在这里，我们再次遇到了我的深渊性的非理性行为（abyssal irrational act）。因为皮平在解读我有关"资产阶级社会具有自相矛盾的属性"这一观念时完全不得要领，下面这段文字值得再次引用："那个社会假装具有理性的形式，这种假装被纯粹偶然的因素，即处在顶端的傀儡（君主）所颠覆。（在我看来，更好的问题是，既然已经证明，如此的不辞辛劳只是纯粹符号性的，甚至是毫无意义的，那黑格尔又何必如此劳神费力？）"我绝对没有断定或暗示，偶然性的傀儡会制约国家的理性（rationality of a state）。紧随黑格尔，我所断定的是，只有通过添加这样一个傀儡，理性国家的整体性（totality of a rational state）才能变成现实。国王的行为，他的决策，"重新吸收了所有的特殊性，使之成为一个单一的自我，降低了赞成与反对（pros and cons）的分量。在赞成与反对之间，他永远变来变去，一会儿这样，一会儿那样，而且通过说'我将要'（I will）制定决策，进而开启所有的行动和现实性（actuality）"。黑格尔早已强调君主的隔离性（apartness），因为他早就宣布："最终的自我规定"可以"属于人类自由之域，但前提是它占据顶峰，明显不同于也高于所有特殊之物和有条件之物，因为只有这样，它才合乎自己的概念，才能成为现实"。[1]职是之故，可以这样描述"君主"这一概念：

> 它在所有的概念中最难推论（ratiocination），也就是说，最难使用知性的反思方法。这种方法拒绝超越孤立的范畴，因而再次只知道分列排列、有限观点和演绎论证。结果，它展示了君主的威严，但把这种威严视为可以化约之物——不仅可在形式方面化约，而且可在本质方面化约。不过，真相是，成了不被化约之物的，成

---

1  *Philosophy of Right*, Remark to §279. 欲知对黑格尔的"君主"概念的详细解读，请见下列著作的"插曲之三"（Interlude 3）：in Slavoj Žižek, *Less Than Nothing*, London: Verso 2012.——作者注。原文为："'Ultimate self-determination' can fall within the sphere of human freedom only in so far as it has the position of a pinnacle, explicitly distinct from, and raised above, all that is particular and conditional, for only so is it actual in a way adequate to its concept." 参见中文版："最后的自我规定只有在它具有顶峰的地位，自为地脱离和超出一切特殊化和制约的时候，才能归入人类自由的领域；因为只有这样它才适合它的概念而成为现实的。"黑格尔，《法哲学原理》，范扬、张企泰译，商务印书馆，1961 年，第 300 页。——译者注

了纯粹的自我生成之物的，正是君主这个概念。[1]

知性（Understanding）无法把握的思辨性时刻是"从纯粹的自我规定概念（concept of pure self-determination）向存在的直接性（immediacy of being），进而向自然王国的转变"。在这里，政治与存有论合流：知性可以很好地把握对活的整体性（living totality）的普遍调停，但它无法把握的是，为了实现自身，这种整体性不得不以直接的、偶然的、"自然"的单一性为伪装，来获得现实的存在。只保留彻底的理性的整体性（rational totality），而不需要这样的偶然性的缝合点（suturing point），如此整体性之观念是抽象知性的极端例证之一。在黑格尔看来，君主的功能虽然是纯粹符号性的，却绝对不是毫无意义的（pointless），原因就在这里。相反，正是这个点（the point），这个直接性 / 偶然性因素需要缝合理性的整体性或整合理性的整体性。偶然性和必然性的辩证之核并不在于展示通过偶然的、经验的现实表现出来的概念必然性（notional necessity），而在于揭示处于必然性核心地带的偶然性——不仅是偶然性之必然性，而且是必然性本身之偶然性。

## 差异

尽管如此，皮平解读黑格尔的旨趣是显而易见的，尽管他自始至终无法理解黑格尔思想的关键维度：甩开荒唐的形而上学包袱［精神（Spirit）是一个巨大的主体（Subject），它以"理性的诡计"的模

---

1 *Philosophy of Right*, Remark to §279.——作者注。原文为："The conception of the monarch is therefore of all conceptions the hardest for ratiocination, i.e. for the method of reflection employed by the Understanding. This method refuses to move beyond isolated categories and hence here again knows only raisonnement, finite points of view, and deductive argumentation. Consequently it exhibits the dignity of the monarch as something deduced, not only in its form, but in its essence. The truth is, however, that to be something not deduced but purely self-originating is precisely the conception of monarchy."参见中文版："理智，即反思的理智的考察之所以最难理解君主这一概念，是由于它只限于做出零星的规定，因而只知道一些理由、有限的观点和从这些理由做出的推论。因此，它把君主的威严不论从形式上说或从它的规定上说都叙述为派生的；可是与此相反，君主这一概念不是派生的，而是绝对地起源于自身的。"黑格尔，《法哲学原理》，范扬、张企泰译，商务印书馆，1961 年，第 297 页。——译者注

式，躲在幕后，操纵每一个主体］，把黑格尔打扮成这个样子：他与现代的、世俗的、后形而上学的世界观完全兼容，与今天自由派"反极权"[1]的感性一拍即合。尽管如此，存有论问题却一直躲在后面，挥之不去。皮平似乎暗示我们，归根结底，作为一个动物物种的特质，认可（recognition）和话语性辩护（discursive justification）是可以并入人类的全球自然史的。如此一来，即使规范性维度（normative dimension）仍然不可被化约为经验性现实（empirical reality），不知何故，作为一个既定事实，规范性维度还是可以脱胎于经验性现实。不过，这样的"脱胎"永远不能明确地确立，因为这样做等于使规范性-话语性维度（normative-discursive dimension）完全自然化。尽管皮平批判哈贝马斯，很容易证明，哈贝马斯对存有论担当（ontological commitment）的新康德式回避，必然和皮平一样含混不明：尽管自然主义成了不能公开的粗暴秘密（"人当然从自然而来，达尔文当然是对的……"），但这个鲜为人知的秘密是个谎言，它掩盖了唯心主义的思想形式［交流（communication）作为先验超验物（a priori transcendentals），是无法从自然存在（natural being）演绎出来的］。在这里，真相在形式中。马克思曾经指出，某些保皇党人披上了共和主义者的外衣。与此完全一致，哈贝马斯派私下里认为，他们是真正的唯物主义者，但真相是，他们的思维采取了唯心主义的形式。

对此问题，雷·布拉西耶（Ray Brassier）直面相向。在阐释威尔弗里德·塞拉斯（Wilfrid Sellars）的思想时，他以疑似马克思主义的"最后决定"（determination in the last instance）概念界定唯物主义。一边是"最后决定"，一边是和它类似的"多元决定"，应该把两个概念对立起来："最后决定是因果关系，它能使任何物体决定对它自身的'真实'认知，但只有到了最后才能决定。"[2]多元决定是超验的。超验主义的观点是，我永远不能使自己彻底"客观化"，不能在我自己面前把自己化约为"客观现实"的一部分，因为这样的现实总是已被主体性

1　"反极权"（anti-totalitarian）中的"极权"（totalitarian）与"整体"在英文中相同。"total""totality""totalitarianism"等英文概念也都具有相应的政治内涵。——译者注
2　Ray Brassier, *Nihil Unbound,* London: Palgrave Macmillan 2007, p. 138.

（subjectivity）先验地构成了：无论在多大程度上我能成功地说明，我是"存在巨链"（great chain of being）中的一种现象，是自然（或超自然）理性网络导致的一个结果，这个因果形象（causal image）总是已由超验视域（transcendental horizon）所多元决定，而且超验视域构造了我对现实的处理（my approach to reality）。布拉西耶把这个超验的多元决定（transcendental overdetermination）与自然主义的最后决定（naturalist determination in the last instance）对立起来：严肃的唯物主义者必须假定，每个主体性视域（现实就出现在这个视域中），每个主体性构成，或对现实的调停，都必须最后被它在客观现实中所处的位置来决定，也就是说，必须把它视为无所不包的自然过程的一部分。在这里，对比是显而易见的：多元决定并不是指一个无所不包的整体决定它的各个部分如何相互作用，相反，它指的是整体中的一部分是如何作为自我关联的太一（self-relating One）出现的，自我关联的太一多元地决定它与其他部分结成的关系网络。正是从这个意义上说，多元决定的基本形式是生命：一个活物（living being）是世界的一部分，但它要与它的环境——环境是它的自我关联所发挥的功能——相关（举个最简单的例子吧，生物要与食物相关联，因为它需要食物来活命）。多元决定正是这个悖论性逆转的名称。借助于这个悖论性逆转，一个时刻（a moment）把整体——它在那个整体中长大——归到自己名下（或者用黑格尔的话说，它设置了自己的预设）。多元决定与最后决定的这一关系是对抗性的，因为多元决定使对最后决定进行直接的概念化变得不可能。或者，在暂时性（temporality）的层面上，多元决定的结构是回溯性（retroactivity）之结构，是结果之结构［结果回溯性地设置（多元决定）原因］，由此它在最后被决定；要把多元决定化约为最后决定，就要成功地把回溯因果性（retroactive causality）重新转为线性因果网络。既然如此，那为什么还要（符号性-回溯性的）多元决定？归根结底，它不就是一个幻觉吗？尽管是一个自发的和必然的幻觉。

　　避免这一结果的唯一出路是打破线性决定链的封闭，并肯定现实有其存有论缺口（ontological openness）：只要多元决定回溯性地填补因果链上的缝隙，它就不是幻觉性的。因此，提出这个解决方案，不是要建立宏大的进化论叙事,以解释或描述高级存在模式如何脱胎于低级模式(生命脱胎于"死"物质的化学成分,精神脱胎于生命),而是直面下列问题:何以必须把前人类的实在界(the pre-human real)结构起来?何以只有这样,才能说明符号性/规范性维度的出现?正是在这里,黑格尔思想最激进的维度、被皮平忽略的那个维度,进入了我们的视野。黑格尔《精神现象学》的"前言"中有一个著名的段落,在那里,他提供了一个最基本的概述,以便说明,不仅要把实体(Substance)视为实体,还要把它视为主体(Subject)。这究竟是什么意思?

　　　　意识中的我和作为我的对象的实体的差异(disparity),就是它们的区别(distinction),就是总体上的否定性(the negative)。可以把这看成是他们共同的缺陷,尽管这是它们的灵魂,是促使它们运动之物。正是这个缘故,某些古代人把空白(void)视为运动的原理,正确地把运动的原理视为否定性之物,尽管他们还不理解,否定就是自我。现在,尽管这种否定首先表现为我和我的客体的差异,但它同样也是实体与实体自身的差异。因此,看起来是在实体之外发生的事情,是直接反对实体的活动,实际上是实体自己的所作所为,实体因此表明,它自己本质上就是主体。[1]

---

1　G. W. F. Hegel, *Phenomenology of Spirit,* Oxford: Oxford University Press 1977, p. 21.—— 作 者注。原文为:"The disparity which exists in consciousness between the I and the substance which is its object is the distinction between them, the negative in general. This can be regarded as the defect of both, though it is their soul, or that which moves them. That is why some of the ancients conceived the void as the principle of motion, for they rightly saw the moving principle as the negative, though they did not as yet grasp that the negative is the self. Now, although this negative appears at first as a disparity between the I and its object, it is just a much a disparity of the substance with itself. Thus what seems to happen outside of it, to be an activity directed against it, is really its own doing, and substance shows itself to be essentially subject." 参见中文版:"在意识里发生于自我与作为自我的对象的实体之间的不同一性,就是它们两者的差别,一般的否定性。我们可以把否定性视为两者共同的缺陷,但实在是两者的灵魂或推动者。正是因为这个理由,有些古代哲学家曾把空虚理解为推动者;他们诚然已经知道推动者是否定的东西,但还没有了解它就是自身(Selbst)。——如果这个否定性首先只表现为自我与对象之间的不同一性,那么它同样也是实体对它自己的不同一样。看起来似乎是在实体以外进行的,似乎是一种指向着实体的活动,事实上就是实体自己的行动,实体因此表明它自己本质上就是主体。"黑格尔,《精神现象学》(上卷),贺麟、王玖兴译,商务印书馆,1979 年,第 23-24 页。——译者注

最终的逆转至关重要：主体与实体的差异同时也是实体与实体自身的差异。这一逆转发生在所有的层面上：当实体不能实现它与自身的完全同一时，当实体被"画"了斜线时，被固有的不可能性或对抗穿越时，主体性（subjectivity）便出现了；主体在认识论上表现出无知，主体不能充分理解相反的实体性内容，这些都同时暗示了局限、失败，暗示了实体的内容存在着匮乏（lack）；信徒对于被遗弃——被上帝遗弃——的体验，同时是把上帝与信徒分隔开来的裂缝，是暗示——暗示我们神圣实体有其"未完成性"；等等。把它应用于皮平的存有论含混（ontological ambiguity），就会明白，把规范性（the normative）与事实性（the factual）分隔开来的裂缝，同时还要被视为事实性本身固有的裂缝。或者用稍微不同的方式说，虽然一切都要经过主体性的自我关联的空白（self-relating void of subjectivity）的调停 / 设置，这个空白本身却脱胎于实体，其脱胎于实体的方式是实体的自我异化。拉康所谓实在界的特征是含混不清，我们在这里遇到了同样的含混不清：一切都要经过主体性的调停，但主体并不首先到来，它的到来要经过实体的自我异化。换言之，虽然我们不能直接触及实体性的前主体实在界（substantial pre-subjective Real），我们也无法摆脱它。

主体并不首先到来：它是主语，却变成了谓语，谓语变成了主语[1]；谓语本是被动的屏障（passive screen），却把自己当作第一原理插了进来；它是被设置之物，但又回溯性地设置了自己的预设。[2]正是从这个意义上说，在马克思看来，资本是主体：资本是货币，但变成了主体，因为货币不仅作为商品的一般等价物在不同商品之间发挥调停作用，而且成了这种调停的积极能动者，以至于整个商品交换活动都变成了资本的自我运动。悖论在于，黑格尔无法看到新兴的资本主义秩序中的这个"黑格尔"维度：想重返黑格尔，存在着局限，这局限就是资本，因为

---

1　"谓语变成了主语"（predicate-becoming-subject），这里的"主语"与"主体"在英文中是同一个词。齐泽克的意思是，根据一般的语法规则，主语在先，谓语在后，但在这里，谓语在先，主语在后。——译者注

2　这道真理岂不同样适用于认知主义对主体性的看法？主体性的自我意识（Subjective self-awareness）出现在后，它只是媒介，记录在生物及其环境中发生的事情。但是，一旦它出现了，它就会宣称自己是积极的能动者，在调节和调整主体的全部活动，调节和调整主体与他人的互动。

黑格尔没有把握资本主义的真正动力机制。弗雷德里克·詹姆逊的做法是对的，他让我们注意到，"尽管黑格尔熟悉亚当·斯密和新兴的经济学说，他有关劳作（work）和劳动（labor）的观念——我明确地把这种观念称为手工艺意识形态（handicraft ideology）——露出了这样的破绽：他没能预见工业生产或工厂体制这两项创举"[1]。

简言之，我们无法把黑格尔对劳作和生产的分析"转用于新的工业革命"[2]。出现这一局限，有一系列的相互关联的原因，这些原因全都基于可供黑格尔调用的经历与经验的限制。首先，在黑格尔的工业革命观中，工业还是亚当·斯密时的制造业，劳作过程依然是多人联合使用工具的过程。那时尚无工厂体制。在工厂体制中，机器设定节奏，单个工人实际上被化约为服务于机器的元件或附件。其次，黑格尔无法想象，抽象（abstraction）是如何在发达资本主义中运作的。在马克思以"疯狂"一词描述资本的自我强化的流通时［资本的唯我主义的自我受孕之路在今天的元反思性的期货投机（meta-reflexive speculations on futures）中达到了顶峰］，这样说还是太过于简单了：这个一心要达到自己的目的，对人类和环境不管不顾的自我运行的幽灵是意识形态的抽象（ideological abstraction）；我们永远不应忘记，在这个抽象的背后，还有真实的人和自然物，资本的流通就是建立在这些人的生产能力和资源上的，资本就像一只巨大的寄生虫，以吞噬这些能力和资源为生。问题是，不仅这种"抽象"存在于我们（金融投机者）对社会现实的误解中，而且它很"真实"。"真实"是在下列意义上说的：它决定着物质社会过程的结构。可以说，整个社会的命运，有时整个国家的命运，都被资本的投机之舞（speculative dance of Capital）所决定。资本一味要达到自己的赢利目标，对它的运转如何影响社会现实，它漠不关心。资本主义的根本性的体制暴力就在这里。与直接的、前资本主义的社会–意识形态暴力（direct pre-capitalist socio-ideological violence）相比，它更加诡异：不能把它的暴力归于怀有"邪恶"意图的个人，它是纯粹的"客

---

1　Fredric Jameson, *The Hegel Variations*, London: Verso 2010, p. 68.
2　Ibid.

观性"的、制度性的、不具名的暴力。更加确切地说，它是概念性的暴力（conceptual violence），是概念之暴力（violence of a Concept），它的自我配置（self-deployment）支配和调节着社会现实。职是之故，马克思在分析资本概念时大量引用黑格尔的著作：在资本主义社会，价值（value）不是纯粹抽象的、"沉默"的普遍性，不是众多商品间的实体性联系（substantial link）；它已从被动的交换媒介变成了整个过程的"积极因素"（active factor）。它并不纯然被动地认为，它的现实存在（actual existence）表现为两种不同的形式（货币／商品）。它已经变成"能够自我运动，同时经历自身生命过程"的主体：它把自身与自身区分开来，它设置自身的他者性（otherness），然后再克服这一差异——整个运动都是它自身的运动。正是从这个意义上说，"它并不单纯地代表商品与商品的关系，它与自身结成了……私人关系"：它与它的他者性相关联，其实就是它与自身相关联，即是说，在它的自我运动中，资本回溯性地"扬弃"它的物质条件，把物质条件转化成它的"自发扩张"的从属时刻。用纯粹的黑格尔式语言说，它设置了自身的预设。

这里的讽刺意味很容易错过：要归纳资本的逻辑，离不开黑格尔（在 19 世纪 50 年代，马克思的著作出现了关键性的突破。1848 年革命失败后，马克思开始重新阅读黑格尔的《逻辑学》）。这个事实意味着，黑格尔没能看到的，不是某种后黑格尔式的或后唯心主义的现实，而是资本主义经济的真正黑格尔式的那一面。具有讽刺意味的是，在这里，黑格尔还不够唯心主义，因为他没能看到的是真正资本主义投机经济的思辨性内容，是金融资本充当纯粹虚拟概念的方式（这个纯粹虚拟的概念在加工"真人"）。这使我们回到了鲁达概括的悖论上来：在今天，成为真正的唯物主义者的不二法门是把唯心主义推向极致。

当代唯物主义的这个最大悖论，有时也被拉康所忽略。在论述焦虑的讲座上（1962），拉康自负地宣称，"我觉得，如果还有什么人没有弄错《精神现象学》带给我们的教益，那就是本人了"[1]。果真如此？拉康在提及黑格尔所谓的"美丽灵魂"（Beautiful Soul）时，把两种不同

---

1　Jacques Lacan, *Le séminaire X, L'angoisse*, November 14, 1962.

的"意识形象"（figures of consciousness）混为一谈，因而犯了一个深刻的意味深长的错误：他谈到了"美丽灵魂"，说"美丽灵魂"在"心灵律法"（Law of the Heart）的名义下反抗世界的不公。[1] 不过，"美丽灵魂"和"心灵律法"是颇不相同的两类形象：前者指癔症态度，它哀叹世风的日下，却又积极参与世道的不公［拉康把它应用于多拉（Dora），即弗洛伊德的癔症示例中的癔症患者，无疑是正确的］；另一方面，"心灵律法与自大狂"[2] 显然指一种精神错乱的态度，即自封为救世主的人的态度，他把自己内心的律法视为每个人必须遵守的律法，因而为了解释何以"世界"不遵守他的戒律，而被迫求助于妄想狂建构（paranoid constructions），求助于有关黑暗力量的阴谋理论（就像启蒙后的反叛者，他们没有赢得人民的支持，却归罪于反动的神职人员，说他们宣传迷信）。以拉康精心阐释的范畴，可以完美地概括"美丽灵魂"和"心灵律法"的这一差异。有鉴于此，拉康的失误越发神秘。癔症性的"美丽灵魂"显然把自己锁定于大对体之域，在互为主体之域（intersubjective field）内充当向大对体提出的要求（demand）；对心灵律法的精神错乱式的执着，涉及的却是对黑格尔所谓的"精神实体"（spiritual substance）的拒斥、中止。同样，在论述主体的颠覆和欲望的辩证（subversion of the subject and the dialectic of desire）的关键文本中，拉康重申了对哲学思辨的标准反驳，特别是对黑格尔的标准反驳，并围绕着无法消融于辩证思辨循环的"骨头"，围绕着所有思想全都避开的"裂缝"，提出了陈旧的和相当乏味的看法：

> 这里肯定有根骨头。因为它就是我现在所说的东西，即是说，结构主体的东西。它本质上在主体那里构成了"裂缝"。每当思想显然成功地以循环的方式维系自身时，所有的思想都避开、遗漏、绕过或堵住了这一"裂缝"，无论这思想是辩证的，还是数学的。[3]

---

1　参见例如，Jacques Lacan, *Écrits,* New York: Norton 2006, p. 80。

2　"心灵律法与自大狂"，中文版译为"心的规律和自大狂"，参见黑格尔，《精神现象学》（上卷），贺麟、王玖兴译，商务印书馆，1979 年，第 244 页。——译者注

3　Jacques Lacan, *Écrits,* p. 695.

但是，黑格尔不是在《精神现象学》中提到了这根骨头，即"精神是根骨头"这个无限判断中的骨头吗？而且，"喉中骨"[1]的残余物——它同时是辩证过程的可能性之条件和不可能性之条件——这一概念不正处于黑格尔辩证的核心吗？在这个过程的最终逆转中发生的，不是"骨头"魔法般地解体为/再整合为辩证运动的循环，而是透视的转移。透视的转移使我们理解，"骨头"不只是无法被扬弃的障碍，准确地说，还是扬弃运动的积极条件——回溯性地派生出障碍要阻碍之物的，正是障碍本身。

那么，我们能不能说，最近两个世纪的哲学话语中的真正"骨头"就是黑格尔本人？黑格尔的思想不就是整个后黑格尔传统抵抗的创伤点（traumatic point）？在那里，这种抵抗采取的形式是竭尽其能的否定，从直接的精神错乱般的拒斥（德兹勒）到内在的克服（马克思），莫不如此。不过，为了理解这一点，我们不应"按黑格尔本来的样子"简单地重返黑格尔，而是透过弗洛伊德来阅读黑格尔（像拉康那样，使之再概念化）。

## 辩证的历史性

对弗洛伊德做真正黑格尔式的解读，不应受制于非常明显的异议："但是，我们真能以黑格尔的方式理解弗洛伊德吗？黑格尔的思辨唯心主义不是属于不同的时代？要知道，在那个时代，弗洛伊德的无意识因其偶然性的机制（contingent mechanisms），根本没有立足之地。"对弗洛伊德做黑格尔式解读，意味着严格地以黑格尔处理哲学史上著名人物的方式解读弗洛伊德：首先把弗洛伊德的关键性突破（无意识）隔离出来；其次"解构"弗洛伊德，分析其必然存在的不一致性，以证明他如何必然地忽略了他自己的发现的关键维度，最后表明，为了公正地对待他的关键性突破，如何必须超越弗洛伊德——拉康通过"重返弗洛伊德"达到了这个目的，使整个弗洛伊德的理论大厦发生了彻底的革命。

---

1　"喉中骨"（bone-in-the-throat），一般译为"如鲠在喉"。——译者注

从这个意义上说，拉康的重返弗洛伊德类似于路德的重返基督，重返原来的基督教。路德的重返基督创造了形式全新的基督教。

对黑格尔做弗洛伊德式解读也是如此：如此解读不应在任何意义上使黑格尔"精神分析化"，不应该在他的体系中寻找他个人的精神病理痕迹；也不应该沿用弗洛伊德的某些不幸言论，把黑格尔的体系视为哲学妄想狂（philosophical paranoia）的顶峰，视为存有论化的、精神错乱的阴谋理论，进而对之大加谴责。关键在于以弗洛伊德的方式解读黑格尔，以弗洛伊德解读无意识的构成的方式解读黑格尔：关注黑格尔文本中的征兆、征兆性例外（symptomal exceptions），关注黑格尔理论中的"被压抑"之物，关注只能回溯性地重建之物（重建的方式是在清晰文本中寻找被扭曲的痕迹）。（例如，有人可能会争辩说，纯粹重复性的"死亡驱力"是黑格尔的"否定性"概念的被压抑的焦点。）当然，我们不应该退缩，要把每一种方法运用于这种方法的发明者：积极对黑格尔本人做黑格尔式的解读，对弗洛伊德做弗洛伊德式解读。真正伟大的思想家的特征是，他们误读了他们自己的突破的基本维度。[比如，柏拉图就误读了与理念相遇这一行为具有的事件性（evental nature）。] 所以，关键并不在于，通过黑格尔式的解读，我们能够接近弗洛伊德著作中尚未被人思考之物，或者通过弗洛伊德式的解读，接近黑格尔著作中尚未被人思考之物；如此做法应该在以弗洛伊德反对黑格尔或以黑格尔反对弗洛伊德的自我反思性的思想运动中达到顶峰。但是，如此做法是不是过于形式化了？这不仅是在下列意义上说的——想把辩证过程的抽象的形式模型隔离出来，而首先是在下列意义上说的——忽略了批判唯物主义最终对黑格尔的逆转（ultimate Marxist critical-materialist reversal of Hegel），即忽略了这样的方式——辩证的形式模型总是以这种方式被具体的历史内容所调停，展示某个历史的母体（historical matrix）。这一点，彼得·奥斯本（Peter Osborne）已做说明：

> 至于从马克思回到黑格尔这个"唯物主义逆转"，它实际上发生在马克思本人的文本中，特别是发生在《资本论》中。在那里，价值形式（value-form）的存有论特性（ontological peculiarity）被

证明是对这个过程的实施。不过，资本有其存有论的特殊性，这才是它的唯物主义，用齐泽克的话说，才是它的必然性所具有的偶然的历史独特性（contingent historical specificity of its necessity）。这样的辩证的逻辑必然性（dialectical logical necessity）倘若不是黑格尔的本意——唯心主义，就不可能是一般形而上学的特征，因为对于充分确定的、重要（即几乎有用）的分化而言，它无能为力。基于它古代哲学中的"太一"逻辑的差异，简单地把它称为"唯物主义"，并不能阻止它依然是宽泛意义上的唯心主义。[1]

奥斯本这里提出的，是由赫尔穆特·赖歇尔特（Helmut Reichelt）等人组成的黑格尔-资本论学派（Hegel-Capital school）提出的陈旧观点：马克思的商品逻辑是黑格尔思辨的偶然的历史秘密（contingent historical secret）。不过，只这么说是不够的。首先，马克思主义引证黑格尔，这个行为有其基础性的混含性（fundamental ambiguity）。这样的含混性始于马克思，延至卢卡契和阿多诺。它表现为，黑格尔的辩证过程是解放过程（process of liberation）的神秘化的／唯心主义的表现形式吗？其次，马克思不只使普遍因素历史化（historicizing universals），因为他不仅要分析何以普遍性总是受到特定历史语境的影响，他还要说明何以会有这样特定的时代，在那里，在形式上对所有时代都有效的普遍性出现了。例如，劳动的普遍性只出现——或存在——于资本主义的现实。最后，从马克思到阿多诺，总是有一套命题，被说成是超历史的普遍因素。在 1859 年的《政治经济学批判》序言中，马克思概括了"我的研究的指导原则"："人们在自己生活的社会生产中发生一定的、必然的、不以他们的意志为转移的关系，即同他们的物质生产力的一定发展阶段相适合的生产关系。"[2] 很显然，这段话要说的是超历史的、社会-存

---

1  Peter Osborne, "More Than Everything," *Radical Philosophy* 177 (January/February 2013), pp. 22–23.

2  Marx, "A Contribution to the Critique of Political Economy," Preface, available at www.marxists. org.——作者注。译文见马克思，恩格斯，《马克思恩格斯选集》第 2 卷，人民出版社，1995 年，第 2 页。——译者注

有论的普遍因素（transhistorical social-ontological universals）。阿多诺在《否定的辩证法》中谈及"客观性的优先性"（priority of the objective）时，在他主张非一致性（non-identical）时，这样的表述肯定被视为普遍的存有论的原则（universal ontological principles）。如此原则的真相并不限于特定的历史条件。

接下来，还有另外一个真正的方面。这不仅包括对普遍的哲学范畴所做的历史调停，而且包括哲学自身的"实用"身份。正如阿尔都塞在《列宁与哲学》（*Lenin and Philosophy*）中所言，哲学是"理论中的阶级斗争"，它要有所偏袒，要有实际的介入（practical engagement）。青年卢卡契在以不同的方式说过同样的话语。他那时强调，历史唯物主义不是新的世界观，而是实用性的介入的立场（practical engaged stance）。奥斯本对我的指责是，在我界定唯物主义时，这个维度不见了，因为我把它与唯心主义宣称的大对体在形式上对立起来，把唯物主义界定为对以太虚（Void）为背景的深渊性的多重性（abyssal multiplicity），但又把唯物主义置于相同的冥想世界观（contemplative world-view）之内。[1]事情真的这么一清二楚吗？我以非常特殊的方式解读黑格尔，这解读可以写作历史定位，也进行了历史的调停：今天要重复黑格尔，是因为他的时代和我们的时代都是从旧至新的过渡时代。某个时代正在终结（对于黑格尔来说是前现代，对我们而言是资本主义），但革命的失败清楚地表明，我们不再依赖"新时代即将来临"（New-to-come）的末世论。未来是开放的。

---

1　我与姆拉登·多拉私下交谈时，他提出了一个简单的问题：马克思之前的哲学家真的只在阐释世界而没有改变世界吗？从柏拉图开始，马克思以前的哲学不是也提出过彻底改变世界的方案吗？不妨回想一下柏拉图的叙拉古（Syracuse）之旅。在那里，他想说服当地的暴君狄奥尼修斯进行改革。或许只有黑格尔才是真正的思辨性哲学家，他放弃了全部有关未来的方案，并把自己的思想局限于当时的"灰而又灰"（grey on grey）。悖论在于，正是这个缘故，黑格尔的思想为最激进的改变世界的企图奠定了根基。——作者注。"灰而又灰"作为一个哲学典故，最早可能出自歌德的《浮士德》："一切理论都是灰色的，只有生活之树常青。"黑格尔在《法哲学原理》序言中也谈过这一问题："当哲学用灰色描绘世界的灰色时，一种生命形态就已经老去，借助于灰色，它无法返老还童，而只是引人注目而已。"参见黑格尔，《法哲学原理》，范扬、张企泰译，商务印书馆，1961年，第14页。——译者注

从解放斗争（emancipatory struggle）的观点看，至关重要的是考虑到，在概念（notion）实现的过程中，它会发生变化（变成自己的对立物）。概念越纯粹，逆转就越残暴。这也是为什么马克思"过于（伪）黑格尔化"的原因。他真的把理想化的"综合"看成了对迄今为止全部历史的克服。在一般的形式层面上，让我们设想一个指向自身未来的解放方案的辩证过程，其范例是《政治经济学批判大纲》中提出的历史观。在那里，辩证过程是从实体向被异化的主体（即与它的客体劳动环境割裂开来的主体性）的发展。这一发展以作为非实体性的主体性（substanceless subjectivity）的无产阶级为代表，在资本主义社会达到了顶峰。不过，极端异化已是一个解决方案，因为它打开了克服自身的视角，重新占据其客观环境的集体主体性（collective subjectivity re-appropriating its objective conditions）的视角，但这一次不是通过实体性地沉溺于环境的方式，而是通过声称自己是整个过程的主体的方式，重新占据这个视角的。从严格的黑格尔的视角看，这样的目的论过程将会永远出错，想要达到的目标将会变成想要达到的目标的对立物（如同从革命解放向斯大林主义的逆转证实的那样）。标准的马克思主义式反驳是：这样的逆转是"被异化"的历史所具有的基本特色。在"被异化"的历史中，个人只是坚不可摧的实体性过程的玩物而已。不过，在黑格尔看来，在目标实现的过程中，目标的自我转化并非主体身陷其间的实体性过程的"被异化"特征所导致的结果。[1] 恰恰相反，以为过程被实体性的大对体（substantial big Other）支配，这个看法本身就是意识形态幻觉。因此，黑格尔式的辩证过程的母体（Hegelian matrix of the dialectical process）是，人在实现目标的过程中必须首先失败，随着有意的和解变成它自身的对立物（as the intended reconciliation turns into its opposite），只有在此之后，在某个第二个时刻（in a second moment），真正的和解才会到来。到那时，人把这一失败本身视为成功的形式。

---

1  此语殊为难译和难解，附上原文，供读者参考：“For Hegel, however, the self-transformation of the goal during the process of its actualization is not an effect of the 'alienated' character of a substantial process in which subjects are caught up.”——译者注

在这方面，我们今天处于什么位置？激进的历史反思［哲学必须说明它自身的可能性，说明何以它与它自身的历史星群（historical constellation）契合］依然是必要的——如同福柯所言，每一种思想，即使是对古代历史的反思（就像福柯本人对古希腊伦理学的分析），归根结底也是"现在之存有论"（ontology of the present）。然而，我们的自我反思不再是革命式的反思了。革命式的反思是以卢卡契的《历史与阶级意识》为代表的（积极介入的革命主体具有的实用的自我意识）。我们现在的时刻更像是黑格尔式的时刻：不是极度紧张的时刻——目的论的解决方案迫在眉睫，而是这样的时刻——解决方案已经完成，但完成之后又迷失了目标，目标变成了噩梦。在这个时刻，黑格尔式的问题是，如何依然忠于解决方案的原初目标，如何拒绝重返保守的立场，如何在初次尝试实现目标失败后，或通过初次尝试实现目标遭遇的失败，审视解决方案。当然，黑格尔提到了法国大革命，说它志在实现自由，却导致了革命的恐怖。但黑格尔要努力表明的是，新秩序是如何通过这一失败出现的。新秩序出现后，革命的理想变成了现实。今天，我们发现自己处于与黑格尔酷似的时刻：在 20 世纪初，"新秩序"实现自身计划的企图宣告失败，今天又如何实现？未来的这种不可理喻性——能动者顾及自身行为造成的后果之不可能性[1]——暗示我们，从黑格尔的观点看，革命也必须重演：出于内在的概念性的原因（immanent conceptual reasons），它的首次攻击必须以失败告终，其结果必须与其意图相反，但这次失败是必要的，因为它为克服自己的失败创造了条件。

每个历史情形都包含自身独一无二的乌托邦视角，包含内在的视境——知道问题出在什么地方，包含理想的再现——知道借助于必要的变革，形势可能会变得更好。一旦出现了彻底变革社会的欲望，下列做法就是合乎逻辑的：首先致力于实现这一内在的乌托邦视境——这是它必须以灾难告终的原因。正是在这里，我们还可以发现：一方面，

---

1　这句话的原文是"this impossibility of the agent's taking into account the consequences of its own act"，其大意是，能动者不可能想到自己的行为会导致怎样的后果。——译者注

马克思知道，资本主义已经释放出自我强化的生产力（self-enhancing productivity）具有的惊天伟力；另一方面，他还清楚地感受到，这种动力是由它自身的内在障碍或对抗驱使的——资本主义的终极局限，自我驱动的生产力的终极局限，就是资本自身。资本主义自身的物质条件的发展和革命化，生产力的无条件的急剧增长这个疯狂之舞（mad dance），归根结底只是一种绝望的企图：它要逃避使它自身日益弱化的内在矛盾。马克思得出了这样的结论：新的、更高级的社会秩序（共产主义）是可能的。这样的社会秩序不仅维持而且提高生产力的动力的潜能（potential of the dynamic of productivity）。在资本主义社会中，这种潜能由于其固有的矛盾反复被具有社会破坏性的经济危机所阻碍。简言之，他没有注意到，内在对抗作为生产力的充分布置这一"不可能性之条件"（condition of impossibility），同时还是它的"可能性之条件"（condition of possibility）：如果我们消除了障碍，消除了资本主义的内在矛盾，不仅生产力的驱动力不会得到充分的释放，还会丧失这一动力。这一动力似乎既是由资本主义派生出来的，又遭到了资本主义的横加阻挠。如果我们去掉障碍，那被阻挠的潜能也会烟消云散（对他进行拉康式的批判，这种可能性就蕴含于此，它强调剩余价值与剩余享乐的含混重叠）。

批评的人宣称，这是不可能实现的幻象。他们说的没错。马克思认为，在共产主义的社会，要获得释放的生产力处于资本的框架之外。批评他的人没有注意到，这种设想是资本主义本身固有的幻象，是真正的意识形态幻象。资本主义社会要维持生产力的快速增长，同时又要消除"障碍"和对抗。正如"实际存在的资本主义"（really existing capitalism）的悲惨经验所证明的那样，对于一个强调生产力永远自我强化的社会的有效物质存在而言，"障碍"和对抗是唯一可能的框架。这是资本主义社会革命必须重复进行的原因：只有体验到了灾难，革命的能动者（revolutionary agent）才能意识到第一次努力存在的致命局限。马克思（特别是在他年青时期的文本中）提供了基本的公式，而上述局限就建立这个公式上。幻象出现在一系列隐含的"没有……反而"（instead of）的命题中，而这些命题始于所谓的"正式"事物状态，然后继续描述这一"正常"状态的被异化的反转。下面这些颇具代表性的段落来自马克思的《1844 年经济学哲学手稿》：

> 劳动的现实化表现为非现实化到这种程度，以致劳动者从现实中被排除出去，直至饿死。……对对象的占有表现为异化到这种程度，以致劳动者生产的对象越多，他能占有的对象便越少，并且越加深自己的产品即资本的统治。

> 这一切后果已经包含在这样一种规定中：劳动者同自己的劳动产品的关系就像同一个异己的对象的关系一样。在这个前提下，劳动者耗费在劳动中的量越多，他亲手创造的、与自身相对立的、异化的对象世界的力量便越强大，他本身、他的内部世界便越贫乏，归他所有的东西便越少。劳动者把自己的生命灌注到对象里去，但因此这个生命已经不再属于他而是属于对象了。因此，劳动者的这个活动越大，劳动者便越空虚。他的劳动产品是什么，他就不再是什么。因此，这个产品越大，他本身就越小。劳动者把自己外化在他的产品中，这不仅意味着他的劳动成为对象，成为外部的存在，而且还意味着他的劳动作为一种异己的东西不依赖于他而在他之外存在着，并成为与他相对立的独立力量；意味着它灌注到对象中去的生命作为敌对的和异己的力量同他相对抗。

> （按照国民经济学的规律，劳动者在他的对象中的异化表现如下：劳动者生产得越多，他能够消费的就越少；他越是创造价值，他自己越是贬低价值、丧失价值；他的产品越是完美，他自己越是畸形；他所创造的物品越是文明，他自己越是野蛮；劳动越是有力，劳动者越是无力；劳动越是机器，劳动者越是愚钝，并且越是成为自然界的奴隶。）

> 结果，人（劳动者）只是在执行自己的动物机能时，亦即在饮食男女时，至多还在居家打扮等等时，才觉得自己是自由活动的；而在执行自己的人类机能时，却觉得自己不过是动物。动物的东西

成为人的东西，而人的东西成为动物的东西。[1]

以明确的"没有……反而"（instead of）改述这些段落并不费力：劳动没有表现为劳动者的现实化，反而表现为他的非现实化；对对象的占有没有表现为正常的形态，反而表现为异化；劳动者没有占有他生产的东西，反而他生产得越多，占有的就越少；劳动者没有通过生产文明的物品而使自己变得文明，反而变得更加野蛮；诸如此类。尽管成年马克思重新借助于黑格尔阐述他的政治经济学批判，尽管总体而言他不再使用这一修辞手法，但这一修辞手法还是时时显现，下面这个来自《资本论》的段落就是如此：

> 这种颠倒是价值表现的特征，它使可感觉的具体的东西只充当抽象的一般的东西的表现形式，而不是相反地使抽象的一般的东西充当具体的东西的属性。这种颠倒同时使价值表现难于理解。如果我说罗马法和德意志法都是法，这是不言而喻的。相反，如果我说法这种抽象物实现在罗马法和德意志法这种具体的法中，那么，这种联系就神秘起来了。[2]

不过，在这种情况下，我们应该小心翼翼：马克思不只是在批判作为黑格尔式唯心主义的特征的"颠倒"——这特征表现在他的早期著作，特别是《德意志意识形态》的语体上。马克思的观点并不是："现实"的罗马法和德意志法是两种法律，在唯心主义的辩证法中，法律本身是积极的能动者，是整个过程的主体，它在罗马法和德意志法中"实现了自身"。相反，马克思的看法是："颠倒"是资本主义社会现实的特征。但是，至关重要之处在别处：两种立场——被异化的颠

---

1　Karl Marx, *Economic and Philosophical Manuscripts of 1844*, "Estranged Labour," available at www.marxists.org.——作者注。译文见马克思，《1844年经济学哲学手稿》，刘丕坤译，人民出版社，1979年，第44-48页。——译者注

2　Karl Marx, "The Value Form: Appendix to the First German Edition of *Capital*, Volume 1, 1867," I. §3(c), available at www.marxists.org.——作者注。译文见马克思，恩格斯，《马克思恩格斯全集》（第49卷），人民出版社，1982年，第158页。——译者注

倒以及理应"正常"的事物状态——属于意识形态神秘化（ideological mystification）的空间。也就是说，在事物的"正常"状态下，罗马法和德意志法是两种法律，或者说，在事物的"正常"状态下，劳动者的劳动越强大，劳动者就越强大，劳动者的产品越文明，劳动者就越文明。这时，事物的"正常"状态实际上是被异化社会的日常表象形式，是被异化社会的思辨真相（speculative truth）的"正常"表象形式。因此，渴望彻底实现这个"正常"状态，这渴望本身就是最纯粹的意识形态，只能以灾难告终。为了理解这一点，我们必须引入另一个关键性区分，即下列两者间的区分：一者是"被异化"的情形，在那里，作为活的主体，我们处在虚拟的魔鬼／主人（资本）的统治下；一者是更基本的"被异化"的情形，在那里，用稍微简单点的话说，无人处于控制之下：不仅我们，而且"客观"过程本身，都被"去中心化"了，都充满了矛盾的，或者用黑格尔的话说，埃及人的秘密对埃及人来说也是秘密。

在这里，黑格尔对我们何益之有？他在《法哲学原理》中说过反对"渴望教导世界，让它知道，它应该是什么样子"的名句。但他表达的意思并不像初看上去那么简单：

> 对于这个目的[1]而言，至少可以说，哲学总是姗姗来迟。哲学作为有关世界的思想，直到现实完成了它自身的生成过程并使自身形成之后，才会出现。……当哲学用灰色描绘世界的灰色时，一种生命形态就已经老去，借助于灰色，它无法返老还童，而只是引人注目而已。密纳发的猫头鹰只有等到夜幕降临，才会起飞。[2]

正如皮平所言，如果说黑格尔在这里还有最低程度的一致性，那黑格尔在《法哲学原理》中阐述的国家观（notion of the State）也是如此：

---

1　"这个目的"，指"渴望教导世界，让它知道，它应该是什么样子"。——译者注
2　Hegel, *Philosophy of Right,* Preface, available at www.marxists.org. 中文版见黑格尔，《法哲学原理》，范扬、张企泰译，商务印书馆，1961年，第13-14页。

黑格尔能够阐述国家观，这个事实说明，"夜幕降临"到了被黑格尔的读者通常视为对典型的理性国家的规范性描述之物上[1]。但这是否意味着，在黑格尔那里，毫无有关未来的预示，毫无有关隐约可见的前景的暗示？或许我们应该把列奥·施特劳斯（Leo Strauss）在《迫害与写作艺术》（*Persecution and the Art of Writing*）（1952）中倡导的方法应用于黑格尔。在借助施特劳斯解读斯宾诺莎时，让-克洛德·米尔纳（Jean-Claude Milner）采用了"省略"（*brachylogia*），指通过删减字词而形成的过度简洁的表述方式。在这种情形下，表述需要进行解码，我们必须把需要解码的表述视为残片，视为残缺的措辞，而残缺的部分又至关重要，尽管无法公开读出。不妨回忆一下阿加莎·克里斯蒂的小说的标题——"拇指的刺痛"[2]。它假定，有教养的读者会承认，"拇指的刺痛"一语出自莎士比亚的《麦克白》："我的拇指一阵刺痛，即知将有厄运降临。"[3] 米尔纳以这种方式将斯宾诺莎的座右铭"caute"（谨慎、小心、慎重）解读为古老的拉丁语套语"*si non caste, tamen caute*"（如果你无法保持忠贞，至少要格外谨慎）的一部分。这个套语源自 17 世纪，原本是给僧侣和牧师提出的建议，告诉他们在刚刚强制实施的独身主义这一条件下，如何为人处世。[4] 在这里，批判的锋芒是蓄意为之的，也是当之无愧的，因为正如米尔纳所言："事过境迁之后，历史的文献被化约为献给罗马的颂词。同样，在今天的某些国家，哲学把自身化约为对斯宾诺莎的永恒赞美。我不知道还有什么东西比这更幼稚。"[5]

　　施特劳斯的这个做法还有一个变体，就是把出现在不同地方的残片

---

1　此语殊为复杂，大意谓：1. 黑格尔本人没有从规范性的角度，即从"应该"的角度描述过"典型的理性国家"（model rational state），只谈过"国家观"（notion of the State）；2. 黑格尔的读者通常认为黑格尔以其他方式对"典型的理性国家"做过规范性的描述；3. 现在，"夜幕降临"到了"对典型的理性国家的规范性描述"上，这意味着，理性国家观即将终结，理性国家亦将消亡。——译者注

2　原文为 "By the Pricking of my Thumbs"，又译"煦阳岭的疑云""颤刺的预兆"《拇指一竖""魔指"等。——译者注

3　原文为："By the pricking of my thumbs / Something wicked this way comes." 此语出自莎士比亚《麦克白》第四幕第一场。朱生豪把它译为"拇指怦怦动，必有恶人来"。——译者注

4　Jean-Claude Milner, *Le sage trompeur*, Paris: Verdier 2013, p. 14.

5　Ibid., p. 9.

放在一起解读，好像它们是同一个语句的组成部分。例如，瓦格纳的音乐母题"放弃"（renunciation），我们最早是在《莱茵河的黄金》的第一场中听到的。那时，沃克琳德在回答阿尔贝利希的问题时，透露了这样的消息："只有放弃爱情力量的人"才能拥有黄金。这个母题的第二次出现最为引人注目，那是《女武神》（Walkure）第一幕即将结束时。那时，齐格琳德和西格蒙德得意扬扬地宣布了他们的爱情，然后西格蒙德从树干中拔出宝剑，对剑唱出了"神圣爱情的最高需要"一语。我们如何把这两个事件放在一起解读？如果我们把它们视为一个完整语句的两个残片，同时"梦的运作"[1]又扭曲了这个语句，把它们分割成两部分，因而使得它们难以理解，情形会怎样？答案就是重新构成那个完整的命题："爱情的最高需要就是放弃爱情的力量。"这也是拉康所谓的"符号性阉割"：如果我们依然忠于爱情，那就不应该使爱情成为我们生命的直接焦点（direct focus），我们必须放弃爱情的核心性（centrality）。如果我们以这种方式处理黑格尔呢？且让我们从他对"紧急避难权"（Notrecht）的说明开始[2]：

> 自然意志的各种利益的特殊性，是于综合为单一的整体，就是个人的存在或生命。一旦陷入极度危险，一旦与他人的合法财产权产生冲突，这个生命可能会主张（作为权利而非作为慈悲的）紧急避难权，因为在这种情况下，一方面是人的存在受到无限伤害，进而导致所有权利的丧失，另一方面只是伤害了自由的单一、有限的化身，而且这样做意味着，既认可权利本身，又认可被伤害的人主张权利的能力，因为伤害只影响他的这一财产权。
>
> 评注：紧急避难权是 *beneficium competentiae*（能力限度照顾）的基础。凭借 *beneficium competentiae*，债务人允许保留他的手工工

---

[1] "梦的运作"的原文是"dreamwork"，有时又写作"dream-work"，是弗洛伊德在《梦的解析》第二章中提出的概念，指梦的运作机制。——译者注

[2] 在这里提及黑格尔的"紧急避难权"，要归功于科斯塔斯·杜兹纳（Costas Douzinas）。2013年5月10—12日，伦敦的伯克贝克法学院（Birkbeck School of Law）组织了以"绝对物之现实性"（The Actuality of the Absolute）为题的黑格尔研讨会。斯科塔斯·杜兹纳提交的论文《革命的权利？》（"The Right to Revolution?"）提到了"紧急避难权"概念。

具、家具、衣服，或一言以蔽之，保留他的资源，即他的债权人的资源。保留的资源要足以让他继续维持生活。当然，维持生活是基于他本人的社会地位而言的。

补充：生命作为所有目的的总和，有权对抗抽象的权利。例如，行窃固然侵犯他人财产，但如果唯有偷窃面包才能免于饥饿，那么把这一行动视为偷窃，就会大错大错。一个人遇到生命危险，他要采取行动，以求自保，这时拒绝他这样做，就是对他的污蔑，说他没有任何权利。因为倘若他不这样做，就会丧失性命，他的自由会被彻底灭绝。……

紧急避难权揭露了权利和福利的有限性，因而也揭露了它们的偶然性。权利是自由的抽象化身，不是具体的人的化身；福利属于特殊意志之域，它没有权利的普遍性。[1]

在这里，黑格尔没有谈及人道主义的考虑，人道主义考虑会降低我们的法律热情（如果一贫如洗的父亲为了饿得奄奄一息的儿子偷块面包，我们应该展示慈悲心怀和同情之心，即使他的行为触犯法律）。做此主张的党徒只会把热情局限于与苦难斗争，却不敢触及导致这些苦难的经济法律大厦。这些党徒"只不过证明：尽管他们发出一阵阵带有血腥气的和自以为十分人道的叫嚣，他们还是认为资产阶级赖以进行统治的社会条件是历史的最后产物，是历史的极限。"[2] 马克思过去的抱怨完美适用于当代人道主义者比尔·盖茨。黑格尔在这里提及的是基本的法定权利，这种权利高于其他特殊的法定权利。换言之，我们在此不仅面对生命的需求与事关权利的法律体制之间的冲突，而且面对克服所有其他形式的权利的（生命）权利，也就是说，我们还要面对权力领域内部固有的冲突。只要这种冲突还在表明，有关法定权利的制度是有限、矛

---

1  Hegel, *Philosophy of Right,* Second Part: Morality, § 127-128.——作者注。译文见黑格尔，《法哲学原理》，范扬、张企泰译，商务印书馆，1961 年，第 129-131 页。——译者注
2  Marx, Letter of March 5, 1852 to Joseph Weydemeyer, MECW Vol. 39, p. 58, available at www.marxists.org.——作者注。译文见马克思，恩格斯，《马克思恩格斯全集》（第28卷），人民出版社，1973 年，第 509 页。——译者注

盾和"抽象"的，冲突就是不可回避的和必然发生的。"一个人遇到生命危险，他要采取行动，以求自保（比如为了活命而偷窃必不可少的食物），这时拒绝他这样做，就是对他的污蔑，说他没有任何权利。"——所以，再说一遍，关键并不在于，惩罚合法的盗窃会使主体丧失生命，关键在于，惩罚合法的盗窃会把他从权利之域（domain of rights）中排除出去，会把他化约为赤裸的生命，让他处于法律领域或法制秩序之外。换言之，拒绝他偷窃，这种做法剥夺了主体的拥有权利的权利（right to have rights）。此外，引文中的"评注"部分把这一逻辑运用于债务人的情形，它主张，应该允许债务人保留其资源，而且这资源要足以让他继续维持生活——不仅在苟且偷生的层面上，而且在"他本人的社会地位"的层面上继续维持生活。今天，这一主张与希腊等负债国家中一文不名的多数人的处境高度相关。

　　"省略"法来了。当然，黑格尔没有直接这样做，而且不论他没有直接这样做是有意的还是无意的，都无关紧要。黑格尔曾把"暴民"（rabble）描述为这样一个团体或阶级，他们被有组织地排除在社会认可领域之外。如果我们把紧急避难权与黑格尔对"暴民"的描述放在一起解读，会有什么结果？"人不能对自然主张任何权利，但是一旦社会建立起来，贫困立即采取了不义行为的形式，这不义行为是由一个阶级强加于另一个阶级的。"[1] 在这种情形下，一整类人被有组织地置于苟且偷生的层面之下。这时，反对他们采取行动"以求自保"（"自保"在这种情况下只能是公开反叛既定的法律秩序），就是污蔑他们，否认他们拥有任何权利。那么，普及这种"紧急避难权"，把它扩展到整个社会阶级，剥夺另一个阶级的财产，我们这样做正当吗？尽管黑格尔没有直接回答这个问题，如果我们以施特劳斯的方式重建黑格尔的隐秘的三段论，肯定的答案会不请自至：

---

1　Hegel, *Philosophy of Right,* Third Part: Ethical Life, § 244, Addition.——作者注。中文版参见："没有一个人能对自然界主张权利，但是在社会状态中，匮乏立即采取了不法的形式，这种不法是强加于这个或那个阶级的。"黑格尔，《法哲学原理》，范扬、张企泰译，商务印书馆，1961 年，第 245 页。——译者注

　　大前提：如果个人的生命受到威胁，或他的正常生存已经不再可能，他有违反法律的"紧急避难权"。

　　小前提：在现代社会中，有一整类人被现存社会秩序有组织地创造出来，他们的生存变得不再可能。

　　结论：所以那个阶级甚至比个人更应该拥有"紧急避难权"，反叛现存的法律秩序。

　　简言之，这样解读黑格尔，我们得到的不过是个激进的黑格尔而已。他所告诉我们的，不过是"造反有理！"有关真正主人（true Master）的教益就在于此：真正主人并非纪律和禁令的代理人，他提供的信息不是"你不能！"，不是"你必须……！"，而是当头棒喝："你能！"能做什么？做原来做不到的东西，即做那些在现存星群（existing constellation）的坐标内显现为不可能的东西。今天，这指的是：你可以在资本主义和自由民主政治（liberal democracy）之外，找到我们生活的终极框架（ultimate framework）。主人是隐没的调停者（vanishing mediator），它把你还给你自己，他把你送进你的自由这一深渊（abyss of your freedom）：在聆听真正领袖的教诲时，我们发现了自己渴望的东西，或者说，我们发现了自己早已渴望的东西，只是我们不知道自己的渴望而已。我们需要主人，因为我们无法直接接受我们的自由。要想获得自由，我们需要有人从外部推动我们，因为我们的"自然状态"是死气沉沉的享乐主义的状态，是巴迪欧所谓的"人类动物"（human animal）的状态。这里潜在的悖论是，我们越是作为"没有主人的自由个体"活着，我们就越不自由，越是陷于现存的可能性之框架（existing frame of possibilities）——我们必须在主人的激励和刺激下获得自由。

　　这一悖论已经全面渗入主体性之形态（form of subjectivity），而这种主体性之形态又构成了"随心所欲"（permissive）的自由社会的特征。因为放任自流和自由选择已经成为至高无上的价值观念，社会控制和社会统治似乎不再侵犯主体的自由：主体不得不显现为这样的个人（也由这样的个人来维持）——自己把自己体验为自由的人。在自由的伪饰下显现出来的不自由，呈现出众多的形态：我们被剥夺了全民医保，却被告知，我们正在被赐予新的自由选择（选择我们的保健提供者）；我们不再能够指望被长期雇用，被迫每隔几年就要寻找不稳定的新工作，却被告知，我们正在被给予重塑自我、发现自己潜能的机会；我们不得不为孩子支付学费，却被告知，我们现在有能力成为"自我的企业家"（entrepreneurs of the self），可以表现得像资本家那样，自由地选择投资方式，支配自己拥有（或借来）的资源。在教育、保健、旅游……中，我们时时被强加于人的"自由选择"狂轰滥炸，被迫做出我们通常没有资格做出的决策，或因信息不足无法做出的决策；我们日益把自由体验为负担，并为此焦虑不安。作为被孤立起来的个体，我们无法独自突破这个恶性循环（我们的行动越自由，就越被制度所奴役），因而需要一个主人般的人物（a Master figure），从外部把我们从这个虚假自由的"教条主义梦乡"中"推醒"。

奥巴马首次竞选美国总统时使用的口号是："是的，我们能！"（"Yes，we can！"）不难从中发现真正主人的呼唤之踪迹。一种新的可能性由此形成。但是或许有人会反问，希特勒不是也是做了类似的事情？他向德国人民发出的信息不也是"是的，我们能……"——我们能杀害犹太人、摧毁民主政体、进攻其他国家？缜密的分析立即展示出两者的差异：希特勒绝非真正的主人，而是巧妙地玩弄人民的朦胧欲望的民粹主义煽动家。在这样做时，他似乎是在按史蒂夫·乔布斯的格言行事："很多时候，人们并不知道他们想要什么，直至你把它展示出来。"不过，虽然乔布斯的可议之处甚多，但就他对这一格言的理解而言，他的立场接近于真正主人的立场。当被问及苹果公司做了多少研究来满足用户的渴求时，他厉声回答："没有，一点也没有。了解自己的欲望，不是顾客的事情……我们想要什么，我们自己要搞清楚。"[1]注意这一论证的惊人转向：在否认用户知道自己的渴求后，乔布斯没有以我们期待中的直

---

1 在印度，成千上万的贫困脑力工人（intellectual workers）受雇于他们语含讥讽地称之为"点赞农场"（like-farms）的公司：他们拿着（可怜的）薪水，整天坐在电脑屏幕前面，在要求访问者"喜欢"或"不喜欢"某个具体产品的网页上不断地点击"喜欢"按钮。这样做是为让一个产品显得大受欢迎，由此诱骗无知的潜在用户购买（或者至少进来看看）。它遵循的逻辑是："这么多的用户这么喜欢这个产品，它必有异乎寻常之处！"用户反应的可靠性不过如此而已……［我是从新德里的萨罗依·吉里（Saroj Giri）那里得到这个消息的。］

接逆转继续他的话题，没有说"搞清楚他们想要什么，然后在市场上'把它展示出来'，是我们（这些创意资本家）的使命"，而是说："我们想要什么，我们自己要搞清楚。"——真正的主人就是这样运作的：他不猜测人们想要什么，他只是顺从自己的欲望，让别人决定，是否追随他。换言之，他的力量来自他对自己欲望的忠贞不贰，来自拒绝在欲望的问题上和解。真正的主人和法西斯主义或其他领袖的差异就在于此。这些领袖自称（比人民更清楚地）知道人民真正渴望的东西（对他们真正有益的东西），然后准备把它强加于人民，即使违背他们的意志，也在所不惜。

乌迪·阿洛尼（Udi Aloni）的纪录片《艺术 / 暴力》（*Art/Violence*）是题献给杰宁自由剧院（Jenin Freedom Theatre）的创办人朱利亚诺·梅尔－哈米斯（Juliano Mer-Khamis）的。在该片中，年轻的巴勒斯坦女演员告诉观众，朱利亚诺对她和她的同事意味着什么：他给她们自由，让她们知道自己能做什么，他为他们——来自难民营的无家可归的孩子——提供了新的可能性。这是真正主人发挥的作用，在我们心存恐惧时（害怕死亡是终极恐惧，它使我们成为奴隶），真正的朋友会这样对我们说："别怕，看我的，我来做你不敢做的事情，而且免费——不是因为我必须这样做，而是因为我爱你；我不害怕！"他这样做，使我们如释重负，说明没有什么事情是做不到的，我们也能做到，我们不是奴隶。我们不妨回忆一下安·兰德（Ayn Rand）在其《源头》（*The Fountainhead*）中对霍华德·洛克（Howard Roark）的描述，看他在法庭上对听众产生了怎样的冲击力：

> 洛克站在他们面前，仿佛他们每个人都进入了他纯真的内心。但是洛克就那样站着，面前是充满敌意的人群——他们突然明白了，想恨他是不可能的。一瞬间，他们领悟了他运思的方式。每个人都在问自己：我需要得到别人的认可吗？得到别人认可很重要吗？我被人束缚了吗？在那一片刻，每个人都自由了，自由得足以感受到自己对法庭中每个人的善意。那只是一个瞬间，是洛克发言

前一片沉寂的瞬间。[1]

　　基督就是这样给我们带来自由的：面对他，我们就意识到了我们的自由。这样的主人不是假定知道的主体（subject supposed to know），甚至不是假定自由的主体（subject supposed to be free）。简言之，他不是移情主体（subject of transference）。职是之故，认为他的立场与分析性社会联系（analytic social link）中的精神分析师的立场完全相同，也是错误的。这里要提出的一个简单问题是：为什么主体需要主人，然后才能接受自己的自由？这种做法岂不等于某种语用悖论（pragmatic paradox）：形式（主人给我自由）颠覆了内容（我们的自由）？难道我们不应该接受所有解放运动都在使用的著名格言：自由并不来自仁慈主人的赐予，而只能通过艰苦的斗争来争取？

---

1　Ayn Rand, *The Fountainhead*, New York: Signet 1992, p. 677.

第一部分

超越超验

# 第一章 走向唯物主义主体性理论

## 康德同阿尔都塞

阿尔都塞的意识形态理论一口咬定，下列两者之间存在着分裂：一者是我们的意识形态感觉－经验；一者是外在的物质机器和实践，它支撑着我们的经验。该理论把意识形态过程的两个方面区分开来：一者是外部层面（参与礼仪性活动，把意识形态视为物质实践），一者是内部层面（在询唤的过程认可自己，相信）。尽管阿尔都塞提到了帕斯卡尔，以便把两者架接起来（参与外部仪式性活动，内在的信仰会不请自至），但这两个维度依然彼此处于对方之外。它们的关系是视差的关系：我们要么从外部，透过肢体姿势观察意识形态实践，要么从内部观察意识形态实践，把它视为信仰。两者之间没有中间环节或桥梁。尽管如此，（颇具戏剧性的）喜剧似乎提供了某种中间区域，提供了一个场地，供它们沿着两个方向前行：行动时，仿佛相信自己的行动；相信时，相信自己只需行动。戏剧中的人物在假装相信什么或只是表现得像是相信什么时，会（以自己的外部行为）暴露内在的信仰；反之亦然，在他因为作假而被人揭穿时，实际的信仰会从他相信他拥有的信念中脱颖而出。[1]

那个著名的"恋物癖式否认"的公式——"我很清楚，但是……"——远比初看上去复杂。不妨回忆一下希区柯克的《惊魂记》中的侦探阿博加斯特（Arbogast）遇害的场景：它来得突然，甚至比那个著名的浴室谋杀场景还要突然。[2]后者是完全出人意料的惊奇。在这里，尽管我们知道，惊人的事情即将发生，整个场景的拍摄也是要表明这一点，但在

---

1 我这里依据的是：Mladen Dolar, "Mimesis and Comedy," *Problemi* 5-6 (2012) (in Slovene).
2 我们甚至可能暗示，浴室谋杀是人为设置，只是对乏味剧情（这一威胁）的回应：如果玛丽恩抵制了诱惑，决定返回凤凰城，把偷来的钱完璧归赵，那在她在洗澡时，电影就该结束了。

谋杀发生时，我们还是惊得目瞪口呆。何以如此？答案显然是，因为我们并不真的相信它会发生。我们应该把那个"恋物癖式否认"公式化约为一个重言句（tautology），即用"我很清楚，你爱我，但我还是相信，你真的爱我"代替"我很清楚……（你并不爱我），但我还是相信（你爱我）"。悖论在于，这个重言句彰显出知晓[1]与信仰之间极为纯粹的分裂：如果我已经知道你爱我，为什么我还要相信你爱我？拉康有个著名的表述：丈夫疑心甚重，怀疑太太红杏出墙；即使太太真的与人私通，那他的疑心依然是病。用拉康的这个表述说："我很清楚，我太太对我不忠，但我还是相信她真的对我不忠"，岂不比寻常的"我很清楚，我太太没有对我不忠，但我还是相信她会对我不忠"更加诡异？[2]为什么必须要用信仰补充知晓？会不会是这样的：信仰之所以出现，就是为了补偿知晓的失败？比如，我们信仰上帝，那是因为我们无法绝对肯定上帝存在。答案是"即使我知道，我也并不真的知道"，即知晓没有——也不能——在主观上被接纳（subjectively assumed），它没有（如在拉康有关精神分析师话语的公式中）占据真理的位置。因此，信仰填补知晓自身内的分裂，弥补这个内在的裂缝。所以说，我们在此面对的，不只是知晓与信仰之间的分裂。这道理同样适用于我们在面对生态灾难的威胁时所采取的立场：不是简单的"我知道有关生态威胁的一切，但我并不真的相信有什么生态威胁"，而是"我知道有关生态威胁的一切，但我还是相信存在着生态威胁"，因为我并不接纳我的知晓。阿尔都塞的意识形态国家机器理论（ISAs）忽略的，正是这个内在的分裂。依阿尔都塞之见，把国家与其他社会机器（social apparatuses）区分开来的是：

> 在国家中和以国家的名义运转的一切系统，无论是政治机器还是意识形态机器，都受到了公开武装力量的存在和出现的默默支持。它并不完全可见或被主动使用，它通常是断断续续地进行干预，或依旧处于隐蔽和隐匿状态，但所有这些都进一步证明了它的

---

[1] "知晓"的原文是"knowledge"，这个单词我们一般译为"知识"，但在这里指知道或知晓。——译后注

[2] Simon Hajdini, *Na kratko o dolgčasu, lenobi in počitku*, Ljubljana: Analecta 2012, pp. 196-199.

存在和行动。……必须展示自己的武力，以便不必被迫使用它；……布置（军事）武力，通过恐吓，获得通常要诉诸行动才能获得的结果，就足够了。我们可以走得更远，即，也可以不必展示自己的武力，以便不必使用这种武力。当暴力的威胁或法律的力量迫使某个情形中的行动者（actor）面临明显压力时，那就不再需要展示这种武力了；把它隐藏起来，或许能有更多的收获。1968 年驻扎在朗布耶森林（Rambouillet Forest）树下的坦克就是明证。通过自己的缺席，它们在平息巴黎 1968 年的骚乱时发挥了决定性的作用。[1]

这里首先要注意的是地域的彻底变化。避免直接使用武力，分别在两个层面上进行。当我们从第一个层面转向第二个层面时，出现了地域的彻底变化。首先，展示武力，以便不必使用之；其次，不展示武力，以便不必使用之。在这里，我们实际上面对着某种否定之否定。首先，我们以对武力的纯粹展示取代直接使用武力，因而"否定"了直接使用武力。比如，一旦局势紧张，当局预料会出现暴力示威，于是决定让坦克列队穿过城市的工人阶级驻地，期待此举能够阻止抗议者的抗议。然后，这个"否定"本身又被"否定"，也就是说，虽然当局并不展示武力，但期待此举比公开展示武力产生更大的威慑作用。因为抗议者知道，已有警察（或军事）部队准备与他们对峙，所以，武力的缺席反而使它益发凶狠恶毒和无所不能。[2]第一次否定是在想象的层面上运作的：武力的蛮横使用这个实在界（the real of the brutal use of force）是由迷人的景观构成的，迷人的景观是用来威慑抗议者的。第二次否定是在符号

---

1　Louis Althusser, *Philosophy of the Encounter*, London: Verso 2006, pp. 103-104.

2　还可以把这种区分概括为两个层面的虚张声势的区分。（1）在想象的层面上，我们以壮观的在场（spectacular presence）虚张声势，对武力的公开展示隐藏了下列事实：在壮观场面的后面，根本没有准备出击的实体性力量。（2）在符号的层面上，我们以不以场（absence）虚张声势，给人这样的印象：幕后有军事力量，随时进行干预。我们隐藏了下列事实：根本没有什么东西要隐藏，根本没有准备出击的隐秘力量。还可以把这样的区分应用于美国国家安全局（NSA）之类的国家机构实施的数字控制。在第一个层面上，它们虚张声势，声称有关于我们生活的海量数据，然后小心翼翼地披露一点点儿，给我们留下印象；在第二个层面上，它们虚张声势，摆出了全面控制的架势，而不披露任何具体细节——它们究竟对我们了解多少，我们不得而知，但如此一来，却更具威慑力。

的层面上运作的：只有在差异性这个符号性秩序（the symbolic order of differentiality）之内，"在场－缺席"（使在场有效的正是缺席）才发挥作用，也就是说，缺席也可以算作积极特征，它甚至比在场更强大。[1]阿尔都塞忽略的正是这个真正的符号维度，上面那段引文的一个注释清楚地表明了这一点。在那里，阿尔都塞让我们注意到，佩里·安德森（Perry Anderson）如何把"国家的武装力量的……在场－缺席比作中央银行的货币黄金储备"：

> 一切形式的总体流通（其形式几乎是无限的）的发生，都与市场上的黄金库存无关。尽管如此，如果那些储备不存在，这样的流通就是不可能的。……这些储备"影响市场"，只是因为它们使这个市场（只有这个市场）成为可能，这与警察或武装力量的不可见的在场对局势的影响是完全一样的（不可见？我是不是应该说"被压抑"？——就多数人而言，这的确是正确的字眼，因为他们"并不在乎知道"那些储备的存在和发挥的决定作用）。[2]

从这个例子中，我们清晰地看到阿尔都塞忽略的东西——处于背景上的"一小片实在界"（即武装力量、黄金储备）。说它处于背景上，是因为即使不被动用，它照样发挥作用。其实，即使根本不存在，它也发挥作用。只要人们相信，存在着武装力量，它隐藏在背景上（或存在着黄金储备，隐藏在难以接近的银行金库中），就足够了。因此，处于背景上的、充当着公权力的终极保证和支撑的实在界是幽灵般的实存物（spectral entity）——不仅它不需要在现实中存在，而且如果它真正的出现并直接干预现实，它就面临着丧失力量的危险，因为正如拉康所言，它的无所不能（toute-puissance）必须逆转为一无所能（tout en

---

1　另一个例证：我们做错了事情，预料权威人物会暴跳如雷，对我们大喊大叫。如果他没有勃然大怒，而是保持冷静，那效果可能更加吓人，因为公开的暴跳如雷总会把紧张情绪释放出来——唉，总算过去了，可以喘口气了……

2　Louis Althusser, *Philosophy of the Encounter*, p. 104.

*puissance* )[1]：一个被视为"无所不能"的父亲要想维持自己的"无所不能"，就必须使自己的力量永远处于"潜能"的状态，使之成为引而不发的威胁。完全动用武力，尽管会使他人痛苦，也使自身成为现实的一部分，并因此必然受到限制。……[2]

在其论述意识形态国家机器的经典文本中，阿尔都塞已经强迫症般地重复了有关意识形态（包括军事意识形态、司法意识形态、意识形态机器、制度"机器"和教育"机器"[3] 等）的物质支撑的观点，宣称这一物质支撑一直被马克思之后的同立场者所忽略。传统的观点认为，唯物主义指的是，意识形态（依然以唯心主义的方式被视为"社会意识"的形式，被视为观念的领域，被视为对现实所做的颠倒的、理想的映射）立足于超意识形态的社会（再）生产的物质过程（"存在决定意识"）。这些人所忽略的，是意识形态在意识形态国家机器中的真正物质性存在，是意识形态在由实践和仪式组成的复杂制度性网络中的真正物质性存在。不过，拉康比阿尔都塞走得更远：观念本身有具体的物质性，观念的物质性是"理想"的符号性秩序所固有的，这种秩序不能被化约为意义（的表现形式），却充当着"无意义"的机器。这机器便是大对体，它在制度或物质实践中超越任何具体的物质化：

> 你们意识到了，我的意图不是把它们转变为"微妙"的关系，我的目的不是把信件与精神混为一谈。……我欣然承认，一个灭绝生命，一个给予生命，因为能指——你们或许正在开始理解我的中心大意了——物质化了，成了死亡的例证。但是，我已经强调过的，首先是能指的物质性，那物质性在许多方面都是单一的，是不允许分割的。把一封信切成小碎片，它依然是原来的信件——这可

---

1　Jacques Lacan, *Le séminaire X, L'angoisse*, June 19, 1963.

2　这道理同样适用于黄金储备。假设那些黄金受到了核辐射的污染，再也没有实际用途，但是，如果人们继续认可它们，继续把它们当成参照物，那一切都不会改变。

3　"制度'机器'和教育'机器'"中的"机器"在原文中是"machine"；这是比喻性用法，故加了引号；其他的"机器"在原文中是"apparatus"，此词一般指器具、装置、设备等，但遵照传统，这里仍译为"机器"，如把"ideological state apparatuses"仍译为"'意识形态国家机器'"，这里只是提醒读者注意这两者间的细微差异。——译者注

以借助于潜在的活力论，在与格式塔理论完全不同的意义上说明其有整体观。[1]

这个诡异的"鬼魂中的机器"[2]——拉康称之为能指的自治（autonomy of the signifier），即不受所能约束的自治——具有了最难理解和最为激进的意义，我们应该在这个意义上明确肯定唯物主义：唯物主义不仅是传统意义上的"存在先于意识"——认为观念以物质性的社会过程和生产过程为根基，也不仅是支撑着意识形态的物质（意识形态）机器，而且是理想秩序（ideal order）自身的固有的物质性（immanent materiality）。为了初步理解这种怪异的理想的物质性（ideal materiality），我们不妨看看黑格尔是如何批判康德的。黑格尔的《精神现象学》中有一章专论道德的世界观（moral world view），该章声名远扬，也在情理之中。那一章的主要目的是思考"应然"（das Sollen）问题，即设置一个可望而不可即的理想（inaccessible ideal）的问题。面对这样的理想，我们倾尽全力，但到头来，也只能逐步接近之，不能抵达之。丽贝卡·科迈（Rebecca Comay）使我们注意到这一章的怪异特征：黑格尔对康德的批判充满了激情，几乎到了狂怒的地步，对康德伦理学的漫画般的形象大加嘲弄，嘲弄时使用的词语后来又被弗洛伊德借用（压抑、取代、拒绝等）。黑格尔认为，道德世界观有其固有的不一致性：简言之，道德理想的完全实现意味着道德理想（moral ideal）的自我毁灭。如此一来，道德（morality）不得不希望自己最终失败，因为最终失败是它无限的自我再生产得以进行的前提条件。换言之，黑格尔的看

---

1　Jacques Lacan, *Écrits*, New York: Norton 2006, p. 16.——作者注。参见中文版："你们知道，我们的目的并不是要使这种关系成为'微妙的'关系，我们的意思并不是要将信混同于心智，即使我们由气压来接受信的；我们完全承认它们一个致死一个救活，因为就像你们大概也开始理解的那样，能指是死的动因。然而，如果我们首先强调能指的物质性，这种物质性很不一般，首先是它不能承受分割。将一封信分成小块，它仍然是一封信。但这不是在格式塔理论的整体概念中的那种冲淡了的生机论所能说明的意义上的完整。"拉康，《拉康选集》，褚孝泉译，上海三联书店，2001年，第15页。——译者注

2　"鬼魂中的机器"（machine in the ghost），是对"机器中的鬼魂"（ghost in the machine）的倒装和戏仿，类似于国人常说的"有钱能使磨推鬼"。英国哲学家吉伯特·赖尔（Gilbert Ryle）以"机器中的灵魂"描述笛卡儿的身心二元论，以凸显其荒诞性：身、心各行其是，既不交叉，也不互动，因而不可思议。——译者注

法是，无穷无尽地拖延完美道德世界的到来，这不仅是理想的纯粹性（purity of the ideal）与阻止理想充分实现的经验环境之间的分裂导致的结果，而且是理想自身之内的固有之物，它把矛盾（自我破坏的欲望）注入了它的心脏。

这意味着，存在着扭曲，存在着欺骗、撒谎、制造假象的倾向，它们是语言的固有之物，我们不能将其视为对某种原初规范性（original normativity）所做的第二性的、经验上的腐蚀而不屑一顾。在这方面，哈贝马斯的"交往理性"（communicative reason）是标志性的：既然人类有能力保持理性，交往行动（communicative action）当然是可能的，但这种理性（rationality）不再是传统类型的理性：既不是宇宙固有的理性结构（像在亚里士多德式的传统中那样），也不是康德超验主体的先验理性（the rational a priori）。哈贝马斯知道，在今天，这样的哲学"基础主义"（foundationalism）已经不再可能，于是把理性视为语言固有的能力（capacity），特别是以论争形式（form of argumentation）呈现出来的语言固有的能力。因此，他把超验视域（transcendental horizon）重新阐述为互为主体性言语的先验语用性（pragmatic a priori of intersubjective speech）：所有的言语行为（speech acts）都含有内在的相互理解目标（inherent goal of mutual understanding），人类也有促成这种理解的交流能力（communicative competence）。论争言语（argumentative speech）依赖于内在的规范性，即强制力量的缺席、论争者对理解的相互探寻、强迫论争者更好地论争的力量。这种内在的规范性使得交流成为可能。就这样，哈贝马斯竭力为人类解放这一目标奠定根基，竭力维持普遍主义的伦理框架：他谈论的规范性不是外在的理想，而是我们参与语言的互为主体性（linguistic intersubjectivity）这一行为所固有的。

在我向他人发话或与他人谈话时，我就做了这样的暗示：我遵守规范，即使我故意违反规范，也是如此。语言固有的这一先验语用性（pragmatic a priori）是不可化约的［"无法绕过的"（*unhintergehbares*）：我们无法走到它的背后］。说它不可化约，是在严格的超验意义上说的：我们无法把语言固有的这一先验语用性建立在"更深"的实证性（positivity）的基础上，比如，我们不能以进化生物学解释，何以人类动物确立了互为主体的话语规范性（discursive normativity）。我们不能这样做，是因为为了提供这样的说明，我们已经不得不依赖互为主体空间的论争性规范性（argumentative normativity of intersubjective space）了。之所以如此，是因为每个科学解释都是以这样的论争方式进行的。在哈贝马斯看来，语言的所有其他用途（撒谎、欺骗、装模作样、勾引他人等）都是衍生出来的，都是对内在规范性所做的第二性的、经验性的扭曲，都是以权力关系和支配他人为条件的，是以追求私人利益为条件的。

拉康可能也会这么说。他曾经宣称，大对体是去中心化的真理场所（decentered site of truth），即使我们撒谎，它也照常运作：只有以提涉真理为背景，我们才能撒谎。不过，拉康引入了一系列的复杂问题。首先，他把大对体理解为真理的场所，他的这一理解超越了标准的真理观——真理是与事实相符。他最喜欢的例证是犹太人讲的那个古老笑话："你告诉我说，你要去克拉科夫，不去伦贝格，为什么你真的去了克拉科夫？"在这个笑话中，谎言采取了事实性真理（factual truth）的形式。两个朋友已经建立了潜规则（implicit code）：当你要去克拉科夫时，你要说你去伦贝格，反之亦然。在这个空间里，实话实说等于撒谎。格劳乔·马克斯（Groucho Marx）在《鸭羹》中的著名台词遵循的是同样的逻辑："他可能看上去像傻瓜，说起话来像傻瓜，但你千万别上当——他真的是傻瓜！"如果这种情形显现为古怪的例外，想想那些我们有口无心、随便说说的日常礼貌用语吧。但在回应这些用语时，如果真的认真起来，被问候者完全有权利这样回应："你见到我真的很高兴，为什么你嘴上还要说，你见到我很高兴？""你真的想知道我身体好不好，为什么你还要问我，我的身体好不好？"

举个更残忍的例子吧。我遇到一个熟人，我知道他得了癌症，而且已到晚期，但出于礼貌，也为了使他振作起来，我告诉他，他比我上次见到时气色好多了。不过，我不知道的是，他的癌症已经有了奇迹般的好转，仔细端详，也会发现他的气色真的很好。他当然把我的恭维当成了纯粹的礼貌，而我的礼貌意味着，其实我觉得他已经病入膏肓。在这种情形下，他完全可以这样回答："我真的气色很好，你为什么还要说我气色很好？"出于这个原因，那些"空洞"的礼貌姿态——我有口无心地说出来的东西——涉及符号性交换的内核，涉及真正的人类交流的内核。这与指示符号的交换（exchange of denotative signs）完全相反。蜜蜂跳出复杂的舞蹈动作，为的是向其他蜜蜂发出信号，告诉它们，带有花蜜的鲜花在什么地方。如果人类跳出这样的舞蹈动作，不会冒出一连串的问题：他为什么要这样做？是给我下命令，宣告他是主人？向我示爱？警告我，这里有危险，那里趴着一只蜥蜴？

　　一个新的地带呈现在我们面前。这个地带充斥着字面意义上的"谎言"、欺骗、装模作样，但装模作样是与语言相伴而生的，而且已经把自身刻入语言，成了语言的本质，而不只是对固有规范性（immanent normativity）的次要扭曲。甚至连康德这个唯一主张超验规范性（transcendental normativity）的思想家，也在其晚年论述人类学的著作中开始面对这个诡异的"真挚谎言"领域。这个领域迫使我们重新思考有关规范性的整个话题，有关理想逐渐实现自身的整个话题。抵抗理想完全实现自身的，并非经验上的惰性（empirical inertia）。抵抗已被刻入理想概念（notion of the ideal），已经成为理想概念固有的非一致性、内在分裂，或者用黑格尔的独一无二的用语说，已经成为理想概念对自身的"绝对反冲"。不纯不只是经验上的瑕疵，它还是先验性的、超验性的。例如，语言从来都不能直接地不真挚，它总是不得不违反这一规范。这个事实是一个先验特征，正是这个特征构成了符号性秩序的领域。尽管这一重新刻入（把对概念的经验性扭曲重新刻入概念的内核，使之成为固有的自我扭曲）是黑格尔的辩证反思的基本步骤，我们还是能够在康德那里看到它的轮廓。米歇尔·福柯已经指出了这一点。

　　康德的最后一部重要著作是《从实用观点看人类学》（*Anthropology from a Pragmatic Point of View*），该书写于 1798 年。福柯把它译为法文，并写了一篇引介式的论文，题为"康德的《人类学》引论"（"Introduction to Kant's *Anthropology*"）。福柯宣称，康德在其《人类学》中把经验的可能性之条件（超验主体性）交还给了主体的经验存在。在试图回答"我们如何体验世界"的问题时，康德把人类视为经验客体。不过，因为在康德看来，超验主体是知识的起点，是先于任何经验知识（empirical knowledge）又构成了经验知识的先验（a priori），所以无法把它当成知识的客体来研究：如果它是经验知识的客体，那它就只能作为现象性现实（phenomenal reality）存在，并因此已经在其超验的维度上由自身构成。福柯于是批评康德，说他必然在超验（the transcendental）和经验（the empirical）之间摇摆不定：所有的经验内容都已被超验性地构成（transcendentally constituted），而超验主体又需要经验的根基。[1]

福柯想把康德人类学中存在的张力化约为超验与经验的分裂（"超验-经验"二元组），也就是说，把康德谈及的语用维度（pragmatic dimension）解读为"视人类为经验性尘世存在"（empirical worldly beings）的维度。但福柯没有达到目的。即使随手翻翻康德的著作，也能看得清清楚楚：康德的立意并不在此。康德要处理的既不是社会-符号互动（social-symbolic interaction）的、社会角色扮演的、遵守文明礼貌规则的主观维度（"主观"是在超验自由和自治的意义上说的），也不是它的客观维度（"客观"是在现象因果关系之经验领域的意义上说的），而是我们今天所谓的"述行"（performative）维度。在这里，奇怪的因果关系出现了。不是有关坚硬的经验事实的因果关系，而是有关彬彬有礼地撒谎和制造幻觉的因果关系，是有关"表面"礼节的因果关系，是有关纯粹装模作样的因果关系，一言以蔽之，是有关卡尔·波普尔所谓"第三世界"和拉康所谓"大对体"的因果关系。它处在真挚谎言的层面上，处在维持表象的层面上。在这个颠三倒四的世界上，骗人者被人骗，通往内在道德纯真性（inner moral authenticity）的唯一出路是虚伪的伪装。难怪在《人类学》中一个题为"可容许的道德表象"（On permissible moral appearance）的小节中，我们遇到了一个始料不及的康德，一个远离"康德式"道德严格主义（moral rigorism）和道德主义（moralism）的康德，一个厕身于自帕斯卡尔至阿尔都塞的谱系的康德：

> 整体而言，人类越文明，就越会成为演员。他们接纳了关爱他人、尊重他人、谦逊、无私等幻觉，又绝对没有骗人，因为人

1　Michel Foucault, *Introduction to Kant's Anthropology from a Pragmatic Point of View*, Los Angeles: Semiotext(e) 2008. 福柯在《词与物》（*The Order of Things: An Archaeology of Human, Sciences*, New York: Vin tage Books 1994）中对"超验-经验"二元组进行了深入的探讨。

人都理解，这样做，并不出于真心实意。这种事情出现在世界上也挺好，因为人类在扮演这些角色时，美德（其幻觉会在相当长的时间内产生影响）会被真正逐渐唤醒，慢慢融入人类的气质（disposition）。——欺骗我们身上可欺骗的东西，欺骗我们的倾向，就是在怀有美德的律法之下，重新回到俯首帖耳的状态；这也不是欺骗，只是我们自己的天真的幻觉而已……

为了拯救美德，或至少引导人类去拯救美德，自然已经聪明地把自愿允许自己被骗的倾向植入人类的内心。善、可敬的庄重是外部表象，但它把尊重注入他人心中（这样一来，他们对别人不会表现得过于亲昵）。这倒是真的：如果男性不装模作样地向女性表示敬意，不夸赞她的魅力，女性就会感到不满。但将把激情隐藏起来的谦逊（pudicitia）、克己作为幻觉，还是大有裨益的。幻觉使一种性别与另一种性别保持距离，要想不使一方沦为另一方榨取快感的纯粹工具，这个幻觉是不可或缺的。总而言之，无论什么东西，只要被称为行为举止得体（decorum），都是一样的，即是说，都不外乎美丽的幻觉。

礼貌（politesse）是和蔼之假象，但它讨人喜爱。鞠躬（恭维）和所有的温文尔雅的殷勤，加上对友谊所做的最温馨的口头保证，可以肯定并非总是诚实的（"我亲爱的朋友：天下根本没有朋友这回事。"——亚里士多德）；但这也正是它们并不骗人的原因，因为人人都知道该如何理解它们，尤其是因为这些善意和尊重，尽管首先是空洞的，逐渐会引导这种类型的真实气质。

所有的人类美德都是市面上的小面额硬币，只有孩子才把它们当成真金白银。有点小面额硬币总比一文不名好，终有一日，集腋成裘，它们能变成真正的金币，尽管要丧失很多小面额硬币。……即使别人的善意只是幻觉，对我们而言也必有价值，因为相当严肃的事情会最终脱胎于这种装模作样的表演（通过表演获得了尊重，而不必力争）。[1]

---

1　Immanuel Kant, "Anthropology from a Pragmatic Point of View," in *Anthropology, History, and Education*, Cambridge: Cambridge University Press 2007, pp. 263-264.

与一味地赞美"空洞"的卖俏和殷勤（它们掩盖了勾引他人的目的）相比，康德甚至走得更远，提供了其他惊人的细节，比如因为学会了谈话的艺术而庆祝（学会了这样的艺术，在与他人共餐时能够妙语连珠），同时声讨单独进食，视之为没有文化的行为。

礼貌的这个特定维度位于纯粹内在道德（inner morality）与外部法律（external legality）这两个极端之间。这两个极端都是以精确的概念性方式（conceptual way）建构起来的：只有当主体的动机是未受病态考量污染的、纯粹的义务时，他的行为才是道德的；只有当主体的外部行为没有违反任何法定禁令和条例时，他的行为才是合法的。尽管如此，礼貌既比纯粹的遵守法律多，又比纯粹的道德行为少。这是一个含糊不清、暧昧不明的领域，在那里，我们没有真的被迫做什么（我们无所事事，也不违反任何法律），尽管如此，我们还是被期待着有所作为。[1] 我们在此面对的是隐藏不露、心照不宣的规约（regulations），是圆通老练的问题，是主体通常与之结成非反思性关系（non-reflexive relationship）之物。它是我们的自发感性（spontaneous sensitivity）的一部分，是有关习俗和期待［习俗和期待构成了我们代代传承的风俗实体（substance of mores）］的浓厚肌质（thick texture）。如此说来，这个领域是最为纯粹、至为典型的意识形态领域——它是我们在日常互动中自发呼吸的空气，我们以这样的态度待之——把这种态度视为不言而喻的既定之物。用阿尔都塞的话说，它是意识形态机器和意识形态实践的领域。用康德的话说，这个领域允许个人使其抽象的道德规范和法律规范"图式化"，使这些规范成为他们日常经验的一部分。

要想证明这一点，回想一下政治正确（political correctiveness）陷入的僵局就可以了。对于政治正确的需要，产生于不成文的风俗不再能够有效地调节日常互动之时。这时，我们以显性规则（explicit rules）代替一直以非反思性方式遵守的自发性习俗："黑人"变成了"非裔美国人"，"肥胖"变成了"在体重方面受到挑战"（weight-challenged），等

---

1　这也是国人常说的"帮你是情分，不帮是本分"的那个领域：不帮你，不违反任何法律；尽管如此，我们还是被期待着去帮助他人。——译者注

等。如此运作的主要受害者正是"真挚谎言"（sincere lies）之秩序、装模作样之秩序：在政治正确的话语机制下，单纯遵守外部的礼貌规则已经不够，我们被期待着"真挚"地尊敬他人，时时留意他人内心信念的真挚性。简言之，在被推向极致后，政治正确的态度类似于原精神错乱的妄想狂（proto-psychotic paranoid）的态度，他总是怀疑每个小小礼貌行为的真挚性：用"你好，见到你很高兴！"问候他，他的反应是："你见到我真的很高兴，还是你只是个伪君子？"

康德的推理思路（line of reasoning）暗示我们，经验人类学知识以及基于这一知识的务实指引（practical guidance）能够对自由的、自治的道德主体的行动产生影响，被文化、文明和风俗包围的经验因素（empirical factors）能够影响道德的状况（moral status），至少能够促成某种形式的道德进步。如果有人扮演有德之人（virtuous man）的角色，那在他身上显现出来的美德之表象（appearance of virtue）就能逐渐成为他的气质的一部分：伪装出来的美德能够带来名副其实的美德。[1]文明的社会交往，尽管还谈不上美德，却是美德的践行和养育：在他人面前，以文明的方式为人处世，就会变得更加温文尔雅，并在细微之处施以善行。

> 尽管［供人娱乐的图书中的］魅力和激情被急剧夸大，它们仍然通过把充满动物倾向（animal inclination）的客体转换为拥有精致倾向（refined inclination）的客体，并改善人们的情感；人由此变得乐于在原则上接受美德的驱动力量。它们还有直接的用途，可以用于驯服他们的倾向（inclination），使人们变得更文明。我们越是剔除粗糙元素中的杂质，人性越是变得纯净，人就越有能力感受美德原则的驱动力量。[2]

简言之，喜爱善的幻觉的人最终会被争取过来，真的喜欢善了。但

---

1　这类似于国人所说的"一个装了一辈子好人的人就是一个好人"。——译者注
2　Immanuel Kant, *Lectures on Ethics*, Cambridge: Cambridge University Press 1997, p. 210.

是，从喜爱善的幻觉走向喜爱善本身，这怎么可能的呢？如果某人喜爱善的幻觉并在社会交往中据此幻觉行事，他就能够欣赏幻觉的价值，并为善的缘故而喜爱善。与此类似，从旁观者的角度看，喜欢他人展示出来的善的幻觉，会使我们为了变得可爱而举止文雅，会使我们保持自制，控制我们的激情，最终为了善的缘故而喜爱善。从这个意义上说，颇具悖论意味的是，通过表现得彬彬有礼和制造社会假象欺骗他人，我们其实是欺骗了自己，把我们实用的、儒雅的行为转化成了美德行为（virtuous behavior）：通过以美德假象（pretence of virtue）欺骗他人，我们促成了民权社会（civil society），而且在这样做时，通过把我们的美德假象转化为追求美德的气质，我们欺骗了自己。难道这个思路没让我们想起帕斯卡尔给不信神的人提供的建议？那些不信神的人愿意信神，但无法完成信仰的飞跃（leap of faith）。帕斯卡尔给他们的建议是："跪下，祷告，做得就像你信神一样，如此一来，信仰就会不求自至。"

当然，细察之下，我们很快发现，事情远为复杂，意识形态仪式（ideological rituals）也以更加扭曲的方式发挥功效。且以询唤（interpellation）为例。阿尔都塞的这个例子包含的内容，多于他自己的理论化从中斩获的东西。阿尔都塞设想有一个人，漫不经心地走在街上，突然有个警察厉声喝道："嘿，你！"通过回应警察的大呼小叫（停下脚步，转过头来，面对警察），那个人把自己识别-构成为权力的主体，大他者主体（big Other-Subject）的主体[1]：

　　[意识形态]通过我所谓的询唤或叫喊（hailing）这个精确的操作，把个人"转化"为主体（它把所有的个人转化为主体），可以把这种操作设想为类似于最寻常的普通警察（或其他人）的叫喊："嘿，你！"

　　假定我想象的那个理论场景（theoretical scene）就设在街上，被叫喊的人会转过身来。通过这个单纯的180度的身体转向，他成

---

1　"权力的主体"（subject of Power）中的"主体"（subject）实为"臣民"或"臣属"，而非一般意义上的"主体"。为了尊重传统，也为了译文行文前后一致，还是译为"主体"。——译者注

了主体。为什么成了主体？因为他已经承认那叫喊"的确"是发送给他的，他还承认"被叫喊的那个人的确是他"（而不是别人）。经验表明，叫喊的实际传播就是这样，很少能让被叫喊人错过：无论是用嘴喊，还是吹口哨，被叫喊的人总是承认，被叫喊的人的确是他。这个现象真是奇怪，不能单凭"罪恶感"来解释，尽管大多数人都"做过亏心事"。

当然，为了我的小理论剧的便利和清晰，我不得不按事件的顺序，从头到尾，并依时间的前后来说明问题。有个人走在街上。从某个地方（通常是在身后）传来一声叫喊："嘿，你！"一个人（十有八九就是被叫喊的那个人）转过身来，相信/怀疑/知道，叫的是他，也就是说，承认被叫喊的那个人"正是他"。但其实呢，这些事情的发生有些随机性。意识形态的存在和把个人叫喊或询唤为主体，两者完全是一回事。[1]

在这段文字中，首先要注意的是，阿尔都塞暗中提到了拉康有关信件的命题：信件"总是抵达其目的地"。询唤性的信件（interpellatory letter）不会被它的接收者错过，因为它具有"无时间性"（timeless）的特征，只有接收者认可/接受它，它才成其为信件。不过，上述引文至关重要的特色是在其中运作的双重否认：否认以"罪恶感"对询唤性认可（interpellative recognition）的解释，以及否认询唤过程的时间性（严格说来，个人没有"成为"主体，他们"总是已经"成了主体）。[2]我们可以借用弗洛伊德所用的术语解读这一双重否认：询唤的"无时间性"（timeless）特征所凸显出来的，是某种非时间性的序列性（atemporal sequentiality），它比阿尔都塞以"便利和清晰"为可疑借口而设置的"理论剧"要复杂得多。这个"被压抑"的序列（sequence）涉及纯粹形式上的、"非病态"的罪恶感（"非病态"是在康德所赋予它的意义上说

---

1　Louis Althusser, "Ideology and Ideological State Apparatuses," in *Essays on Ideology*, London: Verso 1984, p. 163.
2　我在这里延续了我在下列著作的第三章中对阿尔都塞的意识形态概念所做的批判性解读：Slavoj Žižek, *The Metastases of Enjoyment*, London: Verso 2006。

的），涉及一种罪恶，正是由于它是罪恶，它对那些"从未做过亏心事"的人带来了极其沉重的压力。也就是说，个人对警察的"嘿，你！"的第一个反应是两个因素的矛盾结合。首先，他在想："为什么叫我？这个警察想从我这里得到什么？我是清白无辜的，只是出来散个步，也不碍别人什么事。"其次，对清白无辜的困惑主张[1]总是伴随着难以确定的卡夫卡式的感觉——"抽象"的罪恶感，即这样一种感觉：在当权者眼中，我先验地罪孽深重，尽管我不可能知道自己因何罪孽深重，而且因为如此，我更加觉得自己犯了滔天大罪，或者干脆直言不讳，正是因为我对自己所犯的罪一无所知，所以我才真正犯了罪。[2]

因此，我们在此看到的，是拉康式主体的完整结构：主体被清白无辜和抽象的、难以确定的罪恶所撕裂，面对着大对体发出的不透明呼叫（non-transparent call），主体不知道，大对体究竟想从他那里得到什么（"*Che vuoi?*"[3]）。简言之，我们在这时遇到的，是先于认同的询唤。在认可大对体的呼叫之前（正是通过认可大对体的呼叫，个人才把自己构成了"总是已经"成了主体的主体），我们被迫承认这个"非时间性"的僵局瞬间（instant of the impasse）。在那里，清白无辜和难以确定的罪恶吻合：只是作为对这个僵局的回应，意识形态的认同（ideological identification）出现了。通过意识形态的认同，我接受了符号性的委任（symbolic mandate），承认自己是权力的主体。

在阿尔都塞的询唤理论中，"未曾思考"的是下列事实：在意识形态性的认可（ideological recognition）之前，我们有个中间时刻，在那个时刻，我们接受粗暴、费解的询唤，但又不认同它。这个时刻是隐没的调停者（vanishing mediator），如果主体想获得符号性身份（symbolic identity），想完成主体化姿势（gesture of subjectivization），

---

1　"对清白无辜的困惑主张"，意谓：我是清白无辜的，没违法，没犯罪，我主张这一点，但警察为什么叫我呢？难免感到困惑。——译者注

2　我在此受益于亨利·克雷普（Henry Krips）在其杰出的未刊稿《阿尔都塞和拉康的主体》（"The Subject of Althusser and Lacan"）中的敏锐观察。

3　"*Che vuoi?*"，意大利语，意为"你想要什么？""你想干什么？""你想怎么样？""你想要我怎么样？"。它是拉康在《主体之颠覆与欲望之辩证》（"The Subversion of the Subject and the Dialectic of Desire"）一文中提出的。——译者注

消失中的调停者就必须处于隐匿状态。简言之，阿尔都塞"未曾思考"
的是，总是存在着一个诡异的主体，它出现在主体化姿势得以完成
之前。

　　承认阿尔都塞曾经两度失败，至关重要。他的第一次失败是，没能
清楚地发现大对体的非物质性的"物质性"；他的第二次失败是，没能
把握询唤的复杂性。这是一枚硬币的两面。阿尔都塞在描述询唤的过程
时所遗漏的，是出现在主体化、符号性认同之前的主体，这个主体实际
上是实在界对符号性询唤的回应。同时它还代表着实在界，而实在界不
只是物质性的意识形态实践（material ideological practices）的产物，它
还与"非物质"的大对体密切相关。正是因为这个诡异的主体的过度[1]，
规训和教育才是必不可少的。或者回到帕斯卡尔那个有关祷告的例子，
我们可以提出下列问题：谁让我们祷告？这又把我们带到了另一个关键
问题上：接受规训和教育的实存物（entity）是什么？康德似乎认为，这
个实存物是我们的动物天性（animal nature）：

　　　　规训或教育把动物天性转化为人的天性。动物因其本能，已经
　　成其所成，能其所能；外部智慧已经为它照料一切。但是人需要自
　　己的智慧。人没有本能，必须亲自动手，为自己的行为制定计划。
　　不过，因为人不能立即做到这一点，因为人在来到这个世界时还处
　　于原始状态，别人必须为他代劳。[2]

　　人需要规训，不仅是因为人缺乏牢固的本能根基（这是从消极的一
面而言的），而且因为人展示了"非自然"的野性（savagery），或对自
由的激情（这是人类特有的）：

　　　　野性独立于法律。通过规训，人类屈从于法律，并首先感受到
　　自身的限制。因此，举例说吧，把儿童送进学校，不是让他们在那

---

1　这里的"过度"（excess）指行为放肆。——译者注
2　Kant, "Lectures on Pedagogy," in *Anthropology, History, and Education*, p. 437.

里学到多少知识，而是让他们慢慢适应那里的生活——安静地坐着，随时留意别人对他们说了些什么。如此一来，在未来，他们就不必真正地、立即地把他们遇到的每个概念付诸实践。……现在，凭借天性，人类就有了对自由的强烈偏爱。爱得久了，成了习惯，就会为其牺牲一切。[1]

这个诡异的"野性"的外表采取的主导形式是激情（passion），即对一个特定选择的依恋；对它的依恋是如此的强烈，人类不再拿它与其他可能的选择进行理性的比较。在激情的迷惑下，我们无论付出多大的代价，都不放弃自己的选择："在做某个选择时，出现一种倾向，它阻止理性把它与所有其他的全部倾向做比较，这种倾向就是激情。"[2] 如此说来，激情在道德上理应被谴责：

> 激情比所有那些短暂的情绪都更糟糕，因为短暂的情绪至少能激发较好的解决办法；激情是一种依恋，它还拒绝对自身的康复。……对于纯粹的实践理性而言，激情还是癌症般的溃疡，而且在大多数情况下是无法治愈的，因为病人不想得到治疗，逃离了原则的领地。凭借原则，这病是可以治疗的。[3]

而且，如同题为"论对作为激情的自由的倾向"[4]的那一小节告诉我们的，"对于自然的人类（natural human being）而言，这在所有的倾向中最具暴力性"。[5] 如此说来，只有人类才有激情：动物没有激情，只有本能。康德所谓的这种野性是"不自然"的。这是在下列意义上说的：它似乎打破或悬置了决定所有自然现象的因果链。仿佛因其骇人的现

1　Kant, "Lectures on Pedagogy," in *Anthropology, History, and Education*, p. 438.
2　Kant, "Anthropology from a Pragmatic Point of View," p. 367.
3　Ibid., p. 368.——作者注。引文有误，已根据作者引用的原文更正。——译者注
4　"论对作为激情的自由的倾向"，原文为"On the inclination to freedom as a passion"。它包含三层意思，而且三层意思逐步递进：（1）"自由作为激情，或者说，自由即激情；（2）有人倾向于（喜欢）作为激情的自由，而不是那种平平淡淡的自由；（3）作者要论的正是这种倾向。——译者注
5　Kant, "Anthropology from a Pragmatic Point of View," p. 369.

身，本体的自由（noumenal freedom）在我们的现象世界（phenomenal universe）蒸发了片刻时间。

## 被迫的自由选择

这个在《人类学》显现出来的康德，这个"阿尔都塞式"的康德，只是康德以某种"图式化"（schematization）将其伦理学运用于经验现实导致的结果吗？或者，这结果迫使我们改变了对康德伦理学自身的认识吗？让我们从一个出人意料的例子开始。这个例子事关当代生活中的激情。把不顾一切地投身于电脑游戏视为病态的痴迷，说这种痴迷只代表着强迫症一般地接受商业化的通俗文化的奴役，进而加以谴责，实在是不费吹灰之力之事。不过，当我们看到（比如说吧，首尔的）青少年玩集体游戏，而且一玩就是几个小时甚至几天几夜时，我们相当羡慕，把他们视为这样的典范：专心致志地自我规训，集中精力参加能够带来快乐的活动。它似乎是圣罗耀拉[1]精心阐释过的精神操练（spiritual exercises）的当代版。或者用福柯的话说，要想不再被匿名的社会机制控制和规训，唯一真正的选择就是同样残酷的自我规训和训练。如此参与集体活动，既事关极其理性的自我控制，又事关极其深刻的狂喜经验（ecstatic experience）。不是我行动，是大对体通过我而行动。从这个意义上说，如同罗耀拉所言，我是"带着上帝的恩典"在行动。

耶稣会的精神操练的目的，是使主体确立"辨别能力"（*discretio*），即辨别善灵与恶灵（good and evil spirit）的能力。一边是积极行善，一边是屈从卑劣，我们的灵魂总是被这两者撕裂。通过谦卑、无私的操练，我们能够规训自己，学着走正道，并因此带着上帝的恩典行动。这里特别引人注目的，是入神之冥思（ecstatic contemplation）与伦理性介入（ethical engagement）、神秘体验和理性实践的联系：目标是带着上帝的恩典行动，而不是把自己拉入对神性

---

1　圣罗耀拉（Saint Loyola），西班牙人，耶稣会创始人。他曾在罗马公教会推动改革，以对抗由马丁·路德等人所领导的宗教改革，主张祷告灵修及默想，将军事管理、神秘主义及修道主义熔于一炉，写过《精神操练》（*Spiritual Exercises*）。——译者注

（the divine）的神秘体验。带着上帝的恩典行动，并不涉及某种被动的
投降，即允许自己接受外力（higher hand）的引领；相反，应该把操
练理解为主观的伦理思想方法，如此一来，在判断踏上哪条道路更能
增加上帝的荣耀时，我们要依靠自己的辨别能力。不妨在此回顾巴迪
欧的命题：理念（Idea）能使我们引入恰当的差异，画出区分线（line
of distinction）。谁也无法为区分的公正性（rightness of distinction）提
供超验的保证，因为辨别这一行为（act of discerning）具有帕斯卡尔
式打赌（Pascalian wager）的自我参照结构（self-referential structure），
它自己为自己的正当性创造条件。于是，我们锁定了神的恩典的确切
位置。问题并不在于，知识受到限制的主体不得不通过猜测，制定
正确的决策，并在这样做时需要得到神的帮助，得到早已知道答案
的上帝的暗示。问题在于，在做出决定之前，根本就没有正确的决
策，如果我们的行动想要成功地创造自身成功的条件，是离不开"恩
典"的。[1]这里存在的悖论与新教中的预定论（Predestination）存在的
悖论完全相同。[2]笛卡儿显然认识到了这一点，因为他注意到，宿命论
（fatalism）和激进自由（radical freedom）形影相随。

> 笛卡儿提出的观念如下：我们必须假设，一切都已被预先
> 决定，尽管我们从来都不知道，将来也不会知道，一切都是怎
> 么被预先决定的。这种心理倾向是唯一能使我们避免接受唯心
> 主义立场的心理倾向，是唯一能使我们避免接受下列观念的心
> 理倾向：我能够决定一切，一切尽在我的掌控中，或自由是我
> 的能力[3]。这样做，首先使我们不再把自由等同能力，其次使我们

---

1　这句话的意思是：我们的行动决策是否正确，只有在行动有了结果后才能得知，才能回溯性
地"知道"。我们现在采取行动，不知道将来能否成功，现在只能创造确保我们成功的前提条件。
但即使要创造这样的条件，也需要神的"恩典"。——译者注
2　我们可以把预定论视为这样的尝试：把人化约为孱弱的傀儡，听从上帝做出的不可捉摸、随
心所欲的决定的摆布。但在这样做之前，我们需要问："预定论"相当于什么？相当于：没有贸
易，没有以牙还牙，没有人类与上帝的交易。一想到我们能否得到拯救取决于我们是否积德行善，
那些善行顿时丧失了伦理性，成了商业行为（"如果我积德行善，我会在死后得到真正的回报。"）。
3　"自由是我的能力"（freedom is my capacity），意谓：我有多大的能力，就有多么自由；我能
力越强，自由度越高。——译者注

接纳（上帝的）偶然性具有的充分的、确定的冲击力，而偶然性最终变成必然性。这正是他所谓的宿命论。像他所言，接受这一立场，的确需要勇气（甚至需要厚颜无耻）。为什么需要勇气？首先是因为宿命论的立场暗示，自由已被废除。的确，自由已被废除，但被废的自由是作为能力的自由。笛卡儿的提议是，行动时，要做得就像不自由一样。正是这一点，确立了实际自由（actual freedom）成立的前提条件。之所以如此，是因为任何客观化的姿势（objectifying gesture）均被避免。客观化的姿势会把自由转化为能力，使主体无动于衷、麻木不仁，导致他治性的决定（heteronomous determination），最后甚至导致对他治（heteronomy）的错误理解。充分假定我们客观上什么也无法掌控，我们对上帝的计划——即偶然性的计划（contingency's plan）——永远都一无所知，使以纯粹主观的方式设想我们的行动成为可能。通过表现得像不自由一样，也就是说，通过成为一个宿命论者，我做出了一个决定，而这个决定是无法从我的能力中演绎出来的。也就是说，只有我遇到了某件迫使我做出选择的事件时，我才是自由的。因此，我没有简单地变成大对体的工具，变成上帝意志的工具（笛卡儿不是阿道夫·艾希曼），相反，我会对我的行为更加负责，因为一切均被决定，但一切是如何被决定的，谁也不清楚。这是为什么我不应该在乎它如何被决定的原因。因为即使大对体——这里指上帝——也被偶然性所决定，也就是说，关于自己的计划，上帝没有计划（他也被偶然性决定）。在笛卡儿看来，我不得不假定，我是被决定的。这意味着，在人类的内心深处，在真正的人类行动开始时，存在着某种决定他的东西。通过命定论，我们肯定不可能的可能性（impossible possibility），相信真正的人类行动是可能的，尽管没有客观的保证（无论是来自我本人的保证，还是来自上帝的保证）。这还肯定，就其内心而言，人类动物（human animal）是非人类的实存物（inhuman entity）。假定这一点，可以避免我在前面列出的那种类型的冷漠。可以把宿命论，把对绝对必然性的辩护，视为复兴真正（非

人）的人本主义的工具。或者简单地说，只有宿命论者才是自由
的。他或她的标语，他或她的指导思想应该是：表现得就像不自
由一样。[1]

　　之所以说只有在预定论的前提条件下，激进的自由行为（radical
acts of freedom）才是可能的，原因就在这里：根据预定论，我们知道
我们被预先决定，但我们并不知道我们是如何被决定的，也就是说，我
们的哪个选择是预先决定的。在这种骇人的情形中，我们必须决定怎么
办，同时我们知道，我们的决定是预先决定的。这种情形或许是真正
自由的唯一例证，是真正自由选择（这个不堪承受的重负）的唯一例
证——我们知道我们要做的事情已被预先决定，但我们还是要承担风
险，通过主观努力选择已经预先决定的东西。[2]

　　从这个角度看，不应把康德对道德主体的自治的强调解读为"伦理
自恋"（ethical narcissism）的表现，而应把它解读为对我们的无法逾越
的局限的认可：因为我总是行走在浑浊晦暗的环境中，所以无法控制我
的行为产生的结果，我所力所能及的，就是以诚挚的意图行事。康德并
不只是简单地规定，内在意图的纯洁与否是衡量我的行为是否合乎道德
的唯一标准。他很清楚，要使我们的道德活动具有任何意义，我们就必
须预设，我们的内在道德意图与现实的客观结构之间存在着亲和、和谐
的关系——有关纯粹的实践理性的规定发挥的作用也在于此。也正是在
这里，被康德明确排除在外的"道德运气"（moral luck）卷土重来，志
在复仇：康德承认，如果我们一味关注内在意图，对实际结果不管不

---

1　Frank Ruda, "How to Act as if One Were Not Free: In Defense of Fatalism", *Grisis and Critique*,
2014（3），pp. 174-199.——作者注。这段引文颇多不通之处，且与所引文字并不吻合，故根据
Frank Ruda 的原文，略作调整。——译者注
2　自尼采以来的后现代哲学家喜爱天主教胜过新教。他们认为，天主教文化是外在的、嬉戏
的、仪式性的文化，与新教特有的内在罪恶感（inner sense of guilt）和纯正性压力（pressure of
authenticity）形成了鲜明对比。在天主教那里，我们可以只参加仪式活动，而不必理会自己内心
的信仰是否纯正，不必承受纯正性压力……不过，我们不要为这种嬉戏性所欺骗。天主教以这样
的花招拯救神圣善良的大对体，而新教中反复无常的、"非理性"的预定论使我们面对这样的上
帝：归根结底并不善良和全能，却又被别人的怀疑所玷污——怀疑他愚蠢、武断甚至恶贯满盈。
新教给我们提供的含蓄、黑暗的教益是：如果你要相信上帝，那你就必须放弃（神的）善良（的
一部分）。

顾，那我们在道德上就会一事无成。我们被迫投身于"信仰的飞跃"，同时致力于从根本上信任现实的友善结构（friendly structure of reality）。我们在此不禁想起了莫扎特歌剧《女人心》中的那首美妙的三重唱《愿微风轻吹》，想起了它求助于（实在界的）"因素"，要以之仁慈地回应我们的欲望："愿微风轻吹，/愿波浪宁静，/愿每个因素，/仁慈地回应/我们的欲望。"[1] 这里的"求助"已被下列疑心所污染：我们的欲望与现实不匹配，它们的不和谐是不可化约的，我们的欲望本身绝不温柔，它以暴力的形式爆发，因而引发来自实在界的更残暴的反应。如果我们以这种方式解读康德，把焦点放在对开启冒险之旅（wage a *salto mortale*）的需要上，那么，自治（autonomy）与被抛弃（thrownness）或不负责（unaccountability）之间的对立就会丧失优势：主体的被抛弃正是他获得自治的前提条件。我们应该在此提及拉康的"并非全部"（non-All）的逻辑：真正的自治，其立场不是"我对一切负责"（I am responsible for everything），而是"不存在我对之不负责任的事物"（there is nothing for which I am not responsible），它的对应物是"我不对一切负责"（I am not responsible for All）：恰恰是因为我无法把握一切，所以根本不存在我能够使自己免于责任的事物。

　　让我们设想这样一个主体，他身陷这样的困境：他要做一个必定伤害亲近之人的棘手决定。他终于做出了艰难的选择，开始不顾一切地一意孤行，但就在他准备面对他的决定可能造成的后果时，一个愚蠢的、无意义的偶然事件发生了，他不得不取消行动。例如，一个俄国精神分析师曾经报告说，他的一个患者，在经历了极其痛苦的犹豫不决后，决定离开已经分居的妻子，和情人生活在一起。他当时想的是，他的情人住在附近的镇上，他要开车去那里，到了那里，再给妻子打电话，让她知道，他要离她而去。不过，上路不久，他遇到了暴风雨，几分钟过后，汽车的挡风玻璃刮水器断了。他想尽快赶到附近的汽车修理店，但到了那里才发现，修理店已经下班。实在没有办法，他只好呼叫救援服务，把汽车拖回家，并与妻子和好，没有把先前的决定告诉她。（这位

---

[1] "Soave sia il vento, / Tranquilla sia l'onda / Ed ogni elemento / Benigno responda / Ai nostri desir."

丈夫向精神分析师承认，早在这个事件发生之前，他就已经注意到，汽车挡风玻璃刮水器有点摇晃。用他的话说："它一直都挺好的，就是下雨时不好用。"）事故几乎魔法一般地发生在最后一刻，阻止主体实施他的决定，允许他浪子回头，与妻子破镜重圆。所有这些都是"实在界的应答"（answer of the Real）的范例：主体对自己行为的精神抵抗，甚至他的惊惶失措，由一小片实在界（a tiny piece of the Real）体现出来。这一小片实在界必须显现为"客观"之物，必定与他的意志和意图无关。如此一来，他没有完成自己的行为，但要受责备的是命运，而不是他的优柔寡断。其实在这里，主体理应承担全部责任：即使他本人不对事件负责，他对事件的反应，还有事件发生后立即产生的轻松感，都表明了他的立场的虚假性。

　　把下列两者对立起来，会失之于掉以轻心：一者是作为自由的自治主体的人，一者是作为贸易客体的人，她被另一个人拥有，完全没有自治可言。奴隶制的要害是，在基本的意义上，被人当作物品交换的人依然是自由的主体，无论她在多大程度上被"客体化"，也是如此。奴隶可以对主人发怒，可以逃之夭夭，弃之而去，甚至可以发自内心地爱上他……被人奴役和统治他人的关系的秘密就在这里：自由的自治主体如何才能彼此把对方视为非自由的人，视为"客体"。声明放弃自由不也是一种最低程度的自由行为吗？在理论上，似乎存在着两个极端，社会联系就在这两个极端之间运作：或者我们作为平等的参与者，平等地参与交流和合作，分享一个互为主体性（intersubjectivity）空间，或者我们被剥夺了平等交流伙伴的身份，被化约为客体，被那些非法占有发言权的人支配和操纵。不过，这种抽象的对立面临的问题是，介乎这两个极端之间的某个位置——既非相互认可又非相互客体化——是参与符号交换过程的参与者所处的原初位置（original position），而这两个极端只是纯粹的抽象化而已。出于原则的缘故（for reason of principle），而非简单的经验上的复杂化（empirical complications），这才有了纯粹的抽象化，但这种抽象化从来都不能作为实际的位置出现。例如，即使被剥夺了主动说话的权利、被化约成了客体的主体也不得不接受这一化约，并相应地调整自己的行为。这是主人的快乐源自下列意识[1]的原因：他的奴隶不只是一个工具，而且是自由的存在（free being），只是他被迫表现得就跟他是个纯粹的客体似的，用亚里士多德用以描述奴隶的词语说，表现得就跟个"会说话的工具"似的。黑格尔对这个悖论一清二楚：他的主奴辩证（dialectic of Master and Slave）的关键结果是下列洞识："让一个会说话的存在（speaking being）保持沉默，足矣，没有必要杀死它。这时，政治出现了……统治它们就够了，杀害它们是多余的，这是［黑格尔的］寓言的寓意。让他们保持沉默，不要杀死他们，是同一个格言——最初的政治格言——的两面。"[2]

　　或许爱欲关系的内核就在于引入歧义，引入隐秘的逆转。所谓隐秘的逆转，就把爱欲关系逆转为政治统治的关系。在爱欲关系中处于从属地位的女性虽然谦逊地接受自己的地位，却可以巧妙地玩耍这种从属地位，把它当成计谋来使用，有效地支配和控制形势，并传递这样的信息："只有你……我才会让步，接受我的从属地位。"在政治中也是这样，主人装扮成他的臣民的奴仆，这样的主人形象不正是政治空间的变态色情化（perverse eroticization of political space）的基本姿态吗？这个维度当然被忽略，甚至被政治正确的立场（standpoint of PC）所禁止。要想认识"政治正确"在处理爱情和性诱惑方面存在的局限，只要注意有关爱情的伦理禁令（ethical injunction）有多么弄巧成拙就可以了。这个禁令是：爱某人，要因他是怎样的人而爱，不能因他的地位和财富等而爱。出于先验的原因（for a priori reason），把"真诚"的爱情与"虚假"的爱情截然分开是不可能的。"虚假"的爱情源于地位、金钱甚至野蛮强制的压力，当然，情形与此相反但同样"虚假"的爱情，即出于对卑贱者的怜悯和同情而产生的"虚假"爱情，也是如此。想剥离所有那些"病态"的特征，等待"纯洁"爱情出现，就注定要永远等待下去，因为这样做永远都不会爱上任何人。必须接受的悖论是，爱情从来都不"纯洁"：所谓的污染爱情的那些特性，直至和包括未来性伴侣的

---

1　意识（awareness），即知晓、知道。这里要表达的意思是，奴隶的主人之所以快乐，是因为他知道。——译者注

2　Jean-Claude Milner, *Pour une politique des êtres parlants*, Paris: Verdier 2011, p. 21.

残酷暴力，都可能是引发爱情的元素。换言之，"你爱我是爱我本人，还是爱我的偶然的、外部的特征？"这句话中包含的选择是虚假的选择，因为你永远不可能因为"我本人"如何而爱我："我本人"是空白，它恰恰是由我"偶然的、外部的特征"的映象来填补的。

## 先行主体[1]

主体性有其创伤性的内核，它无法被化约为自然的过程（natural processes）。充分考虑到这种创伤性内核的唯物主义会是什么样子的唯物主义？换言之，充分接受超验唯心主义的主要结果（主体性的出现表明，自然秩序中存在裂缝）的唯物主义会是什么样子的唯物主义？答案似乎是由阿兰·巴迪欧提供的，他的主体观是围绕着阿尔都塞的主体观运转的。许多评论者都指出，阿尔都塞的询唤与巴迪欧的主体化（subjectivization）完全相同：在这两种情形下，外部的原因［阿尔都塞的大对体，巴迪欧的真理-事件（Truth-Event）］向个人发话，并把个人转化为主体。不过，在阿尔都塞看来，来自大对体的呼喊的这个认可引发的是意识形态主体（subject of ideology）；在巴迪欧看来，对事件性原因（evental Cause）的忠诚引发的是真理主体（subject of Truth）。在阿尔都塞看来，主体性是意识形态性的（与科学知识相反）；在巴迪欧看来，真理本身是主观性的（与客观知识相反）。

弗兰克·鲁达写过一本书，为巴迪欧辩护。该书的标题"没有唯心主义的唯心主义"[2]指出了正确的方向。如今在唯物主义领域中的主要哲学论争，发生在民主唯物主义（democratic materialism）和辩证唯物主义之间。辩证唯物主义的特征是，它吸收了唯心主义的遗产，反对形形色色的庸俗的民主唯物主义，从科学主义的自然主义（scientist naturalism）到对精神化的"活力"物质的后德勒兹式肯定（post-

---

1 先行主体（anticipatory subject）的本意是"先行主语"。作者在此显然是一语双关，玩文字游戏。——译者注

2 参见 Frank Ruda, *For Badiou: Idealism without Idealism*（Northwestern University Press，2015）。下文鲁达的一些论点也出自此书。

Deleuzian assertion of spiritualized "vibrant" matter），不一而足。第一，辩证唯物主义是没有物质的唯物主义，是没有形而上学的物质观——物质即充分的实体性实存物（full substantial entity）——的唯物主义。在辩证唯物主义中，物质"消失"于一套纯粹的形式关系之中。第二，尽管是没有物质的唯物主义，却不是没有观念的唯心主义[1]，而是有观念的唯物主义，是对唯心主义空间之外的永恒观念的肯定。唯心主义面对的问题是：如果我们的起点是永恒的观念秩序（eternal order of Ideas），那暂时的、有限的现实（temporal finite reality）又该做何解释？与此不同，唯物主义面对的问题是：永恒的观念（eternal Idea）来自处于有限的历史情境中的人们的活动，如何解释这个事实？

辩证过程的辩证方面与非辩证方面存在张力。在这方面，鲁达把唯心主义（黑格尔）的辩证法与唯物主义（巴迪欧）的辩证法对立起来。从唯物主义的立场看，辩证过程"依赖于无法辩证地演绎之物"（relies upon something that is not itself dialectically deducible）："必须把唯物主义辩证法理解为展示结果（unfolding consequences）的过程，理解为处理下列事物的过程——由于回溯性逻辑（logic of retroactivity）的存在，从逻辑上讲，该物出现在唯物辩证法出现之前，先于唯物辩证法而存在。"当然，鲁达的黑格尔化程度不高，因而没能承认，这种优先性是回溯性的（事件先于事件的结果的展示而存在，但只有在结果出现后，才能肯定这一点）。不仅如此，他甚至直奔目标而去，提出了黑格尔式的由事件和事件结果组成的封闭的目的论循环（closed teleological loop）——事件导致了结果，结果构成了事件的现实性（actuality of the event），也就是说，结果回溯性地设置它自身的原因，如此一来，事件就是它自身的原因，或者说，事件是它自身的结果：

> 改变了世界的那些结果是由某物派生出来的，是由事件派生出来的，而"某物"或事件也只是它自身将要派生之物。……事件是

---

1 "没有观念的唯心主义"（idealism without an idea），即"没有心的唯心主义"。严格说来，如此表述还是不够确切。把"materialism"译为唯物主义，略有问题；把"idealism"译为"唯心主义"，后患无穷。"唯心主义"中的"心"实为"理念""观念"。——译者注

事件结果具有的可能性之条件创造出来的，即是说，事件是由事件自己创造出来的。正是这个缘故，它具有悖论性的结构——给属于它自身的多重性提供名称。……任何事件都只是它导致的结果的总和，尽管同时它还是那些结果的动因（enabling cause）。

唯心主义与唯物主义的分界线恰恰涉及这个循环的身份。可以以两种完全相反的方式解读这个"目的论"公式——"事物是它自身的结果，它成了它早已成为的东西"。或者这意味着，概念（Notion）在实现自身的过程中展开或实现了它固有的潜能。如此一来，到最后，根本不存在偶然性，不存在偶然的相遇（contingent encounters），只存在固有的自我发展。在那里，概念只是"自导自演"而已〔这是鲁达所谓的"表现辩证法"（expressive dialectics）的个案：概念在自我展示的过程中表现了自身固有的潜能〕。或者这意味着，在偶然性过程（contingent process）行进期间，概念成了"它早已成为的东西"，因为它的非时间性过去的本质（timelessly past essence）是回溯性的幻觉。当然，鲁达拒绝接受有关概念内在自我配置（immanent self-deployment of a Notion）的、唯心主义的"表现辩证法"，但又把辩证过程的非辩证方面置于它偶然性的起点中：用费希特的术语说，置于 *Anstoss*[1] 中，置于引发它的无法预测的事件中。步巴迪欧的后尘，鲁达以始于两人无法预料的相遇的爱情关系为例，描述事件的诸个阶段（stages of the Event）：

　　或者在相遇之后，他们对这个无法预料的可能性表示肯定，并从中引出或展示结果。也就是说，他们改变了自己的生活：成为夫妻，住在一起，买了条狗，等等。或者依旧彼此漠不关心。这种自由选择的可能性不是既定的，不是摆在相遇（encounter）这个隐没的调停者（vanishing mediator）面前的礼物。这种自由选择的自

---

1　"*Anstoss*"在德文中包含两重含义：（1）冲击，驱动，激发活力；（2）禁止，阻止，限制无限扩张。费希特在《知识科学》（*Science of Knowledge*）中把它定义为处于主体自身内部的外在之物。它的存在意味着，主体之内存在一个不可化约、无法理解、绝对偶然的领域。不难发现这个概念与实在界和小客体的相似性。——译者注

由（freedom of this free choice）因而绝非个人具有的能力——它还需要某种东西，这种东西不仅能够引发它，更要制造它。只有通过回溯，情人才能宣布，他们当初自愿地做出决定，要严肃地看待他们的关系。因此，事件性的相遇（eventual encounter）派生这样的能力：它要在将来，回溯性地证明，它有能力展开这一展开的可能性之条件的结果。[1]

所以，一切都始于偶然的、无法预料的事件，始于两人的相遇，他们把这次相遇体验为惊人的刺激：从此以后，他们的生活脱离了原来的轨道。两人必须做出反应，于是有了自由的决定：他们将认可这个事件，把它当成自己的命运来接受，还是对它完全无视？如果是后者，那生活会一如既往，仿佛什么也不曾发生；但是，如果他们认可这个事件，那么他们就要把自己构成为主体，围绕着这个事件，（重新）组织自己的全部生活。简言之，因为忠于这个事件（fidelity to the event），他们投身漫长艰巨的爱的劳作（work of love）。细心的读者不会错过这里蕴含着双重悖论。根据常识，主体先于自由的选择：必须先有主体，然后才有主体要做出的选择。在巴迪欧看来，正相反，主体并不是自由选择的能动者（agent），而是积极的自由选择（positive free choice）的结果：主体出现于选择忠于事件之后[2]，投身于强化事件之结果这项工作（engages itself in the work of enforcing the consequences of an event）的是能动者。此外，常识告诉我们，自由的选择和被迫的选择是彼此对立和相互排斥的。但在巴迪欧看来，真正的自由选择是被迫的选择。寻常意义上的自由选择（我要选巧克力蛋糕，还是选芝士蛋糕？）是无关痛痒的一种形式（a form of indifference），通常发生在这样的时候：我选什么，无关紧要。真正的自由选择只发生在事件性的相遇之后，那时，我

---

1  "它要在将来……的结果"，原文为 "which will retroactively have proven to be that which is able to unfold the consequences of the very conditions of possibility of this unfolding"，可参照理解。——译者注
2  "主体出现在选择忠于事件之后"（a subject emerges after the choice of fidelity to an event），此语包含四重意义：（1）事件；（2）忠于事件；（3）忠于事件是选择的结果，因为也可以不忠于事件；（4）主体就出现在做出"忠于事件"这一选择之后。——译者注

必须做出决定，是投身于忠诚某个事件的工作，还是无视那次相遇，像往常一样继续我的生活。不过，这种选择是极端的被迫选择（extremely forced one），因为整个伦理学的分量（whole weight of ethics）都压在我身上，给我带来压力，让我做出积极的选择（positive choice），而不能错过那次相遇。

不过，问题来了：在何种程度上，事件是回溯性的？如果一个偶然的 Anstoss 被直接忽略，如果没有任何主体投身于爱的劳作，那它还是事件吗？在这个关键问题上，巴迪欧已经改变了立场。他在《存在与事件》（Being and Event）中提出的标准看法是，事件包括对它的命名（its nomination）：事件是相对于某些人而言的，这些人给它命名，说它是事件，并在里面发现了自己的身影。法国大革命是事件，但这只是相对于参加过法国大革命的人而言的。在盎格鲁 - 撒克逊的自由主义者看来，法国大革命只是法国历史上的一个急转弯，没有任何普遍性维度。后来，在《世界的逻辑》（Logics of Worlds）中，巴迪欧认为，事件决定了整个形势（whole situation），它是整个形势的"征兆性扭力"（symptomal torsion）。简言之，事件影响所有参与历史形势的人，包括那些无视或拒绝承认它的人。只有在"事件不是自我指涉性的"这一前提下，巴迪欧才能区分不同的主体性模式（modes of subjectivity），这些模式同时还是主体以之与事件发生关联的模态（modalities）。事件的自我指涉是在下列意义上说的：它包括了它自身的命名（事件只是相对于那些投身于事件、"信任事件"的人而言的，对于中立的观察者，根本不存在事件）。巴迪欧列出了四种反应：忠实的主体（faithful subject）、反应的主体（reactive subject）、无名的主体（obscure subject）、复活（resurrection）。事件总是出现在某个世界之内，出现在它自身的超验坐标（transcendental coordinates）内，它的出现影响了整个世界：没人能够真的无视它的存在。后事件的自由主义者（post-Evental liberal）试图证明，根本没有事件，十月革命只是俄国历史上的一个急转弯。但后事件的自由主义者不同于前事件的自由主义者（pre-Evental liberal），因为他们已经经过了事件的调停，已经对事件做出了反应。不知道是一回事，装着不知道是另一回事。所以，回到原来的问题，回溯性能回溯多远？如果事件性的相遇被忽视，它还是事件性的吗？换言之，这只是对忠诚（忠诚回溯性地把愚蠢的偶然性相遇转化为事件）的自由选择（free choice of fidelity）吗？

　　一旦事件通过自由选择被接受，它就会把主体构成为能动者。能动者致力于勾画事件在现实中产生的结果："我以强迫（forcing）之名设想这种力量——弗洛伊德或许已用'消解'（working through）一词命名过它。"[1]巴迪欧把事件性的强迫（le forçage）与弗洛伊德的修通（Durcharbeiten）相提并论，这很有趣，因为这种相提并论充满歧义。作为一种方法，"消解"与催眠相反，指通过漫长艰巨的工作，消解患者的抵抗——患者拒绝亮出自己的无意识材料。催眠丝毫不触及自我的防卫结构（defensive structure of the ego）：它绕过了抵抗，因为在催眠状态下，自我只是被置于"安息"状态。如此一来，被压抑的记忆能直接显现出来。问题是，一旦意识知觉（conscious awareness）恢复，原来的自我，还有它全部的压抑机制会全力回归——没有回归的是"重塑自我的过程"。从催眠转向消解，其意义并不在于，在消解那里，主体对于自己的无意识的洞识是以更纯正的方式，通过转化自己完整的主体结构获得的；从催眠转向消解，其意义远为精致和激进。无意识的内容不是被抵抗掩盖起来的事物，它并不先于抵抗而存在。它是抵抗本身所固有的，通过对抵抗进行内在的分析（immanent analysis of resistance），可以把它揭露出来。

　　所以，何者的强迫？强迫什么？在巴迪欧那里，强迫是对前事件惰性（pre-evental inertia）的强迫，是外部把真理强加于它。但在弗洛伊德那里，抵抗强迫这样的惰性，它本身已经被它试图反抗的东西所污染，所以在消解它时对它的分析就不只是为了直接获得真理而破除障碍的过程。还是在这里，la vérité surgit de la méprise（真理源于误解），真理是掩盖真理的过程所固有的，或者用拉康的话，压抑等于被压抑物的回归。当拉康写下"我，真理，说话"时，这并不意味着我身上的实体性"大对体"说话，相反，在精神分析的过程中，真理来自错误（或者

1　Alain Badiou, *Conditions*, London: Continuum 2009, p. 138.

说真理来自误解）——真理说："无论你以欺骗的方式逃离我，还是你觉得你能趁我失误捉住我，我都会沿着你无法隐藏的错误追上你。"[1] 真理显现在我认为最不真实、最偶然、最没有普遍性价值的地方。真理还说："我游荡在你认为在本质上最不真实的地方：在梦中，在最牵强的妙语挑战意义的方式中，在笑话的最离奇的废话挑战意义的方式中，在运气中，不在法律中，但在法律的偶然性中。"[2] 正是因为这一点，消解（working through）中的重复方面（aspect of repetition）在巴迪欧和精神分析中获得了不同的意义。在巴迪欧那里，重复等于主体对事件的忠诚，事件迫使它投身于需要耐心的、颇为费力的、无休无止的强迫工作（work of enforcing）中。在弗洛伊德看来，重复要多得多，它是真理和模糊真理[3] 的无可逃避的叠加——真理仍然存在并以模糊自身的方式重复自己。重复的身份的这一差异还可以用来解释何以它们各自的主体观存在差异。步巴迪欧后尘，鲁达把（拉康式）主体认同与空白（void）对立起来：

> 　　主体是一个过程，它不是一个点（a point）。所以，空白作为点……不能被视同于主体。空白是不可定位的点；主体是过程，它总是发生在单一的、历史上特定的情形中。……事件作为先前不可定位的、未曾呈现出来的空白的定位，是使主体成为存在之物，它

---

1　Lacan, *Écrits*, p. 341. ——作者注。作者引用的原文是："Whether you flee from me in deceit or think you can catch me in error, I will catch up with you in the mistake from which you cannot hide." 译者查到的原文是："Whether you flee me in fraud or think to entrap me in error, I will reach you in the mistake against which you have no refuge." 参见中文版："不管你想靠欺骗来逃避我还是想在谬误中追上我，我都能在误解中找到你。对于误解，你没有什么护身之处。"拉康，《拉康选集》，褚孝泉译，上海三联书店，2001 年，第 393 页。——译者注

2　Ibid., p. 342. ——作者注。作者引用的原文是："I wander about in what you regard as least true by its very nature: in dreams, in the way the most far-fetched witticisms and the most grotesque nonsense of jokes defy meaning, and in chance - not in its law, but rather in its contingency." 译者查到的原文是："I wander about in what you regard as being the least true in essence: in the dream, in the way the most far-fetched conceit, the most grotesque nonsense of the joke defies sense, in chance, not in its law, but in its contingence." 参见中文版："我游荡在你认为从本质上来说最不真实的地方：在梦中，在最为贡哥拉式的俏皮话的奇义中，在最为荒唐的文字游戏的荒谬中，在偶然中，不在法则中而在其随机中。"拉康，《拉康选集》，褚孝泉译，上海三联书店，2001 年，第 393 页。——译者注

3　"模糊真理"，即把真理做模糊处理，使人难以识别。——译者注

考虑到了主体化（subjectivization）的存在。[1]

于是，我们（在逻辑上而非时间上）拥有了三个前后相续的时刻：原初的不可定位的多重性这一空白（void of multiplicity）；作为先前不可定位的空白的定位（localization of the previously unlocalizable void）的事件；主体化之过程，它来自由地决定——决定是否忠于事件。和接受事件的主体一样，事件"总是发生在单一的、历史上特定的情形中"。换言之，事件发生在具体情形的"征兆性扭力"这个点上，即发生于超验地构成的世界（transcendentally constituted world）之内，发生于再现的空间（space of representation）内，赋形于"非部分的部分"（part of no-part），赋形于在情形内没有立足之地的过度因素（excessive element）。这里依旧没有得到说明的是从（有关空白和多重性的）存有论向（有关特定情形、"状态"、超验地构成的世界的）现象学的过渡：为什么多重性、存在秩序的一部分开始把自身显现、再现为具体的世界？又是如何、以何种方式这样做的？此外，在何种意义上，事件可以充当为"先前不可定位的、未曾呈现出来的空白的定位"？已被定位的空白即一种情形的征兆性扭力，即在特定再现秩序内尚未再现之物的替身，这种观念已经相当清晰，但是，为什么这个点是前超验的存有论空白（pre-transcendental ontological void）之定位［除非在这样的意义说——前存有论的多重性（pre-transcendental multiplicity）是空白，再现秩序内尚未再现之物是多重性之过度（excess of multiplicity）］？最后，如果事件锁定了情形的空白（void of a situation）的方位，锁定了它的征兆性扭力之点（point of its symptomal torsion）的方位，那么它的发生岂不与它的断言-命名（assertion-naming）无关？它就不是任何情形（非部分）的一部分？也就是说，每个特定的再现秩序不是围绕着它的不可能性之点（point of impossibility）、它固有的排除（immanent exclusion）结构起来的吗？例如，在资本主义社会，无产阶级作为资本主义社会的征兆点（symptomal point）是与资本主义秩序共生共存的。真正的事件只能出

---

1．Ruda, *For Badiou: Idealism without Idealism*.

现在这个征兆点的真理被充分接受之时。比如说，真正的事件只能出现在无产阶级认识到，下列事实——它在社会体（social body）内缺乏真正的位置——表明，它代表着社会——存在着无产阶级的社会——的普遍性（普遍真理）。以与此完全相同的方式，在弗洛伊德看来，征兆为理解完整的人格提供了线索，这是弗洛伊德的"强迫"与巴迪欧的"强迫"不同的原因：它是对情形的内在真理的强迫，而不只是事件对呆滞的、冷漠的情形的强迫。

　　一边是把情形的空白定位于它的征兆点（对于情形而言，征兆点是构成性的），一边是接受在这个征兆点显现出来的真理这一行为，如果我们不得不把它们区分开来，那岂不是暗示，我们应该扩张主体性之领域？在最基本的意义上，每一种情形都有主体性，因为没有主体性就没有征兆——主体性之空间是被扭曲的再现空间，而被扭曲的再现空间包括再现的征兆性扭力之点，即铭刻之点（point of inscription），该点处于特定的再现领域之内，处于构成性的排除或不可能性这个特定的再现领域内（或者用拉康的话说，每个符指链都包括赋形于"能指的匮乏"的能指）。如果说，在巴迪欧看来，主体属于事物的"正常"运转的例外，作为对事件的肯定性反应，它只在很少的场合现身，那么，我们这些生活在非事件性时代（non-evental times）的"人类动物"能做些什么？鲁达充分意识到了这个问题，他以笛卡儿的方式直接处理之，提议以临时道德（*morale provisoire*）作为非事件时代的行为准则：我们应该充当的是：

> 　　假想的主体，被预期的主体（anticipated subject），这种主体占据了为新政治主体准备的位置（应该明确，这道理同样适用于任何不在场的条件）。哲学主体不是强迫知识进入情形的主体，但它制造从客观知识领域向主观知识领域的被迫转移。换句话说，它占据了任何形式（在任何条件下）的主体的位置。……它并不直接与选择同义，而是对选择这种形式的坚持。它不直接是定向（orientation），但它在方向不明的时代，召唤主观性定向（subjective orientation）这种形式；它并不是预期，无法预料一种

情形中的真理将会导致怎样的结果，但它紧紧抓住预期这种形式不放。因此，哲学性强迫这种操作（operation of philosophical forcing）可以用一个简单的逻辑来表示：*总是存在着预期，存在着定向，或存在着选择。*[1]

（注意：这个假想的主体和"哲学主体"画上了等号。）但是，如果这个假想的／被预期的主体是一般意义上的主体（subject as such）呢？如果黑格尔的断言——"主体不是实体"——恰恰意味着主体不过是它自身的预期性形式（anticipatory form）呢？简言之，如果主体是马列维奇[2]的"白平面上的黑方块"之类的东西，即表明内部与外部之差异的纯粹标志，悖论性地先于被框定之物的纯粹框架呢？以此类推，如果事件就像杜尚的《喷泉》[3]呢？面对着一小片偶然的实在界，主体只有早已身临其境[4]，成为它自身的形式／预期，才能产生事件性反应（evental reaction）。正是这个缘故，要把拉康的断言"没有客体就没有主体"与下列标准的做法区别开来：把主体和客体予以超验性的关联。主体就像没有客体的空洞框架，它是没有框架的客体的关联物，是没有固定位置的客体的关联物。主体和客体从来都不能在同一个空间内相遇，这倒不是因为它们远隔千里，而是因为它们就是同一个东西，是同一个事物的正面和反面。不过，这个客体（即主体，即拉康所谓的小客体）和引起主体化的偶然性事件并不相同。

这个纯粹的主体，对自身的预期，是拉康式主体。拉康式主体由一个（能指的匮乏的）能指来代表，而这个能指又代表着其他能指。这个纯粹的主体，对自身的预期，是由一个扭曲的结构（a structure twisted）暗示的，而扭曲的结构是由征兆性扭力扭曲的。它是先于主体化的主

---

1　Ruda, *For Badiou: Idealism without Idealism.*

2　马列维奇（Kasimier Malevich），俄国艺术家，曾提出了绝对主义的纯粹抽象绘画的理想，画过当时最纯粹的抽象画——一张白底衬着黑色方块，人称"白平面上的黑方块"。——译者注

3　《喷泉》（*Urinoir*），又译《清泉》，是马塞尔·杜尚于 1917 年创作的作品。该作品实为一个陶瓷小便斗。——译者注

4　身临其境（is already there），即早已等在那里，早已做好了"移情"的准备，甚至已经进入"移情"的状态。——译者注

体，用巴迪欧的话说，我们可以把主体化界定为一个过程，通过这个过程，主体接受其征兆点之真相（truth of its symptomal point）。这把我带回到了拉康式主体与鲁达的假想的 / 被预期的主体的微妙差异上：正如其资格（qualification）清晰表明的那样，后者是真正主体（忠于事件的能动者）的有缺陷的模式（deficient mode），它是一个人在非事件性时代能够为事件的事件性（eventuality of an Event）所能做的事情，或随时准备为事件的事件性做的事情。在拉康看来，假想的 / 被预期的主体是处于零层面的主体，而巴迪欧式主体则是它可能的衍生物（derivations）或模态（modalities）。

以巴迪欧的积极态度（affirmative approach）看，恶是善的有缺陷的模式（defective mode），假想的主体是作为真理的代理的主体（subject as agent of truth）的有缺陷的模式，而从黑格尔（我会说，还有拉康）的视角看，消极步骤（negative move）在先，丧失（loss）先于被丧失之物，背叛先于被背叛之物，堕落先于被堕落之物。常识的逻辑告诉我们，积极的实存物（positive entity）先于它的匮乏。从黑格尔和拉康的角度看，对这一常识逻辑的悖论性逆转为主体性之空间（space of subjectivity）提供了定义："主体"是这样的事物，它"是"自身的匮乏；"主体"也是这样的事物，它脱胎于自身的不可能性，只能作为"被画上斜线"之物而存在。

然而，或许我们应该在不同的意义上看待主体与主体化过程的区别，同时顾及下列事实：解构主义话语理论中的"主体化"的含义与巴迪欧的"主体化"的含义大相径庭。在解构主义话语理论中，"主体化"和接受主体的立场是一回事，"主体化"指随着偶然性的话语过程（discursive processes）的变化而变化的主体性之模式（modes of subjectivity）。借助于这种含义上的差异，我们可以把民主唯物主义与辩证唯物主义区别开来：根据民主唯物主义，"主体"是不稳定的动态实存物（dynamic entity），是话语性的建构物，是主体化这个社会-符号过程导致的结果。主体化通过自身复杂的规训机制、微观权力等，派生不同的主体-立场（subject-positions），这些主体-立场被个人采纳。与此相反，在辩证唯物主义看来，主体先于主体化的过程：主体化的过程填补空白（空洞形式），而这个空白（空洞形式）乃纯粹的主体。

主体与主体化的区别把我们带到下列问题的核心上：什么构成了伦理性介入？什么构成了对伦理性介入的背叛，或用神学的术语说，构成了这种罪恶？七宗罪是通过与它相反的美德来界定的：傲慢对谦卑、贪婪对慷慨、忌妒对慈善、暴怒对仁慈、色欲对自制、暴食对节欲、懒散对热情。七宗罪与摩西十诫构成了鲜明的对比：从对经过严格界定的外部行为（凶杀、偷窃、敬拜假神等）的法定禁止，转向造成外部恶行的内心态度。这对何以七宗罪具有那样的结构做出了解释：首先，三宗罪涉及自我与其自身的关系，涉及缺乏自制，涉及自身的毫无节制的极度膨胀（色欲、暴食、暴怒）；其次，三宗罪涉及自我与欲望客体的关系，也就是说，它们是对前面三宗罪的反思内在化（因为拥有欲望的客体而傲慢，因为牢牢抓住了欲望的客体而贪婪，对于拥有欲望的客体的人的忌妒）；最后，懒散是处于零层面的罪恶，是对远离欲望客体的肯定。在阿甘本看来，懒散是由三个亚种暗中结构起来的：因为没能拥有欲望的客体而产生的忧郁悲伤（melancholic sadness）；因为不能牢牢抓住欲望的客体而绝望，因为绝望而产生的"倦怠"（acedia）；因为对那些拥有欲望的客体的人漠不关心而产生的懒惰（懒得想，甚至懒得忌妒），进而表现为一种伦理态度（我知道我的义务是什么，但我不想去履行，我只是万事不关心）。[1] 我们还可以沿着自我与他人这条线，把前六宗罪对立起来。节俭（自己渴望拥有欲望的客体）与忌妒（忌妒据说拥有欲望客体的他人）、傲慢（相信自我）与暴怒（施于他人）、色欲（由自我来体验）与暴食（对客体的永不满足的渴望）。懒散的三个方面也可以沿着这条线来部署：在拥有美德方面，倦怠既不节俭也不忌妒；真正的忧郁既不是受虐狂式的、自我放纵的色欲，也不是获得满足的渴望；最后，懒惰既不是色欲，也不是暴食，而是漠不关心。

这是基督徒怀疑（Christian doubt）的真实维度并不涉及上帝存在与否的原因。这种怀疑遵循的并非"我非常需要信奉上帝，但我无法肯定他真的存在，或者肯定他不只是我想象出来的东西"。（人本主义

---

1　参见 Giorgio Agamben, *Stanzas*, Minneapolis: University of Minnesota Press 1993, p. 20。

的无神论者可以轻而易举地回答这个问题："那没有上帝也行，只要接受上帝代表的理想，把这些理想当成你自己的就行了。"）这是基督徒对于那个证明上帝不存在的声名狼藉的证据漠不关心的原因。基督徒怀疑的立场所涉及的，是一个典范性的悖论。陀思妥耶夫斯基的《卡拉马佐夫兄弟》中的阿辽沙把这个悖论简明扼要地凸显出来："上帝存在，但我不能肯定我信奉他。"在这里，"我信奉他"（I believe in Him）是指信徒乐意完全接受由如此信奉暗示的存在性介入（existential engagement）：

> "上帝存在与否"的问题并不真的处于陀思妥耶夫斯基苦思冥想的核心地带。⋯⋯阿辽沙的不确定性（他无法确定他"信奉上帝"）就是这样的不确定性：一边是他现在过的日子和拥有的情感，一边是信奉上帝后过的日子和拥有的情感，两者是否完全一致。[1]

正是从这个意义上说，神学都是政治性的，都使我们面对自己的社会担当（commitment）。今天，我们也应该以这种方式处理倦怠问题。在根据约翰·勒卡雷（John le Carré）的小说改编的影片《女鼓手》（*The Little Drummer Girl*）即将结束时，由演技精湛的朱利诺·梅–卡密斯（Juliano Mer-Khamis）出演的恐怖分子发现，他藏身的那个偏远乡村房屋被包围了。他立刻意识到，那个昨天还与他同枕共眠的女孩背叛了他。他没有勃然大怒和大动杀机，反而带着真正的好奇问她："你怎么能这么干呢？你什么都不信吗？"他的理解是对的，那个女孩并不是他的意识形态敌人，而只是一个没有信仰的人，一个无所用心和被人操纵的人。[2]

---

1　Rowan Williams, *Dostoyevsky*, London: Continuum 2008, p. 8.
2　应该把这种被动倦怠与最深刻的、萨德版的积极倦怠对立起来。萨德笔下的主人公不是无神论者，他知道上帝存在，但他敢于向上帝发起挑战，不信奉他。萨德作品的心明眼亮的读者——如皮埃尔·克洛索夫斯基（Pierre Klossowski）——很久前就猜测，驱动萨德式浪子追求享乐的那种强制力暗示，存在着一种隐蔽的神圣性（hidden divinity），存在着拉康所谓的"恶的至高存在在"（Supreme-Being-of-Evil），即以无辜者的痛苦为食的隐晦的上帝。

懒散（sloth）不是简单的（反）资本主义的懒惰（laziness），而是绝望的"致死的疾病"，是这样的心态——明知自己身负永恒的义务，却又规避之。倦怠（acedia）是致死的悲伤（tristitia mortifera）。它不是简单的懒惰，而是绝望的放弃（desperate resignation）——我喜欢那个东西，但不喜欢得到那个东西的方式，我接受欲望和欲望客体之间的分裂。正是在这个意义上，倦怠与热情相反。我们甚至不禁要使这最后一项罪恶历史化：在现代性之前，它是忧郁（抵抗对善的追求）；随着资本主义到来，它被重新阐释为简单的懒惰（抵抗劳作伦理）；如今，在我们这个"后"这"后"那的社会里，它是抑郁（抵抗生活享乐，或抵抗消费带来的快乐）。

一个有关克拉列维奇·马尔科（Kraljevic Marko）——塞尔维亚中世纪歌集中的伟大英雄马尔科王子（Prince Marko）——的塞尔维亚民谣为倦怠可能发挥的积极作用提供了出人意料的、令人称奇的例证。在那里，马尔科遇到了自己在战场上的伙伴和对手留特加·波格丹（Ljutica Bogdan），即愤怒的波格丹：

> 听人家说，有一天，马尔科王子碰上波格丹。两个英雄阴着脸，你看我，我看你，大眼瞪小眼。谁将先开战？你等我，我等你，彼此都能沉住气。"嘿，我说，亲爱的马尔科，我们还是相安无事，各奔前程吧，或者去葡萄园，或者去野地。如果我们开战，整个世界都会震颤，到最后，谁知道自己的脑袋还在不在自己的肩？"马尔科早就渴望听到这席话，骑上马，走过田野地。人们说，马尔科王子和波格丹，那天曾经见过面。

两个英雄决定放弃决战。我们不要把这个惊人平淡的决定解读为这样的暗示：在无畏勇士的面具之下，潜伏着懦弱。我们要把它解释这样的举动：它提供了短暂的洞识，让我们明白，追求英雄荣誉，实在毫无意义可言。仿佛他们潜在的推理是："我们为什么冒着生命危险，扮演这愚蠢的英雄角色，无论何时何地，只要碰到对方，就要拔刀相向？为什么我们就不能不来这一套，停止交战，好好安静一下？"

　　我们因此甚至可以把倦怠与巴迪欧的"忠于真理-事件"（fidelity to a Truth-Event）概念联系起来。动物只能做被规定的事情，从不对自己做的事情进行反思；人类则往往背叛，可以选择放弃，不从事为了事件必须从事的"爱的劳作"。背叛总是可能的，把这种可能性归咎于人类的生命有限性，也就是说，把这种可能性化约为下列两者间的分裂是不够的：一者是主体，它是通过它对事件的忠诚来界定的；一者是有限的人类动物（human animal），易受惰性、厌倦和懒惰（对事业的厌倦，在完成事业时显现出来的懒惰）的影响。倦怠的维度（dimension of acedia）构成了主体的核心：人类是懒惰的动物，主体是懒惰的主体，易于退缩、抑郁和忧愁。不应该把这个维度化约为背叛，因为它还是抵抗意识形态询唤的基本形式。在今天这个懒惰的后资本主义社会，到处都是对工作狂式介入（workaholic engagement）的持续要求，因此抑郁成了倦怠的新形式。（这里还有清晰的阶级维度：工作飘忽不定的工人、工薪入不敷出的教学助理，不得不辛勤劳作，而高高在上的教授们则可以偎惰堕懒。）在这种意识形态感知中，形象颠倒了过来：弱势群体、工人甚至整个国家（如希腊）被控懒惰，被控盘剥努力工作的发达国家。

　　注意下列一点同样有趣：这种持续介入的立场由晚期资本主义主体性（late capitalist subjectivity）和德勒兹式以及其他草根式直接民主运动所共有。多梅尼科·贝拉尔迪（Domenico Berardi）使我们注意到大对体（我们生活的符号性实体）的运作的加速和人类创造活动的减速［归因于文化、肉身（corporeality）、疾病等］："持久的新自由主义法则侵蚀了社会文明的文化根基，而社会文明的文化根基则是现代性进步之核（progressive core of modernity）。这是无法复原的。我们必须面对这个问题。"[1] 在这种形势下，我们能有什么作为？只能是退缩、处于被动状态和放弃幻觉："社会群体只有退出社会竞争领域，自力更生，才

---

1　Franco Bifo Berardi, *After the Future*, Oakland: AK Press 2011, p. 177.

能踏上新的希望之路。"[1] 在这里，我们情不自禁地注意到贝拉尔迪和哈特、奈格里形成的鲜明对比所导致的残酷反讽。哈特和奈格里赞美"认知资本主义"（cognitive capitalism）开辟了通往"绝对民主"（absolute democracy）之路，因为物质劳动的客体或"材料"日益由社会关系本身构成。哈特和奈格里打赌说，这种直接社会化的物质生产不仅使雇主逐步显得多余（当生产是直接社会性的生产时，谁还需要他们？），生产者也能掌控和调节社会空间。之所以如此，是因为社会关系是劳作的本质：经济生产直接变成了政治生产，变成了社会自身的生产。于是，通往"绝对民主"的道路已经畅通无阻，生产者可能直接调节自己的社会关系，甚至不再绕道于民主代议制。贝拉尔迪的结论与此截然相反：今天的认知资本主义远远没有带来社会生活的潜在透明性（potential transparency），反而使社会生活比以前更加混浊不清，同时还破坏了任何形式的"知产者"（cognitariat）得以团结互助的前提条件。在这里，颇具征兆性的是，同一套概念机器（conceptual apparatus）导致了两种截然相反的结论。在贝拉尔迪看来，如果我们无法避开这套制度带来的强迫性冲动，那它强加于人的狂热动力（frantic dynamic）与我们的肉体局限、认知局限之间的分裂，迟早会使我们陷入抑郁状态。贝拉尔迪以他的朋友瓜塔里（Félix Guattari）为例说明问题：瓜塔里鼓吹具有超级活力的去疆界化（hyper-dynamic deterritorialization）这一福音，个人却遭受抑郁症的轮番打击：

> 瓜塔里从来都没有明确地阐述过抑郁、疲惫（exhaustion）的问题。在这里，我发现，欲望理论有个生死攸关的问题，它拒不承认生物界的局限问题（problem of limits）。……"没有器官的身体"（body without organs），这一概念暗示我们，生物是你无法界定的东西，生物是个超越限制的过程（process of exceeding），是个跨越阈值的过程（going beyond a threshold），是个"变成他者"（becoming other）的过程。这个看法很重要，也很危险。……什么样的身体，

---

1　Franco Bifo Berardi, *After the Future*, Oakland: AK Press 2011, p. 176.

什么样的心灵，正在经历转型和化成（becoming）？哪个常量因素经历"变成他者"的过程而不变？如果你想回答这个问题，你就得承认死亡、有限和抑郁。[1]

贝拉尔迪在谈论抑郁、有限和疲惫时，它们作为人类动物对事业（cause）的反应，与一般意义的询唤有关呢，还是他在专门谈论晚期资本主义的询唤？唯一正确的答案是：两者都对。是的，我们必须摆脱资本主义询唤强加于我们的狂热活动，但在人类动物和社会-符号大对体（socio-symbolic big Other）之间，并不存在"自然"的和谐关系；它们的分裂是构成性的，而且分裂延至上帝自己（God Himself）。

在其最基本的层面上，倦怠是对最基本的欲望母体（matrix of desire）的干扰，是对最基本的欲望母体的变态性逆转。在浪漫的时代，因为怀有浪漫的渴望，主体努力寻求不可能的客体（impossible object），而不可能的客体又极力躲避主体的控制，可谓远在天边。与浪漫的渴望形成对比的是，现在，欲望的客体近在眼前，它气势汹汹地强加于人，但主体现在不再如饥似渴，客体已被去崇高化（desublimated），被剥夺了小客体，被剥夺了不可捉摸的 *je ne sais quoi*（妙不可言的特性），而正是这种 *je ne sais quoi* 使它成为欲之物。懒惰、厌倦、厌恶全都成了这种基本干扰（basic disturbance）的次要的特定形式。因为这种干扰，我们突然开始在客体的框架之外感知客体，看到的是它的最粗糙的实在界（raw real），同时把它视为从外部入侵的异物。这是倦怠在肆无忌惮的超英雄社会（permissive superego society）迸发的原因。在这样的社会里，大量充斥的客体，保证令我们心满意足的客体，突然间令我们感到恶心。

只要倦怠对于人类主体性而言是构成性的，那我们一旦在基督教的核心地带遇到它，就不要大惊小怪。倦怠处于基督教的核心地带，这传递出来的基本消息是，上帝已经充分地道成肉身（incarnation），上帝以

---

1　Franco Bifo Berardi, *After the Future*, Oakland: AK Press 2011, pp. 177-178.

非凡之人的身份出现。自吉尔伯特·基思·切斯特顿[1]以来，聪明的评论者都注意到，基督在十字架上的绝望呼喊"父亲，你为什么弃我而去？"代表着一个特异时刻的到来：上帝自己犯下了最为恶劣的放弃信仰罪——表明上帝真的变成了人类的，正是这声哭喊。在其他宗教中，人可以背叛上帝，但只有在基督教中，上帝背叛了自己，屈从于倦怠。这个有关神圣倦怠（divine *acedia*）的故事并没有在那里结束，甚至刚刚从那里开始：在感到绝望之前，先是感到厌倦，厌倦是全部创造活动的起源，包括上帝的创造世界。这是为什么克尔凯郭尔在宣称厌倦乃"万恶之源"时所表达的意思：

> 非常奇特的是，具有如此宁静和稳重性质的厌倦，却拥有促成运动的能力。厌倦带来的结果绝对是充满魔力的，但这种结果没有什么吸引力，反而令人憎恶。……既然厌倦阔步向前，既然厌倦乃万恶之源，难怪世界在倒退，罪恶在蔓延。这可以追溯至世界的起源。诸神厌倦了，他们创造了人类。亚当厌倦了，因为他孤身一人，于是夏娃被创造出来。从那个时刻起，厌倦进入了尘世，以与人口增长比率完全相同的比率大量增长。亚当独身一人，厌倦；亚当和夏娃住在一起，厌倦。然后亚当、夏娃、该隐、亚伯一家人似的，全都厌烦了。从那之后，尘世的人口在增加，国家全都厌倦了。为了消遣，他们突然冒出个点子，要建一座直入云端的高塔。这个想法令人厌倦，而且那塔有多么高，这个想法就有多么令人厌倦。这还可怕地证明，道高一尺，魔高一丈，厌倦已经占了上风。然后他们分布各地，就像如今人们出国游玩，但他们继续感到厌倦。如此厌倦导致的后果是：人类爬得越高，摔得越重，先是通过夏娃跳下，后是从巴比塔上跳下。[2]

---

1　吉尔伯特·基思·切斯特顿（G. K. Chesterton），英国人，小说家、评论家、诗人、新闻记者、随笔作家、传记作家、剧作家和插图画家，一个令人惊叹的全才。1922 年皈依基督教，有"悖论大师"的称号。代表作有《雷邦多》、"布朗神父"系列小说等等。——译者注

2　Sören Kierkegaard, *Either/Or, Part 1*, Princeton: Princeton University Press 1987, pp. 285-286.

我们可以继续向前推进，直至推到我们所处的时代：在封闭的部落社会，对生活的厌倦推动人们从事商业活动，形成阶级和剥削；对中世纪的稳定和惰性的厌倦，促使人们走向资本主义的现代化；生活在地球上，令人厌倦，于是我们发明火箭，遨游太空；如今，在发达的消费主义社会，厌倦已经无所不在，它使我们一次又一次购买新产品……但这样的推论是不是循环性的？绝对不是，因为厌倦创造了克服厌倦自身的条件：厌倦是反思性空白（reflected void）的一种形式，它表明，我们已经反思性地注意到，任何既定之物（what is given）都有局限，我们置身其间的环境有局限。厌倦与无中生有（creatio ex nihilo）的联系也在于此：厌倦是空无（nihil），我们的创造就从它开始。但这里的歧义至关重要：说厌倦是罪恶，是说这种罪恶必须通过创造善来解决，还是说创造本来归根结底就是罪恶［就像某些诺斯替教徒主张的那样］？我们还是要在这个背景上重读切斯特顿著名的《为侦探小说辩护》（"Defense of Detective Stories"）一文中的一段文字。在那里，他这样评价侦探小说：

> 它在某种程度上提醒我们时时想到下列事实：文明本身是最轰动的反叛，最浪漫的造反。……警察传奇中的侦探单枪匹马地出现在窃贼的厨房里，面对刀子和拳头表现出傻乎乎的勇敢。这肯定可以用来使我们记住，真正具有原创性和富有诗意的人物，正是这位社会正义的代表，那些入室的窃贼和拦路的强盗，不过是些温和、古老、顶天立地的保守派，愉快地生活在猿猴和豺狼对他们的无法追忆的尊敬中。［警察的浪漫故事］……是以下列事实为根基的：道德是最黑暗和最大胆的阴谋。[1]

在这里，切斯特顿的目的是反对流行的做法或看法：人们反对以厌倦（boredom）为伪装的倦怠（acedia），觉得为善而战这一举动乏味

---

[1]　G.K. Chesterton, "A Defense of Detective Stories," in H. Haycraft, ed., *The Art of the Mystery Story*, New York: The Universal Library 1946, p. 6.

透顶。切斯特顿的做法是扭转乾坤，颠倒黑白：罪犯的生活似乎惊心动魄，充满危险，但这种生活令人厌倦，为法律而战才是真正的探险。他在形形色色的层面上重复这一做法：荒淫的滥交令人厌倦，婚姻才是真正的探险；具有颠覆性的宗教异端令人厌倦，正统信仰才是真正的探险；一味猎奇令人厌倦，也显单调，对同一事物的重复反而惊人和有趣。我们必须沿此前行，直至终点：如果说，在伦理的领域中，堕落行为（Fall）最基本和最重要的后果，是为堕落之物开辟了空间，如果说倦怠先于介入（acedia precedes engagement），那我们还可以推导出更加严重的结果。鲁达在笛卡儿之后阐述的临时道德并非例外，并非第二性的、有缺陷的、只适用于非事件性时代的道德模式。相反，它是道德的准则，是道德的"常态"，只不过在社会生活（或个人生活）破碎不堪并围绕着对事件的忠诚重新组织时，不时被政治的例外状态（political states of exception）打断而已。这把我们带到了我们自己的历史时刻：我们应该放弃占主导地位的"激进"左翼的观点。根据这种观点，我们生活在一个非事件性时期（non-eventual epoch），在这个时期，因为短期内不会有事件出现，我们应该像正在休整的斗士，处于暂停的状态。这种自知（self-awareness），这种实用的自我理解，是否与历史主义的自我相对化（historicist self-relativization）有关？完全无关。古典的革命立场（classic revolutionary stance）把革命主体的自我意识（self-consciousness of a revolutionary subject）设置为有普遍意义的模型，把非事件时代中的主体设置为有缺陷的模式。与这一立场不同，真正的黑格尔式立场把预期性的、"空洞"的主体设置为具有普遍意义的模型，设置为主体性的零度层面（zero-level of subjectivity）。一般主体性的普遍形式（universal form of subjectivity）只能出现在预期这个空白（void of anticipation）中。

这个显然属于第二性的倦怠问题使我们不仅注意主体性的内核（core of subjectivity），而且注意哲学的特定身份。在这里，哲学的特定身份与巴迪欧所谓的四个"通用"真理程序（four "generic" truth procedures）相关。鲁达采用的思路是标准的巴迪欧式思路（在巴迪欧之前，阿尔都塞在其《列宁与哲学》中确立了类似的哲学观）：因为哲学并不派生新的真理，它的工作是重复性的；哲学重复不是黑格尔式的，而是克尔凯郭尔 - 弗洛伊德式的：它并不涉及任何扬弃 / 理想化（sublation/idealization），一般而言，哲学没有任何"进步"可言。哲学也有进步，但前提条件是，科学、政治、艺术出现新的事件性突然（evental break），哲学则与之共舞。但这时哲学所做的，不过是重复同一个姿势——分类——而已，即把每个新事件置于某个种类：

> 哲学必须是重复性的，因为如果它不是重复性的，那就会出现诸如对自己的主张的最终阐明之类的东西。于是我们想到了对其历史条件的克服，想到了诸如哲学的最后阶段之类的东西，想到诸如完整发现（complete revelation）之类的东西，而在这个发现之后，一切都会改变，然后一切都不再改变。我们甚至可以参照黑格尔的传统重显（traditional renderings of Hegel），把对彻底克服其自身的历史性称为对哲学的黑格尔式威胁。[1]

真正的黑格尔式立场［鲁达很清楚，作为历史的简单终结的绝对之知（Absolute Knowing），这种观念是伪黑格尔的，这是他谈论"黑格尔的传统重显"的原因］是"最终阐明"（final articulation）的重复，是哲学"克服其自身的历史性"这一姿势的重复。鲁达接受了下列观点：在黑格尔的唯心主义中，哲学"扬弃"——奥伏赫变（Aufhebung）意义上的"扬弃"——它特定的条件，废除其外部的物质性（external materiality）。尽管如此，他还是在这个问题上着手批判我（黑格尔式）的辩证法概念，提出了下列问题：

> 这种观念真是后黑格尔的观念吗？也就是说，这真的是一种囊括了历史特定条件的哲学工程（philosophical project）吗？或者，难道它没有再次表现出对所有哲学实践的终极扬弃，对所有非哲学条件（non-philosophical conditions）的终极扬弃，并使之成为哲学？巴迪欧的体系能够避开这个结果。但在齐泽克那里，把哲学缝

---

1　Ruda, *For Badiou: Idealism without Idealism*.

合到脱胎于辩证运动（这种辩证运动还是真正的哲学运动，最终还
是哲学存有论运动）的（回溯性）存有论，这样做，真的没有危害
吗？如果情况真是这样，这岂不是在暗示，不知道怎么搞的，我们
丧失了当代唯物主义辩证法的极其重要和必不可少的非辩证因素？
我们可以设想这样一种情形：阿兰·巴迪欧和斯拉沃热·齐泽克一
边喝着咖啡，一边闲聊各自的哲学事业。基于前面描述的情况，我
们怎么可能不期待巴迪欧问齐泽克："亲爱的斯拉沃热，你真的是
后黑格尔派哲学家吗？"[1]

　　不妨简化一下鲁达略显复杂的思路。依黑格尔之见，过程的非辩证
起点，对非辩证起点的直接预设，都要被回溯性地扬弃／调停，并因此
被设置，因此，非辩证方面本身被辩证化了。如此一来，过程把自身封
闭起来，同时抹去外部参照物的全部踪迹，或把外部参照物的全部踪迹
内在化，就像传说中的吹牛大王明希豪森男爵（Baron Munchausen）那
样——他拽着自己的头发，把自己拉出了沼泽。与此相反，巴迪欧通
过下列行为，避开了这个唯心主义的封闭（idealist closure）：把辩证过
程的起点，把启运辩证过程的事件，视为非辩证的、偶然的、不可预知
的、"从天而降"的事例（occurrence），视为唯物主义的奇迹这一实在
界（the real of a materialist miracle）。围绕着这样的事例、实在界，辩证
运动继续运行；但是，这样的现象、实在界，又作为辩证运动的非扬弃
性的预设（non-sublatable presupposition）或原因而持续存在。
　　对于这个批评的回答应该是这样的：是的，我们应该寻找辩证过程
的非辩证时刻，但不能在引发辩证过程的外部起点中寻找，这个过程的
无法被辩证化的那个方面正是它的发动机，是作为黑格尔所谓"否定
性"的基本形式的、重复出现的"死亡驱力"。黑格尔的否定性和弗洛
伊德的死亡驱力（强迫性的重复）的关系是非常特定的关系，完全超出
它们（隐秘）的绝对一致性：弗洛伊德以死亡驱力所针对的（或者说得
更确切些，这个概念的关键维度——连弗洛伊德也没有看到这个维度，

---

1　Ruda, *For Badiou: Idealism without Idealism*.

不知道它还有这个维度——所针对的），是黑格尔的否定性具有"非辩证"内核，是没有任何扬弃（理想化）的、促使这个过程不断重复的纯粹驱力（pure drive to repeat）。在克尔凯郭尔－弗洛伊德式的纯粹重复中，辩证的升华运动（movement of sublimation）在它自身之外遇到了以"盲目"的强迫性重复（compulsion-to-repeat）为伪饰的自己。我们应该把黑格尔有关把外部障碍内在化的伟大格言应用于此：辩证运动在打击自己的外部对立物，在打击盲目的非扬弃性的重复（blind non-sublatable repetition）时，正在打击的是它自身的深渊性根基（abyssal ground），是它自身的内核。换言之，最终的和解姿势是在否定性所具有这个颇具威胁性的过度（this threatening excess of negativity）中发现主体自身的内核。[1]

在上述背景上，我们怎么可能不问鲁达："我亲爱的弗兰克，你真的是辩证唯物主义者吗？或者，你的辩证唯物主义只是见风转舵的资产阶级民主党人的面具？"

---

1 欲知对否定性的这个非辩证内核所做的详细说明，请见下列著作的第七章：Slavoj Žižek, *Less Than Nothing*, London: Verso 2012。

# 第二章　从康德到黑格尔

## 存有性问题

超验转向（transcendental turn）是一个特定的步骤，它构成了康德的哲学革命的特征。但在更深的层面上，它还是这样一个步骤的名称（可以说是名称吧）：该步骤构成了一般意义上的哲学的特征，甚至使一般意义上的哲学成为哲学。这种哲学与有关实证现实（positive reality）的知识不同。海德格尔对此看得一清二楚，因为他在《存在与时间》中提议，要把阐释学（hermeneutics）界定为真正的存有论，界定为基本的存有论，而不只是界定为理解文本、阐释文本的科学。以生命为例，真正的哲学话题不是生命作为一种自然现象而具有的真实性质（生命如何从复杂的化学过程进化而来，有机体的必备特性是什么，等等）。哲学提出的问题与此不同：当遇见生命体（living entity）并把它视为生命体时，我们已经拥有某种前理解（pre-understanding）了。这样的前理解使我们承认，它们是活的。哲学关注的正是这个前理解。这道理同样适用于自由，在问"我们是否自由？"时，我们是如何理解"自由"的？基本的超验-阐释学步骤（transcendental-hermeneutic move）是走向这个前理解视域（horizon of pre-understanding）的步骤。前理解视域总是已经存在的。这是海德格尔以"存在的展示这一事件"（Event of the disclosure of being）所要表达的东西：最激进的层面上的历史并不涉及现实的变化，而涉及事物呈现在我们眼前的方式的变化，涉及我们对现实的基本前理解的变化。不妨回想一下那个经典话题：在早期现代性中，我们据之理解运动的框架发生的变化。

中世纪的物理学相信，运动是由动力（impetus）引起的。事物天然地处于静止状态。动力使物体运动，动力耗尽，物体减速并停止运动。因此，要想使物体持续运动，就必须不断施以推力，推力是可以感觉到的。（这也是赞成上帝存在的理据，因为苍天要持续运动，就必须有某个巨物——如上帝——施以推力。）如果说地球在运动，那为什么我们感觉不到？哥白尼无法回答这个问题。……伽利略代哥白尼回答：简单速度（simple velocity）是感觉不到的，只有加速度才能感觉到。所以地球在运动，但我们感觉不到它的运动。而且，它运动的速度保持不变，直到有某个力量改变它。这便是惯性的概念，它取代了古老的动力概念。[1]

从动力向惯性的转变是真正先验性的：它改变了我们与现实相关联的基本模式。正因如此，它是一个事件：在其最基本的层面上，事件并不是在这个世界上发生的事情，而只是框架的改变。透过框架，我们感知世界，我们投身世界。在回应认知主义的挑战时，新康德学派（如今以哈贝马斯为代表）提到了与此完全相同的维度：我们是自由和负责的能动者（free and responsible agents），我们的自我感知（self-perception）不只是必要的幻觉，还是科学知识的超验的先验（transcendental a priori）。哈贝马斯在回应一个宣言时确立了自己的立场。在那个宣言中，德国十七位杰出的神经科学家宣布，神经生物学的最新进展使庸常的自由意志（free will）概念濒于破产的边缘："在不久的将来，我们将看到我们自己的形象会发生巨大的变化。"[2] 在哈贝马斯看来：

> 从第三人称的角度，即客观化的角度，研究第一人称的主观体验，这种企图与陷入述行矛盾（performative contradiction）的理论家无异，因为客观化预设了对互为主体地构成的语言实践体系（intersubjectively instituted system of linguistic practices）的参与。这

---

1　引自 www.friesian.com。

2　C. E. Elger, A. D. Friederici, C. Koch, H. Luhmann, C. von der Malsburg, R. Menzel, H. Monyer, F. Rösler, G. Roth, H. Scheich and W. Singer, "Das Manifest: Elf führende Neurowissenschaftler über Gegenwart und Zukunft der Hirnforschung," *Gehirn und Geist* 6 (2004), p. 37.

种实践的标准配价（normative valence）决定着科学家的认知创造力（cognitive activity）。[1]

哈贝马斯把这个有关理性有效性的互为主体性领域（this intersubjective domain of rational validity）描述为"客观心灵"（objective mind）的维度。我们无法根据由意识自我组成的共同体的现象学侧影（phenomenological profiles of the community of conscious selves）来理解它。正是规范领域（normative realm）内在的互为主体性身份，阻碍依据比这个体系更简单的实存物或过程来说明它的运作或起源的任何企图。（"客观心灵"无法被化约为粗糙的现实这一实在界，不能被化约为我们的自我体验这一想象界，拉康与之对应的术语当然是大对体。）无论是参与者的现象学（想象界）的侧影，还是参与者的神经生物学（实在界）的侧影，都不能当成这个社会性"客观心灵"的构成性条件来引用：

> 对于出自我们的自我理解的、自然主义的自我描述的反抗，是由下列事实来解释的：根本无法避开认知视角的二元性。要想有这种可能——使坐落在世界之内的心灵对自身的情形有一个明确的概览，认知视角的二元性就必须相互锁定。即使所谓的绝对观察者的凝视，也无法切断与一个特定视点的联系，即无法切断与反事实性扩张开来的论争共同体（counterfactually extended argumentation community）的联系。[2]

或许这个超验立场还能把西方的马克思主义与俄国的"辩证唯物主义"最终区别开来。辩证唯物主义把历史唯物主义视为特定的存有论，视为有关社会存在的特殊形而上学（*metaphysica specialis*），视为普遍

---

1　Jürgen Habermas "The Language Game of Responsible Agency and the Problem of Free Will: How Can Epistemic Dualism be Reconciled with Ontological Monism?" *Philosophical Explorations* 10:1 (March 2007), p. 31.

2　Ibid., p. 35.

的辩证规律在社会领域的应用。这与西方马克思主义形成了对比，因为在西方马克思主义看来，集体性的人类实践（collective human praxis）是我们在处理现实时无法超越的超验视域（unsurpassable transcendental horizon），即使在思考自然规律时不夹杂任何私念，我们也无法摆脱这一超验视域。正如他们常说的那样，即使人类是自然进化的结果，人类对自然的实用的集体性介入（practical collective engagement with nature）总是已经"框定"了我们对自然的理解。或者用青年卢卡契的简洁公式说，自然是一个历史范畴。

正是从这个意义上说，海德格尔是最终的超验哲学家。他的成就在于，他把超验维度（transcendental dimension）历史化了。在海德格尔看来，事件与存有性过程（ontic processes）毫不相干，它指的是存在于新时代的展示（new epochal disclosure of Being）这一"事件"，指的是新"世界"的出现（新"世界"是作为意义的视域出现的，所有的实存物都出现在这个意义的视域内）。因此，灾难发生于行动（事实）之前。灾难不是人类的核自我毁灭，而是与自然建立的存有论关系（ontological relation），这种关系把自然化约成了人类的科技开发资源。灾难不是生态毁灭，而是家园之根（home-root）的丧失，它使对地球进行残忍的开发成为可能。[1]灾难并不在于，我们被化约成了任由生物遗传学操纵的自动装置，而在于存有论方法（ontological approach），它使这种前景成为可能。即使在彻底自我毁灭的情形下，存有论依然维持着它对存有性的优先性：整体自我毁灭，这种可能性只是我们与自然（自然即供技术开发的客体的集合）发生关联的存有性后果。灾难发生于自然显现于技术框架之时。Gestell——海德格尔对技术之本质的命名——在英语中一般译为"框定"（enframing）。就其最激进的意义而言，技术不是指由机器和活动组成的复杂网络，而是指我们在介入此类活动时对现实采取的态度：技术是现实在现代显示自身的方式。在现代，现实已经

---

1 我们能够想象"莫哈韦沙漠中的海德格尔"吗？能够面对巨大的旧飞机墓地这个惰性机器，面对机能失调的框架（*Gestell*）这个痛苦的画面吗？——作者注。"莫哈韦沙漠"（Mojave desert）是位于美国加利福尼亚州东南部的沙漠，面积近六万平方公里。在沙漠中有一座莫哈韦机场，许多废弃的民用飞机停放在那里，人称"飞机墓地"。——译者注。

变成了"储备资源"：

> 框定指收集那种限定（setting-upon），它限定人类，挑战人
> 类，以命令的模式揭示实在界，把实在界视为储备资源。框定指
> 的就是那种揭示方式，它控制现代技术的本质，本身又毫无技术
> 可言。[1]

作为西方形而上学的终结者，技术的悖论在于，它是一种框定模
式（mode of enframing），但它对框架本身又构成威胁：被化约为技术
操纵之客体的人类不再是真正的人类，人类不再能够满心欢喜地面向现
实，丧失了这种存在的特性。不过，这种危险也蕴含着拯救的潜能：一
旦我们意识到并充分地接受"技术本身本质上只是一种框定模式"的事
实，我们就可以克服它。……赋予存有论维度（ontological dimension）
对存有性维度（ontic dimension）的优先权，此举使海德格尔把巨大的
人类灾难（如纳粹大屠杀）视为"存有性"事件而不屑一顾，使他把
民主政治与法西斯主义的差异视为次要之物，视为与存有论无关之物，
从而对它嗤之以鼻［某些批评者匆忙补充说，消除存有性差异（ontic
differences）不仅是他强调存有论维度的结果，也是他强调存有论维度
的原因——于是，他曾经卷入纳粹活动，这也变成了微不足道的失误］。
不过，即使在内在哲学的层面上，我们不禁要称之为"存有性问
题"（ontic question）的东西，一直在海德格尔的思想中处于地下状
态。这个"存有性问题"是：处于存有论视域之外、先于事件性展示
（eventic disclosure）的存有性现实的身份是怎样的？海德格尔说得很
清楚，在某种意义上，事物在存在的展示（disclosure of Being）之前
就"在那里"（were there）。它们存在，但它们的存在不是充分的存有
论意义上的存在。既然如此，它们是如何"在那里"的？这是海德格尔
对这个含混不清的观点所做的模棱两可的概括："我常问自己——对我

---

1   Martin Heidegger, *The Question Concerning Technology and Other Essays*, New York: Harper 1977, p. 20.

来说，这在很长时间内都是一个根本性的问题——没有人类，自然会是怎样的？要想获得最本己的效力（ownmost potency），必须通过人类发出回响吧？"[1] 这段文字令人想起瓦尔特·本雅明的《拱廊计划》。在那里，本雅明引用法国历史学家安德烈·蒙格隆（André Monglond）的话说："过去在文学文本中留下了自己的形象，这些形象赶得上通过光线照在摄影底片上的形象。未来只有使用更强劲的显影剂，照片才能纤毫毕现。"[2] 这种有关"过去文本"的观念远远不是对文学文本的复杂的相互依赖性的中立观察，它指向的未来也是以本雅明有关"革命行为"的基本观念为根基的——"革命行为"是对过去失败的努力（past failed attempts）的回溯性救赎：

> 过去随身携带着时间的索引（temporal index），它凭之获得救赎。过去的人和今天的人有一个秘密协议。我们来到尘世，这早就被预料到了。和先于我们存在的每一代人一样，我们被赋予了微弱的救世主力量，过去曾经宣称拥有的力量。[3]

问题是我们应该随它走多远？我们是否应该限制这种回溯性救赎（retroactive redemption），使它仅限于人类历史？或者，我们是否已经做好准备，冒险把这个逻辑应用于自然，自然也在呼唤人类，呼唤人类发话，把它从难以言表的苦难中拯救出来？广而言之，围绕着前人类的自然（pre-human nature）固有的痛苦展开的思辨，不都是些简单的神话寓言吗？超验方法（transcendental approach）发出的信号之一就是向神话求助：在我们能想多远就走多远地描述了理性的结构（rational structure）之后，自柏拉图至拉康的思想家都提供了神话寓言，宣称我们真的无法超越理性的结构，只能通过寓言这一媒介，推测在理性的结构之前都发生过什么。拉康于是宣布，有关符号性秩序、逻各斯的事实，是我们思

---

1　Letter from 11 October 1931, in *Martin Heidegger- Elisabeth Blochmann. Briefwechsel 1918—1969*, Marbach: Deutsches Literatur-Archiv 1990, p. 44.

2　Walter Benjamin, *The Arcades Project*, Cambridge, MA: Belknap Press, 1999, p. 482.

3　Walter Benjamin, *Illuminations*, New York: Schocken Books, 2007, p. 254.

维的终极视域：我们无法继续追溯，有关"语言起源"的任何故事都是循环性的神话（circular myth），都暗中预设了它声称要做出解释的东西，我们所能做的全部事情，就是杜撰好玩的寓言。

重新回到海德格尔的那段引文。我们应该注意，那段文字出现于他发表题为《形而上学的基本概念》（"The Fundamental Concepts of Metaphysics"，1929—1930）的演讲后不久。他在那里还提出了一个谢林式的假说：或许动物以迄今无人知道的方式，知道它们的匮乏，知道它们在与这个世界发生关联时的"贫乏"。或者说，的确有无穷无尽的痛苦，弥漫在整个生物界："如果说以某些形式呈现出来的贫困（deprivation）是某种苦难（suffering），如果说世界的贫穷（poverty）和贫困属于动物的存在（animal's being），那么，痛苦和苦难会渗透整个动物领域，渗透普遍的生命领域。"[1]

在这里，海德格尔面临的选择如下：依据他的基本立场，对他的指责显然是有据可依的，因为他对动物的定义［动物是缺少世界的（*weltarm*）］和对石头的定义［石头是没有世界的（weltlos）］暗示，他提到了人类，说人类是面向世界，向世界开放的。但这也仅仅意味着，我们总是已经以世界向我们展示自身时采取的方式来理解现实的。如此说来，我们无法从现实中抽离我们的立场。不过，海德格尔似乎有点怀疑这种超验性回复的充分性（即承认，"自在"的、与我们无关的现实究竟是什么的问题持续存在），于是暗示了另一种立场：只是待在自己的无世界性现实（world-less reality）中的事物丧失了世界的身份（deprived-of-world status），不仅是我们从我们的人为立场（anthropic position）感知它们时给它们打上的烙印，而且是在它们身上，内在地塑造了它们的特征的东西。在这里，海德格尔提到了德国浪漫主义和谢林的一个旧母题（本雅明也接受了这个母题），即"自然的巨大悲伤"（great sorrow of nature）的母题："正是怀着补偿［那种悲伤］的希望，怀着把它们从苦难中拯救出来的希望，人类在自然中生活和言

1　Martin Heidegger, *The Fundamental Concepts of Metaphysics*, Bloomington: Indiana University Press 1995, p. 271.

说。"[1] 德里达拒绝了这种谢林-本雅明-海德格尔式的母题，拒绝了这样的想法——自然的麻木和沉默表明它们正在遭受无穷无尽的痛苦。德里达认为，这个母题和想法是目的论的逻各斯中心论的（teleologically logocentric）：语言成了自然的终极目的（telos），自然为词语（Word）奋斗，以解除自己的悲哀，以获得拯救。

但这个终极目的还是通过颠倒标准的视角，提出了正确的问题。正确的问题不是："对于语言来说，自然是什么？我们能不能在语言中，或通过语言，充分地把握自然？"正确的问题是："对于自然来说，语言是什么？为什么语言的出现影响了自然？"这样的逆转绝不属于逻各斯中心论的范畴，而是对逻各斯中心论和目的论的最强劲的悬置，其悬置的方式与马克思的下列做法如出一辙：马克思的人体解剖对于猴体解剖是一把钥匙的观点[2]，颠覆了任何目的论的进化主义（teleological evolutionism）。一旦我们以这种方式提出问题，我们就会超越（或颠覆）超验的维度。今天的关键哲学问题是，超验维度是我们思维的终极视域吗？它是无法绕过的（*unhintergehbares*）吗？如果不是，那我们如何超越或颠覆超验（the transcendental）？似乎有三个主要选项供我们调遣：

1. 费希特——超验本身的激进化。即从超验原则演绎出整个内容，包括经验的多重性（empirical multiplicity）。费希特（而非黑格尔）在其第一阶段试图以其自我设置的绝对之我（absolute I）达到这个目的。

2. 谢林——超验的元超验开端（meta-transcendental genesis of the transcendental）。即超越超验（move beyond the transcendental），进入本原超验（arche-transcendental）。这从晚年的谢林开始，直

---

1　Jacques Derrida, *The Animal That Therefore I Am*, New York: Fordham University Press 2008, p. 19.

2　马克思的原话是："人体解剖对于猴体解剖是一把钥匙。反过来说，低等动物身上表露的高等动物的征兆，只有在高等动物本身已被认识之后才能理解。因此，资产阶级经济为古代经济等等提供了钥匙。"马克思，恩格斯，《马克思恩格斯选集》（第2卷），人民出版社，1995年，第23页。——译者注

至德里达。谢林使用的概念是无根基的深渊（*Ungrund*），即自我撤退的深渊，一切作为前超验的实在界（pre-transcendental Real），均来自那一深渊。德里达的延异（*différance*）为超验本身的元超验条件（meta-transcendental conditions of the transcendental itself）提供了名称。

3. 返回唯实论（realism）——首先不是回到前批判的唯实论的存有论（pre-critical realist ontology），而是回到激进的、科学的自然化纲领（radical scientific program of naturalization）。这一纲领试图说明，超验视域本身何以脱胎于存有性的进化过程（ontic evolutionary process）。然而，超验存有论与经验存有论的恶性循环在这个版本中还是无法超越的：科学的自然化（scientific naturalization）必须依赖已经确定的超验视域。

## 黑格尔式步骤

黑格尔的立场呢？他的立场独一无二：他把超验框架重新刻入（re-inscribes）事物本身。怎么刻入的？让我们从一个三元组开始，即从朴素、超验、黑格尔式对立开始。站在朴素的立场上，可以把现实视为简单的存在，即"摆在那里"（being out there）的存在；超验的转向（transcendental turn）表明，现实总是透过（叙事）框架构成的，而且不能把这个框架化约为自身的客体，因为它总是已经预先设定的（pre-supposed）。我们如何超越这两个维度——超验维度和经验维度——的相互作用？再以一个理论为例说明之。根据这个理论，超验维度总是已经设定的。该理论便是克洛德·列维-斯特劳斯的结构主义。列维-斯特劳斯把他的立场称为没有超验主体的超验主义（transcendentalism without a transcendental subject）。结构主义认为，我们无法想象符号（秩序）的起源。[1]符号（秩序）一旦出现在那里，就永远待在那里，我们

---

1  在这里，我们会注意到一个奇迹。1986 年，巴黎语言学会正式禁止其成员以任何形式研究语言的起源问题："学会不承认涉及语言起源的学术交流。"引自 Etienne Klein, *Discours sur l'origine de l'univers*, Paris: Flammarion 2010, p. 157。

无法摆脱它，只能建构有关它的神话（拉康偶尔也热衷于此）。阿里克塞·尤恰克（Alexei Yurchak）写过一本书，是关于苏联最后一代人的。想想这本书的奇妙标题吧——《一切都是永远，直到不再永远》（*Everything Was Forever, Until It Was No More*）。我们正在寻找的观点，正是这一断裂的翻转：符号性秩序从来都不在那里，直至突然间，全部的符号性秩序早就已经出现在那里。问题在于"封闭"的自我关联系统（self-relating system）的出现。这个系统只有内部，没有外部，不能从外部解释它的存在，因为它的构成性行为（constitutive act）是自我关联。也就是说，这个系统处于封闭圈中，只有在它开始自己引发自己、自己设置自己的预设时，它才真正出现。不是说，原来一无所有，突然间，符号性秩序出现在那里。而是说，原来一无所有，突然间，仿佛符号性秩序早就已经出现在那里，仿佛没有它，就不会有时间。[马克思处理过这类问题，那是有关"原始积累"的神话问题：但他寻找的不是资本主义的起源，而是没有任何目的论动力（teleological impetus）支撑的偶然性谱系（contingent genealogy），这是为什么说"人体解剖对于猴体解剖是一把钥匙"。]黑格尔式的赌博是，我们能够说明这种"出现"（emergences）的原因：辩证的逆转（dialectical reversal）正是这样的"出现"，即没有外部的新秩序（new order without an outside）的"出现"。我们能在列维－斯特劳斯理论的空间中想象这样的"出现"吗？在《从蜂蜜到烟灰》（*Du miel aux cendres*）的一个著名段落中，列维－斯特劳斯试图界定他的结构主义和历史的关系。他把自己的思想称为"没有超验主体的康德主义"，这是什么意思？这段文字对此做了清晰的说明：

> 结构分析并不拒绝历史。相反，它赋予历史卓越的地位。它具有不可化约的偶然性，没有它，我们甚至无法设想必然性。由于处于人类社会显而易见的多元性的背后，结构分析宣布自己要回到基本和偶然的属性上来。它不再解释的，不是特定的差异，这些差异可以通过详细说明每个民族志语境中支配其生产的不变定律（laws of invariance）来理解。它不解释的是以下事实：这些几乎是作为并

存物而既定的差异，并没有得到经验的完全证实，只有其中的一部分得以实现。要想切实可行，完全专注于结构的研究，一开始就要屈从于事件的力量和空无（power and inanity of the event）。[1]

基本观念很清晰：结构分析部署了由四种可能的变量构成的母体，历史增加了外部的偶然性，而且正是由于存在着偶然，只有某些变量得以实现……但有了这样一个概念就够了吗？它与列维－斯特劳斯的实践是否吻合？难道我们没在列维－斯特劳斯的著作中发现，他暗示结构与历史之间存在着更为复杂的关系？他的第一步是把自我反思（self-reflexivity）引入符指化的秩序（signifying order）：如果一个能指的身份只是它的一系列构成性的差异（constitutive differences），那每个符能化的系列（signifying series）都必须由没有任何确定意义（即所指）的一个反射性能指（reflexive signifier）来补足，来"缝合"，因为这个反射性能指只代表意义本身的出场（与意义的缺席相对）。在人类历史上，列维－斯特劳斯首次充分说明了这样的能指的必要性。他是通过他对法力（mana）的著名阐释来充分阐释这种的能指的必要性的。他的成就是消除了法力的神秘性，把一种神秘莫测、不可思议的力量化约成了具体的符号性功能。他的出发点是，语言作为意义的载体是突然出现的，语言覆盖了整个视域："无论在动物崛起过程中出现于何时何地，语言只能是突然出现的，不是逐步表情达意的。"[2]不过，这种突然的出现导致了能指序列与所指序列的失衡：因为符指网络是有限的，它无法充分覆盖全部所指的广阔无垠之域。

如此一来，由人类状况导致的基本情形百折不回，不屈不挠。也就是说，人从一开始就喜欢拥有能指－整体（signifier-totality），但怎么把能指分配给所能，他对此茫然不知。他天性如此，但不知道自己天性如此。这两者之间总是存在着不对等或"不充分"

1　Claude Lévi-Strauss, *Mythologiques, Tome 2: Du miel aux cendres*, Paris: Plon 2009, p. 408.

2　Claude Lévi-Strauss, *Introduction to the Work of Marcel Mauss*, London: Routledge, Kegan & Paul 1987, p. 59.

（*inadéquation*），存在着不匹配，存在着只有神圣的理解（divine understanding）才有吸收的外溢；这导致了能指对所指的过剩。所以，人类努力理解世界时，总是除去符指（signification）的剩余。……补充性配给（supplementary ration）的分配……是绝对必要的，这样才能保证，可用的能指和制定的符指会依旧处于互补关系之中，而互补关系是符号性思维操练的前提条件。[1]

因此，每个符指领域（signifying field）都必须由补充性的零能指（supplementary zero-signifier）、"零度符号价值"（zero symbolic value）"缝合"。"零度符号价值是一个标志，它的存在意味着，有必要使补充性的符号内容（supplementary symbolic content）超过所指已经包含的内容。"[2] 这个能指是"处于纯粹状态的符号"：由于缺乏确定的意义，它代表着意义自身的出场，与意义的缺席形成对比［我们可以以更大的辩证扭曲（dialectical twist）补充一句：补充性能指代表着意义本身，但补充性能指（supplementary signifier）的显现模式显现出来的，是无意义（non-sense）。这个观点是由德勒兹在其《感觉的逻辑》（*Logic of Sense*）中提出的］，因此，诸如法力之类的概念所"代表着的，正是漂浮的能指"。[3] "漂浮的能指"不正是这样的能指——它在由全部可能的虚拟状态组成的符号结构性母体中代表它自身的对立物，即纯粹的事实偶然性的外在性（externality of pure factual contingency）？用海德格尔的话说，在漂浮的能指中，符号功能之普遍性在自己的"对立的规定"（oppositional determination）中遇到了自己。

列维-斯特劳斯的操作还包含更复杂的问题，这使结构与历史的简单对立问题重重。他的基本论点是，人类历史包含一系列的灾难或衰落：文字的发明、"希腊奇迹"（Greek miracle）、一神论的崛起、笛卡儿和现代工业-科学文明……列维-斯特劳斯坚持认为，这些衰落都是偶

1　Claude Lévi-Strauss, *Introduction to the Work of Marcel Mauss*, pp. 62–63.
2　Ibid., p. 64.
3　对反射性（reflexivity）的详细说明，请见下列著作的第九章：Slavoj Žižek, *Less Than Nothing*, London: Verso 2012。

然性的。[1] "希腊奇迹"没有必然性，它能发生，只是多种条件的彻底的偶然交叉所致。如此衰落不是在非历史的结构母体（ahistorical structural matrix）内部发生的简单变异——它们是切口（cuts），是新事物（the New）的偶然迸发。在这里，列维－斯特劳斯怀揣的梦想是：可能存在着虚拟的另类历史（virtual alternative histories）。这倒不是说，世界上不会再出现新事物，我们将生活在古老的野性的思维（*la pensée sauvage*）的世界中，而是说，每个新的衰落都伴随着（或都导致）另类可能性的虚拟阴影（virtual shadow of alternative possibilities）。"的确，列维－斯特劳斯眼中的灾难史有一个不变的特点，那便是在每个转折点，在每个分叉点，总是存在着另类的历史，存在着从来都没有存在过，但原本可能存在的事物的幽灵。"[2] 这些另类可能性不是永恒母体（eternal matrix）中的简单变量。问题在于，每个历史事件，新事物的每次出现，每次衰落，总是下列两者的分裂：一者是实际发生过的事情，一者是它的失败的替换物。[3]

关键问题是把形式－超验结构（formal-transcendental structure）与偶然历史内容（contingent historical content）连接起来的脐带：历史之实在界（the Real of history）是如何刻入结构的？让我们以历史编纂（historiography）为例，在最抽象的层面上处理这个问题。海登·怀特（Hayden White）把历史著作界定为以叙事性的散文话语为形式的词语结构（verbal structure）。他把过去的结构和过程予以分类，以便对它们做出解释，而解释它们的方式，则是把它们作为模型再现出来。历史学家不只是发现历史，他记下发生过的事件，把它们编成故事，即把它

---

1    恕译者无知，不知道为什么把"文字的发明"之类，一律称为"衰落"（falls）。

2    Christopher Johnson, "All Played Out? Lévi-Strauss's Philosophy of History," *New Left Review* 79 (Jan/Feb 2013), p. 65.

3    沿此逻辑，约翰·弥尔班克（John Millbank）设想了一个另类现代性（alternate modernity）：倘若当年新教没有崛起，倘若当年由埃克哈特大师和库萨的尼古拉勾勒的天主教复兴（Catholic renewal）胜出，那我们就会目睹更加"柔软"的资本主义，面对更少的个人竞争和更多的社会团结。——作者注。埃克哈特大师（Meister Eckhart），德国神学家、哲学家和神秘主义者。所谓"大师"（Meister），实为"硕士"——他在巴黎获得过"神学硕士"学位。库萨的尼古拉（Nicolaus de Cusa），又称尼古劳斯·冯·库斯（Nicholaus von Kues），文艺复兴时期神圣罗马帝国神学家，著有《有知识的无知》。它的失败的替换物（its failed alternatives），指原本可能发生但最终没有发生之物，是胎死腹中之物。——译者注

们重新组织成叙事性的散文话语。[1] 在这样做时，他以某种顺序排列事件，决定取舍，强调某些事件，贬低另外一些事件，所有这一切的目的都是回答下列问题：发生了什么？什么时候？怎么发生的？为什么发生？在回答这些问题时，历史学家依赖三种解释模式：编织情节、论证（argument）、意识形态蕴含（ideological implication）。每个解释模式又分四种类型，历史学家可以从中做出选择：

编织情节——"每种历史，即使最'共时性'的历史，也将在某种程度上编织情节。"[2] 编织情节的四种类型是：传奇（自我认同的戏剧，包括主人公战胜邪恶）；讽刺文学（与传奇相反：人至死都被困于世界）；喜剧（自然与社会的和谐，为此而庆贺）；悲剧（主人公经历衰落或考验，通过屈从于世界的局限而获得教益，观众同样获得教益）。

论证——论证的四种类型是：形式主义的（通过分类、贴标签、范畴化认同客体："任何历史编纂，只要是对历史领域的多样性、色彩和生动性的描述，[这描述]都被当作那项工作的中心目标"[3]）；有机主义的（整体大于部分之和；以目的为取向，原理不是规律，而是人类自由的组成部分）；机械主义的（发现支配人类活动的规律）；语境主义的（事件要通过它们与其他类似事件的关系来解释；溯本求源）。

意识形态——反映历史学家有关生活的伦理和假设，过去的事件如何影响现在，我们现在应该如何行动；声称自己是"科学"或"唯实论"的权威。它也有四种类型：保守派的（历史在进化；我们可以期待乌托邦，作为自然节奏的一部分，变化是缓慢的）；自由派的（社会历史的进步是法律和政府变化的结果）；激进派的（乌托邦是固有的，必定受革命手段的影响）；无政府主义的（国家是腐败的，因此必须摧毁，新的共同体即将成立）。

历史学家还可以通过运用特定的譬喻（trope），即四种深层的诗意结构之一，来"预象"（prefigures）写作行为。这四种深层的诗意结构是：隐喻（metaphor）、提喻（synecdoche）、转喻（metonymy）和

---

1　参见 Hayden White, *Metahistory*, Baltimore: Johns Hopkins University Press 1973。

2　Ibid., p. 8.

3　Ibid., p. 14.

反讽（irony）。"某些经验的内容抵抗以毫不含糊的散文再现（prose representations）的形式来描述，因而可以通过某种操作，预象性（prefiguratively）地把握这些经验的内容，并为意识的领悟（conscious apprehension）做好准备。"譬喻"理解这个过程尤其有用"。[1]怀特对这种譬喻做了如下的注释：

隐喻——以类比（analogy）或明喻（simile）的方式，把一种现象比作另一种现象，或把一种现象与另一种现象相对比。

提喻——以某物的一部分代表整体的素质，如"他全心全意"[2]。

转喻——以具体事物的名称指代整体，如以"帆"取代"船"。

反讽——超出字面没有任何意义的字面意义。例子包括悖论（矛盾修辞法）或"明显荒唐的表现方式"（词语误用）。

隐喻是再现代性的，转喻是化约性的，提喻是整体性的，反讽是否定性的。最终结果是表 2-1 代表的原康德式的先验形式图式（proto-Kantian a priori formal scheme）：

表2-1　原康德式的先验形式图式

| 情节编织 | 论证 | 意识形态 | 诗意结构 |
|---|---|---|---|
| 浪漫的 | 形式主义的 | 无政府的 | 提喻 |
| 悲剧的 | 机械主义的 | 激进的 | 隐喻 |
| 喜剧的 | 有机主义的 | 保守的 | 转喻 |
| 讽刺的 | 语境主义的 | 自由的 | 反讽 |

怀特本人否认自己是相对主义者或后现代主义者。他明确表示，过去发生的事件之现实（reality of events）并不与对这些事件的文学描述相矛盾。尽管如此，他还是停留于康德的空间之内，把下列两者对立起来：一者是非时间性的图式或母体（atemporal scheme or matrix）这个形式 - 超验的先验（formal-transcendental a priori），一者是实现了这个图式所规定的可能性的偶然现实。在怀特看来，实在界从外部影

---

1　Hayden White, *Metahistory*, p. 34.

2　"他全心全意"的原文是"He is all heart"，直译为"他是一颗完整的心"或"他是全心的"。——译者注

响了这个图式的偶然事件。这个模型可能会以两种方式出错。第一种，现实与之不符，现实无法填满图式的空间，无法实现图式所允许的所有选项，如此一来，某些空间依然是空白的、空洞的，没有得到实现的可能性。这是列维－斯特劳斯的立场，他认为，相对于结构母体而言，现实有其缺陷。第二种是出现经验主义的视角转移（empiricist shift of perspective）：现实太多，现实太丰富，因而将逃离这样的母体。这是常识性的看法：每个概念网络都将过于粗糙和抽象，无法捕获外在现实的精密肌质。

真正的黑格尔式道路是第三条道路，即第三个可供替代之物——固有的结构非一致性（immanent structural inconsistency）。如此一来，由于内在的对抗（inherent antagonism）而非现实的超额（excess of reality），形式母体受到了内在的阻挠（thwarted immanently）。某些选项依然是空白、空洞的可能性，没有得以实现。这是事实。如果这个事实表明，怀特提出的母体只是要把两种不同的母体撮合在一起，同时消除它们之间的对抗，情形会怎样？正是在这里，我们触及了（touch）实在界：实在界不是因为过于丰富而无法被形式母体捕获的外在现实，而是引发母体的形式分裂的那个对抗。我们无法在现实中直接确定它的方位，只能在现实的结构性构成之僵局（deadlock of structural formalization of reality）中确定它的位置。这个实在界（对抗）不是相对的，它是既定历史星群（given historical constellation）的"绝对"，是固定不变的不可能性或基准点。就这样，我们即使接受历史材料总是已经经过了加工，融入了别有用心的叙事这一事实，还是能够避开相对主义：叙事与叙事之间存在冲突，这种冲突触及了（touched）实在界，维持着叙事与现实的距离；实在界是可望而不可即的，实在界是使它可望不可即的障碍物——（叙事）形式本身就是这样陷入其内容的。

不妨回顾一下列维－斯特劳斯在《结构人类学》中对北美五大湖部落之一的温贝尼戈人[1]的建筑的空间布局所做的杰出分析。该部落被

---

1　温贝尼戈人（Winnebago）是原本居住在美国威斯康星州格林贝地区的美国原住民，现多聚集在威斯康星州和内布拉斯加州。——译者注

划分成两个子群（subgroup）或两个"半族"（moieties）："来自上层的人"与"来自下层的人"。当我们要某人在纸上（或沙上）画出其所在的村庄的平面图（即寨子的空间布局）时，我们会得到两种完全不同的平面图。究竟是哪种平面图，取决于该人属于哪个子群。来自两个子群的成员都会把村庄体验为圆圈。对于某个子群来说，在一个圆圈之内，还有另一个圆圈，这个圆圈即中央房舍，所以我们得到了两个同心圆。但对于另一个子群来说，圆圈被一条清晰的分界线一分为二。换言之，第一个子群——我们姑且称之为"保守的-社团主义"（conservative-corporatist）子群——的成员把这个村庄的平面图视为由房子组成的圆圈，它围绕着中央神殿，对称性地布置起来的。第二个子群（"革命-对抗"的子群）的成员则把自己的村庄理解为由一条不为人所见的边界线隔离开来的不同的房屋区域。[1]列维-斯特劳斯想要表明的观点是，这个实例无论如何都不应该诱惑我们，使我们接受文化相对论（cultural relativism）。根据文化相对论，对社会空间做怎样的感知，取决于观察者从属于哪一个子群：两种"相对"感知的分裂，意味着对一个常数的隐秘参照。这个常数不是建筑物的客观的、"实际"的布局，而是一个创伤性的内核（traumatic kernel），是村庄居民无法符号化、无法解释、无法"内在化"、无法与之和解的根本性对抗（fundamental antagonism），是社会关系中阻止共同体成为和谐整体并长期稳定的不平衡。对平面图的两种感知，只是两种相互排斥的努力而已——努力应付这一创伤性对抗，努力通过强制实施平衡的符号性结构（balanced symbolic structure）医治伤口。在这里，我们可以看到，实在界究竟是在何种意义上通过畸像（anamorphosis）进行干预的。我们得到的首先是房屋的"客观"排列，其次是两种不同的符号化，两种符号化都以畸像的方式扭曲了房屋的排列。然而，这里的"实在界"不是实际的排列，而是某些社会对抗这个创伤性内核，它扭曲了个人对村内房屋

---

1    Claude Lévi-Strauss, "Do Dual Organizations Exist?," in *Structural Anthropology*, New York: Basic Books 1963, pp. 131-163; 图片见 pp. 133-134。

的实际排列的观看。[1]

在这个层面上，真理（truth）不再依赖于对事实的忠实复制（faithful reproduction）。在这里，我们可能注意到了（事实性）真理与真理性（truthfulness）的差异：使得强奸受害人的报告（或任何其他创伤性叙事）具有真理性的[2]，正是它在事实上的不可靠性（factual unreliability）、混乱不堪或不一致性。如果受害人能以清晰的方式报告自己的创伤性和耻辱性经历，能把所有的材料整理得井井有条，那我们将疑心重重。这道理同样适用于大屠杀幸存者提供的口头报告：如果一个证人能异常清晰地描述自己在集中营的经历，那他就会因此丧失作证的资格。从黑格尔的观点看，这里的问题是解决问题的方案的一部分：创伤化主体[3]的报告存在的弱点恰恰证明，这一报告具有真理性，因为它告诉我们，报告的内容已被其形式污染。

因此，实在界并不存在于毫无矛盾的事物中，不存在于处在我们叙事之外的超验内核（transcendent hard core）中，而存在于不同叙事之间的分裂中。为什么？因为不同叙事形式之间的这一分裂，把原初被压抑之物（what is primordially repressed）带出了它的内容。弗洛伊德的一位女患者做过一个短梦，但她最初不想告诉他，"因为这梦太模糊和混乱"。弗洛伊德后来知道，原来那位患者当时怀孕了，但不知道孩子的父亲是谁。也就是说，是父亲的身份"太模糊和混乱"。弗洛伊德在评论这个梦时，得出了一个至关重要的辩证性的结论："此梦表明，它缺乏清晰性，缺乏清晰性是促成此梦的材料的一部分。也就是说，这个材料的一部分是以梦的形式再现出来的。梦这种形式和表现梦的内容时采取的形式被以相当惊人的频率用于再现它隐蔽的题材。"[4]在这里，形式和内容的分裂是真正的辩证性的分裂，与超验分裂（transcendental gap）大不相同。超验分裂的关键在于，每个内容都显现于先验的形式

---

1　对列维-斯特劳斯提出的这一例证的更加详细的说明，请见下列著作第三章：Slavoj Žižek, *The Puppet and the Dwarf*, Cambridge, MA: MIT Press 2003。

2　这里的"真理性"，通俗地讲，就是"真实可信"。译为"真理性"，只是为了保持"truth"与"truthfulness"在字面上的前后一致性，以免令人离题万里的嫌疑。——译者注

3　"创伤化主体"（traumatized subject），即精神上受过打击的主体。——译者注

4　Sigmund Freud, *The Interpretation of Dreams*, Harmondsworth: Penguin Books 1976, p. 446.

框架（a priori formal frame）。正是这个先验的形式框架"构成"了我们感知的内容。或者用结构主义的话讲，我们应该把元素与这些元素占据的正式位置区分开来。只有在不把某个形式程序视为（叙事）内容的某个方面的表现，而是把它视为对排除在显性叙事文字之外的内容的一部分的揭示时，我们才能对形式做真正的辩证分析。这样一来（真正的理论关键就在这里），要想重建"全部"叙事内容，就必须超越显性内容自身，把那些充当"被压抑"内容的替身的形式特征囊括其中。例如，在情节剧（melodramas）中，无法以叙事文字直接表现的"情感过度"（emotional excess），在滥情得近乎荒谬的音乐伴奏或其他形式特征中找到了发泄口。在这方面，可以把标准的情节剧与拉斯·冯提尔（Lars von Trier）的《破浪》（*Breaking the Waves*）两相对照：在上述两种情形下，我们都面对着形式和内容之间存在的张力，但在《破浪》中，"情感过度"处于内容之中［沉闷的伪纪录片形式使过度的内容（excessive content）颇为显眼］，而在情节剧中，形式中的过度（excess in the form）既模糊又凸显了内容中的瑕疵。从康德转向黑格尔所导致的关键结果也在于此：内容和形式的分裂会回头反射到内容上，并成为一个标示，它告诉我们，这里的内容并非内容的全部，有些内容已被压抑或已被排除在外。[1]

但是，为什么这样的反射性步骤（reflexive move）会带我们超越超验维度？通过把意识形态的二律背反或认知的二律背反反射回现实，这样的反射性步骤岂不是不仅确立了意识形态中的不一致性与现实中的对抗的同源关系，而且因此成为荒唐的"反映论"的另一个姿势？答案是否定的，因为在这里并行不悖的是超验二律背反与实在界（而非现实）：与现实保持距离是实在界的特征（the distance from reality

---

1　反对黑格尔、赞成康德的传统看法是，黑格尔大刀阔斧地简化了康德的思想，因此没有得到康德思想的要领。不过，这个"真正的康德"，这个思想据说被简化的康德，通常是有点怪异的黑格尔式的康德。以真正的黑格尔式逆转，"黑格尔"（黑格尔式的洞见）恰恰处于我们为了避开黑格尔的观点而建构起来的东西中。例如，为康德辩解的人声称，对康德文本的详细解读清晰地表明，自在之物（Thing-in-itself）不仅是一个积极的超验实存物（positive transcendent entity），而且是一个消极的范畴，指我们思想的极限。这正是黑格尔在批判康德后得出的结论。我们通常不得不承认，康德用语常常含混不清，对自己的实际作为不是特别清楚。黑格尔在批判康德时所做的正是——也只是——使康德面对自己的实际作为而已。

registers the Real）。实在界是现实中的裂缝（gap in reality），它使现实成为"并非全部"（non-all）。因此，解决的办法不是超越主体——主观表象——与自在的分裂，直接进入自在，而是认定这个分裂本身就是自在，就是实在界的一个特征。要想阐明这个要点，我们必须抛弃以乔姆斯基的下列公设为前提对语言所做的认知主义的自然化（cognitivist naturalization）：语言是生物器官，它遵循的逻辑与其他器官遵循的逻辑毫无二致。与乔姆斯基的公设相反，拉康的公设导致了如下问题：

> 语言与会说话的活物（living being which speaks）的存有论断裂。语言远非自发成熟之产物，它落到了会说话的活物身上，借助于其娱乐，解除了对会说话的活物的管制。这是事实。语言导致的主要结果是性的非关系（sexual non-relationship），除非与此相反，语言是这种非关系的结果："正是这种关系的缺席把人类放逐到语言的栖息地（habitat of language）？或正是因为人类栖息于语言，这种关系才被部分地说了出来（half-spoken）？"[1]

但是，这个循环性的相互依赖（circular interdependence）是我们思维的最后视域吗？对语言予以认知主义自然化，这真的是唯一的替代物吗？难道我们不应该进一步超越语言与活体（living body）之间的存有论断裂并提出下列问题：如何把实在界结构起来，以使断裂出现在实在界之内？换言之，从外部拓殖活体的语言不可能是最后的遗言，因为在某种意义上说，语言本身必须成为实在界的一部分。如何思考处于语言自然化之外的这个财产？连贯一致的答案只有一个：通过消除自然本身的自然性（de-naturalizing nature itself）。

艾伦·舒斯特（Aaron Schuster）使我们注意到拉康如何在下列两者间摇来荡去：一者是（占主流地位的）先验方法，一者是朝着超越先验

---

1　François Balmès, *Structure, logique, aliénation*, Toulouse: eres 2011, p. 15. 引文中的引文出自：Jacques Lacan, "L'étourdit," *Autres Écrits,* Paris: Seuil 2001, p. 455。

方法的方向走去的胆怯姿势。拉康的标准主题是（生物学）生命与符号界的非连续性：符号界使生命脱离轨道，使生命从属于外部强制，使生命永远丧失体内平衡（homeostasis）。这是从本能向驱力的转移，从需求向要求的转移。在这个视野内，符号性秩序作为我们无法超出的视域，"总是已经在那里了"。对于它的起源的每一次说明，都是对它的构成性裂缝（constitutive gap）的幻影般抹除。在这个拉康-结构主义版本的"阐释循环"中，我们力所能及的，就是画出空白或不可能性的边界，而正是空白或不可能性使符号界成为"并非全部"（non-all）之物，充满矛盾之物。在空白中，外部极限与内部局限完全重合（空白把符号界隔离开来，使之远离实在界，但是，这种隔离同时也切进了符号界）。不过，我们经常在拉康那里——更经常在晚期拉康那里——听到自然中的苦难这个谢林-本雅明-海德格尔式话题的回声。这苦难最终要通过人的言语来表现／解决。于是，弗洛伊德的"文化中的不适"（*Unbehagen in der Kultur*）要由诡异的"自然中的不适"（*Unbehagen in Der Natur*）来补充：

> 试想自然在等待被赐予语言的天赋，如此一来，它就能够说出，当一颗蔬菜或做一条鱼，有多么痛苦。丧失了表达被压抑的恼怒的手段，无法表达哪怕是最简单的哀伤，像"哦，是我！我是大海"[1]那样的哀伤，难道不是对自然的痛苦折磨吗？难道会说话的存在（speaking being）在地球上的出现，没有有效地释放这种可怕的机体张力（organic tension），同时又把这种张力带到了更高的、无法解决的层面？虽然拉康的讲座文集中的确有些迷人的段落，他在那里思索植物遭受的无穷苦难，提出了治疗"自然中的不适"的可能性，但在大多数情况下，他认为自然与文化的关系具有彻底的非连续性。[2]

为了不把这个转移误认为是向自然神秘主义的退化，我们应该以严

---

1　此语出自美国儿童作家鲁思·克劳丝（Ruth Krauss）的短诗。——译者注
2　Aaron Schuster, *The Third Kind of Complaint* (unpublished manuscript).

格的黑格尔式的方式阅读这段文字：我们没有神奇地克服贯穿了符号界的不可能性，而是明白了，这种似乎把我们与实在界隔离开来的不可能性，这种使实在界变得不可能（which rendered the Real impossible）的不可能性，正是这样的特征——它锁定了符号界在实在界中的位置[1]。实在界并不处在符号界之外，它是铭记于符号界心脏的不可能性。黑格尔为这种不可能性提供的术语是"自然的脆弱性"（weakness of nature），"自然在服从概念（obey the concept）方面表现出来的无能"：自然抵抗概念化，这倒不是因为它过于强大，在数量上超过每一个概念框架，而是因为它过于脆弱：

> 自然形态的无限丰富性和多样性和——这么说可是最不理性的了——进入了自然事物的外部安置（foreign arrangement）的偶然性，都被誉为自然的壮丽的自由（sublime freedom），甚至被誉为自然的神性，或至少被誉为寓于自然的神性。一边是偶然性、反复无常和混乱失序，一边是自由和理性，把这两者混为一谈，是感官思维和非哲学思维的特征。自然的这种无能限制了哲学。……自然在实现自身时不能严格地依附于概念，这种无能源于下列事实：很难——在很多情况下——无法找到固定不变的区分方法，把类别、秩序与对自然的经验思考区分开来。因为存在中间性的形态和有缺陷的形态，自然处处都在模糊属与种之间的本质性界限。这甚至发生在特定的属内，如发生在人的属内，在那里，必须把怪胎……归到这个属内。[2]

---

1　这句话应为"它锁定了实在界在符号界中的位置"。

2　G. W. F. Hegel, *Philosophy of Nature*, Oxford: Clarendon Press 2004, pp. 23–24. ——作者注。参见中文版："有人曾经把自然形式的无限丰富性和多样性誉为自然界的高度自由，甚至誉为自然界的神性，或者起码也是表现在自然界之内的神性，尤其荒谬地是把混在自然形成物的外在秩序里的偶然性也誉为这样的东西。把偶然性、任性、无序状态当作自由和合乎理性，这应称作感性表象方式的表现。自然界那种无能的表现给哲学设置了界限……在许多领域还不可能，其原因就在于自然界没有能力在概念的实现中牢固保持概念。自然界到处通过中间的和不完全的形成物把本质界限混淆起来，这些形成物总是给任何固定的区分带来一些相反的例证，甚至在一些特定类属（例如人类）之内，由于有畸形的产物，也发生这种情形。"黑格尔，《自然哲学》，梁志学等译，商务印书馆，1980年，第32—33页。——译者注这是经典的黑格尔式逆转：最初在我们的知识中显现为无能或局限的东西，显现为不可能性的东西（即我们不能从概念上把握自然现象的丰富性），变成了自然本身的无能。的确，我们不是在量子力量中准确地发现了完全相同的星群吗？在那里，不确定性（互补性）指向了"自然的脆弱性"。自然之所以脆弱，是因为它不能充分地决定自己。

## 被框定的框架

总结一下：对于超验方法而言，先验的存有论框架是无法化约的，它从来不能作为一个存有性事例（ontic occurrence）被重新刻入现实，因为每个这样的发生都已经显现在某个超验框架之内。黑格尔克服超验方法的方法，是引入形式／框架与其内容之间的辩证调停：内容自身是"脆弱"的、不一致的、被画上斜线的、在存有论层面未充分构成的，而形式则填充这一分裂，填补"原初（被内容）压抑"后留下的空白。这就是为什么相对于内容而言，形式不具有转喻性：它并不表现或反映其内容，而是填充内容中的裂缝。

此外，因为框架与其内容每次结成关系时都必被干扰，所以不需要将来用于"缝合"整个领域的补充性元素。在这个补充性元素（拉康称之为小客体）中，对立物直接重合在一起，也就是说，它的身份是彻底的模棱两可的：它同时还是个特殊和特异的客体，可以干扰现实的框架（比如希区柯克影片《群鸟》中的鸟），干扰框架本身（我们透过这个框架感知现实。如《群鸟》中的鸟还提供焦点，我们从它那里或透过它解读故事）。这种对立物的并存，表明拉康已经超越超验形式主义（transcendental formalism）：幻象框架从来都不只是形式框架，它与从现实中构成性地抽离的客体（an object that is constitutively subtracted from reality）并存。或者如德里达所言，框架本身总是被其内容的一部分所框定，被属于那个框架的客体所框定。

对框架和被框定内容之间的"正常"关系的这种干扰，位于现代主义艺术的内核。现代主义艺术永远呈现为两个极端的分裂。马列维奇和杜尚从一开始就给这个分裂打上了标志。一边是位置，是纯粹形式性的标志，它把艺术作品的身份赋予某个客体（"黑方块"）；一边是把普通的现成客体（一个小便斗、一辆自行车）展示为一件艺术作品，仿佛是要证明，一个客体算不算艺术作品，并不取决于艺术客体的品质，而只取决于该客体占据的位置。如此一来，所有的东西，即使是大便，如果出现在正确的位置，也"是"艺术作品。换言之，马列维奇和杜尚就像同一个莫比乌斯带的两面，就像同一个艺术事件的正面和背面。但正是这个缘故，他们无法在同一面，在相同的空间中相遇。基于这个原因，现代主义的最后媚俗的饱和（definitive kitsch saturation）是把马列维奇和杜尚的作品合为一体，同时展出。比如说，把一个小便斗（或画了小便斗的油画）放进框架（黑方块）。但这样做，会不会只是重新回到了传统的绘画那里？答案是肯定的。职是之故，一旦现代主义出现断裂，我们不能假称，断裂不曾发生。想无视它的存在，继续像以前那样作画，这样的企图就会成为怀旧的媚俗（nostalgic kitsch），而且其媚俗的方式与下列行为无异：在无调音乐造成断裂后，一如既往地继续创作浪漫音乐，就是媚俗。不过，把小便斗放进框架，依然是现代主义的姿势，因为形式（模型）与内容（小便斗）的明显分裂，会带来一个问题：为什么艺术家把这样一个寻常客体放进专门为艺术客体预留的框架？这个问题的唯一可能的答案是：艺术家把小便斗放进框架，正是为了表明，一旦占据了如此客体的位置，任何客体都能成为艺术客体。

詹姆斯·哈德里·蔡斯（James Hadley Chase）那里不是发生了同样的事情吗？蔡斯是个几乎被人遗忘的冷硬派[1]作家，最有名的作品是《没有兰花要献给布兰蒂什小姐》（*No Orchids for Miss Blandish*）。在他的国家，他的小说被视同垃圾，但在法国，则被奉为现代圭臬，甚至有人以他作品中的命运概念为题撰写博士学位论文，也在大学成功地通过了答辩。这岂不类似于把小便斗放到了本应由现代高雅艺术占据的地方？更有趣的，是与此相反的案例：不是把小便斗（或垃圾作家）放在高雅艺术的位置，而是把高雅艺术作家视同垃圾，或者用杜尚的话说，把尿

---

1 冷硬派（Hard-boiled），原指推理小说中既冷酷又强硬的侦探角色，这里指侦探小说。——译者注

撒进价值连城的古代花瓶。马克斯韦尔·盖斯马（Maxwell Geismar）就是这样对待亨利·詹姆斯的。他（在某种程度上相当令人信服地）认为，我们在阅读亨利·詹姆斯的作品时，不要把他当成出类拔萃的高雅艺术家，而要把他当成只会以荒诞的花样，编些离奇情节的媚俗作家；他不会栩栩如生地刻画人物，无法理解真实的生活，却以混乱不堪、虚张声势、佯装复杂的情节，掩饰自己的低级无能。[1] 以这种方式解读詹姆斯，绝不意味着，把他的作品当成媚俗之作而抛弃。这里的要义在于，如果我们冒险透过媚俗的框架（frame of kitsch）审视其作品，仿佛其作品只是感伤的垃圾（sentimental trash），那么他在艺术上的真正伟大之处只会更加抢眼。这道理同样适用于基督教：如果我们冒险透过平凡性之框架（frame of ordinariess）审视基督，仿佛他是卑微至极、浑身恶臭的乞丐，或毫无尊严的小丑，那么基督教的力量就会立即凸显出来。但在这里，最高例证是由马克思在《法兰西阶级斗争》（*Class Struggles in France*）中提供的。在那里，马克思注意到，在政治斗争领域，形式框架与其内容之间存在着不平衡。他的看法是，在革命的法国：

> 小资产阶级做着通常由工业资产阶级做的事情，工人完成着通常由小资产阶级完成的任务，谁来完成工人的任务？没人完成。在法国，没人完成工人的任务。在法国，都是说说而已。这个任务在国内任何地方都没有完成。法兰西社会内部的阶级战争变成了世界战争，一个国家与另一个国家拔刀相向。[2]

我们在这里看到的是下列两者间的系统性置换（systematic displacement）：一者是元素，一者是由该元素的立场所指定的位置，即

---

1 参见 Maxwell Geismar, *Henry James and his Cult*, London: Chatto and Windus 1964。

2 Marx, "The Class Struggles in France, 1848 to 1850," Part Ⅲ, available at www.marxists.org. ——作者注。参见中文版："小资产者干着通常是应由工业资产者去干的事情；工人执行着通常应由小资产者去执行的任务；那末工人的任务又由谁去解决呢？没有谁去解决。这任务不是能在法国解决的，它在这里只是被宣布出来而已。无论在什么地方，都是不能在本国范围内解决这个任务的；法国社会内部各阶级间的战争将要变成一个各国间的世界战争。"马克思，恩格斯，《马克思恩格斯全集》（第 7 卷），人民出版社，1959 年，第 92 页。——译者注

该元素行为方式（the way to act）。小资产阶级正在做大工业资产阶级理应一直在做的事情；工人正在做小资产阶级理应一直在做的事情……这时，我们期待的是一个封闭的圆圈：最高的阶级（工业资产阶级或比它更高的阶级）将做工人阶级应该一直在做的事情。但是马克思意识到，这个过于机械的逻辑在这里不再适用：社会等级秩序的顶点已经分崩离析，在政治上奄奄一息。如此一来，社会大厦（social edifice）内部没有任何元素去做工人理应做的事情，只有阶级战争在继续，工人的角色被外在化，由外部能动者（foreign agent）来扮演。这是为什么法西兰的阶级斗争采取了与其他国家开战的形式。于是，我们看到的是内部差异与外部差异的重叠：外部敌人不只是外部的，它是内部敌人的替身——充分理解法国战争的不二法门是把它视为被置换的阶级战争。（马克思后来说过同样的话。他那时指出，拿破仑通过把法国大革命转化成法国与其他欧洲强权的战争而使革命继续存在下去。）

　　为了意识到这些悖论，我们必须通过把框架理解为字面意义上的框架，与它保持最小的距离。在文学中，这样的"对框架的框定"（enframing of the frame）最著名的案例，或许是萨基[1]的经典短篇小说《敞开的窗子》（"The Open Window"）。在那里，窗子代表着框定我们的现实经验的框架。弗兰顿·奈特尔是个患有神经质的年轻人，为了健康着想，他来到乡下居住。他去拜访赛普顿太太，但在赛普顿太太下楼之前，赛普顿太太十五岁的侄女接待了他。她告诉他，那个法式落地窗一直开着，尽管已经到了十月[2]，这是因为她姐姐的丈夫和两个弟弟三年前死于枪击事件[3]。但她的姐姐相信，他们有朝一日还会回来："我那可怜的、亲爱的姐姐，她总是告诉我，他们是怎么走出去的，说她丈夫的胳膊上还搭着一件白色的雨衣，还有她那最小的弟弟罗尼，嘴里哼着'伯蒂，你为什么跳来跳去？'"赛普顿太太下楼后，谈到了她的丈夫和兄弟，说他们出去打猎了，很快就会回来。弗兰顿当然把这当成她精神失

---

1　萨基（Saki），英国短篇小说家，原名赫克托·休·芒罗（H. H. Munro），萨基是他的笔名。——译者注

2　英国的十月，天气已经有些凉意。——译者注

3　此说不确。根据小说，"三人被沼泽地吞没"。——译者注

常的标志。可是，赛普顿太太突然高兴起来：

> "他们终于回来了！"她喊道。"又是刚好赶上喝下午茶的时
> 候，而且看上去他们浑身都是泥巴，就差没盖住眼睛！"……浓浓
> 暮色中，三个人影穿过草坪走向窗子，腋下夹着枪，其中一人的肩
> 上挂着白色的雨衣，一只疲倦的西班牙猎狗紧随其后。他们悄无声
> 息地走进房子，然后，一个声音沙哑的年轻人在暮色中唱道："我
> 说，伯蒂，你为什么跳来跳去？"
>
> 弗兰顿发疯一般地抓起手杖和帽子，一路狂奔，当时隐约记得
> 的，只有大厅的门、铺着石子的路和前大门。

当然，弗兰顿的落荒而逃，是因为他觉得他看见了鬼魂：这里所
需要的，只是一个框架，有了它，三言两语就能把它转换为幻象框架
（fantasy frame），而不再是现实的一部分。赛普顿太太无法理解，为什
么弗兰顿要匆匆逃去。那个喜欢编故事的侄女（"一眨眼的工夫就能编
个故事，是她的拿手好戏"）解释说，弗兰顿夺门而去，是因为那只西
班牙猎犬：自从在印度被一群流浪狗攻击后，他就一直对狗心有余悸。
　　在我们最基本的现象学经验中，我们透过窗子看到的现实，多多
少少都是幽灵般的现实，不像我们在向外观望时置身其间的封闭空间
那么真实。在我们的感觉中，外在现实总是处于怪异的去现实化状态
（weirdly de-realized state），仿佛我们正在观看屏幕上的表演。在我们打
开窗子时，外在现实带来的直接冲击力带来了最低程度的震撼，仿佛因
为与外在现实接近而被它吞没。这也是为什么我们在进入一个封闭空
间时会感到吃惊：仿佛里面的空间大于从框架外面向里看时看到的空
间，从里面看到的房子大于从外部看到的房子。与此类似的一个框架，
被视为进入另一个世界的窗口的框架，出现在罗兰·艾默里奇（Roland
Emmerich）1994年制作的影片《星际之门》（Stargate）中。"星际之
门"是一个大型圆环状的、充当时间隧道的装置，能把人远距离地传
送到极其遥远的互补装置里。难怪他们通过星际之门进入的世界类似
于古埃及：古埃及本身就是一种"星际文化"，法老们在那里组织巨大

的公共工程，以确保他们死后通过星际之门进入猎户座（Orion）。在科学中，最终的星际之门不就是黑洞（黑洞被视为直达另类宇宙的通道）吗？[1]

这种框架逆转（frame reversal）的另一个版本，可以在伊恩·麦克尤恩（Ian McEwan）2012 年出版的长篇小说《爱吃甜食的人》[2]中找到。这部小说是像埃舍尔[3]创作的著名形象——两只手互画对方——结构起来的，尽管还不是特别对称。小说似乎是由主要人物瑟琳娜以第一人称的形式讲述的，以她在情人公寓的桌子上发现的一封信作结。在我们看来，仿佛这个发现是由瑟琳娜的叙事"画出来的"（也包括在故事中）：她已经给我们讲述了她的故事，现在以这封信的发现作结。不过，我们从这封信中得知，瑟琳娜的第一人称叙事的作者是她的情人。情人在发现她是英国陆军情报局五处派来监视他的特工后，决定采取针锋相对的复仇行为，以小说的形式，详细描绘她的生活，以及他们之间的关系。简言之，我们后来得知，小说的主干内容已经被用来作结的那封信（的作者）"画了出来"。如此一来，唯一真正的第一人称叙事者是这封信。

在虚构片（fictional film）中，叙事发挥着框架的功能，"出丑"（gaffes）则是可能危及现实效果的失误。但电影也可以故意利用叙事的框架与现实的过度（exccss of reality）之间的分裂。《阅兵》（*Parade*）是由杜尚·马卡维耶夫（Dusan Makavejev）在 20 世纪 60 年代初期拍摄的一部纪录短片。它展示的内容是，在贝尔格莱德，人们都在为阅兵做准备（部队已经就绪，民众开始聚集，孩子们在嬉戏，等等）。阅兵开始时，影片结束了。德勒兹曾把影像–运动（image-movement）与影像–时间（image-time）对立起来。依据德勒兹的这一做法，我们可

---

1　如果以这种方式解读柏拉图的洞穴，结果会怎样？我记得很多年前在报纸上看过一幅漫画，画的是住在洞穴中的一家人，每当夜幕降临，他们就会端坐家中，透过洞穴的开口，观察洞外发生的事情（熊和其他动物搏斗）。这不是夜间电影娱乐的第一个模型吗？

2　《爱吃甜食的人》（*Sweet Tooth*），一般译为《甜食》。——译者注

3　"埃舍尔"，指莫里茨·埃舍尔（Maurits Escher），荷兰版画艺术家，创作的错视艺术作品最为著名。《手画手》（*Drawing hands*）是在同一个画面上，左手画右手，右手画左手。——译者注

以说，《阅兵》只是处理了幕后的"空洞时间"，把自身局限在形象时间的范围内，完全无视叙事性的形象运动。在这方面，奥逊·威尔斯（Orson Wells）的《公民凯恩》（*Citizen Kane*）占据了特殊的地位。在其经典论文《培养凯恩》（"Raising Kane"）中，宝琳·凯尔（Pauline Kael）对该影片的真正原创性做了清晰的概括：

> 银幕上的人在做自己的事情，摄影机移开后，你是否产生了这样的错觉，觉得他们还在继续做自己的事情？电影学院的学生有时玩弄的把戏之一，就是以此评判一个导演的水平。你觉得演员在抓起自己的外套或定购一个三明治之前花了多长时间？导演据此被分成三六九等。花费的时间越短，导演就越是大导演。如果导演喜欢舞台剧，那你实际上会看到，演员缓缓地离开现场。这个游戏对于判断电影的内容无甚帮助，但用来测试导演掌握的电影技巧，却相当可靠；可以称之为对电影可信度的测试。不过，这对《公民凯恩》无效。你肯定非常清楚，在这部影片中，银幕上的人不会继续做他们正在做的事情——他们真的已经做完那些事情。《公民凯恩》依靠的不是自然主义的可信度（naturalistic believability），而是下列事实给我们带来的快乐：那些行动已经完成，而且完成得恰到好处。我认为，这种精湛的演技是这部电影唯一真正的原创性，它不是对平凡技巧（unobtrusive technique）这一概念的蓄意挑战，而（主要）是威尔斯发现了（也乐于享受）拍电影的乐趣的结果。[1]

威尔斯不是通过展示少量幕后时间颠覆叙事框架的，而是通过建构叙事行动颠覆叙事框架的。在建构叙事框架时，他是非常刻意地制造壮观场面，以至于观众无法忽视影片的人为地展示出来的特征。"银幕上的人在做自己的事情，摄影机移开后……还在继续做自己的事情"这一

---

1　Pauline Kael, "Raising Cane," *New Yorker*, February 21 and 27, 1971, 见 www.paulrossen.com。

现实主义幻觉由此立即土崩瓦解：摄影机一离开，人就停止表演。[1]

与叙事框架保持距离，这种现象还表现于更加精致的形式。让－皮埃尔·梅尔维尔（Jean-Pierre Melville）1969 年拍摄的《影子部队》（*The Army of Shadows*）就是如此。该片发行时反响不佳。在经历了 1968 年的挫折后，人们把这部影片视为对戴高乐将军的美化。不过，它如今却被视为法国电影史上的伟大经典之作。电影的故事开始于 1942 年 10 月，那时维希政府执掌法国。抵抗运动组织的领导人菲利普·杰彼耶不幸被捕。抵抗运动的成员们确认一个名叫保罗·杜纳的青年特工是告密者，他向维希政府的警察局出卖了杰彼耶。他们把杜纳带到一个藏身之所，要用枪干掉他。但他们发现，有一家人住在隔壁，近在咫尺，于是决定把他勒死。故事的焦点然后放在了玛蒂尔德身上。她以家庭主妇为掩护，瞒着家人，成为杰彼耶抵抗运动的关键人物。独居一个月后，抵抗运动组织的另一个领导人吕克·雅尔迪意外地前来探望杰彼耶，告诉他玛蒂尔德已经被捕，想就进一步的行动听取他的建议。杰彼耶曾经警告玛蒂尔德，不要把她女儿的照片放进钱包，但她还是带着女儿的照片被捕入狱。抵抗运动组织收到密报，说玛蒂尔德已经获释，但在她获释的同一日的下午，抵抗运动组织的两个成员身陷囹圄。杰彼耶命令立即处决玛蒂尔德，但另一个成员拒绝执行命令，发誓阻止杰彼耶的杀人行动。就在两人大打出手之际，雅尔迪从后面房间走出，缓和了紧张局势。他让他们相信，玛蒂尔德之所以那样做（即出卖两个小特工，谎称带领盖世太保围剿抵抗运动组织，以说服盖世太保把她放出），是为了给抵抗运动组织杀死她的机会，从而使抵抗运动组织和她女儿避免遭到蹂躏。他们全都勉强同意参与行动，雅尔迪说他也会同去，以向玛蒂尔德表示最终的敬意。没过多久，雅尔迪向杰彼耶透露，他的看法纯属臆测。几天后，玛蒂尔德行走在巴黎的大街上，开着一辆偷来的德国汽车

---

1　在由夏侯／拜罗伊特（Chéreau/Bayreuth）执导的瓦格纳歌剧《尼伯龙根的指环》中的一个细节，不可思议地令人想到这一逻辑。在《女武神》第一幕结束时，我们看到齐格蒙德和齐格琳德紧紧抱在一起，他躺在她身上，准备行周公之礼（孕育齐格弗里德）。幕布快速拉上，一阵风瞬间把他们分开。我记得我当时看得很专注，想知道两个演员是否已经起身整理衣服，等等。或者说，我想看明白，他们是否依旧躺在那里，抱在一起，身陷其中，难以自己。（情形还真的如此！）

的雅尔迪等人，把车停在她的身旁。看到他们，玛蒂尔德呆若木鸡，痴痴地望着他们，然后被他们杀死。电影结束时，无声的字幕披露了抵抗运动组织四个成员的最终命运——全都死去。因酷刑而死的雅尔迪，除了自己，没有说出任何人的名字。[1]

在两个清算场景中出现的同一个裂缝——实在界和寓言[2]之间的裂缝——是伸手可触的。在每一种情况下，使得杀人合法化的寓言都制造了窗口，但这个窗口又被杀人行为这个粗糙的实在界（the raw Real of the act of killing）所干扰。[3]在第一种情形下，合法化是显而易见的，因为那人是个叛徒。在第二种情形下，雅尔迪那时提出了寓言（玛蒂尔德要求我们杀掉她，这是她摆脱困境的唯一出路）。但在事后，他立即承认，这只是一个假说，但杀人行动依然是必要的。该片因此避开了反战主义和简单的英雄认同（simple heroic identification）之双重的陷阱：毫无疑问，这个任务令人厌恶，但必须完成，没有无须怀疑、一帆风顺的出路（即以下列样式表现出来的出路——"杀人从来都不解决问题；如果这样做，我们会变得如同我们的敌人；战争经验极具创伤性，令人极度反感"）；尽管如此，必要的行为依然是不可能的[4]，依然是创伤性的，它丧失的是英雄的清澈性（heroic transparency），得到的是令人胆战心惊的、固若金汤的密度（terrifying impenetrable density）。

---

1　雅尔迪这个人物是根据真实人物让·卡瓦耶（Jean Cavaillès）改编而来的。卡瓦耶是享有盛名的哲学家和数学家，专门从事科学哲学研究。他参与抵抗运动，受尽酷刑后被盖世太保于1944年2月17日枪杀。他的主要著作《超限与连续》（*Transfinite and Continuous*）写于1942年，那时他被囚于法国蒙彼利埃监狱。该书于1947年出版。

2　"寓言"（fable），指无稽之谈、不实之词，并非作为一种文学体裁的寓言。——译者注

3　依此类推，我们应该永远牢记，对于精神分析而言，"阉割"不是事实，而是寓言、幻象、文化情景（cultural scenario），用以回应原乐僵局这个难解之谜（enigma of the deadlock of jouissance）。职是之故，女性的"阴茎忌妒"（penis-envy）也是要使性的过度（excess of sexuality）重新常态化的一种努力。

4　这里的"不可能的"（impossible），指在心理上难以处理，难以对付，非常棘手。——译者注

# 第三章　伤口

## "动弹不得"

　　使我们与海德格尔对峙的，是最激进意义上的历史性（historicity）的问题。这里的历史性是"一竿子捅到底"的历史性，我们不能化约它，把它部署于或使它显现于非历史的绝对（non-historical Absolute）之中。在某种意义上说，从《存在与时间》向后期黑格尔的逆转（Kehre），是从非历史的形式-超验分析（ahistorical formal-transcendental analysis）向彻底历史性（radical historicity）的转移。用（不太恰当的）德国唯心主义的话说，海德格尔的成就在于，他详细阐述了彻底历史化的超验主义（radically historicized transcendentalism）：海德格尔式的历史性是超验视域（transcendental horizon）本身的历史性，是"存在的去蔽"（disclosure of being）的不同模式的历史性，其中没有调节过程的能动者——历史性是作为"es gibt"[1]（il y a[2]）现身的，是作为世界博弈（world-game）的彻底偶然性的深渊（radically contingent abyss）现身的。[3] 随着从存在向"使为己有"（Ereignis）转移，这个彻底的历史性最终得以成型。这一转移彻底颠覆了存在即某种历史的超级主体的存在观，同时把它的信息 / 时代（messages/epochs）传递给人类。"使为己

---

1　"es gibt"，语意甚为曲折复杂，一般译为"有"。——译者注

2　"il y a"，一般译为"给出"。——译者注

3　正是这个缘故，拉康的实在界在海德格尔的思想中没有立足之地。实在界的最简明的定义是，它是没有被给予性的被给予物（a given without givenness）：它只是被给予的（just given）。通过任何给予之动能（agency of giving），甚至通过非人格的"es gibt / il y a"，来说明它的被给予性（being-given），是不可能的。也不存在为它开辟空间，供之现身的现象学视域（phenomenological horizon）。它是没有存有论性的不可能的存有点（It is the impossible point of the ontic without the ontological）。——作者注。这段话大意谓：实在界是被给予的，但它由谁给予的，如何给予的，我们一无所知，更无法说明"给予"之动因、过程和属性。它甚至没有容身的场所，没有立身的空间。在这里，齐泽克借海德格尔的术语解读实在界，同时又玩起了拿手的杂耍把戏，玩起了海德格尔式的文字游戏。——译者注

有"意味着，存在不过是这些信息的黑白对比（*chiaroscuro*）而已，不过是它与人类发生关联的方式而已。人类是有限的，"使为己有"也是有限的：它是有限之结构（structure of finitude）的称谓，是清理/隐藏而又无物可清理/隐藏的游戏的称谓。"它"只是非人格化的它，是一个"there is"。这里有个非历史性维度在发挥作用，但无历史性之物（what is un-historical）是历史性自身的形式结构（formal structure of historicity itself）。正是这种彻底的历史性，永远把海德格尔与所谓的东方思想分隔开来：尽管泰然自若（*Gelassenheit*）类似于涅槃，但在海德格尔的思想视域内，达到零层面的涅槃毫无意义可言——它指的是抹除隐藏（concealment）这一行为的阴影。和卡夫卡笔下的乡下人一样（那个乡人得知，"法律之门"只为他一人而设），定在（*Dasein*）必须体验下列过程：存在需要我们，我们与存在的冲突实乃存在与其自身的冲突。

不过，海德格尔与佛教的确存在着怪异的重合。在解读阿那克西曼德论秩序和失序的札记时，海德格尔考虑到了这样的可能性：

> 一个实存物甚至可能坚持（*bestehen*）自身的循环，只是为了仍然更多地出场——持续存在（*Bestaendigen*）意义上的出场。逗留着的，继续以其出场存在着 [*beharrt*]。就这样，它使自己从自己转瞬即逝的循环中解脱。它冲击了持续存在这一任性的姿势，不再把自己与任何其他出场之物关联起来。它变得僵硬——仿佛这是唯一的逗留方式——只是为了延续和维持。[1]

佛教认为，苦难源于对世俗实存物（worldly entity）的过度依附。海德格尔的思路岂不与佛教这一观念如出一辙？这时，第三个玩家进

---

1 Martin Heidegger, *Gesamtausgabe, Band 5: Holzwege*, Frankfurt: Klostermann 1977, p. 355.——作者注。这段文字甚难理解，现附上原文，以供参考：Heidegger considers the possibility that an entity "may even insist [ *bestehen* ] upon its while, solely to remain more present, in the sense of perduring [ *Bestaendigen* ].That which lingers persists [ *beharrt* ] in its presencing. In this way it extricates itself from its transitory while. It strikes the willful pose of persistence, no longer concerning itself with whatever else is present. It stiffens-as if this were the only way to linger-and aims solely for continuance and subsistence."——译者注

场了：拉康。佛教（外加海德格尔）与拉康的差异至关重要。它不只与下列事实有关：佛教力求永恒的宁静（eternal peace），拉康则关注佛教眼中的堕落（执着于具体的特征，而具体的特征开始变得比一切都重要，因而破坏了宇宙的平衡）。拉康的看法要精确得多：只有"动弹不得"（getting-stuck）——即执着于具体的特征——才能为寻回永恒的宁静开辟空间。也就是说，在执着于某事之前，主体并没有获得内在的宁静，而是彻底陷身于事物的流动（flow of things），陷身于事物的生成与退化，陷身于生命的循环。如果严格地说来，在这种"动弹不得"之前，根本就不存在世界，不存在"存在的去蔽"，而正是这种意愿的过度（excess of willing）为泰然自若（*Gelassenheit*）开辟了空间，情形会怎样？如果人类只在这个"动弹不得"的背景上才能把自己体验为终有一死的凡物，从而与终有一死却不自知的动物形成鲜明对比，情形会怎样？

因此，原初事实（primordial fact）不是存在（或泰然自若这一内心宁静）的赋格曲[1]，原初意愿（ur-willing）的出现可能会干扰或败坏存在的赋格曲。原初事实即原初意愿，是对"自然"赋格曲的干扰。换句话说，要使人类不再沉迷于周围的环境，重返泰然自若这一内心宁静，人类的沉迷于环境就必须首先被驱力（drive）这一过度的"动弹不得"所打破。这样做意味着，我们从来都不能在下列两者之间做出选择：要么沉浸于天然的生命循环；要么重返涅槃状态，超脱所有烦恼。因此，堕落从来都不曾发生，因为它总是已经发生。如果我们认可堕落行为先于堕落的原因（即是说，如果我们接受"动弹不得"对于活蹦乱跳的优先性），把这当成人类生活的公设，那结果会令人震惊，在宗教方面的结果尤其如此。我们只有承认，在原罪之前，并不存在纯真的直接性（immediacy of innocence），即是说，纯真早已被焦虑（恐惧）所渗透，

---

1 赋格曲（fugue），复音音乐的一种固定的创作形式，通常由几个独立声部组织而成（先由一声部奏出主题，其他各声部做先后模仿）。盛行于西方的巴洛克时期，今天的音乐家依然颇为重视。——译者注

作为"从纯真向尘世的堕落"[1] 的原罪才能得到解释。克尔凯郭尔在《恐惧的概念》（*Concept of Dread*）的第 1 章第 5 节对此做了精彩的阐述：

> 纯真即无知。人被规定为精灵（spirit），不是因为他纯真，而是因为他在精神上与他的自然条件直接同一。这个观点与《圣经》中的观点完全一致。《圣经》否认处于纯真状态的人拥有分辨善恶的知识，因而谴责天主教想象出来的所有关于优点（merit）的观念。
>
> 这种状态蕴含着宁静（peace）和镇定（repose），但与此同时还蕴含着不同的东西。这不同的东西不是纷争和争斗，因为没有什么东西可以用来争斗。那会是什么？是空无（nothing）。但空无又能导致怎样的结果？它引发恐惧。这是纯真的深藏不露的秘密：纯真同时还是恐惧。精神如梦似幻地把自身的现实投射出去，但这个现实是空无，纯真总是看见处于它自身之外的空无。……纯真依旧，但用一句话概括它就够了，借助无知，一句话就可以把纯真之义凝聚在一起。纯真当然无法理解这句话，但恐惧似乎捕到了它的第一个猎物；纯真得到的不是空无，而是费解之语。所以，在《创世记》中讲到它时，上帝对亚当说："只是分别善恶树上的果子，你不可吃。"当然，关键在于，亚当没有真正理解这句话的意思。既然区分善恶是享受果子的结果，他又如何能够在享受果子之前理解善恶之异？
>
> 一旦我们假定，禁令唤醒了欲望，那我们要设置（posits）的就是知识，而不是纯真。亚当当初本应得到有关自由的知识，因为他的欲望就是应用这一知识。因此，解释预期了后来发生的事情（The explanation therefore anticipates what was subsequent）。禁令使亚当惊醒（引发恐惧的心态），因为禁令使他意识到，存在着获得自由的可能性。……紧随禁令之语（word of prohibition）的，是审判之语（word of judgment）："你必定会死。"死亡意味着什么？亚

---

1　"从纯真向尘世的堕落"（the Fall from innocence），基督教用语。在基督教教义中，人类丧失天真，自伊甸园堕落，堕入艰辛困顿的尘世，只有等待救赎者的到来。救赎者解救人类，带人重返天堂。——译者注

当当然无法理解。但是，如果我们假定，那些话就是说给他的。倘若真的如此，那没有什么能够阻止他拥有"可怕"（the terrible）之概念。诚实，尽管动物不理解语句的意义，但能理解模仿出来的表情和语音的流动。要想预防禁令唤醒欲望，可以让有关惩罚的语句唤醒充满震慑力的构想（deterring conception）。[1]

我们在此得到的是精确连续的步骤。它始于纯真的状态，但它与直接性（immediacy）不同：纯真是"宁静和镇定"，那里没有知识，没有罪孽（简言之，不知罪孽，不知善恶之异，或者说得再简洁些，一无所知，因为知识本身就是罪孽），但那里已经出现"不同的东西"，它干扰了纯真的宁静，引发了恐惧。令克尔凯郭尔挣扎的是，如何界定尚未涉及差别性（differentiality）、否定、对立或相互排斥的这一外在性（externality）。纯真不好，它的外在性不是恶，没有把纯真与"不同的东西"隔开的分界线，纯真构成封闭圈，但没有边界线，只给人一种感觉（封闭圈内的人的感觉）：外面存在着某种不确定的东西，封闭圈内的人在封闭圈内运动。[2]

事物的这种状态与拉康的女性性化公式（feminine formula of sexuation）中的"并非全部"（non-All）的概念完美地契合：没有极限，没有例外，但不知道为什么，我们知道，我们身居其中的循环圈"并非全部"，这个空洞性，这个无形的空白，引发了最基本的恐惧。这个星群具有的女性特征似乎被拉康的断言"唐璜是女性的幻象"进一步证实：他一个接一个地玩弄女性，从来不把女性当成一个整体（当成全部），从一个女性跳到另一个女性，仿佛一旦停止了对女性的狂热追求，他就会堕入彻底把他吞没的深渊，所以他一直在推迟这一危险的到来。

---

1　引自 Walter Kaufman, ed., *Existentialism from Dostoevsky to Sartre*, New York: Meridian 1975, pp. 101-105。

2　这与有关理解的阐释的循环类似，但两者并不完全相同：我们无法走出我们的理解视域（horizon of understanding），每次走出都已经从内部得到了阐释，都使外部成为内部，尽管这个循环是有限的，但它构成了一个环形。如此一来，我们从来都无法抵达其边界，哪怕是向外面瞅一眼。不过，看得见的边界的缺席，使我们的经验成了幽闭恐惧症患者的经验，因为我们很清楚，我们的视域不是唯一的视域，除了我们的视域，还有别的视域。

难怪克尔凯郭尔在《非此即彼》(*Either/Or*) 中对《唐璜》进行精彩的分析时，把唐璜的主体立场 (subjective stance) 视为纯真的一种形态 (a type of innocence)。我们甚至要说：魔鬼般的纯真？下面是克尔凯郭尔对莫扎特《唐璜》的前奏曲所做的（名副其实的）著名描述：

> 前奏曲以几个深沉、真诚、平滑的音符开始，然后我们首次听到了从无限遥远的地方传来的暗示，但暗示又立刻被召回，仿佛它来得太早。直到后来，我们才又反复听到这个声音，它也越来越明显，越来越吵闹。那个声音起初是微妙的，矜持的，但又似乎充满了焦虑，是悄悄溜进的，而不是强行挤入的。所以很自然，在这里，我们有时看见黑暗低沉和阴云密布的地平线。由于过于沉重，它无法把自己支撑起来，所以只好依靠大地，把一切都隐藏在朦胧的夜色之中。我们听到了几个沉闷的音符，断断续续，与乐曲相比，更像低声哑气的自言自语。然后在遥不可及的苍穹，在远方的地平线上，我们看到了一道闪光。它沿着地底迅速驰去，瞬间消失。但它很快再次出现，而且凝聚了力量，以其烈焰，瞬间照亮了整个苍穹。地平线稍后显得更加黑暗，但它更加迅速（甚至更加耀眼）地闪耀起来，仿佛黑暗本身丧失了原有的镇静，开始骚动不安。正像眼睛首次看见闪光时生出要来一场大火的预感一样，耳朵也在小提琴琴弓逐渐变弱的滑动中生出满腔的激情即将来临的预感。闪光之中有焦虑，仿佛它诞生于低深的黑暗，诞生于焦虑。唐璜的人生也是这样。他身上有焦虑，但这焦虑是他的能量。在他身上，那不是经过主体反思的焦虑，而是实体性的焦虑 (substantial anxiety)。前奏曲中有通常所说的——不知道有没有别的说法——绝望。唐璜的人生不是绝望，反而充满了肉感的力量。他生于焦虑，他本人就是这一焦虑，但这一焦虑正是对生活的魔鬼般的热爱。莫扎特以这种方式赋予唐璜生命后，他的人生在小提琴的跳跃的旋律中向我们展现。在这个过程中，他轻盈地、飞快地越过深渊。当人们抛出卵石，让它滑过水面时，它会在一段时间内，以轻盈的步伐掠过水面，但一旦停止跳跃，它会沉入水底。同样，唐璜

手舞足蹈地跳过深渊，还在跳过深渊的瞬间扬声欢呼。[1]

　　因此，唐璜的焦虑并非他的色欲能量和别的什么东西构成的辩证张力，他的焦虑就是他的色欲能量：因为他魔鬼般地热爱生活，因为他走马灯似的换女人，所以他像在沉入水底之前掠过水面的卵石，疯狂地推迟堕入太虚（the Void）的时间。正是从这个意义上说，唐璜的魔鬼般地热爱生活是纯真的，因为他的纯真不是由有关善恶之异的知识来维持的，它只是无休止的重复性的运动，以推迟堕入无形的、引发焦虑的"某物"。

　　所以我们从围绕着派生了恐惧的无形太虚运转的纯真这个封闭圈（closed loop of innocence）开始。我们要回答的问题是：如何打破这个僵局？克尔凯郭尔的答案是：借助于禁令之语（Word of Prohibition）。这在《圣经》中当然就是上帝的"别吃知识树上的果子！"在唐璜那种情形下，禁令之语来自大统领的雕像。在歌剧的结尾处，大统领的雕像呼吁唐璜幡然醒悟。正如克尔凯郭尔强调的那样，这个扰乱了纯真的

---

1　Sören Kierkegaard, *Either/Or*, Part 1, Princeton: Princeton University Press 1987, pp. 129–130. 参见中文版："前奏曲以一些深沉的、严肃的、单调的音调开始，然后，一个暗示第一次在无限远的地方响起，却又仿佛是来得过早而被在同一瞬间里召回，直到我们在后来一次又一次地再听到那声音，它越来越大胆、越来越洪亮，首先是狡猾而玩忽，却又像是处在恐惧之中，一同溜进来，但无法真正挤出场。这样，有时候人们在大自然中看见地平线上黑暗并且乌云密布，因为太沉重而无法承受自身，它依靠着大地并且把一切都隐藏在自己的暗夜之中，我们能够听见几声空洞的音调，但不是在运动中，而是作为一种自言自语的深沉嗫嚅，与此同时我们在天空的最外极限处、遥远地在地平线上看见一道闪光；它迅速地沿着大地疾行，在同一个'现在'之中，它已经过去了。然而它马上又显现出来，它的力量增长着，它在即刻之中用自己的火焰照亮整个天空；在下一瞬间，地平线看上去更黑暗，但它马上更为迅速地、甚至更为炽烈地闪耀起来，这看上去就仿佛是黑暗本身失去了自己的宁静而进入了运动。这里，就像眼睛在这最初的闪光中隐约地感觉到这熊熊大火，同样耳朵在那衰减消失中的小提琴弦声中隐约地感觉到那全部的激情。在那道闪光中有着恐惧，这就仿佛是，在最深沉的黑暗中它在恐惧之中诞生出来——唐璜的生命就是如此。在他身上有着一种恐惧，但这恐惧是他的能量。这不是一种在他身上主观地反思的恐惧，这是一种实质性的恐惧。在前奏曲中，我们所没有的东西是那'我们在通常曾说过却不知道自己所说的是什么'的东西——绝望；唐璜的生命不是绝望；但它是在恐惧之中诞生的'感官性之全部权力'，并且唐璜自己就是这一恐惧，但这一恐惧就是那魔性的生命欲望。在莫扎特让唐璜这样地进入存在之后，于是唐璜的生命对于我们是在各种舞蹈的小提琴乐音中发展，在这些乐音中轻快而迅速地奔向深渊。正如当我们这样扔出一块石头而让它漂浮水面的时候，它有一段时间能够以轻快的蹦跨向前跳，相反，一旦它停止蹦跳，它在瞬间里就沉到水底；在他的短暂期限里欢呼喜悦着，唐璜也是这样舞蹈着蹦向那深渊。"克尔凯郭尔，《非此即彼：一个生命的残片》（上），京不特译，中国社会科学出版社，2009 年，第 135–136 页。——译者注

禁令用语令人"费解"。禁令用语是发送给某个主体的，但该主体却无法理解其意义。这样的禁令用语，拉康会称为空洞的主人能指（empty Master-Signifier），即没有所指的能指。禁令用语无法被主体理解，原因也很简单：纯真的主体尚且无法知道什么是知识，无法知道善恶之异；他没有恶的概念，只知道在他快乐的纯真这个无限循环之外，是无形的太虚（formless Void），而第一个禁令用语物化、浓缩或"凝聚"了这个太虚："纯真依旧，但用一句话概括它就够了，借助于无知，一句话就可以把纯真之义凝聚在一起。"在这里，"凝聚起来的无知"（concentrating ignorance）意味着，要把无形的太虚浓缩成它的符指化代表（signifying representative），即转化为空洞能指。

这里还需要做进一步的解释：不是说，我们需要词语指称物体，使现实符号化；不是说，存在着现实的过度（excess of reality），即抵抗符号化的创伤性内核，然后以令人费解的能指把它"凝聚"起来。我们把眼前的现实置于语言之前，语言以其最基本的姿势所做的，恰与指称现实（designating reality）相反。正如拉康所言，把现实置于语言之前，是在现实的身上挖洞，使看得见的 / 在场的现实（visible/present reality）面对非物质 / 不可见这一维（dimension of the immaterial/unseen），并向这一维度开放。当我看见你时，我只是看见了你。但是，通过命名你（naming you），我表明，你身上存在着深渊，该深渊处于"我看见的你"之外。因此，从某种意义上说，令人费解的"空洞能指"出现在先，它的出现是语言的开创性姿势（founding gesture of language）。我且以另一个例子，对此做出解释。

爱欲（Eros）与死欲（Thanatos）是处于两极的宇宙力量。乔纳森·李尔（Jonathan Lear）已经证明，弗洛伊德的"前苏格拉底"转向，即向爱欲与死欲的转向，是虚假的逃避，是伪解释。弗洛伊德在临床中遇到了"超越快乐原则"的维度，但他无法用概念恰当地概括这个维度，所以他才有了虚假的逃避和伪解释。弗洛伊德把快乐原则视为"急转弯"（swerve），认为我们的精神机器（psychic apparatus）的运转就是用它来界定的。此后，弗洛伊德被迫留意干扰我们的精神机器运转的现象（对创伤性经验的原初重复），认为它们构成了例外，我们无法依据快乐原则加以解释。正是"在这一点上，弗洛伊德掩盖了他发现这个至关重要的珍宝：心灵可以干扰自己的运作"[1]。弗洛伊德不想以概念——依照其模态（modalities）——概括这一断裂（否定性），而把它建立在另一个"更深"的肯定性上。用哲学术语讲，这个错误与康德的错误（黑格尔眼中的错误）如出一辙：康德发现，我们的经验现实（experiential reality）有其内在非一致性，但康德没有接受这种非一致性，而是设置另外一种现实（true reality）的存在，设置不可触及的真正现实的存在，即自在之物（Things-in-themselves）的存在："弗洛伊德没有处于发现新生命力的过程中，而是处于掩盖创伤（不让创伤进入精神分析理论）的过程中。就这样，援引柏拉图和古代人的著作，只能给人以虚假的合法性和安全性之感。"[2] 我们别无选择，只能完全同意李尔的看法：把死欲作为一种宇宙原则（cosmic principle）引入，同时回溯性提升力比多，使之成为爱欲，这种做法绝非对我们多数人无法接受、不堪忍受的创伤性事实（即我们"竭力奔着死亡而去"这一事实）的命名，而是这样一种企图——掩盖真正的创伤。显而易见的"激进化"其实是一种哲学驯化（philosophical domestication），因为干扰宇宙运转的断裂，宇宙的存有论故障（ontological fault），已被转化为两种积极的宇宙原则中的一种，因而重新确立了和谐安宁的宇宙观——宇宙是两种对立原则的战场。（这里的神学蕴含同样至关重要：弗洛伊德没有咬住青山不放松地考察一神教陷入的颠覆性僵局，而是直接一路退缩，直至遁入异教的智慧。）

李尔在此引入了"费解的术语"（enigmatic terms）这一概念。"费解的术语"似乎是用来指称不确定的实存物的术语，但实际上，它只代表我们在理解事物时遭遇的失败。在提到死欲时，弗洛伊德"让他自己命名世界上的真实事物，但他事实上把费解的术语注入了我们的话语。根本就不存在命名这回事，因为没有什么东西被真正隔离出来，

---

1　Jonathan Lear, "Give Dora a Break! A Tale of Eros and Emotional Disruption," in Shadi Bartsch and Thomas Bartscherer, eds., *Erotikon: Essays on Eros, Ancient and Modern*, Chicago: Chicago University Press 2006, p. 198.

2　Ibid., p. 199.

供他命名。他的希望是提供解释，其实呢，我们得到的都是幻觉"[1]。但是，这是不是对"费解的术语"太不屑一顾了呢？这些术语真的只是我们失败和无知的索引？或者，它们发挥着关键的结构性作用（structural role）？"费解的术语"与拉康所谓的主人能指（作为能指的阳物）——没有所指的"空洞能指"——完全吻合。这个能指（父性隐喻）是母亲欲望的替代物。与母亲欲望的相遇，与这个难解之谜（她究竟想要什么）的相遇，是与大对体的不透明性（opacity of the Other）的原初相遇（primordial encounter）。阳物是能指，不是所能，这个事实在此发挥着中枢性作用：阳物能指并不解释母亲的欲望之谜，母亲的欲望不是阳物能指的所指（即是说，它没有告诉我们"母亲究竟想要什么"），它只是用来指称她的欲望这个难以穿透的空间（impenetrable space of her desire）而已。

与拉康的吻合之处还有很多。李尔不是认为，弗洛伊德的快乐原则是"并非全部"的原则吗？除它之外，空无一物，也不存在外部的限制。尽管如此，它还"并非全部"。它会出故障吗？怎么出故障呢？我们的心灵一味追求快乐，它又如何干扰自身的运作？正如德勒兹在其《差异与重复》（*Difference and Repetition*）中指出的那样，如果结合李尔对弗洛伊德的批评来解读弗洛伊德，那爱欲和死欲就不是两种相反的驱力，不是两种既竞争又团结的力量（如同在色情化的受虐狂那里表现出来的那样）。只有一种驱力，那就是为获得享乐而奋斗的力比多，"死亡驱力"只是力比多形式结构的弯曲空间（curved space）：

> 它发挥着超验原则（transcendental principle）的作用，而快乐原则只是心理上的。由于这个原因，最重要的是，它是沉寂的（不是在经验中被赐予的），而快乐原则是喧嚣的。那么，第一个问题是：死亡主题，似乎把心理生活（psychological life）中最消极的因素聚拢起来的死亡主题，本身却能够是最积极的因素，是超验上最

1  Jonathan Lear, "Give Dora a Break! A Tale of Eros and Emotional Disruption," in Shadi Bartsch and Thomas Bartscherer, eds., *Erotikon: Essays on Eros, Ancient and Modern*, Chicago: Chicago University Press 2006, p. 199.

积极的因素，以至于到了肯定重复（affirming repetition）的程度，这怎么可能呢？……

　　爱欲和死欲的区别在于，爱欲必须被重复，也只有通过重复才能被体验，死欲（作为超验原则）则是把重复赋予爱欲的东西（that which gives repetition to Eros），是使爱欲屈从于重复的东西（that which submits Eros to repetition）。[1]

于是我们得到了三种重复运动：向下重复，在这里，重复即衰败，重复即纯粹的拷贝；标准的黑格尔式的向上重复，在这里，重复即理想化（idealization），即从偶然性向概念必然性（notional necessity）的过渡；纯粹的重复，在这里，重复即对同一事物的机械复制；最后是对纯粹重复之不可能性的重复[2]。

　　唐璜也是这样运转的。他寻欢作乐。他为了推迟堕入太虚（fall into the Void）的时间，反复强迫症般地重复自己的寻花问柳行为。他的"死亡驱力"是框定他的这些行为的先验框架。禁令用语的出现"凝聚"了无形的太虚，扰乱了这个疯狂的环形之舞（circular dance）。无形的太虚引起了对能指的恐惧。因为这个能指指太虚，所以它必须是"费解"的、用以命名不可命名之物（naming the unnameable）的能指。因此，第一个禁令用语没有确定的内容，只是一个空洞的"禁止！"它的对象只能是不可能的实在界这个太虚（Void of the impossible Real）。简言之，第一个禁令只能禁止本身已经不可能之事（what is already in itself impossible）。这种操作的优势是，不可能性（the impossible）成了被禁止的东西，还伴随着这样的幻觉：如果我们违反了这个禁令，我们就能抵达不可能之域。正是从这个意义上说，如同克尔凯郭尔所言，禁令唤醒了自由的可能性，即自由地违反禁令的可能性，品尝知识树上的果子的可能性。

　　在《创世记》的故事中，上帝忙于实施一个反常的策略：通过公布

---

1　Gilles Deleuze, *Difference and Repetition*, New York: Columbia University Press 1994, pp. 16，18.
2　"对纯粹重复之不可能性的重复"（repeating the very impossibility of purely repeating），包含三层意思：（1）纯粹的重复，即单一的重复；（2）纯粹的重复是不可能的；（3）知道纯粹的重复不仅可能，还要反复尝试，实际就是重复这种不可能性。——译者注

禁令用语，使那人（man）违反禁令，进而成为人类（human）。正如很久之前奥古斯丁在《教义手册》第 27 章中所言："上帝断定，使善出于恶，优于不允许恶存在。"[1] 或者如同克尔凯郭尔的强劲对手黑格尔会说的那样，知识不仅是选择恶或善的可能性，"它是使人变得邪恶的深思（consideration）和认知（cognition）。如此一来，深思和认知［本身］就是邪恶之物，［因此］这样的认知是不应该存在之物，［因为它］是恶的源泉"[2]。简言之，禁令先于被禁之物，或者如同克尔凯郭尔所言，解释预期了随后发生的事情（the explanation anticipates what is subsequent）。

## 堕落

尽管如此，亚当和夏娃获得的知识不仅是空洞的——下面是他们吃了树上的果子后发生的事情：

> 他们二人的眼睛就明亮了，才知道自己是赤身露体，便拿无花果树的叶子，为自己编作裙子。天起了凉风，耶和华神在园中行走。那人和他妻子听见神的声音，就藏在园里的树木中，躲避耶和华神的面。耶和华神呼唤那人，对他说："你在哪里？"他说："我在园中听见你的声音，我就害怕。因为我赤身露体，我便藏了。"耶和华说："谁告诉你赤身露体呢，莫非你吃了我吩咐你不可吃的那树上的果子么。"（《创世记》3:7-11）[3]

在吃树上的果子前，两人已经赤身裸体，他们只是不知道自己赤身裸体而已。我们可以设想，他们是在愣了一会儿后才"恍然大悟"的。因此，这个涉及堕落的转变纯粹是主观性的，它涉及对自身采取不同态

---

1　此语又译为："宁可借着罪恶成全美事，也不禁止罪恶存在。"——译者注

2　G. W. F. Hegel, *Vorlesungen über die Philosophie der Religion II*, Frankfurt: Suhrkamp Verlag 1969, p. 205.——作者注。中文版《宗教哲学讲演录 II》的对应页码中，未见这句话。原注似有误，第 171 页注释 1-3 亦如此。——编者注

3　译文来自《圣经》和合本，下同。——译者注

度的亚当和夏娃：他们只是意识到（记录、留意）自己是什么，就像在莫里哀戏剧的一个著名段落里出现的情形一样。在那里，有人听说他一直都说散文（他刚刚学会的一个单词），于是兴高采烈地宣布，他知道如何说散文了。[1] 把他们出卖给上帝的，不是他们的自以为是地展示他们的裸体，而是他们因为意识到自己的赤身裸体而生出的耻辱感（feeling of shame）。我们因此可以说，正是因为这种道德性的耻辱感才使他们感到内疚（guilty）。回想一下阿尔封斯·阿莱（Alphonse Allais）讲过的那个老笑话吧。某人指着一个走在街上的妇女大声惊呼："快来看啊，在她穿的衣服下面，她竟然一丝不挂。"与此完全相同，只有以耻辱为遮盖，人类才会感到内疚。

这岂不类似于他们遭受的惩罚——他们不再永生。他们已经赤身裸体，他们已是凡人，他们只是没有意识到他们不再永生而已。正如海德格尔说的那样，动物也会死去，但只有人类想到自己的死亡，把死亡视为自己隐秘的（不）可能性。所以，当上帝宣布惩罚他们时，他也只是说出了亚当和夏娃在注意到自己赤身裸体时已经意识到的东西，即他们作为两个脆弱的凡人所身陷的悲惨处境。

由于这一点，可以说，在基督教中，真正事件（true Event）是堕落本身（Fall itself）。正如海德格尔清楚表明的那样，基督教是第一个也是唯一一个涉及事件的宗教：我们进入绝对（the Absolute）的不二法门，就是把道化肉身（Incarnation）视为单一的历史事例（historical occurrence）来接受。职是之故，克尔凯郭尔坚持认为，此事的关键在于基督与苏格拉底的对立：苏格拉底代表着追忆，代表着重新发现我们身上早已具备的实体性的高级现实——理念（Ideas），而基督则宣布了彻底断裂（radical break）这个"好消息"。真正的事件是"基督复活了"（Christ has risen），基督教的信仰就是对于这个奇迹的信仰。不过，我们不应该把复活理解为基督死后才发生的事情，而要把它理解为死亡本身的另一面——基督是作为圣灵活着的，是作为把信徒共同体凝聚在一

---

1　典出莫里哀的《贵人迷》（*Le Bourgeois Gentilhomme*）：汝尔丹请哲学教师为他写情书，哲学教师问他是要写诗还是散文，他竟然不知诗和散文为何物。经过哲学教师的一番解释，他恍然大悟："四十多年来，我一直在说着散文，而自己却一点也不知道……"——译者注

起的爱活着的。简言之，"基督复活了"意味着基督堕落了：在其他宗教中，人从神那里堕落（堕入罪孽深重的尘世生活），只有在基督教中，上帝亲自堕落。上帝如何堕落？从哪里堕落？唯一的可能性是：从他自己那里堕落，落入他自己的创造物中。[1]

仔细阅读从律法（Law）向爱（love）的圣保罗式过渡（Paulinian passage），我们会获得同样的结论。[2] 在律法和爱这两种情形下，我们面对的都是分隔（division），都是"分裂的主体"（divided subject）。不过，在每种情形下，分隔的模态（modality of the division）有很大的不同。律法的主体是"去中心化的"。"去中心化"是在下列意义上说的：律法的主体身陷罪孽与律法的自我毁灭性的恶性循环，而且在这个恶性循环中，每一极都派生自己的对立物。保罗在《罗马书》第七章中对此做了无人能敌的描述：

> 我们原晓得律法（the law）是属乎灵的（spiritual），但我是属乎肉体的（carnal），是已经卖给罪（sin）了。因为我所作的，我自己不明白。我所愿意的，我并不作；我所恨恶（hate）的，我倒去作。若我所作的，是我所不愿意的，我就应承律法是善的（good）。既是这样，就不是我作的，乃是住在我里头的罪作的。我也知道在我里头，就是我肉体之中，没有良善（good）。因为立志为善由得我，只是行出来由不得我。故此，我所愿意的善，我反不作；我所不愿意的恶，我倒去作。若我去作所不愿意作的，就不是我作的，乃是住在我里头的罪作的。我觉得有个律，就是我愿意为善的时候，便有恶与我同在。因为按着我里面的意思（原文作"人"），我是喜欢神的律；但我觉得肢体中另有个律和我心中的律交战，把我掳去叫我附从那肢体中犯罪的律。我真是苦啊！（《罗马书》7:14-24）

---

1　于是基督教命令我们把"国王的两个身体"颠倒过来：上帝自己有两个身体，但死在十字架上的身体并非尘世的身体，同时崇高的肉体依旧是圣灵；死在十字架上的身体，正是基督的崇高身体。

2　参见 Alain Badiou, *Saint Paul: The Foundation of Universalism*, Stanford: Stanford University Press 2003。

　　这倒不是说，我只是被律法和罪孽这两个对立物撕裂了。问题在于，我甚至无法把律法和罪孽清晰地区分开来：我愿意遵守律法，但最终却身陷罪孽之中。借助于爱，更确切地说，借助于对爱和律法的彻底分裂的体验，这个恶性循环被打破（还不能说被克服），有人打破了它。律法／罪孽和律法／爱这两对范畴的差异就在于此。律法与罪孽的分裂并非真正的分裂，它们并不存在真正的差异。真相是，它们相互蕴含（mutual implication）或相互混淆——律法派生罪孽，并以它为营养，靠它活着。只是借助于律法／爱这对范畴，我们才得到了真正的差异：那两个时刻（these two moments）被彻底分开，而不是被"调停"，其中的一个不是它的对立物的表象形式（form of appearance of its opposite）。因此，这样问是错误的："那我们是否注定永远忍受律法与爱的分裂？律法与爱能不能综合起来呢？"和律法与罪孽的分裂相比，律法与爱的分裂具有完全不同的性质：在律法与爱的分裂中，我们得到的不是相互强化这一恶性循环（vicious cycle of mutual reinforcement），而是律法与爱两个不同领域的清晰区分。一旦我们充分意识到爱的维度，即爱完全不同于律法的维度，爱在某种意义上就已经完全胜出，因为只有居于爱中（dwell in love），接受爱的观点（standpoint of love），这种差异才能清晰可见。基于这个原因，圣保罗对律法的否定性赞赏（negative appreciation）是一清二楚、毫不含糊的："所以凡有血气的，没有一个因行律法能在神面前称义，因为律法本是叫人知罪。"（《罗马书》3:20）"死的毒钩就是罪，罪的权势就是律法。"（《哥林多前书》15:56）结果，"基督既为我们受了咒诅，就赎出我们脱离律法的咒诅。"（《加拉太书》3:13）律法与神圣之爱（divine love）的彻底对立的最强劲的支持者是诸如布尔特曼[1]之类的路德派神学家。在他们看来：

　　　　行律法之路（the way of works of the Law）和恩典与信心之路（way of grace and faith）是相互排斥的对立物。……人努力通过维

---

1　布尔特曼，指鲁道夫·布尔特曼（Rudolf Bultmann），德国神学家，"《新约》非神话化"的倡导者。——译者注

护律法来救赎自己，但到头来只能使他身陷罪孽之中。其实，这种努力本身最后已是罪孽。……律法告诉世人，人是有罪的，无论这是因为他的罪恶欲望使他违反律法，还是因为欲望打起了热心维护律法的幌子。[1]

但是，如果"罪的权势就是律法"[2]，为什么上帝当初还要公布律法？根据对使徒保罗的标准解读，上帝给人律法，为的是使人意识到自己的罪孽，甚至使人感觉自己罪孽深重，进而使人意识到自己的需要——获得救赎的需要，而人只有通过神的恩典（divine grace）才能获得救赎。但是，这种解读岂不涉及颇为反常的上帝观（perverse notion of God）？避免如此解读的唯一方式是强调两种姿势的绝对一致性：上帝没有为了创造救赎的需要，把我们推进罪孽的深渊，然后把自己当成救赎者，要把我们从困境中解救出来，而这困境就是他当初制造出来的；不是先有堕落，后有救赎，相反，堕落与救赎完全相同，堕落"本身"已是救赎。那么，到底什么是"救赎"？它是自由的爆发（explosion of freedom），是我们的自然链条（natural chains）的中断——这正是堕落时发生的事情。在这里，我们应该牢记，基督教的堕落观（notion of the Fall）的核心张力在于：堕落被视为向受激情奴役（enslavement to the passions）的自然状态"退化"，但严格说来，它与我们堕落前的状态这一维度（the dimension from which we fall）完全一致，也就是说，正是堕落的运动（movement of the Fall）创造了它在堕落时丧失的东西，或为它在堕落时丧失的东西开辟了空间。

说得神秘些，基督教事件（Christian Event）与任何"重返纯真"都截然相反：基督教事件是原罪本身，是对远古宁静的严重干扰，是对无条件地依附于某个单一客体这一行为所做的原初性的"病态"选择（如同突然爱上某人，但只是到了事后才发现此人无比重要）。用佛教的话说，基督教事件处于觉悟或涅槃的严格的结构性的反面（exact structural

---

1  Rudolf Bultmann, *Theology of the New Testament*, Vol. 1, London: SCM 1952, pp. 264-265.
2  "罪的权势就是律法"，原文是"the power of sin is the law"，大意谓：罪孽的力量源于律法，因为有了律法，才有了罪孽，而且律法越严苛，罪孽的力量就越大。——译者注

obverse）：它是一个姿势，借助于这一姿势，太虚受到干扰，差异（以及随差异而来的假象和苦难）出现在世界上。在堕落这件事情上，难道夏娃不是上帝唯一的真正搭档？这个行为，这个灾难性的决定，是她做出的。正是她为知道善恶铺平了道路（这是堕落的结果），为知道裸体之耻铺平了道路。简言之，正是她为走向真正的人类世界铺平了道路。为了把握真实的形势（true situation），我们应该牢记黑格尔的观点（而不是常识性的庸见）："乐园"之纯真乃动物生活（animal life）之别称。如此说来，《圣经》中所谓的堕落不过是从动物生活向真正人类生存的过渡而已。再说一遍，正是堕落本身创造了堕落之物在堕落前的状态这一维度。带着这种深思，我们进入了一个晦暗的领域，克尔凯郭尔把这个领域称为"对伦理界的宗教性悬置"（religious suspension of the ethical）之域。在这里，为了避免跌入变态的陷阱（perverse traps），我们必须小心行事。

对伦理界（the ethical）的每次宗教悬置都要依靠这样一个粗暴行为吗[1]？不，伦理界没有被悬置，只是直接融入了上帝：上帝是我们的"道德之源"，所以无论他命令我们做什么，天生都是合乎道德的，即使我们做的事情似乎是骇人的种族灭绝行为，也是如此。对伦理界的真正悬置与此判若云泥：在对伦理界进行真正悬置时，我跳出了伦理界，但我必须为下列行为承担全部责任：决定我的伦理义务是什么。用克尔凯郭尔的话说，我从已经建成的伦理大厦（already constituted ethical edifice）退入"化成中的伦理学"（ethics-in-becoming）。

所以，这里必须小心翼翼，不要屈从于对堕落之优先性（priority of the Fall）的变态解读。这种解读的最为激进的个案是由尼古拉·马勒伯朗士（Nicolas Malebranche）提供的。马勒伯朗士是了不起的笛卡儿式天主教徒，但因为过于正统，死后被革出教门（拉康在宣称只有神学家才是真正的无神论者时，心中涌现的形象可能就是马勒伯朗士）。身居最出色的帕斯卡尔传统（Pascalian tradition），马勒伯朗士打开天窗说亮话，"揭穿"了基督教（的反常内核）的秘密。"为什么上帝要创造

---

1　"Slaughter of the Canaanites," from www.reasonablefaith.org.

世界？"这个问题的答案可以是原黑格尔式的（proto-Hegelian）。马勒伯朗士的基督学（Christology）就是以对这个问题的原黑格尔式的回答为根基的：上帝创造了世界，这样一来，他就可以沐浴在被他的创造物颂扬的荣耀之中。上帝渴望获得认可，但要获得认可，必须有主体前来认可，所以他才出于纯粹的自私虚荣，创造了世界。因此，情形不是这样的：基督为了把人类从罪孽（亚当堕落的遗产）中解救出来，才屈尊降临人间。正相反，为了使基督降临地球和拯救人类，亚当不得不堕落。在这里，马勒伯朗士把一个"心理学"洞识应用于上帝，据此"心理学"洞识，为了他人的利益而牺牲自己、为使他人摆脱困境而不遗余力的神圣人物暗中都希望他人贫困悲苦，因为只有这样，他才能帮助他们。他就像谚语中的丈夫一样。丈夫为了可怜的残疾妻子终日忙碌，不辞辛劳，但一旦妻子恢复健康，甚至成为优秀的职业女性，他可能会弃她而去。为了可怜的受害人牺牲自己，比帮助他人改变其受害者身份，甚至成为比自己还成功的人士，更加令人满足。

马勒伯朗士把这种对比推到极致，令耶稣会会士大为恐惧，于是在他死后，把他革出教门。正如神圣人物利用他人的苦难来确保自己获得自恋的满足，上帝最终爱的还是自己，他只是利用人类，传扬他的荣耀而已。马勒伯朗士从这种逆转中得出的结论，可与拉康对陀思妥耶夫斯基的逆转（"如果上帝不存在，那什么都是不允许的"[1]）相媲美。这样说是不对的：如果基督不降临地球解救人类，人类就会不知所措、一筹莫展。正相反，谁也不会不知所措、一筹莫展。换言之，每个人都必须堕落，只有这样，基督才能到来，使某些人获得解救。马勒伯朗士的结论令人大感惊愕，因为在创造世界的过程中，基督之死是一个关键环节。看到儿子遭受磨难并死在十字架上，上帝（父亲）不仅满心欢喜，而且从来没有这么欢喜过。

要想真正避免这种反常行为，而不是对它遮遮盖盖，唯一的出路就是接受堕落，把它视为为拯救创造条件的起点。并不存在这样的事

---

1 陀思妥耶夫斯基在《卡拉马佐夫兄弟》中借人物之口说："如果上帝不存在，那什么都是允许的。"）——译者注

物——它先于堕落而存在，我们从那里堕落。堕落本身创造了这样的事
物——它先于堕落而存在、我们从那里堕落。或用神学的话说，上帝并
不是太初（the Beginning）。如果这听上去像是另一个典型的黑格尔式的
辩证纠结（Hegelian dialectical tangle），那我们应该解开这一纠结，而
解开纠结的方式是把下列两者分隔开来：一者是真正的黑格尔式的辩
证过程，一者是对这个过程的漫画化。我们在这种漫画化中得到的是，
内在本质在偶然的表象之域（domain of contingent appearances）外化自
己，然后逐渐重新占有它被异化的内容，在它的他者性（Otherness）中
识别自己——"为了找到上帝，我们必须首先丧失上帝"，为了获得救
赎，我们必须首先堕落。这样的立场为恶的正当性（justification of Evil）
的存在开辟了空间。如果我们这些历史理性（historical Reason）的代理
者知道，恶是通往最终大获全胜的善的康庄大道上的必要弯路，那我们
当然有理由作恶多端，把恶视为获得善的手段。不过，我们应该以真正
的黑格尔精神强调，这样的理由总是回溯性的，是先验的回溯性的（a
priori retroactive）：历史中没有其神圣计划可以证明恶的正当性的理性
（Reason）；善可能来自恶，但这样的善只是偶然的意外结果。我们可以
说，纳粹德国及其战败导致的结果之一，是在人权和国际正义方面确立
了更高的伦理标准；但是，如果声称这一结果无论如何都证明了纳粹的
"正当性"，那这将是粗暴的行为。只有以这种方式，我们才能真正避开
极端主义的变态逻辑。像往常一样，在基督教神学家中，无畏地指出了
这个悖论可能导致的结果，并把古代世界与基督教的断裂锁定于这个时
刻的，正是切斯特顿所言：

> 作为异教古代（pagan antiquity）的伟大向导和先驱，希腊人
> 就是从下列观念开始自己的征程的：存在着某种事物，它极其明显
> 和直接；人类径直地走在理性与自然的大路上，不会遭遇任何不
> 幸。……单单希腊人的境遇，就足以展示怪异却又真切的致命性
> （fatality），证明上述观念的荒谬性。希腊人刚刚开始凭着直觉阔步向
> 前，似乎就碰上了历史上最稀奇的事情。……世界上最聪明的人立志
> 成为自然之人，但他们做的第一件事情却是世界上最不自然的事情。

向太阳和明媚的理智致敬，其直接结果便是像瘟疫一样蔓延开来的反常行为。最伟大甚至最纯粹的哲学家们显然无法避免这种低级的精神错乱。为什么会这样？……如果人类正道直行，他会变得背曲腰躬[1]。一旦人类凭着直觉阔步向前，他就会自寻烦恼，甚至自讨苦吃。这与人类天性中的某种东西相符，这种东西远比天性崇拜者的理解要深刻得多。正是对这个更深刻的东西——人的言说（humanly speaking）——的发现，构成了对基督教的皈依。人总有所偏，就像保龄球总是跑偏一样。基督教之为基督教，是因为它知道如何纠偏，击中目标。对于这种说法，很多人会一笑置之。但这样说还是千真万确的：福音书带来的令人欣喜的好消息就是有关原罪的消息。[2]

希腊人丧失了自己的道德标准，这是因为他们相信，人类有其自发的、基本的正直（uprightness），因而忽视了人类内心深处对恶的"偏爱"：真正的善并不出现于我们顺从自己的天性之时，而出现于我们抗击自己的天性之时。[3]

## 反殖民的反冲

我们在这里谈论的不是抽象的理论问题，而是非常具体的历史经验。依据印度某些文化理论家之见，他们被迫使用英语，这个事实是文化殖民主义的一种形式，而文化殖民主义压抑了他们的真实身份。"我们不得不说一种强加于我们的外语，不得不用它展示我们最隐秘的身份，这岂不是把我们推向彻底的异化之域，以至于即使我们反抗殖民化，也不得不用殖民者的语言来表明心意？"答案是肯定的。把外语强加于人，这种行为本身创造了被它"压制"的未知因素（X）。也就是说，被压制的并非实际的前殖民的印度（actual pre-colonial India），而是

---

1 "背曲腰躬"（go crooked），原文中有"不诚实"之意。——译者注
2 G.K. Chesterton, *Saint Francis of Assisi*, New York: Empire Books 2012, pp. 11-12.
3 谢林也持同样的观点，因为他强调，在古罗马帝国，颓废与腐败出现在先，基督教崛起于后。

对崭新的、普遍的和民主的印度的纯真梦想。下列这点至关重要：在达利特人（Dalits）——"不可接触的人"——中，许多知识分子都清晰感受到了英语发挥的这一作用，但多数达利特人欢迎英语，甚至欢迎与殖民者的相遇（colonial encounter）。在达利特人中的主要政治人物安贝卡（Ambedkar）及其后继者看来，英国的殖民主义为所谓的法治和全印度人在形式上的平等创造了——至少附带地创造了——条件。在此之前，印度人只有种姓制度的法律。这些法律让达利特人承担了众多义务，却没有赋予他们什么权利。[1]

马尔科姆·X（Malcolm X）把 X 作为自己的姓氏，并借此告诉别人，把他的祖先从其祖国带到这里来的奴隶贩子使他们丧失了自己的家族根源和种族根源，丧失了整个文化生活世界。马尔科姆·X 在这样做时，他不是拥有同样的洞识，遵循着同样的逻辑吗？关键在于，不要动员黑人为重返他们的原初非洲根源而战，而是抓住由 X 开辟的空间，即由奴役过程（奴役过程已经确保了那些根源的永久丧失）派生出来的未知的新的身份。我们的想法是，这个剥夺了黑人的具体传统的 X 为他们提供了一个独一无二的机遇，让他们重新创造自己，建构比白人公开声称的普遍性更普遍的新身份。对于奴隶在无意中开辟的解放性维度（liberating dimension）的相同的体验，弗雷德里克·道格拉斯[2]在自己的生平记述中娓娓道来。他告诉我们，在他作为奴隶与奥尔德（Auld）夫妇住在一起时，他的生活发生了翻天覆地之变化[3]：

> 我来之前，［奥尔德太太］还没有过供她差遣的奴隶。她结婚前一直辛勤劳作，自食其力。她原本是个织布工，不遗余力地忙着

1　达利特知识分子中的领军人物钱德拉·巴汗·普拉萨德（Chandra Bhan Prasad）通过崇拜"达利特女神、英语……"来赞美英语。见 S. Anand, "Jai Angrezi Devi Maiyya Ki," available at www.openthemagazine.com. 我提到这个例子，得益于我的好朋友、住在新德里的安纳德（S. Anand）。
2　弗雷德里克·道格拉斯（Frederick Douglass），美国政治家和作家。曾经身为奴隶，后来成为废奴运动的代表人物。——译者注
3　我提到这个例子，得益于普林斯顿的埃德·卡达瓦（Ed Cadava）。

自己的事情，因而能在很大程度上免遭奴隶制造成的毁灭性和非人化的影响。她的善良，令我大感惊讶。我几乎不知道，在她面前如何表现才算得体。……我以前接受的教导全都不再适用。奴隶的卑躬屈膝通常是很受欢迎的品质，但她丝毫不为之所动。对她卑躬屈膝，不能获得她的好感，似乎还会令她不安。奴隶盯着她看，她也不以为那有多么粗鲁无礼和缺乏教养。[1]

奥尔德太太的态度主要还不出自她个人的善良——她只是并不真的知道奴隶制是怎么回事，奴隶制是如何运作的。她只是以无邪的纯真来看待年轻的弗雷德里克，把他当成另一个人。当她知道这个男孩目不识丁时，她"开始好心地教我认字母。我认识字母后，她又帮我学拼写由三四个字母组成的单词"。不过，这本身还不足以使弗雷德里克踏上解放之路。至关重要的是奥尔德先生的激烈反应——他反对太太教一个年轻的奴隶识文解字。从奥尔德先生的角度看，他太太的无邪的纯真实际上适得其反。在他眼中，她糊里糊涂地扮演了蛇的角色，引诱年轻的弗雷德里克吃知识树上的禁果：

> 就在我取得进步的节骨眼上，奥尔德先生发现情况不对，立即出面阻止奥尔德太太继续教我识文解字。他说了很多，其中一条是，教奴隶读书，既不合法，也不安全。此外，他还用自己的话说："黑人贪得无厌，是会得寸进尺的。黑人只要听主人的话，叫干什么就干什么，就行了，不必再知道别的东西。即使世界上最好的黑人，学习也会使他变坏。现在，"他说，"你教那个黑人（说到了我）读书，会留不住他，他也永远不适宜做奴隶了，他会立刻变得不服管理，对主人而言，他会一钱不值。就算是对他本人，也没有什么好处，只有大大的坏处。这会让他心怀不满，感到不快。"这一席话沉入我的心底，激起了我心中蛰伏的情感，令我思绪万千。

---

1　Frederick Douglass, *Narrative of the Life of Frederick Douglass*, Chapter 6, available at http://classiclit.about.com.

这是崭新和特殊的启示，可以用来解释黑暗和神秘之物。我年轻的知性（youthful understanding）一直与这些黑暗的神秘之物斗争，但都不了了之。我现在理解了那个一直最令我困惑的难题，即白人拥有奴役黑人的权力这一难题。这是一个巨大的成就，我对它极其珍惜。从那一刻起，我知道了如何从奴隶制走向自由。明白这个道理，正是我所想要的，我在最意想不到的时候，明白了这个道理。虽然一想到失去善良女主人的帮助会感到难过，但我极其偶然地从我的男主人那里获得的珍贵教导又令我满心欢喜。尽管我意识到，在没有老师的情况下学习困难重重，但我对读书已经寄予厚望，还有明确的目标，而且无论遇到多大的麻烦，付出多高的代价，都在所不惜。男主人说话时语气坚如磐石，并努力让他妻子铭记教导我的后果，都令我坚信，他深深地知道，他说的都是大实话。这给我提供了最佳的保证——我可以充满信心地依赖于他所说的教我读书造成的结果。他最恐惧的，正是我最渴望的。他最爱的，正是我最恨的。对他而言是大恶，是必须小心躲避的东西，对我而言是大善，是必须孜孜以求的东西。他极力证明的观点，反对我读书的观点，只会激起我学习的欲望和决心。在学习阅读的过程中，我感谢女主人的善意帮助，但也几乎同样感谢男主人的激烈反对。我承认，他们都让我受益匪浅。[1]

注意奥尔德先生在论证自己的观点时流露出来的伪人道主义的腔调——那个年轻的男孩不应该学习读书和写字，不仅因为这将使他不再适宜于做奴隶，因而变得对他的主人毫无价值，而且因为这样做对他本人有害无益："就算是对他本人，也没有什么好处，只有大大的坏处。这会让他心怀不满，感到不快。"不应该把最后一句当成十足的伪善而一笑了之（尽管毫无疑问，它真的极其伪善）：一个没有受过教育的奴隶，幸运地被某个相对善良的主人拥有，与这样的奴隶的生活相比，积

---

1　Frederick Douglass, *Narrative of the Life of Frederick Douglass*, Chapter 6, available at http://classiclit.about.com.

极地从事解放斗争，首先只能带来不满和不快。不应仅仅从字面上理解前面那段引用文字的精彩和精确的结语："在学习阅读的过程中，我感谢女主人的善意帮助，但也几乎同样感谢男主人的激烈反对。我承认，他们都让我受益匪浅。"奥尔德太太并不想把弗雷德里克从奴隶制中解放出来——她甚至并不真的清楚奴隶制是怎么回事，怎么可能要把他解放出来呢？简言之，她的反应是道德性的，而不是政治性的。这反映了她的自发的高贵和善良。只是通过丈夫毫不含糊的种族主义－父权主义反应（racist-paternalist reaction），弗雷德里克才意识到，学会读书和写字究竟意味着什么，这种意味有着怎样的政治－解放（甚至真正的革命）维度。没有这一残暴的干预（brutal intervention），弗雷德里克只会成为一个受过教育的、爱戴和尊敬主人的家庭奴隶，而不会成为他现在充当的解放性符号（emancipatory symbol）。

与以往相比，我们今天更应该强调殖民主义具有的这种真正黑格尔式的含混性。殖民强权的确残暴地入侵了世界各地的传统社会，颠覆其习俗，摧毁其社会结构（social fabric），更不必说在经济上的敲骨吸髓了。因此，西方人对移民的抱怨纯是虚伪之举。来自穷困国家的移民试图进入西方国家，这只是西方国家在收获他们过去行为的果实而已。瓦格纳歌剧中的帕西法尔最后发出的信息，完全适用于殖民主义留下的这个伤口："矛伤还得矛来治。"（"die Wunde schliesst der Speer nur, der sie schlug."）换言之，传统形式的解体为自然的解放开辟了空间。正如南非前总统纳尔逊·曼德拉和南非政党非洲人国民大会（ANC）清楚地意识到的那样，白人至上主义和重返部落之根（tribal roots）的诱惑是同一个事物的两个方面。

由此得到的教训是，我们应该提防那些过于热心治愈他人伤口的人——如果人家乐于享受自己的创伤呢？同样，（通过重返前殖民的现实）直接治愈殖民主义伤口，这样的努力只会是噩梦。如果今天的印度要在前殖民现实（pre-colonial reality）中找回自己，毫无疑问，他们同样会发出骇人的厉声尖叫。

## 开端之暴力

所有这些例子要证明的，并非下列观点：在丧失（the loss）之前，空无一物。当然不是这样。就印度而言，丧失之前，有庞大和复杂的文明，但那是充满了异质性的一团乱麻，与后来的民族复兴、重新返回文明毫不相干。这总体上适用于所有的民族身份的失而复得的过程。在民族复兴的过程中，变化中的民族（nation-in-becoming）是根据它的宝贵的起源的丧失——它力争重新获得宝贵的起源（precious origins）——来体验自己眼下的形势的。不过，事实上根本没有什么起源（即后来丧失的起源），因为起源是通过对起源的丧失的体验，通过重返起源这一行为构成的。（或许在这里，福柯说得很在理：发现在丧失之前发生的一切，是系谱学的话题，它与关于起源的话题风马牛不相及。）这道理适用于对起源的每一次回归：自 19 世纪以来，每当新的民族国家在中欧和东欧突然出现时，它们对"古老的种族之根"（old ethnic roots）的回归都派生了那些"根"，催生了马克思主义历史学家艾里克·霍布斯鲍姆（Eric Hobsbawm）所谓的"被发明的传统"（invented traditions）。黑格尔充分意识到了如此剪裁传统的暴力性。下面是他对古希腊奇迹的惊人描述：

> 他们肯定在宗教、文化和社会关系方面或多或少地从亚洲、叙利亚和埃及接受了实质性的开端（beginnings），但他们极大地抹去了 [*getilgt*] 这一起源的外国方面，转化、阐述、颠倒这一起源，使它发生如此彻底的变化，以至于在这一起源中，凡是他们（和我们一样）重视、认可和喜爱的东西，基本上都变成了他们的东西。……可以这么说，他们已经忘恩负义 [*undankbar*] 地忘了外国的起源，把它置于背景内，或许把它埋进黑暗的神秘事物中。关于这些神秘事物，他们甚至对他们自己保守秘密 [*geheim*]。……他们不仅这样做，不仅使用和享受被他们置于他们自己面前的东西，使用和享受来自他们自身的东西，而且他们已经意识到他们整个存在的在家性 [*heimatlichkeit*]，意识到了他们自己的开端和起源。同时，他们

还充满感激地 [*dankbar*] 和欢欢喜喜地把他们整个存在的在家性 [*heimatlichkeit*]，把他们自己的开端和起源再现于自己面前。[1]

所以，正如丽贝卡·科迈已经注意到的那样，在黑格尔眼中，有关 "黑色雅典娜"[2] 的论点毫无新意可言。黑格尔甚至用 "征服"（*siegen*）、"压制"（*zurückdrängen*）、"废除"（*fortfallen*）、"抹去"（*tilgen*）、"根除"（*vertilgen*）、"抹杀"（*Auslöschung*）、"擦掉"（*Verwischung*）、"剥离"（*Abstreifung*）、"切除"（*abschneiden*）、"隐藏"（*verstricken*）来描述希腊艺术与它的先驱的关系。但希腊艺术要 "征服"……什么？当然是 "东方或它的等价物——动物的、肉体的、丑陋的、愚蠢的……"[3] 因此，希腊奇迹即有机的、自发的自我生成的产物，这种希腊奇迹观是以残暴压制为根基的幻觉。正如黑格尔常做的那样，被压制的起源在经典希腊艺术的致命缺陷中回归了。经典希腊艺术的致命缺陷乃其最高成就的反面。经典希腊雕像捕捉到了完美的人类形态，实现了肉体与精神的最佳平衡。不过，就其本论而论，它必须缺少凝视（without a gaze）：它的眼睛是扁平的，是纯粹表面性的，没有成为进入灵魂的窗户，因为人类肉体面部上的缝隙会干扰其统一，干扰其和谐之美。（这也是希腊雕像没有展示出真正主体性的原因。）然而，就希腊艺术本身而言，这个被排除（甚至被放逐）的凝视的过度（excess of gaze）以令人不安的众多（disturbing multitude）的形式回归了：一个希腊雕像的整个身体

---

1 G. W. F. Hegel, *Vorlesungen über die Philosophie der Geschichte*, Frankfurt: Suhrkamp 1970, p. 174.——作者注。参见中文版："他们当然多多少少从亚细亚、叙利亚、埃及取得了他们宗教、文化、社会组织的实质来源，但是他们把这个来源的外来成分大大地消融了；大大地改变了，加工改造了，转化了，造成了另外一个东西，所以他们和我们一样，所珍视、所认识、所爱好的那些东西，本质上正是他们自己的东西。……（……毫不感激地忘掉了外来的来源，把它置于背后——也许是埋藏在他们自己也模糊不清的神秘仪式的蒙昧中）。……他们不仅是曾经使用过享受过自己所产生所创造的文化的主人；而且对他们整个生活的这种畅适自足，对他们自身的根本和本源，是自己意识到的，并且是感觉到感激和愉快的。"黑格尔，《哲学史讲演录》（第1卷），贺麟、王太庆译，商务印书馆，1959年，第185-186页。——译者注

2 "黑色雅典娜"（Black Athena），指马丁·贝尔纳（Martin Bernal）的《黑色雅典娜：古典文明的亚非之根》（*Black Athena: The Afroasiatic Roots of Classical Civilization*）。该书第一卷已由吉林出版集团有限责任公司于2011年出版。——译者注

3 Rebecca Comay, "Defaced Statues: Idealism and Iconoclasm in Hegel's Aesthetics" (unpublished manuscript).

成了拥有数百双眼睛的面部。在这方面，百眼巨人（Argus）雕像可谓典型。那是一个拥有一百双眼睛的怪物，保护着自然女神伊娥（nymph Io）。在这个粗俗的过度成熟的形象中（这个形象的面部充斥着粗鄙的裂缝和小隆起物），标准的转喻性的以局部代整体（*pars pro toto*）的关系"滑入了以整体代局部（*totum pro parte*）的抢占式虚构（preemptive fiction）。作为一个整体，肉体成了它自身不存在的器官（被排除的凝视）的替代物。通过成为它缺乏的那个事物，肉体本身扮演着恋物（fetish）的角色"[1]只有在后来的浪漫艺术中，这个过度才以主体性的凝视之眼（gazing eye of subjectivity）的形式"重新正常化"——现代主体性（modern subjectivity）正是被排除在经典希腊和谐艺术之外的怪异之维的回归。

　　根据标准的自由主义的神话，人权的普遍性为多重性的特定文化的和平共存确立了前提条件。从被殖民者的观点看，这个神话理应受到指责：这样的自由主义的普遍性在理论上是虚假的，在实践上也只会促进外国文化的入侵，使外国文化消解本土文化之根。即使她承认，这么说有一定的道理，一个自由主义者也会继续争取"没有伤口的普遍性"（universality without wounds），争取不会猛烈冲击特定文化的普遍框架（universal frame）。从真正辩证的观点看，我们应该争取，彻底地逆转这种做法（或认可"彻底地逆转这种做法"的必要性）：伤口本身是解放性的（liberating），或者说，伤口本身包含了解放性的潜能（liberatory potential）。所以，虽然我们应该绝对使被强加的普遍性这一实证内容（即被它偷偷地赋予特权的特定内容）问题化，但我们还应该大力支持（伤及我们的特定身份的）伤口本身的解放性的一面（liberating aspect）。

　　回到古代中国，第一个实现如此逆转的是秦王。他统一了国家，并于公元前 221 年自封为"始皇帝"。这种统治的极端模型（arch-model）非常依赖"法家"的建议，我们可以在他身上看到首个这样的个案：有意识和有计划地做出决定，要与过去的传统决裂，把在理论上设想出来

---

1　Rebecca Comay, "Defaced Statues: Idealism and Iconoclasm in Hegel's Aesthetics" (unpublished manuscript).

的新秩序强加于社会：

> 秦王未必是国家的真正首脑。他那些不受宫廷生活限制的谋士
> 们经过一番谋划，使他上台掌权，使他成为世界的统治者，这个计
> 划甚至在他出生之前就已经开始实施。死去已久的学者们早就认
> 为，世界需要一位开明的君主。该计划始于……一个学者联盟，他
> 们在寻找一位赞助人，这位赞助人必须允许他们达到自身政治目
> 的。在这些伟大心灵的帮助下，秦王嬴政成了始皇帝。[1]

这些法家——他们当中首先是韩非和伟大的李斯——是在儒家思想
的危机中脱颖而出的。公元前五世纪至前三世纪之间，即在中国经历
"战国时代"之时，儒家提出了自己的观点：社会混乱不堪的终极原因，
乃是对古老传统和习俗的背叛。法家改变了用于感知形势的坐标。在儒
家看来，像秦国这样的国家（拥有中央集权的军事组织，完全无视古老
的生活方式）都是过去犯下的错误的体现。不过，与他的老师荀子不同
（荀子把秦国这样的国家视作对和平的威胁），韩非"提出了不可思议的
想法——秦国的治国之道不是需要处理的异常现象，而是需要模仿的实
践"[2]。如此一来，表面上像是问题的东西，实际上是解决问题的方案：
麻烦的真正原因并不在于抛弃了古老传统，而在于那些传统本身，它们
已在日常生活的层面上表明，自己不能再为社会生活提供指导原则。我
们总是以某个标准衡量形势，并确定它是否有问题，其问题何在。正如
黑格尔在《精神现象学》的序言中所言，这个标准本身就是问题的一部
分，应该抛弃。韩非把同样的逻辑应用于"人性本恶"的事实，但他
没有为此而感到悲哀，反而认为，倘若以正确的理论（"超越善恶"的
理论）来启蒙，再辅之以适当的机制（proper mechanism），一个强大
的国家是完全可以驾驭的。"看到人性本恶，荀子以之为不幸，韩非则
以之为挑战：可用严厉的法律制度控制这种天性，并以它服务于国家

---

1  Jonathan Clements, *The First Emperor of China*, Chalford: Sutton Publishing 2006, p. 16.
2  Ibid., p. 34.

利益。"[1]

　　与此类似，当代左翼政治理论（阿尔都塞、巴利巴尔[2]、奈格里[3]）的伟大成就之一，便是想要为马基雅维利[4]恢复名誉，把它从标准的"马基雅维利式"解读中解救出来。法家通常被视为最早的马基雅维利派，我们也应该对法家作如是观。我们要从这个形象中剥离出激进的、解放性的内核（radical-emancipatory kernel）。法家的伟大洞识在于，他们把社会躯体上的伤口——即旧习俗的解体——视为建立新秩序的机遇。[5]

　　这把我们带回了瓦格纳的"矛伤还得矛来治"。黑格尔也说过这样的话，尽管强调的重点沿着相反的方向变化：精神是自己给自己治疗的伤口，即是说，伤口是自伤的结果。最基本层面上的"精神"是自然的"伤口"。主体是否定性这个巨大的绝对的力量（immense-absolute-power of negativity），是给既定的、直接的实体性同一（given-immediate substantial unity）留下裂缝或切口的力量，是区分、"分离"下列两者的力量：一是撕裂其实只是有机统一的一部分的事物（what in reality is part of an organic unity），一是把其实只是有机统一的一部分的事物视作自立（self-standing）之物。这是精神的"自我异化"观比初看上去更具悖论性的原因。应该把它与黑格尔的精神具有彻底非实体的性质的主张（assertion of the thoroughly non-substantial character of Spirit）放在一起解读：不存在会思考之物（res cogitans），事物都不会思考，精神只是克服自然直接性（natural immediacy）的过程，是培养这种直接性的

---

1　Jonathan Clements, *The First Emperor of China*, Chalford: Sutton Publishing 2006, p. 77.
2　巴利巴尔，指艾蒂安·巴利巴尔（Étienne Balibar），法国哲学家。——译者注
3　奈格里，指安东尼奥·奈格里（Antonio Negri），意大利马克思主义社会学家和政治哲学家。——译者注
4　马基雅维利，指尼科洛·马基雅维利（Niccolò Machiavelli），意大利文艺复兴时期重要人物，著名的《君主论》（*The Princess*）的作者。——译者注
5　堕落的话题还在宗教领域之外产生回响，还可被赋予彻底的反宗教的扭曲（anti-religious twist）。我们相信，整体之平衡一旦被打破，就会发生点什么事情。回想一下我们对这种事情的反整体论的看法（anti-holistic notion）吧。在最基本的层面上，一旦事情出了差错，一旦对称被打破，一旦片面的决策扰乱了先前的祥和，就会发生点什么事情。——作者注。请注意，这里的"整体之平衡"中的"整体"和"反整体的看法"中的"整体"，与西方特有的"整体观"密切相关。在西方人看来，整体是一个系统中由各个部分组成的有机整体。因为是"有机整体"，所以不能把整体割裂为部分，不能把整体视为部分之和。——译者注

过程，是从这种直接性退回自身或"逃离"这种直接性的过程，是与自身异化——为什么不呢？——的过程。因此悖论在于，在精神的"自我异化"之前，根本没有"自我"：异化的过程派生了"自我"，精神所要异化的，精神所要重返的，就是这个"自我"。[ 在这里，黑格尔颠覆了下列标准的看法：失败版（failed version）的 X 预设了这个 X，同时把它视为常态或尺度。黑格尔的看法是：要得到这个 X，但每一次都以失败告终，只有通过再三的失败，X 才被创造出来，它的空间才被勾勒出来。] 精神的自我异化和它对它的大对体（自然）的异化是一回事，两者完全一致，因为它是通过从沉浸于自然的大对体性（natural Otherness）"重返自身"而构成自己的。精神的重返自身（return-to-itself）创造了它要重新返回到的那个维度（the very dimension to which it returns）。这意味着，"否定之否定"，从异化"重返自身"，并没有发生在它似乎应该发生的地方：在否定之否定中，精神的否定性并没有被相对化，没有被归入包含性的实证性（encompassing positivity）；依然依附于它已经否定的预先设定的实证性（presupposed positivity），依附于它要疏离的预先设定的大对体性（presupposed Otherness from which it alienates itself），是"简单的否定"，而否定之否定不过是对这个大对体性本身的实体性特征（substantial character of this Otherness itself）的否定，是对精神的自我关联这一深渊（the abyss of Spirit's self-relating）的全盘接受，而精神的自我关联这一深渊回溯性地设置了它全部的预设。换言之，一旦陷入否定性，我们就永远无法离开，无法重新得到已经丧失的纯真起源（lost innocence of the origins）；在"否定之否定"中，起源真的已经丧失，丧失的起源已经丧失（their very loss is lost），它们被剥夺了它们早已丧失之物的实体性身份（substantial status）。精神没有接治愈自己的伤口，而是通过摆脱完全和健全的身体（伤口就是刻在这个身体上的）治愈自己的伤口。正是在这个意义上说，黑格尔认为："精神的伤口治愈了，且没有留下任何疤痕。"[1] 他并不是说，精神已经完

---

1　G. W. F. Hegel, *Phenomenology of Spirit*, Oxford: Oxford University Press 1977, p. 129.——作者注。参见中文版："医治精神的创伤，不留丝毫疤痕。"黑格尔，《精神现象学》（下卷），贺麟、王玖兴译，商务印书馆，1979 年，第 175 页。——译者注

美地治愈了自己的伤口，以回溯性扬弃（retroactive sublation）这一神奇姿势表明，疤痕彻底消失。关键在于，在辩证过程中，视角发生了转移，这使伤口显现为其对立物——从另一个角度看，伤口自愈了。在其最尖锐的层面上，对立物的并存显现为自我意识，即是说，显现为作为理性深思的能动者（agent of rational consideration）的思维主体（thinking subject），显现为它与恶的关系：

> 抽象地说，作恶（being evil）意味着自我的单一化（singularizing myself）在某种程度上割断了我与普遍的联系（普遍是理性的，是法律，是对精神的规定）。但是，伴随这种分裂而来的是自为之有（being-for-itself），是首次出现的普遍、法律——都是应然之物（what ought to be）。所以，并不是说，[理性的]深思与恶结成了外部的关系：它是它本身的恶。[1]

《圣经》不是说过与此完全相同的话吗？蛇对亚当和夏娃许诺，吃了知识树上的果子，他们就会变得像上帝。他们如法炮制后，上帝说："那人已经与我们相似。"（《创世记》3:22）黑格尔的评论是："所以，蛇没有撒谎，因为上帝已经证实，蛇所言不虚。"然后他驳斥这下列主张：上帝那样说，不是出于真心，而是意在讽刺："认知是灵性的原则（principle of spirituality），……以这个原则，还可以治愈分裂造成的伤害。以这个认知原则（principle of cognition），'神性'的原则（principle of 'divinity'）被设立起来。"[2] 主观知识（subjective knowledge）不仅是选择善恶的可能性，"它是使人变得邪恶的深思（consideration）和认知（cognition）。如此一来，深思和认知[本身]就是邪恶之物，[因此]这样的认知是不应该存在之物，[因为它]是恶的源泉。"[3] 我们应该这样理

1  G. W. F. Hegel, *Phenomenology of Spirit*, Oxford: Oxford University Press 1977, p. 206.
2  Ibid., p. 207.——作者注. 引文出处有误，此语出自黑格尔的《宗教哲学讲演录》（*Vorlesungen über die Philosophie der Religion II*），具体页码不详。——译者注
3  Ibid., p. 207.——作者注. 引文出处有误. 此处引文与第 152 页注释 2 的引文相同. 那里注明的出处是：G. W. F. Hegel, *Vorlesungen über die Philosophie der Religion II*, Frankfurt: Suhrkamp Verlag 1969, p. 205.——译者注

解黑格尔《现象学》中的名言：恶是凝视自身，它感知周围无处不在的恶。凝视看到了周围无处不在的恶，但把自身排除在它批评的社会整体（social whole）之外，而这种排除本身，正是恶的形式特征（the formal characteristic）。黑格尔的看法是，只有通过这种原初性的、构成性的选择——对恶的选择，善作为一种可能性和义务才会出现。[1]选择了恶之后，我们会意识到，我们处境非常不妙。这时，我们才能体验到善。

在卡巴拉[2]的传统中，这个原初伤口是在"破碎的容器"的伪装下出现的。所谓的鲁利阿卡巴拉（Lurianic Kabbala）是以以撒卢利亚（Isaac Luria）的名字命名的。根据鲁利阿卡巴拉[3]，为了更好地理解自己，空无边际（*Ein Sof*）创造了世界。因为无限，空无边际还是无形和漫无目的的。它是作为纯粹的能量存在的。空无边际因此决定创造既有形式又有目的之物——人类。因为空无边际的能量在创造人类以前已经充满了整个宇宙，空无边际的第一个行动必须是 *tsimtsum*[4]，即"退缩"（withdrawal）。为了给创造世界腾出空间，空无边际不得不在自身之内首先创造空白，即一个空间。在这个空间里，以无（*ayin*）生有（*yesh*）。不过，就在空无边际要填充它以光创造出来的这个容器时，灾难降临了：光线过于强烈，容器无法容下，结果容器破碎。容器的破碎摧毁了空无边际开始创造的有序宇宙：容器的细小碎片就像玻璃碴，布满了宇宙，使宇宙嘈杂混乱。玻璃碴落下时带来了空无边际的光的火花。合在一起，玻璃碴和光变成了后来的物质现实或人类世界。本应生活在和谐世界的人类，现在进入了一个破碎的世界，那里充满了"壳子"（husks），撒满了圣光发出的火花。每个人都要通过公正地研究卡巴拉，使圣光的火花

---

1    这句话的意思是：（1）恶在先，善在后；（2）善源于恶，善源于对恶的选择，而且这种选择有两个特征，一个是原初性（最早和最初的），一个是构成性（选择恶才促成了善）；（3）即使如此，善也只是一种可能性，一种义务或责任。——译者注

2    卡巴拉（Kabbalah），希伯来语，字面意思是"接受"或"传承"，是犹太哲学中有关造物主和宇宙关系的理论。——译者注

3    我在这里厚着脸皮借用火花网站提供的卡巴拉指南，请见 www.sparknotes.com。

4    *tsimtsum*，指收缩、浓缩、退缩等，是以撒卢利亚创造的概念，用以回答下列问题：既然上帝全知全能又无所不在，那怎么会创造出一个没有上帝却充满邪恶的世界来？以撒卢利亚认为，上帝从他的无所不在中"缩"出真空，在真空中创造了这个世界，因此创世的第一步是收缩、浓缩、退缩。——译者注

摆脱壳子。只有所有的火花都获得自由，空无边际才能再次变得完整，才能迎接空无边际在创造世界时设计的那个完美世界。

这意味着，空无边际不是全知的上帝，而是有所依赖的上帝（dependent God），它需要人类把它恢复为整体。上帝在这里是变化（becoming），而不是存在（being）：随着世界的发展，火花解放了，人类诞生了，空无边际也变得越来越像它原来的样子。因此，创造世界是上帝的自我牺牲行为，但同时也是灾难，灾难性地堕入混乱——世界和人类不是依据上帝的完美计划创造出来的，而是作为灾祸的结果出现的。不过，因为人类能把火花从物质世界中解放出来，能帮上帝恢复为整体，所以宇宙也充满了善行和获得救赎的希望。

应该怎样修正这个神话，才能使它成为"唯物主义"版本的神话？答案似乎显而易见：没有容器，所以也没有最初的破碎，宇宙只是一个偶然的碎片集合，我们可以用它修修补补，以制造新的集成物（assemblages）……这个答案所忽略的，是天生固有的对抗/张力/阻塞——被画上斜线的/被阻碍的"尽管性"（Whileness），正是它们构成了碎片运动的基础，也开启了碎片的运动。以这种方式看待世界所导致的结果，是由瓦尔特·本雅明阐明的。他在《译者的使命》（"The Task of the Translator"）一文中，运用鲁利阿的"破碎容器"概念探索翻译过程的内在运作：

> 恰如一个容器的碎片，为了把它们黏合起来，必须一片接一片地把它们连在一起。在这样做时，要注意最小的细节，但不必使它们彼此相似。如此说来，翻译不是使自身与原作的意义类似，而是必须以自己的语言，根据原作的表意方式，亲切地和详细地构成自己，使原作和译作作为更大语言的破碎部分被识别出来，就像碎片是一个容器的破碎的部分那样。[1]

---

1　Walter Benjamin, "The Task of the Translator," in *Illuminations*, London: Collins 1973, pp. 69-82.——作者注. 参见中文版："一件容器的碎片若要重新拼在一起，就必须在极小的细节上相互吻合，尽管不必相互相像。同样，译文不是要模仿原文的意义，而是要周到细腻地融会原文的意指方式，从而使原文和译文成为一种更大语言的可辨认的碎片，恰如容器的碎片是容器的组成部分一样。"《本雅明文选》，陈永国等编，中国社会科学出版社，1999年，第287页。——译者注

本雅明在这里描述的运动，是把隐喻化入转喻的运动：他没有把翻译视为对原作的隐喻性替代，没有把翻译视为尽可能忠实地呈现原作的意义的过程，而是把原作和译作做了这样的设置：它们属于同一个层面，均为同一个领域的组成部分（就像列维－斯特劳斯所说的那样，对于俄狄浦斯神话的主要阐释，本身就是新版本的俄狄浦斯神话）。从传统的角度看，原作与其（总是不完美的）译作的分裂被转回原作本身：原作本身已是一个破碎容器的碎片，如此说来，翻译的目标不是完全忠实于原作，而是补充原作，把原作视为破碎容器的碎片，同时制造破碎容器的另一个碎片。这个碎片并不模仿原作，而是与原作相匹配。它与原作的匹配，就像同一个破碎整体的碎片与它的另一个碎片相匹配一样。因此，优秀的翻译会摧毁"原著是个有机整体"的神话，把这个"整体性"凸显为赝品。我们甚至可以说，翻译绝非致力于使破碎的容器完好如初，而是打破容器这一行为：翻译一旦启动，当初的有机容器（organic vessel）就会显现为必须被什么东西来补充的碎片——打破容器是容器得以恢复的开端。

在讲述故事的世界里，与翻译完全相同的姿势是改变原作故事的情节，以便使我们觉得："只是到了现在，我们才真正明白，这个故事都讲了些什么。"我们就应该这样对待众多古典歌剧在最近的改编和上演。这些歌剧不仅把情节移入不同的年代（通常是当代），而且改变了叙事本身的某些基本元素。并不存在先验的抽象标准，供我们用来判断，如此对待古典歌剧，究竟是成功还是失败。每次干预都是充满风险的行为，都必须根据它自身内在的标准来判断。这样的实验通常收效甚微，但也并非总是如此。究竟是否奏效，无法提前得知，因而必须冒险一试。其实，忠于古典原作的唯一方式就是冒险前行。避免冒险，不折不扣地坚持传统，是背叛古典精神的不二法门。换言之，使古典作品鲜活的唯一出路，就是使之保持"开放"的状态，使之面向未来，或者用本雅明使用的隐喻说，对待古典作品时，仿佛它就是照相机拍过的底片，用来使它显影的适当化学制品，只能在后来出现，这样一来，只有到了今天，才有可能看到完整的画面。

瓦格纳歌剧的两次改编和上演颇为引人注目，可谓成功改编的典范。一次是让-皮埃尔·波内勒（Jean-Pierre Ponelle）执导的拜罗伊特版的《特里斯坦与伊索尔德》。在那里，特里斯坦在孤独中死去［伊索尔德和她丈夫马可王（King Marke）待在一起，她最后的出场只是垂死中的特里斯坦产生的幻觉］。另一次是汉斯-于尔根·西贝尔伯格（Hans-Jürgen Syberberg）执导的电影版《帕西法尔》。在那里，安佛塔斯的伤口被视为局部客体（partial object），被视为处于他身体之外的一个枕头上的、流血不止的下体。而且，在仔细看了安佛塔斯的伤口后，扮演帕西法尔的男孩换成了表情冷漠的年轻女孩。在这两种情形下，歌剧的变化都产生了巨大的启示力量——我们无法抗拒这样的强烈印象："它真的应该是这样的。"

对于西方传统而言，《安提戈涅》是奠基性的叙事之一。我们可否设想对它做类似的改编和上演？如果我们按布莱希特的《赞成者、反对者》（*Jasager, Neinsager*）和《赞成者之二》（*Jasager 2*）的做法重写《安提戈涅》呢？一个故事，三个版本，到了关键之处，情节就会发生不同的变化？就《安提戈涅》而言，起点完全相同，只是到了戏剧中的关键时刻，即在安提戈涅与克瑞翁势不两立之时，三个版本才会各自"节外生枝"：

第一个版本与索福克勒斯的叙事完全一致，终场的合唱赞美安提戈涅，说她无条件地坚持原则——即使世界毁灭，也要行使正义……

第二个版本表明，如果安提戈涅最终获胜，成功地说服克瑞翁允许波吕尼刻斯体面地安葬，即是说，如果她坚持原则的态度大获全胜，将会发生怎样的事情。因为坚决要求报复叛国贼波吕尼刻斯，爱国主义和民粹主义的民众揭竿而起，一群暴徒冲进王宫，对克瑞翁施以私刑，整个城市陷入一片混乱。在最后一幕，疯疯癫癫的安提戈涅精神恍惚，在废墟中跌跌撞撞地走着，四周都是熊熊燃烧的大火，她哭喊着："我是为爱而生的，不是为战争而生的。"……在这个版本中，终场的合唱为实用主义（pragmatism）做了布莱希特式的哀悼：统治阶级有钱有势，可以高贵，可以坚持刻板的原则，但普通人则要为此付出代价。

在第三个版本中，合唱队不再兜售陈腐不堪的才智（commonplace wisdoms），成了积极的能动者。安提戈涅和克瑞翁之间有一场激烈的争论，在争论达到高潮时，合唱队迈步向前，严厉地批评斥责他们，说他们的愚蠢冲突危及了整个城邦的生存。合唱队表现得就像是公共安全委员会[1]，戏剧把它接管过来，使之成为公共机关，强行在底比斯（Thebes）实施新的法治，推行民主政体。克瑞翁被废黜，他和安提戈涅被捕、受审，很快被判处死刑并被执行。在被执行死刑前，安提戈涅为自己做无罪辩护。她宣称，要求为波吕尼刻斯举办体面的葬礼，这表达了某些人的心声。这些人被排斥在外，没有发言权，生活在城邦的边缘，过着虽生犹死的日子。合唱团的回答是，被排斥的人们不需要特权阶层的同情，不需要别人代表他们说话，他们应该自己为自己说话，表明自己的困境。最后，合唱队把有关人的格言（"世上有很多诡异／可怕的东西，但最诡异／可怕的莫过于人类"）扩展为对民主政体的赞美：因为人是诡异的存在（uncanny being），任何个人都不能单独实施统治，人类应该自己统治自己，彼此相互控制，以阻止凶恶力量的爆发，避免灾祸的发生。

　　这样的改编和上演无情地抛弃了我们对戏剧女主人公的同情和怜悯，使她成了问题的一部分，还提供了一条出路，供我们打碎我们的人道主义自满（humanitarian complacency）。对于我们这个时代来说，这样改编和上演的，才是真正的《安提戈涅》。依据本雅明的翻译观，这样的重写负担的使命是使这三个版本的《安提戈涅》作为一部更大的戏剧的破碎部分，成为一部更大戏剧的可识别的破碎部分，成为虚拟的／不可能的原初《安提戈涅》（ur-*Antigone*）的破碎部分被识别出来。扎卡里·梅森（Zachary Mason）的《奥德赛遗失的章节》（*The Lost Books of the Odyssey*）的救赎品质（redeeming quality）也表现在这里。[2]该书囊括了"官方"荷马故事的一系列变体。这些变体被展示为碎片，而这些碎片来自（最近发现的）极其混乱的传说。荷马删除了它们，但这些片段还是影响了他的史诗：奥德修斯回到了祖国伊塔卡，发现妻子珀涅罗珀已经按照古代的习俗，嫁给了另一个男人，一个出色的国王；波吕斐摩

---

1　公共安全委员会（comité de salut public），法国大革命时期创办的组织，在法兰西共和国时期成为政府事实上的执行机构。其职能是抵抗外敌入侵，镇压内部叛乱。热月政变后解散。——译者注

2　Zachary Mason, *The Lost Books of the Odyssey*, New York: Farrar, Straus & Giroux 2010.

斯其实只是农民，他在自家山洞里发现了奥德修斯和他的手下，拿出食物让他们大快朵颐；年迈的奥德修斯参观了特洛伊的废墟，发现那里已经变成集市，演员们与观众套近乎，"学着著名的希腊人和特洛伊人的样子"；等等。不要把这些（假想出来的）变体解读为对已经遗失的原著章节的扭曲，但要把它们解读为一个整体的碎片。这个整体会包括由所有可能的排列分布组成的母体。这是在下列意义上说的：列维劳斯声称，对俄狄浦斯神话的所有阐释，包括弗洛伊德的阐释，都是这个神话的一部分。那么，我们是否要倾尽全力，重建完整的母体？其实，我们相应做的是锁定创伤点（traumatic point）的位置，即反抗（antagonism）的位置。这个位置鲜为人知，所有的变体和碎片都围绕着它进行。

　　"破碎容器"的极端案例不就是基督的临终七言（Seven Last Words）吗？

1. "父啊，赦免他们。因为他们所作的，他们不晓得。"（《路加福音》23:34）；

2. "我实在告诉你：今日你要同我在乐园里了。"（《路加福音》23:43）；

3. "母亲，看，你的儿子！"又对那门徒说，"看，你的母亲！"（《约翰福音》19:26-27）；

4. "我的神，我的神！为什么离弃我？"（《马太福音》27:46 和马可福音 15:34）；

5. "我渴了！"（《约翰福音》19:28）；

6. "成了！"（《约翰福音》19:30）；

7. "父啊，我将我的灵魂交在你手里！"（《路加福音》23:46）

　　对待这临终七言，可以想象出来的最愚蠢不过的事情，就是佛朗哥·泽菲雷里[1]和梅尔·吉布森[2]在他们各自的媚俗影视版里的故事了：

---

1　佛朗哥·泽菲雷里（Franco Zeffirelli），意大利导演、制片人，1977 年执导了电视连续剧《拿撒勒人耶稣》（*Jesus of Nazareth*）。——译者注

2　梅尔·吉布森，出生于美国，美籍爱尔兰裔澳大利亚电影演员、导演及制片，2004 年执导了电影《耶稣受难记》（*The Passion of the Christ*）。——译者注

让即将死在十字架上的基督一字不漏地依次说出全部"临终七言"，其效果是极其荒谬和令人窒息的过度（excess）。这样做实在过犹不及，如同某些好莱坞电影或古典歌剧所做的那样。在那些电影或歌剧中，早就应该倒地而亡的奄奄一息的主人公说起话来滔滔不绝，不厌其详地交代临终遗言。按照它们的做法，我们可以玩个粗暴的游戏——建构单一的线性叙事，把全部"临终七言"囊括其中。例如，基督用"我渴了，至少得给我来杯酒吧！"延长他的抱怨"我的神，我的神！为什么离弃我？"；解渴之后，基督又补充说："好吧，我现在感觉多好了，我很镇静，我准备赴死，我会成功，我要将我的灵魂交在你手里，父啊！"我们不应该致力于这种一体化（unification），应该把这临终七言视为量子物理学中所谓的多量子态的叠加（superposition of multiple quantum states），视为可供同时选择的版本，而且这些版本在某种程度上"全都真实"（all true）。它们的真实并不在于单一的性线叙事，并不在于把这些版本视为连贯一致的单一原作（consistent single original）的碎片残余。它们的真实在于这七个版本的交相呼应和相互阐释。这或许也是基督教给我们提供的终极教益：犹太教把我们的宇宙设为破碎的容器，视为宇宙灾变导致的结果，这赋予我们无穷无尽的使命——收集碎片，建构宇宙，使之成为一个和谐的整体；最激进意义上的基督教则把打碎自身这一行为视为神圣创意（divine creativity）的例证。清晰地表明这一点的，还是切斯特顿，他还明确地提到了破碎的容器：

> 看到上帝把宇宙弄成小碎片而开心，这是基督教的本能。……所有的现代哲学都是用以联结和束缚的锁链，基督教则是利剑，它要分割万物，放走它们。除了基督教，任何哲学都不能使上帝为宇宙被分割成活的灵魂（living souls）而欣喜。[1]

---

1　G.K. Chesterton, *Orthodoxy*, San Francisco: Ignatius Press 1995, p. 139.——作者注。参见中文版："上帝叫宇宙分裂成无数的小块，基督教的本能欣然接受……一切现代哲学都是锁链，它带来的是联系和束缚；基督教是一把利剑，把事物分隔和释放。没有另一种哲学令神为宇宙分裂为零散的存在的灵魂而切实地感到欢欣。"切斯特顿，《回到正统》，庄柔玉译，生活·读书·新知三联书店，2011年，第146页。——译者注

如果我们把本雅明的翻译观应用于上帝与人的关系，应用于"人是按照上帝的样式创造出来的"这一观念呢？人不能使自己像上帝，而必须用他自己的方式，按上帝指引的道路（according to the way of God），亲切地和详细地构成自己，以便使自己和上帝作为更大容器的破碎部分被识别出来。这个在传统的观点看来把完美上帝与其（总是不完美的）人类形象分割开来的裂缝，已被移入上帝：上帝自己是不完美的，早已是破碎容器的碎片，所以他需要人类来补充他的不完美。人类的目标不是忠诚或类似于上帝，而是补充上帝，把上帝视为"破碎容器"的碎片，使自己成为另一个碎片。这个碎片与上帝那个碎片相匹配，就像同一个破碎整体的碎片与它的另一个碎片相匹配一样。有关神圣三位一体的话题，有关基督在十字架上满怀疑虑（Christ's doubt on the Cross）的话题，以及其他类似的母题（motifs），都清晰地表明，"破碎的容器"不只是被创造出来的现实（它是从上帝那里堕落而来的，已经丧失其完美性），最终的破碎容器就是上帝自己。因此，应该把圣父、圣子和圣灵视为同一个容器整体的三个碎片，而容器整体的一致性（unity）已经永远丧失。

## 绝对反冲

在其反思逻辑的更为正式的层面上，黑格尔使用了独一无二的术语"绝对反冲"（*absoluter Gegenstoss*），它可以说是反冲（recoil）、反扑（counter-push）、反刺（counter-thrust），或者干脆说是反击（counter-punch）。它是退缩，但它在退缩时，创造了它得以退缩之物[1]：

> 因此反思在它面前找到了一个直接物，它超越了该直接物，并

---

1 "它是退缩，但它在退缩时，创造了它得以退缩之物"，原文为"a withdrawal from that creates what it withdraws from"，无论原文还是译文，极其晦涩，需略作说明。（1）反冲本指枪炮的后坐力，因而有弹回、后缩、退缩之意，它们都是反冲的应有之义；（2）接下来的问题是：退缩？从哪里退缩？一般而言，总是先前进，后退缩，但在黑格尔看来，先退缩，后前进，因为前进是退缩在退缩的过程中创造出来的，或者说是"设置"起来的。正是从这个意义上说，退缩在退缩时创造了得以退缩之物。——译者注

从该直接物那里返回。但这个返回只是对反思在它面前发现之物的预设。被发现之物因而只能通过被甩在后面而存在。……所以，要把反思运动视为对自身的绝对反冲。因为对于返回自身的预设——本质就来自这一预设，只能是这一回归——只处于回归本身之内。[1]

绝对反冲因而代表着彻底的对立物的并存（radical coincidence of opposites）。在这里，行动显现为对它自身的反行动，或者更确切地说，否定性步骤（丧失、退缩）本身派生了它所要"否定"的东西。一方面是"被发现之物因而只能通过被甩在后面而存在"，另一方面是它的颠倒版（我们要回归的，只能出现在"回归自身之内"，就像国家借助于"重返自己已经丧失的根源"构成自身一样），两者是黑格尔所谓"绝对反思"的两个方面：反思不再处于反思客体的外部，它把反思客体预设为既定之物，但它完成了循环（closes the loop），并设置了对它自身的预设（posits its own presupposition）。用德里达的话说，在这里，可能性之条件（condition of possibility）不仅完全是不可能性之条件（condition of impossibility），而且同时是不可能性之条件：阻止我们充分肯定我们自己身份的障碍物，为充分肯定我们自己的身份开辟了空间。另一个范例：匈牙利统治阶级"长期'占有'（即赞助和培育）一种与众不同的音乐，即所谓的 'magyar nota'（匈牙利曲调）。在匈牙利受过良好教育的阶层，它被视为国家身份的风格标志"[2]。可以预测，在 19 世纪，随着伟大的民族主义复兴，这种风格在歌剧和交响曲中迸发。到了 20 世纪

---

1    G.W.F. Hegel, *Science of Logic*, Atlantic Highlands: Humanities Press 1969, p. 402.——作者注。这段文字的原文为："Reflection therefore finds before it an immediate which it transcends and from which it is the return. But this return is only the presupposing of what reflection finds before it. What is thus found only comes to be through being left behind ... the reflective movement is to be taken as an absolute recoil[ *absoluter Gegenstoss* ]upon itself. For the presupposition of the return-into-self-that from which essence comes, and is only as this return-is only in the return itself." 参见中文版："于是反思面对着一个直接物，反思超出它并从它那里出来，便是回归。但这种回归仅仅是面对之物的事先建立。这样面对之物仅仅在于它之将被离开。……反思运动便必须看作是自身中的反推动。因为自身回归的事先建立，——本质就从那样的东西里出来，尔后才是这种回归，——只在回归本身之中。" 黑格尔，《逻辑学》（下），杨一之译，商务印书馆，1976 年，第 17-18 页。——译者注

2    Richard Taruskin, *Music in the Early Twentieth Century*, Oxford: Oxford University Press 2010, p. 367.

初，包括巴托克[1]和柯达伊[2]在内的现代主义作曲家开始收集纯正的流行音乐。他们这时发现，当时的流行音乐"拥有与匈牙利曲调完全不同的风格和特色"[3]。更糟糕的是，当时的流行音乐是不可救药的大杂烩，包括了"所有居住在'大匈牙利'的民族，如罗马尼亚人、斯洛伐克人、保加利亚人、克罗地亚人和塞尔维亚人，甚至人种上更为遥远的民族，如土耳其人……或北非的阿拉伯人"[4]的音乐。可以预测，正是这个原因，巴托克被民族主义者痛骂，并被迫离开了匈牙利。

这是一个辩证的过程。充满矛盾的混乱（inconsistent mess）是第一阶段，是起点，它被否定，而且通过它被否定，起源（the Origin）得以投射，或者说，起源得以反向设置（posited backwards）。如此一来，一边是现在，一边是丧失的起源（lost Origin），两者间的张力被创造出来。这是第二阶段。在第三阶段，起源被视为可望而不可即之物，起源被相对化。这时我们正处于外在的反思（external reflection）中，也就是说，我们的反思处于被设置的起源（posited Origin）之外，被设置的起源被体验为超验的预设（transcendent presupposition）。在绝对反思的第四阶段，我们的外在反思运动被重新移入起源本身，成了它自身的自我退缩（self-withdrawal）或去中心化（decentering）。于是我们获得了由设置、外在反思和绝对反思组成的三元组。[5]

在对黑格尔进行批判性的解读时，巴迪欧以他自己的唯物主义方式，凸显辩证过程的四重结构。这四重结构是："漠不关心的多重性（indifferent multiplicities），或存有论的松绑（ontological unbinding）；

---

1　巴托克，指巴托克·亚诺什（Béla Bartók），匈牙利作曲家，匈牙利现代音乐的领袖人物。——译者注

2　柯达伊，指佐尔坦·柯达伊（Zoltán Kodály），匈牙利作曲家、民族音乐学家、教育家，创建的柯达伊音乐教学法影响较为深远。——译者注

3　Richard Taruskin, *Music in the Early Twentieth Century*, p. 375.

4　Ibid., p. 378.

5　欲知对黑格尔的反思三元组的详细描述，请见下列著作的第六章：Slavoj Žižek, *The Sublime Object of Ideology*, London: Verso 1989.——作者注。齐泽克在《意识形态的崇高客体》第六章所谈的"三元组"与此处所谈的"三元组"不同。这里的"三元组"由设置（positing）、外在反思（external reflection）和绝对反思（absolute reflection）组成，《意识形态的崇高客体》第六章中的"三元组"是由设置的反思（positing reflection）、外在的反思（external reflection）和规定的反思（determinate reflection）组成的。——译者注

显现之世界（worlds of appearing），或逻辑联系；真理程序（truth-procedure），或主观主体性（subjective eternity）"，外加事件（the Event），即额外的"隐没的原因（vanishing cause），整体（the Whole）的截然相反之物"。[1] 正如我们刚才看到的那样，我们已经在黑格尔那里看到了这个唯物主义版的辩证过程。以英国对印度的殖民化为例。首先是殖民前的印度这个"漠不关心的多重性"；然后是英国殖民者的粗暴干预，英国殖民者把殖民秩序的超验结构（transcendental structure）强加于印度，用西方的普遍主义为自己的行为辩解；再后是印度对殖民化的抵抗。巴迪欧同时指出，在殖民印度的过程中，西方是如何背叛自己的平等主义解放（egalitarian emancipation）这一遗产的。因此，反殖民的斗争指的是下列起源于西方的理念：印度是个世俗的民主国家。不过，这一理念的印度版（Indian version of this idea）不是西方的世俗的平等主义精神与印度传统的"综合"，而是对平等主义精神的完全肯定。对平等主义精神的完全肯定，此举采取的方式是切断根源，肯定这种平等主义精神的现实普遍性（actual universality）。简言之，只是在西方理念被印度"扩展适用"（ex-apetd）时，它才获得了现实普遍性：一旦印度人接受了欧洲人的民主平等的理念，他们会变得比欧洲人还欧洲人。

　　在这里，终极个案当然是主体自己。堕落优先（priority of the fall），这意味着，关于主体，我们应该放弃所有标准的"黑格尔式"的侃侃而谈：说什么主体在自己的产品中外化自己，但不能再在自己的产品中识别出自己，然后它重新占据了这个被异化的内容，使之成为自己的产品。根本不存在这样的主体：某个过程的能动者，忍受着丧失之痛（suffers a loss）。之所以这么说，是因为主体只是这一丧失（loss）的产物。这是拉康用他"被画上斜线"的或被彻底划掉的主体（ $ ）这一概念所表明的东西：主体不仅被构成性的不可能性（constitutive impossibility）所阻挠、封锁、阻碍、诬蔑，主体还是自身失败的结果，是无法以符号代表自己（failure of its symbolic representation）的结果——主体拼命以某个能指展示自己，但均以失败告终，因此主体就是

---

1　Alain Badiou, *Logics of Worlds*, London: Continuum 2009, p. 144.

这一失败。这是拉康以下列貌似简单实则复杂的主张所表达的意思：归根结底，凡不属于客体的东西，皆属于主体。每个癔症患者都心知肚明，因为他们提出的癔症性问题是：对于大对体而言，我是怎样的客体？大对体想从我这里得到什么？换言之，原初丧失的欲望客体是主体自身。

只要主体在其最基本的层面上是女性化的，那么空白对原来占据空白之物的相同的优先性[1]决定了下列两者的对立：一者是女性的癔症面具（feminine hysterical mask），即糊里糊涂地在多种认同（multiple identifications）之间的摇摆不定；一者是预设（presupposed）存在的深层或真实的实体性人格（substantial personality），即真正的女性（Real Woman）。一般人的看法是，癔症面具这个由挑衅（provocation）与渴望屈服（desire for submission）、好斗与悲悯构成的充满矛盾的混合物，是扭曲了女性的真实身份的父权制施以压迫的结果。所以，女性应该学着摘下面具，肯定自己的真实人格（true personality）。拉康建议，应该反其道而行之：认为在癔症面具之下存在着真正的女性（real woman），这个想法本身就是男性制造的神话。这样的女人并不存在，它只是幻象性的实存物（fantasmatic entity），用以填补癔症面具之下的裂缝。

绝对反冲——即通过自身的丧失而出现的事物——的唯一完整的个案，就是作为自身的不可能性之产物（outcome of its own impossibility）的主体了。从这个严格的黑格尔式的意义上说，主体乃实体之真相（subject is the truth of substance）：每个实体性事物的真相都在于，它是自身之丧失的回溯性效应（retroactive effect of its own loss）。主体作为 $ 并不先于自身的丧失（its loss）而存在，它脱胎于自身的丧失，是对自身的回归。一旦（在非异化状态下）抵达了绝对立足点（absolute standpoint），我们就会明白，不仅主体与它自身的丧失共存（从这个意义上说，主体总被画上斜线，总被削减），而且主体就是丧失（subject is

---

1　"空白对原来占据空白之物的相同的优先性"（same priority of the void over what fills it in），指的是：（1）一般而言，在空白成为空白之前，必定有某种东西占据，如今成了空白，是因为挖走了那些东西；（2）但在这里，先有空白，后有原先据空白的东西，因为空白回溯性地设置了原来占据空白的东西，故说空白具有优先性。——译者注

the loss）。正是这一思辨性的洞识，使我们能够重返堕落前的纯真状态的诱惑。不存在"丧失的纯真"（lost innocence）之类的东西，只是在选择了恶之后，我们才意识到善的存在，才意识到善是因为我们选择恶而丧失之物。所以说，这个选择是被迫做出的选择，因为就其形式自身而论，这是对恶的选择：

> 人类必须把自己视为自己不应该是的那个样子。从这个分裂[1]中，一个无限的需要出现了。以对自我的这种认知，以这个分裂和断裂，主体……把自己界定、理解为抽象的自为存在这一极端（the extreme of abstract being-for-self），或抽象的自由这一极端；灵魂深深扎入自己的深渊。这个灵魂是尚未发育的单子（undeveloped monad），是赤裸的单子（naked monad），是缺乏满足的空洞灵魂（empty soul lacking fulfillment）。[2]

黑格尔在这里所谓的"赤裸的单子"，即扎入自己的深渊的主体，最早是在他的《耶拿实在哲学》（*Jenaer Realphilosophie*）中首次提出的。在那里，他谈到了"世界之夜"（Night of the World）。那么，为什么穿越深渊般的"世界之夜"是必要的？黑格尔提供了一个精确的答案：

> 因为被设置为普遍的普遍（the universal posited as univeral）只能在意识之主体性（subjectivity of consciousness）中找到，而且事实上只能在这种无限的向内运动（infinite inward movement）中找到。在这种无限的向内运动中，存在的全部被决定性（all determinateness of existence）在最有限的存在中同时得到解决和设置。只有在作为主体性的后者中，才能找到对无限普遍性的直观（intuition of infinite universality），即是说，找到对专为自己而存在

---

1  "这个分裂"，指下列两者的分裂：一者是人类实际呈现出来的样子，一者是人类应该呈现出来的样子。——译者注
2  Hegel, *Vorlesungen über die Philosophie der Religion II*, pp. 209–210.

的思维（thinking that is for itself）的直观。[1]

　　或者用黑格尔的标准术语说，只有在主体性中，普遍（the Universal）超出了抽象的"缄默不语的普遍性"（mute universality）这个"自在"，成了"自为"。依据其概念（in its very notion），主体性天生就是单一的。这是上帝只有一个儿子的原因，是黑格尔做出如下独一无二的补充的原因："一次即永远。主体必须求助于主体，没有别的选择。"[2]

　　这是凯瑟琳·马拉布下列做法正确无误的原因：她注意到，尽管从生命的概念（notion of life）可以逻辑严密地演绎出主体的多元性，但在与另一个主体相遇时，主体（一个自我意识）在自身之外，在自己面前，在世界上的众多事物中，遇到了另一个活生生的存在，这个存在还声称自己是主体（一个自我意识）——总之，在这个事实面前，出现了不可化约的丑闻（irreducible scandal），出现了创伤性的和出乎意料的东西。[3] 作为主体，我天生是孤独的，是与整个物质世界相对立的单一性（singularity），是整个世界显现出来的时段性（punctuality），对我的存在所做的全部现象学描述，再"加上"其他的描述，都无能最终掩盖"还存在着另外一个这样的单一性"的丑闻。以一个活生生的存在（这个存在就在我的面前，而且宣称自己是自我意识）为掩饰，无限性（infinity）获得了确定的形式，这种对立物的并存［自我关联的意识（self-relating consciousness）之无限性就是这一具体的活生生的存在］指向了"精神是根骨头"这一无限判断。黑格尔的《精神现象学》中论观察理性（observing reason）的部分就是以"精神是根骨头"作结的。单个人的形态"就是精神的唯一的感性形态——它是上帝借助于血肉的显现。这是魔怪般的现实［*das Ungeheure*］，其必要性我们已经看到"[4]。在

---

1　Hegel, *Vorlesungen über die Philosophie der Religion II*, pp. 113–114.

2　Ibid., p. 115. 德文原文是："'Einmal' ist im Begriff 'allemal,' und das Subjekt muss sich ohne Wahl an eine Subjektivitaet wenden." 单从字面上译成英文，是这样的："'Once' is in notion 'always,' and the subject has no choice but to have recourse to one subjectivity."

3　参见 Judith Butler and Catherine Malabou, *Sois mon corps. Une lecture contemporaine de la domination et de la servitude chez Hegel*, Paris: Bayard 2010。

4　Hegel, *Vorlesungen über die Philosophie der Religion II*, p. 214.

这里，黑格尔明确地提出了浅显的人本主义-唯物主义的问题：

> 主体就不能依靠自己，通过自己的努力，与自己的活动达成和解吗？……此外，由衷地希望自己遵守心中的神圣律法，如此一来，天堂就会降临人间，精神也会现身于现实，并居留于自己的共同体，这不仅在单个主体的能力范围内，而且在所有人的能力范围内吧？[1]

他对这个问题的回答尽管看上去有些抽象的学究气，但绝对是至关重要的："这个设置（positing）必须在本质上是预设（presupposing），这样一来，被设置之物也是隐含之物（something implicit）。对于我的设置（my positing）而言，主体性与客体性的一致——这个神圣的一致——必须是一个预设（presupposition）。只有这样，我的设置才会有内容。"[2] 简言之，主体设置了实体性的内容（substantial content），但如果主体要把实体预设为主体活动的理据，那主体也只能这样做。我们投身于某项只能通过我们而存活的共同事业（a common Cause），但我们必须预设它的存在。那为什么我们不能承认，我们就是这一实体的共同创造者呢？换言之，我们在这里面对的，不就是一个简单的幻觉：我们作为主体，派生了实体并使它活着，但是，以一种必要的逆转，我们不得不这样对待它——仿佛它早已存在，早已被预设？这个答案尽管通俗易懂，但过于轻率：正是"主观主义者"（subjectivist）对主体做了这样的预设——主体总是已被赋予生成性的力量（generative power），却没有顾及，主体自身是通过实体的自我分裂而形成的。[3] 所以说，"绝对反思"比下列标准（和相当乏味）的"辩证"主张走得更远：每个直接性都已被"调停"，都立足于一个复杂的调停网络，都被这个复杂的调停网络所派生。所以，我们应该对任何表面上看起来像是直接既定

---

1　Hegel, *Vorlesungen über die Philosophie der Religion II*, p. 212.

2　Ibid. p. 212.

3　在神学的层面上，基督的必要性也表现在这里：不是在出现主体之前出现实体的必要性，而是在出现主体之前出现主体的必要性。基督代表着实体自身的自我异化——我们与实体的疏离是实体与其自身的疏离。

（immediate Given）的事物进行"去恋物癖化"处理：真正被预设的东西，是反思性的自我设置（reflective positing itself），或者用温德尔·基斯纳（Wendell Kisner）的精确概括说，是"表面看上去像是"（seeming seems to seem）：

> 本质（essense）与表面（seeming）并无不同，本质就是自在的表面（seeming in itself）。但这个表面不是纯粹的直接性（mere immediacy），因为本质，即由存在（being）变成的全然否定性（sheer negativity），不能直接就是它现在的样子。本质不能只是外貌（semblance）——它只能看上去像是外貌。本质有其存在（being），因为它只是要看上去像是纯粹的表面（it only seems to be merely seeming）——它是以否定的方式反映到自身上的外貌。……本质没有自身的直接性——它是从非（not）向非（not）的运动。外貌指的是它现在不是的样子（what is not it），本质作为与外貌不同的某物只是外貌（essence which as something other than semblance is only a semblance），就是说，是它自己。表面看上去像是（seeming seems to seem）。在反思的范围内，存在是作为表面自身的反射性（reflexivity of seeming itself）的思想。这最终把我们带回到前面提到的绝对反思。黑格尔写道：

> 变成本质（becoming into essence），即本质的反思运动（reflecting movement），相应地也是从空无（nothing）向空无、再返回自身的运动。过渡（transition）或变成（becoming）在其过渡时废除了自己；在这个过渡中变成的其他东西，并非一个存在的不存在（not-being of a being），而是一个空无的空无（nothing of a nothing），而这——即将成为对空无的否定（negation of a nothing）——构成了存在，即只是作为从空无向空无运动的存在。因此，它是本质。

这种运动，黑格尔称之为绝对反思。直接摆在"那里"，然后等待被否定，这样的事物根本不存在。这是对本质的规定，但这里的本质只是看上去像是本质而已。反思运动（即本质）在这里是自己清楚地展示出来的（spelling itself out）。本质的直接性只能作为回归（*Rückkehr*），作为从否定（a nagtive）的折返而存在。我们可以说，本质只是作为退缩（withdrawal）而存在的。在那里，没有在日期上早于退缩运动（withdrawing movement）的直接性。因此绝对反思抵抗任何呈现（presentation），如果呈现意味着以其直接性或"那里性"[1]展示自身的话。根本就没有什么"那里"（there），它只是处于折返的过程中。但这本身构成了它的直接性……它要从直接性中退缩。[2]

这使我们想起了拉康反复提及的那则逸事，有关宙克西斯（Zeuxis）和巴哈修斯（Parrhasius）的逸事。这两位古希腊画家要比一比，看谁能制造更加令人信服的幻觉。[3]先是宙克西斯画葡萄，他画得如此逼真，以至于鸟儿要吃掉它们。但巴哈修斯技高一筹，最终获胜，因为他在自家房屋的墙上画了一个幕布。当巴哈修斯向宙克西斯展示自己的画作时，宙克西斯说："好吧，现在请拉开幕布，让我看看你画的到底是什么东西。"宙克西斯的画作提供了如此令人信服的幻觉，以至于形象被当成了真物。但巴哈修斯的画作提供的幻觉在于，观赏者在自己面前看到的，只是掩盖隐秘真相的面纱。巴哈修斯的绘画不就是"似乎是要像什么东西"[4]吗？

---

1　"那里性"（thereness），来自"there"，是一个语境性很强的单词，与语句"there is (or are) something"密切相关。该语句直译为"那里有某物"或"某物在那里"，强调某物自自然然地摆在那里，出现在那里。从时间和逻辑上讲，"某物"都先于针对它采取的任何行动，如留在那里或被取走，如被肯定或被否定，等等。黑格尔的辩证法极力否定这种"那里性"。——译者注

2　Wendell Kisner, "Erinnerung, Retrait, Absolute Reflection: Hegel and Derrida," available at http://athabascau.academia.edu.

3　参见 Jacques Lacan, *The Four Fundamental Concepts of Psychoanalysis*, New York: Norton 1998, p. 103。

4　"似乎是要像是什么东西"（seem to seem），实际上是指：以真充真，实则为假。它比以假充真、以真充假和以假充假更具欺骗性。有些东西假得跟真的似的，有些东西真得跟假的似的，有些东西假得跟假的似的，还有些东西真得跟真的似的。以真充真，属于上述第四种情形。——译者注

黑格尔的一般逻辑的开端和他用以处理反思概念的"本质的逻辑"的开端只是两个例证（尽管是两个至关重要的例证）。这两个例证表明，对辩证过程的下列标准看法具有误导性，甚至错得离谱：辩证过程以一个积极的实存物（positive entity）开始，然后是对它的否定，最后是对这个否定的否定，因而在更高的层面上回到积极的起点。我们在黑格尔那里看到的逻辑与此迥异：我们始于空无（nothing），只有通过空无的自我否定（self-negation of nothing），某物才会出现。切勿遗漏的一个关键细节是，在上述两种情形下[1]，黑格尔使用了相同的表述方式："总是已经。（always already）"存在（Being）与空无（Nothing）总是已经变成了某物（Something）；在反思运动中，直接／起源（the Immediate/the Origin）总是已经丧失、退缩，因为直接／起源是在退缩中构成的。（难怪黑格尔把本质界定为"*das zeitlos gewesene Sein*"，即永久丧失的存在。永久丧失的存在指已经"过去"的存在，但这里的"过去"不是"先有现在，然后现在成为过去"中的"过去"。这里的"过去"从一开始就已经过去。）

从存在（Being）向空无（Nothing）的过渡与其他（后来）的过渡不是一回事。从存在向空无过渡展示的是过渡之不可能性：我们仔细审视存在，想看看它到底是什么样子，进一步规定它是什么东西，但我们看来看去，结果什么也没有看到，看到的只是空无。这种空无，这种规定之缺席（absence of determination），是对存在的唯一规定（only determination of Being）。医生笑话中最终的好消息／坏消息达到了幽默的黑暗极限；它始于好消息，但是因为它是如此的不吉利，坏消息不再需要讲出："首先是好消息——我们已经百分之百地确定，你不是疑病症患者。"这里不需要再说出与之对应的坏消息。医生笑话的另一个版本是，医生："我有个好消息，有个坏消息。"患者："好消息是什么？"医生："好消息是，你很快会成为全世界家喻户晓的名字——他们要用你的名字命名这种疾病。"这是非辩证性的短路（non-dialectical short-circuit）吗？或者，这是真正辩证的、直接否定自身的开端？类似

---

1 "两种情况"，指"逻辑的开端"和"本质的逻辑"的开端。——译者注

于这个笑话的东西出现在黑格尔的逻辑的开端，但它不是向对立面的过渡，而是对开端的直接的自我糟蹋（self-sabotage）。在《流沙海岸》（*The Opposing Shore*）中，于连·格拉克（Julien Gracq）描述了欧森纳（Orsenna）和法格斯坦（Farghestan）的诡异关系。那是两个曾经正式交战三百年的国家，如今双方互不理睬，完全无视对方的存在：

> 两个国家都不愿意为和平解决战事首先摆出友好姿势，全都幽闭在动辄恼怒、傲慢自大的停滞状态，并达成了默契，避免接触。……战争积聚的怒气越来越重。随着岁月的消逝，欧森纳逐渐得出一个秘而不宣的结论：即使做出一个和平外交的姿势，也会被视为不礼貌的动作，会涉及某些过于具体和过于紧张之事，很可能打扰安葬已久的战争尸体，让它在坟墓里不得安息。[1]

我们在此面对的是微妙的符号化悖论（paradox of symbolization）：已成事实的秘而不宣的和平，有时是由战争在形式上的持续状态来维持和保护的。如此一来，一旦试图签署正式和平协议，那就会冒揭开旧伤、重启战争的危险。友情也会是这样的：如果正式宣布握手言和、重归于好，那就会断送友情。类似的内容与形式的辩证还出现在婚姻中：婚外杂乱的性关系可以得到默默的宽容，但是，一旦一方试图把这个既成事实转化为明确的符号规则，一切都将土崩瓦解。即使婚外情，通常也是以这样的方式运作的。只要双方谁也不想澄清婚外情的身份，不提出下列问题，他们就会其乐融融地相处下去：我们只是享受一点鱼水之欢吗？我们会不会搬到一起，永远不分离？要公开宣布我们的关系吗？面对这些问题，任何答案都无济于事，即使最简单的机会主义的答案（"我们暂时把它当成一场短暂的风花雪月，再看能不能取得更实质性的进展"），也是如此。一旦提出这些问题，前反思性的纯真（pre-reflexive innocence）会被摧毁，圣言（the Word）会支离破碎，大对体（the big Other）会现身。如果不提这些事情，一切都会一如既往，平安无事。这

---

1　Julien Gracq, *The Opposing Shore*, New York: Columbia University Press 1986, p. 7.

道理不是同样——而且特别——适用于幸福（happiness）吗？幸福只能显现为出乎意外的结果，而不能显现为直接预期的结果。阿里斯多芬尼斯对苏格拉底的无情嘲弄，还是颇有道理的：我们安安稳稳地过着自己的日子，忽然来了个苏格拉底式的哲学家，苦口婆心地给我们提了些问题，毁了我们的一切。他提出的问题是："你知道什么是幸福吗？你能给幸福下个定义吗？你真的幸福吗？"[1] 或许这正是弗洛伊德在把统治（governing）、教学（teaching）和精神分析（psychoanalyzing）描述为"不可能的职业"（impossible professions）时想到的东西：在上述三种情形下，我们不得不传授某些东西，但这些东西不能直接传授，因为被传授的东西只能显现为出乎意外的结果。

---

1　参见 Jonathan Lear, *Happiness, Death, and the Remainder of Life*, Cambridge, MA: Harvard University Press 2002。

# 插曲一　展示女性癔症

当安东·韦伯恩[1]请阿诺德·勋伯格[2]为在巴塞罗那举办的一场音乐会谱写乐曲时，勋伯格的回答是："我这里有很多朋友，他们从来没有听过我的作品，只是和我打打网球。如果听到了我那可怕的乐曲，他们会怎么看我呢？"[3]勋伯格的全部秘密都在这里：他对自己的彻底突破一清二楚，但向别人讲述自己的突破时，又夹杂了讽刺与善意。没有人忌妒他。勋伯格与格什温[4]是朋友，他还乐于与美国的商业作曲家们会面。他说的没错：他的音乐令人惊愕，惊愕到了难以忍受的地步，是现代主义突破的一个关键部分。现代主义突破是20世纪唯一真正的艺术事件（artistic event）。不管后现代主义是什么，反正它不是一个事件。

在《历史哲学》中，黑格尔对修昔底德[5]有关伯罗奔尼撒战争的著述做了这样奇妙的描述："他的不朽之作是人类从那场战争中获取的绝对收益。"[6]我们应该以其全然的质朴性来解读黑格尔的这一判断：在某种程度上，从世界史的角度看，只有爆发了伯罗奔尼撒战争，修昔底德才能以它为题著书立说。如果有类似的事情适用于现代主义的迸发和第一次世界大战的爆发这两者间的关系（只是方向完全相反），情形会怎

---

1　安东·韦伯恩（Anton Webern），奥地利作曲家，第二维也纳乐派代表人物之一。1945年，因在宵禁期间吸烟被美军误杀。——译者注

2　阿诺德·勋伯格（Arnold Schönberg），奥地利作曲家、音乐教育家和音乐理论家，对20世纪的音乐发展影响深远。——译者注

3　引自 Richard Taruskin, *Music in the Early Twentieth Century*, Oxford: Oxford University Press 2010, p. 45。

4　格什温，指乔治·格什温（George Gershwin），美国作曲家，写过大量的流行歌曲和数十部歌舞表演、音乐剧，还创立了美国独特的音乐风格，并因此成为美国民族音乐的奠基人。——译者注

5　修昔底德（Thucydides），古希腊历史学家，著有《伯罗奔尼撒战争史》，该书详细记录了公元前5世纪斯巴达和雅典之间发生的战争。——译者注

6　G. W. F. Hegel, *Philosophy of History*, Part Ⅱ, Section Ⅱ, Chapter Ⅲ, "The Peloponnesian War," available at http://socserv.mcmaster.ca.

样？第一次世界大战不是使 19 世纪末的进步主义（progressivism）粉身碎骨的创伤性断裂（traumatic break），而是对既定秩序的威胁做出的反应：先锋派艺术、科学和政治的蓬勃发展瓦解了既定的世界观。这些发展包括：文学中的现代主义艺术——从卡夫卡到乔伊斯；音乐中的勋伯格和斯特拉文斯基[1]；绘画中的毕加索、马列维奇[2]和康定斯基[3]；精神分析；相对论和量子物理学；社会民主主义国家的崛起；等等。这种爆裂——凝结于奇迹迭出的 1913 年——在开辟新空间方面表现得十分彻底，以至于在我们的思辨历史学（speculative historiography）上，有人要情不自禁地宣布：从"精神"的角度看，1914 年爆发的第一次世界大战是对这个事件的反应。或者用黑格尔的话说，第一次世界大战带来的恐惧，只是人类为此前一年爆发的不朽艺术革命付出的代价。换言之，我们必须颠覆那个貌似深刻的见解，根据这一见解，勋伯格等人预示了20 世纪战争带来的灾难。如果真正的事件发生于 1913 年呢？关注这个中介性的爆发运动（intermediate explosive moment），即关注介于 19 世纪末的自鸣得意和第一次世界大战的灾祸之间的这一爆发运动，至关重要。1914 年不是觉醒之年，而是强劲有力和充满暴力的回归——对注定要阻挠真正觉醒的爱国酣睡（patriotic slumber）的回归。法西斯主义者和其他爱国者仇视先锋堕落艺术（vanguard *entartete Kunst*），这个事实不是微不足道的细节，而是法西斯主义的关键特色。

　　1913 年 3 月 31 日，勋伯格主持举办了维也纳音乐协会音乐会。这就是名扬天下（或臭名昭著）的丑陋音乐会（*Skandalkonzert*）。没有什么比这场音乐会更加强劲地浓缩了先锋爆裂（vanguard rupture）的猛烈冲击力了。演出节目如下：韦伯恩的六首管弦乐小品；亚历山大·策姆林斯基（Alexander Zemlinsky）的四首管弦乐歌曲，歌词是由莫里斯·梅特林克（Maurice Maeterlinck）创作的诗歌；勋伯格《第一室内

---

1　斯特拉芬斯基，指伊戈尔·斯特拉文斯基（Igor Stravinsky），俄裔美国作曲家、钢琴家和指挥家，20 世纪现代音乐的传奇人物，被誉为音乐界中的毕加索。——译者注
2　马列维奇，指卡济米尔·马列维奇（Kazimir Malevich），俄罗斯抽象派画家。——译者注
3　康定斯基，指瓦西里·康定斯基（Wassily Kandinsky），俄罗斯画家和美术理论家。——译者注

交响曲》；阿尔班·贝尔格（Alban Berg）的五首管弦乐歌曲，歌词来自彼得·艾腾贝格（Peter Altenberg）的《明信片》（*Postcard Texts*）；古斯塔夫·马勒（Gustav Mahler）的《辉煌的太阳正在升起》（《亡儿之歌》第一曲）。不过，马勒的歌曲没能演出，因为音乐会不得不提前终止：在演出贝尔格的管弦乐歌曲时，台下的战斗打响了，观众纷纷呼吁，要把诗人和作曲者送进精神病院。

勋伯格的《第一室内交响曲》创作于七年之前，即 1906 年。他的音乐革命的代表作是独角音乐话剧《期待》（*Erwartung*, *Op. 17*，创作于 1909 年）。《期待》是双重事件，既是最大的事件，又是最小的事件。首先，它是音乐史上的转折点：《期待》之后，沧海顿变桑田，整个音乐风景的地貌都已改变。不过，我们不应忘记，《期待》还是最小的事件，因为它在描绘主人公的"内心生活"方面，只是做了几乎难以觉察的主观转换（subjective shift）。这个由玛丽·帕本海姆（Marie Pappenheim）提供剧本的三十九分钟独幕歌剧——或者说是由大型管弦乐队伴奏的女高音独白——于 1924 年在布拉格首演，指挥是亚历山大·策姆林斯基。帕本海姆研究医学，但她的哥哥和未来的丈夫都是精神分析师。此外，她的堂亲贝塔·帕本海姆（Bertha Pappenheim）因为罹患癔症而接受过约瑟夫·布罗伊尔（Joseph Breuer）的治疗。她就是大名鼎鼎的"欧安娜"（Anna O.），即布罗伊尔和弗洛伊德在《癔症研究》中描述的首个病例研究的对象。

## 艺术与无意识

在 19 世纪末和 20 世纪初的音乐作品中，对患有癔症的女性的描绘，已经构成伟大的传统。它始于瓦格纳《帕西法尔》中的孔德里（Kundry），中经理查·施特劳斯（Richard Strauss）《莎乐美》（*Salome*）和《厄勒克特拉》（*Electra*），直至斯特拉文斯基《春之祭》（*The Rite of Spring*）中的当选少女（the Chosen One）。尽管如此，在上述所有情形中，患有癔症的疯女人的主题"都用古代的异国服饰（包括古典时期的、《圣经》中的、原始时期的服饰）加以伪装，……使之远离当代，避免与当代产生令人不快的联系。勋伯格和帕本海姆则以不予加工和不予掩饰的方式待之，披露了它们包含的社会信息和心理信息"[1]。这使我们想到了帕本海姆的原初脚本和勋伯格的演出版本之间存在的张力：前者是弗洛伊德式的病例，根植于社会现实；后者则是纯粹的内心谵妄，没有任何社会依据。这里要避免的陷阱是，不要赋予这两个版本中的任何一个版本以特权：既不要宣布勋伯格的版本是对帕本海姆的根植于社会情境的癔症病例所做的审美的、非理性主义的净化，也不要轻易放弃帕本海姆的版本，把它视为无聊的现实主义报告，说什么只是因为有了勋伯格的净化，它才成了艺术作品。

《期待》与女性癔症（feminine hysteria）的关联已是妇孺皆知的老生常谈。但我们如何界定女性癔症呢？在所谓的癔症后面，存在着两种尽管相互关联却又不同的现象。首先，自19世纪以来，存在着一条艺术线，由瓦格纳、前拉斐尔画派（Pre-Raphaelites）和斯特林堡[2]等人组成。其次，存在着弗洛伊德式的精神分析，它来自对欧安娜之类的癔症患者的治疗。欧安娜，又称"多拉"（Dora），是弗洛伊德第一个伟大病例的研究对象。拉康把这一分类凸显出来，用一个简洁的语句概括了癔症女性主体（hysterical feminine subject）具有的特征："我要求你拒绝我的要求，因为这不是我的要求。"例如，瓦格纳笔下的孔德里在勾引帕西法尔时，实际上是想让他抗拒她的示意。显然，这是对她本人的意图的阻塞和破坏。这种阻塞和破坏岂不是证明，在她内心深处，存在着抗拒阳物统治（domination of the Phallus）的维度？在20世纪的转折点上，男人对女性的恐惧给当时的时代精神打上了极其深刻的烙印，从爱德华·蒙克[3]到奥古斯特·斯特林堡，再到弗兰兹·卡夫卡，莫不如此。男人对女性的恐惧，表现为对于女性的非一致性（feminine inconsistency）的恐惧：女性癔症使这些男人面对着一堆五花八门、相

1　Richard Taruskin, *Music in the Early Twentieth Century*, p. 327.
2　斯特林堡，指奥古斯特·斯特林堡（August Strindberg），瑞典作家、剧作家和画家，现代戏剧创始人之一。——译者注
3　爱德华·蒙克（Edvard Munch），挪威表现主义画家、版画家，其作品带有浓厚的主观性和强烈的悲伤情调。——译者注

互相矛盾的面具（刹那间，患有癔症的女性从绝望的恳求转为残酷、粗俗的奚落，等等），使他们遭受精神创伤。造成如此惊恐不安的，是这样的不可能性：在面具后面，无法看见连贯一致的主体；在层层面具的后面，一无所有；或者说，至多有些不成形状、黏液一般的生命实体材料（stuff of the life-substance）。这里只要提及爱德华·蒙克与癔症的遭遇就可以了。这场遭遇给他留下了不灭的印迹：

> 1893 年，蒙克爱上了奥斯陆一位酒商的漂亮女儿。她对他也很依恋，但他害怕建立这样的关系，加上对自己工作的焦虑，于是离她而去。一个风雨交加的夜晚，一艘帆船前来接他离开。这时，有人传话给他，说那个年轻女孩濒于死亡，想最后见他一面。蒙克被深深打动，毫不迟疑地赶往她家，发现她躺在床上，床边点着两根蜡烛。在他靠近她的床边时，她站了起来，开始哈哈大笑：整个场景都是骗局。蒙克转身，准备离去。就在那时，她威胁他，如果他离开，她会开枪自尽。她抓过一把左轮手枪，对准自己的心脏。就在蒙克弯腰将武器拉开时，相信这也是那个游戏的一部分，枪响了，子弹打在他的手上。[1]

我们在此遇到的，是最纯粹的癔症剧场（hysterical theatre）：主体陷于一场假面舞会，在那里，表面看来极端严峻的事情（她的濒临死亡），最后显现为一场骗局；表面看来空洞的姿势，最后显现为极端的严峻（她的自杀威胁）。面对这个剧场的（男性）主体慌作一团，这表明，存在着一种恐惧：在众多的面具后面，一无所有，没有终极的女性秘密（ultimate feminine Secret）。正是这一点，使癔症变得如此难以忍受：它既不是女性的原初无意识的"非理性"（primordially unconscious "irrationality"）——这是勋伯格的音乐剧所强调的，也不是作为对父权秩序压力的反应的女性困惑（feminine confusion）——这是帕本海姆的剧本所看重的。

---

1　J. P. Hodin, *Edvard Munch*, London: Thames & Hudson 1972, pp. 88-89.

《期待》剧本的叙事内容含量极低。在前三个短幕中，什么也不曾发生，只有那个女人嘟嘟囔囔地说了些什么，令人费解。只是到了第四幕的开始，叙事内容的元素才露出端倪：她暗示，情人对她不忠；在回房间的路上，发生了一件事情；一个女人拦着她，不让她进房间。"她们不让我进去……那个谁也不认识的女人要把我赶走……他又病得这么厉害……"她在偶然发现情人的尸体时，开始与自己的怀疑斗争，并为那一发现而震惊。稍后一切都变得清晰起来——她本人就是杀人凶手：

> 不，那不是长椅的影子……那是个人……他不再喘息……湿润的……什么东西在那里流动……发出红光……哦，那是我的双手，它们撕裂了，流着血……不，它还是湿的，是从那里来的……［她倾尽全力，向前拖动物体］我拖不动……正是他……

她不能把握情人遇害这一现实，我们由此推断，她患有癔症。只是在她找到力量去接受和吸纳情人对她不忠这一事实后，她的思想才变得更加集中，她的情绪才不再那么变幻莫测——她对他的不忠表示宽恕和怜悯，最后完全意识到自己是在自欺：

> 我的心肝儿……我唯一的爱人……你常吻她吗？……我多么想让你吻我呀，你却去吻她，你常吻她吗？不要告诉我你常吻她……你痛苦地笑了……也许你也受过苦……也许你的心在呼唤她……这是你的过错吗？……啊，我诅咒过你……但你的怜悯使我开心……我相信……我开心……

的确，那个女人没有找到打破精神僵局的完整方案。在歌剧的结尾处，她再次精神分裂，重新开启自己的探索。不过，就在歌剧闭幕前，发生了一个微不足道的事件，这是主体性的逆转（subjective reversal）：她承认自己杀过人。在这里，我们应该注意帕本海姆原来的剧本与勋伯格采用的剧本的差异。原来的剧本基本上是个现实主义叙事，它把这个患有癔症的女性置于清晰的社会语境之内：情人遗弃了她，她杀了他，杀人行为带来的恐怖使她丧失了她与现实的联系，并饱受幻觉之苦；她逐渐意识到她的所作所为，并与现实重新联系起来。剧本中提到的许多实际事件，勋伯格都大刀阔斧地删减，因此，他把一个充满了明确的女权主义潜台词的、连贯一致的现代主义叙事，转化为逻辑混乱的、梦魇一般的、不受外在现实约束的幻觉。

这里必须提出两个问题：无调音乐（atonal music）为何与精神分析联系在一起？为什么勋伯格要把一个临床病例转换为对癔症幻觉（hysterical hallucination）的独自描绘？第一个问题的答案似乎是明摆着的：

> 表现主义者要根除对既定形式（established forms）的点缀、肤浅服从，要根除他们自己作品的表面上的鲜亮。弗洛伊德为他们提供了具体的保证。他们意识到，存在着无意识的心灵，里面充满了形象、情感和欲望，无意识心灵只服从自身的迷宫似的逻辑。……勋伯格想奋身一跃，进入无意识心灵。他发现，《期待》中患有癔症的女性是他实现这一跳跃的理想主体。这是不足为奇的。想进入潜意识的思想和经验领域（subliminal realms of thought and experience），这一渴望强化了对癔症的广泛迷恋。对于癔症患者而言，意识心灵和无意识心灵之间的栅栏已经破烂不堪。[1]

对第二个问题的答案是，勋伯格对原剧本的改写，乃其内在驱力的结果——他要把音乐从模仿外在现实中解放出来："康定斯基把线条和颜色视为情绪的效应（emotional effects），他要去除它们的描述功能。勋伯格要对音乐做类似的事情，音乐要反映文本的极具表现力的内容。"[2]换言之，我们依然停留在模仿的空间内，改变的只是被模仿的对象。与旨在模仿外在现实的传统的具象艺术（figurative art）相比，纯正的现

---

1    Claudia L. Friedlander, "Man sieht den Weg nicht ⋯ Musical, Cultural and Psychoanalytic Signposts Along the Dark Path of Schoenberg's *Erwartung* Op. 17," unpublished manuscript (1999), available at http://liberatedvoice.typepad.com.

2    Rory Braddell, "Schoenberg and atonality," available at http://homepage.eircom.net.

代艺术要绕过外在现实，直接模仿精神－情感的生活（spiritual-affective life），"再现内在的事例"（inner occurrences）[1]。恰逢此时，精神分析来了：这种内在的生命，尚未被外在现实玷污的生命，就是无意识："艺术必须表现本能（the instinctive）和天赋（the inborn），它们是我们的一部分，只是这一部分是纯然无意识的，尚未被陈规（convention）所败坏。"[2]

在给康定斯基的一封著名的信件中，勋伯格断然主张："艺术属于无意识。"[3] 这里的无意识是精神"内在生命"的非理性的、幻觉性的无意识，是混乱不堪、相互矛盾的观念、激情和情感的流动，简言之，是精神生活绝对内在性的、心理性的无意识（psychological unconscious of the absolute immanence of psychic life）。事实上，无法把它与意识自身的流动区分开来。但这是弗洛伊德的无意识吗？弗洛伊德的无意识不是心理性的——非理性的内在流动（irrational inner flow）之无意识，而是真正的元心理性的（meta-psychological）——具有符号性结构。拉康不是早已证明这一点了吗？拉康对整个精神分析大厦做了语言学的解读，并把自己的解读浓缩于那个或许最为著名的单个语句："无意识是像语言那样结构起来的。"他以此为起点，开始"重返弗洛伊德"。对无意识的标准看法是，它是非理性驱力（irrational drives）的王国，与理性的意识（the rational conscious）截然相反。在拉康看来，这种无意识观属于浪漫派的生命哲学（Romantic *Lebensphilosophie*），与弗洛伊德毫不相干。弗洛伊德的无意识引发了这样的丑闻（such a scandal），不是因为他宣称，理性的自我屈从于更加广泛的领域——盲目的、非理性的本能领域，而是因为他证明，无意识服从它自身的语法和逻辑——无意识会说话和会思维。无意识不是必须被自我（ego）征服的狂野驱力的蓄水池，而是一个场所，创伤性的真相（traumatic truth）从那里发出自己的声音。弗洛伊德有句名言："本我在哪里，自我就必须去哪里。"这句名言的拉康版就在这里，不是"自我应该征服本我（id），即征服无意识驱力容身的场所，而是"我应该大胆接近我的真相容身的场所"。"在那里"等待我

---

1　Taruskin, *Music in the Early Twentieth Century*, p. 306.

2　Ibid., p. 330.

3　Ibid., p. 307.

的，不是我不得不认同的深层的真相，而是本来无法忍受但我又不得不忍受的真相：

> 无意识既不是原初性的，也不是本能性的。在所有的元素中，无意识只知道能指之元素。……弗洛伊德所谓的性在尚未变得神圣之前，不可容忍的丑闻是，它竟然如此"知性"。正是这方面，它表明自身是所有那些阴谋毁灭社会的恐怖分子的、有价值的走狗。[1]

无意识理性（unconscious reason）当然不具备有意识的思想过程（conscious thought processes）或具备的连贯结构（coherent structures），而是由特定的联系（particular links）组成的复杂网络。该网络沿着压缩、置换等路线组织起来，充满了实用的和投机的和解——有些东西被拒绝，但不是特别多，因为它以某种加密的方式回归。它在理性上是可以被接受的，但它的全部符号性力量必须被孤立或被中立，等等。因此，我们得到的是疯狂的扭曲之舞（mad dance of distortions），它不遵循任何清晰明确的逻辑，但构成了拼凑物，该拼凑物是由临时建立起来的联系（improvised connections）组成的。

勋伯格提到的无意识是如何与审美的自我清除这种"大海一般"的无意识（"oceanic" unconscious of aesthetic self-obliteration）产生关联的？这种"大海一般"的无意识普遍存在于 19 世纪的伟大传统之中。这种传统始于勋伯格，在瓦格纳的《特里斯坦与伊索尔德》达到登峰，其最后的伟大范例则是托马斯·曼的《魂断威尼斯》。我们不妨循序渐进。雅克·朗西埃（Jacques Rancière）曾经把弗洛伊德的无意识与审美

---

1  Jacques Lacan, *Écrits*, New York: Norton 2006, pp. 434-435.——作者注。原文为："The unconscious is neither the primordial nor the instinctual, and what it knows of the elemental is no more than the elements of the signifier ... The intolerable scandal when Freudian sexuality was not yet holy was that it was so 'intellectual.' It was in this respect that it showed itself to be the worthy stooge of all those terrorists whose plots were going to ruin society." 参见中文版："无意识不是初始的，也不是本能的，它所知道的基本的东西只是能指的基本单位。……在弗洛伊德的性欲还没有成为神圣时，那个无法容忍的丑闻是它居然会是如此的'知性'的。在这一点上它显得是有资格当所有要毁坏我们社会的恐怖分子的配角的。"拉康，《拉康选集》，褚孝泉译，上海三联书店，2001 年，第 454-455 页。——译者注

的无意识对立起来。如同我们刚才看到的那样，弗洛伊德的无意识是彻底"非理性"的，是对处理特定的创伤经验的策略所做的阐明。朗西埃清醒地注意到，弗洛伊德对于"大海一般"的无意识的排斥，可以用来说明，何以他对艺术作品的阐释具有心理现实主义的特色。这种阐释有时天真得令人感到尴尬。弗洛伊德对于那些可能颠覆叙事或颠覆作品内容的文本细节不感兴趣。他所做的是，要么是把来自文学虚构（literary fiction）的人物视为真实的临床病例，要么是把艺术作品阐释为艺术家的病状显现出来的征兆。

朗西埃的论点需要作三点补充。他写道，死亡驱力（death drive）的发现是"一个插曲"，发生这个"插曲"时，"弗洛伊德正与那个时代（精神分析就是在这个时代形成的）出现的巨大强迫性主题（great obsessive theme）进行长期的，通常也是变相的对抗，与叔本华式的自在之物（Schopenhauerian thing-in-itself）和重返这一无意识（return to this unconscious）的伟大文学虚构（great literary fictions）进行长期的，通常也是变相的对抗"[1]。所以说，弗洛伊德做过的无数文学和艺术的分析是"抵抗虚无主义之熵（nihilist entropy）的众多的方式，而虚无主义之熵是弗洛伊德在审美的艺术政体（aesthetic regime of art）中发现的，也是他所排斥的。尽管如此，他在对死亡驱力进行理论化时，还会使之合法化"[2]。但是，我们可以轻松证明（正如拉康以非常令人信服的方式做过的那样），弗洛伊德所谓的死亡驱力不是他用以概括叔本华式的渴求——渴求自我消解（Schopenhauerian striving for self-annihilation）、渴求堕入原初深渊（primordial abyss）——的术语，恰恰相反，弗洛伊德所谓的死亡驱力是他用以概括"超越生死"而永生的、彻头彻尾的强迫性重复（compulsion-to-repeat）的术语。弗洛伊德发明"死亡驱力"一词，目的在于设置一种力比多力量（to posit a libidinal force），而这种力量与"虚无主义之熵"是背道而驰的。

这一点与第二个纠正有关：朗西埃过于仓促地认定，今日盛行的做

---

1 Jacques Rancière, *The Aesthetic Unconscious*, Cambridge: Polity Press 2009, p. 82.
2 Ibid., p. 83.

法，即"在文本的层面上"对艺术和文学进行精神分析，是叔本华式的在原初深渊中进行自我消解的延续。这正是这个后期浪漫派的话题。事实上，可以证明，真正的现代主义早已与此话题决裂。尽管浪漫派有关"永恒之夜"的诗歌和现代主义的形式主义反对传统的再现叙事逻辑，它们却是从相反的方向瓦解它的：浪漫主义断定，"虚无主义之熵"有力量消解叙事性再现的结构（structures of narrative representation），而现代主义则坚称，形式上的细节展示了这些细节自身的结构。现代主义的这一做法，既远离了叙事性再现，也远离了在"永恒之海"中自我湮没（self-annihilation）。这些独立于叙事性再现而坚持存在的形式细节更是弗洛伊德所谓的死亡驱力，即由叙事凸显出来的超越"生死"循环的屹立不倒。只有以这种方式，才把弗洛伊德的理论与现代艺术联系在一起。

第三点和最后一点是：我们真的可以把瓦格纳的浪漫主义化约为虚无主义之熵吗？随着浪漫主义的到来，音乐改变了自己扮演的角色：不再单纯地为言语传达的信息伴奏，而包含／凸显了它自身的信息，这信息比言语传达的信息更"深刻"。第一次清晰阐明音乐本身具有的表现性潜能（expressive potential）的是卢梭。卢梭宣称，音乐不应该单纯模仿口头言语（verbal speech）的情感特色，而应该被赋予"代表自己"的权利——与骗人的口头言语相比，在音乐中，用拉康的话说，是真相本身在发声。如叔本华所言，音乐表现了本体性的意志（noumenal Will），言语则依然被限制在现象性再现（phenomenal representation）的层面上。音乐是凸显了主体的真情实感、彻底否定性这一深渊（abyss of radical negativity）的实体。随着从启蒙运动的理性逻各斯（rational logos）的主体转向浪漫派的"世界之夜"的主体，也就是说，随着从日到夜这一隐喻的主体内核（kernal of the subject）的变化[1]，音乐成了超越言词的真正信息的载体。在这里我们遇到了诡异（the Uncanny）：不再是外部的超验（external transcendence），而是在康

---

1　这句话的意思是：在揭示主体的内核时，启蒙运动以"日"为喻，浪漫主义则以"月"为喻。——译者注

德的超验转向（transcendental turn）后出现的、处于主体内心深处的夜之过度（excess of the Night）——不死之维（dimension of the Undead），即加里·汤姆林森（Gary Tomlison）所谓的"打上了康德式主体标志的内在他世性"（internal otherworldliness）[1]。音乐表现的不再是"灵魂的语义学"（semantics of the soul），而是超越了语言意义性（linguistic meaningfulness）的"本体性"原乐之流（flux of jouissance）。这种本体性（the noumenal）与前康德超验的神圣真相（transcendent divine Truth）截然不同：它是构成了主体之核的可望而不可即的过度（inaccessible excess）。

对音乐性（musicality）如此大加赞美后，我们只能同意纳博科夫[2]的做法：他把理想的国家描述为"没有酷刑，没有处决，没有音乐"[3]的国家。实际上，崇高与荒谬、高贵行为和可怜的空洞姿势之间的分界线最终是难觅踪迹的。且以贝多芬的《第九交响曲》第一乐章的开篇为例：能不能以更加简明的方式展示坚定的立场，展示执行自己的决策的坚强意志？不过，即使视角发生极为轻微的变化，原本高贵的姿势也会显得荒谬，歇斯底里式的挥手会暴露下列事实：我们其实面对着一个冒牌货。但是，如果我们在解读第一乐章的立场时不考虑它是否高贵的问题，而是把它视为对"不死"驱力的固守，情形会是怎样？我们在这个问题上的摇摆不定表明，它并不存在自在的媚俗[4]：巴托克的《管弦协奏曲》（Concerto for Orchestra）取得的成就，是把终极的媚俗旋律（ultimate kitsch melody）从莱哈尔[5]的《风流寡妇》（the merry widow）中解救了出来。援引莱哈尔，绝非意在讽刺。之所以这么说，是因为在不同的语境中援引哈莱尔，会解除对它的痴迷，为我们提供真正的、使美丽的旋律以"有机"方式脱颖而出的音乐环境。然而，幸运的是，音乐的这一表现潜能（expressive potential）遇到的问题是，表现潜能发展到

---

1　Gary Tomlison, *Metaphysical Song*, Princeton: Princeton University Press 1999, p. 94.
2　纳博科夫，指弗拉基米尔·纳博科夫（Vladimir Nabokov），俄裔美国作家，以《洛丽塔》等作品闻名。——译者注
3　Vladimir Nabokov, *Strong Opinions*, New York: McGraw-Hill 1973, p. 35.
4　这句话的意思是，媚俗不媚俗，并不取决于媚俗自身，要看它所处的语境。——译者注
5　莱哈尔，指弗朗兹·莱哈尔（Franz Lehar），奥地利轻歌剧作曲家。——译者注

极致后，它废除了自己。一旦进入主体的内核（core of the subject），我们就会遇到幻象性的享乐之核（fantasmatic kernel of enjoyment）。它再也不能被主体化，不能被主体情深意浓地接纳——主体只能冷若冰霜、呆若木鸡地瞪着这个内核，无法从中充分地识别出自己。回想一下弗朗茨·舒伯特《冬之旅》中最后的歌曲《老艺人》吧：一旦绝望达到顶峰，所有的情绪都被冻结，我们以非表现性的机制（non-expressive mechanism）回归，同时主体被化约为彻底的绝望——这样的主体只会模拟机械音乐的自动主义（automatism of mechanical music）。

## 无调音乐的僵局

对弗洛伊德的无意识概念的澄清，使我们回到了《期待》，或者更确切地说，回到了从无调音乐向十二音音乐（dodecaphony）的过渡。《期待》创作于 1909 年，那是在音乐界投身于无调音乐之后，但又在勋伯格以系统的方式提出十二音（twelve-tone）的想法之前。当时流行的老生常谈是，从无调音乐向十二音音乐的过渡是从极端表现主义（它放弃所有既定的形式限制，为的是尽可能直接地展现内心深处的无意识的主观真相）转向与之相反的另一极，转向"保护技巧研究和作曲绝技（compositional tours de force）的避风港。……十二音作曲家（twelve-tone composers）在依据理性的结构原则为其作品定制内容方面走得比谁都远，结果使内容与形式无异"[1]。即使阿多诺也同意这一庸见，把从无调音乐向十二音音乐的过渡解读为在表现方法上向外部的机械秩序（external mechanical order）的辩证性逆转。不过，拉康的无意识观——无意识是"像语言那些结构起来的"——在此重新恢复了它的针对性（pertinence）：从无调音乐向十二音音乐的过渡不是从非理性的无意识这个深渊向新形式的、有意识地规划出来的理性的过渡，而是从混乱的意识之流（chaotic flux of consciousness）向真正无意识（real unconscious）的过渡。有调音乐 - 无调音乐 - 十二音音乐因而构成了古老美好的黑格

---

1　Taruskin, *Music in the Early Twentieth Century*, p. 704.

尔式三元组。但这只是在下列过于简单化的意义上说的：无调音乐否定了有调音乐，然后十二音音乐否定无调音乐对有调音乐的否定，并引入了新的实证秩序（positive order）。该三元组以更加精确和有趣的方式进行否定和再否定。作为旧音乐秩序，因为在模仿方面存在不足（mimetic inadequacy），有调音乐首先被否定。对有调音乐的指责是，它没有忠实地表现人内心深入的精神现实（psychic reality）。从有调音乐向无调音乐的过渡暴露出来的极端表现主义得到了辩护，被视为追随内心激流（follow inner stream）的不二法门。然后是对模仿原则的放弃，以及新型的彻底去心理化的形式秩序（new radical de-psychologized formal order）——十二音音乐——的强行确立。或者用拉康的话说，勋伯格最终得知，无意识处于我们灵魂的外部，而不处于我们灵魂的深处。

普通听众对于无调音乐的感受是，它缺少旋律。不过，情形不止于此，因为旋律在 19 世纪的支配地位已经成为谐振关系（harmonic relationships）走向衰亡的预兆："的确，贝多芬去世后，旋律是 19 世纪所有音乐的主要形式根基。但是之所以如此，是因为谐振关系不再拥有它在整个 18 世纪曾经拥有的力量和影响。"[1] 非常典型地证明这一衰亡的作曲家是柴可夫斯基。他是无可争辩的旋律天才，对自己的不足——在展示大型音乐形式的神韵方面存在的不足——可谓一清二楚。

对于在阿多诺传统中耳濡目染的欧洲古典音乐精英来说，"柴可夫斯基"的名字不禁令人产生戈培尔式的持枪反应（Goebbels-style gun-toting reaction）——柴可夫斯基代表着最低级的媚俗，只能与西贝柳斯[2]或拉赫玛尼诺夫[3]相提并论。不过，正如丹尼尔·格雷戈里·梅森（Daniel Gregory Mason）简明扼要地指出的那样，柴可夫斯基的"优点来自他的缺陷"：他不仅意识到了自己的局限和弱点，而且说起来颇有

---

1　Charles Rosen, *Schoenberg*, London: Fontana Collins 1975, p. 42.

2　西贝柳斯，指让·西贝柳斯（Jean Sibelius），芬兰作曲家，民族主义音乐和浪漫主义音乐晚期重要代表。——译者注

3　拉赫玛尼诺夫，指谢尔盖·拉赫玛尼诺夫（Sergei Rachmaninoff），出生于俄国的作曲家、指挥家及钢琴演奏家，临终前加入美国籍。——译者注

悖论意味，他（很少）的真正伟大时刻来自这些缺陷。柴可夫斯基承认，他几乎"无法维持最伟大的过渡在达到顶峰时的整个运动"。这不是他一个人面临的问题，而是直至埃尔加[1]的多数浪漫派面临的问题。柏辽兹[2]曾经恶毒地打趣道：门德尔松[3]的旋律通常虎头蛇尾，丧失了动力，并终结于"机械"的解决（见其《芬加尔洞窟》序曲或《小提琴协奏曲》第一乐章）。但是，旋律线（melodic line）的失败绝不是门德尔松作为一个作曲家存在弱点的标志，而是他对历史变迁非常敏感的明证：那些依然能够创作"优美旋律"的人们，都是柴可夫斯基之类的媚俗作曲家。柴可夫斯基接近了真正的艺术，但他不是通过无数的"优美旋律"，而是在他的旋律线遭遇挫败时接近真正的艺术的。在《叶甫盖尼·奥涅金》[4]的开篇的那个短暂的前奏曲中，一个简单的旋律母题——"塔季扬娜主旋律"（Tatyana's theme）——没有得到正常的发展。它只是以不同的模式重复，完全维持了一个旋律片段（旋律片段）的孤立品格，甚至无法构成完整的旋律线。在这样的重复中，存在着纯正的旋律风味（melancholic flavor）。它记录和展示了潜在的无能为力，记录和展示了在真正发展方面的失败。

　　或许勋伯格过于藐视伪无调音乐作曲家（pseudo-atonal composers）了。我们能在他们主要的无调音乐作品中听到无调音乐革命的回音，看到无调音乐革命的踪迹。这里列举来自肖斯塔科维奇[5]的两个惊人例子（或许他的名字在"不应公开提及的名字"中排列第四）。在他最重要的交响曲（第五交响曲、第八交响曲和第十交响曲）中，最长的乐章总是第一乐章，其内在逻辑遵循的东西与奏鸣曲曲式大相径庭：该乐章始于一个强劲的重音（strong Thesis），一个引以为荣的贝多芬式论题——对痛苦中的力量的明确肯定，然后逐渐演变为退却——向另一个精神的／

---

1　埃尔加，指爱德华·埃尔加（Edward Elgar），英国作曲家。——译者注
2　柏辽兹，指艾克托尔·柏辽兹（Hector Berlioz），法国作曲家，法国浪漫乐派的主要代表人物。——译者注
3　门德尔松，指雅科布·门德尔松·巴托尔迪（Jakob Mendelssohn Bartholdy），通称费利克斯·门德尔松，德国作曲家、钢琴家、指挥家。——译者注
4　《叶甫盖尼·奥涅金》，指由柴可夫斯基谱曲的三幕歌剧。——译者注
5　肖斯塔科维奇，指德米特里·肖斯塔科维奇（Dmitry Shostakovich），苏联重要的作曲家。——译者注

缥缈的维度的退却。具有讽刺意味的是，正是这一退却派生出不堪忍受的张力。此外，肖斯塔科维奇的作品中还有一个与之相反的乐章：戴维·赫维茨（David Hurwitz）称之为肖斯塔科维奇的音乐技巧之一。该技巧是肖斯塔科维奇从古斯塔夫·马勒那里学来的。它便是"使先前的抒情旋律野蛮化的技巧"[1]。比如，在他的第五交响曲的第一乐章的发展过程中，它的主旋律（principle theme）——小提琴在弦乐伴奏下演奏出来的抒情降序乐节（lyric descending phrase）——再三重复，加之铜钹、小号、响弦鼓和定音鼓的伴奏，最终成了怪诞的正步行军。

因此，迫使勋伯格从纯粹的无调音乐转向十二音音乐的，是无调音乐本身固有的僵局。查尔斯·罗森（Charles Rosen）把《期待》誉为"出类拔萃的表现主义作品"。勋伯格亲口说过："《期待》的目标是缓慢地再现极度精神兴奋（maximum spiritual excitement）出现之刻所发生的一切，把这一刻延长至半小时。"不过，这样激进的做派很快展示了它固有的局限。随着无调音乐兴起：

> 音乐仿佛现在不得不一个音符接一个音符地改写；只有半音阶链或全音阶链才是可能的，只有那些有节制的音阶才是可能的。在制定音乐和谐比例（musical proportions）时摒弃对元素区（blocks of elements）的对称性使用，这对最小的单元、单个间隔、短小母题影响甚巨。因此，这些微小元素的表现价值（expressive value）产生了出乎意料的意义：它们取代了句法（syntax）。……因为它们在作曲时发挥主导作用，作曲家显然会挑选最强大甚至最具暴力价值的元素，而这些细小元素现在不得不发挥更大群组（larger groups）的作用。一边是情感表现展示出来的暴力和病态（morbidity），一边是风格的形式变化，两者彼此相关，并不是偶然的。[2]

---

1  David Hurwitz, *Shostakovich Symphonies and Concertos*, Milwaukee: Amadeus Press 2006, p. 25.
2  Rosen, *Schoenberg*, pp. 29–30.

因此，我们应该以真正的唯物主义的形式主义（materialist formalism）颠倒形式与内容的关系，同时紧步弗雷德里克·詹姆逊（Fredric Jameson）分析海明威之后尘。詹姆逊在分析海明威时指出，海明威写下简洁粗糙的语句，并不是为了表现主人公孤僻的英勇个性。形式在先，内容在后。为了能够以某种方式创作，他才虚构了孤僻的英勇个性。这道理同样适用于勋伯格：他向无调音乐迈出关键性的一步，不是为了以音乐的形式表现病态的癔症暴力（morbid hysterical violence）的极端形式。他选择癔症话题，是因为它与无调音乐是绝配。

菲利普·弗里德海姆（Philip Friedheim）把《期待》描述为勋伯格"以无主题方式创作的唯一的长篇作品"。《期待》共有 462 个小节，任何音乐材料，只要用过一次，就不会再次使用。如此一来，作为纯粹无调音乐的范例，《期待》只能出现一次（a hapax）。如同马列维奇的方块[1]，这类东西只能出现一次，成为这个类型的唯一样本。因此，《期待》代表着"非重复原则的极致"。如此一来，它使我们面对一个显而易见的难题，即纯粹无调音乐的难题，在无调音乐的空间内无解的问题。可以预知，这个难题是大型音乐形式面对的难题。一旦禁止使用大规模的重复和类似，大型音乐形式的连贯性将何以立足？勋伯格采取了一系列的策略，全力攻克这一难题。他的第一个（也是最显明）的选项是，如果无调作品无法"按纯粹的音乐材料遵循的逻辑获取纯粹的音乐形式"，那就不能不在"额外的音乐材料中，在充满诗意的文本中，在内在情感中"寻找一致性原则，"仿佛可以在最终的结果中把这些情感与其非凡的音乐化身（musical incarnation）区分开来"[2]。如此解决问题面临的问题是，一旦"额外的音乐材料"全部由内部情感构成，这些暴露了混乱内在性（chaotic immanence）的情感就是一条四处分叉、复杂多变的河流，缺乏有机一致性（organic unity）。

勋伯格解决了这个问题的一个特定的子方面，即下列问题：在最后的和声被禁用时，如何结束一部作品？通过"扩大致使音乐空间饱和的

---

1    指马列维奇的抽象画作，人称"白平面上的黑方块"。——译者注

2    Rosen, *Schoenberg*, pp. 95–96.

半阶空间，通过他对主乐和弦（tonic chord）的替换，我们得到的不是绝对和音（absolute consonance），而是处于某种状态的充分半音阶。在那里，处于管弦乐范围内的每个音符都以滑奏法的形式来演奏"[1]。这种解决方法指向了十二音音乐，在那里，十二个半音阶乐符依次被频繁运用于音乐作品。与此同时，又通过使用十二列音阶体系（tone rows），避免把重心放在任何一个音符上。所以说，全部十二个音符都被赋予了相同的重要性，也避免了单纯使用某一个调。[勋伯格本人把这个音乐体系描述为"用十二个音符作曲的方法，这些音符彼此相互关联"。我们在此听到了索绪尔的差异性概念（notion of differentiality）的回声：每个音符都只是它与其他音符的差异，所以只有差异，没有实证性的内容。[2] 正是这个缘故，勋伯格不喜欢"无调音乐"一词，他更偏爱"泛调音乐"（pantonality）：前者是消极的，后者则暗示我们，音调的重心（tonal focus）是从一个音调转向另一个音调的，每个音调都会享有自己的霸权时刻（moment of hegemony）。] 因此，半阶空间的饱和浓缩了被十二音音乐当作一个系统——或扩展成一个系统——来部署的东西，使之成为最后的顷刻。虽然无调音乐和十二音音乐一律"平等"，全都拒绝主音调（Master-Tone），但十二音音乐却试图解决一个问题：如何把无调的"平等主义"转化为一种新秩序？换言之，如果说无调音乐是个癔症性事件（hysterical Event），那么十二音音乐则是忠于事件的"爱的劳作"的结果。[3]

---

1　Rosen, *Schoenberg*, p. 66.

2　音列主义（serialism）的问题，所有变体一律平等的问题，以及整个母体（entire matrix）的隐秘重点的问题，可以借用一个愚蠢的事件来说明。20世纪60年代末，正值性革命如日中天之时，斯洛文尼亚的一个嬉皮士公社里发生了一件怪事：公社的"协调人"（即事实上的主人，尽管主人是被禁止的）提议，为了在性的问题上打破资产阶级个人主义，应该引入一个轮换性伴侣的复杂母体。如此一来，在一个特定的时期内，群体中的每个男人都会与每个女人发生肉体关系。这个群体很快发现，协调人提议引入这个复杂母体，只是为了达到他的个人目的：他想与一个特定的年轻女性同床共枕，但这个女性当时已是另一个公社成员的伴侣。对他而言，母体似乎是解决问题的唯一方式，同时又不必承认他有个人的偏好和占有欲。

3　发挥类似功能的另一个技巧，当然是色彩旋律（Klangfarbenmelodie）的运用了。该技巧把音线（musical line）或旋律分配给不同的乐器，而不是只分配给一种乐器（或一套乐器），因此给旋律线添加了色彩（音色）和神韵。色彩旋律一词是由勋伯格于1911年在其《和声教案》（*Harmonielehre*）中创造出来的。

理查德·塔鲁斯金（Richard Taruskin）以辛辣讽刺的口吻评论勋伯格有关"不和谐音的解放"（emancipation of dissonances）的表述，说"不和谐音的解放""具有浓厚的政治'氛围'"[1]：它直接唤醒人们，使之摆脱高压政权，而高压政权则试图压制自己内部的对抗。换言之，仿佛承认存在着音乐不和谐音就是以某种方式承认存在着社会对抗。塔鲁斯金正确地指出，"不和谐音的解放"导致的重要结果并不是使音乐具备了表达灾难性情绪（catastrophic emotions）的能力。这种能力只是"建构被充分整合的音乐空间"所导致的意外结果（或附带损害[2]，如同我们今天常说的那样）。只要作曲受到了和声构成原则（rules of harmony）的制约，"在被充分整合的音乐空间内，'水平'维度和'垂直'维度至少是等值的"。"和旋律一样，'水平'的观念总是能够被'垂直'地再现。"[3]

不过，还有另一个选项，勋伯格也不回避对它的使用，那便是玩弄不在场的调性本身（tonality itself）。例如，据他观察，一旦"两个上位音符根据调性和声规则（rules of tonal harmony）转化为和谐音，而这个和谐音又被和弦结构（structure of the chord）所暗指……那么，对更旧形式的影射似乎会产生令人满意的效果，即使这样的'转化'没有真正发生，也是如此"[4]。马拉美不是以其虚拟韵脚（virtual rhymes）做了与此完全相同的事情吗？前面的诗句暗示我们，韵文将以韵脚结束，但韵脚并未出现，因而造成了这样的效果：本该出场的词语宣告缺席，这使缺席产生了更强的在场效果。诸如这样的诗句，就是如此："在我老婆死后，我便直奔床头。决定明天之前，不会放弃快乐。"这里用的是"快乐"，而不是我们期待的"悲哀"。[5]

---

1  Taruskin, *Music in the Early Twentieth Century,* p. 310.

2  "附带损害"（collateral damage），指战时由军队造成的平民伤亡和非军设施的损毁。——译者注

3  Ibid., p. 340.

4  Rosen, *Schoenberg,* p. 53.

5  原文是："After my wife dropped dead, I went straight to bed, and decided that until tomorrow, I will not give way to my joy." 作者解释说，这里用的是"joy"（快乐），而不是我们期待的"sorrow"（悲伤）。——译者注

## 《期待》的"梦的思想"

　　这使我们想到了勋伯格的《古雷之歌》(*Gurre-Lieder*)的独特性。《古雷之歌》是根据延斯·彼得·雅克布森(Jens Peter Jacobsen)的诗歌改编的清唱剧(cantata)，演出时要动用五位独唱者、一位旁白者、合唱队和大型管弦乐队。标题指的是丹麦的古雷城堡，那里是丹麦的国家传奇的发生地：国王瓦尔德玛(King Valdemar)爱上了情妇多薇(Tove)，但心怀忌妒的王后黑尔维希(Helvig)把她杀害。《古雷之歌》1913 年 2 月 23 日在维也纳首演，颇受好评。勋伯格对此不屑一顾，表现粗野。他说："我即使没有感到小小的愤怒，至少也是漠不关心。"或许他的不屑是被人误导的结果。

　　《古雷之歌》是整个音乐史上最奇怪的作品之一。勋伯格对室内乐情有独钟，这已广为人知。他在猛烈抨击美国人的粗俗时说过，最多用五六个乐器就可以表演所有的音乐作品。我们只需要一个管弦乐队，这样就可以供美国人表演了。……既然如此，那如何解释需要若干独唱者、一个大乐队和三个合唱队的《古雷之歌》？在给勋伯格的唱片所做的一则说明中，西蒙·拉特尔(Simon Rattle)有一个奇妙的概括：《古雷之歌》是专门为管弦乐与合唱队写的室内乐。我们的确也应该这样看待它。任何一个普通的作曲家都能写出供三四个表演者演出的室内乐，只有像勋伯格这样的天才才能为六百个表演者写出这样的作品。这部作品打上了双重分裂(double split)的印记：它的旋律线写于 1901—1902 年间，那时他还是个晚期浪漫主义者；它的被之以乐器则在 1910 年，那时他已经经过了无调决裂(atonal break)。一边是晚期的浪漫旋律，一边是无调的管弦乐编曲，两者之间的不一致可以用来说明，何以这部作品对观众产生了诡异的影响。但是，使得《古雷之歌》成为真正独一无二的作品的，是它的音线和音乐史本身的相互映射：随着这部音乐作品的展开，从晚期浪漫主义的、瓦格纳式的浓郁悲情向无调性诵唱[1]的转

---

1　诵唱(*Sprechgesang*)，是介乎歌唱和说话之间的一种发声法，为勋伯格首创。——译者注

移，被清晰展现出来。

《古雷之歌》是以令人不堪忍受的美丽对话开始的。那是国王瓦尔德玛和他的秘密情人多薇的对话。当鸽子之歌（dove's song）告诉国王，多薇已经死去时，勋伯格以令人激情澎湃的音乐强度，变得比瓦格纳还瓦格纳。［如果说，就像人们常说的那样，瓦格纳的《黎恩济》（Rienzi）是梅耶贝尔[1]写得最好的歌剧，那么勋伯格的《古雷之歌》则是瓦格纳写得最好的歌剧。］瓦尔德玛痛不欲生，决意反抗上帝，但是因为渎神而遭受惩罚，被判成为不死的游魂，与他的灵魂军队一道重返人间。正在这个时候，歌声开始从晚期浪漫派的悲伤转向无调的诵唱，宣告了生命的重生。"不死"的国王以前只在夜间出现，像幽灵一样四处游荡。现在则是对新的白昼的庆祝，赞美白昼拥有了被重新唤醒的、已经变得"健全"的品格。但是，这是怎样一种白昼？绝对不是古老的前浪漫主义的白昼，不是代表着祥和宁静的古典主义理性（Classicist Reason）的白昼。浪漫的激情、忧郁和对上帝的奋起反抗，被死而复生的乐观主义祝福（renewed optimist beatitude）取而代之。但是，还是要问，这是怎样一种祝福？这种祝福不是惊人地接近在原型卡通场景（archetypal cartoon scene）中被漫画化的祝福吗？在那样的场景中，猫或狗在被迎头重击后，开始幸福地开怀大笑（laugh blissfully），同时看见一群叽叽喳喳的鸟儿围着它飞来飞去。

《古雷之歌》的第三部分又可分为三个部分。在那里，行为古怪的颇具狂欢色彩的人物成了关注的焦点。它们分别是：一个受过惊吓的天真农民，一个叫克劳斯的弄臣，一个朗诵者。[2] 弗洛伊德有关伊玛注射

---

1　梅耶贝尔，指贾科莫·梅耶贝尔（Giacomo Meyerbeer），19世纪法国式大歌剧的创建者和代表人物。——译者注

2　第二幕结束时已经提及宫廷弄臣的出场。那时，瓦尔德玛对上帝进行了可怕的诅咒，然后打算扮演弄臣的角色。上帝允许多薇被杀，这个事实证明，上帝是"暴君，不是国王"。如此说来，上帝需要有人出来指责他，他需要一个宫廷弄臣告诉他真相："上帝，请允许我戴上你的弄臣的帽子！"——作者注。这段唱词非常著名："上帝，我的多薇死了，/你可知道你都干了些什么？/你把我从我的最后庇护所驱离，/只有在她那里我才能找到快乐！/上帝，你应该惭愧：/处死了乞丐唯一的羔羊！/上帝，我也是一位君主，/我统治的信条是：/永不剥夺臣民/最后一丝希望。/你推行的律法错了，/你是暴君，不是国王！/上帝，你的天使们/只会不断地赞美你，/可是你更需要/有人指责你。/谁敢承担此事？/上帝，就让我戴上你弄臣的帽子！"——译者注

的梦的第二部分中，出现了三个臭名昭著的医师朋友[1]。农民、弄臣和朗诵者组成的三元组，不就像是这三个人吗？难道这没有告诉我们，《古雷之歌》与弗洛伊德的梦如出一辙？在这两种情形下，陷入终极创伤（ultimate trauma）变成了陷入陌生、崇高同时又荒诞、虚假的幸福场景。在朗诵者的过于悲伤的诵唱中（《古雷之歌》就是在他的诵唱中结束的），肯定存在极度粗鄙之物，暗示了对自然的彻底非自然化（utterly denaturalized nature），暗示了某种变态的、嘲弄性的纯真（perverted, mocking innocence），这与堕落的浪子并无不同（浪子为了给自己的表演添油加醋，总是模拟天真的年轻女孩）。因此，《古雷之歌》结束时出现的黎明代表着下列时刻的到来：浪漫主义的无限憧憬和痛苦因其全然的麻木迟钝（utter insensitivity）而衰亡。如此一来，主体在某种程度上被去主体化了（de-subjectivized），主体被化约成了幸福的白痴，只能发些毫无意义的胡言乱语。在《古雷之歌》的最后乐章中，完整的"荒诞剧场"（theatre of the absurd）已经出现。

回到《期待》：从粗略的片段开始，逐渐建立一个母题。对于这种技巧的关键性运用就是一个母题，该母题只能以充分实现的形式（in fully realized form）现身于《期待》的终结时刻，即第 410 小节处。那些粗略的片段本身就像来自未来（coming from future）——充分构成的母题之未来（the future of the fully formed motif）——的被扭曲的信号。惊人的事实是，这个母题来自勋伯格的早期的有调歌曲《路边》（"Am Wegrand"，作品编号 6），充当着"*Grundgestalt*，即基本的音乐观念或'基本形态'，把连贯性赋予《期待》在和谐音方面不发挥作用的（'无

---

1　弗洛伊德的这个梦被反复提及。其大致内容如下：弗洛伊德在大厅里碰见了伊玛，指责她没有遵守他的治疗方案，"如果你还没全好，那都是你自己的过错。"她回答说，自己的喉咙和腹部都很不舒服，无法喘气。于是，他赶紧为她检查身体，看是否有器质性病变。他看了她的喉咙，发现她装了假牙，接着在口腔右侧发现一大块白斑。弗洛伊德找 M 医师确认，M 医师看起来跟平常不同，面色苍白，一瘸一拐，胡子刮得干干净净。他的另外两个朋友——奥图与李奥波特——也在附近，后者隔着衣服替伊玛检查，检查过后发现她胸口有浊音，左肩皮肤也有部分穿孔。M 医师说："这无疑是感染了，但没有关系，拉过肚子就会排毒。"他们知道这是感染的，是因为奥图前不久替她看过病，给伊玛打过针，药里有丙醇、丙酸，还有三甲胺。弗洛伊德认为，这些药不该乱用，注射器也未必干净。——译者注

调的')音乐肌质"[1]。这个母题是《路边》的开始句（opening phrase）的一部分。[2]对此，常见的精神分析阐释应该是这样的：通过自由联想，先前被压抑的旋律重新回到意识——在这里，精神分析不只提供话题（女性癔症），还影响音乐形式本身。[3]不过，令人费解的事实是，勋伯格在动手创作第一部无调音乐作品时，被有调音乐这个幽灵紧追不舍：

> 有关过去的已经内在化的语言（internalized languages of the past），"烂熟于心的、早已既定的、只是由于受到压抑而被疏离的事物"，回过头来纠缠新兴的语言。这个过程在音乐中表现得尤为生动。如果我们每天与过去的鬼魂相伴，那这个鬼魂会特别令人惴惴不安。把弗洛伊德的思想移入音乐领域，我会说，随着勋伯格等人对无调音乐的极力克服，无调音乐这个最"熟稔"（Heimlich）的音乐根基被日益疏离和压抑。有调音乐零零落落地闪现出来的微光，虽然在勋伯格的作曲生涯中在程度上和强度上均有变化，可以被理解为"诡异"（unheimlich）之物。有调音乐的洪亮音调并没有完全销声匿迹，它们成了被疏离的、转瞬即逝的幽灵。[4]

很难错过这里的讽刺意味：被压抑的"梦的思想"（dream-thought）是有调音乐。那么，潜藏在歌曲中的无意识欲望又是什么？无调音乐的飘忽不定的连续性（amorphous continuity）通常被称为某种意识流

---

1　Taruskin, *Music in the Early Twentieth Century*, p. 353.

2　勋伯格在循环使用《路边》的材料。使人注意到这一点的是赫伯特·布坎南（Herbert Buchanan）。见："A Key to Schoenberg's *Erwartung Opus 17*"（1967）。

3　我们在电视系列剧《反恐24小时》中发现了类似的东西。每一集都有三分之一的时间播出广告，正常节目则被打断。广告打断叙事连续性的方式是独一无二的，而且有助于强化紧迫感：每一集（包括商业广告）都恰好持续一小时。这样一来，节目中断成了电视系列剧的时间连续性的一部分。比如说，我们看到屏幕上的数字时钟显示的时间是"7∶46"，然后是广告。正常节目恢复时，数字时钟显示的时间是"7∶51"——按观众真实时间计算的时间长度与屏幕叙事中漏过的时间长度完全一致。仿佛广告占用的时间与叙事事件展开所需要的真实时间不可思议地吻合；仿佛我们在看广告时，只是休息了一会儿，而叙事中的事件依然在继续；仿佛那是现场直播，只是暂时中断了一会儿。因此，正在进行的行动的连续性显得如此紧急和迫切——已经渗入观众的真实时间——以至于即使播出广告，正在进行的行动也不会中断。

4　Michael Cherlin, "Schoenberg and Das Unheimliche: Spectres of Tonality," *Journal of Musicology* (1993), p. 362, quoted in Friedlander, "Man sieht den Weg nicht …"

（stream of consciousness），那无意识在哪里？无调音乐的流动（atonal flow）应该发挥这样的功能——直接凸显无意识，摆脱理性的、意识的言语或有调音乐的限制。但这种无意识的流动（unconscious flow）本身与作为自身的无意识的有调音乐片段（tonal fragment as its own unconscious）是联系在一起的。无调音乐的流动恰如自由联想的流动（flow of free associations）——不是原初的流动，而是意识性的混沌的流动（conscious chaotic flow）。阐释应该从这种意识性的混沌的流动中挖掘出无意识的内核（unconscious kernel）。但是，有调音乐的母题（tonal motif）就是无意识的时刻（unconscious moment）吗？弗洛伊德对梦的分析提供了宝贵的答案。

弗洛伊德所谓的无意识还有其形式方面的问题，因而不是纯粹的内容问题。不妨回想一下那些案例，在那里，弗洛伊德阐释梦，为的是告诉我们，被压抑或被排除在外的东西作为梦的形式方面的特征回归了。此外，弗洛伊德还强调，梦的真正秘密不是其内容（"梦的思想"），而是其形式：

> 隐性的梦的思想（latent dream-thoughts）是被梦的运作（dream-work）转化为显梦（manifest dream）的材料。……关于梦，唯一必不可少的事情，是已对思想材料（thought-material）产生影响的梦的运作。在理论上，我们无权忽略它，尽管在某些实际情况下，我们可以漠视它。精神分析的观察进一步表明，梦的运作从不限制自己，使自己只做一件事情：把这些思想（thoughts）转化为你所熟悉的古老或退化的表现模式。此外，它通常占领别的什么东西，这些东西不是前一天的潜在思想（latent thoughts）的一部分，而是建构梦（construction of the dream）的真正的动机力量（motif force）。不可或缺的附加物［*unentbehrliche Zutat*］是同样的无意识愿望（unconscious wish）。为了实现无意识愿望，梦的内容被赋予新的形式。因此，梦可以是任何种类的事物，只要你注意这种事物所代表的思想就行了——代表警告、意图、准备，等等，都可以。但是，它总是还满足无意识愿望，如果你只把它视为梦的运作的产物，那

它也只是梦的运作的产物。因此，梦从来都不只是意图或警告，但总是这样的意图或警告：在无意识的帮助下，被转化成古老的思想模式，而且被转化成古老的思想模式的目的是满足那一愿望。这一特征，即愿望的满足，是一成不变的。其他的特征可随时改变。它可能再次成为愿望。在这种情形下，借助于无意识愿望的满足，梦将再现为前一天的、已获满足的潜在愿望。[1]

　　从开始时隐含的格言"对于实践——即寻求梦的意义——来说足够好的东西，对于理论来说还不够好"，到结束时对愿望的倍化（redoubling of the wish），这个精彩段落中的每个细节都值得分析。它的重要洞识当然在于隐性的梦的思想、显性的梦的内容（manifest dream-content）和无意识愿望的"三角化"。这限制了解析梦时采用的阐释学模型的范围，或者说，这直接瓦解了解析梦时采用的阐释学模型（即这样的道理——从显性的梦的内容到其隐含的意义，即到隐性的梦的思想）。这破坏了梦的构成之路（即这样的道路——通过梦的运作把隐性的梦的思想转化为显性的梦的内容）。这里的悖论在于，梦的运作并不是纯粹的掩饰梦的"真实信息"这一过程：梦的真实内核，它的无意识愿望，只有通过掩饰的过程和只有在掩饰的过程中，才能把自己铭刻下来。所以说，在我们把梦的内容重新转回以梦的内容表现的梦的思想时，我们丧失的是"真正的动机力量"。简言之，正是掩饰自身的过程，把梦的真正秘密刻入了梦。因此，我们应该推翻有关"对梦的内核日益深刻的渗透"（ever-deeper penetration to the core of the dream）的标准做法。也就是说，我们不能这样做：首先从显性的梦的内容进入第一层面的秘密，即隐性的梦的思想，然后进入更深层面的梦的无意识愿望。这个"更深"的愿望处于隐性的梦的思想和显在的梦的内容的分裂之中。
　　所以，与此完全相同，在《期待》中，《路边》这一母题不是无意识的元素，而是作品的"梦的思想"。真正的无意识在别处。那它到

---

1　Sigmund Freud, *Introductory Lectures on Psychoanalysis*, Harmondsworth: Penguin 1973, pp. 261-262.——作者注。中文版参见弗洛伊德，《精神分析引论》，高觉敷译，商务印书馆，1984 年，第 175-176 页。——译者注

底在哪儿呢？它就在音乐本身，在音乐这种形式中。在这里，形式与内容的分裂是真正辩证性的，而不是超验性的。情节剧（melodrama）与《期待》的关键差异也在这里。前面提到，在情节剧中，无法在叙事中直接表达的情绪过度（emotional excess）却在充满情感的音乐伴奏或其他形式特征中找到了突破口。相形之下，在《期待》中，内容与形式的分裂重新映射到内容上，成了这样的证明：这里的内容并非内容的全部，有些东西受到了压抑，或被排除在外。被排除在外的东西创立了形式（establishes the form），它本身就是"原初的压抑"（*Ur-Verdrängung*）。而且无论我们找到多少被压抑的内容，这个原初的压抑（primordial repression）都会经久不衰。换言之，在廉价的情节剧中被压抑（然后在音乐中回归）的，只是超越其内容的情感过度（sentimental excess of its content），但在《期待》中被压抑的，即《期待》中的无意识，并非某种确定的内容，而是主体性自身这一空白（the void of subjectivity itself）。主体性自身的这一空白躲避音乐形式，但它却被音乐形式构成，成为音乐形式的残余物。

第二部分
黑格尔式事件

# 第四章　事件性的真理，事件性的性

## 三个哲学事件

　　"我不怎么喜欢听人说，我们已经超越了黑格尔，就像我不怎么喜欢听人说，我们已经超越了笛卡儿一样。我们可以超越一切，但到头来，总在原地踏步。"[1] 可以把拉康的这一敏悟（aperçu）当成我们的指导原则：对于过于轻易地"克服"形而上学的种种努力，一定要警惕！（西方）形而上学的历史上有三个（而且只有三个）重要的哲学家：柏拉图、笛卡儿和黑格尔。证明他们具有特殊身份的证据，是他们在若干系列的哲学家中所处的位置：他们每人不仅标志着与过去的清晰决裂，而且他们在后来的思想家的身上投下了长长的阴影。可以认为，他们的立场不断被否定。福柯已经注意到，可以把整个西方哲学史界定为拒绝柏拉图主义的历史。与此相同，可以把整个现代哲学的历史视为拒绝笛卡儿主义的历史。从微妙的修正（马勒伯朗士、斯宾诺莎）到直接放弃，莫不如此。至于黑格尔，则是反对他的"泛逻辑主义"（panlogicism）这一幽灵。[2]

　　事件这一概念似乎与柏拉图哲学水火不相容。在柏拉图看来，我们持续变化的现实是以永恒的理念秩序为根基的。但事情并没有这么简单。在各个序列的哲学家中，柏拉图是 20 世纪第一个失宠的哲学家，我们遭遇的所有不幸，都要由他负责。阿兰·巴迪欧列举了 20 世纪反柏拉图主义的六种主要（部分相互交叉的）形式：活力主义的（vitalist）、经验主义分析的（empiricist-analytic）、马克思主义的、存在主义的、海德格尔派的和"民主派的"。[3] 因此，柏拉图成了否定性的

1　Jacques Lacan, *Seminar, Book II*, New York: Norton 1991, p. 71.
2　欲知这一思路的浓缩版，请见下列著作：Slavoj Žižek, *Event*, London: Penguin Books 2014。
3　欲知更加详细的讨论，请见下列著作第一章：Slavoj Žižek, *Less Than Nothing*, London: Verso 2013。

基准点（negative point of reference），它使原本不共戴天的仇敌走到了
一起：使马克思主义者与自由主义者、存在主义者与分析经验主义者
（analytic empiricists）、海德格尔派与活力主义者……联合起来。类似的
道理不是同样适用于笛卡儿吗？下面是反笛卡儿主义的主要版本：

1. 海德格尔派对笛卡儿式主体性（Cartesian subjectivity）的看法：
   笛卡儿式主体性是迈向形而上学虚无主义的关键一步，它以现代
   技术的形式实现了自己。

2. 生态学对笛卡儿二元论（Cartesian dualism）的拒绝：笛卡儿二元
   论为残酷盘剥自然铺平了道路。下面是阿尔·戈尔[1]的版本：犹
   太－基督教传统在确立人类对地球的"统治权"时还把环境的管
   理权托付给人类，但笛卡儿只记得"统治"，却忘记了管理，因而
   屈从于"西方的巨大诱惑"，把理想化的理性思想世界置于自然
   之上。[2]

3. 认知主义者对笛卡儿赋予理性心灵对情绪的优先权这一做法的拒
   绝［见安东尼·达马西奥（Antonio Damasio）的《笛卡儿的错
   误》（*Descartes' Error*）］，以及对他的自我观的拒绝：笛卡儿的自
   我是单个自治的能动者（single autonomous agent），它以透明的
   方式控制着精神生活（psychic life）［见丹尼尔·丹尼特（Daniel
   Dennett）对"笛卡儿剧场"（Cartesian theatre）的批判。］

4. 女权主义者声称，笛卡儿的我思（*cogito*）虽然表面看来在性别上
   保持中立，实际上却赋予男性主体以优先权（只有男性心灵才能处
   理清晰明确的思想，女性心灵只对混乱的感官印象和情感着迷）。

5. 语言转向（linguistic turn）的倡导者强烈反对笛卡儿主体具有的
   "独白"特征。在笛卡儿主体看来，互为主体性作为次要特征是
   后来出现的。笛卡儿没有看到，人的主体性总是已经嵌入互为主
   体性的语境的。

---

1　阿尔·戈尔（Al Gore），美国政治家，1993—2001 年间担任美国副总统，后成为著名环保活
动家，参与制作过纪录片《难以忽视的真相》（*An Inconvenient Truth*）。——译者注
2　参见："Plato, Aristotle, and the 2000 Election," from www. slate. com。

6. 活力主义者指出，在会思考之物（*res cogitans*）与有延展性之物（*res extensa*）这一笛卡儿二元论中，具有充分意义的生命没有立足之地，无法被化约为机械螺丝钉之互动的生命无容身之所。正是这个缘故，笛卡儿宣称，因为没有灵魂，动物感受不到痛苦，它们的哭喊声与机器出现故障时发出的嘎吱声无异。

这把我们带到黑格尔这个最近两百年来的终极哲学祸根（*bête noire*）那里：

1. "生命哲学"的倡导者声称，黑格尔的辩证过程的生命不是真正的有机生命，而是任意武断的智力体操这个人造的、阴暗的王国。当黑格尔说概念（notion）变成了它的对立物时，他应该说，活的、会思考的存在（living thinking being）从一种思想（thought）变成了另一种思想。

2. 自克尔凯郭尔以来的存在主义者公开谴责黑格尔的下列做法：使个人的、单一的存在（individual, singular existence）屈从于概念的普遍性（universality of a notion）。如此一来，具体的、独特的个人被化约成了抽象概念运动（movement of the abstract notion）的可有可无的用具。

3. 可以预测，唯物主义者拒绝接受黑格尔的下列观念，即外部的物质自然（material nature）只是精神的自我配置（self-deployment of spirit）中的一个阶段：理念把自然设置为它的自由的自我外化（free self-externalization），可谓匪夷所思。

4. 历史主义者拒绝接受黑格尔的形而上学的目的论（metaphysical teleology）：黑格尔没有承认历史过程的多元性和偶然性，反而把实际的历史化约为概念进程（notional progress）的外部面孔。在他看来，在历史中，单一的、无所不包的理性（reason）统治一切。

5. 分析哲学家和经验主义者嘲笑黑格尔，说他是思辨性疯癫（speculative madness）的炒作大师，只会玩些绝对无法以实验证明的概念游戏，游走于只与自我关联的圆圈（self-relating loop）。

6. 马克思主义者提倡把黑格尔的辩证过程颠倒过来——头足倒置，复旧如新。观念（ideas）和概念（notions）只是物质生产过程的意识形态上层建筑，物质生产过程决定全部社会生活。

7. 在传统的自由主义者看来，黑格尔对国家的"神圣化"（国家即"上帝的物质性存在"）使他与柏拉图一道，成为"封闭社会"（closed society）的主要先驱之一。黑格尔的整体性（totality）与政治极权主义（totalitarianism）一脉相承。

8. 在某些宗教道德主义者看来，黑格尔所谓的"对立物的并存"以及他的历史主义，导致了虚无主义的社会观和历史观。根据这种社会观和历史观，不存在超验的或稳定的道德价值。杀人者和被杀者，可以一视同仁。

9. 在（多数）解构主义者看来，黑格尔的"扬弃"正是形而上学的典范：它虽然承认差异、散播（dispersal）和他者性（otherness），但还是把它们归入自我调停的理念这个太一（the One of the self-mediating Idea）。解构主义者明确肯定永远无法重新融入太一的、不可化约的过度或残余，这是与扬弃背道而驰的。

10. 根据德勒兹有关能产性差异（productive difference）的思想，黑格尔无法在否定性框架（frame of negativity）之外思考差异，而否定性（negativity）成了把差异归入太一的操作符（operator）。因此，德勒兹式的看法是：黑格尔不需要批评，只需要忘记。

　　三个哲学家中的每个哲学家都代表着一个事件：与理念（Idea）的惊天动地的遭遇；纯粹事件性的我思（evental *cogito*）的出现，存在巨链（great chain of being）中的一个裂缝的出现；绝对（Absolute）作为事件性的自我配置，作为自身活动的结果。不仅如此，他们还代表着否定性之时刻（moment of negativity）的到来，代表着切口（a cut）——事物的正常流动被打断，另一个维度强行闯入。此外，他们代表着一个疯癫时刻（moment of madness）的到来：因为被理念迷惑而疯癫（如同坠入爱河，如同苏格拉底被其精灵所惑），位于我思（*cogito*）的核心地带的疯癫（"世界之夜"），当然，还有黑格尔体系（Hegelian System）

的终极"疯癫",这个"概念的纵酒狂欢之舞"(Bacchanalian dance of concepts)。所以,我们可以说,紧随柏拉图、笛卡儿、黑格尔之后的哲学全都企图遏制或控制这一过度,使之重新正常化,把它刻回事物的正常的流动(inscribe it back into the normal flow of things)。

如果我们死死抓住教科书上所说的柏拉图的唯心主义不放,认为它设置了永恒不变的理念秩序,那么柏拉图就只能以这样的面目示人:否认事件,因为它属于我们的变幻莫测的物质现实,与理念无关。但对柏拉图的唯心主义做另外一种解读,是可能的:把"理念"视为超感性(the suprasensible)之显现这一事件。回想一下那个对苏格拉底的著名描绘吧:他深受理念的打击,陷入了癔症的发作,呆呆地站在那里,对周围世界浑然不觉。这不是典型的事件性遭遇(eventual encounter)吗?在笛卡儿那里,同样的"疯癫"采取了新的维度:我们在谈论我思(cogito)时,应该永远牢记,我们面对的不是愚蠢或极端的逻辑游戏("试想只有你一个人存在……"),而是对彻底的自我退缩这种生存经验(existential experience of radical self-withdrawal)所做的精确描述,或者,是对把全部外在现实化约为隐没的幻觉(vanishing illusion)这一行为的精确描述。这种经验在精神分析和宗教神秘主义(religious mysticism)中是众所周知的:在精神分析中,它被称为精神异常退缩(psychotic withdrawal);在宗教神秘主义中,它被归到所谓"世界之夜"的名下。[1]

在笛卡儿之后,谢林以其基本的洞识,展开了这一观念。他认为,在肯定自己是理性言词(rational Word)的中介之前,主体是"存

---

[1] 可以把作为笛卡儿哲学起点的我思视为对思想主体(thinking subjectivity)的明确肯定。不过,我们应该首先注意,笛卡儿思想最初在女性中产生的反响——"我思没有性别"——是早期女性读者的反应。首个展示笛卡儿主义(Cartesianism)的这一女权主义潜能的,是黑格尔追随者弗朗索瓦·浦兰·德·拉巴尔(François Poullain de la Barre)。他在成为牧师后,皈依了新教。在路易十四以"枫丹白露赦令"(Edict of Fontainebleau)废除"南特赦令"(Edict of Nantes)时,他正在日内瓦流亡。1673 年,他化名出版了《从肉体和道德的角度论两性平等,并由此表明摆脱偏见的重要性》(De l'Égalité des deux sexes, discours physique et moral où l'on voit l'importance de se défaire des préjugez)。他要证明,女性遭受不平等待遇,并无自然的根基,而来自文化偏见。他建议女性接受真正的教育,认为所有的职业都应该向女性开放,包括科学研究。要稍作补充的是,几年过后,他系统地驳斥了自己的观点,肯定了男人相对于女性而言具有的优异性。

在的无限匮乏"（*unendliche Mangel an Sein*），是收缩这一暴力性姿势（violent gesture of contraction），而这一姿势否定除它之外的每个存在。同样的观念还构成了黑格尔的疯癫观（notion of madness）的核心：当黑格尔规定疯癫就是从现实世界退缩时，是灵魂对自身的封闭时，是切断与外在现实的联系的"收缩"时，他过于仓促地把疯癫视为向"动物灵魂"层面的"退化"，"动物灵魂"依然深陷其自然环境，受制于自然的节律（日以继夜，夜以继日，等等）。但是，难道这种退缩指的不正是切断与周围环境的联系，使主体不再沉溺于直接的自然环境？如此一来，退缩不就是"人化"（humanization）的奠基性姿势吗？这种退回自身（withdrawal-into-self）不就是由笛卡儿以他对我思的普遍怀疑和化约（universal doubt and reduction to the *cogito*）来完成的吗？对我思的普遍怀疑和化约，还涉及对激进疯癫时刻（passage through the moment of radical madness）的穿越。于是，我们回到了出自"耶拿实在哲学"的一个段落，在那里，黑格尔把主体对纯粹自我（pure Self）的体验，把主体对缩回自身（contraction-into-itself）的体验，描述为"世界之夜"，描述为（被构成的）现实的日食。符号性秩序、言词世界（universe of the Word）、逻各斯只能来自对这一深渊的体验：正如黑格尔所言，纯粹自我的这一内向性（inwardness）"必须还要变成存在（enter also into existence），成为客体，使自身与这种内在性（innerness）相反，成为外部之物，重新存在（return to being）。这就是作为命名力量的语言（language as name-giving power）……通过名字，作为单个实存物的客体会延生于我（born out of the I）"[1]。

　　我们必须在此小心翼翼而不能错过的是，黑格尔与启蒙运动的决裂是如何在对有关主体的隐喻的逆转中被发现的：主体不再是理性之光（Light of Reason），不再与自然或传统这个不透明的、看不穿的东西截然相反。在黑格尔看来，为逻各斯之光（Light of Logos）开辟空间，这个姿势是绝对的否定性（absolute negativity），是"世界之夜"，乃彻底

---

1　G. W. F. Hegel, "Jenaer Realphilosophie," in *Fruehe politische Systeme*, Frankfurt: Ullstein 1974, p. 204.

疯癫之精髓。在那里，"局部客体"（partial objects）这个幻象性的幽灵四处游荡。因此，没有这个退缩姿势，就没有主体性。基于这个原因，黑格尔把"堕入疯癫或退入疯癫是如何可能的"这一标准问题颠倒过来是完全正当的。在黑格尔看来，真正的问题是，主体是如何能够摆脱疯癫并抵达"常态"的。也就是说，紧随退回自身、切断与环境的联系而来的，是符号世界的建构。主体把符号世界投射到现实身上。这时，符号世界作为某种替代－构成（substitute-formation），注定成为对我们的补偿。它补偿我们，是因为我们丧失了直接的、前符号的实在界。

不过，如同弗洛伊德在分析施雷贝尔[1]的妄想症时所肯定的那样，替代－构成（它是对主体的补偿，因为主体丧失了现实）的制造是妄想症建构（paranoid construction）最简洁的定义：妄想症建构意在给主体治病，因为主体的世界已经土崩瓦解。简言之，"疯癫"的存有论必要性（ontological necessity）在于，从沉浸在自然环境中的纯粹的"动物灵魂"，直接转向居于符号性的虚拟环境中的"正常"主体性，是不可能的。介乎两者之间的"隐没的调停者"，是彻底从现实退缩这一"疯癫"姿势，它为自身的符号性的（重新）构成开辟了空间。这把我们带到了谢林那里：紧步康德后尘，谢林布置了原初的决策－区分（Ent-Scheidung）概念。它是无意识的、非时间性的行为，借助于这种行为，主体选择自己的永恒特色。此后，他在意识性－时间性的生活中把自己选择的永恒特色体验为不可动摇的必然性，体验为"自己历来如此的样子"（the way he always was）：

> 行为一旦完成，就会立即沉入高深莫测的深渊，并由此获得它的持久特点。意志也是如此，一旦在开始时被设置，并被引入外部，它会必须立即沉入无意识。只有以这种方式，开始，一直处于开始的状态而不向前发展的开始，真正永恒的开始，是可能的。因为它在这里还认为，开始并不了解自己。行为一旦完成，就永远完

---

1 指丹尼尔·施雷贝尔（Daniel Schreber），德国法官，曾因精神崩溃而数度求医，后来把自己的患病经历写成了一本书《一个神经症患者的回忆录》。弗洛伊德曾根据此书对其进行精神分析，影响深远。——译者注

成了。无论如何都是真正开始的决策（decision that is in any way the true beginning），不应显现在意识面前，不应被召回心灵，因为这样做，恰恰等于把它召回。至于决策，为自己保留了再次将其置于日光之下的权利的人，永远无法实现这一开始。[1]

借助于这个深渊般的自由行为（abyssal act of freedom），主体打破了驱力的回转运动（rotary movement of the drives），打破了不可名状之物这一深渊（abyss of the Unnameable）。简言之，这一行为是命名这一奠基性的姿势（founding gesture of naming）。谢林的哲学革命就表现在这里。他没有把下列两者简单对立起来：一者是前存有论的驱力（pre-ontological drives）这个黑暗的王国，是永远无法完全符号化的、不可名状的实在界；一者是逻各斯的王国，是永远无法完全“强迫”实在界的、清晰明了的言辞（articulated Word）。和巴迪欧一样，谢林认为，不可名状的实在界总会存在着残余，存在着“除不尽的余数”，它们躲避符号化。谢林认为，最激进的、不可名状的无意识并不处于逻各斯之外，不是逻各斯的晦涩的背景，而是命名之行为（act of Naming），是逻各斯这个奠基性姿势（founding gesture of Logos）。最大的偶然性，深渊般疯癫的终极行为，就是这样的行为——把理性的必然性（rational Necessity）强加于实在界这个前理性的混沌（pre-rational chaos of the Real）。因此，“疯癫”的真实意义并不在于世界之夜的纯粹过度（pure excess of the Night of the World），而在于这样的疯癫——向符号界自身过渡，把符号性秩序强加于实在界这一混沌世界（the chaos of the Real）。[2]如果说疯癫是构成性的，那么每个意义系统都具有最低程度的妄想性（paranoid），都是“疯”的。大卫·林奇（David Lynch）的《史

---

1　F. W. J. von Schelling, *Ages of the World*, Ann Arbor: University of Michigan Press 1997, pp. 181–182. 欲知对此概念的详细解读，请见下列著作第一章：Slavoj Žižek, *The Indivisible Remainder*, London: Verso 1997。

2　回忆一下弗洛伊德在分析妄想症患者施雷贝尔法官时是怎么说的吧。他指出，妄想症患者的“体系”不是疯癫，而是以假造的意义世界（ersatz universe of meaning），拼命地避免疯癫，避免符号世界的解体。Sigmund Freud, "Psychoanalytic Notes Upon an Autobiographical Account of a Case of Paranoia," in *Three Case Histories*, New York: Touchstone 1996.

崔特先生的故事》（*The Straight Story*）给我们提供的教益就在于此。艾尔文·史崔特决定开一辆割草机横跨美国中西部，去探望一个即将去世的亲戚。与此相比，《我心狂野》中的鲍比·佩鲁、《蓝丝绒》中的弗兰克等人物的可怜得近乎荒唐的变态行为又算得了什么？以此为尺度来衡量，弗兰克和鲍比的勃然大怒更像是秉节持重的保守派无能的戏剧表演。同样，我们可以追问：与理性自身的疯癫（madness of reason itself）相比，丧失理性导致的疯癫又算得了什么？

这是纯正的"黑格尔式"步骤。正是由于这点，作为哲学家，黑格尔不仅在思考处于主体性之核（core of subjectivity）的疯癫深渊（abyss of madness）方面用力最勤，而且把作为意义整体的哲学体系推向了"疯狂"的顶点。还是这个缘故，从常识的角度看，"黑格尔"有十分充分的理由来代表这样一个时刻的来临：哲学发疯了，它在精神失常的伪装下，探索"绝对知识"（absolute knowledge）。

## "真理源于误认"

那么，黑格尔要用他的"绝对之知"（absolute knowing）概念达到什么目的？真理有其假象，这是它固有的本性。拿走了幻象，就会丧失真理。真理要想构成自身，就需要花费时间，经过幻象这一阶段。只有以此为背景，才能回答上述问题。我们必须把黑格尔放回柏拉图-笛卡儿-黑格尔三人构成的序列中，而且这个序列与客体-主体-绝对一一对应：柏拉图的理念是客观的，它以真理为化身。笛卡儿的主体代表着主观性的自我意识（subjective self-awareness）的无条件的确定性（unconditional certainty）。黑格尔呢，他增添了什么？如果说"主观"（subjective）是相对于我们的主观局限而言的，如果说"客观"（objective）是事物的真实面目，那么，"绝对"（absolute）又添加了什么？黑格尔的答案是："绝对"并不添加任何更加深刻和重要的维度，它所做的全部事情，就是把（主观的）幻觉纳入（客观的）真理。"绝对"的立足点（standpoint）使我们明白，现实包含着虚构（或幻象），正确的选择只能出现在错误的选择之后：

　　绝对之知是一个点（point），在这个点上，意识反射性地接受了下列事实：对于真理的进程（progress of truth）而言，幻觉或幻象的份额（share of illusion or fantasy）是构成性的。真理并不位于幻象之外，因为幻象是真理配置（deployment of truth）的关键因素。这种洞识迫使我们把绝对之知视为穿越幻象之点（the point of traversing the fantasy）。……要把绝对之知视为这样的点，在那里，幻象需要在哲学中占有一席之地。……如果说，幻象以前显现为否定（*negativum*），显现为失败点（point of failure）或特定的哲学赌博点（point of a specific philosophical wager），那么，它现在被视为真理配置的积极时刻（positive moment）。[1]

　　黑格尔要求我们推翻整个哲学史，因为哲学史是由这样的一系列努力构成的：把庸见（*doxa*）与真正的知识清晰区分开来。在黑格尔看来，庸见对于知识来说是构成性的，它也构成了知识的一部分。正是这一点，使真理具有了时间性和事件性（temporal and eval）。真理的这个事件性特征（eval character）涉及逻辑悖论。这是让-皮埃尔·迪皮伊在其论述希区柯克的《眩晕》的令人钦佩的文本中提出的：

　　　　一个客体拥有属性 x，直至时间 t；时间 t 后，不仅客体不再具有属性 x；也就是说，说该客体在任何时间都有属性 x 是不对的。因此，"客体 O 在时刻 t 时具有属性 x"，这个命题的真值取决于这个命题被阐述时所处的时间（depends on the moment when this proposition is enunciated）。[2]

　　注意这里的精确概括：不是说，命题"客体 O 拥有属性 x"的真值取决于命题是否指明了时间——即使指定了时间，真值仍然取决于

1　Jela Krečič , *Philosophy, Fantasy, Film*, doctoral thesis (in Slovene), University of Ljubljana 2008.
2　Jean-Pierre Dupuy, "Quand je mourrai, rien de notre amour n'aura jamais éxisté," unpublished typescript of an intervention at the colloquium *Vertigo et la philosophie*, Ecole Normale Superieure, Paris, October 14, 2005.

命题被阐述时所处的时间。或者引用迪皮伊这个文本的标题说，"我死的时候，我们的爱情将从来没有存在过"。想想婚姻和离婚吧：为离婚权提供的最聪明的证据（提供这一证据的，不是别人，而是青年马克思），不是引用粗俗的主张，如"和万事万物一样，爱的依恋（love attachments）不是永恒的，也会随着时间的推移而变化"，等等；相反，它承认，不可溶性（indissolubility）是婚姻概念的一部分。证据是，离婚总是具有回溯的余地（retroactive scope）：离婚不仅意味着婚姻已被取消，而且意味着，还有某些更激进的东西——婚姻应该被取消，因为它一直都不是真正的婚姻。

正是基于这个原因，黑格尔的观点基本上都是静态（static）：事情变成了它们总是已经成为的那个样子，持续变化的只是静态的整体性（static totalities）。历史主义－进化主义的"活动论"[1]所无法把握的，是 T. S. 艾略特等人在很久之前围绕下列事实提出的真正辩证的观点：每个真正新颖的艺术现象都不仅代表着与整个过去的决裂，而且还会回溯性地改变过去。在每个历史紧要关头，现在都不只是现在，它还包括了对过去（过去是现在的固有之物）的透视。比如，在苏联于 1991 年解体后，在得意扬扬的自由主义者－资本主义者看来，十月革命不再是人类历史上一个新时代的开端，而是人类历史上的一场灾难性偏差（catastrophic deviation）的起点。这是黑格尔的反"活动论"给我们提供的终极教益：辩证法与这样的政治或实践毫不相干——在某个发展阶段（或为了走向某个发展阶段）它被证明是合理的，但进入"更高"阶段后，它就会丧失其合理性。对历史进行辩证的分析时，每个新阶段都会"改写过去"，并回溯性地解除先前阶段的合法性。[2]

这样回溯性的去合法化（retroactive de-legitimization），造就了对过去现象的"隐没的调停者"（"vanishing mediators" of past phenomena）：尽管对于新形式（new form）的形成而言，过去的现象可能是必不可

---

1 "活动论"（mobilism），一种地理学学说。根据该学说，在地壳变化的过程中，地球的表面位置发生了明显的水平移动。——译者注

2 我在此采纳的思路来自下列著作第四章：Slavoj Žižek, *Less Than Nothing*, London: Verso 2012。

少的时刻，但新事物（the New）一旦形成，过去现象的作用便遁于无形。且举一个不太可能发生的例子，它就是安·兰德以英文撰写的第一部小说《我们活着的人》（*We the Living*）。故事发生在1922—1925年间的彼得格勒。出身于资产阶级家庭的年轻女子基拉·阿古诺娃（Kira Argounova）意志坚定，卓然独立，设法进入了理工大学，以满足自己的渴望，实现自己的梦想，成为一名工程师。在那里，她结识了安德烈·塔加诺夫（Andrei Taganov），一个充满理想的政治保卫局的高级官员（秘密警察）。虽然政治信仰不同，两人相互尊敬，彼此倾慕。基拉发现安德烈值得信赖，可以与他谈论自己最隐秘的思想和观念，即使她那情意绵绵的恋人利奥·科瓦连斯基（Leo Kovalensky）也无法替代这个角色。利奥长相英俊，出身于贵族家庭，追求自由的精神可与基拉媲美。不幸的是，利奥感染了肺结核，因为无法获得国家资助而不得不离开疗养院。这时，基拉假装爱上了安德烈，同意做他的情妇，以便让他帮助利奥继续就医。几个月后，病愈出院的利奥卷入了黑市投机交易。安德烈得到密报，却不知道基拉和利奥的关系，以危害国家罪逮捕了利奥。最后，他发现了基拉和利奥的关系，然后是安德烈和基拉的正面对峙，这是小说中最痛彻肺腑的一幕。当基拉告诉安德烈，她假装爱上他，只是为了使真正的心上人利奥获得帮助时，安德烈的反应不是我们意料中的反应——暴跳如雷和疯狂报复，而是对他在无意之中给她造成的痛苦深感懊悔，同时理解她对利奥的深情厚意——她为利奥牺牲了自己。为了对形势有所补救，安德烈保证把利奥带回来，交给基拉。利奥获释后，安德烈失去了在党内的职位，自杀身亡。

　　尽管小说坚定地反对当时的意识形态，但它还是充满了歧义。令人惊讶的不只是主人公安德烈在获知基拉并不真的爱他时做出的高度伦理性的反应，更令人惊讶的是下列事实：这个伦理反应似乎是安德烈的人格面具（communist persona）的一部分。在这里，充满邪恶的不单是革命本身，而且是对革命的背叛，这在背叛了自己天职的革命者和古老腐朽的资产阶级达到的协议中达到高潮。仿佛尽管革命存在本质性的缺陷，尽管腐败不可避免，但也只有通过革命，才能获得真理。面对法庭，慷慨激昂地发表演讲的，是安德烈这个保卫局的官员。这为赞美个人精神和反对集体主义的兰德式演讲[1]提供了最早的版本，后来的版本是《源头》中的霍华德·洛克在面对陪审团时发表的演讲、《阿特拉斯耸耸肩》（*Atlas Shrugged*）中的约翰·高尔特（John Galt）的冗长的广播演讲。因此安德烈是某种"隐没的调停者"。他是兰德式主人公的原初形象（proto-figure）。他的立场之根在这里还清晰可见，但在她后来"成熟"的作品中消失得无影无踪。对意识形态进行有效批判的第一步，是使这样的隐没的调停者重新现身，就兰德而论，就是表明，即使极端的反共姿态私底下也以其自身为前提。（在与此不同的层面上，这道理同样适用于《源头》。《源头》中的主人公霍华德·洛克——他是以弗兰克·劳埃德·赖特[2]为原型的——设计的建筑不同样诡异地类似于俄国20年代的现代主义？）

这是为什么说黑格尔的辩证法不是粗俗进化论（vulgar evolutionism）。根据粗俗进化论，一种现象在"自己正当时"是合理正当的，一旦时过境迁，它就应该销声匿迹。与此不同，辩证法有其"永恒性"。这意味着，去合法化总是回溯性的，"自身"消失的事物总是应该消失的。这使我们回到问题的症结上来。不出所料，这个症结就是主体自身。黑格尔-拉康式主体是最终的"隐没的调停者"：它从来都不在此时此地出现（it is never present here-and-now），它的每一次现身，都总是已经以其符号性再现的形式隐没。[3]换言之，主体是个未知因素（X），它总是隐没于它的再现（always already vanishes in its representations）。正是这一点，使得这个概念成为极其辩证的概念。

这个改变过去的循环（this circle of changing the past）在不求助于时

---

1    "兰德式演讲"，指安·兰德小说中的主人公发表的长篇演讲，通常充满张扬个性、主张自我的说教。《阿特拉斯耸耸肩》中的里尔登在法庭上发表的演讲竟然长达六十多页，令人叹为观止。——译者注

2    弗兰克·劳埃德·赖特（Frank Lloyd Wright），美国建筑师、室内设计师、作家、教育家。——译者注

3    这句话的原文是："in every present constellation it already vanishes in its symbolic representation."其大意谓：主体出现、再现、在场，但这不是主体的全部。主体之为主体，还在于它的消失、藏匿、隐没，但会留下它的符号性"再现"或"表征"（representation），即留下它的痕迹。循此"再现"、"表征"或"痕迹"，可以回溯性地把主体"建构"起来。——译者注

光旅行（time travel）的情况下是如何可能的？答案已由亨利·柏格森提供：当然，无法改变过去的现实（past reality），但可以改变过去的虚拟维度（virtual dimension）。当某个真正的新事物出现时，它会回溯性地创造它自身的可能性，它自身的原因和条件。[1]可以把一种潜能插进（或撤出）过去的现实。例如，坠入爱河能够改变过去：仿佛我总是已经爱上了你，我们的爱情已由上苍决定，是"对实在界的应答"（answer to the Real）。因此，我现在的爱情引发并促成了现在的过去。[2]所有真正的事件，包括政治事件，都以同样的时间悖论（temporal paradox）为特征。罗莎·卢森堡对此一清二楚。她在与爱德华·伯恩斯坦展开激烈论战时，提出了两个观点，以反对修正主义者的恐惧：修正主义者害怕无产阶级在环境成熟之前，提前夺取权力：

> 首先，实现从资本主义社会向社会主义社会的转型是令人敬畏的，以一个快乐的行为实现如此令人敬畏的转型，是无法想象的。……社会主义的转型是以漫长和顽强的斗争为前提的。在这个过程中，无产阶级不止一次地被击退，是完全可能的。所以，从斗争的最终结果这一角度看，第一次夺取权力的斗争必将来得"过早"。
>
> 其次，避免无产阶级"提前"夺取国家权力，将是不可能的。之所以如此，是因为无产阶级这些"提前"发起的进攻构成了一个元素，一个非常重要的元素，为最终胜利创造了政治条件。在与夺取权力相伴而生的政治危机中，在漫长和顽强的斗争中，无产阶级将获得足够的政治成熟，使它及时取得革命的最终胜利。因此，无产阶级对国家权力"提前"发起的进攻本身就是重要的历史元素，这些元素有助于激发和决定最终胜利的到来。从这个视角考虑，有关劳动阶级"提前"夺取国家权力的说法，似乎是源于机械社会发

---

1　对柏格森的这一思想路线的详细阐发，请见下列著作的第九章：Slavoj Žižek, *In Defense of Lost Causes*, London: Verso 2007。

2　这句话的原文是"My present love thus causes the past which gave birth to it"，它是对上面所说的"改变过去的循环"的注释：在黑格尔辩证法的层面上，我现在的爱情回溯性地建构了过去，也就是说，现在是"因"，过去是"果"；但在常识的层面上说，没有过去就没有现在，也就是说，过去是"因"，现在是"果"。倘若不考虑这两个"层面"，它就构成了一个循环。——译者注

展观的荒诞想法。它为阶级斗争的胜利设置了固定的时间和地点，而这样的时间和地点处于阶级斗争之外，与阶级斗争无关。

无产阶级永远不能做好夺权的准备，只有"提前"夺取权力之一途。无产阶级绝对有义务一次或数次"过早"地夺权权力，然后才能永久维持自己的动力。所以，反对"提前"夺取权力，本质上不过是全面反对无产阶级拥有国家政权的渴望而已。[1]

根本不存在元语言，不存在这样的外部位置：站在那里，能动者（the agent）可以精打细算，需要有多少次"过早"的努力，才能把握正确的时刻。何以这么说？因为这是"真理源于误认"（"*la vérité surgit de la méprise*"，就像拉康所说的那样）的实例。在这里，"过早"的努力改变了空间和衡量时间的尺度（space or measure of temporality）：主体"抢先一步"，冒险在条件完全成熟之前采取行动。[2]主体投身于符号性秩序，此举同时沿着两个方面盘绕（coils）时间的线性流动：它涉及沉淀（precipitation），也涉及回溯性（事情回溯性地变成了它们现在的样子，只有当事物与其自身存在着时间上的延宕时，它的一致性才能出现）。简言之，每个行动天生地既过早，又过迟。必须学会等待，不要惊惶失措：如果行动过快，行动就会变成"向行动过渡"（*passage à l'acte*），即为了避免面对僵局而仓促前行。如果错过了时机，行动过迟，行动就会丧失作为行动而应有的品质（即作为激进干预而应有的品质，在这样的干预过后，"一切都不再是原来的样子"），成为存在秩序（order of being）内部的局部变化，成为事物的正常流动（normal flow of things）的一部分。当然，问题在于，行动总是同时太快（条件永远不会完全成熟，我们必须听命于干预的紧迫性）和太迟（行动的迫切性表明，我们

---

1　Rosa Luxemburg, *Reform or Revolution*, Chapter Ⅷ, available at www.marxists.org.
2　或许正是这一点，使得拉康引入的缩短诊疗时间的做法变得问题重重。拉康注意到，在标准的五十分钟的诊疗时间内，患者多数时间喋喋不休，只是到了最后几分钟，到了时间即将耗尽时，到了精神分析师即将打断他时，才开始惊惶失措，匆忙说些有意义的材料。所以拉康的想法是，简单地略过那些被浪费掉的时间，把诊疗时间限制在最后几分钟之内，那时，在压力之下，会发生些有意义的事情。不过，问题在于，对于最后几分钟要爆发的内容来说，前面被浪费掉的四十五分钟是不是必不可少的妊娠期。

来得太迟，我们总是早就应该采取行动了）。简言之，对于行动而言，根本不存在正确的时刻。如果我们等待正确的时刻，行动就会被化约为存在秩序中的事例（an occurrence in the order of being）。

## 化成之圈

正是因为这种时间上的复杂关系，在黑格尔那里，一切都具有了事件性（everything becomes evental）：事物是它自身化成（its own becoming）这一过程（事件）的结果，而且这个过程性（processuality）消除使之去实体化（de-substantializes）。精神（Spirit）本身因而被彻底去实体化：它不是对自然的积极反作用力，不是逐渐打破和照耀惰性自然材料的不同实体，它不过是摆脱什么东西（freeing-itself-from）这个过程而已。黑格尔直接否认下列精神概念——精神是破坏这一过程的积极能动者（positive Agent）：

> 人们常说精神是主体，说它能做事，除了它做的事，说它是这一运动（moiton），是这一过程，还是某个具体的事物，说它的活动有点偶然性。……正是由于精神具有这种性质，它才成了这个绝对的活力（absolute liveliness），成了这个过程，才从自然性（naturality）、直接性开始行动，才扬弃，才放弃自身的自然性，才接近自己，才解放自己，它成了自己，只是因为它作为自身的产物来接近自己；它的现实性（actuality）也只是意味着，它使自己成了它现在的样子。[1]

路德维希·费尔巴哈和青年马克思对黑格尔进行了唯物主义的逆转，但他们不接受这种自我指涉的循环性（self-referential circularity），把它视为唯心主义的神秘化（idealist mystification）的一个实例而抛弃，重新回到了专门探讨具有本质属性的实体性实存物（substantial entities

---

1　G. W. F. Hegel, *Philosophie des subjektiven Geistes*, Dordrecht: Riedel 1978, pp. 6–7.

endowed with essential qualities）的亚里士多德式存有论（Aristotelian ontology）那里。在马克思看来，人是 *Gattungswesen*[1]，即属的存在（being-of-genus），它通过实现自己的"本质力量"（essential forces）肯定自己的生命。罗伯特·皮平以实例说明，在何种意义上说，黑格尔的精神是"它自身的结果"。他提到了普鲁斯特《追忆似水年华》的结局，提出了下列问题：马塞尔是如何最终"成了他现在的样子"的？答案是：与柏拉图式的幻觉决裂，即不再认为他的自我（Self）能够"通过任何事物，任何价值或现实来获得，只要那事物、价值或现实超越了全然时间性的人类世界（wholly temporal human world）"：

> 它是……通过没能变成"一个作家的样子"（what a writer is）来实现他内在的"作家的本质"（writer's essence）的。仿佛那个角色必须具有某种先验的重要性（transcendentally important），或者甚至扮演确定性、实质性的角色。马塞尔意识到，这样的变成（becoming）是重要的，但这样的变成不是通过先验（the transcendent）获得的，不是通过成为全然时间性和有限性（wholly temporal and finite）获得的，这样的全然时间性和有限性时时处处悬而不决（always and everywhere in suspense），但依然能够启人深思。……如果马塞尔已经成为他现在的样子，而他现在的样子又以某种方式与他自己的过去保持联系，使他成了他自己的过去的经验的产物，那我们就不可能有能力通过求助实体性的或潜在的（现在发现的）自我，或通过求助继任者的实体性自我（successor substantial selves），来理解下列一点：每个人都通过某种自我欣赏（self-regard）与未来和过去联系在一起。[2]

正是在这个深渊般的循环性（abyssal circularity）中，寻找这个行为

---

1　*Gattungswesen*，中文一般译作"类本质"，也有人把它译作"类存在""类成员""类存在物""种类之物"等。——译者注

2　Robert Pippin, *The Persistence of Subjectivity*, Cambridge: Cambridge University Press 2005, pp. 332–334.

本身创造了寻找的对象。因此，只有通过全盘接受这个深渊般的循环，精神才能"找到自己"。这是为什么我们要极端重视皮平使用的"没能"（failing）一词：对于这个过程来说，没能（failure）直接达到目的是绝对重要的，也是构成性的。[1] 或者再次引用拉康的话说，真理源于误认。如果"它只是作为精神自身的结果"[2] 出现的，那这意味着，有关黑格尔式精神的下列标准看法是误导性的：精神首先自己异化自己，其次在它的他者性（otherness）中识别自己，然后重新占据自己的内容。实际情况是，精神要回归的自我（Self），就是在这个回归的过程中制造出来的；或者说，回归过程要回归之处，正是回归的过程制造出来的。这使我们回到符号性事件特定的时间性（specific temporality of the symbolic event）上来，即回到从"尚未"（not yet）向"总是已经"（always already）的突然逆转上来。形式变化和内容变化之间，总是存在着分裂：事物在物质的层面上逐渐变化，而且这种变化是在地下进行的，一如鼹鼠忙忙碌碌的劳作。斗争突然爆发，从地下走到地上时，鼹鼠已经完成了自己的任务，战斗事实上已经结束。所要做的全部事情，就是提醒那些掌权者留意自己的脚下，让他们明白，那里已经空空如也，整个大厦就像纸牌堆成的房子，轰然倒塌。这方面著名的事件是，当英国前首相撒切尔夫人被问及，她取得的最大成就是什么时，她快速回答道："新工党。"她说的没错，她取得的成就是，即使政敌也采纳了她的基本经济政策，但真正的成就不是战胜敌人，而是使敌人采用你的语言。如此一来，你的观念就成了整个领域的基础。这道理同样适用于约翰·洛克和罗伯特·菲尔默[3] 之间爆发的伟大论战。菲尔默反对启蒙运动的下列观念：在自然状态下，每个人都是由上帝平等地创造出来的，因而每个人都拥有一系列的自然权利。菲尔默声称，父亲对家庭的统治是所有统治的真正的起源和典范。上帝最初把权威赋予亚当，挪亚从亚当那里

---

1　说"没能（failure）直接达到目的……也是构成性的"的意思是：正是因为没有直接达到目的，才使这个过程成为真正的过程，才"构成"了这个过程。——译者注

2　Hegel, *Philosophie des subjektiven Geistes*, p. 7.

3　罗伯特·菲尔默（Robert Filmer），英国政治理论家，"神圣王权"的拥护者，著有《父权论》（*Patriarcha*），曾与约翰·洛克等人展开论战。——译者注

继承了这一权威，等等。这样一来，家长继承了绝对权力，并以此统治自己的家人和奴仆。菲尔默认为，所有国王和统治者的权威都来自这些家长，因此这样的权威是绝对的，是建立于神圣权利之上的。问题在于，在积极投入这种理性的论争时，菲尔默已经走向由其对手控制的地域，即社会自然史（natural history of society）的地域。

　　这把我们带回到爱情（坠入爱河）的话题上来，因为这样的时间分裂也是爱情（坠入爱河）的特征。在亨利·詹姆斯的一个短篇小说中，主人公谈到了一位与他关系密切的女人："她已经爱上了他，只是她还不知道这事而已。"本杰明·利伯特[1] 做过一个有关自由意志的著名实验：即使在我们有意识地做出某个决定（比如动动手指）之前，与之相应的神经过程早已启动。这意味着，我们有意识地做出的决定只是记录了已经开始进行的事情（给实际上的既成事实追加不可且不必追加的权威）。我们在詹姆斯的小说中得到了利伯特这一实验的弗洛伊德式的对应物。在弗洛伊德那里，决定先于意识。这样说只是意味着，决定是无意识性的，而不是说，做出决定的过程是纯粹的客观过程。在这里，弗洛伊德加入了谢林的行列，因为在谢林看来，真正的自由决定也是无意识性的，这是我们从来都不在此时此刻坠入爱河的原因：经历了（通常是漫长的）地下妊娠过程，我们突然间意识到，我们（已经）坠入爱河。"坠"（入爱河）的过程从不发生在现在的某个时刻，它总是已经发生过了。

　　就瓦格纳作品的整体而论，打断了事件流动（flow of events）的冗长叙事——歌唱者在歌剧开始前概述先前发生过的事情，或概述在先前的歌剧或先前的一幕中发生过的事情——似乎是失败的征兆，它表明，整体艺术（Gesamtkunstwerk）的计划已经失败。我们看到的，不是有机的介绍（organic *Darstellung*），不是对事件的直接呈现，而是人造

---

1　本杰明·利伯特（Benjamin Libet），美国加利福尼亚大学旧金山校区生物学系教授，曾经通过科学实验证明，促使人类发出某个动作的，并非人的意识、意向或自由意志，而是其他方面的大脑活动，因而否定了自由意志的存在——所谓的"自由意志"只是自欺欺人的幻觉。——译者注

的表象（artificial *Vorstellung*），即对事件的再现。[1] 但是，如果这些冗长叙事全都遵守严格的"陈述"（declarative）这个述行逻辑（performative logic）呢？某人做了某事，某人宣布，自己就是那个做了某事的某人，而且以此宣布为基础，某人又做了新的某事。在这里，主体做出"宣布"的时刻，而非主体做某事的时刻，才是主体转型（subjective transformation）的真正时刻。换言之，真正的新事物是通过叙事出现的，是通过显然是纯粹地、复制性地复述已经发生过的事情出现的。正是这种复述，为以新形式采取行动（的可能性）开辟了空间。因为对自己的工作环境心怀不满，工人对自己的主人大发雷霆（参加自发的罢工）。然而，只有在大发雷霆之后，在他把自己的大发雷霆当成阶级斗争的行动来讲述时，他才在主观上把自己转化为一个革命主体，并以这个转化为基础，作为一个真正的革命者采取行动。在瓦格纳的音乐剧中，常有这样一些段落，在那里，主人公滔滔不绝地概述此前发生过的事情。有些傻子认为这样的段落枯燥乏味，但这些段落中的复述所发挥的"述行"作用比任何地方出现的复述都更明显。正如阿兰·巴迪欧指出的那样，[2] 这些冗长的叙事是真正的戏剧转换场所（sites of dramatic shift）。在戏剧转换的过程中，我们目睹了叙事者深刻的主体转化。这方面的典型是《女武神》（*Walkuere*）第二幕中沃坦（Wotan）的长篇独白：从自己的叙事中脱颖而出的沃坦，不再是叙事之前的沃坦，而是决定以新方式采取行动的沃坦。这时的沃坦看到和接受自己的最终失败，决定满足自己欲望——终结自己（decides to desire his own end）。巴迪欧还注意到，音乐肌质（musical texture）发挥的作用在这里至关重要：正是音乐把（听上去像是）对有关事件的报告和对世界的陈述变成了叙事者本人的主观质变的展开（deployment of the subjective metamorphosis）。我们还可以看到，瓦格纳要把实际行动（通常是一个战役）化约为无关紧要的、随手处置的，甚至可以推出舞台的事例（occurrence）——就像《帕西法尔》第二幕开始时那样。瓦格纳作品中的实际战斗都非常简

---

1　关于这个想法，请见：David J. Levin, Richard Wagner, *Fritz Lang, and the Nibelungen*, Princeton: Princeton University Press 1998。

2　In his seminar on Wagner at *Ecole Normale Superieure*, May 14, 2005.

短，如《罗恩格林》第三幕中罗恩格林和特拉蒙的短暂决斗，或《特里斯坦与伊索尔德》第三幕中特里斯坦和梅洛特的决斗，都是如此。与冗长的叙事和宣言相比，这样的简短战斗显得怪异。想无视这种怪异，是不可能的。

## 性中的不适[1]

这最终使我们回到弗洛伊德革命。弗洛伊德革命也被归纳为对性的事件性特征（evental character of sexuality）的洞识，或对性中真理的假象的内在性[2]的洞识。故事始于婴儿之性（infantile sexuality）的一个怪异病例，是弗洛伊德的关键发现之一。正如杰拉·瓦奇曼（Gérard Wajcman）清晰观察到的那样，在我们时代，婴儿之性表现为放任自流，表现为违反所有的性禁忌和性压抑，因而使精神分析被淘汰，使弗洛伊德对儿童之性（sexuality of the child）的洞识不可思议地被忽视：

> 似乎我们社会中残存的唯一的禁律，剩下的仅有的神圣价值，就是不能使儿童受到侵害。即使他们头上的金发，也禁止触摸。仿佛儿童重新发现了弗洛伊德曾经设法质疑的天使般的纯洁。毫无疑问，我们如今谴责的是弗洛伊德这样的恶毒之人。我们把他视为这样的人物：通过揭露儿童与性的关系，干脆利落地剥夺了我们的纯真的童年。在这个每个大街角落都充斥着性的时代，不可思议的

---

1 "性中的不适"（Das Unbehagen in der Sexualität），是对弗洛伊德的 "Das Unbehagen in der Kultur" 的戏仿，而弗洛伊德的 "Das Unbehagen in der Kultur" 则源于他题为 *Die Zukunft einer Illusion. Das Unbehagen in der Kultur* 的著作。其中的 "*Das Unbehagen in der Kultur*" 一般英译为 "The Uneasiness in Culture"，指文化中的不适、不安、担忧、不自在等，中文则译为 "文明及其不满"，与原文相去甚远。——译者注
2 "对性中真理的假象的内在性的洞识"，原文为 "the immanence of false appearance to truth in sexuality"，是多重语义的杂糅：（1）无论是性，还是性行为或性经验，总之都包含着真理或真相；（2）性的真理或真相总是以假象的形式表现出来，没有假象就是没有真理或真相；（3）性中不仅有真理或真相，真相不仅以假象为形式表现出来，而且这种假象是真理或真相的天生固有之物，它是内生性、内源性的，是使性中的真理或真相之为真理或真相的存有论依据，总之是不可或缺的。——译者注

是，纯真的儿童卷土重来。[1]

　　那么，是什么使得儿童之性变得如此骇人听闻？不是下列简单的事实：本应纯真无瑕的儿童已被性化。儿童之性的骇人听闻之处具有两个特点（它们当然是同一枚硬币之两面）。首先，儿童之性是一种诡异的现象，它既不是生理性的，或以生理为根基的，也不是符号／文化规范（symbolic/cultural norms）的一部分。不过，这种诡异性没有通过成人之性或"正常"之性被扬弃，而且成人之性或"正常"之性也总是被扭曲、被取代的：

> 　　一谈到性，男人就会遭遇最大的悖论：通过驱力获得的东西（what is acquired through the drives）先于内在性和本能性的东西（what is innate and instinctual）。这样一来，到那时，有适应能力的本能之性发现，自己的位置已由婴儿驱力（infantile drive）所占领，而婴儿驱力总是早已出现在无意识中。[2]

　　出现这种怪异过度（strange excess）的原因，是性与认知（cognition）之间存在着联系。有一种标准的看法，根据这种看法，性是某种本能的生命力，它必须被压抑或通过文化作品（work of culture）来升华，因为处于原始状态的本能的生命力会对文化作品构成威胁。与这种标准的看法相反，我们应该肯定性与认知的联系。肯定性与认知的联系，还会使我们重新认识性与政治的关系。应该重新思考 20 世纪 60 年代的陈旧格言"个人的即政治的"（the personal is political）[3]：关键不再在于，即使隐秘的性关系领域（sphere of sexual relations）也渗透着奴役和统治的权力关系。相反，关键在于重新关注政治域（the political）最

---

1　Gerard Wajcman, "Intimate Extorted, Intimate Exposed," *Umbr(a)* (2007), p. 47.

2　Jean Laplanche, "Sexuality and Attachment in Metapsychology," in D. Widlöcher, ed., *Infantile Sexuality and Attachment*, New York: Other Press 2002, p. 49.

3　在下文中，我较多参考了以下作品：（Alenka Zupančič），"Die Sexualitöt innerhalb der Grenzen der blossen Vernunft" (unpublished manuscript) 的内容。

基本的特征：政治世界（universe of politics）在存有论上天生地是开放的（ontological open），政治决策是在"没有充足理由"的情形下制定出来的。或者说得更确切些，在政治中，我们总是身陷最低程度的恶性循环，因为决策总是回溯性地设置自己的理由。基于这一原因，政治论争永远不能通过理性的辩论和论点的比较来解决：同一个论点，站在不同立场上的人会做不同的解读。在典型的政治论争中，某人提出某个论点，但在其对手看来，这个论点必定包含着致命的缺陷（"难道你没有发现，你这样说意味着……"对话者对此的回答是"那正是我赞成这样做的原因……"）。政治不是应用型的、预先存在的中性知识（applied pre-existing neural knowledge），因为所有的知识都已经是有所偏袒的，都已经被人的担当"着色"。不存在双方都能引以为据的终极的中立规范（如"人权""自由"等），因为双方斗争的焦点恰恰在于，这个规范应该是怎样的。[自由或人权的标准何在？对于保守的自由主义者（servative liberal）来说，自由和平等是对抗性的；但对于左翼分子来说，它们是同一个 *égaliberté*（自由平等）之两面。]换言之，政治是围绕着"缺失的一环"（missing link）结构起来的，它以某种存有论的开口（ontological openness）为前提，以分裂或对抗为前提。在性中，同样的分裂或存有论开口发挥着同样的作用。在政治和性这两种情形下，关系从来都不能由包含性的普遍能指（encompassing universal Signifier）来保证。同样，（在积极进行斗争的政党与政党之间）并不存在政治关系，也不存在性关系。

正是对这"缺失的一环"的探寻，维持着性与知识的联系，使得认知性探查（cognitive probing）成为人类之性不可化约的组成部分。这样的认知性探查和质疑与如今的主导性态度（predominant attitude）背道而驰。如今的主导性态度要么把性化约为具体的功能满足问题（那个男人能够完全勃起吗？那个女人是否放松得足以得到充分的性高潮？），要么还是以化约主义的方式，把性视为深层情绪问题和生存问题的表现形式[那对夫妻的性生活不能令他们满意，因为他们过着被异化的生活，身陷消费主义的完美主义（consumerist perfectionism）陷阱，内心积聚了被压抑的情绪创伤，等等]。

　　不过，为了避免跌入最后一个或许也是最危险的陷阱，必须采取进一步的措施。重申儿童之性是复杂众多的多相变态驱力[1]，说这样的多相变态驱力会被俄狄浦斯生殖常态（Oedipal genital norm）整合成一个整体，是不够的。儿童之性不是性的真相或基础，或某种原初的生产场所，只是到了后来，才受到了生殖常态（genital norm）的压制／整合／规制（oppressed/totalized/regulated）。换言之，我们绝对不应该把有关生产性分子诸众（productive molecular multitude）——高级克分子（摩尔）秩序（higher molar order）就寄生在这个"诸众"之上——的标准的德勒兹式观念应用于性。性是由下列事实来界定的：根本没有性关系。局部驱力（partial drives）的全部的多相变态嬉戏（polymorphously-perverse play），都是在这种不可能性／对抗（impossibility/antagonism）的背景上发生的。因此，性行为（交媾）具有两个方面：正面是不可能性之僵局（deadlock of impossibility），反面则是性的巅峰时刻。正是在这个过程中，主体体验到了这种不可能性，体验到了内在的阻塞，这种不可能性或内在的阻塞削弱了性。这是交媾无法独立完成，而需要来自局部驱力的支持（从爱抚、亲吻到其他"小型"的色情做法，如拍打、挤压），以及来自幻象网络（web of fantasies）的支持的原因。如此说来，这个行为有点类似于卡夫卡小说《城堡》中的城堡：近距离看，它只是一堆肮脏的农舍，只有退到一定的距离之外再来看它，才能一睹它迷人的风采。从它的直接的物质性来看，这个行为就是一套粗俗愚蠢的重复动作；透过幻象的迷雾，看到的是强烈的快感之巅。用拉康的话说，如果交媾行为的前面是 $S_1$，即把一系列性行为（sexual activities）整合成整体的主人能指，那它的反面则是 S（$\cancel{A}$），即"被画上斜线的大对体"之能指，对性秩序（order of sexuality）的对抗／阻塞之能指。

　　幻象的原初场景，是孩子无意中听到或看到父母的那个他们无法理解的场景。这一切意味着什么？于是孩子幻象了一个场景，以解释那些

---

1　"多相变态驱力"（polymorphously perverse），人类最初的性驱力。所谓"多相变态"，指任何客体都可能成为快感之源，这自然含有"变态"之意。——译者注

情感极其强烈的片段。不妨回忆一下大卫·林奇《蓝丝绒》中的那个著名场景：藏在壁橱里的凯尔·麦克拉克伦（Kyle MacLachlan）目睹了一场诡异的活动，即伊莎贝拉·罗西里尼（Isabella Rossellini）和丹尼斯·霍珀（Dennis Hopper）的性活动。我们可以把他看到的东西解读为幻象性补充（fantasmatic supplement），他以之说明他当时听到的东西：他听到了紧张的喘息声，那喘息声伴随着性活动；这时，他看到霍珀戴上了面具，做了个深呼吸。这个幻象的基本悖论在于，主体永远无法真正"长大成人"，永远不会抵达这样的时刻：他会说，"好吧，我现在终于完全明白那是怎么一回事了，所以我现在再也不需要幻象了！"这也是拉康所谓"根本不存在性关系"时所要表现的意思之一。这样的幻象有其滑稽的效果，这滑稽的效果发生于这样的时候：有关交媾作用的知识与婴儿的猜测（infantile speculation）混合在一起。例如，我有个朋友告诉我，在获得了有关交媾在传宗接代中发挥的作用的知识后，他编造了一个神话，以便把上述知识与他确信的东西——孩子是由鹳鸟送来的——混合起来：一对夫妻亲热时，有个鹳鸟在悄悄地看着他们，如果鹳鸟喜欢他们扭动身躯的样子，就会把一个孩子送给他们，以资奖励……

在一般人看来，精神分析告诉我们，无论我们正在做什么，私下里总在"想那个"——性是对所有活动的普遍的、隐秘的指涉。这里的逻辑与一个美国原住民部落的逻辑如出一辙。那个原住民部落发现，所有的梦都有隐秘的性意味，唯一的例外是直接的性梦，它毫无性意味可言，在这里，要寻找与性无关的意味。与任何"真实"的、有血有肉的他人的接触，在触摸他人时产生的性快感，都不是自然而然、不言而喻之物，都具有内在的创伤性（inherently traumatic），也只是因为这个他人进入了主体的幻象框架，这样的性快感才能存在和维持。幻象能够发挥这一作用，完全是因为"根本不存在性关系"，不存在确保某人与其性伴侣发生和谐关系的普遍公式或普遍母体。每个主体都必须建构自己的幻象，建构自己"私人"的性关系公式。对于男人来说，只有当女人与他的公式相吻合时，与她建立关系才是可能的。这是成年人也需要性教育——甚至比儿童更需要性教育——的原因。他们要学习的,并不是技巧,而是那时如何激发幻象。每对夫妻或情侣都必须建构自己特定的公式。改写一下莎士比亚《无事生非》中的道格贝里(Dogberry)向西可尔(Seacoal)提供的建议,可以说:"享受性爱是环境造成的,会写字念书才是天生的本领。"[1] 马克思曾在《资本论》中引用过这句话。

这意味着,我们还应该拒绝接受下列主流观点:霸权意识形态(hegemonic ideology)在所有方面——包括社会、法律、经济、伦理、宗教方面——把优先权赋予"自然"的性,即标准的以生殖为目的的交媾,同时试图压抑或压制局部驱力这一多相变态之性。在这里,局部驱力这一多相变态之性被视为非社会性之物和危险之物。只有作为"正常"性行为的次要的预备阶段(作为前戏的爱抚和亲吻),才能容忍它的存在。可在这种观点的最大支持者——基督教——那里找到驳斥这一主流观点的最佳论据:

> 基督,即使是从死里复活,也是因为他的肉体而身价倍增。他的肉体是手段,凭借着它,在他面前举行的圣餐仪式(communion)才是重合仪式(incorporation)——口腔驱力(oral drive)。通过举办重合仪式,基督的太太——就是所谓的教会——感到非常满足,不再想从中获得任何东西。

> 在基督教产生导致这些结果后发生的一切,特别是在艺术中发生的一切(在这方面,我与"巴洛克主义"不谋而合,我也愿意披上"巴洛克主义"的外衣),都是激发原乐(jouissance)的肉体的展览,而且你可以相信某人的证词,虽然他在意大利参加了教会的狂欢——没有交媾的狂欢,刚刚从那里归来。[2]

拉康的意思很清楚,那就是,我们应该拒绝那个无休止地重复

---

1 《无事生非》中的原文是:"一个人长得漂亮是环境造成的,会写字念书才是天生的本领。"(To be a well-favoured man is the gift of fortune; but reading and writing comes by Nature.)——译者注
2 Jacques Lacan, *On Feminine Sexuality, the Limits of Love and Knowledge (Seminar XX)*, New York: Norton 1999, p. 113.

的"关键"论题：天主教的性道德把"标准的异性恋"强加于人类的
具有颠覆性的、破坏稳定的"多态之性"（polymorphous sexuality）。有
人认为，局部驱力是自慰性的、非社会性的，而生殖之性（genital
sexuality）则奠定了社会联系的根基（家庭是基本的社会形式）。与这
种看法不同，我们应该坚定地主张，局部驱力中并不存在必然反社会
之物，局部驱力是社会的黏合剂，是交融的材料（stuff of communion），
这与异性恋夫妇构成了对比。正如弗洛伊德在《群体心理与自我分
析》（*Group Psychology and the Analysis of the Ego*）中强调的那样，异
性恋夫妇是非社会性的，是自觉远离共同体的，因而也是不被教会和
军队信任的，而教会和军队正是弗洛伊德所谓的社会联系的两个楷
模（不妨回忆一下某些军队中的潜规则：可以强奸，但不建议永久的
性关系）：

> 直接的性倾向不利于群体的形成。……为了获得性的满足而走
> 到一起的两个人，只要他们寻求独处，就在表明他们反对群居的本
> 能，反对群体的情感。他们越是相爱，就越是觉得彼此相互拥有，
> 此生足矣。……在大型人为群体（artificial groups）中，即在教会和
> 军队中，女人不可能成为性对象（sexual object）。男人和女人的性
> 爱关系仍然处于这些组织之外。即使在那些由众多男人和众多女人
> 组成的群体中，两性之间的差别也毫不重要。[1]

不妨引用阿伦卡·祖潘契奇（Alenka Zupančič）对上述引文所做的
简洁评论：

> 因此，交媾中有着某种极具破坏性的、事关生死的东西。至于
> 它提议的某种（社会）联系，基督教并不真的需要，这种联系只是
> 表面因素，是处于（理想的）需要之物顶端的某种东西，因而它是

1  Sigmund Freud, *Group Psychology and the Analysis of the Ego*, Chapter XII, Postscript, available at
www.bartleby.com.——作者注。中文版见《弗洛伊德文集》，第6卷，车文博主编，长春出版社，
2004年，第103-104页。——译者注

干扰性的因素。在（某些）宗教的想象中，"自然"交媾的确是严格禁止的，而也没有从正典化的圣徒形象——这些圣徒吃另一个人的排泄物——中排除。如果从这个角度看，基督教的确全都关乎"肉体的原乐"（jouissance of the body），关乎构成另一个人的原乐的（上帝的）肉体。局部驱力和这些驱力获得的满足相当丰富地存在着。从这个意义上说，这样说是对的：就其力比多方面而言，基督宗教（Christian religion）严重依赖属于"婴儿之性"这一领域的事物，即借助于局部客体获得的满足和建立的联系，同时排除性交（sexual coupling）。纯粹的享乐，"以享乐为目的的享乐"，并没有真被禁止；被禁止或被压抑的，是它与性的联系，特别是它与以"交配"（copulation）为形式的性的联系。[1]

因此基督教承认多相变态的驱力满足（polymorphously-perverse satisfactions of drives）的存在，但对这些驱力做了"去性化"处理，对这些驱力提供的快感做了"去性化"处理。快感本身不是问题：基督教文献充斥着由默想、祈祷和仪式提供的强烈的天堂快感（ecstatic heavenly pleasures），但它彻底切断了这些快感与性的联系。这里的反讽在于，基督教的主体化模式（Christian mode of subjectivization）最大的分析者和批判者米歇尔·福柯的所作所为与基督教的所作所为一模一样，因为他也致力于认定，快感处于性的领域之外。下一个问题当然是，教会在压抑交媾时，究竟压抑的是什么？不是使夫妻或情侣远离其共同体的性快感本身（"对动物交媾的极度渴望"），不是原始的自然快感（人类若想实现自己的精神潜能，就必须培养这种原始的自然快感），而是性的形而上学维度。也就是说，性远非人类生活的自然根基，而是这样的领域：在那里，人类使自己摆脱了自然，有关性变态的观念，有关致命的性激情的看法，统统与动物世界无关。在这里，依据黑格尔自己设立的标准，他犯了一个错误。他注意到，借助文化，性的自然实体（natural substance of sexuality）被培育、扬弃、

---

1　Alenka Zupančič, "Die Sexualitöt."

调停，结果，我们作为人类不再为繁衍后代而从事性活动，还要进行复杂的引诱和婚姻的过程，通过引诱和婚姻，性成了男人与女人的精神联系的表现形式。不过，黑格尔没有注意到，就人类的境遇而言，性不仅被转化，被文明化，而且在其实体方面发生了更大的变化：性不再是以生殖为目的的本能性驱力（instinctual drive），而是成了这样的驱力，它现在面临阻挠，无法实现自身的自然目标（繁殖），因而迅速成为无限的、真正形而上学的激情。因此，性的文化化（becoming-cultural of sexuality）不是自然的文化化（becoming-cultural of nature），而是驯服形而上学的性激情这个真正非自然的过度（properly unnatural excess of the metaphysical sexual passion）的努力。这个在性中清晰可辨的、与暴民（apropos the rabble）相关的否定性之过度（excess of negativity），是野性（unruliness）之维度。这个野性之维度，被康德视为狂暴的自由（violent freedom）。正是因为这种狂暴的自由，人类需要主人，这是人类与动物的不同之处。所以，不仅性被"扬弃"为"开明"的模式和礼仪，不仅性被绅士化，被规训（倘非如此，性的过度可能导致这样的结果——突破"文明"的制约），而且性作为无条件的激情（unconditional Passion），本身就是文化的结果。用瓦格纳的《特里斯坦与伊索尔德》中的话说，文明不仅是白昼的世界（universe of the Day），是与骑士精神相关的仪式和准则（它把我们结为一体）的世界，而且是夜晚，是无限的激情，在那里，情侣们渴望终止他们普通的日常存在。动物对这样的激情一无所知。就这样，文明回溯性地设置或转化了它自身的自然预设（natural presupposition）：文化回溯性地对自然做了"去自然化"的处理，其结果就是弗洛伊德所谓的本我（Id），即力比多（libido）。这也是精神（Spirit）在反对它的自然障碍物时，在反对自身的自然实体（natural substance）时，以其自身的本质（its own essence）亲自披挂上阵的原因。

　　人类是例外，即打破本能性动物平衡（instinctual animal balance）的驱力曲线（curve of the drive）吗？我们思想的终极视域就是把本能（instinct）转化为驱力（drive），或通过对本能进行去自然化处理，使之变成驱力的这一过度 / 干扰（excess/disturbance）吗？如果是这样的话，那我们依然身陷自然与人类过度（human excess）的标准对立之中。但是，我们应该采取进一步的措施：前人类的现实（pre-human reality）本身是"例外性"的、不完整的、不平衡的，而且这种存有论的分裂或不完整性"同样"是与人类一起出现的。（这条道路是由谢林、本雅明和量子物理学勾勒出来的。）从更加字面化的意义上讲，人类是自然的例外，在人类那里，使自然成为自然的例外就这样显现出来。仿佛在这里，构成性例外的逻辑是以不同的方式——即"非部分的部分"（part of no-part）的方式——运作：正是作为对自然的干扰，人类把形体赋予自然，使之具有普遍性。

在这个关键时刻，我们遇到了理应避开的终极诱惑：依据动物之性与人类之性的对比，说明存有论的否定性（ontological negativity），说明由性引入的断裂（rupture）。拉康本人未能幸免这个标准的传统观念。在其著作中，他自始至终都在反复改变否定性和断裂这一母题。否定性和断裂是通过人类之性引入自然交媾世界的。可以以这种方式解读本能和驱力之间的区别：动物拥有本能性的知识（instinctual knowledge），这知识告诉它们何时交媾和如何交媾，对于它们来说，交媾只是自然生命圈（natural circuit of life）的一部分；我们人类则彻底迷失了方向，缺乏指导性生活的本能坐标（instinctual coordinates for sexual life），这是我们必须学习做爱、依赖在文化上建构起来的场景（instinctual coordinates for sexual life）："自然中存在着性本能，但人类中没有性本能［相对于自然而言，人类是例外点（point of exception）］。就其最基本的层面而言，人类背离了自然。"[1] 沿着这条思路，杰拉·瓦奇曼解释了，何以在电视上观赏野生动物纪录片会给我们带来无穷无尽的快乐，它使我们瞥见了一个乌托邦世界，在那里，不需要语言和训练；瞥见了一个"和谐社会"（某国人会这样说），在那里，人人都自发地知道自己扮演的角色：

---

1 Alenka Zupančič, "Die Sexualitöt."

人是非自然化的动物（denatured animal）。我们是患有语言病
（sick with language）的动物。有时候我们渴望治愈。但是，闭嘴不
语无济于事。你也不能盼望自己变成动物。所以，作为安慰，我们
观看动物频道，并对那个未被语言驯服的世界大感惊奇。动物让我
们听到了纯粹的寂静之音（a voice of pure silence）。怀念鱼的生活。
人类似乎受到了库斯托综合征的冲击。[1]

不过，还可以通过另外一种方式，一种更激进的和真正黑格尔式
的方式，来理解性的脱位（dislocation of sexuality）：如果平衡的"自
然"之性只是人类的神话，只是回溯性的投射（retroactive projection）
呢？如果这样的自然形象只是终极的人类神话，是终极的"被虚构
的传统"（invented tradition）呢？在这里，拉康本人出现了分裂：有
时他声称"动物知道"，动物拥有本能性的性知识；有时［比如在说
*lamella*[2]时］他声称自然的性别差异中已经存在着匮乏，*lamella* 即"由
于下列事实的存在而从生物中抽离的东西——它屈从于性化繁殖的循
环（cycle of sexed reproduction）"[3]。所以，在自然之性中，已经存在着
丧失或僵局，某种脱位或否定性已经现身于自然，现身于性繁殖的核
心地带：

> 似乎自然中存在的某种东西在这时犯下了巨大的错误。问题并
> 不在于，自然"总是已经成了文化性的自然"。问题在于，自然当
> 初就缺乏某种使它成为自然（我们的大对体）的东西。表述这种看
> 法的一种方式是这样说，根本不存在性本能，也就是说，性没有能

---

1  Gerard Wajcman, "The Animals that Treat Us Badly," *lacanian ink 33*, p. 131.——作者注。"库斯
托综合征"（Cousteau syndrome），以法国海洋学家和环境保护者雅克·库斯托（Jacques Cousteau）
命名的综合征。患上这种综合征的人相信，生物学是唯一的海洋科学，化学、地理学、物理学和
气象学都与海洋无关。——译者注
2  关于 "*lamella*"，尚无恰当的中译。作者在本书后面把 *lamella* 称为"神话般的生物"，"可以把
它粗略地译为'人蛋卷'（manlet），即'人'（man）与'煎蛋卷'（omelet）的缩写"。——译者注
3  Jacques Lacan, *The Four Fundamental Concepts of Psychoanalysis*, New York: Norton 1998,
p. 198.

够为性指引方向的、内在的知识（"律法"）。[1]

因此，人类之性不是相对于自然而言的例外（an exception with regard to nature），不是自然本能之性的病态脱位，而是这样的时刻，在那时，属于性交媾的脱位/不可能性显现出来。以何种形式显现出来？对此，无论人类还是性化动物（sexed animals）"均不知道"，也就是说，人类之性和动物之性都缺乏坚固稳定的本能根基。人类和动物的差异在于，动物不知道自己不知道（do not know that they do not know），它们晕头转向，不辨东西，而人类知道自己不知道——他们记录了自己的不知道，然后努力去知道（"婴儿之性"就是要做这番努力的）。我们可以用黑格尔的话说，在从性化动物向人过渡时，不知（not-knowing）从自在转向了自为，转向反思性记录（reflexive registration）。但我们现在谈论的不是意识，不是"意识到"我们的不知。这种记录（registration）正是无意识性的："使人类动物（human animal）与一般动物不同的，并非下列事实——它是意识性的，或者它知道自己天生就不知道（natural lack of knowledge），即本质上缺乏性知识，而是下列事实——它'没有意识到这种知识的存在'。"[2]

十多年前，关于已知（the known）和不知（the unknown），美国前国防部长拉姆斯菲尔德认真做过一番颇为著名的业余哲学思考："世上有已知的已知，即我们知道我们知道的事情。世上也有已知的不知。也就是说，有些事情，我们知道我们不知道。但是，这世上还有不知的不知，也就是我们不知道我们不知道的事情。"[3] 他忘了第四个也是至关重要的术语："不知之知"（unknown knowns），即我们不知道我们知道的事情，而这正是弗洛伊德所谓的无意识，它就像拉康常说的那样，"知道了，却不知道自己已经知道了"。不过，这里遇到了更加复杂的

---

1 Alenka Zupančič, "Die Sexualitöt."

2 Ibid..

3 这段文字语法极简单，但读起来甚是拗口，理解起来也不太容易，故附上原文："There are known knowns. These are things we know that we know. There are known unknowns. That is to say, there are things that we know we don't know. But there are also unknown unknowns. There are things we don't know we don't know."——译者注

问题。如果我们就说到这里，那就会为某种荣格式或新纪元的无意识
观留下用武之地。他们认为无意识是有关我们自己的渊博知识，是有
关我们隐秘真相（innermost truth）的神秘宝藏。这样一来，精神治疗
的目的是进行"内心的航行"（voyage inside），发现埋葬在我们内心
深处的隐秘的智慧宝藏。与此相反，弗洛伊德的无意识不仅是不知的
知识（unknown knowledge），而且是有关不知的不知的知识[1]。我们无
意识地知道，我们缺乏性的知识（we lack knowledge about sexuality），
我们无意识地知道下列创伤性的事实——我们用神话和幻象模糊了性
关系。

　　动物之性看上去是稳定的，也受到了本能的规制。之所以如此，是
因为性化动物犹如众所周知的站在悬崖上的卡通猫——它们没有坠落，
它们觉得自己的性运转正常，那是因为它们没有向下看，没有记录它
们下面的深渊，没有"在无意识的层面上注意到"性的僵局。不过，在
这里，我们抵达了另一个关键点：它们的不知（not-knowing）犹如纯
咖啡，还是犹如没有咖啡因的咖啡？也就是说，动物的"不知的不知"
（unknown unknowns）是直接的知的缺乏（absence of knowing），是纯粹
的不知（not-knowing），还是对于知（knowing）的朦胧渴望，对于记录
匮乏或深渊（registering the lack or abyss）的朦胧渴望？[2] 答案是，动物
并不知道它们不知道，但这不应该令我们上当受骗：它们依然不知道。[3]
因此，即使动物的不知（not-knowing）也与绝对的外在不知（absolutely
external not-knowing）不可相提并论：动物的不知涉及它们自身的杂乱

---

1　"有关不知的不知的知识"（unknown knowledge about not-knowing），包括三层含义：（1）不
知，比如有些事情我们是不知道的；（2）我们知道我们不知道那件事情；（3）虽然"我们知道我们
不知道那件事情"，但"我们知道我们不知道那件事情"已经沉入我们的无意识，所以对"我们知道
我们不知"已经不再知道。总之是强调"知"与"知"的复杂的辩证的关系。这种看似简单的关系之
所以复杂，是因为它涉及"意识"和"无意识"的关系，涉及"实在界"和"符号界"的关系。——
译者注
2　在这里，我们应该牢记，自然/文化之间的区分是自然内部的区分。如此说来，把文化与自
然对立起来，每个这样的姿势都必定对自然保持最低程度的迷恋：唯一连贯的自然主义是把特定
的人类维度（specifically human dimension）视为自然的一部分的自然主义。不过，一旦我们进入
意义的视域，自然/文化之间的区分就成了文化性的区分了。
3　这令我们想到齐泽克常讲的那个笑话，即电影《鸭羹》中的台词："他可能看上去像傻瓜，
说起话来像傻瓜，但你千万别上当——他真的是傻瓜！"——译者注

和匮乏。换言之，没错，人是自然的伤口（a wound of nature），但无论从字面上讲，还是从根本上讲，人是自然本身的伤口（a wound of nature itself）——在人身上，自然的内在特性（innermost feature of nature）已经记录下来。

因此，《圣经》把性与知识联系起来是对的：在亚当吃了知识树上的果子后，人类被性化了。说到与女人发生性关系，《圣经》的用词是"知道她"。[1]回想一下那母题，即有关年迈老练的女人向年轻人讲述性的母题吧。比如，在 1949 年的黑色片《十字交锋》（*Criss Cross*）中，儿子为自己的情妇——一个蛇蝎美人——辩解，反对母亲的指责，声称她只是家境贫寒和没有受过教育而已。这时，他母亲警告他："在某些方面，她知道的人比爱因斯坦还多。"[2]这里的陷阱恰恰在于，不可能获得这种知识——关于性的终极知识是个幻象。于是我们回到了多相变态的婴儿之性的问题上：要在严格的精神分析的意义上理解"变态"一词。变态者与癔症主体不同。癔症主体不知道该做什么和该怎么做，于是提出一堆问题，对大对体狂轰滥炸："为什么我是你说我是的那种人？你想从我这里得到什么？我究竟想要什么？"与癔症主体相比，变态者知道。这是局部驱力构成了多重快感之域的原因，而且每一种快感都以某个特定的知识（specific knowledge）为根基：主体知道做什么和怎么做（如何吸吮和挤压，如何排便，如何观看，如何毁灭……），所以才会带来快感。但是，正如拉康所言，在交媾行为中，根本不存在生殖驱力（genital drive），不存在驱使主体直接获得满足的驱力。在这里，知识天生是缺乏的，主体需要幻象，以便逃离这种混乱状态。所以，当把生殖交媾（genital copulation）当作性规范（sexual norm）强加于人时，强加于人的目的并不在于压抑局部驱力的多重性（multiplicity of partial drive），而在于模糊处于局部驱力核心地带的否定性 / 不可能性

---

1 "知道她"（know her），也可译为"认识她"。另外，钦定本《圣经》的确用"know"指发生性关系，其他版本不知。纳博科夫的《洛丽塔》中有一段文字描述主人公亨伯特的心理活动，就使用了"Know her"（知道她或认识她）的典故。——译者注

2 这是双关语，还可理解为："她知道的比爱因斯坦还多。"表面上说她知识丰富，实际上指她荒淫无度。——译者注

（negativity/impossibility）。

　　因此，局部驱力不只是快乐的自我封闭的循环运动（这种循环运动派生快感）。局部驱力的循环运动是反复的失利（repeated failure），反复的努力——努力围绕某个核心空白（central void）运转。这样做意味着，驱力并不是原初事实（primordial fact），必须把它从先前的星群（constellation）中演绎出来：在逻辑上先于驱力的，是存有论的失利（它奔向目标，却受到阻挠），是某种形式的激进的存有论否定性（radical ontological negativity）。驱力的基本操作是：它要获得充分的享乐，但均以失利告终，它要在每次失利中获得享乐。因此，我们应该把下列两者区分开来：一者是可以获得局部满足的驱力，一者是驱力的这一循环运动试图应对的具有破坏性的否定性（disruptive negativity）。这个彻底的否定性构成了驱力的沉默背景，我们应该怎么称呼它呢？一边是陷于局部客体的驱力，它的重复性的循环运动派生了满足，一边是"纯粹"的死亡驱力，是不可能的、"整体性"的（自我）毁灭意志［will to (self-)destruction］，是欣喜若狂的自我毁灭［在自我毁灭中，主体重新加入了母性原质（maternal Thing）］，我们只需把它们区分开来吗？使这一区分大成问题的是，它把死亡驱力重新转化成了有关欲望及其丧失的客体的措辞：正是在欲望中，实证的客体成了不可能的原质这个空白（the void of the impossible Thing）的转喻性替代物；正是在欲望中，对于充分性的渴望（aspiration to fullness）被转移到了局部客体身上——这就是拉康所谓的欲望的转喻（metonymy of desire）。这里至关重要的是，不要把欲望与驱力混为一谈：驱力不是对已固定于局部客体的原质的无限渴望，驱力正是这种固定本身，每一种驱力的"死亡"维度都寄身于这种固定之中。驱力不是向着乱伦原质（incestuous Thing）发起的普遍冲刺（universal thrust），它会发现自己已经停住（halted）或退缩（held back），它就是这种刹车（brake）本身，是对本能的刹车。它的基本运动不是这样的运动：在奔向原质这个空白的过程中超越所有局部客体。它是这样的运动：我们的力比多"卡"在局部客体那里，它注定永远围绕着局部客体运转。因此，归根结底，"纯粹死亡驱力"是伪概念，它只是一种努力——努力在驱力的视域之内思考驱力的疆界。更适当的做法不是把否定性之空白（驱力围绕着这个空白运转）界定为"纯粹"的死亡驱力，而是设置先于驱力与欲望之区分的否定性 / 不可能性（a negativity/impossibility that precedes the very distinction between drive and desire），是把驱力和欲望视为应对这一存有论僵局（ontological impasse）的两种模式。

# 第五章　存在、不知、绝对之知

## 知道、死亡、无知、牺牲

上帝并不能看到和知道一切，无法看穿我的心思而需要我来忏悔，他不得不依赖在他之外的大对体。如果只存在这样的上帝呢？如果据说存在的上帝是这样的上帝呢？如果无所不知（tatal knowledge）的前提是不存在（inexistence），而存在本身又暗示了某种非知晓（non-knowledge）呢？存在（being）与知道（knowing）的这一悖论关系把第三种情形引入了下列两者间的标准对立：一者是普通的唯物主义，在它看来，事物的存在与我们是否知道它存在无关；一者是主观唯心主义，在它看来，只有被某个心灵知道或觉察，事物才能存在。现在出现的第三种情形是：事物之所以存在，是因为没人知道它们存在。

正是这个缘故，意识形态批判（critique of ideology）包含有关被建构的无知（constructed ignorance）的理论：意识形态批判提供的一个主要教益是，意识形态不仅是社会性地建构起来的知晓（knowledge that is socially constructed），而且是社会性地建构起来的无知（ignorance）。它几乎无所不包，无所不有，从简单地不知道我们不知道（not knowing that we don't know），到彬彬有礼地忽视我们非常清楚的东西，总之覆盖了所有中间的层面（intermediate levels），尤其是制度性的无意识（institutional Unconscious）的层面。[1] 回想一下自由主义者对马丁·路德·金的盗用吧，这本身就是"忘记所学"（un-learning）的典范。亨利·路易斯·泰勒（Henry Louis Taylor）最近评论说："人人都知道马丁·路德·金，即使年龄最小的孩子也是如此，都会说，他最著名的

---

[1] 参见 Robert Proctor and Londa Schiebinger, eds., *Agnotology: The Making and Unmaking of Ignorance*, Stanford: Stanford University Press 2008。

时刻是他发表‘我有一个梦想’的演讲的时刻。但除了这句话，我们再也不知道别的。我们只知道，这个人有个梦想。至于这个梦想是什么，我们一无所知。"[1] 当马丁·路德·金被誉为"我们国家的道德领袖"时，他已经背离了 1963 年向华盛顿进军时对他欢呼雀跃的民众：因为提出了种族隔离之外的问题，他丧失了很多公众的支持，逐渐被视为暴民。正如哈佛德·锡特卡夫（Harvard Sitkoff）所言，他提出了贫困和军国主义的问题，因为他觉得这些问题对于"使平等成为实实在在的东西，使平等成为事实上的平等，而不只是种族间的兄弟之情（racial brotherhood）"至关重要。用巴迪欧的话说，马丁·路德·金奉行的是"平等公设"（axiom of equality），完全超出了种族隔离的话题。在 1968 年 4 月被暗杀前，他公开发声，反对越南战争，支持孟菲斯环卫工人的罢工。正如梅丽莎·哈里斯-雷斯韦尔（Melissa Harris-Lacewell）注意到的那样，"追随马丁·路德·金意味着踏上不受欢迎之路，而不是受欢迎之路"。简言之，拔高马丁·路德·金，使之成为道德偶像，实际上消除了我们对他的大部分了解。

　　我们可以继续引用无数类似的例子，从弗洛伊德"婴儿之性"这一关键话题在我们这个"放纵"的时代的近乎销声匿迹，到系统地忘记（unlearn）由殖民者强加于人的有关被殖民者的事实。这种忘记（unlearning）不仅涉及事实，而且涉及意识形态空间，而意识形态空间为我们理解"原始事物"（primitives）确立坐标。（例如，早期的民族学学者一遇到以鸟为图腾的部落，就会自动地认定，这个部落有个荒诞的信仰，即相信自己是鸟的子孙。）不过，这个忘记（unlearning）的过程也有积极的一面。丘吉尔在其丰碑般的二战史的最后几页，仔细考虑了军事决策这个难解之谜：在众多专家（经济和军事分析家、心理学家、气象学家等）提交了大量精致优雅的分析后，一些人不得不采纳最简单的分析，正是这个原因，最困难的行动是把这些复杂多样的观点（这些观点只要有一个理由赞成，必有两个理由反对）化约为一个坚定的"是"或"否"——我们将发起进攻，或我们将继续等待。从这个意义

---

1　此处的引文，以及稍后的两处引文，均出自：http://wcbstv.com。

上说，决定采取行动涉及忘记（unlearning）形势的复杂性。正是这个缘故，还可以用洞识和盲见（insight and blindness）来表述黑格尔所谓的"否定性"，把"否定性"视为盲目（blindness）拥有的"积极"力量，视为忽视现实的某些部分（ignoring parts of reality）拥有的"积极"力量。但是，关于这种形态的不知（not-knowing），最离奇的个案还要到弗洛伊德那个最著名的梦中去寻找。那是"并不知道自己已经死去的父亲"显灵的梦：

> 　　一个人的父亲病危，他悉心照料。父亲死后，他深感悲痛。一段时间过后，他做了一个无意义的梦：父亲活了过来，像平常那样与他对话。但是（值得注意的事情发生了），尽管他已经死了，但他不知道自己已经死去。如果在"尽管他已经死了"后面加上"那是做梦者的愿望的结果"一句，在"但他不知道自己已经死去"后面加上"做梦者确实喜欢这个愿望"一句，这个梦就能说得通了。他在照料父亲时，常常盼望父亲死去。也就是说，他的确曾经产生过一个真正悲悯的念头：如果死亡能够最终结束父亲的痛苦，死亡也是一件好事。在他因为父亲去世而悲痛时，这种悲悯的愿望变成了无意识的责备（an unconscious reproach），仿佛这种悲悯的愿望真的帮着缩短了病人的寿命。[1]

　　因此，这个梦的公式是："父亲不知道（我希望）他死去。"这提供了标准的解释，即记录了做梦者欲望的能指（"我希望"）被省略了。不过，这样的解读忽略了"父亲并不知道他已经死去"这个场景的诡异效果，即"某个实存物之所以还活着，只是因为他不知道自己已经死去"这个场景的诡异效果。拉康曾经重新解读弗洛伊德的一个梦，在那里，死去的儿子出现在父亲面前，发出了骇人的责备："父亲，难道你没有看见，我被烧着了？"遵循拉康在阐释此梦时遵循的逻辑，如果在上述

---

1　Sigmund Freud, *The Interpretation of Dreams*, Chapter 6, Section G, Dream 2, available at http://books.eserver.org. 中文版也参见各版本《梦的解析》(《释梦》)，第六章。

梦中，面对盼望父亲死去这一愿望，我们并不把它阐释为被压抑的无意识愿望（repressed unconscious wish），而把它阐释为令做梦者伤脑筋的前意识问题（preconscious problem），会怎么样？倘若如此，梦的动力机制就会是这样的：做梦者做了这个梦，以平息他因在照料父亲时盼望父亲死去而产生的（前意识的）罪恶感。但是，与他的前意识的死亡意愿（death-wish）相比，他在梦中遇到的东西具有更大的创伤性。他在梦中遇到的是父亲这一形象（他还活着，因为他不知道自己已经死去），是不死的父亲这个反常的鬼魂（obscene specter）。拉康在解读有关不知道自己已经死去的父亲的梦时，瞄准的就是这个方向。他是以下列律令（imperative）为背景解读该梦："弗洛伊德以其公式'它去过哪里，我就在哪里生成'[1]提升这一律令的地位，使之具有前苏格拉底的地下宝藏守护神（pre-Socratic gnome）的崇高威望"：

> 它曾在的地方……，这是什么意思呢？如果仅仅是曾有过的它（用未定过去时），那么现在说了这话之后怎么就会使我到那儿了呢？
>
> 但是法语翻译成了：它曾在的地方。让我们利用一种单独的未完成过去时，在它曾在的那一忽的地方，在它只存在一瞬间的地方，"我"变成了消失在我所说的之外的存在。
>
> 否定自己的言说；取消自己的言谈；消散中的无知；错失中的时机。残留在这儿的除了那为了从存在中堕出而必须有的东西的痕迹以外还会有什么呢？
>
> 在《心理事件的两个原则的构成》一文中，弗洛伊德叙述了一个梦，这个梦饱含着一个亡父的鬼魂回来的悲痛。在这个梦中有这样一句话：他不知道他是死了。
>
> 我们已经以这句话为起头来说明主体与能指之间的关系。这种关系是由言说构成的，而存在由于自己的言谈带来的言说的摇摆而

---

1　这句话的原文是"wo es war, soll ich werden"，为了与下面的引文"对接"，这里采取了直译的形式。一般译为"本我在哪里，自我就必须去哪里"。——译者注

震颤不已。

如果说一个人只有在人们不告诉他他所不知道的真理时才能存在下去，那么这么存在所依靠的"我"又是什么呢？

他不知道……如果他知道得多了一点，啊！千万别让这发生！与其让他知道，还不如"我"死。是的，这样我才来到这儿，这曾经在过的地方，谁知道我是死了？[1]

注意拉康是如何把焦点从"不知道自己已经死去"的迷人的父亲形象转向潜伏于背景的问题的，即转向其他主体的。在这种情况下，"其他主体"是父亲出现在他面前的做梦者，他真的知道，父亲已经死去，而且自相矛盾的是，通过不告诉他他已经死去，让他继续活着。父亲的死亡当然被做梦者体验为终极灾难，如此一来，他的整个策略就是直接保护他人 / 父亲，使他不知道自己已经死去。这种保护还包括自我牺牲："啊！千万别让这发生！与其让他知道，还不如'我'死。"这种主体性态度的政治蕴含至关重要，正如托洛茨基的一个梦所清晰表明的那样。1935 年 6 月 25 日，流亡中的托洛茨基梦见列宁焦急地询问他的病情：

昨天晚上或今天一大早，我梦见我与他在谈话。从环境判断，那是在一艘船上的三等舱内。他躺在卧铺上，我在他身边，或站或坐，但究竟是站着还是坐着，无法确定。他正焦急地询问我的病情。"你似乎积劳成疾，必须休息……"我回答道，幸亏我原本就有强烈的生命力，总能从疲劳中快速恢复，但这一次，麻烦似乎藏得更深，且在变化之中……"那你应该认真（他强调这个字眼）看看大夫（说了几个人的名字）……"我回答道，我已经看过很多大夫，并把我的柏林之旅告诉了他。但是，看着他，我想了起来，他已经死了。我马上要赶走这个念头，以完成那场对话。我对

---

1 Jacques Lacan, *Écrits*, New York: Norton 2006, pp. 678-679.——作者注。译文来自《拉康文集》，褚孝泉译，上海三联书店，2001 年，第 611 页。——译者注

他讲了我 1926 年赴柏林治病的过程。讲完后，我想再加一句，"这事发生在你去世之后"。但我忍住了，只是说，"这事发生在你生病之后……"[1]

在阐释这个梦时，拉康把关注的焦点放在它与弗洛伊德那个父亲不知道自己已经死去的梦的联系上。[2] 这究竟是什么意思？对于托洛茨基这个梦，有两种完全相反的解读方式。根据第一种解读方式，不死是个极其荒诞的形象。[3]

死去之人却不知道自己已经死去，这代表着我们的顽固拒绝——拒绝放弃我们宏大的乌托邦计划，拒绝认可我们的形势的局限性。根本不存在大对体，领袖也是凡人，也会像别人那样犯错误。所以，到了让他死去的时候了，让这个令我们的政治想象剪不断、理还乱的幽灵安息吧，我们要以非意识形态的、实用的方式解决我们的问题。不过，说列宁依然活着，还有另外一层意义：他还活着，是因为他是巴迪欧所谓的普遍解放（universal emancipation）这一"永恒理念"的化身，是为正义所做的不朽斗争，任何羞辱和灾难都无法把它赶尽杀绝。

几个页码过后，拉康写下了"-1"的平方根（小客体即无法实证化的客体）。这时，他又回到了这个话题：

> 这正是主体在他觉得他的我思（cogito）在对他进行彻底的解释时所错过的东西——他错过的正是有关他自己的不可思议的事情。但是这个存在，这个似乎以某种方式从专有名词的大海中显现出来的存在，究竟来自何处？我们不能追问这个有关"作为我的主体"（subject qua I）的问题。一切他需要用来知道答案的东西，他都已经错过，因为如果这个主体——我——已经死去，那他就不会

---

1　Leon Trotsky, *Diary in Exile 1935*, Cambridge, MA: Harvard University Press 1976, pp. 145-146.

2　这个梦是拉康在论述"欲望及其阐释"的讲座之六上分析过的。该讲座于 1959 年 1 月 7 日举办。文稿未出版。

3　Fredric Jameson, "Lenin and Revisionism," in Sebastian Budgen, Stathis Kouvelakis and Slavoj Žižek, eds., *Lenin Reloaded*, SIC series, Vol. 7, Durham, NC: Duke University Press 2007, p. 59.

知道答案，正是我先前说过的那样。所以，他不知道我还活着。不过，我要因此向我自己证明这件事吗？我最多只能向大对体证明他存在，当然，不能借助于证明上帝存在的证据来证明其存在，因为上帝被杀死，已有几个世纪，而要通过爱上帝来证明其存在。这个解决方案是由福音信息（Christian kerygma）引入的。总之，这是一个不保险的解决方案，我们甚至无法想象用它绕开我们面对的问题，即"我是什么？"的问题。我处在这样的位置，从那里，"宇宙是纯洁的非存在中的一个瑕疵"被大声喊了出来。[1]

在这段文字中，要注意的第一件事情，就是主体的时间性（temporality）：主体从来都不在场，因为如果它在场，它就会是纯粹的无客体的自我意识（a pure object-less self-consciousness），就能以单数第一人称的口吻说"我现在死了"，然后融化成黏液似的污物，如同爱伦·坡的短篇小说《瓦尔德玛病例的真相》（"The Facts of M. Valdemar's Case"）中发生过的那样：

> "瓦尔德玛先生，你能不能给我们说说，你现在感觉如何，还有什么愿望？"肺病热患者特有的两个潮红圈立即复现在他的双颊上。他舌头颤动着，或者不如说，他的舌头在嘴里猛烈地搅动着（尽管上下颚和双嘴唇还是像以前那样僵硬）。最后，一个令人憎恶的声音（这声音我前面描述过）爆发出来："看在上帝的分上！——快！——快！——快让我睡觉——或者，快！——把我叫醒！——快！——我告诉你，我现在死了！"我彻底地气馁了，一时犹豫不决，不知道该怎么做。最初，我努力使病人镇定下来，但由于意志力的彻底丧失而没有达到目的。我重整旗鼓，起劲地努力着，要叫醒他。在这样做时，我很快知道，我能成功。至少我很快

---

[1] Lacan, *Écrits*, p. 694. 注意，最后一句话是量子物理学的回响：宇宙，我们的物质宇宙，是纯洁的太虚中的瑕疵，也就是说，它是作为破缺对称性（broken symmetry）的结果，脱胎于这个太虚的。——作者注。中文版参见《拉康文集》，褚孝泉译，上海三联书店，2001年，第631页。——译者注

幻想着，我会大功告成。我肯定房间里的所有人都做好了准备，看着病人醒来。

至于真正发生的事情，要让任何人都做好思想准备，是不太可能的。就在"死了！死了！"的叫声中——这叫声绝对发自病人的舌头而不是双唇——我迅速地采取了催眠的措施。就在我采取催眠的措施的时候，他的整个身躯在一分钟或更短的时间内快速收缩，快速崩溃，在我手的下方，化为一堆烂肉。在一群围观者的面前，床上出现了几乎是液体般的一团令人恶心的腐烂物。[1]

"令人恶心的腐烂物"不是小客体，而是与小客体相反的东西，即抽离了小客体后剩下的肉体残余，是某种去崇高化的肉体（desublimated body）。[2]当然，关键在于，对于人类主体而言，这样的主体立场——明确承认自己已经死去的阐述者的立场（position of an enunciator）——在结构上是不可能的。是不是只有上帝才知道自己已经死去？拉康的答案与此截然相反：同样的悖论适用于上帝，上帝总是已经死去，只是自己并不知道而已，他是通过基督教才获悉的。就上帝而论，其依靠我们这些信徒而生。作为信徒，我们完全可以想象这样的场景，我们告诉自己，"他不知道……如果他知道得多了一点，啊！千万别让这发生！与其让他知道，还不如'我'死。是的，这样我才来到这儿，这曾经在过的地方，谁知道我是死了？"

上述问题的答案当然是，没人知道我已经死去。这是我活着的原因。知晓的互为主体身份（intersubjective status），"被采纳的认知"（cognizance being taken）的互为主体身份，在这里生死攸关：我们面对的不仅是知晓，而且是关于大对体的知晓的知晓（knowledge about the Other's knowledge）。回想一下伊迪丝·沃顿（Edith Wharton）的《纯

---

1　Edgar Allen Poe, "The Facts of M. Valdemar's Case," available at www. eapoe. org.

2　总部设在纽约的女性电影记者联盟颁发一个名为"你想爱却无法爱的电影"（Movie You Wanted to Love But Just Couldn't）的奖项（2012 年的获奖作品是《云图》）。这样的电影就是缺乏小客体的电影，是该有的成分都有，唯独没有 *je ne sais quoi*（妙不可言的特性）的电影，而正是这个 *je ne sais quoi* 把所有的成分统一起来，凝成一个充满魔力的整体。

真年代》(*Age of Innocence*)的最后逆转吧。丈夫与奥兰斯卡伯爵夫人
(Countess Olenska)偷偷摸摸地私通多年，妻子早逝后，他终于获得了
与情人公开交往的自由。不过，在去找她的路上，他听儿子说，他年轻
的太太对他的风流韵事始终了如指掌。这时，与伯爵夫人的爱情变得不
再可能。知晓之谜就在于此：整个精神机理（psychic economy）发生了翻
天覆地之变化，但变化并没有发生于主人公直接获知某事（即某种长期
压抑的秘密）之时，而发生于他最后获知别人原来早就知道（他以为别
人不知道），只是出于维护面子的考虑而假装不知道此事之时，这是如何
可能的？一个丈夫在保持了长期婚外情后，突然获知他的太太对此早就
一清二楚，但出于礼貌，或更糟糕的是，出于对他的爱而沉默不语，还
有什么比这种情形更加可耻的吗？只要（丈夫不知道）大对体（他太太）
知道（他的风流韵事），他就活着——从某种意义上说，一旦获知她知道
他的婚外情，他就会一命呜呼，他的整个力比多生命就会分崩离析。

这使我们想到了牺牲的一个基本功能：人们牺牲自己，为的是阻止
大对体知道某个秘密。罗伯托·贝尼尼（Roberto Benigni）的影片《美
丽人生》(*Life is Beautiful*)讲的不就是这个道理吗？父亲牺牲自己，为
的是不让儿子知道（他们被关进了死亡集中营）。可再次以拉康的话凸
显父亲的推理："与其让他知道［我们身处死亡集中营］，还不如'我'
死！"正是这个缘故，为了看到这部影片的毛病出在什么哪里，我们所
需要做的，只是一个思想实验：同一部影片，只做一处改动——父亲最
后获知，他儿子自始至终都知道，自己被关进了死亡集中营，只是为了
让爸爸开心，假装相信爸爸的谎言而已。

在短篇小说《奥尔拉》(*Le Horla*)中，莫泊桑刻画了一个男人的形
象。这个男人突然在镜子里看到了自己的后背。那的确是他的后背，但
它出现的位置不对，因为从那个位置，那个男人绝对不能在镜子中看到
它。它看上去像一个怪异的客体。它怪异，不是因为它天生就有诡异性，
而是因为它暗含了一个不可能的凝视视角。或许这样的体验为弗洛伊德
所谓的诡异（Freudian Uncanny）提供了最基本的范例：我们看到了某种
非常熟悉的东西，很"家常"的东西，但使它变得诡异的，只是隐含的
凝视，仿佛我们正从外部审视自己（的躯体）。这样的凝视把我们（作为

发出这一凝视的主体）化约为纯粹性的无躯体的凝视（bodiless gaze），或者说得简单些，化约为死凝视（dead gaze）。与自己的二重身的相遇，会是极端的个案：我在自己的外部，在一个客体（另一个人的躯体）那里看到了我自己，这意味着，如果我作为一个活的躯体处于我自己之外，那么我自己必然已经死去。正是基于这个原因，莫泊桑这么做是相当正确的——他在小说结尾写下了这样的文字："不——不——关于这事，毫无疑问——他没有死去。那么——那么——我想我必须杀了自己！"

　　但是，我们应该做进一步的区分。在拉康看来，变态的牺牲有两种模式。第一，牺牲是对大对体无能的否定。在其最基本的层面上，主体没有通过自我牺牲而受益，他只是填补了大对体中的匮乏，维护了大对体全能的表象，或者至少维护了大对体的一致性。在好莱坞 1938 年摄制的经典冒险情节剧《火爆三兄弟》[1] 中，三兄弟与乐善好施的姑妈生活在一起。姑妈家有一条价值连城的项链，并引以为骄傲。三兄弟中的大哥偷走了项链，从此泥牛入海无消息。他知道，他偷了女恩人的财宝，将永远被视为粗野的盗贼。那他为什么这样做？到了影片最后，我们得知，他这样做，是为了阻止揭露尴尬的真相：项链是假的。早就几年之前，他就发现，姑妈为使家庭免于破产，不得不把项链卖给一位有钱的大公，然后弄了个毫无价值的仿制品摆在那里。在"盗走"项链之前，他听说，住在远方的舅舅（他与姑妈共同拥有那条项链）想卖掉项链，以获取利益。如果项链真被卖掉，人们就会发现它是假的，所以，要想维护姑妈及其家人的荣誉，唯一的办法就是上演一出"窃金记"。这是以盗窃罪为掩护的真正的骗局，即对下列事实的掩盖：归根结底，没有任何东西可供盗窃。如此一来，大对体的构成性匮乏（constitutive lack）得以隐蔽，这样的幻觉得以维持：大对体拥有被偷走的东西。如果说，因为爱，人把自己并不拥有的东西贡献出来，那么，在因为爱而生出的犯罪中，人从大对体那里偷走了大对体本不拥有的东西。这就是这部影片的标题暗指的"善行"（beau geste）。牺牲的意义也在这里：人牺牲自

---

1 《火爆三兄弟》是对片名"Beau Geste"的意译，"Beau Geste"的意思是"善行"。——译者注

己（牺牲自己在上流社会中的荣誉和未来），以维护大对体的荣誉这一表象，使心爱的大对体免于被羞辱。

不过牺牲还有另外一个更加诡异的维度。让我们以另一部影片——珍诺特·兹瓦克（Jeannot Szwarc）1981 年摄制的《谜》（Enigma）——为例。它讲述这样一个故事：东德一位持不同政见的记者移民西方，应征加入美国中央情报局（CIA，简称中情局），然后被派回东德，设法获取扰码器电脑芯片（scrambler computer chip），有了它，就能得到克格勃总部与其分支机构的通信信息。有迹象表明，东德当局已经获知他的到来。他也开始怀疑，此行出现了致命的问题，中情局内也有内线。不过，我们在电影即将结束时获知，答案更加令人拍案叫绝：中情局其实早已掌握了该扰频器芯片，俄国人也怀疑中情局掌握了该芯片，所以暂时不再用它传递机密信息。因此，这个行动的真正目的，是通过派遣特工窃取该芯片，同时把该特工的使命泄露给俄国人（期待出现这样的可能性——俄国人逮捕该特工），从而让他们相信，中情局没有掌握该芯片。当然，这个故事的悲惨的一面是，中情局想让这个任务以失败告终：为了达到更高的目的（让敌人相信，我们并不掌握其秘密），这个特工成了牺牲品。[1]

这里的策略是，我们假装在寻找什么，以便让大对体相信，我们尚未拥有自己正在寻找的东西。我们捏造了一个匮乏（a lack），一种不足（a want），为的是不让大对体知道，我们已经拥有了那个 agalma，即大对体内心的秘密。这一结构岂不与符号性阉割——符号性阉割构成了欲望——的基本悖论莫名其妙地走到了一起？在符号性阉割中，客体必须首先丧失，这样才能在反向的欲望阶梯（inverse ladder of desire）——欲望受制于律令——上重新获得这个客体。符号性阉割通常被界定为我们从来都不曾拥有的某种事物的丧失，即是说，欲望的客体成因（object-cause）是一个客体，该客体是通过自己发出的退缩姿势而出现的。不过，我们在此遇到的，是假装丧失（feigning a loss）这一行为的正面结

---

1　在下列著作中，我从不同的角度分析了这两个例子：Slavoj Žižek, *On Belief*, London: Routledge 2001。

构（obverse structure）。只要符号性律令这个大对体禁止享受原乐，那主体享受原乐的唯一方式就是假装他缺乏提供原乐的客体，同时摆出拼命寻找这一客体的样子，避开大对体的凝视，隐瞒自己已经拥有该客体的事实。

令人惊讶的是，我们在基督教神学中发现了与此相同的假装行为。在《神学大全》中，托马斯·阿奎那得出了下列结论：天国中受神祝福之人将获准观赏被神诅咒之人遭受惩罚的过程，如此一来，他们就会益发感到幸福和快乐。圣若望鲍思高（St. John Bosco）得出了同样的结论，只是方向与之相反：地狱中被神诅咒之人将能够观看身处天堂之人的快乐，这样一来，他们会益发感到痛苦。下面是阿奎那对其主张的概括：

> 绝对不应否认，受神祝福之人拥有其完美的至福。……所以，为了使圣徒更幸福和更快乐，也为了使他们为此更感谢上帝，上帝允许他们完美地观赏被神诅咒之人受苦受难。
>
> 为了使圣徒更加彻底地享受其至福，更多地为此感谢上帝，上帝允许他们完美地观看被神诅咒之人遭受惩罚。[1]

当然，阿奎那小心翼翼地避免出现这样的粗鄙蕴含：天堂里的好人通过观赏他人受苦而欢欣鼓舞。他沿着两条道路前行。首先，他认为，在天堂里，受神祝福之人完全觉悟，并为此而快乐，因为知识也是一种福气和一种完善，圣徒不应拒绝。如果天堂里的圣徒对被神诅咒之人一无所知，这会是对知识这种福气（blessing of knowledge）的拒斥。因此，圣徒将拥有更多的知识，包括有关地狱的更多知识，包括允许观赏地狱里的活动。下一个问题是，善良的基督徒在看到苦难时是否应该产生同情之心？如果应该，那天堂里受神祝福之人看到被神诅咒之人受苦，是否应该同情他们？阿奎那的答案是"不"，而且这答案建立在过

---

1　Thomas Aquinas, *The Summa Theologica*, Supplementum Tertia Partis, Question 94, Article 1.——作者注。译者未在最常见的《神学大全》英文版本中查到第二段引文的出处。在中华道明会 / 碧岳学社联合出版的《神学大全》第十七册中也没有找到相应的出处。——译者注

于吹毛求疵的理据上。他认为，看到对坏人的惩罚，善人不应同情：
"凡同情他人的人似乎分担了他人的不幸。但是，受神祝福之人不能分
担任何不幸。所以他们不能对受神诅咒之人的困苦表示同情。"[1]

阿奎那的第二条道路是批驳下列看法：天堂里受神祝福之人将以公
然粗暴的方式，从观看被神诅咒之人受苦的活动中获得喜悦。他认为，
享受一个事物，有两种模式。他是通过把这两种模式区分开来，批驳上
述看法的：

> 可以以两种方式从某物中获得喜悦。首先是直接的方式。以这
> 种方式，人从这个事物本身获得喜悦。因此，圣徒将不会从坏人受
> 惩罚的活动中获得喜悦。其次是间接的方式，即出于附属于这个事
> 物的另一事物的原因而获得喜悦。这样一来，圣徒将在坏人受惩罚
> 的活动中获得喜悦，因为他们在坏人受惩罚的活动中看到了神圣正
> 义的秩序（order of Divine justice），看到了他们自己获得拯救，这
> 会使他们满心欢喜。因此，神圣正义和他们获救，将是受神祝福之
> 人感到愉快的直接原因，而被神诅咒之人受惩罚的活动，间接地使
> 他们感到愉快。[2]

当然，这个最后的解释存在的问题是，两个层面之间的关系实际上
会被颠倒过来：神圣正义带来的享乐只是一种合理化，一种道德掩饰，
对从自己邻居的永恒苦难中获得的虐待狂一般的享乐所做的合理性和道
德掩盖。使得阿奎那的概括变得可疑的，是它引入的剩余享乐：仿佛天
堂极乐中的简单的生活乐趣略显不足，必须由额外的乐趣来补充，而额
外的乐趣就是被获准观看另一个人受苦的过程——只有以这种方式，受
神祝福之人才能"更加痛快地享受其天福（beatitude）"。我们可以想象
这样的天堂场景：某个受神祝福之人抱怨说，今天桌上的花蜜不如昨天
的可口，生活在极乐世界有点乏味，而为受神祝福之人服务的天使则恶

---

1　Thomas Aquinas, *The Summa Theologica*, Supplementum Tertia Partis, Question 94, Article 2.

2　Ibid., Question 94, Article 3.

狠狠地回道："你不喜欢这里的生活，对不对？好啊，看看下面的人是怎么过活吧，那样你就会知道，你生活在这里，有多么幸运！"对与此相应的地狱场景的想象，也应该与圣若望鲍思高看到的地狱场景象略有不同：因为远离神圣的凝视，被神诅咒之人享受着紧张而快乐的地狱生活——魔鬼的管理人只有在得知一群来自天堂的受神祝福之人获准匆匆一瞥地狱的生活时，才和颜悦色地哀求这些被神诅咒之人，让他们装出痛苦不堪的样子，以便给那些来自天堂的傻瓜留下深刻印象。简言之，看到别人受苦受难，这本身就是小客体，是欲望的成因，它维系着我们的快乐——没有它的陪衬，我们的极乐生活就会暴露其纯然的愚蠢本性。[1]

　　这样的悖论表明，符号性阉割不仅是我的符号性身份与我悲惨的经验存在之间的分裂。任何父亲（father）都不真的是父亲（Father），即使地狱也并不真的那么血流满地和乌烟瘴气，等等。由于符号性秩序本身具有反射性，我的符号性身份与我的悲惨的经验存在之间的分裂会反射到符号本身，成为符号性功能的内在之物，同时指出符号性功能的非一致性，即下列事实：对"如何成为一个父亲"这一问题做出的任何（特殊）规定，都不能与父亲的普遍维度（universal dimension of Father）完全吻合。基于这一原因，在官僚体制内，有些管理人员尽职尽责，他们逐字逐句地墨守法律条文，不折不扣地满足法律条文的每个要求，但这样的管理人员同时还是最粗暴和最荒唐的管理人员，展示了极其肮脏的原乐，而这原乐又颠覆了他们的普遍的符号功能。[2]还是基于这一原因，对符号权威的颠覆并不发生于一小片愚蠢的实在界（a stupid little piece of the real）进行干预之时（如官僚摔了一跤，放了个屁，等等），它恰恰发生于官僚百分之百地认同自己扮演的角色之时。拉斯·冯·提

---

1　因此，我们不应该对某些人对于他人苦难的极度冷漠过于感到震惊，即使这种苦难被广泛报道和普遍谴责，也是如此。否则，就会出现这样的情形：仿佛我们对苦难的愤怒，使我们变成了对苦难的目不转睛的、心醉神迷的旁观者。回想一下萨拉热窝在20世纪90年代初被围困的情景：萨拉热窝被围困长达三年之久，那里的人们不仅忍饥挨饿，而且暴露在持久的炮击和狙击火力之下。这里的难解之谜是，尽管媒体上充满了可怕的照片和报道，联合国部队、北约和美国全都没有付出丝毫的努力（如建立一个传送给养的通道），来打破对萨拉热窝的包围。这样做无需付出什么代价，还能给塞尔维亚军队施加些许压力，终结这样的持续已久的景观：在被围困的城市里，每天都在发生恐怖的行为。显然，萨拉热窝里的苦难支撑着西方观察家的幸福感。
2　参见 Simon Hajdini, *Na kratko o dolgcasu, lenobi in pocitku*, Ljubljana: Analecta 2012, p. 210。

尔早年拍摄过一部卓越的影片《欧洲特快车》(*Zentropa*)。那里的故事发生在1946年夏天的德国。在快要结束时出现的一个场景，证明官僚娱乐（bureaucratic jouissance）极其荒诞的一面。在一辆夜间运行的列车上，主人公知道列车上有个炸弹，随时可能爆炸，而他又正在接受应聘考试，以得到卧铺车厢列车员的职位。我们的全部注意力都放到了炸弹的威胁上，只有他毫不在意，踌躇满志地做着自己的事情，坚持以荒唐可笑的一丝不苟精神处理那些毫无意义的细节，问些应该把旅客的睡衣放在什么地方之类的问题，等等。

## 量子之知

大对体之知（knowledge of the Other）的这一悖论身份能使我们勾勒出巴迪欧所谓（享乐主义）的"民主"唯物主义和辩证唯物主义之异具有的另一个特征。在标准的唯物主义看来，事物的存在与我们是否知道它们无关；在主观唯心主义看来，存在即被感知（*esse = percipi*），也就是说，事物只有在被知道或感受到时，才会存在。一首以"校园里的上帝"（God in the Quad）为题材的著名的贝克莱式打油诗把这一点完美地概括了出来：

> 有个小伙子说，"上帝，
> 你一定觉得怪异，
> 院里本有一棵树，
> 但如果院中无人，
> 那里将空无一物。"

上帝回答道：

> "小伙子，你的惊奇，
> 让我觉得怪异；
> 我永远都在院中，

所以那棵树，

永远都在那里，

由你忠实的上帝关注。"

　　注意这种情形与量子物理学在形式上的相似性。在量子物理学中，要使波函数（wave function）坍缩，就必须出现某种感知（或记录）。[1] 然而，这种相似性掩盖了两者的根本性差异：不论从何种意义上说，记录波函数坍缩的动能（agency）都没有"创造"被观察的现实，它只是记录结果而已，而结果依旧是纯粹偶然性的。此外，量子物理学的全部意义在于，很多事物在被记录之前一直持续存在：在这个幽暗的空间内，"正常"的自然法则被频繁地悬置起来。一边是虚拟性的原现实（virtual proto-reality），一边是充分构成的形式（fully constituted form），两者间的分裂所包含的神学蕴含引人注目。只要"上帝"是通过观察万物而创造万物的能动者，那量子的不确定性（quantum indeterminacy）就会强迫我们设置这样一个上帝：他全能，但不全知。"如果上帝通过观察使较大物体的波函数坍缩为现实，那么量子实验表明，他没有观察较小的物体。"[2] 以虚拟粒子进行的存有论欺骗［一个电子能够创造一个质子，因而违反了能量常量原理（principle of constant energy），这样做的前提是，电子在环境"注意到"电子与质子的差异之前，重新吸纳了质子］是欺骗上帝——这个留意正在发生的一切的终极动能（ultimate agency）——的一种方式：上帝自己不能控制量子过程，量子物理学包含的无神论教益就在于此。爱因斯坦有句名言："上帝不骗人。"[3] 他说得没错，但他忘了再加一句，上帝可能被欺骗。只要唯物主义认为

---

1　我这里的思路来自下列著作的第 14 章：Slavoj Žižek, *Less Than Nothing*, London: Verso Books 2012。

2　Brian Greene, *The Elegant Universe*, New York: Norton 1999, p. 171.——作者注。作者注明的出处有误，此语并不出自 *The Elegant Universe*，而出自：Bruce Rosenblum and Fred Kuttner, *Quantum Enigma: Physics Encounters Consciousness*, London: Oxford 2011, p. 228. 中文版见布鲁斯·罗森布鲁姆、弗雷德·库特纳，《量子之谜——物理学遇到意识》，向真译，湖南科技出版社，2013 年，第 269 页。——译者注

3　"上帝不骗人"（God doesn't cheat），好像爱因斯坦没有说过这句话，爱因斯坦的名言似乎是"上帝不会掷骰子"（God does not throw dice）。——译者注

"上帝是无意识"（上帝有所不知），量子物理学就是唯物主义的：未被上帝－系统（God-system）记录下来的宏观过程（量子振动），还是存在的。

知道（knowing）改变现实，这种观念为量子物理学、精神分析和历史唯物主义所共有。对于精神分析来说，阐释在实在界中生效（has effects in the real）。就历史唯物主义而论，卢卡契在《历史与阶级意识》中告诉我们，获得自我意识（即意识到自己的历史使命）的无产阶级改变了自己的对象；通过这种意识，处于自己的社会现实中的无产阶级变成了革命的主体。我们不应害怕把这一逻辑推向其极致：之所以还存在着现实，是因为并非一切都被符号化了，都能被符号化。在阿瑟·克拉克（Arthur C. Clarke）的短篇小说《神的九十亿个名字》（"The Nine Billion Names of God"，1953）中，喇嘛们相信，宇宙被创造出来，为的是写下神的全部名字。一旦写下神的全部名字，神就会终结宇宙。喇嘛们创造了一个字母表，按照这个字母表，他们估计，能够破解神的所有名字。神约有 90 亿个名字，组成每个名字的字母不会超过九个。用手写下这些名字需要数千年，于是喇嘛们租了一台能够打印所有全部排列组合的电脑。两个西方专家应聘前来安装机器和编写程序，他们对结果甚是怀疑。任务完成时，他们担心，如果结果不佳，喇嘛们会责怪他们。为了避免这种结局，他们故意拖延行动。如此一来，在他们离开之后，电脑才能把所有的名字打印出来。他们如期骑马离去，在通往机场的山路上稍作休息，机场上的飞机正等着把他们带回文明世界。在晴朗的夜空下面，他们估计，那时正是喇嘛们把最后打印出来的名字放进他们的圣书的时候。然后，他们注意到，"在头的上方，星星不慌不忙地——熄灭了"。

精神分析的征兆观指的也是这样的现实。只有当某种东西未被说出时，只有当某种东西的真相尚未按照符号的秩序表现出来时，这样的现实才能存在下去。这是精神分析的阐释在实在界中生效（has effects in the Real）的原因。只有在实在界中，精神分析的阐释才能消除征兆。就此而言，克拉克小说的前提会是这样的：我们的宇宙（即现实）是个征兆，只有当某种东西（神的名字）被说出时，它才能继续存在下去。虽然这样的现实观可能是唯心主义疯癫（idealist madness）的范例，但我们不应错过它的唯物主义内核：现实不仅处于思想/言语之外，处于符号空间之外，现实还从内部穿越这一空间，使这一空间变得不完整和不一致——把实在界与符号性分隔开来的边界既处于符号界之外，又处于符号界之内。

行文至此，我要简明扼要地回应一下埃德·普卢斯（Ed Pluth）对我的量子物理学方法的清晰易懂的批判。[1]他的起点是自在的自然（nature-in-itself）与生命世界自身（life world itself）的分裂。自在的自然已被自然科学主题化。这样的自然是"无法理解"的，因为依据我们生命世界的范畴（categories of our life world），这一自然是无意义的。例如，我们无法把量子物理学描述的宇宙转化为我们生命世界的现实经验（life-world experience of reality）。与此同时，生命世界的结构天生是辩证性的。这是在马克思的社会实践（social praxis）的意义上说的，或者是在黑格尔的存在与思想相互调停（mediation between being and thought）的意义上说的。在黑格尔的存在与思想的相互调停中，我们对客体的理解也会改变客体，因为该客体已经在主观上被调停。我们如何处理自在的自然与生命世界自身的分裂？克服这一分裂，是否可能？自然主义的科学主义（Naturalist scientism）有一个干脆利落的化约主义的答案（reductionist answer）：因为人类是自然的一部分并脱胎于自然，至少在原则上，我们应该能够描述人类走出动物生活的过程，而且脑科学已经具体地描述了这个过程。在这里，埃德·普卢斯的看法是，当然，唯物主义在某种程度上应该是化约主义的，不过，如果还要成为辩证性的，它就应该同时肯定现实的每个层面或每个领域的（相对）自主性。创世纪没有把所有的结果囊括其中：是的，我们的符号世界脱胎于自然，但还是要用它自己的术语描述它的运作。用拉康的话说，这意味着，虽然存在着科学的、"自然"的实在界［它以形式化的科学（formalized sciences）展现出来］，还存在着与之不同的"符号"的实在界，即处于符号世界核心地带的僵局，其构成性的不可能性

---

1　参见 Ed Pluth, "On Transcendental Materialism and the Natural Real," in *Filozofski vestnik: Science and Thought, Ljubljana*: Slovene Academy of Sciences 2012。

（constitutive impossibility）。不考虑这个"符号"实在界的独特性，我们最终会对人类符号世界进行"去现实化"处理（科学自然主义就是这样做的）：唯一"真正真实"之物是自然及其进程，我们的生命世界（意识、意义）只是表象，只是有待依据那些自然进程加以说明的东西。

普卢斯的批判来了：在他看来，我在处理量子物理学时采取了一系列的措施，其中一些措施很成问题。我的起点是，"符号"实在界的悖论［并非全部（non-all）、匮乏与不可能性、对抗等］与"自然"实在界的悖论（通过量子物理学表述出来的悖论）是完全相同的：量子物理学发现了非人类的自然特征，而这些特征以前一直被视为符号世界所专有的特征（回溯性等），仿佛我们发现了明摆在那里的、以自然状态呈现出来的我们的人性之核。基于这种相同性，我设置了某种超验结构，该超验结构与自然中的实在界以及符号性－辩证性的人类现实的结构完全相同。我的下一步是，因为我不只是黑格尔式的唯心主义者，所以我并不声称，人能直接从实在界推演出整个结构和现实存在（包括自然的和符号的）。换言之，我的实在界是某种康德式的先验结构，要想实现自己，它需要应用于或遇到某种实证的现实（自然的、人类的）——我的"超验唯物主义"之为"超验唯物主义"，就在于此。［顺便提一句，"超验唯物主义"是亚德里安·约翰斯顿（Adrian Johnston）的用语，我从来没有用过。］然而，作为一个唯物主义者，我不得不承认（非人类的）自然享有优先权，所以这意味着，我最终要拥有我自己版本的自然主义的化约主义：处于人类实践（human praxis）的特定辩证之外的自然，独立于人类实践的特定辩证的自然，构成存在的秩序（order of Being），但这种存在还展示了人类世界的内心结构。如此一来，人类世界的内心结构变成了存在的普遍结构（universal structure of Being）的特例。

对此，我的反驳是，普卢斯没有领悟我运用量子物理学的妙处。严格说来，是不能这样说的：量子物理学谈论的现实与人类实践无关。只要我们人类的现实的特征是想象界－符号界的经验与实在界的不可化约的分裂，同时这两个层面又密不可分被调停［即是说，"符号实在界"（symbolic Real）是这个人类现实的实在界（the Real of this human reality）］，那么，这个分裂就是出现在量子世界中的分裂，就是以下列两者间的分裂为掩饰的分裂：一者是虚拟的前存有论的量子世界（virtual pre-ontological quantum universe），一者是普通的物理现实（ordinary physical reality）。普通的物理现实是通过波函数的坍缩形成的，而这个坍缩即使不必经过适宜的主体性（subjectivity proper）的调停，也必须经过某种感知动能 / 记录动能（perceptive/registering agency）的调停。换言之，量子物理学"在自然"中发现的，是另一个版本的"客观机制"（objective mechanisms）与通常被视为人类所特有的"主观经验"（subjective experience）的分裂。正是从这个意义上说，量子物理学并非直截了当的"化约主义的"。它要告诉我们的，并不是存在着与我们的经验无关的、自然的"真实的实在界"（real Real），同时这一经验化约为纯粹的表象。它要告诉我们的是，实在界与实在界的显现（its appearing）已经摆在那里，它就"在自然中"。或换种方式说，量子物理学告诉我们，"自然本身"已经具有"非化约主义"的性质：已经出现"在自然中"的表象很重要，它构成了现实。[1]

　　针对这一话题，亚德里安·约翰斯顿做了与此类似（尽管方向相反）的批判。这涉及否定性的身份问题。[2] 约翰斯顿拒绝接受下列否定性概念：否定性即原初的、不可分析的、打破体内平衡的天然繁殖循环（homeostatic cycle of natural reproduction）的太虚，它使自己脱离了自己的轨道，引入了主体性之维。在巴迪欧那里，事件性的相遇准魔法般地（quasi-magically）切断了人类动物生命的流动；在拉康那里，符号界特有的否定性突然打断了动物的生命，像寄生虫那样侵入了动物的生命。我的否定性概念（否定性即主体的内核）也是如此。约翰斯顿反对使否定性免于具体的分析，反对把否定性（或它的征兆，包括空白、匮乏、分裂等）视为无法绕过的事实（*unhintergehbares* fact）。他指出，即使在拉康那里，我们也常常发现，拉康为否定性的兴起提供了具体的生

---

1　附带说一句，这是为什么说普卢斯的下列做法是错误的：他把"自然实在界"（natural real）描述为作为存在的存在秩序（the order of Being qua Being）。正如拉康反复强调的那样，实在界是前存有论范畴（pre-ontological category），是专门用来破坏每个存有论计划（project of ontology）的障碍 / 不可能性。

2　参见 Adrian Johnston, "Reflections of a Rotten Nature: Hegel, Lacan, and Material Negativity," *Filozofski vestnik* 32:2 (2013)。

物（前提）条件的假说。他的主要假说涉及人类个体的早产，涉及人类个体被肢解的肉体（corps morcelé）这一原初情形，涉及人类个体的孤苦无助，涉及人类个体无法协调自身的躯体运动，等等。——正是对自然生命的这一"去自然化"处理，为努力弥补缺陷的符号性行动开辟了空间。简言之，不能从动物生命之惰性（inertia of animal life）直接跳到否定性这一辉煌的深渊（glorious abyss of negativity）：正是从生物学的僵局中，后者脱颖而出。

对此，我的反驳是，这条思路应该沿着（至少）两个方向深入发展。尽管"腐烂的自然"（rotten nature）——动物生命的失效和失灵——为符号界的到来开辟了空间，但还是无法以这种方式，从因果上解释符号界的到来。它的确是作为"奇迹"，无中生有地（ex nihilo）出现的。换言之，这里不存在目的论，符号界只能回溯性地使它的自然（前提）条件变得通俗易懂，回溯性地使它的自然（前提）条件被解读为其（前提）条件。这种无中生有的、"奇迹般"的到来是如何可能的？如何把"前人类的实在界"（pre-human Real）结构起来，才能使符号界爆发开来？一种可能的答案是由量子物理学的推测暗示出来的。这一推测是对虚拟太虚（virtual Void）的推测，特定的现实就是通过波函数的坍塌从虚拟太虚中生成的。这个可能的答案是：在符号过程中被物化的否定性并不是魔法般地切断实证自然（positive nature）的某种事物，它在特定的层面上（重新）实现了"前人类实在界"本身固有的否定性。所以，尽管（人类的）否定性的形成只能以某些生物学（前提）条件为背景，前人类的实在界本身并不是无中生有地产生的。（史蒂芬·霍金说得很清楚。他声称，尽管在既定的事物秩序内，任何东西——任何具体的元素——都不能违反自然规律，不能无中生有地出现，但颇具悖论意味的是，整个宇宙是可以无中生有地出现的。）

## 绝对之知即黑格尔的"博学的无知"？

黑格尔所谓的"绝对之知"的独特之处是存在（being）与不知（not-knowing）的联系。这种联系现在怎么样了？所有的存在（being）都冰消雪融了吗？我们必须小心行事，从逻辑的终结（绝对理念）向自然哲学的开端（理念的整体自我外化、空间的即时性）的过渡开始。这让我们面对某种哲学上的难解之谜：这个过渡（即这样的观念——理念"放飞自己"，使自己进入外在的自然）是合情合理的吗？这个过渡是否只是廉价的把戏，假装着去促成早已存在之物的伪"演绎"？使得这个过渡更加令人费解的是，它似乎暗示，存在着绝对忘记（absolute forgetting）这一行为，仿佛到这个逻辑的最后，精神似乎能够忘记极其复杂的、在绝对理念中达至顶峰的概念阐释网络（network of notional articulations），重新从最基本和最外在的自然开始。丽贝卡·科迈谈到过"由类似的、康德式的虚拟语气'仿佛'规制的假装失忆（feigned amnesia）"的实例。黑格尔的原话是："精神不得不从头开始，仿佛先前发生的一切均已丧失，仿佛它从过去的经验中没有学到任何东西。"[1]

尽管如此，我们还是应该在此添加两种东西。首先，正如黑格尔反复表明的那样，他的体系的展开并不意味着有时间上的先后之分。黑格尔非常清楚，他的逻辑描述的是一个"影子王国"，从逻辑向自然的过渡并不"派生"自然。从逻辑向自然的过渡要做的事情，与此判若云泥——它要回答下列问题："思维过程如何才能突破思维的封闭圈，打开通往外在性的道路，通往它的彻底他者性的道路？"也就是说，这个突破动作如何从内部发生，而不是作为与"外在现实"偶然相遇的结果？其次，在黑格尔看来，"忘记"（即下列意义上的"忘记"——抹除所有经验上的、模糊了对概念的固有确定的、虚假的特征"财富"）是思维拥有的绝对力量的一个关键方面。一边是知性的羞辱性的刚性（mortifying rigidity of the Understanding），一边是理性的生命（life of Reason），两者构成了标准的对立。黑格尔直接否认这一标准的对立，径直称赞知性，并强调，真正的辩证性的重新激活（re-animation）要到"灰色"的概念性规定（notional determinations）的这一中介中去寻找："借助于抽象的普遍性这种形式，知性的确〔为形形色色的感官

---

1　Rebecca Comay, "Hegel's Last Words," in A.E. Swiffen, ed., *The End of History*, London: Routledge 2012, p. 229; G.W.F. Hegel, *Science of Logic*, London and New York: Humanities Press 1976, p. 808.

之物］提供了存在的刻板性。……但是，与此同时，通过简单化，知性又在精神上使之复活，使之变得敏捷。"[1] 这种"简化"正是拉康在引用弗洛伊德的话时采取的一种行动：把某个事物化约为一元属性（*le trait unaire, der einzige Zug*, the unary feature）。我们在此面对的是某种缩影（epitomization），借助于这种缩影，众多属性被化约为某个单一的支配性的特征。如此一来，我们便得到了"一个具体形态，在那里，一个规定居于主宰性的地位，其他规定只以模糊的轮廓呈现出来"："内容变成了已被化约为一种可能性的现实性（*zur Möglichkeit getilgte Wirklichkeit*），其直接性已被克服，具体的形态已被化约为缩略的、简单的对思想的规定（abbreviated, simple determinations of thought）。"[2]

辩证的方法通常被视为这样一种企图：要在整体（它本身即从属于这一整体）中锁定即将分析的现象，揭示它与其他事物的丰富联系，因而打破咒语，不再对抽象盲目崇拜。从辩证的角度看，我们不应只看到我们眼前的事物，还要这样看待这个事物——仿佛它已被嵌入其全部丰富的具体历史语境。不过，这是我们要竭力躲避的最危险的陷阱。在黑格尔看来，真正的问题恰恰与此相反。真正的问题是下列事实：我们在观察某物时，在它身上花费了太多的精力，仿佛中邪一般，一味关注丰富的经验细节，这阻止我们清晰地领悟概念性规定，而概念性规定构成了该物的核心。因此，问题并不在于如何把握丰富的规定（wealth of determinations），而在于如何从这些规定中撤离，在于如何约束我们的凝视，使之仅仅把握概念性规定。因此，我们应该彻底拒绝那个伪黑格尔的陈词滥调：知性只处理简化的抽象，而理性则理解事物的全然复杂性，理解事物彼此形成的关系的无穷无尽的错综复杂性，正是这种错综

---

1 Rebecca Comay, "Hegel's Last Words," in A.E. Swiffen, ed., *The End of History*, p. 611.——作者注。参见中文版："知性诚然通过抽象普遍性形式，给予它们这样一个姑且说是有的坚硬……但是知性通过这一单纯化，同时使它们有了精神并磨砺它们。"黑格尔，《逻辑学》（下），杨一之译，商务印书馆，1976年，第280页。——译者注

2 Hegel, *Phenomenology of Spirit*, p. 17.——作者注。参见中文版："……一种具体的形态，统治着一个具体形态的整个存在的总是一种规定性，至于其中的其他规定性则只还留有模糊不清的轮廓而已"，"内容已经不是现实性，而是被扬弃为可能性了的现实性，或被克服了的直接性；［旧的］形态已经变成了形态的缩影，变成了简单的思想规定"。黑格尔，《精神现象学》（上卷），贺麟、王玖兴译，商务印书馆，1979年，第18-19页。——译者注

复杂性，使事物成了它们现在的样子。

　　另一种陈词滥调告诉我们，我们在积极参与斗争时会自动采取片面或特定的立场，而普遍的立场则被提升，处于斗志昂扬的担当之混战（mêlée of passionate commitments）之上。黑格尔的真正看法推翻了上述两种陈词滥调：知性坚持认为情形有其无穷无尽的错综复杂性，同时指出事物比它们看上去的样子更复杂（"另一方面……"），而理性则是简化、隔离本质特征这一行为产生的力量，在复杂的情形中，这种力量十分重要。此外，这种隔离并不源于置身事外的"客观"分析，而来自我们投身于现实的（片面）方法。在谈及语言时精心阐明这一特征的，正是海德格尔。他在把本质（essence or Wesen）解读为动词"本质化"（essencing）时，对本质这一概念做了去本质化处理。"本质"传统上指确保事物的一致性（identity of a thing）的稳定内核，但在海德格尔看来，"本质"依赖于历史语境，依赖于对存在的划时代揭露（epochal disclosure of being），而对存在的划时代揭露是在语言这个"存在之屋"中，通过语言这个"存在之屋"发生的。他所谓的 *Wesen der Sprache*[1] 不是指"语言的本质"（essence of language），而是语言的"本质化"，是意义的生成，意义的生成是语言运作的结果：

> 　　语言使事物进入其本质，语言"感动我们"。如此一来，事物的重要性就以某种具体的方式对我们显现出来。如此一来，道路就被开辟出来，我们可沿着这些道路，穿梭于不同的实存物之间。如此一来，实存物彼此间相互关系，而面貌依旧……当世界以完全相同的样式被阐明时，当我们"聆听语言"时，当我们"让它对我们说它自己的语言"时，我们就共享一种原初的语言（an originary language）。[2]

　　黑格尔的概括非常精确：将某物化约为符指化的"一元属性"，就是将现实性减化为可能性。这话是在柏拉图的意义上说的。在柏拉图

---

1　"*Wesen der Sprache*"，直译是"语言的本质"。——译者注
2　Mark Wrathall, *How to Read Heidegger*, London: Granta 2005, pp. 94–95.

那里，某物之概念（notion）——理念（idea）——总是将某个目的论维度（deontological dimension）赋予该物，总是指定该物应该变成什么，以便充分实现自身。职是之故，"潜在性"（potentiality）并不只是这样的"事物的本质"的称谓："事物的本质"以同一类型的众多经验之物实现了自己（如椅子之理念即某种潜在性，该潜在性以经验的椅子实现了自己）。某物的众多的实际属性不仅被化约成了该物的"真正现实"之内核，更重要的是，它强调或突显事物的内在潜力。在称某人为"我的老师"时，我实际上勾勒出了"我期待着从他那里得到什么"这一视域。在把某物称为"椅子"时，我特别强调，我以后会以何种方式使用它。在透过语言这面镜子观察周围的世界时，我是通过隐藏、潜伏在语言中的众多潜在性之镜（lenses of the potentialities）领悟周围世界的现实性（actuality）的。简言之，不偏不倚的观察者被困在了复杂特性的"假无限"[1]中，不能对本质做出判定，获得真正普遍性的不二法门是借助于由实际介入（practical engagement）维持的推理（reasoning）。[2]

因此，黑格尔的忘记不是假装出来的弱点，而是精神的最高力量、"绝对"力量的表现。缺乏这一力量（它其实是否定性的某个特定方面）会导致使人心身衰弱的优柔寡断，就像亚历山大·卢利亚（Alexander Luria）在其经典著作《记忆大师的心灵》（*The Mind of a Mnemonist*）中所清晰阐明的那样。该书是对某人所做的出类拔萃、短小精悍的个案研究。该人无法忘记什么事情。他是马戏团的怪物，像百科全书一样回答形形色色的问题，并以此为生。尽管如此，他的主观生活（subjective life）却是一片狼藉，因为他无法做出哪怕世界上最简单的决定（要做出决定，就必须对由赞成和反对组成的复杂网络做简化处理）。结果，他的全部生活都是由等待组成的——等待在不久的将来发生大行动或大事件（事实上这样的行动或事件从未发

---

1　"假无限"（bad infinity），一般译为"恶无限"。这个概念出自黑格尔，他使用的原文（德文）是 *schlechte Unendlichkeit*，与之相对的是 *wahrhafte Unendlichkeit*（真无限）。黑格尔认为，把"无限"与"有限"对立起来，认为"无限"是"有限"之外的东西，这等于使"无限"成为另一种"有限"，他因而称之为"假无限"。——译者注

2　有关语言这个方面的更加详细的分析，请见下列著作第二章：Slavoj Žižek, *Violence*, London: Profile Books 2008。

生过）。[1] 这种"忘记并非弱点，而是超级能力"的忘记观，还可以解释从绝对理念向自然的过渡。自然正是忘记之极点（extreme point of forgetting），是自我否定之极点。

不过，难道这种忘记不依赖自我调停遵循的循环逻辑（circular logic of self-mediation）吗？也就是说，理念经得起这种极端的自我外化，因为它只是在自导自演，它也知道自己只是在自导自演，到最后，它会安全地返回自身，重新拥有它自己的他者性（otherness）。这正是说失忆症是假装出来的原因。但是，这个（标准）的反对意见可靠吗？为了澄清这一点，让我们关注黑格尔体系的终结之处，即绝知之知的名扬天下（或臭名昭著）的出场。丽贝卡·科迈是对的，因为她发现，在那里，回忆和忘记更加彻底地重合在一起："作为回忆的绝对之知（absolute knowing）的真相，是绝对忘记（absolute forgetting）虚构的。"[2] 这一重叠究竟是在何种意义上发挥作用的？科迈在细读黑格尔的《精神现象学》的结论时竭力揭示这一意义。她发现，《精神现象学》对绝对之知的浓密描述是由引自席勒的语句"缝合"在一起的：

> 目标、绝对之知或知道自己是精神的精神（Spirit that knows itself as Spirit），都以精神的回忆（即精神对自身的回忆，对自己如何建立自己王国的组织的回忆）为自己的出路的。它们的保存，从它们的自由存在（自由存在以偶然性的形式显现出来）的方面看，就是历史；但是，从它们被领悟的组织（comprehended organization）的方面看，就是处于表象领域中的知之科学（science of knowing）。这两者合在一起，形成了被领悟的历史（comprehended history），构成了绝对精神的回忆和髑髅地，构成了精神的王位的现实性、真相和确定性。没有王位，精神会变得死气沉沉和孤苦伶仃。只有

---

1　参见 Alexander Luria, *The Mind of a Mnemonist*, Cambridge, MA: Harvard University Press 1987。
2　Comay, "Hegel's Last Words," p. 232.

> 在这个精神王国的圣餐杯里，
> 他的无限为他翻腾起泡沫。

> ( from the chalice of this realm of spirits
> foams forth for Him his infinitude. )

> ( aus dem Kelche dieses Geisterreiches
> schäumt ihm seine Unendlichkeit. )[1]

　　最后两行来自席勒的《友谊颂》（"Die Freundschaft"），但经过微妙的改造。1782 年的原版是这样的：[2]

> 伟大的世界主宰举目无亲，
> 觉得缺些什么，于是创造了精神，
> 幸福地映射他自己的幸福。
> 但至高的存在依然孤苦伶仃，于是
> 在这整个灵魂王国的圣餐杯里，
> 对他翻腾起泡沫——无限性。

> ( Friendless was the great world-master

---

1　Hegel, *Phenomenology of Spirit*, pp. 492-493.——作者注。参见中文版：目标、绝对知识，或知道自己为精神的精神，必须通过对各个精神形态加以回忆的道路；即回忆它们自身是怎样的和怎样完成它们的王国的组织的。对那些成系列的精神或精神形态，从它们的自由的、在偶然性的形式中表现出的特定存在方面来看，加以保存就是历史；从它们被概念式地理解了的组织方面来看，就是精神现象的知识的科学。两者汇合在一起，被概念式地理解了的历史，就构成绝对精神的回忆和墓地，也构成它的王座的现实性、真理性和确定性，没有这个王座，绝对精神就会是没有生命的、孤寂的东西；唯有：从这个精神王国的圣餐杯里，他的无限性给他翻涌起泡沫。黑格尔，《精神现象学》（下卷），贺麟、王玖兴译，商务印书馆，1979，第 275 页。——译者注
2　选择席勒也是有政治意味的。席勒是政治审美化的开创者。他认为，政治审美化能够保护我们，使我们免遭在法国大革命中达到高潮的革命恐怖之苦。也就是说，他"表达了整整一代人的保证：我们不需要那种革命。只有通过审美的革命，我们才能抢先一步，防止政治捷径，陷入恐怖之境。只有通过美，我们才能谨慎地走向自由"。（ Comay, "Hegel's Last Words," p. 234 ）法西斯主义就是这样开始的。这与黑格尔恰成对比，因为黑格尔不想预先阻止政治行动这一捷径（ short-circuit of terror ），而是接受政治行动这一捷径的必然性。

Felt a lack - and so created spirits,

Blessed mirrors of his own blessedness

But the highest being still could find no equal.

From the chalice of the whole realm of souls

Foams up to him —— infinitude. )

（ Freundlos war der grose Weltenmeister

Fühlte Mangel - darum schuf er Geister,

Sel'ge Spiegel seiner Seligkeit! ——

Fand das höchste Wesen schon kein gleiches,

Aus dem Kelch des ganzen Seelenreiches

Schäumt ihm —— die Unendlichkeit. )

席勒描述了一个孤独的造物主，他无法跨越把他与他的创造物分隔开来的裂缝，他创造出来的精神依然是他的镜像，是影子一般的、非实体性的他者，因此他依然孤独，被困于自己的自恋游戏。黑格尔对席勒的最后两句话做了微妙的调整，他这样做，又得到了什么？科迈注意到，黑格尔消除了那个破折号。黑格尔的这个动作表明，他强行加上了连续性，掩盖了断裂。科迈把黑格尔对席勒的释义解读为：

对上帝与世界之间的存有论裂缝（ontological fissure）所做的排版式缝合（typographical suture）。在席勒那里，从匮乏向满足的转变，从孤独到友谊的转变，就像宣布这一转变的破折号一样突然。黑格尔缓解了这一转变。无论是创伤性匮乏（Both traumatic lack），还是它在享乐战场（battlefield of enjoyment）上的关联物［一边是举目无亲，一边是原乐的泡沫化剩余（foaming surplus of jouissance）］，都被纳入了抹除了语境、语法和标点符号的哲学重写（philosophical rewriting）。席勒的最后一个单词和黑格尔的最后一个单词存在着下列两者间几乎无法觉察的差异：一者是匮乏之假无限

（bad infinite of lack）、有限或不确定性，一者是哲学的同音异义词
（philosophical homonym）。[1]

席勒承认存在着断裂，黑格尔却加以掩盖。科迈对黑格尔的掩
盖做了两个深入的指证。在形式的层面上，黑格尔的总体目标是扬
弃"再现之诗"［poetry of representation (Vorstellung)］，使之成为"思
想散文"（prose of thinking）。不过，在《精神现象学》这个文本的最
后，诗歌回归了，提供了两句退场白（exit lines）。在力比多机理的层
面（libidinal economy）上，科迈提出了一个极为简单却又至为切题的
问题："黑格尔是吊唁者还是抑郁症患者？"[2]黑格尔的正式立场是吊唁
者的立场：对于纯粹概念内容（pure notional content）中的诗意再现
（poetic representations）的扬弃，是成功的吊唁之作（a successful work
of mourning）。通过吊唁，我们接受了大量的诗意再现的丧失。不过，
诗意再现在《精神现象学》最后两行文字中的回归表明，这种吊唁之作
是失败的。丧失（the loss）并没有真的被注销（cancelled），它还持续存
在，主体还没有打算撒手，放走诗意再现。因此，在作为吊唁者的黑格
尔的下面，还有一个作为抑郁症患者的黑格尔。他通过吊唁之作，面对
着扬弃失利（failure of the sublation）的反复上演……

但是，如果我们不把黑格尔突然插入席勒的诗句视为需要解释的
奇怪事例，而把它视为标准的基本辩证程序，情形会怎样？以国家为
例：国家是一个整体，它扬弃自身的具体因素，使这些具体因素变成
一个理性整体的必要因素：过程可以终结，国家可以把自己设置为实
际存在的理性整体，但达到这个目标的前提条件是，过程要以一个额
外的因素达至顶峰。到那时，被扬弃的天然直接性（sublated natural
immediacy）以极其野蛮的方式回归。这样的回归就是国王其人的回

---

1  Comay, "Hegel's Last Words," p. 237. ——作者注。我们可以补充一句：被抹除的破折号不仅
在黑格尔自己的文本的最后卷土重来，宣布了向席勒的生硬过渡（"只有——"），而且在黑格尔
的逻辑学的开篇死灰复燃："存在，纯粹的存在——没有任何进一步的规定。"（*Sein, reines Sein, -
ohne alle weitere Bestimmung*）——译者注
2  Comay, "Hegel's Last Words," p. 234.

归。国王的统治权源于最为愚蠢的天然偶然性，源于生物出身这一事实。使国家成了一个理性的整体的，只有这个"非理性"的因素。与此完全相同，只有借助于最终的定时补充（final punctual supplement），对思想散文中的"再现之诗"进行概念性扬弃的过程——《精神现象学》的整个过程——才能抵达自己的目的地。在最终的定时补充中，即在诗的语句中，非概念性的再现领域（non-conceptual domain of representation），非概念性的历史偶然性领域卷土重来。或者说得更尖刻些，为了使国家的全部臣民都像自治的主体那样运作（他们通过辛苦的劳作塑造自己），需要有一个人站在国家的顶峰。严格说来，此人不需要通过辛勤的劳作来塑造自己，他就是天生那副样子。他只是凭借着自己的自然分娩，即通过他天生的那副样子，获得了拥有自己的符号性头衔的权利。

当黑格尔在其《宗教哲学讲演录》中引用席勒的这两句诗时，[1] 他又以另一个诗人的诗句——歌德《西东诗集》（*West-Oestlicher Divan*）中的《安·苏莱卡》（"An Suleika"）中的两句诗——来做补充。说到为了爱情所做的无尽无穷的奋斗所带来的痛苦，歌德写道："因为它强化了我们的欲望，/ 就该用这样的痛苦折磨我们？"[2] 席勒和歌德的引文之间的联系是显而易见的：在"精神王国的圣餐杯里"涌现的，正如黑格尔在此前的两句诗中所言，是"绝对精神的髑髅地"，而且只要精神还能够在这种痛苦的道路上看到自己的无限，横穿这条道路就会带来欢乐，即痛苦中的快乐。这还与《法哲学原理》序言中的那句名言遥相呼应："把理性视为现在这个十字架上的玫瑰，并以此为乐，是暗示了与现实和解的理性洞识。"[3] 作为这个"绝对精神的髑髅地"的观察者的黑格尔式哲学家秉持哪一种立场？这个哲学家的凝视是对暮年（那

---

1　G. W. F. Hegel, *Lectures on the Philosophy of Religion, III: The Consummate Religion*, Oxford: Clarendon Press 2007, p. 111.

2　Ibid., p. 112

3　G. W. F. Hegel, *Philosophy of Right*, Preface, available at www.marxists.org.——作者注。参见中文版："在现在的十字架上去认识作为蔷薇的理性，并对现在感到乐观，这种理性的洞察，会使我们跟现实调和。"黑格尔，《法哲学原理》，范扬、张企泰译，商务印书馆，1961 年，第 13 页。——译者注

时所有的战斗都已或胜或负）的死气沉沉的凝视？这看起来像是这样的：

> 老年人的生活没有任何确定的兴趣，因为他已经放弃了实现他年轻时所珍爱的理想的希望，未来似乎也对任何新东西都没有保障。相反，他相信自己在可能遇到的任何东西中，都知道什么是普遍的和实质性的。……但是，在沉湎于对过去和实质性元素的回忆时，他丧失了对当下的任何细节和对任何事物（比如名字）的记忆，他丧失记忆的程度，一如他把有关经验的格言牢牢地留在心中，并感觉自己有义务向那些比他年轻的人发出训诫。但是，这种智慧，即主观活动与世界的这种死气沉沉的彻底重合，又使他回到不存在对抗的童年。[1]

正如我们前面看到的那样，难道黑格尔没有以同样的风格，即以有关"渴望教导世界，让它知道，它应该是什么样子"的评论，结束《法哲学原理》序言吗？

> 对于这样的目的而言，至少可以说，哲学总是姗姗来迟。哲学作为有关世界的思想，直到现实完成了它自身的生成过程并使自身形成之后，才会出现。因此，历史确证了概念的教诲（the teaching of the conception）：只有现实成熟了，理想才能显现为实在界的对应物，才能领悟真实世界的实体，并把真实世界的实体塑造成理智的王国。当哲学用灰色描绘世界的灰色时，一种生命形态就已经老

---

1    G. W. F. Hegel, *Philosophy of Mind*, Oxford: Clarendon Press 1992, p. 64.——译者注。参见中文版："老年人的生活缺乏确定的兴趣，因为他已经放弃了能够实现早先怀有的理想和希望，而他觉得未来根本没有约许什么新东西，不如说他自信已经熟悉了他也许还会碰见的一切事物的普遍东西和本质东西。所以，老年人的思想只朝向这个普遍东西和他对这普遍东西的认识所要归功于的那个过去。可是，在他这样地生活在对往事和实体性东西的回忆中的时候，他就失去对于当前的个别事物和对于随意的东西，例如名字的记忆，正如他反过来在同样的程度上把明智的经验教训牢记在心，并认为自己负有责任向较年轻的人唠唠叨叨地说教。但是，这种智慧，即这种主观活动与其世界的无生气的完全重合就引回到无对立的童年。"黑格尔，《精神哲学》，杨祖陶译，人民出版社，2006年，第85页。——译者注

去，借助于灰色，它无法返老还童，而只是引人注目而已。密纳发的猫头鹰只有等到夜幕降临，才会起飞。[1]

难怪它在《精神现象学》中没有专用名称：专用名称代表活的个人，而《精神现象学》理解的现实是无生命的精神实体。但我还是要问，这就是绝对之知的立场吗？什么是辩证分析？比如，什么是对过去事件、革命性断裂（revolutionary break）的辩证分析？辩证分析真的是发现潜在的必然性（规制着明显混乱的先前事件的潜在的必然性）？如果与此相反的做法才是正确的呢？如果辩证分析只是把可能性重新插入必然性的过去（necessary past）呢？每当"否定"转向"否定之否定"，每当新秩序脱胎于崩溃的混沌（chaos of disintegration），都会出现不可预测的、奇迹一般的事物。这是为什么在黑格尔看来，辩证分析总是对过去事件的分析。[2]没有任何演绎会使我们从混沌走向秩序，同时锁定这个神奇转变的时刻，锁定从混沌向秩序的无法预测的逆转。例如，分析法国大革命的目的不是发掘从 1789 年向雅各宾恐怖统治，再向热月和帝国转变的"历史必然性"，而是把这个更迭重建为一系列由能动者制定的（用这个落伍的术语说）生存决策（existential decisions）。制定决策的能动者们身陷行动的漩涡（whirlpool of action），不得不开辟摆脱僵局的出路。（如此分析法国大革命，与拉康的下列做法完全一样：拉康对口腔期、肛门期和阳物期的更迭再次进行概念化，使之成为一系列的

---

1　G. W. F. Hegel, *Philosophy of Right*, Preface, available at www.marxists.org.——译者注。参见中文版：关于教导世界应该怎样，也必须略为谈一谈。在这方面，无论如何哲学总是来得太迟。哲学作为有关世界的思想，要直到现实结束其形成过程并完成其自身之后，才会出现。概念所教导的也必然就是历史所呈示的。这就是说，直到现实成熟了，理想的东西才会对实在的东西显现出来，并在把握了这同一个实在世界的实体之后，才把它建成为一个理智王国的形态。当哲学把它的灰色绘成灰色的时候，这一生活形态就变老了。对灰色绘成灰色，不能使生活形态变得年轻，而只能作为认识的对象。密纳发的猫头鹰要等黄昏到来，才会起飞。黑格尔，《法哲学原理》，范扬、张企泰译，商务印书馆，1961 年，第 13-14 页。
2　可能性和现实性之间的这一真正辩证张力存有一个悖论，那便是，身处终极选择（自杀还是继续生存和斗争）的情境中，选择自杀，可以帮助主体推迟实际的自杀："我现在决定自杀，但我知道，逃避我面临的绝望形势还是可能的，所以在那个时刻到来之前，我可以过得更轻松些，因为我已经卸下了不堪重负的压力，不必再做选择……"就这样，我赢得了重新考虑我的决定的时间，并继续生活下去。

辩证性逆转。)

因此，绝对之知不只是以概念必然性（notional necessity）的形式扬弃了先前生活的回忆，它还需要额外的"推动"或步骤来结束这一运动。但是，这个额外的步骤真的就是忧郁症的回归吗？为了正确地回答这个问题，我们首先要详细说明忧郁症的性质。在其最激进的层面上，忧郁症并不是吊唁之作的失利，不是对于已经丧失的客体的持续依附，恰恰相反："忧郁症提供了这样的悖论：在客体丧失前，在预料到客体即将丧失时，意在吊唁之。"[1]忧郁症的谋略就在这里：拥有一个我们从来不曾真正拥有的客体（该客体从一开始即已丧失）的唯一方式，就是这样对待我们现在完全拥有的客体——仿佛我们已经丧失了它。正是这一点赋予忧郁的爱情关系（melancholic love relationship）以独特的风味（前面提及的《纯真年代》中的纽兰德和奥兰斯卡伯爵夫人的爱情关系就是如此）：尽管伴侣还在一起，如胶似漆一般地爱得死去活来，但未来劳燕分飞的阴影已经影响他们现在的关系，所以他们在即将到来的灾难的暗示下感知他们眼下的快乐。客体尚未丧失，依然还在这里，但人们却在吊唁之，我们如何破解这个悖论？破解此谜的关键，是弗洛伊德的一个精确概括：抑郁症患者并不知道，他丧失的究竟是客体身上的什么东西。[2]我们不得不在此引入拉康对客体和欲望的（客体）成因所做的区分：欲望的客体（the object of desire）是被欲望的客体（the desired object），而欲望的成因则是某个特征（feature），正是因为这个特征，我们才欲望被欲望的客体［这个特征即我们通常没有留意的某个细节或抽搐（tic），这个细节或抽搐有时甚至被我们误认为是障碍，我们甚至这样想：尽管存在着这一细节或抽搐，我们依然欲望着那个客体］。从这个角度看，抑郁症患者首先不是这样的主体：一味迷恋已经丧失的客体，无法履行相关的吊唁之作。相反，他是这样的主体：他拥有那个客体，但是已经丧失了对这个客体的欲望，因为使他欲望这个客体的成因已经消退，已经丧失了效力。忧郁绝非强调被挫败的

---

1　Giorgio Agamben, *Stanzas*, Minneapolis: University of Minnesota Press, 1993, p. 20.

2　Sigmund Freud, "Trauer und Melancholie," in *Psychologie des Unbewussten*, Frankfurt: Fischer Verlag 1975, p. 199.

欲望（frustrated desire）这一极端情形，强调被剥夺了客体的欲望这一极端情形；忧郁代表着客体自身的出场，而这样的客体已经丧失我们对它的欲望。只有在我们最终得到了被欲望的客体，但又对它感到失望时，忧郁才会出现。[1] 正是从这个意义上说，忧郁实际上是哲学的起点。但这样的忧郁性失望（melancholic disappointment）在黑格尔那里也是哲学的终点吗？看上去真的如此，在黑格尔那里，哲学宣布自己已经抵达目的地，获得了绝对之知，而且一旦抵达那里，一旦拥有绝对之知，我们就再也无处可去，只能向后转体，思慕丧失本身这个已经丧失的世界（the lost universe of loss）。不过，科迈对于这个终结姿势（concluding gesture）的描述与这个忧郁姿势（melancholic stance）本身颇不相称：

> 令我着迷的，正是这一运作的阴郁方面（Saturnine aspect）。绝对之知懒洋洋、慢吞吞地"沉入了它自身的自我意识之夜"，消化了它遇到的东西，分泌了它吸纳的东西，把它们转化为自己的赘生物。主体同时还得到垃圾，把垃圾视为某种哲学夸富宴或农神节上的历史收获。这是放弃性开销（kenotic expenditure）之时。在这里，从丧失到获得的思辨性逆转依次被逆转。……这样一个不可判定的人物——优柔寡断的人物——能使自己作为辩证法的最终的人物卷土重来吗？[2]

难道这个（密切相关的）描述没有指向弗洛伊德所谓的（与欲望截然相反的）驱力吗？也就是说，它描述的是令人愉快的重复运动。在这样的运动中，得与失错综复杂地纠缠在一起，而且这样的运动享受自身的重复。在这里，小客体并没有（像在真正的忧郁那里那样）丧失，它

---

1　对忧郁的更加详细的说明，请见下列著作第一章：Slavoj Žižek, *Did Somebody Say Totalitarianism?*, London: Verso Books 2011。

2　Comay, "Hegel's Last Words," pp. 232–233.

处于"从丧失到获得的思辨性逆转依次被逆转"之中。[1]换言之，推动驱力的，不是对已经丧失的客体的持久依恋，而是对丧失这个行为本身的反复表演——驱力的客体（the object of the drive）不是已经丧失的客体，而是作为小客体的丧失本身（loss itself as an *objet a*）。我们把小客体界定为与客体的丧失完全重叠的客体，而这样的客体出现于丧失客体的那一顷刻，因而它的全部幻象性化身（fantasmatic incarnations），从乳房到语音，从语音到凝视，都是对于空白（void）、空无（nothing）的转喻性形象表达。在这样界定小客体时，我们依然停留在欲望的视域（horizon of desire）之内——欲望的真正的客体成因是由它的幻象性化身填充的空白。正如拉康强调的那样，小客体也是驱力的客体，但驱力的客体和欲望的客体截然不同：尽管在这两种情形下，客体与丧失的联系至关重要，但在作为欲望的客体成因的小客体这种情形下，我们拥有的客体原本即已丧失，它与它自身的丧失重叠在一起，它是作为丧失出现的，但在作为驱力的客体的小客体这种情形下，"客体"直接就是丧失本身——我们从欲望转向驱力，就是从已经丧失的客体转向作为客体的丧失本身（loss itself as an object）。也就是说，我们称之为"驱力"的怪异运动不是由对已经丧失的客体的"不可能"的探寻驱动的，驱力是直接表演这一"丧失"——分裂、切口、距离——本身的推力。出现在辩证过程终结时刻的（死亡）驱力在从扬弃这一理想过程转向纯粹的重复时，并非只在这时才进行干预，我们可以在整个黑格尔大厦中，从"人类学"中疯癫的身份（status of madness）到《法哲学原理》中战争的必要性，发现驱力的痕迹。[2]

此外，我们以这种方式把从精神的圣餐杯里"翻腾起泡沫"解读为驱力的重复运动，那么一切就会变得豁然开朗：我们应该以非自恋的方式来解读它，不把它解读为对神圣的绝对（divine Absolute）与有限精神王国（realm of finite spirits）之间的裂缝——席勒勉强承认存在这一裂

---

1　黑格尔也是这样结束其《哲学全书》的。它呼唤理念，但这样的理念再三重复自己走过的道路，并享受这个过程："为了自身的缘故而永远自动地开始运转的理念，使自己成了绝对精神，并享受这个过程。"（§ 577).——作者注。参见中文版："永恒的自在自为地存在着的理念永恒地作为绝对精神实现着自己、产生着自己和享受着自己。"黑格尔，《精神哲学》，杨祖陶译，人民出版社，2006年，第399页。——译者注

2　见下列著作的第七章：Žižek, *Less Than Nothing*。

缝——所做的哲学掩盖。在黑格尔的版本中，上帝只是在玩弄自导自演的把戏，假装自己迷失于外在现实，其实上帝心知肚明，他依然是外在现实的主宰者和创造者：无限就摆在那里，这种"就摆在那里"不是上帝无限力量的纯粹影子般的反射。简言之，神圣的绝对已被困于它自己无法控制的过程。《精神现象学》最后一段文字中的髑髅地不是为绝对的进步（Absolute's progress）付出代价的有限存在，而是绝对本身（the Absolute itself）的髑髅地。应该注意，黑格尔在这里所说的，与他在《历史哲学》中论述理性的诡计的那个著名段落所说的截然相反：

> 因此，激情的特殊利益（special interest of passion）与一般原则的积极发展难解难分，因为普遍（the Universal）产生于特殊的和确定的事物，产生于对特殊的和确定的事物的否定。特殊（particularity）与其同类斗争，到头来总要蒙受损失。涉及对峙和战斗的，处于危险境地的，不是普遍的观念（general idea）。普遍的观念停留在背景上，毫发无损，安然无恙。这或许可以称为理性的诡计（cunning of reason）。理性驱使热情为它效力，通过这样的冲动确立了自身存在的热情，则自食其果，蒙受损失。如此被对待的，是现象性的存在（phenomenal being）。现象性的存在，一部分毫无价值，一部分则是积极的和真实的。与一般相比，特殊绝大部分的价值微不足道：个人被牺牲和被放弃。理念自身不受确定的存在和腐败性（determinate existence and corruptibility）的惩罚，为此受惩罚的是个人的激情。[1]

1　G. W. F. Hegel, *Philosophy of History, Ⅲ*. Philosophic History, § 36, available at www.marxists. org.——作者注。参见中文版："热情的特殊利益，和一个普通原则的活泼发展，所以是不可分离的：因为'普遍的东西'是从那特殊的、决定的东西和它的否定所生的结果。特殊的东西同特殊的东西相互斗争，终于大家都有些损失。那个普通的观念并不卷入对峙和斗争当中，卷入是有危险的。它始终留在后方，在背景里，不受骚扰，也不受侵犯。它驱使热情去为它自己工作，热情从这种推动里发展了它的存在，因而热情受了损失，遭到祸殃——这可以叫做'理性的狡计'。这样被理性所播弄的东西乃是'现象'，它的一部分是毫无价值的，还有一部分是肯定的、真实的。特殊的事物比起普通的事物来，大多显得微乎其微，没有多大价值：各个人是供牺牲的、被抛弃的。'观念'自己不受生灭无常的惩罚，而由各个人的热情来受这种惩罚。"黑格尔，《历史哲学》，王造时译，上海书店出版社，2001年，第33页。——译者注我们在这里得到了我们意料中的"教科书上的黑格尔"（textbook Hegel）要说的东西：理性（Reason）作为隐蔽的实质力量运作着，它通过熟练地盘剥个人的激情达到自己的目的；积极介入的个人彼此攻击，通过他们之间的相互倾轧，理念（Idea）实现了自身。因此，冲突仅限于特殊之领域（domain of the particular），理念作为宁静的、真正的普遍性，则"停留在背景上，毫发无损，安然无恙"，自在安详，其乐融融。不过这个标准的目的论，被黑格尔眼中的基督教的基本教义彻底拒绝：绝对本身（the Absolute itself）绝对没有"停留在背景上，毫发无损，安然无恙"，它付出了代价，无可挽回地牺牲了自己。

我们应该记得，在德国，有人主张对法国大革命做出审美的反应，而席勒是这种主张的主要倡导者。他发出的信息是，为了避免恐怖统治造成的巨大破坏力，革命的发生理应伴随着新的审美感性（new aesthetic sensibility）的兴起，革命要通过把国家转化为一个有机的、优美的整体来完成。菲利普·拉库-拉巴特（Philippe Lacoue-Labarthe）认为，法西斯主义就起源于对雅各宾派恐怖统治的这一审美拒斥（aesthetic rejection）。[1]因为黑格尔清楚地看到了恐怖统治的必然性，所以我们可以把他引用的席勒的诗句改写为："只有在这个革命恐怖统治的圣餐杯里，无限的精神自由才翻腾起泡沫。"[2]我们甚至可以再进一步，这样解释现象学与逻辑学的关系："只有在现象学的圣餐杯里（圣餐杯里装着绝对精神的髑髅地），无限的逻辑学——纯粹纯粹学——翻腾起泡沫。"[3]因此，我们应该沿着本雅明的早期论文《论一般的语言和特殊的人类语言》（"On Language in General and Human Language in Particular"）这一线索，来理解逻辑学和现象学的关系。这里的关键并不在于，人类语言是某种普遍语言"自身"的分支，仿佛普遍语言还包括其他分支，如上帝和天使的语言、动物的语言、外星人的语言、电脑语言、DNA

---

1    参见：Philippe Lacoue-Labarthe, *Heidegger, Art and Politics*, London: Blackwell 1990。

2    原文为："only from the chalice of this revolutionary Terror foams forth the infinitude of spiritual freedom."——译者注

3    原文为："only from the chalice of phenomenology, which contains the Calvary of the Absolute Spirit, foams forth the infinitude of logic, pure logic."——译者注

的语言。除了人类语言，再无其他实际存在的语言（actually existing language）。但是，为了理解这种"特殊"语言，我们必须引入最小限度的差异（minimal difference），依据把人类语言与语言"自身"分割开来的"缝隙"，来设想人类语言。语言"自身"指语言的纯粹结构，它已被剥离人的有限性（human finitude）、色欲激情（erotic passions）和必死无疑（mortality）等标记，不再争取统治的地位，不再追求淫荡的权力。与此相同，我们可以理解《论一般的逻辑学和特殊的现象学》一文（"On Logic in General and Phenomenology in Particular"）：为了理解历史现象遵循的逻辑，我们不得不引入这一逻辑与逻辑"自身"分割开来的裂隙。

　　此外，我们应该强调，黑格尔的断言——主体"在大对体中认出自己"——是模棱两可的。我们可以把它解读为主体对大对体的自恋性的重新占有（主体吞没了大对体，使大对体失去了一望便知的自治），但也可以在更加字面化的意义上，把它解读为主体的下列行为：承认自己已被"去中心化"，承认这是不可化约的大对体性（irreducible Otherness）进行自我调停之时。以这种方式解读，可以说，黑格尔含蓄地回应了哈贝马斯等人的批判：黑格尔的绝对（Hegelian Absolute）依然是"独白性的"（monological），依然是自导自演，依然不承认存在真正的互为主体性。主体必须与其他主体分享中央空间（central space），他本身已被"去中心化"，因为他的出现是实体性大对体（substantial Other）的非一致性／对抗（inconsistency/antagonism）导致的结果。但是，这一结果是如何导致的？弗朗索瓦·巴尔梅斯（François Balmès）指明了道路。他宣称：

　　　　结构是这样的事物，它允许我们思考主体的构成问题。之所以如此，是因为在实在界中，主体是结构导致的结果。由此可见，就有关主体的哲学传统而言，这个有关主体构成的问题，肯定是颠覆性的。在有关主体的哲学传统中，这个问题没有任何意义，因为主体是自己的终极条件（ultimate condition）。如此一来，我们无法在任何事物中追寻其起源，尽管存在这样的可能性——主体在历史上自动显现出来，就像黑格尔表明的那样，就像对"它去过哪里"

（*wo es war*）所做的黑格尔式解读表明的那样。[1]

这样说意味着，我们应该抛弃"结构对主体"（structure versus the subject）这个陈腐的话题：拉康反对萨特的下列结构观——结构是生命主体的生产活动的"物化"残余，也反对与此相异的列维－斯特劳斯的主体经验观（notion of subjective experience）——主体经验是幻觉性的表层现象（illusory surface），它实际上受制于客观性的结构网络（objective structural networks）。尽管如此，问题依旧：我们应该如何看待结构，才能让主体从结构中脱颖而出？拉康的回答是：主体即围绕着某个构成性的空白／非可能性（a constitutive void/impossibility）表现出来的、非一致性的、并非全部的（non-All）、符号性的结构。说得更确切些，主体是通过结构自身的反射性自我关联（reflective self-relating）出现的，反射性自我关联把它的结构性匮乏（constitutive lack）刻入了结构自身（inscribes into the structure itself）。某些事物被构成性排除在结构之外，现在，被构成性地排除在结构之外的事物被刻入了结构，成了"为其他能指代表主体的能指"（the signifier which represents the subject for other signifiers）。

拉康曾经打趣道，解读哈姆雷特的著名的"to be or not to be"[2]的最佳方式，就是把它视为失败的企图：他要通过求助于重言句（tautology），填补空白，却以失败告终。哈姆雷特此语的自然形式本应该是"to be or not..."，譬如说，"to be or not"丹麦王子[3]。这样一来，我们就能想象到，哈姆雷特无法决定，他是否应该接受他的头衔："做丹麦王子，还是不做丹麦王子，现在对我来说，这是个问题，是我无法摆脱的两难之境……"但是，他在还没有宣布他是否接受这个头衔之前，就已经陷入了"to be or not..."这一尴尬的困境。所以，为了避免陷入这种结结巴巴的重复（"To be or not... to be or not..."），他做了一个

---

1　François Balmès, *Structure, logique, aliénation*, Toulouse: eres 2011, p. 44.
2　"to be or not to be"，一般译为"生存还是毁灭"，指"活下去，还是不活了"或"活下去，还是死去"。结合上下文，还可做多种解读：是变，还是不变？是我自然不动，还是重新振作起来？是默默忍受，还是奋起反抗？等等。——译者注
3　即要不要做丹麦的王子。——译者注

绝望的举动，要用他唯一能够调用的手段——重言句——来填补这个空白："To be or not...to be!"[1] 这是格雷厄姆·普里斯特（Graham Priest）在回答莎士比亚的问题——"TO BE AND NOT TO BE - THAT IS THE ANSWER"[2]——时一败涂地的原因。它把 being 和 non-being"综合"起来，消除了莎士比亚所提问题的具体可感的生存张力：最好还是"not to be"，但即使如此，这样的企图（最彻底的否定）还会失败，还是无法达到目的。如此一来，我们注定成为不死之人（the undead）。换言之，哈姆雷特在 "To be or not to be" 的独白中发现的是，湮没（annihilation）是不可能的，这个维度超越了海德格尔的向死的存在（being-towards-death）。无尽地生存下去，这令人感到恐怖，而且没有任何屏障，能掩盖这一恐怖。意识到这一点，使自杀——自杀表现为人对存在的终极掌控——丧失了掌控的功能（function of mastery）。在这里，我们应该明了下列两者之间的区别：一者是向死的存在，一者是死亡驱力，即弗洛伊德给终极不朽（ultimate immortality）提供的名称。

> 人很诡异，因为他不仅有"厚脸皮"，而且就是"厚脸皮"，他要"通过抑制对正在显现的影响力的开放态度而克服这种影响力"。他是反对存在自身拥有的"压倒性影响力"这种暴力的"反向暴力"。定在（Dasein）不是通过活下来，而是通过死去战胜压倒性影响力这种暴力的："非此在（not-being-here）是对存在（Being）的最终战胜。"这是危险，但不是自杀的危险，而是群杀（ontocide）的危险。[3]

---

1　"To be or not... to be!"，大意谓：要不要做丹麦王子呢？还是做吧！——译者注

2　"TO BE AND NOT TO BE - THAT IS THE ANSWER"，大意谓：既生存（是、当、做）又毁灭（不是、不当、不做），这就是答案。——译者注。参见 Graham Priest, *Doubt Truth to Be a Liar*, Oxford: Oxford University Press 2008, p. 208。

3　Andrew Cutrofello, *All for Nothing: Hamlet's Negativity*, Cambridge, MA: MIT Press, forthcoming, 本段引文内引用的那句话来自海德格尔——作者注。请注意"群杀"（ontocide）这个尚无汉译的新词。据译者的粗浅之见，"群杀"不是种族屠杀（genocide），因为它杀死的不仅是某个种族，甚至不仅是人类；"群杀"不是灭绝（extinction），因为灭绝的原因不仅有人祸，还有天灾；"群杀"也不是生态灭绝（ecocide），因为它灭绝的方式不只是生态性的。群杀无论在性质上、范围上还是在程度上，都超过它们。——译者注

简言之，因为没有彼在（Being-There）就没有存在（Being），即是说，因为人的本质是存在的去蔽（disclosure of being）之"彼"（there），所以自杀杀死的是存在自身（Being itself）。在这里，我们不应该害怕提出天真幼稚的问题：是否还有其他的全杀形式（forms of ontocide），如威胁着要把人类化约为自然有机体的巨大技术成就，或精神疾病？隐藏在这个质疑后面的，是最基本的哲学问题：存在的去蔽（disclosure of Being）是存在-人类（being-human）最基本的层面吗？如果海德格尔对定在（*Dasein*）所做的存在主义分析——他把定在视为向死的存在——无法解释精神病患者呢？精神病主体占据着某个存在主义立场（existential position），但这个立场在海德格尔绘制的地图中却没有立足之地，它是在某种程度上"彻底战胜了自己的死亡"之人的立场。精神病患者不再适用于海德格尔对定在的积极存在所做的描述，精神病患者的生活不再停留于自由地介入未来的规划，同时又以接受自己的过去为背景的坐标之内：他们的生活是外在的"牵挂"（*Sorge*），他们的存在不再"向死"。[1] 从这个意义上说，精神病患者是真正的"活死人"。他们活着，但排除在大对体之外。

或许，这是说《哈姆雷特》是第一部以现代主体性（modern subjectivity）为主题的戏剧的原因：主体自身被"挫败"，是自身的即将到来的失败（failure-to-be）的悖论论结果，或者用符号性再现圈（loop of symbolic representation）的简化术语说，主体致力于恰如其分地再现自己，却以失败告终，主体就是这一失败的结果。回想一下"休·格兰特悖论"（Hugh Grant paradox）吧。这里指的是影片《四个婚礼和一个葬礼》（*Four Weddings and a Funeral*）中的那个著名场景。在那里，主人公试图向他心爱的女人表达爱意，结果却是结结巴巴、词不达意的重复。不过，正是因为没能清晰地传达自己的爱意，他才见证了这个爱意的真挚纯正。我们在西方音乐史上遇到了类似的悖论：西方音乐"至少自 1500 年以来，是以形式的最大方面和形式的最小细节的对称性呼应

---

1　对海德格尔这一局限所做的更加详细的说明，请见下列著作第十三章：Žižek, *Less Than Nothing*。

（symmetrical correspondence）甚至是互惠性影响（reciprocal influence）的方式组成起来的。缺乏呼应，要么是作曲家无能的标志，要么是情感表达的源泉（source of expression）"[1]。再说一遍，这种无能（非一致性、笨拙）可能是主体性之表现的源泉（source of the expression of subjectivity）。

如果"实体"（substance）是以其自身的属性或再现[2]表现出来的某个未知因素（X），那"主体"就是更加激进的事物。未知因素（X）是通过它的无法再现（failure of its representation）回溯性地生成的。在这一丧失或失败[3]之前，它没有任何实体性内容（substantial content）。正是从这里，我们返回了 *Er-innerung*[4] 中的著名连字符"："即使栩栩如生地强调强化内在性（intensification of interiority）的重要性，还是有标记记录了自我记忆自身（self-remembering self）内部的分裂。在这个分裂点（point of fracture）上，思想被迫停留在对依然未曾实现的可能性的记忆上。"[5] 因而绝对之知不只是封闭的时刻，它既是封闭的时刻，又是彻底开放的时刻："思想被迫停留在对依然未曾实现的可能性的记忆上。"如何停留？让我们回到黑格尔所谓的对立物的并存（coincidence of opposites）的另一个方面：不仅包括符号和客体（纯粹能指和其支撑物，即物质性的残留物）的统一，而且包括（有机体那里）最高级与最低级的统一。[6] 这里的经典个案，是黑格尔对颅相学进行的无限判断（infinite

---

1 Charles Rosen, *Schoenberg*, London: Fontana Collins 1975, p. 44.

2 这里的"再现"（representations）还指"表征"，即再现、代表某种本质之后显现出来的表面特征。——译者注

3 "失败"，指"它的无法再现"。——译者注

4 "*Er-innerung*"，一般译为"内化回忆""内在回忆"，还有人译为"内在化"。该单词由三部分组成，即 er、inner、ung，分别指"转向"、"向内"和"回忆"。——译者注

5 Comay, "Hegel's Last Words," p. 243.

6 关于性别差异的身份，弗洛伊德有个声名狼藉的论述："解剖学构造就是宿命（Anatomy is destiny）。"只有从这个角度，才能给弗洛伊德的这一论述提供恰当的解读。应该把它解读为黑格尔所谓的"思辨判断"（speculative judgment）。在"思辨判断"中，谓语"溜进"了主语。也就是说，这一论述的真正意义不是表面的意义，不是女权主义批判的标靶（即"两性之间的解剖差异直接使男人和女人扮演不同的社会符号角色，并为之负责"）。它的真正意义与此截然相反：解剖学的"真相"是"宿命"，即一种符号性的构成（a symbolic formation）。就性的身份（sexual identity）而论，解剖差异被"扬弃"，变成了表现某个符号构成（certain symbolic formation）的媒介，说得更确切些，变成了对某个符号构成的物质性支撑。

judgment of phrenology)——"精神是根骨头"——所做的分析。这个分析是以阴茎为例来说明的。阴茎既是有机体发挥最高机能的器官（授精），又是有机体发挥最低机能的器官（排尿）：

> 一者是精神从自己内部显现出来的深度——精神只把这种深度显现到图像思维意识（picture-thinking consciousness），然后让它停留在那里；一者是意识对它真正说过的话的一无所知。上述两者的结合同样是高级与低级的结合。在生物身上，大自然天真地展示了这样的结合，因为它把代表它最高成就的器官——创生的器官——与排尿的器官结合在一起。作为无限的有限判断（infinite judgement qua infinite）会是生命的成就，而这样的生命又理解了自己；对依然停留在图像思维的有限判断的意识，则与排尿无异。[1]

在《自然哲学》中，黑格尔追加了一个有关嘴巴的例证：嘴巴"具有双重功能：一是促使食物转化成动物有机体中的有机结构，二是与外部世界的这个内在化相反，以语音的形式完成主体性的客体化（objectification of subjectivity）"[2]。如果绝对之知也有最高级与最低级完全重合的（理性的）器官呢？最低级：虚假的最高级，即对绝对之知的庸常看法——"黑格尔知道一切"。最高级：会是什么？在这里，至关重要的是这种重合的辩证结构：这个命题的思辨真相（speculative truth）只能通过反复的解读才会出现。"精神是根骨头"——这是废话，是十足的矛盾——但精神就是这一矛盾。这道理同样适用于绝对之知："黑

---

1　Hegel, *Phenomenology of Spirit*, p. 210.——作者注。作者引用的这段文字并不出自 *Phenomenology of Spirit*，而是出自 *Phenomenology of Mind*，即德文版的 *Phenomenologie des Geistes* 的另一个英译本。两个版本虽无本质性的差异，但表述方式颇不相同，*Phenomenology of Spirit* 的文字似乎更通俗易懂。为了更易于理解，此处的译文参考了 *Phenomenology of Spirit* 中的同一段文字。另见中文版："精神从内心里发挥出来的这种深刻性（但仅仅达到它的表象意识为止），和这种意识对它自己所说的东西的那种无知，深刻与无知，乃是高级与低级的结合，就像在生物身上自然所坦率地表现出来的生物最高完成器官、生殖器官与低级的小便器官之结合在一起是一样的。——无限的判断，作为无限的东西，可说是有自我理解的生命的最高完成；但无限判断的停留于表象中的意识，则相当于小便。"黑格尔，《精神现象学》上卷，贺麟、王玖兴译，商务印书馆，1979 年，第 231-232 页。——译者注

2　Hegel, *Encyclopaedia*, § 401, available at www.marxists.org.

格尔这个可怜的、虚弱的、速朽的、有限的个人部署了绝对之知"——
这是废话，这是荒唐的不可能性（ridiculous impossibility），因为我们
无法挣脱历史时代的制约。但是，黑格尔是知道这一点的。不妨回想
一下《法哲学原理》的序言中的那个名言："就个人而言，每个人都是
自己时代的产儿；哲学也是它自己的、在思想中被领悟的时代。幻想
哲学能够超越其时代，与幻想个人能够跳出其时代或跃过罗德岛一样
愚蠢。"[1] 但是，可否做目的论－历史主义的解读（teleological-historicist
reading）：黑格尔只是幸运地生活在获得绝对之知在历史上已经变得可
能的时代，一如马克思所言，抽象－普遍的劳动观（abstract-universal
notion of labor）只有在进入发达的资本主义社会后才能变成社会现实
那样？在这里，我们应该非常明确：不仅黑格尔对自己的思想的历史
相对性（historical relativity）一清二楚，而且自相矛盾的是，绝对之
知意味着，只有黑格尔才真正准备接受他自己的历史相对化导致的结
果。换言之，归根结底，绝对之知是历史封闭（historical closure）的
代名词而已。在这种情形下，从"精神是根骨头"式的命题的漂亮逆
转的角度看，可以说，"庸俗"的解读才是"高级"的解读（才能进
入神圣的心智），思辨的解读（speculative reading）则导致了历史的局
限性。

　　黑格尔体系中最终的"对立物的并存"就在这里：它的封闭正
是它的开放的（表象）形式。也就是说，这样的想法是大错特错
的：可以知道的一切，已经悉数尽知，黑格尔以这种全然之知（total
knowledge）的自我陶醉，结束了自己的体系，并把十足的普遍性赋予
自己的体系。黑格尔的绝对之知只是一个代名词，指对自我局限（self-
limitation）的全新体验，对拉康所谓的 *il n'y a pas de métalangage*（根
本不存在元语言）的全新体验。不是在我们"无所不知"时，而是在
我们再也找不到外在的参照点可供我们使自己的立场相对化时，我们

---

1　Hegel, *Philosophy of Right*, Preface, available at www.marxists.org.——作者注。参见中文版：
"就个人来说，每个人都是他那时代的产儿。哲学也是这样，它是被把握在思想中的它的时代。妄
想一种哲学可以超出它那个时代，这与妄想个人可以跳出他的时代，跳出罗陀斯岛，是同样愚蠢
的。"黑格尔，《法哲学原理》，范扬、张企泰译，商务印书馆，1961 年，第 12 页。——译者注

才获得了绝对之知。在绝对之知中，下列事实证明我们有自己的局限，证明我们已经沉入了一个我们感受不到其地平线的世界：不存在可以识别的外在极限（external limit），我们看不到我们世界的极限。基于这个原因，我们说，黑格尔的整体性是"并非全部"的、不完整的、被推向极致的自我相对化（self-relativization），同时又总是已经完成的、整体化的。这两个方面是同一枚硬币的两个侧面。

这也许使我们得到了黑格尔所谓绝对之知的最精确的定义：绝对之知的意思是，完全接受大对体的不存在（big Other's inexistence），也就是说，完全接受作为假定知道的主体（subject-supposed-to-know）的大对体的不存在。绝对之知和苏格拉底传统或某种神秘传统中所谓的博学的无知（*docta ignorantia*）存在着关键性差异：后者指主体知道自己无知，而由主体的绝对之知记录下来的无知，则是大对体自身的无知。因此，对真正无神论的概括是：神圣之知（divine knowing）和神圣存在水火不相容，只有知道（注意、记录）自己不存在，上帝才能存在。一旦上帝知道自己存在，他就会坍入不存在之深渊（abyss of inexistence）。

# 第六章　神被扭曲的身份

## 实在界诸神

雷德利·斯科特拍摄的影片《普罗米修斯》是他的"异形"三部曲的前传。在《普罗米修斯》的开头，一艘宇宙飞船离开了我们史前时期的地球，留下一个类人类外星人。他喝下了冒泡的黑色液体，然后身体开始分崩离析。他破碎的遗体落入瀑布，他的DNA引发了生源反应（biogenetic reaction），导致人类的诞生。然后电影跳到了2089年的苏格兰，两个考古学家在那里发现了一张星图，它与从若干迥异的古代文化中找到的星图完全一致。他们对这张星图做了这样的阐释：这代表着人类的祖先——所谓的"工程师"——发来的邀请，于是手握星图，登上了科研飞船"普罗米修斯"，前往一颗名为LV-223的卫星。抵达那里后，"他们发现了一个冷冻保存起来的克隆人，或把自己的DNA撒到了地球上的原始外星人'创造者'的子孙。人类愚蠢地唤醒了他，或许是想开个有关人生意义的研讨会吧。结果，外星人大开杀戒，还要重拾先前的计划——前往地球，毁灭地球"[1]。在电影的最后一个场景中，由劳米·拉佩斯（Noomi Rapace）扮演的考古学家对嗜血成性的外星人怒吼道："我想知道为什么！我们究竟做错了什么？为什么你们恨我们？"这不就是拉康所谓的"*Che vuoi?*"——实在界诸神的不可理喻性（impenetrability of the gods of the Real）——的范例吗？

我们在哪儿寻找这些活着的神（living gods）？在非基督教的原质（pagan Thing）中寻找。犹太教中的神自在地死（dies in Himself），基督教中的神自为地死（dies for Himself）。活着的神的标志是神圣（divine），

---

1 Barbara Ehrenreich, "The Missionary Position," *The Baffler* 21 (2012), p. 132.

神圣的破坏性方面——残暴的狂怒与狂喜的赐福的混合物——就是拉康"上帝属于实在界"的表述所要表达的东西。与这样的神圣实在界（divine Real）相遇，这方面典型的文学实例可在欧里庇得斯的最后一部戏剧《酒神的侍女》（*The Bacchae*）中找到。这部戏剧考察了宗教的狂喜，以及对狂喜的反抗。酒神化妆成一个年轻的圣洁之人，从亚细亚来到忒拜。他在忒拜公开了自己的神性，并鼓吹狂欢的宗教（orgiastic religion）。忒拜年轻的国王彭透斯（Pentheus）对随后发生的神圣狂欢（sacred orgies）深感震惊，下令禁止其子民膜拜酒神。被此举激怒的酒神把彭透斯引到附近正在进行狂欢活动的山上。在那里，借着酒神的毁灭性狂暴，包括彭透斯的母亲阿高埃（Agave）在内的忒拜的女人们把彭透斯撕了个粉碎。这部戏剧列出了对待神圣狂欢仪式的四种态度。首先是彭透斯的态度，即在宗教问题上的开明理性主义和怀疑主义的态度。他拒不接受酒神的狂欢，把它视为对沉溺于肉欲的纯粹掩护，决定以武力镇压之：

> 我还没有回到忒拜，就听说那里发生了些令人恶心的事情，城里的女人们纷纷离开家门，去参加愚蠢的酒神仪式。她们在山林中游荡，狂歌乱舞，膜拜新神狄俄尼索斯，也不问他到底是谁；每个狂欢队里都摆着盛满酒浆的调酒缸，酒后她们一个个溜到僻静的地方，与男人们享受鱼水之欢，还声称自己是酒神的侍女，正在忙着献祭。其实她们膜拜的是性欲女神阿佛洛狄忒，而不是什么酒神。[1]

然后的两种态度与智慧有关。至为虔诚、毕恭毕敬的盲人先知忒瑞西阿斯（Teiresias）鼓吹忠于传统，把传统视为神圣不朽的遗产：

> 我们这些凡人，对神的事情一窍不通。来自我们祖先的那些古

---

1　所有《酒神的侍女》引文译者为 Ian Johnston, available at https://records.viu.ca.——作者注。参见中文版："我还没有回到国境，就听见城里发生了奇怪的祸事，据说我们的妇女都出了家门，去参加巴克科斯的虚位仪式，在山林中到处游荡，狂歌乱舞，膜拜新神狄俄尼索斯，不管他是谁；每个狂欢队里都摆着盛满酒浆的调缸，她们一个个溜到僻静地方，去满足男人的欲望，假装献祭的狂女，其实是把阿佛洛狄忒放在巴克科斯之上。"罗念生，《罗念生全集》，第三卷，上海人民出版社，2007 年，第 361-362 页。——译者注

老传统，自有时间以来我们拥有的传统，不必争论，更不能推翻，尽管有人常要抖抖机灵。[1]

不过，他的建议是由"宗教是人民的鸦片"来支撑的：

> ［酒神］带来了他酿造的葡萄美酒，可与丰收和农业女神做的面包媲美。他把葡萄酒带给了凡人，使他们在痛饮之后，不再有痛苦的烦忧。美酒助他们睡觉，让他们忘却每天的苦恼。除了它，再无解除人类困苦的良药。[2]

这种思路被彭透斯国王聪明的老顾问卡德摩斯（Cadmus）激进化了。他的建议是谨慎和屈从：

> 你应该和我们一样，不要超出传统。在这个问题上，你有点飘飘然，不分西东。你有想法，但很朦朦胧胧。如果真像你说的那样，这个人并非天神，那又何妨称他为天神？为什么就不能撒谎，彻底地言不由衷？[3]

简言之，卡德摩斯的态度与《理想国》中的柏拉图的态度无异：凡夫俗子需要美丽的谎言，因此为了控制他们，我们应该假装相信这些美丽的谎言。

最后，在这三种态度之下，是狂野的（女性）暴民的态度：在其他三种态度的争论还在继续的同时，我们不时地听到酒神侍女们的激情呼

---

1　参见中文版："关于神的事，我们不能卖弄聪明。凡是我们从祖先那里继承下来，与时间同样古老的信仰，任何议论，即使从心底发出来的鬼聪明，也不能将它推倒。"罗念生，《罗念生全集》，第三卷，第 361 页。——译者注

2　参见中文版："（一位是女神得墨忒耳），即是地母——随便你叫她哪个名字——她用固体粮食养育凡人；继她而来的是塞墨勒的儿子，他酿造液体葡萄酒送给人类，弥补营养的不足，减轻那些可怜人的忧愁，在他们喝足了葡萄酒的时候，他还奉送睡眠，使他们忘却每天的痛苦，此外再没有什么解除痛苦的药物了。"罗念生，《罗念生全集》，第三卷，第 363 页。——译者注

3　参见中文版："你同我们一起来遵守法则吧！你现在很轻浮，你的智慧算不得智慧。即使你像你说的不是天神，你也应该姑且承认他是。只要你撒一个漂亮的谎，塞墨勒就会被认为是神的母亲，我们整个家族也就有了光荣。"罗念生，《罗念生全集》，第三卷，第 364 页。——译者注

喊和狂热祷告。她们宣布,她们蔑视"深邃思想家的智慧",她们忠诚于"民众的习俗和信仰"。酒神侍女们是极端反对柏拉图的:她们反对抽象的理性主义,张扬她们对构成了具体生命世界的习俗的忠诚。从她们的角度看,真正的疯癫行为是试图把疯癫排除出去的行为,即纯粹的理性这种疯癫(the madness of pure rationality)。换言之,真正的疯子是彭透斯,而不是放荡不羁的酒神侍女们。忒瑞西阿斯得出了同样的结论:

> 你口齿伶俐,貌似机智,但你的话全无道理。[1]
>
> ……
>
> 你这个不幸的人,根本不知道自己都说了些什么。你以前是神志不清,现在则是彻底发疯。[2]

换言之,如同我们前面看到的那样,真正的"疯癫"不是世界之夜的狂喜过度(ecstatic excess of the Night of the World),而是向符号界本身过渡这一行为的疯癫。与理性自身的疯癫相比,纯粹由丧失理性导致的疯癫——如酒神侍女们的狂舞——又算得了什么?

《酒神的侍女》中的活着的神继续各自的地下生活,并以多种多样的形式杂乱无章地回归,而所有这一切都是丑陋原质(monstrous Thing)的伪装。回想一下汤普森(J. Lee Thompson)执导的影片《白水牛》(The White Buffalo)吧。该片是依据理查德·塞尔(Richard Sale)的原著改编的,绝对算得上"电影有史以来最奇怪的稀罕玩意之一"[3]。那是一部古怪的西部片,是《莫比·狄克》(Moby Dick)的变体。在影片中,由查尔斯·布朗森(Charles Bronson)扮演的蛮人比尔·希柯克(Wild Bill Hickok)可谓是"西部的阿哈伯[4]"。他一直噩梦不断,梦中总是出现一头

---

1 参见中文版:"但你只是口齿伶俐,尽管说得头头是道,你的话却全没道理。"罗念生,《罗念生全集》,第三卷,第363页。——译者注

2 参见中文版:"不幸的人呀,你不明白你说的什么话!你先前是糊涂,现在是疯狂。"罗念生,《罗念生全集》,第三卷,第365页。——译者注

3 Jeff Bond, Review of The White Buffalo, available at www.creaturefeatures.com.

4 阿哈伯,美国作家赫尔曼·梅尔维尔的小说《莫比·狄克》(Moby Dick)中的船长。此人一直想捕获大白鲸莫比·狄克。——译者注

巨大的患白化病的水牛，并深为之苦，而这个动物也是美洲原住民的圣兽。希柯克以前与野牛比尔[1]在东部地区的舞台上表演，刚从那里回来。当时他三十七岁，戴着一副蓝色墨镜，以保护视力日益不佳的眼睛免受"深色宁静"（Deep Serene）之害，那是感染淋病的结果。他浑身都是枪伤，这使他过早患上了风湿病。旅行途中，他遇到了疯马酋长（Chief Crazy Horse）。疯马酋长一直在平原地区游荡，固执地寻找着那头曾经杀害他的幼女的巨大白水牛。希柯克决定与他合作，一起搜寻那头猛兽。

希柯克的有色眼镜标志着他的盲目，但他的无能在电影中也得到了确证：他与以前的情人普克尔·珍妮（Poker Jenny）——金·诺瓦克（Kim Novak）扮演的最后一个角色——重逢，却无法满足她的愿望。不过，颇具悖论意味的是，同样的道理（无能）甚至更适用于白水牛。这样一来，可以轻易给这部影片提供一个基本的弗洛伊德式解读：白水牛是原初父亲（primordial father），它尚未死去，因而扼杀了主人公的性能力。它在绝望之中发出的声音与犹太教中的羊角号发出的声音完全相同，主人公努力展示的场景就是弑父的场景。白水牛代表着垂死的原初父亲，它的盲目力量是它的无能的另一面——从某种意义上讲，这头野兽的无能正是它在原始力量（raw strength）方面表现出来的无能。它就是约伯遇到的上帝[2]：全能，但在道德上麻木和愚蠢。[3]

---

1 野牛比尔，原名威廉·科迪（William Cody），美国南北战争时的军人、陆军侦查队队长、驿马快递骑士、农场经营人、边境拓垦人、美洲野牛猎手和马戏表演演员，是美国西部拓荒时期最具传奇色彩的人物之一，有"白人西部经验的万花筒"之称，其组织的牛仔主题的表演也非常有名。——译者注

2 参见《圣经》中的《约伯记》。——译者注

3 埃里克·冯·施特罗海姆（Erich von Stroheim）曾在两部电影中扮演两个主要有声角色，我们在那里遇到了与此类似的无能。这两部电影的标题中都有个"大"字：一部是《伟大的加波》（*The Great Gabbo*，1929），一部是《伟大的弗拉马里翁》（*The Great Flamarion*，1945）。在这两部电影中，施特罗海姆扮演的都是因为忌妒和无知而最终自我毁灭的杂耍艺人。注意比利·怀尔德（Billy Wilder）的《日落大道》（*Sunset Boulevard*）中类似的自取其辱：在那里，施特罗海姆扮演的马克斯（Max）是诺玛·戴斯蒙（Norma Desmond）的仆人和全方位侍从（管家、司机等），但他的全名是马克斯·冯·梅亚林（Max von Mayerling），在她早年做电影明星时，他担任过她的导演。《日落大道》还包含着整个电影史上的终极对话交流。影片中由威廉·霍尔登（William Holden）扮演的（尚未）死去的主人公乔·吉利斯（Joe Gillis）在注意到挂在墙上的大幅画像并意识到戴斯蒙曾是著名的默片电影明星时，说道："你以前很红的。"她反驳道："我现在还是那么红，只是那些电影不红了。"与以前相比，今天岂不更是如此？从爱森斯坦至刘别谦，被人遗忘大半的经典依然伟大，只是那些电影变得渺小了……

两个主人公追寻圣兽的踪迹，直至追到一个大山洞里。在那里，圣兽和它的牛住在一起。希柯克想把它的皮制成赚钱的展览品，疯马酋长要用它的皮包裹他死去的女儿，以便让她的灵魂平安地飞上天空。整部电影都指向他们与魔鬼的决战，那是行动与恐怖交织起来的谵妄。真到了决斗之时，决斗却被表现得像是精心表演的高潮场面：在一条狭窄的山间小道上，水牛将对主人公发起攻击，主人公将杀死水牛。记住电影的下列一面至关重要：在最后的决斗中，任何东西都不是自发的，一切事件都被展现得像是小心翼翼地表演出来的事件——在预料的攻击开始前，希柯克和疯马酋长仔细考察了山道，对所有的细节都做了详细的安排。猛兽的机械特性（该片拍摄于数码动物入侵之前，水牛的动作显然是笨拙的木偶发出的动作），拍摄最后的对峙时对室内场景的明显运用（人造雪、塑料石等），都强化了人工性的效果（effect of artificiality）。不过，所有这些都没有破坏预期的效果，反而派生出只有精心准备的机械剧院场景才有的梦游一般和笨手笨脚的特质。

当原质不再是内心世界的实存物（inner-worldly entity）而是深渊自身和空白（内心世界之物在这一空白中销声匿迹）时，这样的事件，即与实在界的原质（the Real Thing）相遇的事件，就会被推向极致。这一深渊会把恐怖与诱惑奇怪地结合起来，对我们产生吸引力，但沿着什么方向吸引？《浮士德》结尾处的神秘合唱队唱出的名句，代表着歌德的糟糕透顶的"智慧"："转瞬即逝的一切，都只是一个譬喻；存在缺陷的，已经出现；无法言传的，这里实现；永恒的女性，引我们上升。"[1] 别的且不谈，这个故作深刻的胡言乱语把方向弄反了：它拉我们下降，而不是引我们上升，就像埃德加·爱伦·坡的《莫斯可漩涡沉溺记》（"A

---

1 为了更真切地说明问题，这里采取了直译的方式，未加任何润饰。好在《浮士德》译本甚多，读者可参照之。这几句话，绿原译为："万象皆俄顷，/无非是映影；/事凡不充分，/至此始发生；/事凡无可名，/至此始果行；/永恒的女性，/引我们飞升。"董问樵译为："一切无常事物，/无非譬喻一场；/不如意事常八九，/而今如愿以偿；/奇幻难形笔楮，/焕然竟成文章；/永恒女性，/自如常，/接引我们向上。"郭沫若译为："一切无常者，/只是一虚影；/不可企及者，/在此事已成；/不可名状者，/在此已实有；/永恒之女性，/领导我们走。"钱春绮译为："一切无常者，/不过是虚幻；/力不胜任者，/在此处实现；/一切无可名，/在此处完成；/永恒的女性，/领我们飞升。"——译者注

Descent into the Maelström")中的"漩涡"那样下沉。[1] 故事是由一个叙事者讲述的。他把一个挪威老渔夫告诉他的故事,讲给我们听。那时,他和渔夫坐在一个巨大的悬崖的边上,俯瞰着波涛汹涌的海面。汹涌的潮水不时地把小漩涡变成一公里长的漏斗,即"大漩涡"。无论何时,只要有船只进入它的吸力范围(一公里),漩涡就会把船只卷入水底,并使它撞向岩石,直至大漩涡平息。因为它的宏伟力量蔑视合理的解释,叙事者被引向更具幻象性的解释,把大漩涡视为处于地球核心地带的深渊的入口。正如这个老渔夫所言,几年前,一场可怕的飓风把他和兄弟乘坐回家的渔船的桅杆吹断了。他们两人惊恐地发现,自己已被卷入大漩涡,知道命不久矣。但是,随着波浪在周围冲击,这位老人反而在绝望中平静下来,想着这样死去该有多么壮丽,于是开始研究大漩涡的深度,即使以自己的生命为代价,也在所不惜。渔船的旋转形成了离心力,离心力把他固定在漩涡的侧面,这使他在漩涡底部看到了由水的运动引发的彩虹。在向下旋转的过程中,他注意到,在他周围旋转的各类残骸中,较小的圆柱体沉入深渊的速度要慢一些。于是他把自己牢牢地绑在一个水桶上,纵身跳进海水中。他哥哥拒绝像他那样行动,因而丧命。就在他们的渔船抵达深渊的中心时,大漩涡这个漏斗开始平静下来。这个人浮出了水面,另一只船迅速把他捞了起来。他得救了,但他告诉叙事者,他的黑发已经变白,他的面颜也已苍老不堪。

　　以自己的能力克服自己的恐惧,以自己的理性寻求通往安全的道路,这位老人的做法类似于埃德加·爱伦·坡创造的奥古斯特·杜邦(Auguste Dupin)。杜邦是最早的私家侦探模型,是推理艺术的大师。尽管《莫斯可漩涡沉溺记》是探险性的恐怖小说,我们还可把它视为侦探小说。在侦探小说的末尾,侦探会表明,他如何以推理的力量解开了那个难解之谜。在这篇小说中,老人已经解开了那个难解之谜,现在正向一个全神贯注的听者复述他的思想过程。就发挥的作用而论,这位听者类似于杜邦的庸常叙事者兼朋友,即福尔摩斯的华生(Holmes's Watson)和波洛的黑斯廷上尉(Poirot's Captain Hastings)的先行者。他

---

1　顺便说一句,现在还有这样的政治制度,在那里,永恒的女性声称要引领自己的人民向上。

很诚实，但缺乏使杜邦和那位老人成为各自故事的主人公的活力。的确，小说的标题本来可以是"来自致命漩涡之精灵的理性思维的诞生"之类的东西：在小说中，冷静的理性思维和死亡驱力完全重合起来，因为死亡驱力（严格的弗洛伊德意义上的死亡驱力）不是指主体对深渊的自愿投降，而是指在漩涡边缘的反复旋转。换言之，死亡驱力处于理性一边，而不在非理性一边。这使我们回到了黑格尔对深渊性的"世界之夜"的看法。在他看来，深渊性的"世界之夜"即主体性之核（core of subjectivity）：主体性之深渊（abyss of subjectivity）不就是终极的大漩涡？理性思维不就是在这个深渊的边上反复旋转的艺术吗？

另一个范例可在摇滚音乐史上找到。《在铁梯的回忆里》[1] 是铁蝴蝶乐队 1968 年发行的一张同名唱片中的一首歌。它时长十七分钟，占了唱片的整个第二面。（时间稍长一点的现场版是作为他们 1969 年的现场专辑发布出来的。）简单的歌词只有在开头和结尾才能听到：

> 在铁梯的回忆里，宝贝儿
> 你不知道我很爱你？
> 在铁梯的回忆里，心肝儿
> 你不知道我将永远忠于你？
> 嘿，你不想跟我来，拉着我的手？
> 哦，你不想跟我来，跟我一起走？
> 啊，请拉着我的手。

> （In-a-gadda-da-vida, honey
> Don't you know that I love you?
> In-a-gadda-da-vida, baby
> Don't you know that I'll always be true?
> Oh, won't you come with me and take my hand?

---

1　"在铁梯的回忆里"，原文为 "In-A-Gadda-Da-Vid"，是醉酒之后的喃喃自语。实际的歌词是 "In the Garden of Eden"（在天堂的花园里）。——译者注

Or, won't you come with me and walk this land?

Ah, please take my hand.）

　　但是歌词本身无关紧要，重要的是具有催眠效果的固定音型
（ostinato），即能对整首歌曲施以魔法，使之具有蛊惑力的重复的旋律
乐句［这也清晰地表明，何以这张唱片标志着迷幻硬摇滚（psychedelic
hard rock）的兴起］，这句歌词还奇怪地与这首歌曲的诡异歌名遥相呼
应。据说，这首歌的歌名原本是《在天堂的花园里》，但在某次排练
时，歌手道格·英格尔（Doug Ingle）喝醉了，结果发音不准，制造了
误听，还让它成了歌名。[1] 这曲歌曲的歌名至少为我们提供了三种语义
联想：在天堂的花园里，在生命的花园里（如把"vida"理解为西班
牙单词的话），在大卫王的花园里（大卫王与拔示巴做爱的地方[2]）。在
全部这三种情形下，花园都是禁区，是获得逾越性享乐（transgressive
enjoyment）的场所。在迈克尔·曼（Michael Mann）执导的影片《猎人
者》（Manhunter）中，与连环杀手对决的时刻到了。这时，这首歌被用
作背景音乐。《猎人者》是根据第一部有关汉尼拔·莱克特（Hannibal
Lecter）的小说《红龙》改编的，明显优于后来由安东尼·霍普金斯
（Anthony Hopkins）主演的影片。这首歌不仅被用作背景音乐，而且与
当时的气氛怪异地吻合，还强化了当时的气氛：杀手当时准备根据某种
仪式杀害无助的女性。这凸显了神圣、色情和冷酷杀人暴力的诡异重
合。难怪这首歌令人心神不安，而且这种不安通常被不屑一顾的姿态所
遮掩，城市词典网站（urbandictionary.com）上的下列评论就是如此：

　　　　《在铁梯的回忆里》（喝醉后唱出来的"在天堂的花园里"）是

---

1　误听是近乎同音异义的缘故而对某个短语的误释，这在某种程度上为被误听的词语提供了新
的意义。误听一词来自对珀西（Thomas Percy）的民谣集《英诗辑古》（*Reliques of Ancient English
Poetry*）的误听：有人把"他们杀死了欧摩勒伯爵，任其横尸在绿草上"（They have slain the Earl
O'Moray, And laid him on the green）听成了"他们杀死了欧摩勒伯爵和蒙德格林夫人"（They have
slain the Earl O'Moray, And Lady Mondegreen）。——作者注。这种情形中国也很常见，如把"我
低头，向山沟"听成"我的头，像山沟"，把"千年等一回"听成"千年的女鬼"，把"你可知
Macau，不是我真姓"听成"一个芝麻糕，不如一针细"，等等。——译者注
2　参见《圣经》中的《撒母耳记下》。——译者注

早期重金属音乐，只是因其纯粹的、乏味的长度和不可理解性才
成了经典。人们当时把它与神秘主义混为一谈。歌词只是几行黏黏
的、甜甜的浪漫主义滥调而已，与便秘一般的金属唱腔牛头不对马
嘴。后者适宜于当时的时代和音乐类型，前者在任何情况下都不
适宜。

认为这首歌曲的歌词"只是几行黏黏的、甜甜的浪漫主义滥调
而已，与便秘一般的金属唱腔牛头不对马嘴"，这种看法完全不得
要领——其要领在于下列事实：牛头不对马嘴。回想一下海因里
希·冯·克莱斯特[1]的短篇小说《圣塞西莉亚或语音的力量》[2]。故事发生
在三十年战争期间（1618—1648年），当时的德国被新教徒和天主教徒
所撕裂。新教徒计划在大型天主教会举办午夜弥撒时对天主教徒大开杀
戒。四个人被派往那里，伺机制造事端，并给同伙发送动手的信号。不
过，事情发生了怪异的转折：一个据说已经死去的漂亮修女奇迹般地复
活，还带领唱诗班唱起了优美的歌曲。歌声迷住了四名匪徒，他们没能
发送信号，这个夜晚在宁静中度过了。甚至在这个事件发生之后，四个
新教徒依然处于麻木状态：他们被关进了一家精神病院，而且一关就是
几年，他们呆坐在那里，整天除了祷告就是祷告，只是到了每个夜晚的
子夜时分，四人迅速站起，合唱他们在那个致命的夜晚听到的优美歌曲。
当然，这时我们会感到恐怖，因为那歌曲原本是神圣的唱诗班用来制造
奇迹般的救赎效果和镇静效果的，现在却成了可怕的重复的模仿。怪诞
的歌唱颠倒了标准版本的污秽转折（obscene turn）。比如，一个纯真女孩
的面孔因为愤怒突然变形，她也开始污言秽语，就像影片《驱魔人》（*The
Exorcist*）那个着魔女孩那样。这是标准版本的污秽转折，它凸显温柔面
孔之下的恐怖和堕落。还有什么比这更糟糕？在克莱斯特小说中发生的
事情，就比这还要糟糕。终极恐怖并不发生在摘下纯真之面具（mask of

---

1　海因里希·冯·克莱斯特（Heinrich von Kleist），德国诗人、戏剧家、小说家，对康德哲学
情有独钟。——译者注
2　《塞西莉亚或语音的力量》（"St. Cecilia or the Power of the Voice"），一般译为《圣塞西莉亚
或音乐的力量》（"St. Cecilia or the Power of Music"）。——译者注

innocence）时，而发生在崇高的文本（sublime text）被不当的、堕落的说话者（错误地）占有时。在标准版本的污秽转折中，我们在错误的地方（发出污言秽语之地）得到了正确的东西（温柔纯真的面孔）。但在克莱斯特那里，我们在正确的地方（想模仿崇高的宗教仪式）获得了错误的东西（残暴的匪徒），这导致了更严重的玷污。这种不和谐岂不与《在铁梯的回忆里》里的不和谐如出一辙？由"便秘一般的金属唱腔"唱出的浓情蜜意……城市词典网站的批评者错过的正是这首歌曲的"纯粹的、乏味的长度和不可理解性"产生的效果，即催眠般的重复产生的效果。这种重复提供的愚蠢享乐使所有的意义销声匿迹。基于这个原因，这首歌曲的标题的主要力量并不来自它的语义联系的多样性，而来自下列事实：它诡异的声音以某种方式抹除了意义，使我们与它的无意义的污言秽语搅在一起。这是从意义转向感官快感的一个范例。

## 词语的束缚

一旦活着的神全身而退，一旦其不再在集体的力比多机理（collective libidinal economy）中运筹帷幄，会发生什么事情？黑格尔已经注意到，词语（word）杀死了事物。这意味着，神的死亡绝对没有使我们摆脱符号性的联系（symbolic link），反而把词语的力量强化到极致。且举一个或许令人吃惊的例子，它便是埃德蒙·古尔丁（Edmund Goulding）执导的影片《玉面情魔》（*Nightmare Alley*, 1947）。电影讲的是一个骗子的兴衰的故事。关于这部杰出的黑色影片，首先要注意它的循环叙事结构：既始于又终于一场乌烟瘴气的旅行马戏团演出，出场的人物都是一个马戏团中的怪胎或寄客[1]。电影开始时，刚刚加入马戏团的斯坦顿·卡莱尔（Stanton Carlisle）——由泰隆·鲍华（Tyrone Power）扮演——表现出对最为低级的诱惑物的诡异迷恋。那诱惑物是一个近乎疯癫的寄客，他生活在笼子里，几乎与世隔绝，以生吃活鸡取悦观众。斯坦顿难免要问，一个人怎么会过得如此落魄？这时，马戏团的其他

---

1　"寄客"（geek），这里专指在马戏团中从事令人恶心或极其野蛮的表演的人物。——译者注

成员纷纷责备他，觉得他不应该提出这个人人理应保持沉默的话题。寄客这个人物，电影世界中的这个"奇异吸引子"[1]，代表着神圣人（*homo sacer*）：一个活死人，虽然活着，却被排除在人群之外，不允许被人谈及。在电影中，有人嘱咐斯坦顿"永不放弃"，他也的确坚持到了最后，完全应验了自己的宿命：和俄狄浦斯一样，他在最终不再属于人类时，充分地变成了人。寄客母题（geek-motif）支撑着整部影片：故事发展到每个关键时刻，寄客的狂笑都会从背景传来，几成定律。[2]

斯坦顿和"吉娜小姐"（Mademoiselle Zeena）及她的酒鬼丈夫皮特（Pete）一道工作。他们夫妻一度是日进斗金的最佳组合：以一套独出心裁的密码，制造她具有异乎寻常的精神能力的假象，直至她（电影未曾明说）的恶劣行为使皮特嗜酒如命，使他们进入三流的行当谋求生路。斯坦顿获悉，很多人想从吉娜那里购买密码，但她坚决不卖。有天晚上，他无意中为皮特拿错了酒瓶，结果让皮特丢失性命。吉娜现在不得不把密码告诉斯坦顿，训练他，让他成为她的助手。不过，斯坦顿更喜欢和年轻的莫莉（Molly）待在一起。他们的恋情泄露后，他们不得不仓促成婚。斯坦顿意识到，对他来说，这是千载难逢的良机：既然知道了密码，他们夫妻当然可以离开马戏团，远走高飞。于是他成了"了不起的斯坦顿"（The Great Stanton），在一家豪华夜总会表演，取得了巨大成功。不过，斯坦顿还有更高的期许：在诡计多端的芝加哥心理学家莉莉丝·瑞特（Lilith Ritter）的帮助下（她当时为他提供有关她的病人的信息），把自己包装成能与死人交流的灵媒。此举最初非常有效，但在企图欺骗将信将疑的埃兹拉·格林德尔（Ezra Grindle）时，一切都轰然倒塌。[3]斯坦顿号称他能召唤死者的灵魂，而格林德尔想见去世已久的恋人，于是要他提供证据，证明他所言不虚。斯坦顿说服了莫莉，让她参

---

1　"奇怪吸引子"（strange attractor）本是微积分和系统科学论中的一个概念，这里指"奇怪的引人注目之物"。——译者注

2　这里应该提及泰隆·鲍华对该片的个人贡献：他首先购买小说的电影版权，然后强迫电影公司制成影片，同时允许他扮演一个与佐罗式的惊险打斗角色彻底断绝关系的人物。他独一无二的面孔为电影增色颇多：既有些许怪异的悲哀（strange sadness），又予人以忧郁的邪恶（melancholic evil）之感。

3　使莉莉丝这个人物如此独一无二的是，她与斯坦顿之间没有丝毫的性张力。与黑色电影的一般模式不同，尽管莉莉丝是这部影片中唯一接近蛇蝎美人的人物，她被彻底去性化了。

与这个骗局，冒充死人。但是，就在格林德尔完全相信了斯坦顿的表演并要跪下祷告时，莫莉精神崩溃，大喊大叫，说她再也无法坚持下去。斯坦顿和莫莉不得不赶紧离开那里。他让莫莉在马戏团找了份工作，自己则渐渐酗酒，无力自拔。他想在另一家马戏团找份工作，结果面临着终极的落魄：他能得到的唯一工作就是扮演寄客。因为再也无法忍受这样的生活，他精神失常。幸运的是，正如电影结局表明的那样，莫莉恰巧在这家马戏团工作，她治好了他的疯癫，使他恢复了正常的生活。当然，这个幸福的结局是电影公司强加的。尽管如此，下列两者之间还是存在着出人意料的共鸣：一者是这部影片最后的几个瞬间，一者是莫莉精神崩溃，无法继续表演下去的场景。仿佛到最后，（虚假的）认知已经成功：与格林德尔不同，莫莉的假象彻底欺骗了斯坦顿，使他深信不疑。

在影片的循环结构中，命运画了一个圆圈。圆圈之圆，显然到了可笑的地步：电影开场时，斯坦顿遇到了那个寄客，却忽视了"这里说的正是阁下"（*de te fabula narratur*）这一维度，也就是说，他没能从中看到自己的未来，那个未来正在路的尽头对他翘首以待。纸牌——纸牌的出现天真地近乎荒诞——反复暗示了斯坦顿的灾难性未来，发挥着与那个维度相同的作用——强调命运是个圆圈。就悲剧的基本形态（古典悲剧、基督教悲剧、现代悲剧、黑色悲剧）而言，这样的命运圆圈所处的地位如何？无法把它纳入任何一种形态。在古典悲剧中，注定灭亡的主人公接受了把他碾得粉身碎骨的命运，但继续抗议之，诅咒之。命运之神（God of Fate）已经死去，留存下来的唯一的束缚是词语的束缚（bond of the Word）。因此，在没有命运之神的情形下，一旦主体忽视这一束缚，错误地以为自己可以自由地操纵词语而无须付出任何代价，悲剧就会接踵而来。现代悲剧的最佳例证是文学作品中的伟大女主人公们发出的"女性之不"（feminine no）。从克莱芙王妃[1]到亨利·詹姆斯的《贵妇画像》（*The Portrait of a Lady*）中的伊莎贝尔·阿切尔（Isabel

---

[1] "克莱芙王妃"，法国小说家拉法耶特夫人（Madame de La Fayette）创作的《克莱芙王妃》（*La Princesse de Clèves*）中的女主人公。据说该小说开创了心理小说的先河。——译者注

Archer），她们全都在幸福近在咫尺时神秘地把它拒之门外。在黑色电影中，主人公是被蛇蝎美人背叛的上当受骗者，悲剧性的时刻到最后才会出现：在死到临头之时，虽然完全知道自己是某个残忍骗局的受害者，主人公还是毫无悔意——即便他提前知道自己的命运，照样会做出先前做出的选择。[1]

那斯坦顿的"罪孽"何在？他的"罪孽"在于，在一个没有上帝的世界里，他捉弄别人的信仰，无视词语的束缚——因此他的悲剧最接近基督教类型的悲剧。在他试图说服莫莉，让莫莉帮他欺骗格林德尔时，一场奇怪的争论发生了：她指责他装神弄鬼，装模作样地与神灵世界交往，斯坦顿则坚称，他从来没有提过上帝二字，只是玩些没有害处的把戏，满足消费者的要求而已。上帝与斯坦顿的骗局没有干系，这个怪异的方面甚是奇特，但也至关重要。莫莉装扮成格林德尔死去未婚妻的鬼魂，就在消费者完全被骗并要跪下祷告时，却难以为继。为什么她再也无法维持幻觉，为什么她觉得把自己当成满足他人欲望的客体是无法忍受和亵渎神明的？要回答这个问题，我们必须明白，使上帝已死的宗教（religions of the dead god）成为宗教的是词语纽结，词语纽结必然在犹太人在赎罪日前一夜念诵的《科尔尼德莱》[2]的名句中达到高潮：

> 从这个赎罪日到下个赎罪日，我们可能做出的所有（个人）誓言和保证，现在全都放弃。它们统统作废，全部失效，无影无踪，不复存在。愿我们所有的（个人）誓约、保证和誓言全都不被视为誓约、保证和誓言。

出于显而易见的原因（尤其是为了反对下列说法：犹太人不值得信

---

1 顺便说一句，如果《玉面情魔》是一部传统的黑色片，故事会以倒叙的方式讲述，就像托德·布朗宁（Tod Browning）的《怪胎》（*Freaks*）那样：电影开始时，我们会看到一群人在马戏团看一个怪胎，而怪胎则在银幕以外；然后是叙述，某人（通常是导游）讲述那个怪胎的故事，再后，电影结束时，我们回到马戏团，看到有那个怪胎出现的完整画面。
2 《科尔尼德莱》（*Kol Nidre*），意为"所有的誓言"，是犹太人在赎罪日（Yom Kippur）祈祷开始时念诵的祷文。祷文大意谓：在新的一年里，他们在无意中发出的誓言、做出的承诺一律无效，希望得到神的赦免。——译者注

任，因为他们自己的圣歌都叮嘱他们不守誓约），阐释者们想把《科尔尼德莱》相对化。他们指出，它只涉及个人誓约，即个人对自己发出的誓约，不涉及在公共空间中对他人发出的誓约。但这样的解释削弱了《科尔尼德莱》远为激进的维度，即犹太 - 基督教（Judeo-Christianity）的基本洞识：解除词语的束缚是逻各斯[1]所固有的，词语即其自身的有限 / 过度（limit/excess），即对符号界的固有的否定（immanent negativity of the symbolic）。这是必须强调《科尔尼德莱》的"语用悖论"（pragmatic paradox）的原因：它发誓要放弃誓言，公开宣布放弃誓言，把"公开宣布放弃誓言"表演为一种符号性的行为。为什么要这样做？因为如拉康所言，根本就没有元语言，没有大对体的大对体（Other of the Other）。我们为什么要作出承诺？作出承诺，恰恰是因为总是存在着违背诺言的可能性，而且只有以这种可能性为背景，才有誓言，才有义务行为（act of obligation）。大对体（另一个主体的隐形内核）天生是潜伏在他或她的誓言下面的深渊："你倒是这么说，我怎么知道你是真心实意还是虚情假意？"这里的悖论就在于，如果我们全都完全处在符号界之内，那真心实意和虚情假意的分裂就必须反射性地刻进分裂（reflexively inscribed into it），《科尔尼德莱》的情形就是如此。

## 把上帝历史化

我们是如何从活着的实在界诸神（living gods of the Real）向这个死去的词语之神（this dead god of the Word）过渡的？唯一可能的方式是不再单纯地描述我们对上帝的认识的历史变迁，首先把上帝自己历史化。提出这个想法的是谢林，但对他而言，这个想法还是过于刺激了：《世界时代》（*Ages of the World*）和谢林晚期有关神话和天启的哲学著作的关键差异在于，他的早期著作把上帝彻底历史化了［世界的化成（becoming）即上帝自己的化成，即上帝自己的自我创造和自我显现（self-revelation），如此一来，人类对上帝的意识是上帝自己的自我意

---

1　在神学中，逻各斯（logos）指基督或上帝的话。——译者注

识]。进入晚期后，谢林公然放弃了这种彻底的历史化（重新回到了传统神学，在那里，上帝不受创造世界过程的影响，他来自全然的永恒，他永远都是自己，创造世界是全然自由的和偶然的神圣决策/神圣行为）。作为三位一体的上帝存在于永恒之中，他是三种潜能（收缩、扩张、上述两者的和解）的统一，处于非时间性或虚拟性的状态。随着创造世界过程的开始（这个过程还开启了时间），上述三种潜能获得了自治，并转化为过去、现在和将来［即稠密物质的黑暗根基（dark Ground of dense matter）、逻各斯之光（light fo logos）、上述两者的和解，上述两者的和解以生命人格（living personality）的形式呈现出来，而生命人格即作为收缩点（point of contraction）的自我，收缩点又从属于理性之光（light of reason）］。谢林晚年有关神话和天启的哲学著作的前提，依然是神的自我分裂和自我异化（self-division or self-alienation of divinity）：

> 对于理解基督教来说，这样做是绝对必要的（这是理解基督教的真实意义的前提条件）：我们要领会把圣子与圣父切断［*Abgeschnittenheit*］这一行为，要依据圣父自身的形态，进而依据圣父的完全的自由和独立，来领会这一存在。[1]

不过，上帝自己并没有陷身于这种分裂。这怎么可能呢？谢林把创造世界的过程视为上帝与自己异化的过程，这个过程是分三步走的，圣子与圣父的分离只是这三步中的最后一步。首先，上帝释放了自己的最低级的潜能，即收缩这个自私原则（egotistic principle of contraction）。这个潜能在上帝之中，却不是上帝之物，因而上帝创造了物质这个身外之物。对于上帝而言，创造世界的目的在于以世界的形式显示他自己。不过，创造世界的过程走错了方向，世界变成了腐败与悲哀的堕落世界，自然成了饱含忧愁的自然。上帝创造了亚当，要以此使他创造的世界与他和解。这是他的第一次努力，但这次努力因为亚当的堕落，因为亚当自由地选择了罪孽而失败。这时，上帝的第二个潜能，也是较为高

---

1    F. W. J. Schelling, *Sämtliche Werke*, Stuttgart and Augsburg: J.G. Cotta 1856—1861, Vol. 14, p. 39.

级的潜能，即爱的原则，以巨匠造物主（demiurge）——"存在之主"——的形式显现出来。谢林清楚地看到，这个堕落世界的巨匠造物主是雅努斯式[1]的两面神：他既是巨匠造物主、上主 - 造物主（lord-creator）、处于世界之上的超验主宰（transcendent Master），又是被排除在永恒之外的、注定在自己的创造物中匿名游荡的、无家可归的神，就像瓦格纳的《尼伯龙根的指环》中已经成为游荡者的沃坦 / 奥丁（Wotan/Odin）那样。在这个终极的、神学上的对立物的并存（coincidence of the opposites）中，世界的主宰不得不以其"对立的规定"（*gegensaetzliche Bestimmung*）的形式，在世界上显现为没有立足之地的、最低级的因素，显现为被排除在所有社会群体之外的、不知姓甚名谁的、无家可归的游荡者。[2] 我们于是获得了第一个神圣者中的对立（opposition in the divine），或神圣者的分裂（splitting of the divine）：一边是创造世界之前的上帝，是匿名的"神体"（Godhead），一边是上帝 - 巨匠造物主，是创造物的主宰，是处于上帝之外的上帝，是堕落世界的上帝，两者相互对抗。谢林的成就在于，他表明，只有以这种分裂为背景，才能理解基督教的道成肉身。

在异教中以不同面目出现的上帝 - 巨匠造物主是"预先存在的基督"（pre-existing Christ）、神话性的上帝（mythological God）、异教幻觉效应之上帝（God of pagan phantasmagorias），不是实际存在的上帝（actually existing God），而是上帝的影子二重身（shadowy double）、"上帝自身之外的上帝"："神话不外乎基督出生前的基督的隐秘历史而已，不外乎上帝之外的上帝的游历而已。"[3] 对谢林来说，至关重要的是，通过道成肉身而成为人的上帝不是上帝自己或自在的上帝（God in Itself），而是这

---

1　"雅努斯式"（Janus-like）中的"雅努斯"（Janus）是古罗马神话中看守门户的两面神。——译者注

2　注意，与此完全相同，不想通过意志得到任何事物（actively wills nothing）的意志，是不想通过意志得到具体事物（wills nothing in particular）的意志的对立的规定，是行使意志这一纯粹可能性（mere possibility of willing）的意志的对立的规定。——作者注。这句话语法简单，但极难传达作者想要表达的意思。它的大意是：有两种意志。一种意志是无欲无求、无为而治的意志，不以任何事物为目标；一种意志是不以具体事物为目标的意志，但有自己的远大理想，或单纯以行使意志或保持行使意志的潜在可能性为乐。两者貌似南辕北辙，实际相辅相成，前者是后者的"对立的规定"。——译者注

3　S. J. McGrath, *The Dark Ground of Spirit*, London: Routledge 2012, p. 162.

个"上帝之外的上帝",是异教的巨匠造物主:"基督必须拥有神性的独立根基(independent ground of divinity),拥有超神的神性(extra-divine divinity),必须自称拥有至高权力,但又宣布放弃至高权力。……作为上帝之外的上帝,基督拥有自己的正当主张,可以成为堕落世界的上帝(God of the fallen world),但他宣布放弃了这个主张。"[1]随着基督教天启论的诞生,随着真正的道成肉身的到来(通过道成肉身,基督"开始进入堕落的世界,甚至他自己也成了堕落的存在"[2]),神话变成了事实,基督成了一个实际存在的、完整的人类个体。基于这个原因,正如谢林所言,基督在朝着克尔凯郭尔指明的方向发展:"不像人们常说的那样,基督不是导师,不是(基督教的)创始人,而是基督教的内容。"[3]虽然已经道成肉身,虽然变成了人,上帝并没有腾空自己的神性,他只腾空了他本有的上帝形象(morphe theou),腾空了作为拥有至高权力的巨匠造物主的上帝的形式:"以上帝的形式现身的他决心去掉上帝的形式"[4],"'上帝变成了人',这意味着,神变成了人,但变成了人的,还不是神[自身],而是神的超神部分(extra-divine of the divine)"[5]。

我们可以清晰地看到,谢林为何处偏离了正统的基督教,不是在这样的地方:在他看来,异教是错误的,但也是神的历史的有机组成部分,是一个过程,这个过程在真正的道成肉身时达到顶峰;而是在这样的地方:他把道成肉身的过程复杂化了。在谢林看来,道成肉身先于自在之神(God-in-itself)——神体(Godhead)——的自我分裂,先于神在神外之上帝中的收缩(God's contraction in a God outside the divine),即先于神在堕落世界之主(Lord of the fallen world)中的收缩。如此一来,作为调停者的基督首先要调停的,不是上帝与创造物(堕落世界)的关系,而是纯粹上帝(pure God)与堕落世界(God of the fallen world)的上帝、神外之上帝的关系。这么说意味着,化身为基督的上帝

---

1    S. J. McGrath, *The Dark Ground of Spirit*, London: Routledge 2012, p. 166.

2    Ibid.

3    Schelling, *Sämtliche Werke*, p. 35.

4    F.W.J. Schelling, *Philosophy of Mythology and Revelation*, Armidale: Australian Association for the Study of Religion 1995, p. 273.

5    Ibid., p. 275.

并不是纯粹的神体（pure Godhead），而是堕落世界的上帝，即上帝-巨匠造物主、神外之上帝。正是这个上帝腾空了自己的神性，放弃了"上帝的形式"，成为纯然的人，然后死在十字架上。简言之，死在十字架上的是上帝-巨匠造物主，是处于神外的上帝，这是他被钉死在十字架上同时还是神与自身的和解的原因。

因此，我们现在处于"神性放弃"（kenosis）——"自我腾空"——这一话题中。这个话题运行于三个不同的层面。首先，我们把"神性放弃"视为人对自己的意志的自我腾空，人对自己的利己主义和傲慢自负的自我腾空，人变得完全乐于接受上帝和神的意志（divine will）。正是从这个意义上说，真正的信徒应该"内心贫乏"，应该是传递神的讯息的无动于衷的媒介。其次是存在于道成肉身中的"神性放弃"，在那里，处于时间和空间之外的永恒上帝抛弃了他的神的属性（或形式），进入了时间和空间，变成了人。[1]最后，还有一个最成问题的"神性放弃"，即通过创造世界这一行为，纯粹之神（神体）进行自我腾空：上帝通过创造世界的行为腾空了自己？他与隐没的时段性签订了合约，因而创造了空白，然后用被创造出来的事物填补这个空白？

此外，如果我们要理解解放的动力机制（dynamics of emancipation），"神性放弃"与资本主义之间的联系是至关重要的。我们都知道，资本主义要想进步，就必须腾空（消解、虚化）传统的生活形式，即基于共同的风俗和技能的集体生活形式。这是从共同体向原子化个人社会转移所必需的。要把基督教的"神性放弃"的极端重要性，赋予对生活形式的这种腾空，把它视为获得救赎的一步，视为获得救赎的前提条件。这是我们应该绝对避免以保护特殊的文化生活形式为借口来反抗资本主义的原因。（我们还应该这样解读圣保罗所谓的"基督教中既没有犹太人也没有希腊人"[2]的名言，犹太人和希腊人的生活形式是当时西方两种最

---

1　为了具备人的性质，要化身为人的圣子选择放弃哪些神的特性？基督真的会感到疼痛吗？他也容易产生判断失误吗？被钉在十字架上时，他真的认为他的父亲抛弃了他吗？所有这些变化都是临时的吧？也就是说，耶稣一旦重返天堂，会全盘恢复他原有的神的属性？可以想象，围绕这个问题引发了太多的学术争论。

2　见《圣经》中的《加拉太书》3:28："并不分犹太人、希腊人、自主的、为奴的、或男或女，因为你们在基督耶稣里都成为一了。"——译者注

普遍的生活形式。）一边是生活形式的不可化约的多元性，一边是普遍性，在做出选择时，我们应该选择普遍性，但这里的普遍性不应是所有特殊的生活形式共有的哈贝马斯式普遍性（Habermasian universality）。我们获得普遍性的唯一方式就是借助特殊生活形式存在的裂缝和不一致性：为了获得普遍性，我们不应该上升，即从特殊的生活形式上升到这些生活形式共同具有的东西，而是应该下降，即从特殊生活的整体性下降到标示其不稳定性和不一致性的元素。当批评普遍性的人强调，普遍性具有的暴力特征是极度危险的强制实施时（声称某物是普遍的，这总是危险的假说，因为我们永远无法肯定，我们提出的普遍性没有受到我们的特殊立场的影响，所以构建普遍是一件需要耐心的无穷无尽的工作，只能逐渐地接近目标），我们不禁要借用奥威尔《1984》中的审问者对温斯顿·史密斯（他怀疑老大哥是否存在）的著名回答（"不存在的是你！"）来回应：普遍维度（universal dimension）真的存在吗？如果不存在的只是我们特殊的身份呢？要知道，我们的身份总是已经被普遍性所横越。在如今的全球文明中，如果我们比我们想象的更普遍呢？如果我们的特殊身份只是不堪一击的意识形态幻象呢？在把我们特殊的生活世界的身份视为起点时，我们没有注意到，普遍性是在裂缝、失败和对抗（裂缝、失败和对抗处于这些身份的核心地带）中显现出来的。正如苏珊·巴克-莫斯（Susan Buck-Morss）所言，"普遍的人性（universal humanity）是在边缘上看到的"：

> 没对多种多样、各不相同的文化一视同仁（由此直接通过对集体文化身份的调停，人可被视为人类的一部分），在这个断裂点上，人类的普遍性在历史性事件中显现出来。正是在历史的非连续性中，其文化已经紧张到了崩溃边缘的人们表现出超越文化局限的人性。正是因为我们极力认同这种粗糙、自由和脆弱的状态，我们才有了理解他们说过的话的机会。虽然文化存在着差异，共同人性（common humanity）还是存在的。个人与集体的非一致性会允许地下团结（subterranean solidarities）的存在，这提供了求助于普遍的、道

德的情感的机会，而普遍的、道德的情感现在是激情和希望的源泉。[1]

全球资本主义是如何侵蚀和摧毁特殊生活世界的？这个标准话题应该由下列话题来反驳：何以这些特殊的生活世界总是以统治和压迫为根基，总是掩盖（或不掩盖）隐秘的对抗？所以，新兴的解放性的普遍性（emancipatory universality）是那些在其特殊世界里没有"适当地位"的人的普遍性，是在每个生活世界都被排除在外的人的横向联系（lateral link）。例如，在实施种姓制度的印度，政治普遍性是以被排除在社会等级之外的不可接触之人为化身的。

这里还必须肯定这样的逻辑，即回溯性地设置直接起点的逻辑：先于"放弃神性"的上帝是根本不存在的，上帝是通过它的丧失出现的，这丧失在圣灵（Holy Spirit）中获得了圆满。在"绝对反冲"这个范例中，上帝的历史（故事）是有关上帝的丧失和这种丧失最终得以圆满的故事。我们始于上帝的自我分裂，始于神的神话般原初统一（mythic primordial unity of the Divine）的丧失：上帝是作为分裂出现的，他被分裂成了超验的创造物之主和在世界上漂泊的、匿名的、赤贫的游荡者。这种自我分裂的、以多种形式现身的上帝是异教幻觉效应之上帝，是使外在现实精灵化（spiritualizes external reality）之上帝，这使我们认为，现实充斥着隐秘的魔法力量，鬼魂在树上、河里和建筑物中出没。我们如何从这种精灵化的现实（spiritualized reality）向坚硬的、无意义的"外在现实"过渡？不是直接抹除精灵的维度，而是赋予它某种形体——不是转瞬即逝的精灵化的形体（ephemeral spiritualized body），而是普普通通的形体，即真正存在的、完整充分的人类个体。就这样，异教神话变成了事实，即两千年前生活在巴勒斯坦的真实个人这一事实。只有上帝被化约为普通的、活着的个人，被化约为鲍里斯·格罗依斯（Boris Groys）所谓的"现成的上帝"（ready-made God），只有有神论变成无神论，我们才能抵达现实（reach actuality）。必须牺

---

1　Susan Buck-Morss, *Hegel, Haiti, and Universal History*, Pittsburgh: University of Pittsburgh Press 2009, p. 133.——译者注

牲和死亡的，正是这个上帝。[1] 基督教作为"无神论的宗教"，它的精华就在这里：不能直接否定上帝，但后来对个人（个人使圣灵摆脱了其化身）的抹除，扬弃了上帝，使上帝成为只由一群信徒支撑的一个虚构。

把基督视为现成的上帝，这种杜尚式的基督观，应该被完全接纳吗？把上帝化约为一个普通人，这岂不凸显了下列两者的分裂：一者是位神（divine person），一者是位神占据的位置，是使他成为神的位置？这种化约岂不与下列做法无异：一旦被放进艺术展览馆，小便斗也会成为艺术品（或者，一个国王之所以是国王，是因为我们视他为国王）？如果这一运作导致的结果是更纯正的神圣（authentic Sacred）的崛起，而且这种神圣甚至先于上帝而存在，尚未"物化"于某个上帝，那么这正是我们要不惜任何代价避免得出的结论。基督教从神话向事实的过渡，已经杀死了每个神圣的光环（sacred aura），杀死了每个朦胧的精神封皮（spiritual envelope）。于是问题再次出现：为什么超验性和实体性的上帝不能直接被扬弃，变成作为虚拟的大对体（virtual big Other）的圣灵？为什么它首先必须被"腾空"，被外化于普通人？我们前面不是已经声称过了，在基督教中，神圣的实体（divine Substance）已被扬弃：被否定，同时又被圣灵的已获提升和已获质变的形式（elevated-transubstantiated form of the Holy Spirit）支撑，而圣灵又仅仅作为有限个人之活动的虚拟预设而存在？

正是在这里，我们即将解开黑格尔式扬弃之谜：扬弃一词真是指对某些直接的自然内容进行直接的调停，即把直接的自然内容提升为被调停后的理想形式？黑格尔在处理性的问题时，没有达到他自己制定的标准：他只是描述，在文化的过程中，性这个自然实体如何被扬弃（被培养、被调停），我们人类如何不再只是为了繁衍子孙而交媾，而是卷入了由引诱和婚姻组成的复杂过程，通过这个过程，性成了男人和女人的精神纽带的表现形式，等等。对于此论的标准批评就在这里：黑格尔没

---

1　我们在此必须撇开其他两个"圣书宗教"（religions of the book），犹太教和伊斯兰教。犹太教已与异教决裂，主张纯粹的一神论，伊斯兰教则重复了犹太教的做法。

能看到，扬弃从来都没有完全实现，总有除不尽的余数在抵抗扬弃，使自己不被扬弃。但黑格尔真的没有看到这一点？回忆一下处于国家这个理性整体性中的社会的被扬弃的过程吧：在黑格尔看来，这个过程以君主这个人物实现了自身，而君主这个概念"在所有的概念中最难推论（ratiocination），也就是说，最难使用知性使用的反思方法"[1]——为什么会这样？知性可以很好地把握对活的整体性（living totality）的普遍调停，但它无法把握的是，为了实现自身，这种整体性不得不以直接的、"自然"的单一性为伪装，来获得现实的存在：

> 从纯粹的自我规定概念（concept of pure self-determination）向存在的直接性（immediacy of being），进而向自然王国的转变，具有纯粹思辨的性质，因而对于它的理解属于逻辑学的范围。此外，这种转变与我们熟知的、在意志的性质中（in the nature of willing）发生的转变，总体说来完全相同。在意志的性质中发生的转变的过程，就是把某种东西从主体性（即摆在心灵面前的某种目的）转化为存在的过程。[2]

换言之，扬弃的过程本身必须被扬弃，必须被例外支撑，被最高（纯粹理想的自我规定）与最低（自然的直接性）的独一无二的短路点（point of a short-circuit）支撑。重要的是，黑格尔在这里提到了"意志的性质"。谢林是黑格尔的严厉批判者，他展示的这个例外恰恰是关于意志（willing）的，关于从潜在的意志（potential willing）向实际的意志（actual willing）过渡的。谢林的问题是：不想通过意志得到任何事物的意志（will which wills nothing），纯粹可能的意志（mere

---

1　参见中文版："理智，即反思的理智的考察之所以最难理解君主这一概念，是由于它只限于做出零星的规定，因而只知道一些理由、有限的观点和从这些理由做出的推论。"黑格尔，《法哲学原理》，范扬、张企泰译，商务印书馆，1961 年，第 297 页。——译者注
2　G. W. F. Hegel, *Philosophy of Right*, Remark to § 280, available at www.marxists.org.——作者注。参见中文版："从纯自我规定的概念到存在的直接性，从而到自然性的这种推移，带有纯思辨的性质，因而对这种推移的认识属于逻辑哲学的范围。可是大体说来这正是那种被公认为意志的本性的推移，这种推移是内容从主观性（想象中的目的）转为定在的过程。"黑格尔，《法哲学原理》，范扬、张企泰译，商务印书馆，1961 年，第 301 页。——译者注

possible will）——或说意志之可能性（possibility of willing）——是
如何成为实际的意志的？他在《世界时代》的第二版中提供了明确的
答案：

> 它只能像现在这样，变成实际的意志。任何事物想要一劳永逸
> 地被扬弃，是不可能的。因此，意志只能变成实际的意志，成为不
> 想通过意志得到任何事物的意志。但是，因为它以前是不想通过意
> 志得到任何实证事物的沉默意志，……它从自身出发，变成了积极
> 地通过意志不想得到任何事物（will that positively wills nothing）的
> 意志。……也就是说，它变成了这样的意志：它使自己与特殊性、
> 散播（dispersion）对立。[1]

这段文字的关键在于谢林对黑格尔的反击："任何事物想要……被
扬弃，是不可能的。"来自宗教的一个实例可以帮我们阐明这个观点。
在由规定何者能说／做的信仰和规则组成的复杂系统中，我们常常遇到
诡异的心照不宣的禁令：虽然有些事情没有明令禁止，但人们还是被期
待着不说／做这类事情。如果有个天真的旁观者提出"何以如此"的问
题，答案只能是，那只是一个无足轻重的习俗，一个毫无意义的细节，
或者类似的话。不过，提出这个问题，或者说／做暗中禁止的事情，其
结果是创伤性的，而且冒犯者仿佛犯下了人们说不出口的亵渎神圣之
罪。一边是宗教教条，一边是由宗教教条规定的仪式，我们不是在它们
的关系中发现了类似的东西？一般说来，这种关系远比表面看来朦胧含
混：仪式并不只是表演教条，甚至并不首先是表演教条；相反，仪式或
多或少以编码的形式（coded form）表演被压抑的东西，甚至表演被宗
教教诲严厉禁止的东西。

如何从这里得出下列结论的：意志只有作为积极地通过意志不想得
到任何事物的意志才能实现？支撑着谢林的推论的，是简化的辩证运动

---

1  F. W. J. Schelling, *The Ages of the World* (2nd draft), Ann Arbor: Michigan University Press 1997, pp. 168-169.

观：辩证运动是一个过程，在这个过程中，先前"低级"的因素或层面在下一个高级的因素中或层面上被"扬弃"。比如，犯罪是通过对犯罪的司法惩罚而被"扬弃"和回溯性地撤销的（retroactively undone），等等。至于意志，这意味着，被动、潜在的意志（impassive potential willing）无法通过某种特定和确定之物的实际意志（actual willing of something particular and determinate）被"扬弃"：它持续存在，在积极地通过意志不想得到任何事物的意志的掩饰下，把自身刻入了实际意志之域（domain of actual willing）。

这使我们回到了基督教那里：与"积极地通过意志不想得到任何事物的意志是以其对立的规定之形式出现的被动的、潜在的意志"相同，基督是以其对立的规定之形式出现的上帝，上帝通过道成肉身，委身于实际的人。基于这个原因，和君主的概念一样，道成肉身的概念也"在所有的概念中最难推论（ratiocination），也就是说，最难使用知性使用的反思方法"。在此引用谢林的话，允许我们使道成肉身这个形象进一步复杂化。如同我们已经看到的那样，在道成肉身之前，出现了两次分裂：先是上帝的自我分裂，上帝被分裂成了纯粹的神体（pure Godhead）和创造物之主（Lord of creation）；然后，创造物之主分裂成了超验的巨匠造物主和匿名的游荡者。因此，以其对立的规定之形式出现的上帝的第一个形象，即上帝自己之外的上帝，已经是标准的上帝观——上帝即宇宙的超验的造物主和主宰。这个上帝-巨匠造物主再次倍化了他自己，使他自己成为他自己和以其对立的规定之形式出现的他自己（游荡者）[1]，这个事实表明，他具有"抽象"的特征，这个上帝已经受到瑕疵的妨碍。那么，我们又如何能够摆脱（或曰克服）上帝-巨匠造物主？基督教的解决之道是，取道于制作自己的二重身，即游荡者，一个具有充分人性的上帝（fully human god），

---

1　这句话的意思是，通过使自己加倍，"上帝-巨匠造物主"（God-Demiurge）由原来一个"自己"变成了两个"自己"：一个就是他原来的"自己"，一个是"以其对立的规定之形式"（in its oppositional determination）出现的"自己"，即与他原来的"自己"对立的"自己"，也就是那个游荡者。——译者注

一个化身于人的上帝，一个事实（a fact）。[1]

## 与自己斗争的上帝

从这个角度看，我们可以回到巴迪欧存有论的原点，即他的多重性的多重性（multiplicities of multiplicities）概念。它不是实体性多重性的多重性（multiplicities of substantail multiplicities），而是无限可分的多重性，其实体性是太虚（the Void）。巴迪欧很清楚，辩证唯物主义并非只是设置存在的原初多重性（original multiplicity of being），否则很容易与作为这些多重性之空间的太一走到一起（就像在斯宾诺莎和德勒兹那里那样）。在辩证唯物主义看来，我们必须考虑先于多重性的一个二（a Two）。关键的问题在于，在太虚面前，我们如何看待这个二（this Two）。太一只是尚未出现，没有出现在原初的太虚之中？或者，对太一的这一匮乏是一个实证性的事实？巴迪欧选择了第一个选项，拉康选择了第二个选项。从拉康的角度看，之所以存在着多重性，是因为太一本身已被"禁止"（barred）、分裂、挫败，无法成为太一。所以，再说一遍，辩证唯物主义的问题是：我们如何看待太一的分裂或自我分裂，看待它与自身的非重叠性（non-coincidence），同时又不落入诺斯替二元论（Gnostic dualism）或任何其他形式的宇宙原理两极性（polarity of cosmic principles）的陷阱？

基督教－黑格尔式的解决之道已由 G. K. 切斯特顿的宗教惊险小说《代号星期四》（*The Man Who Was Thursday*）勾勒出来。[2] 故事的主人公加布里埃尔·赛姆（Gabriel Syme）是个年轻的英国人，受雇于伦敦警

---

1    与此相同，我们也可以说，懒惰是对辛勤工作、一般工作（work-in-general）的内在否定，懒惰的本质在其种类中显现为更具悖论性的事例。简言之，懒惰是以其对立的规定之形式出现的工作。一个懒惰的主体拒绝投身于任何满足某种特定需要的特定工作，但他依然以工作之可能性（possibility-of-work）的普遍姿态持续存在，永远都在以拒绝特定的工作为伪装，无限推迟工作之可能性的实现。换言之，懒惰已经打上了工作的"标记"，而不只是简单的直接无为（direct inactivity），而是工作视域（horizon of work）内的无为。参见 Simon Hajdini, *Na kratko o dolgcasu, lenobi in pocitku*, Ljubljana: Analecta 2012, pp. 31–32。
2    我在此借用了下列著作第一章对切斯特顿的《代号星期四》的解读（但强调的重点有所不同）：John Milbank and Slavoj Žižek, *The Monstrosity of Christ*, Cambridge, MA: MIT Press 2009。

察局某个极度保密的部门的神秘主管。赛姆的主要任务是渗入"中央无政府主义委员会"。那是志在摧毁我们文明的某个秘密超级权力组织中的七人统治小组。为了使自己处于匿名状态，七人成员用一周中的某一天相互称呼对方。在经过了精心的操纵之后，赛姆被选为"星期四"。在第一次参加委员会会议时，他被介绍给"星期天"。"星期天"是一个极具传奇特色的委员会主席，一位位高权重的大人物，说话颇多嘲弄的讥讽，做事不乏欢快的残酷。在随后发生的一系列奇遇中，赛姆发现委员会的所有其他成员都是秘密特工，而且和他一样，受雇于同一个神秘单位，受雇于同一个主管。他们只听过主管的声音，从未见过主管的真容。他们同心协力，终于在一个盛大的化装舞会上与星期天相遇。在这里，小说从悬疑小说转向了形而上学喜剧，我们也发现了两件奇事。第一，那个星期天，即无政府主义委员会主席，与那个雇用他们，要他们向无政府主义者开战的神秘主管是同一个人；第二，他不是别人，正是上帝。当然，这些发现使赛姆和其他秘密特工进行了一系列的茫然无措的反思。上帝的本质良善（essential goodness）被用来与上帝做对。有人问他，他到底是谁。星期天回答说，他是赐平安之神（God of peace）。这时，一个怒不可遏的侦探责备他说：

> 正是因为这个，我才不能原谅你。我知道你是满足，你是乐观，他们是怎么说来着，你是终极的和解。我没有和解。如果你生活在黑屋子里，为什么还要叫星期天，这不是对阳光的冒犯吗？如果你一开始就是我们的父亲和朋友，那你为什么还是我们最大的敌人？我们哭泣，我们在恐惧中逃离；钢铁插进了我们的灵魂，而你却是上帝的安宁！啊，我可以原谅上帝的愤怒，尽管它摧毁了许多国家，但我无法原谅上帝的安宁。[1]

另一个秘密特工以简短生硬的英式评论说道："这看上去是如此荒唐，以至于你本来应该支持争斗的双方，而且与你自己作战。"[2]如果真

1  G. K. Chesterton, *The Man Who Was Thursday*, Harmondsworth: Penguin 1986, p. 180.
2  Ibid.

的有过英式黑格尔主义，那这就是了。它从字面上转译了黑格尔的一个关键论点：在与被异化的实体（alienated substance）作战时，主体在与自己的本质（his own essence）作战。赛姆最终一跃而起，以疯狂的亢奋，仔细说明了其中的秘密：

> 我看到了一切，那里的一切。为什么地球上的一切都与彼此开战？为什么世界上每个小东西都不得不与世界对抗？为什么一只苍蝇不得不与整个宇宙对抗？为什么一朵蒲公英不得不与整个宇宙对抗？那理由与我不得不在可怕的七天委员会里独处的理由完全相同。所以，每个遵守法律的事物可能都会拥有无政府主义者的荣耀和孤立。所以，每个为秩序而战的人可能会像刺客那样勇敢和善良。所以，撒旦的真正的谎言会被扔回到这个亵渎者的脸上。所以，通过抛洒泪水和忍受酷刑，我们可能赢得了对这个人这样说话的权利："你说谎！"为了获得对这个指控者说"我们还受过苦"的权利，遭受过再大的苦难也不足挂齿。[1]

这是小说提供的概括："所以，每个遵守法律的事物可能都会拥有无政府主义者的荣耀和孤立。"所以法律是最大的逾越（transgression），法律的保卫者是法律的最大背叛者。但是，这个辩证的边界何在？它适用于上帝本人吗？上帝这个宇宙秩序与和谐的化身也是终极的背叛者吗？或者上帝是个善良的权威，站在宁静祥和的天上，观察着愚蠢的凡人彼此之间的倾轧？赛姆转向上帝，问他"你受过苦吗？"上帝的回答是：

> 在［赛姆］凝望的时候，那张大脸变得大得可怕起来，甚至大过门农（Memnon）的庞大面具，这使他像个孩子一样厉声尖叫。它越变越大，填满了整个天空，然后一切都变得暗无天日。在这片黑暗中，在它彻底摧毁他的大脑之前，他听到了一个遥远的声音在

---

1  G. K. Chesterton, *The Man Who Was Thursday*, Harmondsworth: Penguin 1986, p. 182-183.

说着他在什么地方听过的一句很寻常的话："我所喝的杯，你们能喝吗？"[1]

因此，最终的启示是，上帝自己受过的苦远远多于我们这些凡夫俗子：我们与我们的敌人的斗争是在撕裂上帝自己，这些斗争正是上帝在自身内部开展的斗争。不过，也不要把这些斗争视为这样一个整体的内部斗争：整体被分成了众多的自我（Selves），这些自我在彼此交战时并不知道，它们正在攻击自我。上帝的自我分裂并不是实体性的自我分裂（substantial self-division），上帝没有通过自我分裂把自己分成彼此交战的两个自我或两股力量。分裂是纯粹形式性的：实体性的上帝只有一个，上帝的一分为二（two-ness）中的二即黑格尔式"对立物的并存"中的"对立物"，它与异教宇宙论（pagan cosmology）特有的对立力量的"永久和谐"毫不相干。在切斯特顿看来，这使得基督教具有了"可怕的革命性"：

> 一个好人可能会陷入绝境，这我们早已耳熟能详。但是，说神也会走投无路，这永远是所有起义者的自吹自擂。基督教是地球上唯一感受到下列一点的宗教：万能使得上帝不够完善。只有基督教才感受到，上帝要想成为完整的上帝，就必须早就既是反叛者，又是君主。[2]

在《代号星期四》中，切斯特顿把有关善与恶斗争的标准拓扑学（standard topology of the struggle between Good and Evil）玩于股掌之上：

---

1　G. K. Chesterton, *The Man Who Was Thursday*, Harmondsworth: Penguin 1986, p. 183.——作者注。"我所喝的杯，你们能喝吗？"出自《圣经》中的《马可福音》10:38："耶稣说：'你们不知道所求的是什么。我所喝的杯你们能喝吗？我所受的洗你们能受吗？'"——译者注
2　Ibid.——作者注。作者注明的出处有错，这文字并不出自《代号星期四》，而出自：G. K. Chesterton, *Orthodoxy*, San Francisco: Ignatius Press 1995, p. 256. 参见中文版："一个好人会走投无路，这种事情屡见不鲜；但一位神会走投无路，对所有起义者来说永远是一件引以为豪之事。基督教是世上唯一的宗教，认为神因为全能而变得不完全。只有基督教会认为，为了要成为完全的神，神必须既是反抗者又是君王。"切斯特顿，《回到正统》，庄柔玉译，生活·读书·新知三联书店，2011 年，第 152 页。——译者注

小说中的所有人物都是善的，或者说，都站在善的一方；整个无政府主义委员会由反抗邪恶的秘密特工组成，所有的秘密特工都是善的，只有伦敦警察局的顶级人物（上帝）例外，因为他还是顶级罪犯。再说一遍，标准拓扑学被倒置过来：不是说，具体的邪恶的特工彼此攻击，而他们互动的结果却是共同善（common Good）；相反，每个具体的特工都是善的，但他们互动的整个空间被扭曲了，如此一来，恶脱胎于他们具体的善的活动。常言道，上梁不正下梁歪，鱼要腐烂头先坏：一群特工，个个皆善，但至善（supreme Good）却与它的对立物——极恶（radical Evil）——重合起来。因此，这里的分裂不是相互攻击的具体特工之间的分裂，而是在至善这个普遍层面上发生的分裂。具体的特工不知道——究竟不知道什么？他们不知道，至善自身内部是分裂的，至善与至恶是并存的。

所以，并不是说，存在两个上帝，一个是仁慈的君主，一个是孤零零的反叛者。在被禁的太一（barred One）这个被扭曲的空间里，上帝遇到了处在另一端的自己，即至高的罪犯（Supreme criminal），这和法律是对自身的最大的逾越完全一样。这个被扭曲的空间是黑格尔式"否定之否定"的空间，它寓于从对一个概念的扭曲（distortion of a notion）向构成这个概念的扭曲（a distortion constitutive of this notion），即向作为自在的扭曲的这一概念（this notion as a distortion-in-itself）的决定性转移之中。回想一下普鲁东[1]早就提出的那个辩证格言"财产即盗窃"吧：在这里，否定之否定存在于从作为对财产的扭曲（否定、侵犯）的盗窃，向已经刻入财产这一概念的盗窃之维的转移（谁也无权完全拥有生产方式，就其性质而论，生产方式天生是集体性的，所以声称"这是我的"，本身就是非法的）。这道理同样适用于犯罪和法律，适用于从作为对法律的扭曲（否定）的犯罪向作为对法律自身的维持的犯罪（crime as sustaining the law itself），即向作为普遍化犯罪的法律自身之观念（the idea of the law itself as universalized crime）的过渡。应该注意，在否定

---

1  普鲁东（Pierre-Joseph Proudhon），世界上最早的无政府主义者，无政府主义的奠基人。在1840年出版的著作《何谓财产？》中提出了"财产即盗窃"的观点。——译者注

之否定这一概念中，两个相互对立的术语的包含性统一（encompassing unity）是"最低级"的、"逾越性"的统一：处于法律的自我调停时刻的不是犯罪（或者说，处于财产的自我调停时刻的不是盗窃）；犯罪和法律的对立是犯罪所固有的，法律是犯罪的一个亚种，是犯罪的自我关联的否定（self-relating negation），一如财产是盗窃的自我关联的否定。

在这里，哈贝马斯式的"规范性"方法立即强行出现了：如果不事先拥有被犯罪性逾越（criminal transgression）违反的法律秩序之概念，我们如何能够谈论犯罪？换言之，归根结底，法律即普遍化／自我否定的犯罪（law as universalized/self-negated crime），这种观念不是自我毁灭性的吗？但这正是真正的辩证方法所拒绝的：在逾越出现之前，只存在着事物的中性状态（neutral state of things），它既不善也不恶（既不是财产也不是盗窃，既不是法律也不是犯罪）；然后这种状态被打破，作为第二个步骤的积极规范（法律、财产）出现了，它是反击和遏制这种逾越的努力。

在马丁·克鲁兹·史密斯（Martin Cruz Smith）的小说《哈瓦那海湾》（*Havana Bay*）中（小说的故事发生于古巴），一个来访的美国人卷入了暗算菲德尔·卡斯特罗的阴谋。后来他发现，这个阴谋竟然是由卡斯特罗亲自策划的。[1]为什么这样做？他知道，对他的不满最终会在罢黜他的阴谋中达至顶峰，于是他亲自策划阴谋活动，让潜在的阴谋者原形毕露，然后斩草除根。如果在我们的想象中，上帝的所作所为与此类似，情形会怎样？为了阻止他的创造物揭竿而起，反抗他的统治，上帝戴上了魔鬼的面具，亲自发动对他的反叛，如此一来，他就能够控制并粉碎对他的反叛。但是，这种"对立物的并存"足够激进吗？答案是否定的，原因很明确：因为"上帝"充当着他自己（政权），与他的对立物（政敌）一致，这基本上是在玩弄贼喊捉贼的把戏。我们不得不想象在另一极的统治下出现的同样的过程，如同在通俗文学和电影中经常出现的妄想狂场景（paranoiac scenario）那样。例如，在互联网被一系列危险的病毒感染后，一家大型数码公司挺身而出，推出了终极反病毒程

---

1　Martin Cruz Smith, *Havana Bay*, New York: Random House 1999.

序，使互联网转危为安。然而，这里的扭曲之处在于，当初制造这些危险病毒的也是这家公司，用来抗击这些病毒的程序本身就是这家公司用来控制整个互联网的病毒。在这里，我们得到了黑格尔所谓"对立的同一"（identity of the opposites）的更加精确的叙事版。

《V字仇杀队》（V for Vendetta）展示了这个同一的政治版。影片中的故事发生在不远的将来，当时英国被一个名为北方之火（Norsefire）的极权政党统治。影片有两个主角，一个是自称为"V"的蒙面大侠，一个是国家的领导人亚当·苏特勒（Adam Sutler）。尽管《V字仇杀队》因其"激进"——甚至亲恐怖主义——的立场既为人称道（称道者正是托尼·奈格里[1]等人）也为人批判，但它没有勇气道破自己的信念。尤其是，它害怕得出这样的结论：V与苏特勒并行不悖。[2]我们获知，北方之火正是它现在正在抗击的恐怖主义的煽动者。但是，苏特勒和V的进一步的同一性呢？我们从未见过他们的真容（只是在影片要结束时，我们才看到被吓坏的苏特勒的面孔，那时他即将死去）：我们只在电视屏幕上见过苏特勒，V则是操纵屏幕的专家。此外，V的尸体被安放在装满炸药的列车上，出现在北欧海盗式的葬礼[3]上，这奇异地令人想到那个执政党的大名——北方之火。由娜塔莉·波特曼（Natalie Portman）扮演的女孩艾薇（Evey）加入了V的行列，V为了让她学会克服恐惧，获得自由，囚禁了艾薇，并对她施以酷刑。这岂不与苏特勒的所作所为一模一样？苏特勒为了激起英国民众的反叛，对英国民众采取恐怖手段，实施恐怖统治。因为V的原型是盖伊·福克斯[4]（他戴着盖伊的面具），所以以更加奇怪的是，影片拒绝由自身的阴谋推导出明显的切斯特顿式的教益，即V与苏特勒具有终极的同一性。（在这方面，影片中间

1　托尼·奈格里（Toni Negri），即安东尼奥·奈格里。——译者注

2　在挑选扮演苏特勒的演员时，出现了另一个颇具讽刺意味的对立物的并存：该独裁者由约翰·赫特（John Hurt）扮演，但在《1984》的电影版中，约翰·赫特扮演独裁政权的终极受害者。

3　"北欧海盗式的葬礼"（Viking funeral），又称维京人式的葬礼。北欧海盗死后，尸体一般被置于船上，然后由人将船点燃，实施海上火葬。在《V字仇杀队》中，既装着炸药又装着V的尸体的地铁驶向国会大厦的下方，并将其炸毁。——译者注

4　盖伊·福克斯（Guy Fawkes），英国天主教信徒，曾在欧洲大陆为信仰天主教的西班牙人而战，还为促成英国天主教叛乱前往西班牙寻求支持。回国后帮助天主教徒管理火药，以协助国王詹姆斯一世复辟，结果事败身亡。福克斯后来成了火药阴谋的代名词。——译者注

有个简短的暗示，但未加充分利用。）换言之，影片中应该出现却没有出现的一幕是：艾薇摘下奄奄一息的 V 的面具，这时，我们看到的是苏特勒的面孔。

我们如何解读这种同一性？不是在这样的意义上解读：一个极权主义强权操纵自己的对立物，通过创造敌人并摧毁敌人，玩弄贼喊捉贼的把戏。要在与此完全相反的意义上解读：苏特勒与 V 是统一的，V 是普遍的包含性时刻（unversal encompassing moment），它既包含自己，又包含苏特勒，这是它的两个时刻。把这个逻辑运用于上帝自己，我们就会被迫赞同挪威神学家彼得·韦塞尔·查普夫（Peter Wessel Zapffe）在 20 世纪 30 年代对《约伯记》所做的最激进的解读。查普夫特别强调，当上帝最后亲自出现在约伯面前时，约伯表现出"无穷无尽的迷茫"（boundless perplexity）。期待着出现一个神圣和纯粹的上帝，期待着他的智力与我们的智力有天壤之别，结果约伯发现：

> 自己面对的是一个充满荒诞性和原始性的世界统治者，一个创造宇宙的史前穴居人，一个虚张声势的吹牛大王，对精神文化一无所知，这一点倒是有些讨人欢喜……让约伯感到新奇的，不是上帝在量的方面表现出来的巨大无比，不是他在事前对一切了如指掌的神奇能力……而是他在质的方面表现出来的卑鄙无耻。[1]

在标准的存有神学视境（onto-theological vision）中，只有高于现实的巨匠造物主才能看到整幅画面，忙于相互倾轧的特定能动者（particular agents）拥有的，只是充满片面性和误导性的见识。我们在核心地带发现了不同的视境：巨匠造物主是个暴君，不知道他的行径有多么恐怖，只有当他进入了他自己创造的世界，作为居住在那里的人，从内部体验这个世界时，才能看到他制造的这个梦魇。（很容易在这个视境中发现那个古老的文学母题：国王微服私访，为的是与穷人打成一

---

1　作者未注明出处。这段文字出自：Peter Wessel Zapffe, *Om det tragiske* (Oslo: De norske bokklubbene, 2004), p. 147.——译者注

片，真切地了解他们的生活和感受。）

这两个方面是如何联系在一起的？我们应该在此引入克尔凯郭尔对天才（genius）和使徒（apostle）的区分：天才展示创造性，使徒则是超越他的真理的承载者（他只传递真理，犹如邮差只传递信件，对其内容一无所知）。对于精神分析而言，这种区分至关重要：拉康有一个独出心裁的想法，他认为无意识的构成（formations of the unconscious）并非主体的无意识创造性（unconscious creativity）的表现，而是对一个真相的阐明（articulations of a truth），主体只是这个真相的承载者，只是传递这个真相的使徒。但是，这里要押的赌注可能会高很多，因为这里的终极问题是上帝的身份问题：他是终极的具有创造性的天才（整个宇宙的作者），还是只是信徒，是超验真理的承载者，如此一来，就其实际属性而论，他丝毫不比普通人机灵？或许基督教提供的克尔凯郭尔式解决之道是这样的：虽然上帝–圣父是具有创造性的天才，圣子则绝对是使徒——通过道成肉身，天才退隐，并以使徒的形式现身（君主以乞丐的形式现身）。只有使徒（而绝非天才）才是爱的上帝（god of love）。这是为什么？

正如拉康以其简洁的概括表明的那样，爱是对不在场的性关系（absence of sexual relationship）的补充。爱不是用来掩盖潜在的性关系僵局而假想出来的融合这个幻觉性的太一（illusory One of imaginary fusion）。纯正之爱是体现了这种非关系（non-relationship）的诡异"太一"的终极例证——爱与小客体的联系就表现在这里。爱是如何与小客体联系起来的？让我们透过小客体的悖论身份——小客体即加倍丧失（redoubled loss）的产物——来回答这个关键问题：小客体可以极佳地被定义为被加倍反射的客体（doubly reflected object），而且正因为如此，它是实在界——拉康所谓的实在界不是处于所有反射和加倍的游戏（games reflection and redoubling）之下的硬核，而是通过加倍反射（redoubled reflection）出现的、不可捉摸的未知因素（X）。从这个意义上说，在梦中，实在界通常是在梦中之梦的伪装下显现出来的。早已注意到这一点的，正是弗洛伊德。在弗里茨·朗（Fritz Lang）的《门后的秘密》（*Secret Beyond the Door*）刚刚开场时，由琼·贝内特（Joan Bennett）扮演的女主人公这样描述她坠入情网的过程："他看了我一眼，我觉得，仿佛他在我身上看到了连我自己都不知道我有的东西！"不过，在这里，我们应该小心翼翼，避开伪拉康式的犬儒现实主义（pseudo-Lacanian cynical realism）：有人在盯着我看，我在他的凝视中看到的，并非我自身拥有的财富——这种财富与我现在的悲惨现状截然相反——的简单投影或虚假表象。因此，我们应该拒绝对 agalma——我内心深处的宝藏——做伪康德式的反对（pseudo-Kantian opposition of agalma），即把 agalma 视为虚假之物，视为现象性的表象（phenomenal appearance），视为幻象 - 错觉，视为他人欲望的投影，认为它与我之为我的坚实本体性自在（hard noumenal In-itself）截然相反，认为它是粪便般的空无（excremental nothing）。

　　这里要追加的第一件事情，就是把自己体验为必须依赖大对体之凝视的粪便般的空白（excremental void）：人从来都不是粪便般的空无本身（excremental nothing in oneself），只有在用自己永远无法企及的符号性理想（symbolic ideal）衡量自己时，人才会显现为粪便般的空无；人从来都不是空白本身（void in oneself），只有相对于预期的符号性身份（expected symbolic identity）时，人才是空白。当然，人处于他与大对体的关系之外，但这时他只是平庸的生物学意义上的存在，只是非人格化的一块肉（an impersonal piece of flesh）而已。为了人的外存在（ex-sistence）而由大对体（不是想象界或符号界，而是实在界大对体）完全支撑的，正是守时的主体性之深渊（punctual abyss of subjectivity），简言之，即笛卡儿式我思（cogito）。不过，在这方面，笛卡儿有些操之过急：根本无需演绎，就从纯粹的我思飞向了确保宇宙具有一致性的神圣大对体，就跟我能够首先肯定我自己，然后才迈出第二步，被迫引入大对体似的。让 - 吕克·马里翁（Jean-Luc Marion）详细地阐发了这一观点：只有通过被大对体（大对体归根结底是上帝）爱，我才能存在。但这还不够：只有通过外存在，作为我们提及他（referring to Him）这一行为的结果，上帝自己才能存在。［在影片《诸神之战》（The Clash of the Titans）中，宙斯发出这样的抱怨是完全正确的：如果人不再以人的仪式向诸神祈祷，而是一味赞美自己，那诸神将不复存在。］这种逆转——基督教的洞识、基督之死传递的信息——不是标准的人本主义的洞识："上帝只是人类的欲望、恐惧和理想的投影而已。"（倘若如此，人类会是充分的主体，它设置了自己的异化的、神圣的大对体。）上帝的存在有待于人的认可，这样十足滑稽的上帝观，正如人们期待的那样，是由克尔凯郭尔引发的。克尔凯郭尔在其《焦虑的概念》（*The Concept of Anxiety*）中，以嘲弄性的反黑格尔的口吻，描述了 13 世纪经院神学家西蒙·图纳森西斯（Simon Tornacensis）的观点：

> 他认为上帝应该感谢他，因为他提供了证明三位一体成立的证据。……这个故事拥有众多的类比，而且在我们这个时代，思辨已经树立起这样的权威：它几乎要使上帝怀疑自己的存在，就像那个君主那样，他焦虑不安地等待着，想知道国民代表大会（general assembly）究竟是让他当专制君主，还是立宪君主。[1]

我们在此面对的是知晓（knowing）与存在（being）之间的真正辩证性调停：存在取决于（非）知晓。正如拉康很早之前所言，上帝并不知道自己已经死去（这也是他仍然活着的原因）。在这种情形下，存在取决于非知晓（not-knowing）。但在基督教中，上帝知道自己已经死去。不过，以逻辑证明的"哲学家的上帝"（God of philosophers）已是死去的上帝，尽管是以不同的方式死去的。所以，或许图纳森西斯没有说错，或者至少我们应该以更加朦胧的方式来解读他说过的话：如果一个哲学家证明上帝存在，那么以这种方式存在的上帝岂不是已经死去的上帝？所以，或许，上帝真正害怕的，是有人成功地证明了他的存在，这里的情形与那个有关赫斯特的主编的著名逸事一模一样[2]：上帝害怕证明

---

1　Sören Kierkegaard, *The Concept of Anxiety*, Princeton: Princeton University Press 1980, p. 151.

2　齐泽克在《意识形态的崇高客体》等著作中，讲过有关赫斯特的主编（Hearst editor）的这则逸事或笑话。赫斯特国际集团麾下的一家报纸主编说什么也放不下工作，不肯像一般员工那样休假。他的理由是："我担心，我去休假了，报纸的销量会下降；但我更担心，报纸的销量不下降！"齐泽克认为，这是所谓的征兆：有它，很麻烦；没它，更麻烦。——译者注

他存在的证据失效，但他更害怕证明他存在的证据不失效。简言之，上帝面临的僵局是：要么活着，但他的存在（His existence）陷入了可怕的悬置状态；要么存在（existing），但已经死去。

当然，克尔凯郭尔对任何想通过逻辑证明上帝存在的企图都不屑一顾，认为这是荒诞不经、毫无意义的操练。他认为，对纯正的宗教体验采取学究式的无视，这方面的典型是黑格尔的辩证机械（dialectical machinery）。不过，他的幽默感无法抵挡焦虑的上帝（anxious God）这一奇妙的形象——上帝害怕对他的形象做出任何决定，仿佛他的存在取决于哲学家的逻辑操练，仿佛哲学家的推理会给实在界带来后果。这样一来，如果证明失败，上帝的存在就会受到威胁。甚至我们可以沿着克尔凯郭尔的推理路线走得更远：毋庸置疑，吸引他注意图纳森西斯的评论的，是他对处于焦虑状态的上帝的亵渎性的观念。

因此，这里的神圣僵局（divine impasse）在于，上帝的存在是被证明出来的，这样的上帝类似于某个君主，该君主在等待国民代表大会让他成为专制君主：他的绝对权力通过某种形式（即国民代表大会的一念之间）得以确认，但这种形式也会颠覆他的绝对权力。在这里，与政治进行类比至关重要，因为克尔凯郭尔本人也求助于上帝和国王的比较：上帝忍受哲学家的一念之间，国王忍受公民大会（popular assembly）的翻云覆雨，两者类似，自不待言。但在这里，克尔凯郭尔究竟想说什么？在这两种情形下，我们应该拒绝自由主义的颓废（liberal decadence），接受专制的君主，这不是明摆着的道理吗？使这个简洁明了的解决之道变得复杂的是，在克尔凯郭尔看来，关于道成肉身，真正滑稽的看法是，上帝成了乞丐，成了卑微的普通人。如此说来，把基督教视为上帝让出宝位之悖论，认为上帝下台了，上帝被人称"圣灵"的信徒代表大会（assembly of believers）取代了，不是更正确的做法吗？

在这里，我们的结论应该是，归根结底，主体处在图纳森西斯的上帝的位置上，永远焦虑不安，不知道一旦别人不再相信他们，不再把他们预设为主体，会发生什么事情（在拉康看来，主体本身就是被预设的主体）。我们在这里面对的是信仰，而不是知晓。爱（love）就是在这里进入的：爱的最彻底的时刻不是维持着主体的外存在（ex-sistence）的他人的相信，而是主体自身的反姿势（counter-gesture），是下列可怕的大胆行为——完全承认自己的存在取决于他人，用不怎么恰当的诗一般的语言说，完全承认自己不过是反复无常的他人（inconsistent other）的梦幻空间中的一个形象而已。

这一洞识还迫使我们摒弃下列犬儒观念：恋人在被爱者那里看到了宝藏只是幻觉性的投影。拉康不是这样的犬儒派：认为真的不存在什么宝藏，主体本质上只是粪便般的空白（excremental void）而已。回想一下克尔凯郭尔的"致死的疾病"（sickness unto death）这一概念包含的悖论吧：真正可怕的事情不是承认，我们只是一个凡人，我们终将化为尘土，身后不留一丝痕迹；真正可怕的事情是承认我们是凡人这个冷酷的事实，如此一来，我们无法避开我们的良知，不能无视我们犯下的罪过。与此相同，我们应该说，真正可怕的事情不是接受下列事实——我只是一个粪便般的空白，别人在我身上看到的宝藏只是他们的投影而已，与我的存在的真实内核毫不相干。这样的立场（"我能怎么办？我完全无能为力，不能为别人投在我身上的影子负责"）显然过于轻率，提供了轻松的逃避。真正可怕的事情是接受下列事实：我身上真的存在着宝藏，我对它无法逃避。这是"我身上的宝藏"这一概念引发焦虑的原因：正如拉康指出的那样，焦虑源于过于接近客体，而不源于客体的缺失。这个宝藏不是藏在被爱者深处的秘密客体，真正的宝藏是（被爱的）主体自己。换言之，爱并不发生在爱的主体在被爱者那里拼命寻找隐藏宝藏之时，爱发生在爱的主体发现，被爱者身上的宝藏只是骗人的被奉若神明之物（deceiving fetish）而已，真正的宝藏是脆弱的被爱者，他迷惑不解，他茫然失措，无法把他的主体性与恋人在他身上看到了宝藏联系起来。正是从隐藏在主体中的客体（object hidden in the subject）向主体自身的这个反射性逆转（reflexive reversal）界定了爱，使盲目的迷恋（fascination to love）变成了爱。

正是基于这个原因，男欢女爱的基本悖论在于，一边是对被爱的他者的温柔体贴，一边是把被爱的他者残忍地客体化（把被爱的他者化约为期待中的提供强烈满足之物），两者并不相互排斥。作为爱的行为，性伴侣彼此爱得越深，就越是准备把自己作为提供享乐的客体奉献给对方，同时把对方视为获得享乐的工具。倘若与此相反，在强烈的性爱过程中，一方渴望"更深刻"和更温柔的行为，仿佛赤裸的性行为有些不太恰当，仿佛赤裸的性行为还需要某种"精神"补充，那么，这样的渴望是精神之爱的绝对可靠的标志，而不是真正的爱的万无一失的标志。若干年前，我读过一本天主教性爱手册，它推荐传教士体位（男上女下的性交姿势），理由是，这是避免把正常性行为化约为粗鲁性行为的最佳方式，因为在发生性行为时，双方可以说些甜言蜜语。这是对性活动的残酷误导，它暗中把性活动化约为需要"精神"补充的动物交配，这再明显不过了。

明显对立物的这种并存（this coincidence of apparent opposites），即爱的绝对主体性（absolute subjectivity of love）与彻底的自我客体化（radical self-objectification）的这种并存，凸显了性爱的黑格尔式"无限判断"的一面。倘若在性行为中不进行完整的自我客体化，不成为他者的享乐客体或工具，就不存在主体性。证明这一点的证据是：在进行最彻底的自我客体化时，主体依然还在那里，也就是说，自我客体化的关键在于，它是由两个独一无二的主体表演出来的。我们面对的并不是主体的消解——主体被消解为非人格的宇宙享乐（impersonal cosmic Enjoyment），我们面对的是仅在两个相爱的主体之间发生的事情。基于这个原因，在爱的关系中，强烈的性享乐必须伴随着自我主体化的行为（或过程）。可以说，这种行为是世界上最温柔的行为。通过这一行为，被爱的他者重新显现为单个的易受伤害的脆弱之人。

## 装假肢的神

主体性与彻底的自我客体化的这种脆弱并存，构成了纯正之爱的特征，却迷失于我们的后现代世界。后现代世界把与之不同的"对立物的并存"强加于己。这两种对立物，一种是人在科学方面实施的自我客体化（自然化），一种是人对自己的提升——人把自己提升到了装着假肢的神（prosthetic divinity）的高度。在《文明及其缺憾》（*Civilization and its Discontents*）中，弗洛伊德列出了他对人类的看法——人类即"装着假肢的上帝"（prosthetic God）。人类为了实现无所不能和无所不知的理想，创造和使用技术，以之补充自己有限的肉体。说到弗洛伊德，我们总是有所预期。正如我们期待的那样，弗洛伊德的观点是真正的辩证观点：不是说人类无法实现这些理想，而是说，就在人类接近实现这些理想的时候，麻烦来了，事情发生了出乎意料的变化：

> 很久以前，［人类］形成了有关无所不能和无所不知的理想概念，并让神来体现这一理想。人类把自己想得到又无法得到，或想得到又被禁止得到的一切，都寄托在神的身上。因此，有人会说，这些神就是文化理想。如今人类已经非常接近于实现这些理想，人类几乎都要变成上帝了。这种说法只在下列意义上才是正确的：这些理想的实现，通常是根据对人性的总体判断而言的。人类还没有完全实现这些理想，在某些方面丝毫都没有实现，在某些方面也只实现了一半。可以说，人类变成了某种装着假肢的上帝。在装上所有的辅助性器官时，人类的确甚是壮观，但这些器官毕竟没有长在人类的身上，有时还会给人类带来很多烦恼。……在未来的岁月里，在这个文明的领域，人类会取得崭新的、甚至是无法想象的巨大成就，会使自己更像上帝。但就我们现在的研究而言，我们不能忘记，如今的人类并没有因为具有与上帝类似的特性而感到快乐。[1]

　　诸如蝙蝠侠、蜘蛛侠和超人之类的超级英雄不就体现了"装着假肢的上帝"这一文化理想吗？从最近的影片翻拍浪潮看，这些超级英雄绝不快乐，反而为焦虑和怀疑所苦。值得回忆的是，最近翻拍的一部超人影片的名称《钢铁之躯》（Man of Steel）正是"Stalin"的英译。对于我们这些普普通通的凡夫俗子而言，在我们面对人造器官和装置时，它们确有其无可置疑的"超越快乐原则"之维：这些人造器官和装置没有强化我们的快感，壮大我们的威力，反而使我们感到恐惧和焦虑。在最近几十年里，随着假肢的广泛使用，随着重新给我们的大脑布线（rewiring

---

1　Sigmund Freud, *Civilization and its Discontents*, New York: Norton 1961, p. 39.

of our brains）这一规划的出现，"麻烦"激增。即使史蒂芬·霍金的小
拇指（据说那是他的心灵与外部世界仅有的联系，是他的瘫痪之躯唯一
能够移动的部分）也不再必不可少。我们只用心灵就能直接驱动物体，
大脑成了我们的遥控器。用德国唯心主义的话说，这意味着，我们全都
会潜在地利用康德所谓的"智的直觉"（intelektuelle Anschauung），也就
是说，我们全都会潜在地丧失我们的有限性之基本特性中的一个。依康
德之见，通过"智的直觉"，心灵能以因果的方式直接影响现实。康德
认为，只有上帝的无限心灵才具备这一能力。我们从康德以及弗洛伊德
那里得知，有限的这个分裂（this gap of finitude）同时也是我们的创造
性之源["纯粹意念"与现实中的因果干预（causal intervention）使我
们能够检测我们的精神假说（mental hypotheses），而且如卡尔·波普尔
所言，让这些假说死去，而不是让我们死去]，心灵和现实的直接短路
暗示了彻底终结的前景（the prospect of a radical closure）。在专门探讨
伦理学的讲座上，拉康引用了"末世点"（point of the apocalypse）的概
念[1]，拉康以它指原乐之实在界（the Real of jouissnace）对符号界的不可
能的渗透，指彻底地浸泡在大规模的原乐（massive jouissance）之中。
他曾以海德格尔的口吻问道："在我们生存的世界上，……我们是否已
经越界？"[2] 这时，他指的是下列事实："符号界死亡，这种可能性已经
变成实实在在的事实。"[3] 拉康引用了原子浩劫的威胁（threat of an atomic
holocaust）这一概念。不过，在今天，我们已经能够提供其他版本的符
号界死亡。在这些版本的符号界死亡中，主要版本是对人类心灵进行充
分的科学自然化（full scientific naturalization）。一旦假肢不再只是对人
类肉体的补充，而是对人类肉体的取代，并给我们留下了这样的人类
观——人类只是操作者，他的专有技术使他知道如何使用假肢工具，一
旦到了这个地步，末世的过程（apocalyptic process）将抵达其致死临界
点（zero point）。这种知识观，即使海德格尔也不感到陌生。卡尔·雅

1　Jacques Lacan, *The Ethics of Psychoanalysis*, New York: Routledge 1992, p. 207.

2　Ibid., p. 231.

3　Lorenzo Chiesa, *Imaginary, Symbolic and Real Otherness: The Lacanian Subject and His Vicissitudes*, Doctoral Thesis, University of Warwick, Department of Philosophy, 2004, p. 233.

斯贝尔斯（Karl Jaspers）曾在 1933 年问海德格尔，何以像希特勒这样的糙人能够统治德国？海德格尔的回答是："文化无关紧要，看看他那双非凡的手吧！"[1] 至于拉康，他要提出的问题是：

> 为何世界上已经出现的，而且在某种程度上确实还在存在并呈现于世界的，不是有关科学的思想，而是在某种程度上被客体化的科学？我指的是，何以完全由科学锻造出来的这些东西，电磁波，这些小东西，小玩意儿，眼下占据了本该由我们占据的地方，出现这样的世界上，在那里，这种出现已经发生，而且能在体力劳动的层面上发挥如此重要的作用，以至于成了颠覆性的因素？在我看来，问题就是这样提出来的。[2]

拉康提到了电磁波，这使我们注意假装装置的另一个诡异方面：它们越来越多地处于不为人所见的状态，使我们无法看见，在低于我们的感知阈值的层面上自行运作。使得纳米技术如此动人心魄的是这样的前景：如此小尺度地建构客体和过程，以至于这些客体和过程与我们普通的生活世界的所有关系都遁于无形，结果，我们实际上在与替代现实（alternative reality）的打交道。纳米现实（nano-reality）与我们的普通现实没有共同的标度（shared scale），但我们依然可以通过纳米过程（nano-processes）影响我们的现实。正如雷·库兹韦尔（Ray Kurzweil）在谈及《银翼杀手》（*Blade Runner*）时所言：

> 人类猎杀机器人的场景是站不住脚的，因为那些人类和机器人难以区分。今天，我们用豌豆大小的脑植入物治疗帕金森症。这个设备的性能将增长 10 亿倍，体积将减少 10 万倍，在未来 25 年内，你会知道，这是可行的。不会是这样的，"好吧，机器人站左边，人类站右边"。机器人和人类将混在一起，界限不清。[3]

---

1　引自 Daniel Maier-Katkin, *Stranger from Abroad*, New York: Norton 2010, p. 99。

2　Jacques Lacan, *The Other Side of Psychoanalysis*, New York: Norton 2007, p. 149.

3　引自 Ian Sample, "Frankenstein's Mycoplasma," Guardian, June 8, 2007。

　　尽管在原则上这可能是真的，但问题在于，当假肢不再被体验为假肢，当假肢成了我们直接器官经验（immediate-organic experience）的、不为人所见的一部分时，那些在技术上控制假肢的人实际上就通过控制我们的自我经验的核心地带而控制了我们。

　　拉康进一步详细阐述了"完全由科学锻造出来"的大量物体暗示的已经变易的科学的身份问题："我们的科学的特征并不在于它介绍了更美好和更广泛的世界知识，而在于它使以前在我们的感知层面上完全不存在的东西涌现于世界。"[1] 如今科技的目的不再只是理解和复制自然的过程，还是派生将令我们瞠目结舌的新的生命形式。如今科技的目的不只是支配自然（而不改变自然），而是派生比普通自然更大和更强的新事物，包括我们自己在内。这里的楷模是对人工智能的迷恋，人工智能旨在制造比人脑更强大的大脑。使科技自强不息的，是这样的梦想：开启一个一去不复返的过程，一个将完全依靠自身，以指数方式复制自己的过程。因此，"第二自然"（Second Nature）的概念在今天比以往任何时候都更具针对性。这是就"第二自然"的两种主要意义而言的。第一，这是在人工生成自然（artificially generated nature）这一字面意义上说的，其结果是畸形动物和植物的出现，或用更加积极的言词说，其结果是沿着适合我们的方向"被强化"的基因操控有机体（genetically manipulated organisms）的出现。第二，这是在我们自身行为结果的自主化这个更加标准的意义上说的，它表现为，我们的行为的结果在躲避我们，我们的行为会派生出有自己生命的怪物。令我们感到震惊和畏惧的，正是由于无法预见自己行为的结果而引发的恐怖，而不是我们无法控制的自然的威力。宗教试图驯服的，也正是这种恐怖。如今的新鲜事，是"第二自然"这两种意义的短路：客观命运（objective Fate）意义上的第二自然，自主化的社会过程意义上的第二自然，正在派生人工创造出来的自然意义上的第二自然，正在派生自然怪物意义上的第二自然。现在随时有可能失控的那种过程，不再只是经济发展和政治发展的社会过程，而是新形式的自然过程，从核灾难到全球气候变暖，再到生物基因操控带来的无法预见的后果，均

---

1　Jacques Lacan, *The Other Side of Psychoanalysis*, p. 158.

在此列。甚至我们能够设想纳米技术实验可能导致的下列后果——新的生命形式以完全失控的癌细胞扩散的方式复制自身吗？关于这种恐惧，下面是标准的描述：

> 在未来五十至一百年内，可能会出现一个新阶级——有机体阶级（class of organisms）。这些有机体将是人造的，这是就下列意义而言的——它们最初是由人类设计的。不过，它们将会复制，将会"进化"，成为与其原初形式不同的事物。它们将"活着"，这是就"活着"一词的任何合理定义而言的。……进化变迁的步伐将会是极端迅速的。……对于人类和生物圈的冲击可能是巨大的，可能会大于工业革命、核武器或环境污染。[1]

这种恐惧还有清晰可辨的力比多维度：它是对无性繁殖生命的恐惧，而无性繁殖生命是坚不可摧的，是永远膨胀的，是通过自我分裂来复制自身的。简言之，这是神话般的生物——拉康把这种生物称为 *lamella*，可以把它粗略地译为"人蛋卷"（manlet），即"人"（man）与"煎蛋卷"（omelet）的缩写——的恐惧，是对作为一个器官的力比多（libido as an organ）的恐惧，是对没有躯体的非人的人类器官（inhuman-human organ without a body）的恐惧，是对神话中的前主体的、"不死"的生命实体（mythical pre-subjective "undead" life-substance）的恐惧。重建从简单的技术装置通往不死的 *lamella* 的道路，并不困难。使得这一装置如此诡异的，绝不在于它是对人体器官的简单补充，而在于它引入了一种逻辑，这种逻辑截然不同于——也动摇了——作为语言存在（beings of language）的性化人类（sexed human beings）的"正常"力比多机体（libidinal economy）。技术装置是潜在的"不死"之物，充当着寄生性的"没有躯体的器官"，把它自己的重复节奏（repetitive rhythms）强加于它们理应服务和补充的存在。回想一下金·凯瑞（Jim

---

[1]  Doyne Farmer and Aletta Belin, "Artificial Life: The Coming Evolution," in C. G. Langton, C. Taylor, J. D. Farmer, and S. Rasmussen, eds., *Artificial Life*, Redwood City: Addison-Wesley 1992, p. 815.

Carrey）主演的影片《变相怪杰》（*The Mask*）吧。在影片中，塑胶面膜使一个普通人变成了超级英雄。塑胶面膜是无性的"局部客体"，它允许主体停留在——或退化到——前俄狄浦斯的肛门－口腔的世界里（pre-Oedipal anal-oral universe），那里没有死亡和内疚，只有无穷无尽的快乐和打斗。难怪金·凯瑞扮演的人物那么痴迷漫画：漫画世界正是这样的不死的世界（undead universe），那里没有性和内疚；漫画世界是无限可塑性之世界（universe of infinite plasticity），每个人物在被毁灭后都会神奇地重组自己，继续打斗下去。

拉康提议用 *lathouses* 这个新词来指称在科学介入实在界（scientific intervention into the Real）之前"尚不存在的东西"，从移动电话到遥控玩具，从空调器到人造心脏，莫不如此：

> 世界上越来越多地充斥着 *lathouses*。因为好像你们觉得好玩，我现在就告诉你们，它是怎么拼写的。注意，我本来可以称之为 *lathousies* 的。用 *ousia*［实体］会更好一些，因为它包含着所有种类的歧义。……在离开这里时，在每个街角的人行道上，在每个商店的橱窗后面，你都会遇到些微不足道的非客体（*a*-objects）。可以把这些旨在诱发你的欲望的冗余客体（它们能够诱发你的欲望是因为现在科学在控制它们）视为 *lathouses*。我对它们的注意有点晚，因为我在不久之前才发明了它，这的是让它与 *ventouse*［多风的］押韵。[1]

我们还可以补充一句：为了带出它与资本主义的联系，可以说，它还与 *vente*［销售］异曲同工。如此一来，要把 *lathouses* 与征兆对立起来（征兆是就弗洛伊德赋予此词的严格意义而言的）：*lathouses* 是化身于新的"非自然"客体的知识。我们知道，说到 *lathouses*，为什么我们必须把资本主义囊括其中——我们在此面对的是一连串的剩余（a whole chain of surpluses）：有其剩余知识的科学技术（这里的知识超越了对已

---

1　Jacques Lacan, *The Other Side of Psychoanalysis*, p. 162.

然存在的现实的认知，是化身于新客体的知识）；资本主义的剩余价值
（通过装置的大量增加，这种剩余知识被商品化）；最后但同样重要的是，
剩余享乐（装置乃小客体的形式），它可以用来说明 *lathouses* 借之支配
我们的力比多机体。

# 插曲二 刘别谦，表达犬儒智慧的诗人？

## 三个白人和两个黑人

主体的符号性认同总是具有预期性、急匆匆的特征。这类似于对镜像中的"我自己"的预期性认可（anticipatory recognition），但这两者不可混为一谈。正如拉康于 20 世纪 40 年代在一篇专论逻辑时间的论文中指出的那样，符号性认同——接受符号性委任——的基本形式是让我"承认我是 X"，即宣布、张扬自己是 X。这样做的目的是追上他人，正是他们把我从由他们组成的群体中驱逐了出来，这些人都"属于 X"。下面是那个逻辑之谜的简化版：拉康用三个囚犯确立了逻辑时间的三种模态[1]。因为要大赦了，监狱长获准释放三个囚犯中的一个囚犯。究竟释放哪一个？为了确定这一点，他决定让他们做个逻辑测试。囚犯们知道，有五个帽子，三个白的，两个黑的。每个囚犯都要戴个帽子，全都坐下来，呈三角形之势。如此一来，每个人都能看到他人帽子的颜色，唯独看不到自己帽子的颜色。能首先猜出自己帽子颜色的即获胜者，他可以站起来，走出囚室。[2] 于是出现了三种可能的情形：

> 如果一个囚犯戴的是白帽，另外两个戴的是黑帽，那么戴白帽的囚犯会立即明白，他戴的是白帽。他是通过简单的演绎明白这一点的："只有两个黑帽，现在都戴到了其他两人的头上，那我戴的肯定是白帽。"这里不涉及任何时间间隔（time lapse），只涉及"凝

---

1 Jacques Lacan, "Logical Time and the Assertion of Anticipated Certainty," in *Écrits*, New York: Norton 2006, pp. 161-175.

2 我在这里进一步深化了我在下列著作第三章中所做的分析：Slavoj Žižek, *Tarrying With the Negative*, Durham, NC: Duke University Press 1993。

视的瞬间"（instant of the gaze）。

在第二种情形下，有两个白帽子，一个黑帽子。如果我的帽子是白，我会这样推理："我能看到一个白帽子，一个黑的帽子，我的帽子既可能是白，也可能是黑的。不过，如果我的帽子是黑的，那么，戴白帽子的人会看到两个黑帽子，他会立即得出结论，他的帽子是白的。既然他没有立即提出这个结论，我的帽子必定也是白的。"在这种情形下，某些时间流逝了，也就是说，需要一定的"理解的时间"（time for understanding）：可以说，我必须把自己"转移"到别人那里，替别人推理，然后得出我自己的结论。我得出自己的结论，是以下列事实为根基的：别人没有采取行动。

在第三种情形下，有三个白帽子。这种情形最复杂。在这里，推理是这样的："我看到两个白帽子，所以我的帽子既可能是白的，也可能是黑的。如果我的帽子是黑的，那么另外两个囚犯会这样推理：'我看见了一个黑帽子和一个白帽子。如果我的帽子是黑的，戴白帽子的囚犯会看到两个黑帽子，然后会站起来，立即走出囚室。不过，他没这样做。所以我的帽子必定是白的。我可以站起来，开路了。'"不过，在这里，拉康指出，这个解决之道需要双重延迟和被阻碍或被打断的姿势（hindered or interrupted gesture）。也就是说，假设三个囚犯智力相当，那么，在经历了第一次延迟后，每个囚犯在注意到其他囚犯没有做出任何举动之后，会同时站起，僵在那里，交换着困惑的眼神。问题在于，他们将不会知道其他囚犯摆出的姿势包含的意义，每个囚犯都会问自己："其他囚犯站起来的原因与我站起来的原因一样吗？或者，他们站起来，是因为看见我戴着黑帽子？"只有到了现在，在看到他们全都犹豫不决之后，他们才立即得出了最终的结论：他们全都犹豫不决，这个事实证明，他们的处境完全相同，也就是说，他们戴的全是白帽子。正是在这个时刻，延迟变成了仓促，因为每个囚犯都意识到："在他们追上我之前，我必须冲到门外去！"

不难看出，三种特定的主体性之模式（specific mode of subjectivity）与逻辑时间的三个时刻相对应。"凝视的瞬间"暗示了非人格化"一个人"（"一个人看到了"），即逻辑推理的中性主体（neutral subject of logical reasoning），它未经任何互为主体的辩证（intersubjective dialectic）。"理解的时间"已经涉及互为主体的辩证，也就是说，为了使我得出"我的帽子是白的"这一结论，我必须把自己"转移"到别人那里，替别人推理。不过，如拉康所言，这个互为主体性的例证（instance of intersubjectivity）依然是无限互惠主体（indefinite reciprocal subject）的例证：它只是一种简单的互惠能力（reciprocal capability），即把他人的推理考虑进去的能力。只有到了第三个时刻，即"结论的时刻"（moment of conclusion），我们才能抵达真正的"我的创世记"（genesis of the I）：在这里发生的，是从 $ 向 $S_1$ 的转移，即从主体这个空白（the void of the subject）向"我的帽子是白的"这一结论的转移，向接受我的符号性身份——"那就是我！"——的转移。我是什么？在这个问题上表现出来的极端不确定性，也就是说，我的身份的全然不可确定性，是主体这个空白的集中表现。

我们必须记住，拉康在这里的沉思具有反列维－斯特劳斯的冲击力。列维－斯特劳斯把符号性秩序视为非主体性的结构（asubjective structure），视为客观领域，在这个领域中，每个人都占据、填充自己命中注定的位置。拉康开启的则是这个客观的社会符号身份（objective socio-symbolic identity）的"创世记"：如果我们只是等待别人把某个符号性位置分配给我们，那么我们将永远竹篮打水一场空。也就是说，就符号性委托而论，我们从来都无法轻易确定，我们是怎样的人。通过做出草率的主体姿势（precipitous subjective gesture），我们"变成了我们现在的样子"。这个草率的认同（precipitous identification）涉及从客体向能指的转移：（白色或黑色的）帽子是我所是的客体（the object I am），我无法看到它，这凸显了下列事实：在"作为一个客体，我是什么"的问题上，我从来都不得其门而入。也就是说，$ 与小客体在拓扑学上是不兼容的。在我说"我是白的"时，我接受了一种符号性身份，它填补了我的存在之不确定性这一空白。用来解释这种预期性追越

（anticipatory overtaking）的，是因果链的非结论性的品格（inconclusive character）：符号性秩序受制于"不充足理由律"（principle of insufficient reason）。在符号性互为主体性（symbolic intersubjectivity）这一空间内，我从来都无法确定我是怎样的人。基于这一原因，我"客观"的社会身份是通过"主观"的预期确立的。在拉康论述逻辑时间的文本中，有一个通常被人默默无视的重要细节，他谈到了 20 世纪 30 年代的俄国正统学说努力争取官方的肯定，把这种肯定视为这样的集体认同（such collective identification）的典型政治个案：我赶快出示凭据，证明我是真正的共产主义者，因为我害怕别人把我当成修正主义叛徒，将我开除。

因此，预期性认同是一种先发制人，它在努力预先回答下列问题："对于大对体而言，我是什么？"它因而平息了与大对体有关的焦虑。在大对体那里代表着我的能指，破解了下列僵局：对于大对体而言，我是怎样的客体？我借助于符号性认同实际追赶上的，是我自身内部的小客体。至于符号性认同的形式结构，符号性认同总是"跑向前方"，总是越过我所是的客体（the object that I am）。例如，通过说"你是我妻子"，我总是避开和消除了下列问题的极端不确定性：在你的存在（your being）的核心地带，作为原质（Thing），你究竟是什么？这正是阿尔都塞对询唤（interpellation）的说明所遗漏的东西：阿尔都塞的解释对回溯性之时刻（moment of retroactivity）、对"总是已经"（always already）这一幻觉可谓处理得当，但它没有顾及作为这一回溯性的内在反面（inherent reverse of this retroactivity）的预期性超越。

在冰岛发生的一个事件可以很好地说明这一点。2012 年 8 月 25 日，有个外国游客在冰岛埃尔加（Eldgjá）火山大峡谷失踪，因为她没能返回载她前往那里的游览车。搜救队很快被派往那里。不过，几个小时后，搜救宣告终止，原来那个失踪的女性一直都在车上，甚至还参加了搜救她自己的行动。对此混乱形势的解释相当简单：游览车停在埃尔加时，那位女性换了衣服，还梳洗打扮了一番，所以在她返回游览车时，其他游客竟然没能认出她来。导游在清点人数时又出了差错，于是似乎有一人失踪，而且对于失踪者的描述过于马虎，连那个被搜救的女性都不知道要搜救的是她自己。最后的结果，用来自警方报告的奇妙概括说，她"完全不知道她已经失踪"[1]。这个故事的诡异迷人之处在于，它响应同时又嘲弄了新纪元的一个精神主义话题——自我丧失（New Age spiritualist topic of self-loss）。自我丧失指某人与其存在的隐秘内核（intimate core of their being）失去了联系，然后拼命想知道"他们究竟是谁"——这正是我们不应该屈从的诱惑。一边是符指化表征（signifying representation），一边是身份，依据这两者之间存在的张力来概括上述问题，会更加有益：只要符指化表征指我们的特性，指主体"看起来像是"什么东西，那问题就是马克斯兄弟提出的那个悖论所彰显的问题：我看起来像我自己吗？换言之，问题不是我是"谁"，问题是我是"什么"。

　　大家不太知道的是，三个囚犯的难题的原初形式源自法国18世纪放荡精神（libertinage），还掺杂着性和冷冰冰的逻辑（这在萨德那里登峰造极）。[2]在该性化版（sexualized version）中，某个女子监狱的监狱长决定，对三个女囚中的一个女囚予以特赦，将通过一场智力测试决定谁是胜出者。三个女人——注意故事中的男人已被女人取而代之——围一个大圆桌而立，呈三角之势，每个人腰部以下一丝不挂。她们身体前倾，趴在桌上，每个女人背后站着一个黑人或一个白人，而她只能看见站在其他两个女人背后的男人的肤色。她所能知道的只是，监狱长只能用五个男人来做这场实验，三个白人和两个黑人。考虑到这些限制，谁最先猜出站在自己背后的男人的肤色，谁就是胜出者，就可以推开那个男人，扬长而去。和前面一样，这里有三种可能的情形，而且一种比一种复杂：

---

1　《冰岛高地失踪的女性在搜救自己》（"Lost Woman Looks for Herself in Iceland's Highlands"），请见 www.icelandreview.com. 文章还报道说："类似的一个事件发生于1954年，当时，一个穿红外套的年轻女子与一群人一道去采浆果，却没有同他们一起返回，于是展开了大面积的搜救行动。大概他们当时也认为她失踪了。搜救了几个小时后，人们发现，她并未失踪，而且还参与了搜救自己的行动。之所以造成这样的误会，是因为人们对这个女孩的服饰做了错误的描述。"
2　因为我们生活在日益丧失最起码的反讽感（sense of irony）的年代，我必须追加一句：该性化版（sexualized version）其实是我虚构的。

在第一种情形下，有两个黑人和一个白人。因为背后站着白人的女人知道那里只有两个黑人，所以她会立即站起来，扬长而去。

在第二种情形下，有一个黑人和两个白人。背后站着白人的两个女人能够看见一个黑人和一个白人，但是，因为那里有三个白人，她无法立即站起来走人。在这种情形下，获胜的唯一方式是，背后站着白人的两个女人中的一个女人做出如是推理："我只能看见一个白人和一个黑人，所以站在我背后的既可能是白人，也可能是黑人。不过，如果站在我背后的是黑人，那背后站着白人的另一个女人就会看见两个黑人。如此一来，她会立即得出结论——站在她背后的是个白人，然后站起来走人。但她没有这样做，所以站在我背后的肯定是白人。"

在第三种情形下，站在三个女人背后的全是白人，所以每个女人都能看见其他两个白人。每个女人都会以第二种情形下的那个胜出者的推理模式进行推理："我只能看见两个白人，所以站在我背后的既可能是白人，也可能是黑人。但是，如果站在我背后的是黑人，那另外两个女人会这样推理（和第二种情形中的胜出者一样）：'我只能看见一个黑人和一个白人。所以，如果站在我背后的是个黑人，背后站着白人的女人就会看见两个黑人，那她会立即得出结论——站在她背后的是白人，然后起身离去。但她没有这样做。所以站在我背后的肯定是白人。'因为另外两个女人都没有站起来，站在我背后的肯定不是黑人，而是白人。"

和前面一样，真正的逻辑时间这时出现了：假设三个女人智力完全相同，她们全都同时站起来，这会使她们每个人围绕着"站在自己背后的究竟是谁"的问题产生彻底的迟疑。为什么这样说？因为每个女人都无法知道，其他两个女人站起来，究竟是经历了和她完全一样的推理过程，最后都知道站在自己背后的是白人？还是每个人都像第二种情形中的胜出者那样进行了推理，相信站在自己背后的是白人？胜出者将是首先正确地阐释这种犹豫不决，并立即得出下列结论的女人：她们全都站起来，这表明，站在三个女人背后的全是白人。

另外两个女人获得的安慰奖是，至少她们到了最后。一旦我们注意到围绕着这个特定男人群体形成的政治上的多重决定（political overdetermination），上述事实就会变得意味深长。在法国 18 世纪中叶上流社会女士中，黑人作为性伴侣，在社会上是不被认可的。尽管如此，作为秘密情人，黑人令她们垂涎欲滴。不过，究竟选白人还是选黑人，这要比初看上去复杂得多，因为在性活动中，观察我们做爱的幻象凝视（fantasy gaze）总在那里，无法驱离：最基本的幻象场景不是被人关注的迷人场景，而是下列想法——"有个人在看着我们"；最基本的幻象场景不是梦幻，而是下列想法——"我们是某人梦幻中的客体"……（在米兰·昆德拉小说《缓慢》中，描绘了一个场景，并把该场景视为无病菌的、伪肉欲的性。昆德拉把这个场景与法国 18 世纪出现的舒缓的、殷勤的和亲密的色情游戏对立起来，与我们前面提及的出现原初难题的时代对立起来。）因此，这个难题传达的信息变得更加模糊：三个女人中，每个女人都是一边做，一边目睹另外两个女人做，这时，每个女人要提出的问题不单是"谁在做我，是黑人还是白人？"还有这样的问题："在我被做的时候，在大对体的凝视中，我算是什么呢？"仿佛她们的身份是通过这个凝视建立起来的。

这个三元组遵循的逻辑，不还是"三界"[1]遵循的逻辑吗？如果一个女囚看到了两个黑人，那她会通过想象，在想象界中，直接"看到"站在她背后的白人。如果她看到的是一个白人和一个黑人，那她就会推理，因为背后站着白人的那个女囚毫无反应，所以她背后的男人肯定是白人。在这里，推理的顺序（order of reasoning）是纯粹符号性的。如果她看见两个白人，她的推理在时间上变得更加复杂：不能仅仅依赖清晰的逻辑结构，因为这时进来的，是仓促决定（precipitous decision）这个偶然的实在界（the contingent Real）。而且在此之前，还有延宕（一个人等待时间太久，于是另一个人反应得过早）。

不过，在对这个故事所做的荒唐复述中，关键因素是知晓的干预

---

1　"三界"（ISR），指想象界（the Imaginary）、符号界（the Symbolic）和实在界（the Real）。——译者注

（intervention of knowledge）：没有知晓，就没有人类之性。这里总是令人想起那个俗不可耐的塞尔维亚惯用语："*Koji kurac te jebe?*"（什么鸟在朝你叫？）如果对它做更具阐释性的翻译，可以把它译为这类东西："什么事情把你搞得这么心神不安，使你表现得像个彻头彻尾的混蛋？"在我们的难题中，这个问题是直接提出的：每个女囚都必须猜测，是什么人在她身后。选择似乎很简单：是白人还是黑人？也就是说，是体面（地位）还是原乐这个粗糙的实在界？但潜在的问题更为复杂：需要去中心化的凝视（decentered gaze），以维持我们的性活动。

## 去中心化的教训

主要作品包含了这种去中心化的多种变体的电影导演是刘别谦（Ernst Lubitsch）。支撑着性关系的去中心化幻象（decentered fantasy），这一主题在刘别谦的《残破的摇篮曲》（*Broken Lullaby*，1932）中发生了诡异的转向。该片原名为《我杀掉的人》（*The Man I Killed*），最初改为《第五诫》（*The Fifth Commandment*），以避免"给公众留下有关故事人物的错误印象"，最后影片发行时又改为《残破的摇篮曲》。影片的故事梗概是：在第一次世界大战期间，法国音乐家保罗·勒纳尔（Paul Renard）杀了名为沃尔特·荷尔德林（Walter Holderlin）的德国士兵。因为被这段记忆所苦，保罗前往德国，寻找荷尔德林的家人。他要去的地址写在一封信上，那封信是在死者身上发现的。因为知道反法情绪在德国持续蔓延，荷尔德林博士（Dr. Holderlin）最初拒绝保罗进入他的家门。但他儿子的未婚妻艾尔莎（Elsa）认出了保罗，说他曾给沃尔特的墓地献过鲜花。这时，荷尔德林博士改变了主意。保罗没有向荷尔德林夫妇表明他和沃尔特的真实关系，他告诉他们，他曾与沃尔特在同一家音乐学院读书，并从那时开始成为朋友。尽管充满敌意的城市居民和当地的八卦人士（gossips）不赞成，荷尔德林夫妇还是对保罗友善相待，保罗也如期爱上了艾尔莎。不过，当她向保罗展示她以前的未婚夫的卧室时，保罗变得忧心如焚，于是把真相告诉了她。她劝他不要把真相告诉沃尔特的双亲，因为他们已经接受了他，把他视为他们的第二个儿子。保罗同意，他不急于安抚自己的良知，先与他的领养家庭生活在一起。荷尔德林博士把沃尔特的小提琴赠送给他。在影片的最后一幕，保罗拉起了沃尔特的小提琴，艾尔莎则以钢琴伴奏，他们的父辈则以充满爱的眼神凝视他们……难怪宝琳·凯尔对这部影片不以为然。她声称，刘别谦"错把单调乏味、矫揉造作的噱头当成了充满反讽意味和诗意的悲剧"[1]。

影片中有些东西令人不安，那便是在充满诗意的情节剧（poetic melodrama）和粗暴的心境（obscene humor）之间出现的诡异的摇摆不定。那对情侣（女孩和杀害她未婚夫的人）在未婚夫双亲的保护性凝视（protective gaze）下喜结连理。正是这一凝视，为这对情侣的关系提供了幻象框架。但问题也是明摆着的：他们真的只是因为未婚夫双亲的缘故，才相亲相爱的吗？或者，这一凝视为他们享受鱼水之欢提供了正当理由？这个显而易见的问题当然是假问题，因为无论问题的答案为何，均无关紧要：即使双亲的凝视只是他们宽衣解带的理由，它依然是必不可少的理由。我们在刘别谦的《和你一小时》[2]中找到与此完全相同的母题的更进一步的变体：

> 一个女人叫米琪（Mitzi），一个男人叫安德烈（Andre），两人已婚，但配偶不是对方。他们误打误撞地坐进了同一辆出租车。在假想出来的外部观察者看来，仿佛他们是一对恋人，尽管他们只是坐在了出租车的私密空间里。这个事实启动了他们的婚外情。……安德烈无法抗拒表象的力量。尽管他显然爱自己的太太，但他与另一个女人共享一辆出租车，这显示他有罪，而且这种效果相当真实，无法消除。在这里，米琪并不首先是看得见、摸得着的实例，这是在下列意义上说的："如果谁真的看见我们，就会自动得出结论——我们有了外遇。"她心里想的远比这复杂，她在寻找由罗伯

---

1　Pauline Kael, *5001 Nights at the Movies*, New York: Macmillan 1991, p. 107.
2　《和你一小时》（*One Hour With You*），中文一般译作《红楼艳史》。——译者注

特·帕福勒（Robert Pfaller）等人提出的有关天真观察者（naive observer）的观念：天真观察者在判断形势时，并不根据主体的真实意图，他只根据事情表面上显现出来的样子。[1]

我们在这里面对的是"假象戏剧"（drama of false appearances）[2]：男女主人公发现自己陷入了很有可能颜面尽失的情形，他们的一举一动被一个人物看在眼中，也被这个人物所曲解，他从纯洁无辜的行为中读出了非法之意。在这种戏剧的标准版本中，误解最终被消除，男女主人公的不法行为被宽恕。不过，关键在于，通过这个假象游戏（game of false appearances），原来被审查的思想获准表达：观众可以设想，男主人公或女主人公是按自己被禁的意愿采取行动的，但逃避了处罚，因为他知道，尽管表面的确如此，却没有发生什么坏事，也就是说，他们是纯洁无辜的。在这里，对纯真的迹象（innocent sign）或巧合做了误读的旁观者的肮脏心理，是观众的"愉快的反常观赏"（pleasurably aberrant viewing）的替代物：这是拉康在宣称"真相具有虚构的结构"时心中所想的东西——对字面真相（literal truth）的悬置，为揭示力比多真相（libidinal truth）开辟了道路。

在刘别谦那里，把凝视直接展示为幻象框架，这种做法通过公开展示被去中心化的人物（decentered character），瓦解了幻象框架对人物的控制。与此完全相同的做法——对幻象框架予以去中心化或与幻象框架保持距离——维持着刘别谦的绝对经典之作《你逃我也逃》（To Be or Not to Be）中的一个效力最高的笑话：波兰演员约瑟夫·土拉（Joseph Tura）装扮成盖世太保的埃尔哈特上校（Colonel Ehrhardt），与波兰一位高级通敌者交谈。以（在我们看来）近乎荒诞的夸张方式，他对有关自己的一则传言评论道："所以，他们叫我集中营埃尔哈特

---

1  Ivana Novak and Jela Krecic, "Introduction," in Ivana Novak, Jela Krecic, and Mladen Dolar, eds., *Lubitsch Can't Wait*, Ljubljana: Kineteka 2014, p. 4. See also Robert Pfaller, *Das schmutzige Heilige und die reine Vernunft*, Frankfurt: Fischer Verlag 2012.

2  关于"假象戏剧"，请见：Martha Wolfenstein and Nathan Leites, *Movies: A Psychological Study*, Glencoe, Ill.: The Free Press 1950。

（Concentration-Camp-Ehrhardt）？”边说边发出俗不可耐的笑声。稍后不久，土拉不得不逃走，真正的埃尔哈特来了。当谈话再次触及有关他的传言时，真正的埃尔哈特做出的反应与他的装扮者如出一辙——夸张到了近乎荒诞的地步。这里传达的信息是显而易见的：即使埃尔哈特本人也不直接就是他自己，他也模仿自己的副本，或者更确切些说，他接受有关他自己的荒唐观念。土拉表演埃尔哈特，埃尔哈特则表演他自己。

　　《街角的商店》（*The Shop Around the Corner*，1940）在重叠幻象（overlapping fantasies）的伪饰下处理这一去中心化问题。故事发生在布达佩斯的一家商店里，主人公是克拉尔·诺瓦克（Klara Novak）和阿尔弗雷德·克拉利克（Alfred Kralik），他们是同事。尽管他们彼此极其厌恶对方，却又维持着匿名的书信往来关系，不知道自己的笔友究竟是谁。通过鸿雁传书，他们如期坠入爱河，但在现实生活中，依然相互仇视，怒气冲冲。［较新的好莱坞大片《电子情书》（*You've Got Mail*）是对《街角商店》的翻拍，只是把故事放在了如今的电邮时代。有人可能还会在此提及两三年前在萨拉热窝——偏偏在萨拉热窝——发生的一件稀奇古怪之事：一对夫妻卷入了与匿名伴侣的热烈的电邮恋爱事件，只是到了决定见面时，他们才发现，彼此之间一直眉来眼去的，原来是他们自己。……既然他们现在发现，彼此竟是对方的梦中情人，那最终的结局会是万象更新的快乐婚姻吗？答案或许是否定的。以这种方式实现自己的梦想，梦想通常会变成噩梦。］

　　这样的去中心化给我们提供的教益只在于，爱情关系从来都不只是涉及我们和我们的伴侣：我们总是为了某个外来的凝视（a foreign gaze），扮演某个真实的或假想的角色。这使我们回到了《残破的摇篮曲》。那对情人在影片结束时提出的隐含问题正是："就在我们享受床笫之欢时，在双亲的凝视面前，我们究竟是什么？"

## 再说堕落

　　刘别谦创造的世界的另一个关键特色，以及与主体在能指上表现出来的去中心化或异化相对应的，是主体的堕落（fall）这一话题。这方面的代表作是《妮诺契卡》（*Ninotchka*）。该影片被宣传为电影明星葛丽泰·嘉宝的新起点：在一系列充满悲怆哀婉之情的情节剧（《大饭店》《瑞典女王》《安娜·卡列尼娜》等）之后，终于拍出了嘉宝开怀大笑的影片。[1] 在影片一个场景中，扮演妮诺契卡的嘉宝首度眉开眼笑，因此这个场景值得我们仔细审视。利昂（Leon）和妮诺契卡坐在巴黎一家简陋的工人阶级餐馆里。利昂一直给妮诺契卡讲笑话，希望把她逗乐，却屡屡失利，于是他做了最后的孤注一掷："有个人进了餐厅，在桌边坐下，喊道：'服务员！给我来一杯不加奶油的咖啡。'五分钟过后，服务员走了回来，说道：'对不起，先生，我们没有奶油了，不加牛奶行吗？'"坐在邻桌的一群工人哄堂大笑，但妮诺契卡继续喝汤，纹丝不动，冷若冰霜。利昂怒不可遏："不好笑，是不是？……这个笑话很好笑！除了你，人人都觉得它好笑！也许你根本就没有听懂。我再给你讲一遍。有个人进了餐厅。听懂没有？""听懂了。""他在桌边坐下，对服务员说……听懂了吧？""听懂了。""那就好，到目前为止，这个笑话还不好笑，你别着急。他对服务说：'服务员！给我来一杯咖啡。'五分钟后服务员走了回来，说道：'对不起，先生，咖啡全都卖完了。'"（这时他意识到，他讲错了。）"啊，不对，你都把我搞糊涂了……"（他重新开始。）"……这就对了。……他说，'服务员！给我来一杯不加奶油的咖啡'，五分钟后服务员走了回来，说道：'对不起，先生，我们没有奶油了，一杯牛奶行吗？'"妮诺契卡依然没有反应，利昂愤怒地斥责她："啊！你根本就没有幽默感！丝毫也没有！"在重新坐回椅子时，由于激动，他用力过猛，压倒了身后的桌子，自己跌落在地。这时，整个餐馆爆发出一阵狂笑。摄影镜头转向嘉宝，她也笑得前仰后合。利昂愤怒地问道："这有什么好笑的？"

在这里，令人诧异的是，一边是笑话的精巧，一边是利昂的跌落[2]这一行为暴露的粗俗，两者构成了对比。那个笑话无出其右，不失为展

---

1　该片上映时曾以"嘉宝要笑了"作为广告噱头。

2　这里的"跌落"（fall），有"堕落"之意。后面几段文字多次出现"fall"一词，它既有物理意义上的"颠倒""摔倒""颠落""坠落"等意义，还有宗教和道德意义上的"堕落""沦落""放浪形骸""肆无忌惮"之意。——译者注

示老练的黑格尔式幽默的范例。它利用了下列基本的辩证事实：一种特色的缺乏（absence of a feature）还界定了客体的身份（identity of an object）——即使从物质上讲，不加牛奶的咖啡和不加奶油的咖啡并无差异，但其符号性身份却不相同。[1]我们肯定发现自己已经置身于符号性异化（symbolic alienation）之域，置身于能指的差异游戏（differential game of signifiers）之域。难怪这个笑话已被做了详细的拉康式解读。在这方面，最近的解读是由艾瓦纳·诺瓦克（Ivana Novak）和杰拉·克莱契克（Jela Krecic）做出的：

> 在这样一个精彩的笑话后面会出现什么？只能是跌落（fall），是坍塌——坍塌成纯粹的粗俗。当然，也不只是如此，因为它使符指化的辩证（signifying dialectic）进一步复杂化了，增添了额外的压力，造成了符指链的脱落。的确，随后出现了一个完整系列的跌落（falls）。首先是直接物理意义上的跌落：利昂以最尴尬和最笨拙的方式，一屁股跌落在地板上。但这还意味着他的符号性身份——老练精干的万人迷——的跌落。他的这一跌落是以他的下列行为为标志的，他暴跳如雷，厉声质问："这有什么好笑的？"他不再能够控制勾引女人的游戏，也曾经短暂地不知所措。因为真的爱他，妮诺契卡对这次跌落的反应不是居高临下的恩典，说什么"别担心，当你跌倒时，我更爱你了"，而是报之以自己的跌落——两次跌落重合在一起。在直接的层面上，她跌入了（falls）无可控制的大笑，即丧失了对自己的控制，其方式与某人痛哭时失去对自己的控制完全一致。不过，她跌得更深，为拉康所谓的"主体性贫困"（subjective destitution）提供了范例。[2]

---

1　这令译者想起了那个与此类似的、同样充满辩证意味的笑话：两个陌生人相见，不知何故，互生敬意。一方问道："贵姓？"一方答曰："免贵，姓李，'木''子'李。""哦，就是'棺材'的'棺'字去掉'当官'的'官'字，外加'断子绝孙'中的'子'字，对不对？"如此对话，结果如何，不问便知。从实体上讲，"李"还是那个"李"字，但两人说出的"李"字的符号性身份已有天壤之别。——译者注

2　Novak and Krecic, "Introduction," in *Lubitsch Can't Wait*, pp. 14–15.

这个场景还具有深刻的政治内涵：通过开怀大笑，妮诺契卡表达了她与餐馆中的工人们的同心同德，表达了他们对出身高贵和老于世故的利昂的反对，利昂也是她和工人们共同的嘲笑目标。因此，应该这样严格地理解妮诺契卡的开怀大笑：这笑声不是有权有势的人发出的犬儒笑声（cynical laughter），这样的犬儒笑声是用来嘲弄其目不识丁、不知所措的臣民的笨拙的；这笑声也不是随波逐流者的笑声（conformist laughter），这样的笑声作为安慰奖，只为臣民专有，而且发出这样的笑声，可以缓解他们的压力，使他们更易于忍受穷困不堪的人生（如同在某些特殊政体中出现的政治笑话那样）。但是，这笑声也不是智慧的笑声，即下列意义上的笑声："如果没人当回事，我们的高贵感不就是骗人的玩意吗？"它不是我们身陷其中，对其心悦诚服的笑声，而是与人生游戏（game of life）保持清醒距离的那些人发出的笑声，是与那些过于认真对待生活的人保持清醒距离的那些人发出的笑声。相反，妮诺契止的笑声是十足的跌落（laughter of a complete and utter fall）之笑声，是任何这样的距离均告崩溃之笑声（laughter of the collapse of any such distance），是与利昂同心同德的笑声（laughter of solidarity）。妮诺契卡不只为利昂的跌倒在地而捧腹大笑，她自己也跌入了笑声之中。

巴迪欧曾在其精妙绝伦的小册子《爱的礼赞》[1]中论及这一点。在那里，巴迪欧把下列两者对立起来：一者是对"坠入情网"的纯正体验，一者是通过婚介机构"寻求合适的伴侣"。如此寻求伴侣，失去的只是爱情本身。爱情是跌落（a Fall），是疯狂的事件（crazy event），是偶然的创伤性邂逅（traumatic encounter），它使我脱离了原来的生活轨道，也使我获得了新生，成为一个新主体。《妮诺契卡》中的两次跌落不就是这样吗？妮诺契卡开始狂笑时，她不只是跌入了笑声（fall into laughter），而且跌入了情网（falls in love）。在利昂那里，同样的过程出现了，但它是分两步完成的：最初他只是在物理上而不是在主体上

---

1  《爱的礼赞》（*In Praise of Love*），中译本为《爱的多重奏》，邓刚译，华东师范大学出版社，2012 年。——译者注

2  参见 Alain Badiou, *In Praise of Love*, London: Serpent's Tail 2012。

跌倒在地，他愤愤不平的抱怨表明了这一点："这有什么好笑的？"不过，当他后来与妮诺契卡以及餐馆里面的人一起欢笑时，他的旧主体性（old subjectivity）跌落了，他从一个颓废、老练的色诱者变成了坠入情网的真正无产者。所以，在这里，我们必须用刘别谦补充巴迪欧的爱情理论，以这样的形式表述之：巴迪欧同刘别谦（*Badiou avec Lubitsch*）。在对爱情进行精心阐释时［他认为爱情即跌落（love as a fall）］，巴迪欧忽视了爱情的喜剧性（前提）条件：在坠入情网之前，两个主体必须首先"跌落"——他们必须从他们在社会性和等级性上既定的主体性形式（form of subjectivity）中跌落下来。没有这个喜剧性时刻（moment of comedy），就没有爱情，就没有真正的爱的邂逅（love encounter）。

　　跌落意味着爱情是单一性的。我们从来不能爱上国家之类的集合物，无论那国家是我们自己的国家还是别人的国家。如果看上去我们真的爱上了某个国家，那"爱"的机制也与爱情的机制迥然不同。几年前，我曾经参加过一场有关性骚扰的论争。那时，一位女士宣称，不论何时，只要读到有关强奸的报告，她都觉得行凶者不只是一个男人，而是所有的男人。我这个人有些俗气，当时很想问她，如果她听说某个女人在某次做爱时感到心满意足，她会不会还觉得那个女人要感谢的不只是一个男人，而是所有的男人……我没有这样问她，不仅因为这样做品位低下，而且因为这立即令我想到，从理论上讲，这样说是错误的。这两种经验之间，毫无对称性可言：可以把暴力行为体验为普遍化的行为，体验为行凶者所从属的整个群体犯下的罪行，但爱的行为（act of love）总是单一性的。这也是为什么与种族主义的澎湃激情相比，人道主义的博爱总是死气沉沉的原因：我们可以仇恨所有的犹太人（阿拉伯人、黑人等），但我们不可能以同样的强度爱这些人。

　　跌落这个话题把我们带到了最基本的伦理层面，使我们面对两条基本途径。一方面，存在着精神冥想（spiritual meditation）的传统，它把伦理态度（ethical attitude）置于主体对跌落的反抗中，或置于与力比多投入客体（objects of libidinal investment）保持一定距离的能力之中。从通过善意的反讽沮丧地承认自己虚荣，直至轻蔑地拒绝所有俗物（这里的共同点是古老的佛教格言"切勿过于贪恋俗物"），莫不如此。另一方面，从天主教到拉康，还存在着另外一种传统，它把伦理态度置于主体毫无节制地跌入世俗世界之中，置于对偶然遇到的爱欲客体（contingent object of love）的无条件投降和忠诚之中。正是在这里，表象欺骗了我们：刘别谦不是鼓吹善意反讽的智者（"别拿人类的愚蠢和依恋太当回事"），相反，他坚决支持这种无条件的跌落和对这一跌落的忠诚。

需要深入详尽地阐释这一基本的对比：佛教的修行始于行为——始于分析和改变我们行为的方式。不存在从外部指定或判断我们行为的高级力量，我们的行为可谓以顺应其整体语境的方式，创造了衡量行为自身的内在标准，同时增加或减少我们以及众生的痛苦。这也是"业"（karma）这个概念所要表达的意思：我们从不单独行动，而且我们的行为总是留下痕迹。这些痕迹无论是善是恶还是无善无恶，都会在行为终结很久之后，继续令能动者（agent）寝食不安。共同道德（common morality）就来源于此：佛教修行的第一步是训练我们识别并逐渐减少有害的行为，这些有害的行为分为三个方面：身体、言语和心灵。要避免三种有害的身体行为，即杀生、盗窃和行淫；要避免四种有害的言语行为，即妄语、谤乱、恶口、两舌；要避免三种有害的心灵行为，即贪欲、嗔恚、邪见。在避免走极端、积极行中道之后，我们会逐渐减少这些有害的行为。随着这些有害行为的减少，我们接近——尽管我们还没有准备进入——觉悟的状态。一旦进入了觉悟的状态，我们将能静观默察所有的欲望客体，并因此解除苦难（dukkha）和摆脱轮回（samsara）。进入这个阶段的人被称作菩萨（bodhisattva）。不过，关于伦理的维度，关于使众生（不仅我们，还有他人）摆脱轮回的规定（determination），摆脱死亡、重生和受罪之轮回的规定，存在着歧义。在佛教中，关于菩萨的性质，存在着大量不同的看法。根据《普贤上师言教》（Kun-bzang bla-ma'i zhal-lung），菩萨在帮助众生获得佛性时，有三条道路可资选择：

——国王式菩萨渴望尽快成佛，然后普度众生，使之成佛。

　　——船夫式菩萨渴望与众生一道成佛。

　　——牧人式菩萨先让众生成佛，然后自己成佛。

　　可以把上述最后那个层面推至崇高的极致（sublime extreme）：牧人式菩萨不仅把活着的世人，而且把所有因为生前作恶而在地狱中忍受永久煎熬的人，都纳入"众生"之列，它们都应该获得救赎，然后牧人式的菩萨才能涅槃，进入超脱一切烦恼的境界。依据某些佛教学派的说法，国王选择的道路处于最低层面，最初他只追求个人的利益，后来才意识到，自己能否达到目的，完全取决于他能否使他的王国和臣民受益。船夫选择的道路处于中间层面，他撑船普度众生，当然，他同时也使自己苦尽甘来。牧人选择的道路处于最高层面，他要确保他的羊群安全地走在他的前面，把它们的福祉置于自己之上。其他学派则声称，只有第一个层面切实可行：即使国王成佛，他也依然停留在俗世，依然能够帮助他人，因此阻止他涅槃，不让他进入超脱一切烦恼的境界，毫无意义。只有我们首先觉悟，才有可能引导他人觉悟。这是唯一的可行之路。

　　一旦我们发现自己进入了涅槃之境，即实现了佛法的"主体性贫困"，我们的"业"会发生怎样的变化？并不是说，我们的行为只留下善的痕迹。倘若我们的行为只留下善的痕迹，那我们就会把善"业"与恶"业"对立起来，即我们的善行留下的痕迹构成了我们的善"业"，它为我们的生命提供某种安全的保障，提供积极的欲轮（Wheel of Desire）。关键在于，当我们发现自己进入了涅槃之境时，我们的行为没有留下痕迹，我们与欲轮保持着距离，已被从欲轮中抽离。但问题就出在这里：如果适度行善（即佛教修行开始时执守的基本道德）能够帮助我们摆脱过度的贪恋，那这岂不是说，一旦进入涅槃之境，我们就能做出残忍的行为，而不留下任何痕迹，因为我们在做出这种行为时与之保持着距离？能够做出残忍的行为，这种能力岂不正已经成为真正菩萨的标志？

　　古典佛教文本中提供的答案前后不一，充满矛盾。小乘佛教的权威文本《弥兰陀王问经》（*Milindapanha*）认为，应该把惩罚性暴力视为受害者自身的业果："如果一个强盗罪在不赦，那他就理应被处决。……使强盗死于非命的，正是他的'业'。……国王只是促进了这个过程而已。……从这个角度看，即使死刑也是有益的。受害者解除了'业'的重负，因而受益良多。"因此，命令执行死刑的国王也只是"业果的自动分发器"（dispenser of karmic outcomes）而已。这道理适用于酷刑："不会导致永久肉体伤害的、充满慈悲情怀的酷刑，或许会对受害者的性格产生有益的影响。"[1] 和充当纯粹的"历史必然性之工具"的某些信仰者一样，在这里，菩萨只是某种隐没的调停者，只是"业果的自动分发器"，只是根据我们犯下的罪行，实现"业"的惩罚必然性（karmic necessity of punishment）而已。菩萨采取的是"成为大对体的工具"这一反常的立场，把承担责任和制定决策的负担推到了受害者身上："我这样做，可不是图什么，我只是客观必然性的传送器，所以要避免犯下这些罪业的，必须是你自己。"

这个推理可能要由三个潜在逻辑中的一个来维持。根据第一个逻辑，菩萨认为一切皆空，因而他知道，他的行为并非犯罪，因为没有什么东西可被杀死："如果任何活物都只是幻象或梦幻，那杀死他们也是罪过吗？如果把他们视为活物，那杀死他们当然是罪过。如果不把他们'视'为活物，那就没有任何活物可供杀害。这就如同某人在梦中杀人一样，待他一觉醒来，绝对不会闻到血腥之气。"[2] 根据第二个逻辑，因为菩萨已经成功地摆脱了因果轮回，他的行为不再产生"业"的后果，因此他可以做任何他想做的事情。根据第三个逻辑，和所有的人一样，菩萨的行为也会产生"业"的后果，但他的所作所为全都出于慈悲之怀，他"可能会做通常被禁止或不吉利的事情，包括杀生，但只要做这些事情还是出于慈悲之怀，那他就依然在积累功德"[3]。如果杀害生灵或施以酷刑是出于慈悲之怀，那做出这种行为不仅不会引发恶报，还有可能增强善业。也就是说，根据这一推理路线的更加激进

1  Michael Jerryson and Mark Juergensmeyer, *Buddhist Warfare*, Oxford: Oxford University Press 2010, p. 65.
2  Ibid., p. 56–57.
3  Ibid., p. 68.

的版本，菩萨杀害生灵和施以酷刑是至高无上的自我牺牲行为。

> 这允许菩萨踊跃地杀害小偷或强盗。……如此一来，要下地狱的不是罪犯，而是菩萨。……菩萨取代了他人，代他人受过。……菩萨杀手（bodhisattva killer）慈悲为怀，使他的受害者摆脱了他犯下的滔天大罪带来的业果，实现了这样的愿望：应该生在地狱的是他，而非罪犯。不过……以这种意图杀生所造成的结果，远远不是下地狱，实际上，菩萨无可指责，他积了大德。……菩萨越是想下地狱，菩萨就越是不会下地狱。[1]

最后的逆转包含的粗暴性，想视而不见甚是困难：在我以杀止杀[2]时，我阻止了潜在的谋杀。也就是说，犯下罪过的，增加了恶业（bad karma）的，是我而不是他。不过，因为犯下这一罪过的目的是拯救潜在的谋杀者，使他免于堕入地狱，所以我不会因为我的行为而遭受恶业的惩罚。事实上，我的善业（good karma）还会因之受益。

我们在这里得到了有关借来的壶[3]的那个悖论的另一个实例。我可以杀生而不积恶业，因为：1. 无生可杀，四大皆空；2. 存在着现实和活物，但是，如果我作为菩萨而杀生，我就不会陷于"业"的循环[4]；3. 存在着现实，我也有"业"，但是，如果出于慈悲心怀而杀生，那杀生反而提高了我的善业。这一歧义的另一个方面是当代佛教徒面对的难题：一边是通过艰苦劳作——训练和冥思——获得的佛教觉悟，一边是通过化学方法——"觉悟药片"——派生出来的觉悟，如何把这两者区分开来？在这个问题上，欧文·弗拉纳根（Owen Flanagan）提出了"规范性免责条款"（normative exclusion clause）："凡通过灵丹或借助虚假信

---

1 Michael Jerryson and Mark Juergensmeyer, *Buddhist Warfare*, Oxford: Oxford University Press 2010, p. 69.
2 "以杀止杀"中的两个"杀"在英文中有明显的区别：前面的"杀"指杀人（kill），强调的是结果，即"杀死"或"弄死"；后面的"杀"指谋杀（murder），强调的是预谋和意图。——译者注
3 参见齐泽克，《伊拉克：借来的壶》，涂险峰译，生活·读书·新知三联书店，2008 年。——译者注
4 "'业'的循环"，即因果循环。——译者注

仰而获得的幸福均不算数，因为所谓的幸福之人必须培育自己的美德和幸福；来自幻觉的幸福状态，本不应得。"[1] 不过，这个条款显然是外部的规范手段，现在需要的是内在的标准。换言之，"不应得"的觉悟依然是觉悟。此外，一旦我们知道可以通过化学方法觉悟，我们是否必须接受下列看法：所有的觉悟都是以化学过程为根基的，因为我们在冥思时，我们的大脑一直都在经历化学过程？所以，应得的觉悟和不应得的觉悟真的没有什么区别。在这两种情形下，内在过程都是化学过程。……这就像两人通过考试一决高低，一人孜孜不倦，刻苦用功，一人服药一粒，能力大大提升，如果后者胜出，这是否意味着，前者也经历了同样的化学过程？

　　但是，如果把黑格尔的教理应用于此呢？根据黑格尔的教理，事物的同一性（identity）是通过蕴含在该同一性中的否定（negations）来调停 / 构成的。也就是说，事物的同一性是通过"该物所不是之物"（what this thing is not）来调停 / 构成的。如果把黑格尔的这一教理应用于此，难道我们不能说，虽然它们都是觉悟，但毕竟并不相同？一种觉悟（如"化学"觉悟）就像没有牛奶的咖啡，另一种觉悟（如"冥思"觉悟）就像没有奶油的咖啡，如此一来，尽管就其积极特征而论，它们毫无二致，但就"其所不是之物"（what they are not）而言，它们并不相同。也就是说，就它们在通往觉悟的道路上，非觉悟的存在（non-enlightened existence）被忽视或被克服的方式而论，它们并不相同。[2] 不过，这个反论忽略了关键的一点：一旦"化学"觉悟与"冥思"觉悟之间的现象性差异（phenomenal difference）消失，单就其因果关系而论，它们会变成同一种觉悟。也就是说，在冥思时，我们在大脑中启运的化学过程，与通过直接的化学干预启动的过程完全相同。

---

1　Owen Flanagan, *The Boddhisattva's Brain: Buddhism Naturalized*, Cambridge, MA: MIT Press 2011, p. 186.

2　这个想法由本杰明·井上健（Benjamin Inouye）提供，它来自我们之间的私下交流。

## 为什么我们要娶玩偶

回到刘别谦那里。即使认可跌落，也不足以完全概括所谓的"刘别谦触觉"[1]的全貌。我们还必须添加一个可以在其《爱情无计》（*Design for Living*，1933）中最显眼的特征。《爱情无计》是根据诺埃尔·科沃德（Noël Coward）的同名戏剧改编的。其实，刘别谦一年前拍摄的一部影片的标题"天堂里的烦恼"更适合在《爱情无计》中讲述的故事。商业艺术家吉尔达·法雷尔（Gilda Farrell）为广告营销专员马克斯·普朗科特（Max Plunkett）工作，马克斯一直想引诱她，没有得手。在去巴黎的火车上，她遇见了艺术家乔治·柯蒂斯（George Curtis）和剧作家托马斯·钱伯斯（Thomas Chambers）。这两位老兄是美国人，同住一套公寓。他们全都对吉尔达一见钟情。因为无法在两人之间做出选择，吉尔达提议，她以朋友、缪斯（muse）和批评家的身份，与他们生活在一起，前提是不得发生肉体关系。不过，汤姆[2]后来去了伦敦，检查他创作的戏剧在那里的演出情况。趁此机会，吉尔达和乔治开始情意绵绵起来。回到巴黎后，汤姆发现乔治正在尼斯（Nice）画一幅肖像画，于是不失时机地引诱吉尔达。后来三人重逢，吉尔达命令两人离去，同时决定与纽约的马克斯结为连理，以防止汤姆和乔治势不两立。不过，在收到汤姆和乔治送给她的作为结婚礼物的盆景后，她心烦意乱，无法与马克斯成婚。马克斯在纽约为自己的广告客户举办晚会时，汤姆和乔治不期而至，并躲进了吉尔达的卧室。马克斯看到他们三人躺在床上欢声笑语，命令汤姆和乔治离开。在随后发生的争吵中，吉尔达宣布，她要离开自己的丈夫。她、汤姆和乔治决定重返巴黎，重新开始以前的三人同居生活（*ménage à trois*）。

那么，在这个快乐的三人同居生活的天堂里出现的烦恼是什么？是一夫一妻制的婚姻（它使称心如意、天真无邪的男女杂交具有了堕落

---

1　"刘别谦触觉"（Lubitsch touch），一般译为"刘别谦式触动"或"刘别谦笔触"。——译者注
2　"汤姆"（Tom），托马斯（Thomas）的昵称。

之维，具有了律法和违反律法之维），还是两个男人充满竞争的忌妒（它打破了相安无事的宁静，迫使吉尔达以结婚为托词逃之夭夭）？这部电影的结论是"宁要天堂里的烦恼，也不要婚姻这个地狱里的快乐"吗？无论答案为何，结果是重返天堂。如此一来，可以模仿 G. K. 切斯特顿说过的话，把这部电影的结局概括如下：婚姻本身是最轰动的反叛，最浪漫的造反。……一对夫妻宣读他们的结婚誓言，面对来自滥交快感（promiscuous pleasure）的多重诱惑，感到孤独，也表现出傻乎乎的勇敢。这肯定可以用来使我们记住，婚姻才是具有原创性和富有诗意的角色，那些拈花惹草之人，那些放浪形骸之士，不过是些温和、古老、顶天立地的保守派，愉快地生活在滥交的猿猴和豺狼对他们的无法追忆的尊敬中。结婚誓言是以下列事实为根基的：婚姻是最黑暗和最大胆的阴谋。[1]

1916 年，伊涅萨·阿曼德（Inessa Armand）在给列宁的信中写道，即使稍纵即逝的激情也比没有爱情的男女之间的亲吻更有诗意，更加纯洁。列宁回信说："没有爱情的粗俗配偶之间的亲吻是污秽的。这个我同意。但用什么……与这些需要相对比？……似乎是，要用爱情和接吻相对比。但你用'稍纵即逝（为什么稍纵即逝）的激情（为什么不是爱情）'与接吻相对比，从逻辑上讲，你似乎在用没有爱情的亲吻（稍纵即逝）与没有爱情的婚姻之吻（marital kisses）相对比。……这很奇怪。"[2] 这样的回复通常被视为证明下列事实的证据而一笔勾销：在性的问题上，他依然受其小资产阶级思想的制约，而且这制约是由他对以往情事的痛苦记忆维持的。但这里面还包含着更深刻的道理，即包含着这样的洞识："没有爱情的婚姻之吻"与婚外"稍纵即逝的私情"（fleeting affair）是同一枚硬币的两面。它们全都在逃避，不把下列两者结合起来：一者是无条件的激情依附这一实在界（the Real of an unconditional passionate attachment），一者是符号性公告之形式（form of symbolic proclamation）。有关婚姻的标准的意识形态有一个隐含的前提（或者说指令），那便是，婚姻之内不应该有爱情存在：人们结婚，目的在于消

---

1　Cf. G. K. Chesterton, "A Defense of Detective Stories," in H. Haycraft, ed., *The Art of the Mystery Story*, New York: The Universal Library 1946, p. 6.

2　引自 Robert Service, *Lenin*, London: Macmillan 2000, p. 232。

解过度的激情依附（excessive passionate attachment），在于以无聊乏味的日常习俗取代过度的激情依附（如果人无法抗拒激情的诱惑，总是存在着婚外恋，可供选择……）。

在自己的职业生涯刚刚起步时，刘别谦就清醒地意识到，"天堂里的烦恼"这个概括会引发这些错综复杂的问题。在他的第一部杰作《玩偶》[1] 中，尚特里尔男爵（Baron of Chanterelle）要求他的侄子蓝斯洛（Lancelot）结婚，以便传宗接代和后继有人。但蓝斯洛是个反复无常和性格柔弱的人，根本不想结婚。他的叔叔给他带来四十个热情的新娘，他却躲进了一家修道院，与一帮修道士厮混。馋嘴的修道士们听说，只要蓝斯洛结婚，他就会得到一笔奖金，于是他们制定了一个计划：蓝斯洛不想娶个有血有肉的"醒醒"女人，但他可以娶个玩偶。玩具制造商希拉利乌斯（Hilarius）还真的制造了个玩偶，不过玩偶的胳膊被人不小心折断了，于是这群修士说服了希拉利乌斯的女儿奥西（Ossi），让她代替玩偶，装成是人造之物。婚礼很成功，奥西的表演也是滴水不漏，蓝斯洛从男爵那里得到了男爵答应给他的金钱，与他的新娘一道返回了修道院。他在自己的小屋里睡着了，梦见奥西是个活人，而不是玩偶。他醒来后，奥西告诉他，她真是个大活人，但蓝斯洛并不相信。她看见一只老鼠，吓得大叫起来。直到这时，他才相信她所言不虚。他们迅速逃离了修道院，来到了河岸上，在那里激情澎湃地拥抱和接吻。与此同时，希拉利乌斯在拼命地寻找自己的女儿，因为找不到女儿，他愁白了头发。他最终找到了他们，他们向他出示了结婚的证明——他们再次结婚了，不过这一次是作为真人，正正当当地结为连理的。知道了这一切后，希拉利乌斯不再发愁，他的头发也从白变黑……出乎意料的是，我们在这里看到了再次结婚的母题，而这个母题构成了好莱坞后来的混球喜剧[2] 的特征：第一次婚姻是没有真正爱情的婚姻，娶的是个玩偶，婚姻是投机性的婚姻，只有第二次婚姻才有真正的爱情可言。

电影开始时，我们看到刘别谦站在电影故事场景的微缩模型的后

---

1　《玩偶》（*The Doll*），一般译为《真人玩偶》。——译者注

2　"混球喜剧"（screwball comedies），一般译为"脱线喜剧"或"神经喜剧"。——译者注

面，打开玩具箱，先把一个楔形的乡村风景画放在桌子上，然后在风景画上添加小棚屋、树木、白色背景板和一个小长椅。在把一对木偶放进房子后，刘别谦第一次把镜头切至全尺度的玩具复制品，让两个人物走出那个小棚屋。这种人工性构成了电影整个场景的设计和服装的特征：树木是用纸做的，月亮是从纸上剪下来的，用盖着黑床单的两个人代替一匹马，等等。因此，刘别谦把电影直接展示为他亲自操纵的结果，把电影的人类主体性（human subject）化约为无生命的客体（玩偶），把他自己设置为木偶的主宰，控制着他的演员——牵线木偶。不过，在这里，我们应该避免跌进陷阱，做简单的人本主义的解读，即把下列两者对立起来：一者是作为纯粹玩偶的女性，机械地服从男人随心所欲地发出的指令；一者是"真正"充满活力的女性。作为一种主体立场（subjective stance），木偶（puppet）——或者更确切些说，牵线木偶（marionette）——代表着什么？在这个问题上，我们可以求助于海因里希·冯·克莱斯特写于1810年的《论木偶戏》（*Über das Marionettentheater*）。[1] 就他与康德哲学的关系而论，这部著作至关重要。我们知道，因为阅读康德的著作，克莱斯特陷入了万劫不复的精神危机。在康德的著作中，我们能在什么地方找到"牵线木偶"一词？在他的《实践理性批判》中一个题为"试论人的认知机能对其实践天命的机智适应"[2]的神秘分章（subchapter）中。在那里，康德致力于回答下列问题：如果我们获准进入本体领域（noumenal domain），进入自在之物（*Ding an sich*），会发生什么事情？

> 不断地呈现在我们眼前的，不是斗争（斗争是道德意向不得不与天然爱好展开的，而且几经失败之后，心灵的道德力量或许会逐渐占据上风），而是以其可怕的威严出现的上帝与永恒。……因此，服从法律的绝大多数行动会是出于恐惧做出的，少数行动是出于希

---

1　Reprinted in Vol. 5 of *Heinrich von Kleist.* dtv Gesamtausgabe, Munich: dtv 1969.

2　"试论人的认知机能对其实践天命的机智适应"，英文为"Of the Wise Adaptation of Man's Cognitive Faculties to his Practical Vocation"，有中文版把它译为"人类认知能力与人类实践决定的明慧比配"。参见康德，《实践理性批判》，韩水法译，商务印书馆，1999年，第159页。——译者注

望做出的，没有一项行动是出于义务做出的。行动的道德价值（在至高智慧的眼中，人乃至世界的价值只取决于行动的道德价值）根本就不会存在。只要人的天性依然像现在这样，人的行为就会变成纯粹的机械行为。在这里，和在木偶剧中一样，一切都是比比画画，人物形象没有任何生命可言。[1]

所以，在康德看来，直接进入本体界会剥夺我们的"自发性"，而"自发性"构成了超验自由的内核：它将把我们变成无生命的自动人偶（lifeless automata），或用现在的话说，变成"会思考的机器"（thinking machine）。克莱斯特只是展示了这一恐怖结果的正面：牵线木偶的快乐和优越，那些直接进入本体的、神圣的维度（noumenal divine dimension）的生灵的快乐和优雅，那些直接被这一维度引导的生物的快乐和优雅。在克莱斯特看来，牵线木偶展示了自发的、无意识的动作的完美无瑕：它们只有一个重心，它们的动作只由一个点控制。操纵木偶的人只控制这个点，在他以简单的直线形式移动这个点时，牵线木偶的四肢会必然和自然地随之而动，因为牵线木偶得到了完美的协调。因此，牵线木偶是纯真质朴的天性这一存在的象征[2]：牵线木偶自然和优雅地与神圣指引（divine guidance）相呼应，这与常人恰成对比，因为常人不得不与自己根深蒂固的作恶脾性（propensity to Evil）长期斗争，这是常人为获得的自由必须付出的代价。这种优雅是由牵线木偶显而易见的失重凸显出来的：它们几乎不接触地面，不受地球的约束，

---

1  Immanuel Kant, *Critique of Practical Reason* (New York, Macmillan, 1956), pp. 152-153.—— 作者注。参见中文版："但是，道德意向现在不得不与禀好斗争，在这场斗争中几经失败之后，心灵的道德力量就会逐渐养成，上帝和永恒就会以它们令人生畏的威严取代这种斗争而持续不断地立在我们眼前。……在这种情况下，大多数合乎法则的行为就会因恐惧而发生，仅有少数合乎法则的行为会因希望而发生，而根本没有合乎法则的行为会因职责而发生；可是，在至上智慧眼中唯一维系个人价值乃至世界价值的行为的道德价值，就根本不会实存了。只要人类的本性维持它现在的所是，那么人类的举止就会变成单纯的机械作用，在那里就如在傀儡戏里一样，一切表演得惟妙惟肖，但是在人物形象里面不会遇见任何生命。"康德，《实践理性批判》，韩水法译，商务印书馆，1999年，第160-161页。——译者注

2  "牵线木偶是纯真质朴的天性这一存在的象征"，原文是 "Marionettes thus symbolize beings of an innocent, pristine nature"，它包含两层意思：（1）牵线木偶象征着纯真质朴的天性；（2）纯真质朴的天性本身也是存在（beings）。——译者注

因为牵动它们的力量来自上方。它们代表着一种优雅的状态（a state of grace），代表着人类已经失去的天堂。人类刻意"自由"地自作主张，这使人类因为在意他人的看法而局促不安。舞蹈演员以实例证明了人类的这一堕落状态：牵动他的力量并不来自上方，这使他觉得自己受到了地球的束缚，但他又必须做出失重的样子，以便轻松自在地完成表演。他必须刻意显得优雅，正是这个缘故，他的舞蹈取得的效果是做作而不是优雅。人的悖论就在于此：他既不是完全沉浸于自己的尘世环境的动物，也不是优雅地飘浮于空中的天使般的牵线木偶，而是一种自由的存在（a free being）。正是由于这种自由，他感受到了无法承受的压力，而这种压力既吸引他，又把他束缚于归根结底他并不属于的地球。我们应该依据这种悲剧性的分裂，解读克莱斯特的戏剧《海尔布隆的凯蒂欣》（*Das Kätchen von Heilbronn*）中的凯蒂欣。凯蒂欣是童话般的女性形象，她以天使般的平静徜徉于天地之间：就像牵线木偶，引导她的力量来自上方，她只是通过服从来自内心的自发主张（spontaneous assertions），就度过了辉煌的一生，应验了自己的命运。可以以此为背景，重新审视刘别谦的"天堂里的烦恼"这一母题：

> 刘别谦的喜剧客体（comic object）的本质是什么？可以从埃米尔·齐奥朗（Emile Cioran）的一则格言中寻找些许蛛丝马迹："我憧憬 C 的生活。对他而言，在咖啡馆喝咖啡是活着唯一的理由。有一天，我向他雄辩地吹嘘佛教，他说：'这个嘛，是啊，涅槃，不错，不过，没有咖啡馆是不行的。'"在齐奥朗的同事看来，咖啡馆是个"棘手的客体"（troublesome object），它既打破了天堂的祥和，又通过打破天堂的祥和，使得天堂变得可以忍受。我们可以重申，"这个嘛，是啊，天堂很美妙，但有个前提条件：要有把天堂弄得一团糟的怪异细节"。这似乎也是刘别谦的潜台词：天堂里的麻烦也是天堂本身的麻烦，不平衡和不和谐正是欲望的灵魂，如此一来，欲望的客体是体现了这种动荡的事物，而不是给它添加"幸

福结局"的事物。[1]

尽管如此，我们还是应该把这个总体看法（有关怪异细节的总体看法，怪异细节打破了和谐的秩序，而和谐秩序是欲望的成因）向前推进一步：天堂里真正的麻烦正是从作为玩偶特征的优雅状态堕入充满致命激情的普通的人类生活。换言之，从玩偶走向真实的女性是堕落，而不是长大成人，变得成熟。因此，关键在于，女性不要为了男人扮演愚蠢、性感的玩偶角色，而要表现得像个真实的女性。在一段时间内扮演玩偶的角色是必要的，因为只有以扮演这一角色为背景，也就是说，只有从这个角色那里开始堕落，"真实"的女性才会脱颖而出。

难怪《玩偶》与《沙人》[2]相互呼应。《沙人》是霍夫曼[3]最著名的故事之一。在那里，一个诗人爱上了一个美人，结果那个美人却是个玩偶。三个最著名的故事（雅克·奥芬巴赫[4]在其歌剧中把它们撮合在一起）凸显的，正是性关系失败的三个主要模式。那里面的女人要么被证明是机械玩偶（奥林匹娅），要么宁要事业不要爱情，并死于事业（安东尼娅），要么只是一个淫荡成性的骗子（朱莉叶塔）。（正如奥芬巴赫的歌剧表明的那样，所有这三种冒险性格都是霍夫曼幻想出来的，是他推迟或避免与真爱相遇的三种方式。）

---

1 Aaron Schuster, "Comedy in Times of Austerity," in Novak et al., eds., *Lubitsch Can't Wait*, pp. 27–28.

2 《沙人》（"The Sandman"），又译《睡魔》。——译者注

3 霍夫曼（E. T. A. Hoffman），德国作家、法学家、作曲家、音乐评论人。其文学作品多采取自由联想、内心独白等技巧，具有夸张变形、荒诞离奇等特征，为后人提供了灵感。雅克·奥芬巴赫的《霍夫曼的故事》以及舒曼著名钢琴曲《克莱斯勒偶记》，都取材于霍夫曼的作品。——译者注

4 雅克·奥芬巴赫（Jacques Offenbach），出生于德国的法国作曲家，代表作为歌剧《霍夫曼的故事》（*The Tales of Hoffmann*）。在这部歌剧中，诗人霍夫曼在酒馆里借酒浇愁，在学生们的催促下，他说自己为情所困，并讲述了他与三个女人的爱情故事。三个女人分别是奥林匹娅（Olympia）、安东尼娅（Antonia）和朱莉叶塔（Giulietta）。她们都是诗人喜欢的女歌唱家史苔拉（Stella）的变身。——译者注

## 天堂里的烦恼到底在哪里

这把我们带回到《天堂里的烦恼》。它是刘别谦第一部当之无愧的杰作，而且我们永远不应忘记，它还是刘别谦的政治三部曲的第一部：

> 如果说《妮诺契卡》事关共产主义，《你逃我也逃》事关法西斯主义，那么《天堂里的烦恼》则是对有史以来最严重的经济危机——大萧条——所做的喜剧性处理。这三部影片在刘别谦的全部作品中最具有社会意识，构成了某种三部曲。它们处理的是资本主义危机，以及解决这一危机的两个历史性方案。[1]

总体而言，刘别谦与这个社会批判话题保持距离，只把这个话题当成喜剧的背景。我们是否要对此予以谴责？倘若这样做，我们会错过同样在普莱斯顿·斯特奇斯（Preston Sturges）的作品中表现出来的那个维度。斯特奇斯的《苏利文的旅行》（*Sullivan's Travels*）讲述了这样一个故事：约翰·苏利文（John Sullivan）是好莱坞当红的年轻导演，拍过一系列获利甚丰却浅薄可笑的喜剧片。因为不满于自己当时的作品，他决定，他要拍一部片子，严肃地探索受压迫者陷入的苦境这一问题。于是他把自己装扮成身无分文、四处流浪的失业工人，毅然上路。因为形势混乱，他错误地被人当成了罪犯，且被判有期徒刑六年，关进了劳改营。他在那里了解了笑声对于他的狱友们的重要性：倘若没有笑声，他们的生活会极其沉闷乏味。他是在这些犯人获准观看迪士尼摄制的影片《顽皮的布鲁托》（*Playful Pluto*）时明白这一点的。苏利文意识到，与受人尊敬的社会片相比，喜剧片对于这些穷人更为有益。所以在混乱消解之后，他被释放。他决定继续拍摄浅薄可笑的喜剧片。影片是以一个蒙太奇结束的：一张张的笑脸，对着他的新作品……当然可以这样解读

---

1  Aaron Schuster, "Comedy in Times of Austerity," in Novak et al., eds., *Lubitsch Can't Wait*, p. 29.

《苏利文的旅行》：它提倡盲目地逃避现实，它对积极介入社会的艺术（socially engaged art）的徒然的自命不凡大肆抨击。不过，如此解读所遗漏的是，这部影片本身就是一个叙事行为，也就是说，它直接展示了无家可归的漂泊者、出身卑微的囚犯们的悲惨处境和绝望之情。如果一味着眼于这部影片有意传达的信息，就会不得要领。这道理同样适用于下列行为：把刘别谦的三部曲视为纯粹的逃避主义喜剧片而嗤之以鼻。

在《天堂里的烦恼》中，我们在出现片头字幕时听到的那首歌的歌词为必将发生的"烦恼"提供了定义。伴随着那首歌出现的，是这样的画面：我们首先看到"天堂里的"这几个字，然后在它们下面，出现了一张双人床，之后在双人床的上方，出现了"烦恼"两个大字。由此可见，"天堂"指完整的性关系这一天堂："那是天堂／玉臂相交唇相吻／要是缺少了什么／那意味着／天堂里的烦恼。"用一种直接得近乎残酷的方式说，"天堂里的烦恼"是刘别谦为"根本不存在性关系"这个事实所取的别名。或许这使我们回到了"刘别谦触觉"所代表的最基本的东西：以极为新颖独特的方式展示性关系的失败。也就是说，不是把"根本不存在性关系"这个事实解读为创伤性的障碍（traumatic obstacle），由于存在这一障碍，每次男欢女爱都不得不以某种悲剧性的失败告终；而是把这一障碍转化为喜剧的资源，让它充当可被逃避、暗指、戏耍、利用、操纵、嘲弄之物，简言之，让它充当性化之物（something sexualized）。在这里，性是有待开发的资源，它是靠它最终的失败蓬勃发展的。

那么，天堂里的烦恼到底在哪里呢？通达的批评家们已经注意到，围绕着这个关键点，存在着根本性和不可化约的含混性，这种含混性还回荡在《爱情无计》之中。面对这个问题，我们心中冒出来的第一个答案是，尽管加斯顿（Gaston）喜欢莉莉（Lily）以及玛丽埃特（Mariette），但真正的"天堂般"的性关系应该出现在加斯顿与玛丽埃特之间。这也正是性关系必须停留在不可能／未实现（impossible/unfulfilled）的状态的原因。这种未实现（unfulfilled），为电影的结局赋予了少许的忧郁色彩：所有的欢声笑语和兴高采烈，对加斯顿和莉莉的伴侣关系的所有欢快展示（他们当时正在交换赃物），都只是填补了忧郁这个空白而已。刘别谦再次拍摄了玛丽埃特房间中那个空空大大的双人床，不免令人想起电影开场出现字幕时拍摄的那个空床的镜头。他这样做，岂不是与那些通达的批评家英雄所见略同？如何看待加斯顿与玛丽埃特的痛彻肺腑的浪漫对话（"这本应该是壮丽的。""可爱的。""神圣的……"）呢？把这个分手场景流露出来的过度的浪漫感伤解读为戏仿，解读为片中人物像演员那样直接表演，那样背诵他们事前准备的台词，是再容易不过的事情了。毫无疑问，这个场景中存在着反讽的距离[1]，但它是真正的莫扎特式的反讽：隐藏反讽的距离的，不是过度的浪漫激情。隐藏那一场景的绝对严肃性的，正是反讽的距离本身这个表象（appearance of ironic distance itself），正是对这个令人感伤的场景所做的潮弄。简言之，这对（将来有可能走到一起的）恋人是在假装演戏，以模糊处理他们的激情这一实在界（the Real of their passion）。

不过，还存在着做与此截然相反的解读的可能性：

> 会不会是这样的：天堂其实是加斯顿与莉莉这两个相互照应的时髦小偷的可耻恋情，而烦恼则是崇高的雕像一般的玛丽埃特？会不会是这样的：说起来有些迷人的反讽意味，玛丽埃特是那条引诱加斯顿离开他那充满喜悦而又罪孽深重的伊甸园的蛇？……天堂，即美好的生活，是充满了刺激和风险的犯罪生活，而邪恶的诱惑则以克莱夫人（Madame Colette）的名义出现，她的财富带来了这样的希望：无需货真价实的犯罪的胆量或诡计，只需受人尊敬的阶级具有的单调的虚伪，即可过上悠闲的甜蜜生活（*dolce vita*）。[2]

---

1    "反讽的距离"（ironic distance），实即讽刺的意味，但它已经成为非常重要的哲学和文学批评术语，而且在不同的语境中多次出现。为了确保其严肃性和统一性，只能做如此拙劣的直译。——译者注

2    Aaron Schuster, "Comedy in Times of Austerity," in Novak et al., eds., *Lubitsch Can't Wait*, p. 28.

　　这种解读的美妙之处在于，天堂般的纯洁被锁定于充满刺激和富有活力的犯罪生活，伊甸园被等同这种生活，呼唤尊重上流社会则被等同蛇的诱惑。不过，加斯顿发自内心、不加掩饰的大发雷霆，可以轻而易举地说明出现这个悖论性逆转的原因。这是加斯顿在影片中第一次发怒，也是他唯一一次发怒，表现得既不优雅，也无反讽的距离。当时，他告诉玛丽埃特，多年以来，她公司的董事长有计划有步骤地从她那里偷走了数百万美金，但她拒绝报警，这令加斯顿忍无可忍。加斯顿对她的指责是，像他这样的小毛贼，不过从她那里偷了些微不足道的物品，她立即准备报警，与此同时，来自她自己那个受人尊敬的阶级的人偷走了数百万美元，她却打算睁一只眼闭一只眼。加斯顿的抱怨岂不诠释了布莱希特提出的那个著名问题："与建一家银行相比，抢一家银行又何足挂齿？"[1] 与通过令人费解的资产运营而盗窃数百万美元的行为相比，加斯顿和莉莉的直接动手抢劫又何足道哉？

　　不过，这里还有另外一个方面，值得注意：加斯顿和莉莉的犯罪生活真的"充满了刺激和风险"吗？

　　　　在表面的刺激和风险之下，他们不是典型的资产阶级夫妻，不是有着昂贵嗜好的就业业的专业人士，即后来才有的雅皮士（yuppies）。另外，加斯顿和玛丽埃特是真正浪漫的一对，是敢于冒险也能承担风险的恋人。加斯顿重新回到莉莉那里，过上无法无天的日子，做得很明智——回到自己的"驻地"，选择自己了如指掌的平庸生活。他在这样做时充满悔意，这表现在他与玛丽埃特最后进行的依依不舍的对话中，那时双方都充满了懊恼和雅致的热忱。[2]

　　这把我们带回到切斯特顿那里，带回到已经提到的那段文字，即来

---

1　此语出自布莱希特的著名歌剧《三便士歌剧》（Three penny Opera）。
2　James Harvey, *Romantic Comedy in Hollywood: From Lubitsch to Sturges*, New York: Da Capo 1987, p. 56.

自他著名的《为侦探小说辩护》的那段文字。在那篇文章中，他注意
到，侦探故事在某种程度上提醒我们时时想到下列事实：文明本身是最
轰动的反叛，最浪漫的造反。

> 警察传奇中的侦探单枪匹马地出现在窃贼的厨房里，面对刀子
> 和拳头表现出傻乎乎的勇敢。这肯定可以用来使我们记住，真正具
> 有原创性和富有诗意的人物，正是这位社会正义的代表。那些入室
> 的窃贼和拦路的强盗，不过是些温和、古老、顶天立地的保守派，
> 愉快地生活在猿猴和豺狼对他们的无法追忆的尊敬中。[警察的浪
> 漫故事] ……是以下列事实为根基的：道德是最黑暗和最大胆的
> 阴谋。[1]

这岂不也是对加斯顿和莉莉的最佳描述？这两个毛贼不就是"温
和、古老、顶天立地的保守派，愉快地生活在猿猴和豺狼对他们的无法
追忆的尊敬中"，即生活在尚未堕入伦理激情（ethical passion）之前的
天堂中吗？这里至关重要的是犯罪（盗窃）与性滥交的相似性：如果在
我们这个奉命逾越（ordained transgression）的后现代世界里，在我们这
个把婚姻承诺视为荒谬的落伍之物的后现代世界里，那些奉公守法、信
守承诺的人是真正的颠覆分子，情形会怎样？如果今天的异性恋婚姻是
"最黑暗和最大胆的逾越"，情形会怎样？如同我们已经看到的那样，这
正是刘别谦的《爱情无计》的潜在前提：一个女人和两个男人过着宁静
祥和和心满意足的生活；她想和另一个男人结婚，做个危险的试验；结
果实验惨败，她重新与那两个男人生活在一起，过着安适如常的日子。
过三人同居生活的人就是"温和、古老、顶天立地的保守派，愉快地生
活在猿猴和豺狼对他们的无法追忆的尊敬中"。与此完全相同的事情发
生在《天堂里的烦恼》中。在那里，真正的诱惑是加斯顿与玛丽埃特的

---

1 G.K. Chesterton, "A Defense of Detective Stories," in H. Haycraft, ed., *The Art of the Mystery Story*, New York: The Universal Library 1946, p. 6.

受人尊重的联姻。[1]

刘别谦对于婚姻悖论的敏锐感受在《你逃我也逃》中同样清晰可辨。在《你逃我也逃》中，玛丽亚·土拉（Maria Tura）和约瑟夫·土拉（Joseph Tura）的婚姻包含着一种极其独特之物：不能说，尽管玛丽亚数度红杏出墙，他们的婚姻依然坚如磐石；而要说，正是因为玛丽亚一贯水性杨花，他们的婚姻才安如泰山。也就是说，正是她对婚姻的不忠，确保了他们的婚姻历经沧桑而不衰。在这里，这对夫妻之间还有着一种美妙的对立：玛丽亚以其实际行动欺骗约瑟夫，约瑟夫对玛丽亚的欺骗则更为微妙精致，因为虽然他没有与其他女人同床共枕，却玩起了复杂的化妆游戏（game of masking），把自己置于特殊的符号性位置，成了自己妻子的婚外情人。在影片的中间部分，波兰卖国贼和德国间谍塞勒茨基教授（Professor Siletsky）试图勾引玛丽亚，但在一系列的阴差阳错之后，他的位置被约瑟夫本人取而代之。现在，约瑟夫成了他太太的潜在情人。这个喜剧版的思辨性"对立的同一"是深刻的基督教性的：借助基督的形象，上帝反叛了自己；与此如出一辙，货真价实的丈夫必须扮演自己妻子的非法情人。难道刘别谦没有以一个粗暴的细节暗示这两者间的离奇相似？这对夫妻的名字——玛丽亚和约瑟夫——不是与基督父母的名字完全相同吗？[2] 我们不是可以猜测，在基督的父母那里，同样存在着某种欺骗？也就是说，假定我们放弃了灵圣怀胎的假说（hypothesis of immaculate conception），那岂不显而易见，马利亚必须有

---

1　艾伦·舒斯特（Aaron Schuster）指出，《天堂里的烦恼》有希区柯克式的客体，它就是玛丽埃特的钱包。钱包经过三个主要人物（玛利埃特、加斯顿、莉莉）之手，体现了三个主体之间存在的张力和失衡，因而类似于爱伦·坡笔下的被窃的信件（"Comedy in Times of Austerity"，p. 37）。不过，在爱伦·坡和希区柯克的作品中，信件最终抵达了自己的目的地，去了它应该去的地方。比如，在《火车怪客》（*Strangers on a Train*）的结尾处，盖伊（Guy）取回了自己的打火机。与爱伦·坡和希区柯克的作品不同，在《天堂里的烦恼》中，客体没有回到它的合法拥有者那里（再次被莉莉偷走）。如果我们认为这是证明刘别谦自有其颠覆之维（subversive dimension）的证据，认为这表明刘别谦拒不接受叙事大团圆（大团圆是在客体重新回到它理应回到的位置时形成的），会掉以轻心。相反，我们应该冒险走出貌似幼稚的一步，把钱包没有回到它理应回到的位置这个事实解读为令人忧郁的提示和残余，即丧失之提示和残余（reminder and remainder of a loss）。这种丧失在影片结尾的欢快气氛中挥之不去。

2　虽然在西文里完全相同，但在中文世界，基督父母的名字一般译为"约瑟"和"马利亚"。
——译者注

非法情人，才能使她受孕？这个非法情人不就是《你逃我也逃》中的玛丽亚的情人——那个波兰飞行员——的圣经版吗？

然而，《天堂里的烦恼》还有更复杂的问题。我们应该永远记住，第一印象是不骗人的，尽管无数的谚语和慧语都想说服我们，第一印象不靠谱。这些谚语和慧语通常采取的方式是："我一见钟情。我该怎么办？""那就再见一次！"一般而言，正是第一印象使我们遇到了处于新鲜的实在界中的客体，而第二印象发挥的功能则是模糊和驯服第一次相遇。在第一次看到《天堂里的烦恼》的结局时，我们不禁感到震惊的，是加斯顿与莉莉的主体立场所发生的突然的、"在心理上无法令人信服的和没有根据的"（psychologically unconvincing and unfounded）逆转：在加斯顿与玛丽埃特做了极度浪漫又情凄意切的告别之后，我们突然被抛进了加斯顿与莉莉两人的怪球世界（screwball universe），在那里，这对毛贼情人你来我往地说着俏皮话，亲切地开着对方的玩笑，淘气地把手伸向对方的衣服的下面，男欢女爱，其乐融融。如何解释电影结束时这两个场景给人带来的彻底不协调感呢？悲伤凄凉的告别刚刚过去，怎么会没有留下一丝一毫的苦涩余味？毫不费力的解释会是这样的：情凄意切的告别场景是假的，是犬儒的表演（cynical performance），不能当真。不过，这样的解读会不费吹灰之力，就解除情感上的不协调，但也没有为无可否认的真诚瞬间留下解读的空间。这样的真诚瞬间，包括莉莉先前曾经表达过的犬儒的绝望，还有加斯顿因为富人的伪善而爆发的雷霆之怒。因此，我们必须完全接受影片氛围从悲伤向滑稽、"在心理上没有根据的"（psychologically unfounded）逆转。只是，这个逆转说明了什么？

我们不妨迂回前进。或许对此"迂回"，我们始料不及。在霍华德·霍克斯（Howard Hawks）制作的经典西部片《红河谷》中，出现了另一个"在心理上没有根据的"扭曲。它通常被视为剧本中的一个瑕疵而被一笑置之。整部影片都在逐步地推向激动人心的终场对峙，即邓森（Dunson）和马特（Matt）的对峙。那将是一场几乎惊天动地的对决，是命中注定的对决，是两种不共戴天的主体立场的一往无前的冲突。在影片最后一幕中，邓森带着被仇恨蒙蔽了双眼的悲剧英雄的决绝，走近马特，走向自己的毁灭。但随后发生的野蛮格斗出人意料地戛然而止，因为当时爱着马特的苔丝（Tess）向空中开枪，并向两人大声喊道："多少有点头脑的人都明白，其实你们两个都深爱着对方。"然后出现了快速的和解，邓森和马特像哥们一样交谈起来。"邓森摇身一变，从愤怒的化身变为亲切和友善的化身，欣然听命于马特。……这种变化真是快得令人咋舌。"[1] 罗伯特·平皮非常正确地在剧本的这个技术性缺陷下面发现了更深的信息，这信息与阿伦卡·祖潘契奇在解读刘别谦的《佳偶天成》的最后瞬间时发现的信息完全相同。在《佳偶天成》中，教授和克朗内（Cluny）在车站有一场热情的对话。对话过后，教授直接命令她和他一道钻进马车（暗指他们将结为连理并一起生活），她则唯命是从，没有片刻的犹豫。可以把教授的命令解读为成功的精神分析干预（psychoanalytic intervention）的实例：它促使接受精神分析者发生了天翻地覆的主体性变化，而这种变化是无法用心理学术语（psychological terms）来解释的。

与此类似，如同拉塞尔·格里格（Russell Grigg）所言，莉莉在《天堂里的烦恼》即将结束时做出的出人意料和明显荒谬的举动，显示了与精神分析干预完全相同的特质。莉莉是如何使加斯顿回心转意的？在这里，把下列两者对立起来，还是会失之于掉以轻心：一者是浪漫的情侣（加斯顿和玛莉埃特），一者是敢于冒险的实用伴侣（加斯顿和莉莉）。借用马克思的话说，秘密在于形式，在于金钱，在于金钱在玛丽埃特和莉莉之间明显荒谬地反复倒手。莉莉是分三步走的，这三步实际上构成了黑格尔式的三元组。首先，莉莉在犬儒现实主义灵光一闪的瞬间，当着加斯顿的面，从玛丽埃特暗藏的保险柜中偷出十万法郎，然后歇斯底里地宣告，金钱是唯一重要的东西，别的都是空洞的自作多情。然后她迈出了第二步，以傲慢的姿势，把钱抛到了玛丽埃特的床上。出于对伦理原则（ethical principles）的忠诚，她放弃了那笔钱："我不想要你的臭钱，你一分没花，就弄到了我的男人，捞了个贱货，你们真是天作之合。"但使得加斯顿回到她身旁的，不是这一"伦理转向"（ethical

---

1　Robert Pippin, *Hollywood Western and American Myth*, New Haven: Yale University Press 2010, p. 52.

2　《佳偶天成》（*Cluny Brown*），中文一般译作《克朗内·勃朗》。——译者注

turn），也就是说，不是她对早先信奉的犬儒现实主义的放弃，因为她接着迈出了第三步：拿起钱来，溜之乎也。这里的关键在于同一姿势（偷钱）的重复，第二次偷钱获得了迥然不同甚至截然相反的意义：并不像某些人期待的那样，莉莉让加斯顿回心转意，是因为她把钱还给了玛丽埃特，以此证明自己情真意切。莉莉让加斯顿回心转意，是因为再次把钱拿走了。莉莉的第二步类似于所谓的空洞姿势（empty gesture），即意在被人拒绝的姿势：她把钱退还回去，只是为了再次把钱拿走。为什么钱要被偷走两次？第一次偷窃只是一个简单动作，表明的是犬儒式的绝望（cynical despair）："好吧，我把钱弄到手了，你爱玛丽埃特，所以让我们忘了感情那回事吧，我要做个冷酷的现实主义者。"不过，第二次偷窃使形势焕然一新：在伦理学的领域内重复了"利己主义"的动作，也就是说，它悬置了伦理域（suspends the ethical），牺牲了物质产品，却没有回到直接的犬儒现实主义 / 利己主义那里。简言之，她的这一行为类似于克尔凯郭尔对伦理的宗教性悬置（religious suspension of the ethical）。通过第二次偷窃，莉莉放开了加斯顿：她拿走了钱，这个行为发挥的作用与精神分析师的收费发挥的作用如出一辙。它传达的信息是："我拿走了钱，不再跟你玩这游戏，我们之间再无符号性债务（symbolic debts），我也不再对你进行道德敲诈，现在是否选择玛丽埃特，完全取决于你。"只有到了这个时刻，加斯顿才彻底缴械投降，重新回到了莉莉的身旁。

## 犬儒智慧

不幸的是，刘别谦似乎并不完全接受这一"对伦理域予以悬置"（suspension of the ethical）所导致的结果。他把婚姻视为至高无上的逾越，视为大胆的阴谋，但他最终还是选择了温和、陈旧和保守的三人同居生活。因此，刘别谦依然停留在犬儒的立场上：他在尊重表象的同时，秘密逾越表象。所以，如果刘别谦真的在充当精神分析师兼导演，那他的影片暗示的主体立场则接近于雅克-阿兰·米勒（Jacques-Alain Miller）倡导的立场。在米勒看来，精神分析师占据的立场是：

冷嘲热讽者（ironist）的立场，他小心翼翼，不愿干预政治领域。他采取行动，为的是使表象依然如故，同时又确保主体在他的照料下，不把他的行为当真。……人应该继续上当受骗（被这些表象愚弄）。拉康这样说"那些不愿犯错误的人"：如果人不表现得就跟那些表象是真的似的，如果人不使自己的功效不受干扰，情况就会变得更糟。那些认为权力的所有标记都只是表象，认为主人的话语都是信口开河的人，都是坏孩子：他们甚至被异化得更厉害。[1]

就政治而论，精神分析师"并不制定计划，他没有能力制定计划，他只会嘲笑别人的计划，别人的计划限制了他的表述范围。冷嘲热讽者没有什么大的设计，他只等着别人首先开口说话，然后尽快把别人打倒在地。……不妨说，这是一种政治智慧，仅此而已"[2]。这种"智慧"遵循的公设是：

> 人应该维护权力的表象，这是有充足理由的：人应该能够继续自得其乐。关键并不在于，使自己依附于现有权力的表象；关键在于，把现存的权力视为必不可少之物。"这以伏尔泰的方式给犬儒主义提供了定义，因为在伏尔泰看来，这事应该这样理解：上帝是我们的虚构，但为了使人民真正端庄得体，这个发明不可或缺。"能把社会凝为一体的，唯有表象而已。"这意味着，没有压抑，没有认同，总而言之，没有常规，就没有社会。常规是完全必要、极其重要的。"[3]

在这里，我们怎么可能听不到卡夫卡《审判》的回响？《审判》把

---

1 Nicolas Fleury, *Le réel insensé. Introduction à la pensée de Jacques-Alain Miller,* Paris: Germina 2010, pp. 93-94.

2 Jacques-Alain Miller, "La psychanalyse, la cité, les communautés," *Revue de la Cause freudienne* 68 (2008), pp. 109-110.

3 Fleury, *Le réel insensé,* p. 95. 其中的引文来自米勒。

公开的法律与秩序视为并不真实但必不可少的表象，并加以肯定。在听了牧师对有关"法门"（Door of the Law）的故事的解释后，约瑟夫·K 摇着头说：

> "我不能说我完全同意这个观点，因为如果你接受了这个观点，你就必须承认，守门人所说的一切都是真的。但是你自己已经说得一清二楚，要做到这一点是根本不可能的。""不，"牧师说，"你不必把一切当成真的来接受，只需要把一切当成必不可少的来接受，就可以了。""一个令人沮丧的看法，"K 说，"撒谎成了世界通行的法则。"

这不也是刘别谦的基本立场吗？法律与秩序是假象，但我们应该假装尊重它们，同时享受自己的生活乐趣，享受其他的逾越。这一智慧立场（position of wisdom）在《天堂可以等待》（*Heaven Can Wait*，1943）中揭示得淋漓尽致。影片开始时，年迈的亨利·范·克利夫走进了地狱的富丽堂皇的接待区，受到了"阁下"——魔鬼——的亲自接见，于是他向"阁下"讲述了他风流不羁的一生，以便让"阁下"决定他在地狱中的具体位置。听完亨利的故事，"阁下"——一个魅力十足的老人——拒绝他进入地狱，建议他去"其他地方"试试运气，他死去的太太玛莎和善良的祖父在那里等他。在那里，或许"附属建筑物里有个空着的小房间"。所以，魔鬼不过是有点聪明才智的上帝而已，他不怎么把禁令当回事，他心里明白，小小的逾越会使我们更具人性。但是，如果魔鬼既善良又聪明，那上帝岂不就是真正的恶魔（the Evil），因为他缺乏反讽的智慧（ironic wisdom），还盲目地坚持让别人服从他的律法？[1]

黑格尔会称之为"思辨的同一"（speculative identity）的那一步，正是刘别谦无力迈出的。"思辨的同一"是刘别谦的世界所缺乏的。这个局限可以在《你逃我也逃》中的一个悲惨时刻感觉到。那时，一个犹

---

[1]    魔鬼这个形象有其诡异的非一致性：他是邪恶的化身，把我们推向罪孽的深渊，但同时又是因我们的恶行而亲自惩罚我们，也就是说，他还掌管着地狱，我们则在地狱中接受惩罚。这个天字第一号的罪犯怎么又成了正义的代理者？

太老演员当着希特勒的面背诵《威尼斯商人》中的夏洛克的那段著名台词[1]。真正具有颠覆性的，是设想这样的场景：如果发生了某种奇迹，希特勒被押送到纽伦堡接受审判，被控犯有穷凶极恶的非人类暴行。在法庭上，他这样背诵夏洛克的台词："我是纳粹德国人。难道纳粹就没有眼睛？难道纳粹就没有双手、器官、体积、感觉、感情、激情吗？还不是吃着同样的食物，被同样的武器伤害，患上同样的疾病，用同样的方法医治，冬天同样会冷，夏天同样会热，就跟犹太人一样？如果你们用刀刺我们，我们不是同样流血？如果你们挠我们的痒痒，我们不是同样要发笑？如果你们给我们下毒，我们不是同样死去？如果你们用你们犹太人的阴谋构陷我们，我们不是同样要以其人之道还治其人之身？"简言之，被屠杀的犹太人正是那"一磅肉"。因为德国人在最近的历史上遭受了太多的不公正，德国人才割下了这"一磅肉"。当然，这样借用夏洛克的台词是令人恶心的污秽行为，但它澄清了一个观点：不分青红皂白地诉诸共同人性，可能会掩盖任何具体的恐怖行径。这不仅适用于受害者，而且适用于行凶者。如此诉诸共同人性，其真相会以极端的面貌呈现出来。设想夏洛克说出类似的话来："如果便秘，我们不是同样需要通便剂？如果听到肮脏的谣言，我们不是和你们一样，喜欢到处传播？如果有偷盗或欺骗的机会，我们不是和你们一样，会紧紧抓住不放？"对犹太人的真正辩护，本不应该诉诸人皆有之的人性，而应诉诸犹太人的独一无二的特性。令人吃惊的是，指出下列一点的不是别人，正是黑格尔。黑格尔宣称，拿破仑解放了犹太人，但拿破仑此举存在问题。其问题并不在于，尽管犹太人有自己的宗教，他还是赋予他们充分的公民权利。其问题在于，他不是因为使犹太人独一无二的那些特性，才解放了犹太人。不能这么说："你应该接纳我们，因为尽管我们不同，但我们都是人！"应该这么说："你应该接纳我们，因为我们与众不同，特立独行！"

　　并非刘别谦的所有作品都能被化约为人本主义犬儒智慧（humanist cynical wisdom）这一立场。他的许多影片（包括《残破的摇篮曲》《你

---

1　参见莎士比亚，《威尼斯商人》第三幕第一场。——译者注

逃我也逃》等）都存在指向这一智慧之外的诡异维度的因素。他最后一部（完整的）影片《佳偶天成》（1946）则明确地抛弃了这一智慧，在刘别谦的全部作品中完成了某种"认识论断裂"（epistemological break），但这已是有待再作分析的话题。[1]

---

1 　对《佳偶天成》的详细解读，请见 Alenka Zupančič, "Squirrels to the Nuts, or, How Many Does it Take to Not Give up on Your Desire," in Novak et al., eds., *Lubitsch Can't Wait*, pp. 165-180。

# 第三部分
# 超越黑格尔的黑格尔

# 第七章　形形色色的"否定之否定"

## 作为呈现自由之不可能 / 实在界这一行为的自杀[1]

自 20 世纪 50 年代至 80 年代初，埃及裔法国歌手达丽达[2] 在欧洲和中东是一位超级巨星。即使时至今日，法国还有她的狂热崇拜者。1967年 1 月，达丽达和她的意大利情人——歌手、歌词作者和演员吕基·唐科（Luigi Tenco）——参加了圣雷莫音乐会（San Remo Festival）的音乐比赛。唐科获悉，他们在决赛被淘汰，于是在他们居住的宾馆自杀身亡。1970 年 9 月，她的皮格马利翁[3] 暨前夫鲁西安·莫里斯（Lucien Morisse）——他们一直相处融洽——开枪自杀。1975 年 4 月，她的密友、歌手迈克·布兰特（Mike Brant）从他在巴黎居住的公寓楼上纵身一跃，气绝身亡。1983 年 7 月，她自 1972 年至 1981 年间的情人理查德·尚福雷（Richard Chanfray）因吸入汽车废气而自尽。1987 年初，达丽达晚上回家后发现自己心爱的斗牛犬死了。最后，1987 年 5 月 2 日，星期天，她大量服用巴比妥酸盐自杀，留下一张纸条："生活对我而言已经变得不堪忍受。……原谅我。"

达丽达的人生是某类主体的典型人生吗？这类主体不是失败者，通常是功成名就、魅力尽显的名人，至死都对人们充满吸引力，但最终屈从于死亡的诱惑力。我们应该把诸如此类的情形视为病态的情形而嗤之

---

1　此语包含多重含义：（1）自由是不可能的，它属于实在界；（2）呈现这种不可能性，呈现这一实在界，当然是一种行为；（3）这一行为意味着自杀。——译者注

2　达丽达（Dalida），原名约兰达·克里斯蒂娜·吉寥蒂（Yolanda Cristina Gigliotti），埃及裔意大利和法国歌手。以埃及小姐身份出道，二战后成为欧洲影响最大的歌手，是全球第一位得到金唱片和黄金唱片的艺人，是第一位在体育馆举办演唱会、连续三周爆满的歌手，也是法国迪斯科运动的发起人。——译者注

3　皮格马利翁（Pygmalion）是古希腊罗马神话中塞浦路斯的国王。他是个著名的雕刻家，用象牙雕了一尊爱神像，每天跟她说话，仿佛她活着似的。真挚的感情感动了爱神，爱神将该雕像变成了真人加勒提阿（Galatea），让她与皮格马利翁永浴爱河。——译者注

以鼻呢，还是应该把它们视为生活极为充实的纯正人生的标志？

我们可以借助黑色片（film noir）来解决这一问题。罗伯特·皮平在黑色片中发现了双重倒置（double inversion）："反身性"回闪叙事构成了被叙述事件的一部分，主人公显得更像自身行为的旁观者，而不是自身行为的发出者。一方面，"讲故事用的回闪通常不怎么是用以展示故事内容的视角（尽管它在一定程度上是这样的视角），而是被展示之物的另一个因素。叙事是另一个事件，所以它和被叙述的事件都需要阐释"[1]。另一方面，"我们有时会产生这样的感觉……叙事者觉得他自己的地位与正在展开的事件的地位不相上下，他更是旁观者，而不是参与者"[2]。皮平是通过清晰地解读雅克·图纳尔（Jacques Tourneur）的《漩涡之外》（*Out of the Past*）中的杰夫（Jeff）和凯西（Kathie）之死，提出这个观点的。凯西提议，他们应该停止做戏，承认自己甘自堕落，然后一起逃离。这代表着下列舒适的立场：把自己的性格和命运视为无可避免之物，进而坦然受之。情形就是如此，我们全都无能为力，这就是我们的天性，我们的命运……杰夫以自杀性的行为对抗这一立场，他匿名打电话给警察，把他和凯西的逃亡路线和盘托出，让警察有充裕的时间设置路障。这不是直接的行为（direct act），而是"被动动能"（passive agency）或"脆弱意向性"（weak intentionality）的个案。[3]杰夫让他本人和凯西被射杀。原本是积极地介入（active engagement），却装出被人操纵的样子，以这种诡异的逆转，被动的干预派生了纯正的行为（authentic act）。

接受命运，这个行动的虚假性是由泰德·休斯[4]与西尔维亚·普拉斯[5]的关系完美证明的。在现代文学史上，如果还有什么人能够代表伦

---

1　Robert Pippin, *Fatalism in American Film Noir*, Charlottesville: University of Virginia Press 2012, p. 38.

2　Ibid., p. 39.

3　Ibid., p. 47.

4　泰德·休斯（Ted Hughes），英国诗人和儿童文学作家，1984年被授予英国桂冠诗人称号。1954年与西尔维亚·普拉斯（Sylvia Plath）相识，四个月后结为夫妻，轰动一时。不久泰德·休斯另结新欢阿西亚·威韦尔（Assia Wevill），西尔维亚·普拉斯以煤气自杀，结束了短暂的七年婚姻，阿西亚·威韦尔也在六年后带着她与泰德·休斯的女儿以同样的方式自杀。西尔维亚·普拉斯之死使他备受指责，他销毁了妻子最后三年的日记，使自杀事件扑朔迷离。——译者注

5　西尔维亚·普拉斯，美国儿童作家出身的天才诗人和小说家。——译者注

理失败（ethical defeat）的话，那就是休斯了。真正的女性第三者，被休斯和普拉斯双方忽视的休斯-普拉斯传奇的焦点，是阿西亚·威韦尔。威韦尔是一头黑发的犹太美女，还是纳粹大屠杀的幸存者。她后来成了休斯的情妇。休斯离开了普拉斯，投入了威韦尔的怀抱，就像离开了妻子，然后娶了个阁楼上的疯女人。但她当初是如何疯掉的？1969年，她像普拉斯那样自杀身亡（用煤气），但她还杀害了她与休斯的女儿舒拉（Shura）。她为什么要这样做？是什么使她实施了这个诡异的重复？这便是休斯真正的伦理背叛（ethical betrayal）：他的《生日信札》（*Birthday Letters*）中的信件被做了虚假的神话化，变成了在伦理上令人恶心的文本，把责任统统归咎于支配我们生命的命运这个黑暗力量，把威韦尔说成是阴险的狐狸精："你是黑暗力量。你是残害了西尔维亚的黑暗的毁灭性力量。"[1] 难怪休斯招致了王尔德式的责备：失去一个妻子可以看成是不幸，失去两个显然是粗心大意所致。[2] 休斯的背叛是《危险关系》（*Les Liaisons dangereuses*）中的法尔曼（Valmont）所说的"这不是我的过错"的一个变体：不是我，是命运。如同法尔曼所言，责任"是只在作为道德主义者的律师的世界里才有效的虚构"[3]。他有关女神、命运、占星术的全部胡言乱语，在伦理上毫无价值，倒是把性别差异活灵活现地展示出来：她歇斯底里、追根究底、率性而为、自我毁灭，他则制造神话，把责任转嫁给大对体。

海德格尔在 1934 年不是做过与此极为相似的事情？在辞去弗莱堡大学校长一职一个月后，他应邀前往柏林任教。他无法确定，是否接受邀请，于是"去看望一个老朋友，……一个 75 岁的农民。他已经在报纸上读到了我应邀前往柏林任教的消息。他会怎么说呢？慢慢地，他那清澈的双眸移到我的身上，死死地盯着我不放，同时双唇紧闭，若有

---

1　引自 Elaine Feinstein, *Ted Hughes*, London: Weidenfeld & Nicolson 2001, p. 166. 无意识这个精神分析概念与这种本能性、非理性的命运（我们可以把自己的责任推卸给命运）截然相反。
2　王尔德（Oscar Wilde）这句名言的原话是："To lose one parent may be regarded as a misfortune; to lose both looks like carelessness." 译成中文则是："失去父亲或母亲可以看成是不幸；失去双亲则显然是粗心大意所致。"译成中文，原有的幽默丧失殆尽，实在可惜，却又无可奈何。在王尔德那里，"lose"既可以指失去（死亡），也指搞丢了，找不到了。"lose"（失去）父母一方算是不幸，父母一起被"lose"，仿佛把父母一起搞丢了，找不着了，这当然是粗心大意导致的。——译者注
3　Elaine Feinstein, *Ted Hughes*, p. 234.

所思地把他诚实的手放在我的肩上，几乎难以觉察地摇了摇头。那意思是，千万别去！"[1] 有充分的理由相信，海德格尔决定"留在乡下"，是对他无法在柏林实现雄心壮志这一事实的事后反应。1933 年夏天，海德格尔有望出任柏林大学威望甚高的哲学讲座教授，但遭到他在纳粹党内的敌人强烈反对。于是海德格尔前往柏林，希望见到希特勒，并与他建立私人联系。结果，不要说希特勒，就连相关的部长也没有见到。只是在回到弗莱堡后，在一切表明无望获得柏林的职位时，他才写下了那篇有关"住在乡下"的文本（最初是作为广播稿被宣读的）。回溯性地把失败装扮成高度坚持原则的个人选择的问题，在这方面，这是一个范例。[2]

如皮平所言，黑色片中的主人公也是这样巧妙地处理自己的窘境的：不错，我们注定一败涂地，命运在幕后操纵着我们，每个操纵者都有被人操纵的时候，每个决定自己命运的自由能动者（free agent）都是幻觉性的存在。但是，一味认可和接受这一窘境，同样是幻觉，是对肩负重任的逃避：

> 如果说有关自我知晓的、以深思熟虑为导向的、注重因果效应的能动者（self-knowing, deliberation-guided, causally effective agents）的传统假设已经变得不再那么可信，且承受着日益增大的压力，但这与我们的行为举止又有什么关系？承认"真相"或切实考虑"不确定性"，又能如何？很难想象一味地承认事实会是什么样子，很难放弃在动能（agency）面前做出的全部伪装。……凯西说他们两人"无济于事"，暗示反抗徒劳无益。杰夫拒绝接受凯西的这一致命概括并给警察打了电话。这时，他……接受了一种立场，一种

---

1　Martin Heidegger, "Why Do I Stay in the Provinces? (1934)," in *Philosophical and Political Writings*, London and New York: Continuum 2003, p. 18. 这个老农心里到底是怎么想的？我们只能揣测。他很可能知道海德格尔想从他那里得到什么答案，于是彬彬有礼地作答。但更重要的是，难道我们不能设想这样的场景：要不要卷入纳粹的大学政治，海德格尔对此犹豫不决，于是前往拜访他的老农朋友？这位老农的反应，很可能还是那样，即沉默的否定，但这一次否定包含的意义不同：不再是原生的智慧，而只是对公开反对献身纳粹（Nazi commitment）的后果的恐惧。

2　参见 Daniel Maier-Katkin, *Stranger from Abroad*, New York: Norton 2010, pp. 101-102。

实用的观点。这实际上是承认，这个观点允许他采取行动的空间
极其有限。但这没有肯定，他只是被他的历史（往昔）或他的性
质（"无济于事"）产生的结果所"裹挟"。他最后成了一个能动者
（agent），尽管受到了限制和做出了妥协，他还是已经竭尽全力。他
表现得像个能动者。[1]

　　我们可能无法逃脱命运的魔掌，但我们也无法通过诉诸命运，而逃
避我们肩负的重任。"许多最好的黑色片都善于向我们传达这一感觉：
这种复杂和反常的情形，可以更加恰当地被称为我们的现代命运。"[2] 不
正是这个缘故，精神分析才成了展示我们窘境的范例？是的，我们已被
去中心化，我们陷身于罗网，被无意识机制（unconscious mechanisms）
决定；是的，我们说的时候少，被"人说"的时候多，大对体借我的
嘴巴说话。但是，一味接受这个事实（即拒绝任何责任）同样是虚假
的，是自欺欺人之举。与传统的道德相比，精神分析使我们更加勇于
承担责任，它甚至使我们为超出我们（意识的）控制的东西承担责任。
我们在此得到了"否定之否定"的范例：先是主体性自治（subjective
autonomy）被否定，随即这个否定本身被"否定"，被当成为获胜或迷
惑对手而采取的诡计而放弃。

　　这种被加倍的不可能性（redoubled impossibility）界定了拉康所谓
的实在界（Lacanian Real）的身份。原乐不仅是可望而不可即的，不仅
是永远迷失于强烈的乱伦情感中的，它同时还是我们无法摆脱的。无
论我们如何删减它，压制它，到最后，在消除它时采取的姿势会被试
图消除的东西所感染。回想一下强迫性神经症患者的做派吧：他们表
演仪式，以消除自己内心深处的非法欲望，但表演这些仪式只是再次
生产了那些非法欲望。这道理同样适用于精神分析治疗中的"自由联
想"：患者的联想当然从来都不是完全"自由"的，无法彻底免于意识
的操纵，但无论患者在治疗的过程中说过什么东西，这些东西都正式

---

1　Pippin, *Fatalism in American Film Noir*, pp. 48–49.

2　Ibid., p. 97.

获得了自由联想的身份。与此完全相同，自由也具有不可能的实在界（impossible-real）这一身份：我们从来都是完全自由的，但与此同时，我们也从来不能逃避自由，使自己不自由。同样，对于作为我们的自由的最高表现形式的伦理学（ethics as the highest expression of our freedom）来说，也是如此。如同他们在影片《云图》中所言："你不得不做你不能不做的事情。"[1] 这句话不是"义务就是义务！"这个传统表述中的重言句（tautology）。说它不是重言句的理由是，直接肯定和双重否定之间存在着裂缝。在伦理学中，直接肯定是双重否定的结果（后果）：不能这样说，因为你不得不做某件事情（难做的事情），所以你不能不做；而要这样说，因为你不能不做，所以你不得不做。在伦理学的领域内，必要性是以不可避免性这一僵局（deadlock of unavoidability）为根基的。

　　注意，这两种不可能性之间的关系是不对称的。首先，我们被迫接受不可能性，即无法实现某个目标这一不可能性（这个目标便是激进的乱伦原乐，自由联想的全然自发性）；然后，我们无法摆脱我们白白地想要达到的目标（我们所做的一切都被原乐污染，每个联想都被视为"自由"的联想）。换言之，实在界既是不可能的，又是不可避免的。普遍性（universality）拥有的真正辩证的身份正在这里：首先，我们迈出经典马克思主义的第一步，即我们不得不承认，纯粹的、抽象的普遍性是不可能实现的，因为每个普遍性都已经由某个具体的内容所过度决定（overdetermined），这个内容被赋予了优先于所有其他内容的特权。正如马克思会说的那样，这个享有特权的内容为普遍性提供了具体的颜色。（列举的证据是，在资本主义社会，工业生产不只是生产的一个种类，它还影响了整个生产领域。如此一来，所有的其他种类的生产——农业生产、手工业生产——均被工业生产所"调停"，皆被"工

---

1　这句话的原文是："You have to do whatever you can't not do." 在中文里，"不得不做"和"不能不做"似乎没有太大的差异，但在英文里，两者的差异相当明显："have to do something"是出于内心的迫不得已，与自己的"意愿"相反；"can't not do"则指即使没有能力也要全力以赴，它属于"能力"的范畴。"意愿"和"能力"未必一致，国人所谓的"心有余而力不足"是也。所以，"你不得不做你不能不做的事情"，这句话的潜台词是：不管你能力够不够，你都得做，别无选择。用康德的话说，"你能够，因为你必须！"（*Du kannst, denn du sollst!*）——译者注

业化"。）然后，我们迈出第二步，即我们必须确定，这种不可能实现的普遍性还是不可避免的：无论我们如何努力，要把普遍性予以语境化，把它化约为它的具体组成部分，普遍性这个空洞形式（the empty form of universality）继续使我们牵萦于心。回忆一下普遍人权这一概念的暧昧身份吧：尽管我们总是能够找到被普遍形式（universal form）赋予优先权的具体内容（"人权真的是拥有房产的白人男性的权利"），但普遍形式还是留下了一个裂口，其他人（女性、工人、其他种族群体等）可以把他们在争夺领导权的斗争中提出的要求铭刻在那个裂口上。正是在这个意义上，拉康说欲望是坚不可摧的（永恒的、绝对的），因为它是不可能的。它是坚不可摧的，这倒不是因为它是永恒不变的实体，所有的压力对它都无济于事，而是因为它是彻头彻尾的非实体性的。它只是某个未知因素（an X）闪现出来的几乎难以觉察的火花，它甚至在自己还没有完全成形时，就要消除自己。换言之，欲望是实在界，即不一致的、脆弱的未知因素（X），尽管我们永远无法得到它，它注定要重新归来，继续令我们念念不忘，耿耿于怀：

> 尽管欲望只是以一种走向短暂和有限未来的过去之形象，传达欲望所维持的东西，弗洛伊德还是宣布，尽管稍纵即逝，它还是坚不可摧的。注意，在用"坚不可摧"一词描述它时，它在所有被肯定的现实中是最不连贯一致的现实。如果坚不可摧的欲望逃离了时间，那在事物的序列中，它属于哪个领域？如果某个事物不能在相同的状态下，在固定的时间内持续存在（endures），那它会是什么呢？除了延续（duration）——即事物的实体，另一种时间模式——逻辑时间（logical time）之外，这不正是对事物进行区分的好地方吗？ [1]

我们在这里遇到了黑格尔基本公设的拉康版：（欲望的）主体不是实体——不是在时间内持续存在之物，而是全然非实体性的事件性实存

---

1　Jacques Lacan, *The Four Fundamental Concepts of Psychoanalysis*, New York: Norton 1998, pp. 31-32.

物（entirely non-substantial eventral entity），它甚至在自己出现之前就消失了，它出现在自身的消失之中（或通过自身的消失而出现），是自身无法真正出现之结果（result of its very failure to be）。正是这个缘故，它的结构涉及特定的时间性（specific temporality），即过去从来没有出现过而总是只能在将来出现的某物（something that never is but always only will have been）的时间性。

这使我们回到了自由的问题上。在康德的实践哲学中，自由一直拥有与不可能的实在界（an impossible-real）完全相同的身份。首先，真正的自由行为（free act）是不可能的。这是在下列简单意义（常识）上说的：我们从来不能确定，我们先前的行为真的就是自由的行为。总有可能是这样的：即使在我们看来，我们只是为了履行义务才采取了行动，但我们有所不知的是，我们实际上受到了某种病态欲望的推动（比如说，为了获得别人的尊重）。不过，这只是故事的一面，真正引发焦虑的是这样的前景：我们的行为真的是自由的，我们通过把自由的行为化约为某个病态的动机，来驯服这一创伤。

在康德看来，自由是最激进（甚至是拉康）意义上的实在界。自由是无法解释的、"非理性的"、难以说明的"理性事实"（fact of reason），是这样的实在界——它打破了我们有关（现象性）时空现实的观念，即（现象性）时空现实受制于自然定律的观念。正是出于这个原因，我们对自由的体验才是真正的创伤性的体验。换言之，在康德的伦理学中，真正的张力并不出现在下列两者之间：一者是主体的想法——他认为自己只是为了履行义务才采取行动的；一者是隐秘的事实，即的确存在着某个病态的动机（粗俗的精神分析）。真正的张力与此截然相反：处于自身深渊中（in its abyss）的自由行为是不堪忍受的、创伤性的，所以在我们完全自由地完成某个行为时，而且为了能够维持这一行为，我们对它做了这样的体验——认定它被某个病态的动机所决定。也正是这个缘故，如同克尔凯郭尔所言，真正的创伤并不来自我们的必死无疑（mortality），而来自我们的永垂不朽（immortality）：承认下列一点易如反掌——我们只是这个无限宇宙中的一粒灰尘；承认下列一点则较为困难——我们真的是不朽的自由存在（immortal free being），因此我们无法逃避自己的自由这个可怕的责任（the terrible responsibility of their freedom）。

克尔凯郭尔提出的概念"致死的疾病"也依赖于两种死亡的这一差异。也就是说，真正的"致死的疾病"与个人的标准绝望（standard despair of the individual）迥然不同。个人被下列两者所撕裂：一者是他确信，人死如灯灭，死亡即终点，不存在永恒生命的彼岸（Beyond of eternal life）；一者是无法抑制的欲望——他要相信死亡并非终结，存在着另外一种生活，它对我们做了永恒极乐（eternal bliss）的承诺。与此相反，真正的"致死的疾病"涉及截然相反的主体悖论（opposite paradox of the subject）：主体知道死亡不是终点，他有一颗不朽的灵魂，等等，但他无法面对随着这个事实而来的贪得无厌的要求（必须放弃徒劳无益的审美乐趣，必须辛勤劳作以使自己获得拯救），所以他不顾一切地相信，死亡就是终点，并不存在不断向他施压的、神圣的、无条件的要求。在这里，标准的宗教性的"我很清楚，但是……"被颠倒了过来：不是"我很清楚，我只是个必死无疑的凡人，但我还是不顾一切，想要相信，存在着救赎，存在着永恒的生命"；而是"我很清楚，我有一颗永恒的灵魂，对上帝的无条件的戒律承担着责任，但我还是不顾一切，想要相信，除了死亡一无所有，想要解除神圣的禁令带来的不堪忍受的压力"。换言之，与陷入标准的怀疑性绝望（skeptical despair）的人（他知道自己必将死去，但无法接受这个事实，盼望存在着永恒的生命）不同，就"致死的疾病"而言，我们在这里看到的人不顾一切地想要死去，想永远销声匿迹，但他知道，他无能为力，也就是说，他注定永生。

不可能的实在界的优先实例（privileged case）不就是主体性吗？这么说的理由是显而易见的：就其概念（notion）而论，主体性是某个普遍的单一性（universal singularity），即某个"我"之单一性。"我"不仅同时具备单一性和普遍性（我是某个抽象的我，我的全部内容都是偶然性的，我"拥有"我的全部特性，但我"不是"这些特性），而且在"我"中，只有普遍性成了"自为"之物（只有单一的自我意识才意识到了普遍性自身，这与其具体情形不同）。因此，主体是例外，是"存在巨链"中的裂缝，同时又是把和谐固定下来的不和谐的过度（disharmonious excess which grounds harmony）。回想一下好莱坞的情节剧《史黛拉·达拉斯》（*Stella Dallas*）最后一幕中的史黛拉·达拉斯的命运吧：一个豪宅里正在举办婚礼，透过豪宅的窗子，达拉斯看着女儿嫁给有钱的求婚者，看着这个富裕和快乐的家庭，看着这个和谐的天堂，她却被排除在外。这正是幻象之错觉（illusion of fantasy）：通过把自己（即令人不安的过度）从画面中抹除，画面成了和谐的整体。在其最激进的层面上，"抹除"采取了自杀的形式，如同在《漩涡之外》那样。在《漩涡之外》中，最终的行为，即肯定主人公拥有自由的行为，是自杀身亡。莱恩·约翰逊（Rian Johnson）的科幻惊悚片《环形使者》（*Looper*，2012）把相同的自杀行为展示为破除符号性僵局的有效办法：在影片中的古怪穿越情节（time-travel plot）达到高潮时，主人公必须自杀。只有这样，才能抹除他未来的自我，打破命运的轮回，恢复眼前的和谐。

## 两只蝴蝶

关于伟大的道家思想家庄子，有一则著名的古代逸事：他做了个梦，梦见自己变成了蝴蝶，醒后他问自己，究竟是庄子做梦，在梦中变成了蝴蝶，还是他现在就是蝴蝶，只是在做梦时，梦见他是庄子？[1] 对这个故事的正确解读，应该不惜任何代价避免使它成为有关多重现实（multiple reading）的后现代话题，并坚持这样的看法：在现实中，只有庄子，他做梦，梦见自己变成了蝴蝶。尽管如此，我们从中获得的教益是，庄子为了成为现实中的自己，必须梦见他变成了蝴蝶。即使现实比幻象"更真实"，它也需要幻象来维持其一致性：如果我们从现实中减除幻象，减除幻象框架（fantasmatic frame），现实本身就会丧失其一致性并分崩离析。

这只蝴蝶——代表着我的幻象性身份（fantasmatic identity）的蝴蝶——是如何与所谓的"蝴蝶效应"中的蝴蝶联系起来的？后者指某个

---

1　参见《庄子·齐物论》："昔者庄周梦为蝴蝶，栩栩然蝴蝶也……俄然觉……不知周之梦为蝴蝶与？蝴蝶之梦为周与？"——译者注

微不足道的东西（客体或事件），它打破了脆弱的平衡，开启了最终将导致巨大灾难的进程：有一只蝴蝶在离苏格兰海岸不远的地方扇动翅膀，却在美国的东海岸引发了毁灭性的龙卷风。[1]初看上去，两只蝴蝶似乎发挥着截然相反的作用：第一只代表着我为自己设定的理想形象，第二只则是谚语所说的污渍（proverbial stain），它破坏了理想形象带来的和谐。但是，如果这种对比隐藏了悖论性的对立的同一（paradoxical identity of the opposites）呢？关于这个客体-污渍，我们不妨举个颇具典范性的例子，它便是埃里克·布雷斯（Eric Bress）和麦凯伊·格鲁伯（J. Mackye Gruber）在2004年制作的替代现实片（alternate reality drama）《蝴蝶效应》。

影片开始时，患病的埃文·泰瑞本（Evan Treborn）在夜间闯进了医生的办公室，在那里找到些陈旧的家庭影片并开始观赏。与此同时，保安则试图闯进，并破门而入。随后发生的，是一系列的闪回。在那里，我们发现，在埃文还是孩童和青少年时，就经历了众多的性创伤和心理创伤。他的邻居——他至爱的凯莉（Kayleigh）以及凯莉的哥哥、汤米（Tommy）的父亲——曾经强迫他参加儿童色情片的拍摄；他的缺乏自理能力、患有精神病的父亲一度差点把他掐死，然后保安在他面前杀死了他父亲；在与朋友摆弄炸药时，他意外地炸死了一个母亲和她年幼的女儿；他眼睁睁地看着他的狗被汤米活活烧死。几年后，埃文意识到，在阅读他年轻时写下的日记时，他能回到过去，并能修改其中的部分内容。这些穿越事件（time traveling episodes）可以说明，何以他在年幼时经历了频繁的失忆。埃文开始编辑他的个人时间表，这创造了替代性未来（alternative futures），在那里，他时而是男大学生联谊会的大学生，时而是因为杀害汤米而身陷囹圄的人，时而是截过肢的人。埃文干预自己的过去，以便撤销他在童年时经历的最不愉快的事件，这些事件与他神秘的失忆不谋而合，诸如拯救凯莉，使她免遭她父亲的骚扰，免

---

[1]　美国气象学家爱德华·罗伦兹（Edward Lorenz）在1972年发表过一篇论文，题为《可预测性：巴西一只蝴蝶的翅膀拍动会造成得州的飓风吗？》（"Predictability: does the flap of a butterfly's wings in Brazil set off a tornado in Texas?"）此论文轰动一时，并成为"典故"。作为"典故"，它的意思是：某些原本看似无关紧要的小事，却有可能导致无法预期的灾难性后果。——译者注

遭她哥哥汤米的折磨。

不过，埃文很快意识到，尽管用心良苦，他的行动带来了始料不及的后果：他想改变过去，到头来却伤害了他关心的那些人。他逐渐明白了，处于不同的时间表中的每个人都在遭受苦难，而苦难的源头就是他。于是他决定做最后一次穿越，回到正在举办聚会的后院，那时他还是孩子，第一次见到凯莉。这次见面时，他在凯莉的耳边低语道："我恨你，如果你敢和我说话，我就杀了你和你全家。"她哭着跑开了。后来在她父母离婚时，她将选择与母亲而不是父亲生活在一起，住在另一个社区。这样一来，以不与埃文相识为代价，她永远不会饱受虐待，然后获得圆满的人生。电影的最后一个场景设定在八年后的纽约，已经长大成人的埃文与凯莉在街上擦肩而过。尽管凯莉的脸上露出了似曾相识的表情，但这种表情稍纵即逝，她也匆匆走过，没有和埃文说话。她确信自己不认识他。

影片的结局有三个版本，其中两个是"幸福"的，一个是开放的。在第一个版本中，埃文在人行道上与她擦肩而过，然后回过头尾随凯莉而去。在第二个版本中，他们彼此做了自我介绍，埃文还约她出来喝杯咖啡。[1] 不过，第三个结局远为激进（有传言说，导演从一开始就喜欢这个结局，但电影公司出于商业方面的考虑否决了它）：闯入医生的办公室后，埃文开始看影片，但这一次，他看的不是有关邻里聚会的家庭影片，而是由他父亲拍摄的有关他出生的影片。我们看到，埃文的母亲躺在产房里。通过画外音，我们听到她在告诉尚未出生的埃文，她已经失去两个孩子，埃文是她的奇迹宝贝（miracle child）。因为知道自己的出生将会导致怎样的灾难，埃文在子宫里用脐带勒死了自己。死后，他看见母亲在病房里痛哭。因为从未诞生，他也从未修改过时间表。他的自杀还可以解释，何以他的母亲在他之前已有两个婴儿胎死腹中——他们以同样的方式自杀而亡。我们不禁要把这个结局称为索福克勒斯版本

---

[1] 译者看到的三个版本是：第一个结局，埃文与凯莉擦肩而过，他回过头来，目送凯莉消失于茫茫人海，惘然若失，但没有尾随凯莉而去，而是与她各奔东西。第二个结局与作者所述无异。第三个结局，与作者描述的第一个结局相同：埃文在人行道上与她擦肩而过，然后回过头尾随凯莉而去。作者稍后所说的"第三个结局"应为"第四个结局"，是导演亲自剪切的结局。——译者注

（Sophocles version）的结局，因为《俄狄浦斯王》中的合唱队唱过这样的歌词：世界上最好的事情就是不曾出生。

这里存在着某种否定之否定，存在着一种逆转，即从主体的理想的幻象形象（ideal fantasy image）向下列幻象的逆转——主体把自己从理想的画面中抹除。因此，《蝴蝶效应》为我们提供的教益是，主体只在现实客体中寻找蝴蝶是不够的。在这个广阔的领域内，归根结底，任何东西都有可能发挥蝴蝶的作用。主体必须意识到，他本人就是他在寻找的蝴蝶，阻止事情变糟的不二法门是把自己清除出去。结果出现了另一个纯粹的幻象场景：在（想象性地）自杀后，我作为一个脱离了肉体的凝视（disembodied gaze）幸存下来，观察着那个没有我的乌托邦世界。天堂把埃文挡在门外。作为天堂的外部观察者，他采取的立场和史黛拉·达拉斯如出一辙：进行社会性的自杀（commits social suicide），把自己化约为纯粹的凝视，观察着那个幸福的家庭，而那个幸福的家庭是在把他从画面中抹除之后才出现的。弗兰克·卡普拉（Frank Capra）的经典影片《生活多美好》（*It's a Wonderful Life*）似乎提供了与此相反的例证：在主人公濒临自杀时，他的守护天使告诉他，如果没有了他，小镇上的生活会发生多么糟糕的变化。我们看到的是有关粗俗不堪的商业化大街的现实主义画面。这部影片的反讽意味在于，替代性现实（alternate reality）不是乌托邦，而只是美国的生活现实。

抽象的伦理无神论（ethical atheism）的局限就表现在这里：它导致的最终结果不是肆无忌惮的享乐主义，而是以伦理为动机的自杀——它把这种自杀当成了摆脱承担全部责任之重负的唯一出路。或者，用穿越叙事（time-travel narratives）的话说，我越是想通过干预过去而改变过去，事情就越是变得糟糕。例如，在斯蒂芬·弗莱（Stephen Fry）的替代现实小说《缔造历史》（*Making History*，1997）中，一个科学家发现了以最低程度改变历史的方式。因为饱受纳粹大屠杀的精神摧残，他要重塑历史。于是他改变了一条小溪的溪水的化学成分。那条小溪为一个村庄提供水源，而希特勒就出生在那里。那大约是希特勒的母亲怀上希特勒的时候，但溪水的化学成分改变后，使当地妇女无法怀孕。这个科学家回到现在，发现他的干预大功告成：希特勒未能出生……不过，另一个野心勃勃的政客，一个更有才干和精通现代科学的普鲁士贵族接管了纳粹党。在他的推动下，原子弹取得了更快的发展，这确保了德国在第二次世界大战中大获全胜。现在，这位科学家为了撤销他的第一次干预和把希特勒重新带回，献出了自己的生命……

我们可能要在这里提到大家常说的陀思妥耶夫斯基与萨特的大同小异。在《存在主义即人道主义》（"Existentialism is Humanism"）一文中，萨特概括了他的激进无神论（radical atheism）的前提：作为自由的存在，我们要为我们的全部因素（all elements）负责，为我们的意识负责，为我们的行动负责，甚至为我们以之为前提而采取行动的条件负责（通过接受这些条件，我们使之成了我们行动的条件）。正是这个缘故，享受全然的自由意味着承担全部的责任。即使那些不想负责的人，那些宣称自己不为自己或自己的行为负责的人，依然在有意识地做出选择，因而要为后来发生的一切负责，因为后来发生的一切是他们作为或不作为的结果。与此如出一辙，陀思妥耶夫斯基《卡拉马佐夫兄弟》中的佐西马长老声称，要想获得救赎，出路只有一条：我们要使自己为所有人的罪孽负责，也就是说，我们要为其他人负责——但与别人相比，我要承担更多的责任，"只要你极其真诚地认为，你应对所有的事物和所有的人负责，你就会立即看出来，事实上的确如此，你的确对所有的人和所有的事物的过错担有罪责。"

我们现在终于明白了，为何拉康把陀思妥耶夫斯基的"如果上帝不存在，人人无所顾忌"转化为"如果上帝不存在，一切皆被禁止"的做法是完全正确的：从彻底的无神论的角度看，我为所有的人和所有的事物负责，这意味着，我做过的一切，或我不做的一切，都可能导致灾难性的后果，所以在货真价实的无神论中，不仅一切皆被禁止，而且归根结底，我也应该被禁止，被清算，被从画面中抹除……如此承担责任的极端形式，是承担生态责任：因为人类自身是终极的大胖蝴蝶，为环境的破坏负责，所以人类应该把自己从画面中彻底抹除，集体自杀，以偿还债务。不过，即便如此，也未必奏效，因为人类的集体自杀会引发前所未闻的灾难，毕竟地球上的生命已经适应了人类的污染，突然的变化会打破既定的平衡。在这里，应该被问题化的是平衡这个概念。依据有关达尔文的一则传说，当他在一个太平洋海岛的岸边目睹数以百计的海龟在剧痛中慢慢死去时，就不再信仰上帝。因为四脚朝天，那些海龟无法回到大海，只能在那里眼睁睁地等死，任由天气和捕食者蹂躏。使达尔文沮丧的是，这个可怕的场景显然是海龟的正常生命周期的一部分——海龟已经"适应"了这一切，这种死亡形式绝非意外。所以，很久以后，某些生态学家试图组织一群人前往那里，花上几天时间，帮海龟翻身时，其他更激进的生态学家则表示抗议。他们宣称，这是对自然平衡的干预，会搅乱这个海岛的整个生物圈。

这种伦理，即人要对大对体负不对等的责任（asymmetric responsibility towards the Other）之伦理，被伊曼纽尔·列维纳斯（Emmanuel Levinas）向前推进了一步。列维纳斯使之更加激进，把它变成了对人的生存权（right to exist）的质疑：难道我没有仅仅由于我的生存，就占据了本来别人也有可能占据的位置，并因此限制了别人的生存？不过，可以说，一边是我为他人负责（或我对他人负责），一边是我的生存权利，在这两者的联系中，存在着固有的虚假不实之物。尽管列维纳斯主张其普遍性（我们每个人从一开始就处于对所有其他人负责的位置），这种不对称性实际上最终赋予某个特定的群体以特权，使这个群体对所有其他人负责。这个群体以一种特权方式（in a privileged way）体现责任，或直接代表责任。在这种情形下，这个群体当然是犹太人。如此一来，我们不禁要再次谈论"犹太人的（伦理）负担"：

> 千万不要把上帝特选之民这个观念当成骄傲的标志。它并不涉及对特别权利的知悉，只涉及对特别义务的知悉。它是道德意识自身的特权。它知道自己处于世界的中心，世界在它看来不是由同类人组成的：因为在能够响应号召方面，我总是孤身一人，所以在承担责任方面，我是无可替代的。[1]

---

1　Emmanuel Levinas, *Difficult Freedom*, Baltimore: Johns Hopkins University Press, 1997, pp. 176-177.

换言之，用马克思的价值表现形式（forms of the expression of value）来类推，我们要问，难道我们在这里得到的不是从简单而先进的形式（我为你们负责，为你们全体负责）向一般的等价物过渡，然后又回到了对它的逆转（我占据特权地位，为你们全体负责，这是你们实际上全都要为我负责的原因）吗？这不就是如此伦理立场的"真相"，并因此肯定了先前的黑格尔式的怀疑——每个自我贬抑的表达都在秘密地肯定了与之相反之物？自我怀疑和自我特许（self-privileging）天生就是一物之两面；关于尊敬他人，只要这一行为以怀疑自身的生存权利为基础，那它就总是存在着虚假之物。

对列维纳斯的斯宾诺莎式回应会是这样的：我们的生存不以牺牲他人为代价，却构成了现实网络（network of reality）的一部分。在斯宾诺莎看来，并不存在霍布斯式的"自我"，即从现实中抽离出来并反对现实的"自我"。斯宾诺莎的存有论是完全内在于世界（full immanence to the world）的存有论：我只"是"我与世界结成的关系网络，我的彻底"外在化"只是在世界之内的"外在化"。我的自然企求力（conatus），我对自己予以肯定的倾向，并不以牺牲世界为代价，而是对"我是世界的一部分"的全盘肯定，是对更广泛的现实的肯定，只有在这一现实之内，我才能壮大。因此，利己主义和利他主义的对立是可以克服的：我绝对不是作为一个孤立的自我存在的，我只是存在于不断壮大的现实（thriving reality）中，而且我是这现实的一部分。列维纳斯写道："享乐是自我的特殊化……是利己主义之作。"[1] 他由此得出结论："只有不顾自己，把要给予别人的东西从自己身上撕下来给予别人，给予才有意义。……只有吃饭的主体才是为了他人的主体。"[2] 列维纳斯在这样说时，悄悄地把自私自利的"主观主义"的（自我）生存观归到斯宾诺莎的名下。他对"我的生存权利"所做的反斯宾诺莎式质疑，实际上是被倒置

---

1　Emmanuel Levinas, *Otherwise than Being*, The Hague: Martinus Nijhoff 1981, p. 73.

2　Ibid., p. 74.——作者注。作者的引文有些突兀，难以理解。列维纳斯在谈到"给予"（giving）的意义时是这样说的：单纯的给予没有意义，只有把自己和别人同样需要的东西给予别人，给予才有意义。比如，人要吃饭（"面包"），所以忍受痛苦，把饭（"面包"）从自己嘴里省下来，送给别人，这样的给予才有意义。——译者注

的狂妄自大：仿佛我是中心，我的生存危及了所有其他人的生存。

对列维纳斯的回应不应该是肯定我与他人和谐共处、容忍他人生存的生存权利，而是提出更加激进的问题：我真的在存在吗？难道我不是存在秩序（order of being）中的一个黑洞吗？这使我们回到了那个终极悖论上来。由于存在这一悖论，列维纳斯的回应是不充分的：我是对整个存在秩序的威胁，这倒不是因为我作为存在秩序的一部分在积极地生存，而是因为我是这个存在秩序中的一个洞穴。职是之故，作为空无，我"是"一种努力——努力伸出手去，占有一切。只有空无才能渴望成为一切（Everything），谢林已经对主体做了这样的界定。在他看来，主体是空无，他在永不停止地努力，努力成为一切。相形之下，在现实中据了一定空间的、根植于现实的、积极的、活的存在（positive living being），天生就是一个自身循环和复制的时刻（a moment of its circulation and reproduction）。

## 在两种不可能性之间

回想一下伏尔泰先前讲过的有关上帝的俏皮话吧：即使上帝不存在，也有必要虚构一个出来（以便控制那些暴民）。在这里，概念或本质先于存在（符号性位置先于刚好能够放入这一位置的实存物）。父亲不就是这样的实存物吗？他并不存在（没有一个父亲能与有关父亲的概念相匹配），但我们必须想象他是存在的。实在界正好与此相反：它存在着，即使我们无法想象／虚构它的存在。也就是说，只有它"就在那里"（being-there），才能使我们相信，它真的可能存在。在这里，也只有在这里，存在先于本质。未知因素（X）就在那里，这个事实是无可否认的，尽管从概念上讲，它是不可能存在的。但这就是事情的全部吗？作为建构物的实在界（the Real *qua* construct）也不是并不存在之物吗？这样的实在界只是作为形式结构中的一个点位（a point in a formal structure）存在着，就像弗洛伊德的《一个孩子正在挨打》（"A Child Is Being Beaten"）中第二命题所表明的那样。把下列两种情形区分开来，至关重要：一种是符号性位置，它先于用来填补这一位置的、已经存在着的一小块现实（bit of reality）；一种是只能从逻辑上推导出来的未知因素，或者说，只能通过不可能性——不可能使之充分符号化——而出现的未知因素。如果我们想避免对拉康的幼稚解读，看到从作为抵抗符号化的硬核的实在界（the Real as the hard core that resists symbolization）向只是空洞基准点（empty point of reference）的纯粹虚拟现实（purely virtual Real）的逆转，生死攸关。

　　张力构成了实在界这一概念的特征。还可以把这种张力概括为某种奇怪的否定之否定：肯定或获得未知因素是不可能的，这种不可能性被还原成了更加彻底的不可能性，即肯定对立物的不可能性。在第一步，我们的自由被否定，但在第二步，我们直接求助于非自由，这也被否定了。因此，就其最激进的层面而言，还应该把否定之否定视为已告失败的否定：首先，否定被强化，但它失败了，否定之否定接受了那一失败的后果，赋予它积极的动力（positive spin）。正是在这里，我们应该引入拉康的那对范畴——异化与分离（separation）。归根结底，分离只是已告失败的异化而已。如果主体想在符号性秩序中被成功地异化，他就必须彻底融入那一秩序，并因此把自己化约为大对体的木偶。因此，给予我们喘息空间的，恰恰是我们的努力失败了。通过这一失败，主体把自己与其符号性表征（symbolic representations）分离开来。因为主体并不生存在这些表征之外，他本身也是这些表征的结果，所以他只能通过它的表征的失败（failure of its representations）获得自由的空间。[1] 这道理不同样适用于弗洛伊德所谓的"被压抑物的回归"吗？我们不是还可以把"被压抑物的回归"视为某种否定之否定吗？压抑是心灵否定（psychic negation）的一种形式：某种东西被赶出了意识/潜意识系统，被压抑物（以征兆等形式）的回归，意味着压抑的失败。

　　黑格尔能想到这种否定之否定，即在拉康那对范畴——异化与分离——中存在否定之否定吗？或以稍微不同的方式表达同样的观点：黑格尔式的"否定之否定"步骤能够解释"少于空无"的客体的兴起吗？哲学常识告诉我们，黑格尔的三元组以更高的综合（重新回到统一）告

---

1　我的这个想法来自与艾伦·舒斯特的聊天。

终，而拉康的分离更像排泄物般的过度或残余（excremental excess or leftover）。此外，在拉康看来，异化构成了主体。严格说来，根本不存在通过异化把自己变成自己的他者性（otherness）的主体，相反，主体是（自身的）异化过程之结果，他是通过丧失自己的实体性内容而出现的。由于这个缘故，采取相反的措施，即消除异化，不能涉及也不应涉及主体对其被异化的实体性内容的重新占有，而是对构成了主体自身的异化/丧失进行反射性加倍（reflexive redoubling）或反射性重申。大对体与自身疏离[1]，小客体被从大对体中抽离，或者用黑格尔的话说，主体意识到埃及人的秘密对于埃及人来说也是秘密，所有这一切，使主体与他人的疏离加倍。小客体，即拉康对"少于空无"的称谓，铭刻的是匮乏的这一加倍（this redoubling of the lack）。它指的不只是匮乏的客体（本来应该存在某物，现在却是空无），而且是使这一匮乏加倍的客体（object that redoubles the lack），是被从空无中抽离的悖论性的某物（a paradoxical something subtracted from nothing）。[2]

我们现在可以概括"否定之否定"与"少于空无"这一神秘因素的联系了：对于某物（something）的否定导致了空无，但被否定的空无并不能使我们重新得到某物，而只能导致某个"少于空无"。被否定的生命是死亡，被否定的死亡却不是生命，而是"不死性"（undeadness），是"少于空无"这个活死人的生命，也就是说，它甚至连死人都不算。詹妮弗·贝茨（Jennifer Bates）在其出色的《黑格尔与莎士比亚论道德想象》（*Hegel and Shakespeare on Moral Imagination*）中把"向上扬弃"与其诡异的二重身"向下扬弃"区分开来。[3]这种区分可以通过注意"精神"（geist）一词的歧义来解释。"精神"要么指纯粹的思想（pure thought），即与物质惰性和感觉官惰性截然相反的精神性（spirituality），

---

1　疏离（alienation），即异化，只是这里译为"异化"语句不通，故有此下策。——译者注

2　这段文字甚为晦涩，却是本书的关键之所在：（1）拉康的否定之否定似乎不同于黑格尔的否定之否定；（2）两者之异，关键在于"异化与分离（疏离、抽离）"；（3）异化构成了主体；（4）大对体与自身的疏离，小客体从大对体中抽离，使主体加倍异化，也使主体更成为主体（消除异化反而徒劳无益）；（5）小客体把这一切记录下来，它"少于空无"，因为它是从空无中抽离的。——译者注

3　参见 Jennifer Ann Bates, *Hegel and Shakespeare on Moral Imagination*, Albany: State University of New York Press 2010, esp. Chapter 3, "Aufhebung and Anti-Aufhebung: Geist and Ghosts in Hamlet".

要么指鬼魂，即拥有幽灵一般的物质性（spectral materiality）的、污秽的、不死的幻影（apparitions）。精神性是以概念清晰之模式（in the mode of conceptual clarity）自我呈现出来的，精神则令我们寝食不安。标准的黑格尔式"向上扬弃"把现实的直接性精神化了（spiritualizes the immediacy of reality），它以理想／概念的形式（in an ideal/notional form）削弱了其斗争和／或矛盾，但在"向下扬弃"的情形中，矛盾依然没有得到解决，只是以污秽的、幽灵般的表象修修补补而已。例如，就生与死而论，某人死后，"正常"扬弃是以某种能留在集体记忆中的概念把他理想化。也就是说，对他的生命的"否定之否定"是把他死后的生命（posthumous life）保留在集体记忆里。在集体记忆里，他的生命丧失了偶然特性，被化约为他的概念性本质（notional essence）。不过，一旦这种符号性和解（symbolic reconciliation）失利，已故之人的生命就无法真正扬弃，而只能以令活着的人寝食不安的鬼魂这个污秽的伪物质性（pseudo-materiality）为掩护回归。因此，"向下扬弃"涉及不同的否定之否定（活－死－不死）。这种否定之否定的产物是幽灵显现。它令活着的人寝食不安。这时，它以其惰性抵抗扬弃。因为它本身就是空无，没有任何实体，所以无法被否定和／或被扬弃。借用莎士比亚的《特洛伊罗斯与克瑞西达》中的话说，只要在看见鬼魂时涉及明显的疯癫因素，绝对精神在从事否定的工作——这种工作即绝对精神——时，真的会说"我的否定没有疯癫的味道"[1] 吗？

以标准的解构主义方式解读这种区分，会失之于（过于）掉以轻心。这种解读会把鬼魂视为逐渐精神化／理想化这一理性辩证进步的幽灵般残余，把鬼魂视为抵抗这一进步、继续纠缠这一进步的某种事物。不过，这不是黑格尔式扬弃的归宿，不是它的终极僵局（final deadlock）：正如贝茨清晰表明的那样，在某些情形下，鬼魂令我们寝食不安，黑格尔的确提供了使这种情形去鬼魂化（de-ghostify a situation）的方法，即驱走鬼魂的方法。但不知何故，他提供的方法不是最终成功

---

1 "我的否定没有疯癫的味道"（my negation has no taste of madness），此语出自莎士比亚《特洛伊罗斯与克瑞西达》中的特洛伊罗斯之口，一般译为："我还没有发疯，我知道那不是她。"参见该剧第五幕第二场。——译者注

地扬弃其惰性，而是——说起来有些自相矛盾——在把精神等同骨头这个最无幽灵性的、惰性的和粗俗的物质性（the most non-spectral, inert, and vulgar materiality of a bone）的无限判断中，把惰性推向极致。把精神等同骨头，此语出自对黑格尔的《精神现象学》有关颅相学的分章做了总结的著名的无限判断："精神是根骨头。"[1] 在《哈姆雷特》中，主人公哈姆雷特被已故父亲的鬼魂弄得惶惶不可终日。在戏剧即将结束时，他终于摆脱了鬼魂。那时，在一个刚刚建好的坟墓前，他注视着自己宠爱的小丑的头盖骨。[2] 只有这样的对峙，即与惰性达到极限的物质性（materiality at its most inert）的对峙，才能荡涤鬼魂这个污秽的精神性（obscene spirituality of the ghost），进而为纯粹的精神性（pure spirituality）腾出空间。

如果我们建构一套可与黑格尔的历史重复理论（historical repetition）媲美的黑格尔式的鬼魂理论呢？重复可能也会显现这样的事情，它以其自身的盲目的锲而不舍，抵抗辩证性扬弃。但黑格尔成功地找到了一种方式，把它囊括于他对历史运动的说明之中：历史事件第一次出现时只是偶然性的事例（contingent occurrence），它只有通过重复自己，才能肯定自己内在的概念必然性（inner notional necessity）。黑格尔以恺撒大帝的命运为例表明这一点：

> 我们看到，连罗马最高贵的人们也认为，恺撒的统治只是偶然的事情，整个事态都依赖于他的个性。西塞罗（Cicero）是这么想的，布鲁图斯（Brutus）和卡西乌斯（Cassius）也是这么想的。他们相信，只要这个人不挡路，共和国会理所当然地得以恢复。为这个奇异的幻觉所迷惑，布鲁图斯这个极高贵人物，还有与西塞罗相比，被赋予了更大实践能量的卡西乌斯，联手暗杀了恺撒，尽管他

---

1　黑格尔的原话是："至于自我意识的个体性的另一方面，即它的特定存在的那方面，则是独立着的存在和主体，换句话说，是一种事物，更确切地说，就是一块骨骼。人的现实和特定存在就是人的头盖骨。"见黑格尔，《精神现象学》上卷，贺麟、王玖兴译，商务印书馆，1979 年，第 220-221 页。详见"头盖骨的形状与个体性的关系"部分。——译者注

2　参见莎士比亚《哈姆雷特》第五幕第一场。——译者注

们赞赏恺撒的美德。但形势很快表明，只有一个单一的意志才能引领罗马帝国，现在罗马人被迫采纳了这个看法。之所以如此，是因为在世界的所有时期内，一旦政治革命重复自己，它就会得到民意的批准。因此，拿破仑两度失败，波旁王朝两次被逐。通过重复，起初看起来只是意外和偶然的东西，变成了真实的、被认可的存在。[1]

恺撒的例子尤其贴切，因为它涉及一个名字的命运：这个名字第一次出现时只是某个特定之人的偶然性的称谓，但通过再次出现，它成了普遍的头衔（奥古斯都是第一个凯撒）。如果我们以同样的方式看待鬼魂呢？倘若如此，对死者的失败扬弃（对死者的扬弃一旦失败，他作为鬼魂会令我们寝食不安），不仅导致扰乱"正常"辩证进步的非辩证混乱（non-dialectical complication），而且导致为第二步——成功的扬弃——创造条件的必然性混乱。不妨回想一下，据说在一场战役的前夜（阴谋家们在那场战役中一败涂地），恺撒作为鬼魂，出现在布鲁图斯面前。如果通过《哈姆雷特》解读恺撒的故事，我们会说，只有在恺撒被化约为他的头盖骨后，只有在他不再作为一个鬼魂令活人寝食不安时，我们才能把他转换成"恺撒"这个普遍的头衔。

那么，黑格尔无法做向下的扬弃吗？或者说，他的喜剧观（喜剧是对悲剧性冲突的调和）没有精确地指出向下扬弃的方向（在那里，悲剧性的失败本身再次宣告失败）吗？喜剧领域是由两个奇怪的对立特征来界定的。一方面，喜剧被视为日常生活的粗俗物质性对高度严肃的虚夸

---

1 G. W. F. Hegel, *Philosophy of History*, Part Ⅲ: The Roman World, available at www.marxists. org.——作者注。参见中文版："然而罗马那些最高尚的人士竟然也把恺撒的统治看作是一桩偶然的事情，以为整个的局面都系于恺撒的个性。西塞罗是这样想，布鲁图斯和卡西乌斯也是这样想。他们相信，只要把这个人除掉了，共和国便能在事实上恢复过来。抱这种奇怪的错误，布鲁图斯这一位高尚的人物，和比西塞罗更有实践能力的加西阿斯，更把恺撒暗杀掉了，虽然恺撒的德行是他们所敬仰的。可是不久问题便明白了，只有一个单独的意志才能够率领罗马国家，于是一般罗马人也相信这种意见；因为自古到今的一切时间内，假如一种政治革命再度发生的时候，人们就把它认为是理所当然的了。也就是这样，拿破仑遭到了两次失败，波旁王室遭到了两次放逐。经过重演以后，起初看来只是一种偶然的，便变做真实和正当的事情了。"黑格尔，《历史哲学》，王造时译，上海书店出版社，2001年，第358页。——译者注

世界的入侵。比如，一个领袖走进富丽堂皇的大厅去主持正式会议，就像人们常说的那样，他踏在香蕉皮上，滑倒在地。另一方面，还存在着奇怪的不朽，它为喜剧性人物所拥有，与萨德笔下的受害者历经劫难而不死的能力毫无二致。比如，当领袖因为踩在香蕉皮上而滑倒在地时，真正富有喜剧性的，是他假装自己依然能够保持尊严，继续阔步向前，仿佛什么都不曾发生……（倘若不是这样，我们看到的，即使不是"领袖丧失了尊严"这一彻底的悲剧景观，也是多少有些凄惨的景观。）我们如何同时考察这两个特征？阿伦卡·祖潘契奇提供了真正的黑格尔式的答案[1]，不错，喜剧的空间是介乎下列两者之间的空间：一者是高贵的符号性面具；一者是日常生活的荒诞粗俗，这样的荒诞粗俗还有其小小的激情和缺陷。但真正的喜剧步骤（comic procedure）不只是把日常生活注入喜剧，进而撕破面具（严肃的使命或崇高的激情），而是制造某种结构性的短路，或者使两者交换位置，到那时，面具（或使命、激情）显现为可怜的怪癖，显现为真正的人性缺陷。回想一下那些标准的日常喜剧人物（吝啬鬼、醉鬼和色鬼）吧：正是他们对某种过度的使命或激情（some excessive task or passion）的依附，使他们具有了人性。正是这个缘故，我们可以说，卓别林在《大独裁者》中的做法是对的：希特勒的狂妄并非"非人"之物，没有超出对普通的人类快乐和弱点予以同情的范围。相反，希特勒是"人性，太人性了"，他的政治狂妄是"过于人性"的怪癖，这使得他荒诞可笑。简言之，希特勒是邪恶独裁者这一滑稽人物，可与色鬼、吝啬鬼和欺骗主人的仆人（Deceiving Servant）平分秋色。

然而，好端端的悲剧是如何变成喜剧的？黑格尔注意到，安提戈涅在可怜地接受了自己的命运后，碰到了一件奇怪的事情。不客气地说，她开始表演。她的言辞展示了这样一个层面——她觉察到了自己扮演的"角色"，这自内而外地瓦解了她的直接的伦理自发性（immediate ethical spontaneity）：

---

1　参见 Alenka Zupančič, *The Shortest Shadow*, Cambridge, MA: MIT Press 2004。

可是我曾听说坦塔罗斯的女儿，那弗利甚亚客人。在西皮罗斯岭上也死得很凄惨，那石头像缠绕的常春藤似的把她包围，雨和雪，像人们所说的，不断地落到她消瘦的身上，泪珠从她泪汪汪的眼里滴下来，打湿了她的胸脯。天神这次催我入睡，这情形和她的相似。[1]

在这里，安提戈涅在表演，她以神话为例，使自己的困境模型化。简言之，她知道，她的悲剧性困境具有内在的戏剧性（immanent theatricality），这种戏剧性天生地把最低程度的喜剧感（touch of comedy）赋予她的困境。我们可以（也应该）这样想象：她这样做，只是暂时中断自己无力的抱怨，短暂地担忧——为她的自发激情（spontaneous passion）的迸发这一表演是否到位而担忧[2]。

因此，从悲剧向喜剧的过渡涉及对"代表"[3]的局限的克服：在悲剧中，单个演员代表着他扮演的普遍性格[4]，但在喜剧中，他直接就是这一性格。因此，在喜剧中，"代表"中的裂缝已被弥合。但这不是说，喜剧演员与他扮演的角色完全重合，仿佛他在舞台上表演的是他自己，他就是那样的人。相反，以真正的黑格尔的方式来理解，在悲剧[5]中，把演员与他扮演的舞台形象（stage persona）隔离开来的裂缝被转移到舞台形象那里：喜剧性格（comic character）从来都不完全认同自己的角色，他总是保持着从外部观察自己、嘲笑自己的能力。[6]

喜剧催生了哪种不朽？正如我们刚刚看到的那样，喜剧并不去崇

---

1　译文来自《索福克勒斯悲剧二种》，罗念生译，人民文学出版社，1979年，第31页。——译者注

2　这句话包含两重意义：（1）她的自发的激情其实并无"自发"可言，而是表演，她也知道这一点；（2）她一边表演，一边担心自己的表演是否到位。——译者注

3　"代表"的原文是"representation"，此词含义丰富：在艺术理论中指再现，在政治制度中指代议，还有表现、代表、描述、表征等意义。这里指演员和角色之间的"代表"和"被代表"的关系。——译者注

4　在黑格尔的艺术哲学传统中，普遍性格（universal character）中的性格（character）指剧中人物，即后面所谈的"舞台形象"。——译者注

5　感觉这里的"悲剧"改为"喜剧"，这段文字才能讲得通。——译者注

6　欲知对安提戈涅的喜剧转向所做的更加详细的分析，请见下列著作第五章：Slavoj Žižek, *Less Than Nothing*, London: Verso Books 2013。

高化（de-sublimation），不把我们的尊严和鸿鹄之志化约为我们尘世生存的粗俗有限性（vulgar finitude of our earthly existence）。一旦精神性（spirituality）历经失败而存活并持续存活下去，喜剧效果就会不请自至。不过，喜剧中的不朽并非战胜了生物死亡的精神（spirit）具有的高贵不朽，而是一种诡异的不朽，比如，是企图自杀而不得、努力去死却失败的那些人的不朽，或者是以更加诡异的模式出现的不朽，即哥特小说和恐怖小说中的不死之人（the undead）具有的污秽不朽。以不死之人为主人公的影片总是处于变成喜剧的边缘，这个事实是个明确的信号，它告诉我们，不死性是如何在喜剧与恐怖、笑声与噩梦之间游移不定的。

人们通常认为，喜剧是对悲剧冲突的调和，是对悲剧冲突的克服，它表达了一种英明的洞识，告诉我们"悲剧是个幻觉"，我们的全部冲突都是光影游戏（shadow games），全都是一出戏，等等。也就是说，它采用的是被提升到悲剧冲突之上的普遍性之立场（position of universality）。上面列出的这些观点开辟了完全不同的透视：最激进的喜剧指向了超越悲剧的维度，这个维度因为过于骇人而显然无法为悲剧维度——它是对悲剧性否定（tragic negation）的奇怪否定，是悲观性失败后的再失败。

## "向下的综合"

那么，这种黑格尔式的机制能够说明没有积极综合结果（with no positive synthetic result）的否定之否定吗？有个特殊版本的黑格尔式三元组，它是以我们可以称为"向下的综合"的东西——类似于贝茨所谓的"向下扬弃"的步骤——完成的。尽管在它那里，最终出现的不是鬼魂，而是骨头或其他形式的直接性（immediacy）。这方面的典范是基督教。尽管基督教依然处于崇高的范围内，但它产生的崇高效果在某种程度上却与康德截然相反：它不是通过对我们的代表能力（capacity to represent）的极度使用［尽管极度使用我们的代表能力无法凸显超感官理念（suprasensible Idea），而且说起来有些自相矛盾，这样做成功地勾勒出其空间］，而是作为反证（a contrario），通过把代表内容

（representative content）降低到几乎难以想象的层面，产生崇高的效果。在代表的层面上，基督是"人之子"，是衣衫褴褛、穷困不堪的人，夹在两个土匪中间，被钉死在十字架上。正是以他的尘世表象为背景，以这个不幸的人物为背景，他的神圣本质更加强劲地表现了出来。在维多利亚时代晚期，同样的机制使"象人"这个悲剧人物产生了意识形态的冲击力。有关"象人"，当时出版了众多著作。正如其中一本著作——《象人：对人类尊严的研究》（*The Elephant Man: A Study in Human Dignity*）——的标题所暗示的那样，正是他离奇诡异和令人作呕的身体扭曲，凸显出他内在精神生命的单纯高贵（simple dignity）。这样的逻辑不也是史蒂芬·霍金取得辉煌成功的《时间简史》的不可或缺的组成部分吗？倘若他对宇宙命运的沉思不是来自一个残疾、瘫痪的躯体，一个只能通过一根手指的微弱移动与人交流的躯体，一个只能借助非人格的机器生成的声音发声的躯体，他的沉思还会对公众产生如此巨大的吸引力吗？"基督的崇高"就在这里：纯粹精神性的必然对应物（表象形式）就寄身于这个不幸的"一小片实在界"。

在这里，我们必须小心翼翼，不要错失黑格尔之要义。黑格尔要达到的目的，不是下列简单的事实：因为超感官对感官再现领域不感兴趣，所以它可以最低程度的再现为伪装显现出来。黑格尔再三强调，并不存在处于我们的感官经验之外或脱离我们的感官经验的特别的"超感官领域"（suprasensible realm）；因此，严格说来，把"超感官领域"化约为令人作呕的"一小片实在界"是述行性的（performative），其促成了精神维度：精神"深度"是通过对表面进行畸形的扭曲生成的。换言之，关键不仅在于，上帝化身不幸之人，通过他与最低形式的人类存在（the lowest form of human existence）的对比，通过荒诞的、极度的不和谐，凸显出他的真实性质；关键更在于，这种极度的不和谐，这个绝对的分裂，正是"绝对否定性"（absolute negativity）的神力之源。犹太教和基督教全都强调上帝（精神）与（感官）再现的绝对不和谐，它们的区别是纯粹形式性的：在犹太教中，上帝居于不可再现的彼岸（unrepresentable Beyond），一道裂缝把他与我们隔离开来；在基督教中，上帝就是这道裂缝。从犹太教向基督教的转移，导致了崇高逻辑的变化，即从禁止再现（prohibition of representation）转向接受最无效的再现（most null representation）。

这种"基督的崇高"涉及特定的辩证运动模式，我们这里称之为"向下的综合"：它的终结时刻不是高奏凯歌的"综合"，而是最低潮（lowest point），在那里，立场和否定的共同基础被瓦解。我们现在卡在从符号性秩序那里脱落下来的残余之中，动弹不得。可以说，普遍的符号性调停（universal symbolic mediation）坍塌成了惰性的残渣。除了基督教的崇高，展示这一运动的其他的例证是肯定－否定－无限判断（positive-negative-infinite judgment）这个三元组，即对颅相学的辩证（"精神是根骨头"）。当然，这样的例证还有律法三元组（triad of Law），它在《精神现象学》中结束了论理性的那一章，为理性转入精神、历史开辟了通道：理性是立法者，理性测试律法（testing laws），理性仅仅因为律法是律法而接受律法。理性首先直接设置了作为普遍伦理戒律的律法（"人人都应该说真话"等）。一旦它看到偶然的内容，看到这些律法可能存在着冲突（不同的伦理规范会把不相容的行为形式强加于我们），它就会保持某种反思性距离，把自己限制在测试律法的范围内，看看这些律法与满足普遍性和一致性这个正式标准还有多大的距离。最后，理性意识到，这个步骤具有空洞的、纯粹形式性的特征，无法获得实际的精神实体，以为之填充具体、积极的内容。理性因而被迫接受下列事实：如果不预设，我们总是积习难改地涉足某种具体的、固定的伦理实体，涉足这样的律法——它有效只是因为它是律法，只是因为它被视为我们共同体的历史传统的构成部分而被我们接受，那它就既无法设置，也无法反思律法。我们只有以承认我们已被嵌入某个历史上特定的"精神实体"为基础，才能从严格意义上的历史转向精神的连续不断的实际历史形象。这三个阶段的逻辑是下列三元组的逻辑：1. 设置（positing）；2. 外在的和规定的反思；3. 最终的时刻。最终的时刻之为最终的时刻，在于直接接受既定的伦理实体。并不精通黑格尔哲学的某些人或许期待着，最终的时刻构成了"最低"的时刻，即直接的出发点，从那里，我们借助于反思的调停（reflective mediation）"前进"。作为一个整体，律法三元组证明了反思的崩溃：在它结束时，反思的主体已经完全适应作为普遍的、预设的介质（该介质调停了他在反思性调停方面做出的努力）的伦理实体。对调停之整体性的直接特征（immediate character of the totality-of-mediation）的心甘情愿的接受，正是黑格尔说到"规定的反思"时心里所想的东西：反思的整体性是通过偶然的、非反思的、"就摆在那里"的残余"凝为一体"的。[1]

　　"向下的综合"的另一个范例，是由自我否定的悲观主义这一生存立场（existential position of self-negated pessimism）提供的：生活以诡异的"可它还是在动"[2]的方式继续着，但过于虚弱，无法自我弃绝（self-renunciation），只好打破坚持原则的悲观主义形式（principled form of pessimism）。通常的"黑格尔式"否定之否定带给我们的，不是乐观主义（就算更深刻的、非质朴的乐观主义也不是），而是更低级之物：首先，乐观主义被否定，主体接受了"生活简直糟透透顶"等洞识，然后是坚持原则的悲观主义立场被否定，于是主体被卡在"比悲观主义还悲观主义"的东西之中，难以自拔[3]：

> 乐观主义不是悲观主义的对立物，它没有积极的实体或一致性，没有可使自己特立独行的坚韧精神，而是对悲观主义的持续强烈的否定性所做的深入加工：它正是从悲观主义之空无（nothingness of pessimism）中抽离的东西，是不允许悲观主义舒适地融入自身的荆棘，是不允许它隐没于自身虚无主义的荆棘，但也没有把它改造为它的对立物。……与此常识相反，我们应该捍卫疯狂的"唯心主义"主张：概念是对的，生活是错的。如果还有什么存有论的正义（ontological justice），那人类会在一缕逻辑的青烟（in a puff of logical smoke）中销声匿迹，就像影片《星际迷航》（*Star Trek*）中的电脑那

---

1　我最初是在下列著作的第二章详细阐发"向下的综合"这一概念的：Slavoj Žižek, *Tarrying With the Negative*, Durham, NC: Duke University Press 1993。

2　"可它还是在动"（*eppur si muove*，据说是伽利略于1633年被迫放弃地球围绕太阳旋转的学说后说出的一句话。这里的"它"指地球）。

3　齐泽克（或黑格尔）此论与鲁迅有关"奴隶"的看法颇为接近。鲁迅说历史上只有两个时代，一个是"暂时做稳了奴隶的时代"，一个是"想做奴隶而不得的时代"。这里的否定之否定不是"主人—奴隶—主人"，而是"主人—奴隶—想做奴隶而不得"。——译者注

样——在接到破解一个逻辑悖论的命令后，它突然瘫痪。生活没有瘫痪，这个事实无法反驳悲观主义，但它要求我们认可某个具有反讽意味的扭曲（ironic twist）：对生命的这一执着，不能证明存在着百折不挠的生命力和丰富性，而是表明存在着至高无上的存有论非正义（supreme ontological injustice），即对自我抵消之空无的狂暴干扰。[1]

这段文字明显地借用了黑格尔赫赫有名（或曰臭名昭著）的断言：如果概念与现实不相符，那更糟糕的是现实。或许忧郁（melancholy）是一种孤注一掷，它要在生存的层面上体验概念之真理（live the truth of the concept）。但这真的超越了黑格尔吗？相反，这岂不是依赖于形式与内容之分裂的、自我关联的否定之否定（self-relating negation of negation）的范例？首先，乐观主义的内容被否定，但"乐观主义"的普遍原则化的形式得以幸存；然后，这种形式本身分崩离析。坚持原则的悲观主义缺乏一致性，因为坚持原则本来暗示了最低程度的形式乐观主义（formal optimism）。而且，难道我们不应该把这个步骤解读为"向下的综合"的范例吗？在那里，辩证运动结束于最痛苦之时，就像颅相学那样。

这道理完全适用于不朽与必死之间的张力。[2] 必死是对不朽的第一次否定：我们必须接受我们的有限性，我们将归于尘土，身后将空空如也。不过，随之而来的"否定之否定"不是对某种不朽的奇妙回归或符号性回归，而是必死和不朽的某种"综合"（如标准的人本主义意义上的"即使我们一命归西，我们依然活在我们的作品中，生活在那些爱我们的人们的记忆中"）。在我们承认自己必死无疑之后依旧存在的不朽，是"低级"的不朽，它比死亡"更低级"，不再是精神上的永恒这种崇高的不朽。在通俗文化中，如前所述，我们在"不死之人"这个污秽形象身上瞥见了这种低级的不朽，这些"不死之人"甚至无法真正死去，只能继续令活人忧心忡

---

1　Aaron Schuster, *The Third Kind of Complaint* (unpublished manuscript).

2　我在此参考的是：Alenka Zupančič, "Die Sexualität innerhalb der Grenzen der blossen Vernunft" (manuscript)。

忡、惴惴不安。在精神分析理论中，这种不朽的称谓是"死亡驱力"，即一味前行的生命展示出来的锲而不舍，它甚至不打算遵循自然的规律，一死了之。从某种意义上讲，不死之人甚至连死人都不如。

喜剧不就是这样的向下的否定之否定的最高例证吗？[1] 正如我们已经看到的那样，把真正的喜剧效果仅仅锁定在出人意料的化约中，是错误的。这样的化约包括：把崇高化约为荒诞，把无限化约为有限，把精神化约为粗俗的物质（领袖因为踩在香蕉皮上而人仰马翻）。必须还有更多的事情发生，才有喜剧效果可言：崇高的维度必须持续存在，尽管面临重重的困难（领袖爬起来，一往无前，像以前那样趾高气扬，假装没有看见自己裤子撕开的裂口，以及从裂口中露出的色彩斑斓的圆点花纹短裤）。真正的喜剧效果来自这种死而不亡的、荒诞的崇高。因为我们的有限性之终极标志是死亡，所以最极端的喜剧时刻是主体试图自杀身亡而不得的时刻，仿佛主体过于虚弱，甚至无法完全接纳自己的有限性。结果就是比死亡还要等而下之的粗暴不朽，是锲而不舍地继续存在的生命。这样的生命持续存在，只是因为它实在成事不足，败事有余，甚至无法终结自己。在米兰·昆德拉的第一部长篇小说《玩笑》（这部小说远超他后来的畅销之作）的结尾处，主人公的被遗弃的情妇想通过过量服用药物自杀，但错把泻药当安眠药，最后坐在马桶上一拉就是几个小时。这是最纯粹的粗暴不朽。但这种诡异的不朽在黑格尔那里可占有一席之地？

关于这样的失败的否定（failed negation），这里还有一个例子。可以认为，帕特里夏·海史密斯（Patricia Highsmith）的《转身离去的人》（*Those Who Walk Away*）是她取得的最大成就（没有之一）。这是一部犯罪小说，在所有的文类中最具"叙事性"。海史密斯把实在界的惰性（inertia of the Real）注入其中，使它缺少最后的了结，留下的只是"空洞时间"的无限延长。这构成了生活的愚蠢事实性（stupid factuality of life）的特征。在罗马，埃德·科尔曼（Ed Coleman）试图谋杀他的女婿雷·加勒特（Ray Garrett）。雷年近三十，是个一事无成的画家和画廊老

---

1　我在这里广泛参考的是：Alenka Zupančič, *The Odd Man In*, Cambridge, MA: MIT Press 2008。

板。埃德唯一的孩子，雷的妻子佩吉（Peggy）刚刚自杀身亡，埃德认为这全是雷的过错。雷没有逃避，反而跟着埃德来到威尼斯，埃德和他的女友伊内兹（Inez）在那里越冬。然后海史密斯对这两个人的痛苦不堪的共生关系做了典范性的描绘，他们两人因为彼此相互仇恨而密不可分地联系在一起。妻子的自杀令雷深感内疚，他为此惴惴不安，于是使自己暴露在埃德的暴力意图之下，准备任其宰割。受其死亡意愿（death wish）的驱使，雷接受了埃德的邀请，跳上了埃德驾驶的摩托艇。摩托艇行至濒海湖的中央时，埃德把雷推入水中。雷通过装死而死里逃生。他起了假名字，弄了假身份证明，既体验到令他心花怒放的自由，又感受到无法抗拒的空虚。他像活死人那样游荡，穿过冬日威尼斯的寒冷街巷。我们这里看到的，是没有实际谋杀的犯罪小说——或许除了下面一点，才可以这样说：无论是雷还是埃德，全都心甘情愿地承认，他们注定会令对方寝食不安，直到最后。这成了我们可以称为无止境的缓期谋杀（endlessly suspended murder）之个案。

在真正的伦理领域，彻底的自我羞辱可以生成类似的悖论。在这方面，罗朗·德·塞特（Laurent de Sutter）对让·厄斯塔什（Jean Eustache）的《下流故事》（Une Sale histoire，1977）做了通俗易懂的解读。《下流故事》是一部五十分钟的影片，分两部分。它们讲述的是同一个故事，第一部分是虚构［叙述者是迈克尔·朗斯代尔（Michael Lonsdale）］，第二部分是（伪）纪录片。一群朋友在听一个人讲述以前的故事。几年前，他定期去一家小餐馆吃饭。他注意到，吧台边有一群人，时不时地走进地下室。有一次，他要打个电话，而电话也在地下室，于是他走进地下室，看见一个人以奇怪的姿势，蜷缩在女厕所外面。他最后弄明白了，那个诡异的仪式究竟是怎么回事。女厕所的墙壁上有个窥视孔，但贴近地面，所以偷窥者不得不弯腰低头，把头贴在地面上，"做卑躬屈膝之状"，以便对里面的情形一览无余。这个姿势是极其丢脸的，但叙事者已经对此如醉如痴。他为此提出的格言是："没有痛苦，就没有快乐。"不过，正如德·塞特所言，"因为这个格言具有反讽意味，它的意义采取了倒置的形式：'没有痛苦，就没有快乐'的意思是'没有快乐，就没有痛苦'"[1]。因此，"没有痛苦，就没有快乐"的意思是："快乐的拖欠就是拖欠的快乐。"[2] 在这里，有趣的是，以一种真正变态的方式，那个仪式被体验为深刻的伦理仪式，或如叙述者本人所言："在做所有这一切时，我拥有自己的尊严。"那是极端自我羞辱中的尊严，它的自我羞辱远在苦修（ascesis）之上：

> 从那一刻起，必须把苦修视为毫无价值的［空的（null）和无的（void）］；从那一刻起，必须把快乐视为在苦修方面出现的故障。我们必须得出这样的结论：快乐不是空的和无的。但这种非空无性（non-nullity）是否定性的，快乐少于无（less than null）。它在那个劣于空无（inferior to nothing）的地带展示自己。厄斯塔什的叙事者贝纳尔-马里·柯尔岱斯（Bernard-Marie Koltès）的当事人提出的致命的"我想成为空无"（I want to be nothing）与无限的"我想少于零"（I want to be less than zero）对立起来。[3]

在这里，明显的指责会是这样的：我们在此处理的是极端的生存立场（existential position），是更加幻象化的现实不可能性[4]之选项，而不是现实可能性之选择。不过，"少于零"的立场大半是不可能的极端（impossible extreme），但与此同时，它不总是已经摆在那里了吗？只要活着，我们不是总是已经现身于这个少于空无之地，现身于残余（即历经彻底的自我毁灭而不死，然后留下的残余）之地？换言之，双重否定运动——它的产物是"少于空无"的生存立场——相当于主体性之超验的前历史（transcendental pre-history of subjectivity）。在经验的时间内，它从未"真正发生过"，但我们必须把它预设为永不过时的、总是已经过去的过程（a timeless, always already past process）。黑格尔会称之为永

---

1　Laurent de Sutter, *Théorie du trou*, Paris: Leo Scheer 2012, p. 21.

2　Ibid., p. 23.

3　Ibid., pp. 25-26.

4　"现实不可能性"（real-impossible），即齐泽克多次提及的"实在界的不可能"（real-impossible）或"不可能的实在界"（impossible-real）。与现实可能性（a real possibility）相比，它是虚拟性的、回溯性的、被预设出来的、前存有论的，但它能产生更深远的影响。——译者注

不过时的过去（*zeitlos vergangenes*）。

这种排泄物式的认同有基督教的色彩[1]，想忽视这一点，甚是困难。黑格尔在解读基督教时，特别强调恶的立场的非一致性：魔鬼被认为是勇敢的，是坚持原则的，等等，这些品性颠覆了他的恶。步弥尔顿[2]的后尘，我们可以说，恶是魔鬼的善。因此，在这里，我们可以想象同样的"向下的综合"：（坚持原则的）恶否定了善，然后，被否定的善再次被否定，但善的再次被否定不是以下列"综合"形式进行的：恶被扬弃，成了善的自我配置（self-deployment）的次要时刻（subordinate moment）。相反，善再次被否定后，我们得到的是某种"愚蠢"的善，是纯粹的机会主义的惰性（opportunistic inertia），它因为缺乏目的感（a sense of purpose），缺乏原则，而不做任何彻底的邪恶之事。如果人想变得真正邪恶，他就必须有目的感，必须坚持原则。简言之，最终结果是丧失了坚守原则的形式（principled form）的恶。但这是怎样把下列事实联系起来的：善是自我否定的恶，是被提升为一种普遍原则的恶？

我们可以在存有论的层面上发现与此相同的逻辑：首先，某物被否定，我们得到的是空无[3]；然后是否定之否定，我们得到的是少于空无，即是说，甚至连空无都不如。我们得到的不是由空无调停的某物（Something mediated by nothing），而是某种前存有论的非一致性（pre-ontological inconsistency），它不像空白（Void）那样坚持原则，因而缺乏空白具有的纯洁性。正是由于这种前存有论的非一致性，在卡巴拉中，上帝首先必须创造空无性（nothingness）。在这里，我们应该超越"东方"的方法（量子物理学接受了这种方法）。依据这种方法，世间万物皆脱胎于原初空白（primordial Void），最终也归于原初空白。不仅任何人都不可能是完整的人，任何人都总是受到固有的不可能性

---

1　这句话的意思：这种认同，即对"少于空无"或"少于零"的认同，是对粪便之类的排泄物的认同（excremental identification）。基督教中就含有这样的认同。——译者注

2　弥尔顿，指约翰·弥尔顿（John Milton），英国桂冠诗人。在其代表作《失乐园》中，弥尔顿把万能的上帝描绘成独揽大权的暴君，把被打入地狱的魔鬼撒旦塑造成叱咤风云、勇于反抗的英雄。——译者注

3　"我们得到的是空无"，即"我们一无所得"。但"空无"成了一个重要范畴，译成"一无所得"会使我们错过这个范畴。——译者注

（immanent impossibility）的阻碍，而且空无不可能是充分的空无。关键并不在于，空白总是已经变得紊乱；关键在于，空白是第二次的，是它自身的紊乱导致的回溯性效果。[1]

在功利主义、康德伦理学和对它们的"综合"中，也存在着与此类似的逻辑。在功利主义者看来，伦理规则的正当性源于这些规则的效能；在康德派看来，人应该为了履行义务而履行义务，不必顾及由此导致的结果。但是，自相矛盾的是，我们还可以在实用-功利的基础上证明康德主义的正当性：如果人们相信，为了履行义务，他们必须采取伦理行动，而不必考虑结果，那么，从长远角度看，这样的态度将产生最实用的结果。这不还是"向下综合"的实例，即对必要的或仁慈的谎言的明确肯定？

但是，不是还存在着更深形态（further type）的向下综合吗？这样的向下综合，我们早已遇到，它便是被加倍的不可能性（redoubled impossibility），正是这种被加倍的不可能性，界定了拉康所谓"实在界"的身份。原乐既是我们可望而不可即的，又是我们无法彻底摆脱的（我们做过的一切都会被它污染）。同样，我们从未获得完全的自由，但我们又无法彻底摆脱自由。这里也存在着否定之否定的结构：1.第一次否定设置了不可能性——被肯定的因素（原乐、自由）是不可能充分获得的；2.第二次否定则否定了这一否定，即是说，被第一次否定设置为不可能的东西，现在被重新设置为不可避免的东西，比如自由是不可能的，但彻底摆脱自由，把一切归咎于命运，也是不可能的。我们在这里遇到的是"非非"（not-not），"非非"不能使我们得到"是"（positivity）。界定了拉康的"并非全部"（non-All）的，正是这一悖论：一个"非男人"（a no-man）是女人，但一个"非女人"（a

---

1　正是在这个问题上，彼得·奥斯本对我的《少于空无》的评论完全不得要领。他宣称，在我的"唯物主义中，作为对不可化约的多重性（irreducible multiplicity）的肯定，与唯心主义的'太一'截然相反"，这种多重性"并不来自空无［德勒兹所谓的差错（error）］，而来自空白（Void），而空白是'少于空无'的。现实，就其不可化约的多重性而言，来自空白，或根本上就是空白"（Peter Osborne, "More Than Everything," *Radical Philosophy* 177［January/February 2013］, p. 23）。我所谓的"少于空无"恰恰不是空白，而是最低程度的内容（minimum of content），它是打破空白之平衡的"在喉之鲠"。

no-woman）却不是男人。再比如，有活人，有死人，除此之外，还有不死之人（the undead）。死人是"非活人"（non-living），但不死之人却不是"非非活人"（not-not-living）。原乐并非不存在，但这么说并不意味着它真的存在——它只是以前存有论的状态执拗地存在着。小客体不是"非某物"（not-something），但这么说并不意味着它是"某物"（something），相反，它少于空无，它所否定的，不是空无，而是"空无和某物"（nothing-and-something）这一整个领域——从某物这一正式领域（formal field of something）的角度看，没有什么东西是少于空无的（nothing is less-than-nothing）。因此，被加倍的不可能性这一实在界（the Real of the redoubled impossibility）不就是向下综合的例证，即对内容–形式这一分类法的否定（negation of content-form）的例证吗？

## 反对"荷尔德林范式"

这些持续存在的僵局和振荡见证了下列事实：无法把黑格尔纳入由尼采、海德格尔和德里达这些迥然不同的思想家共享的关键形而上学叙事。他们全都把自己的时代视为形而上学的关键转折点：在他们（我们）的时代，形而上学已经耗尽其潜能，为崭新的后形而上学思想开疆拓土，乃这些思想家的职责之所在。广而言之，自古以来，直至后现代性，整个犹太教和基督教的历史都由我们不禁要称之为"荷尔德林范式"（Hölderlin paradigm）的东西所决定："哪里有危险，哪里就会出现拯救我们的力量。"[1]眼前显现为漫长的历史衰颓过程中的最低点（诸神逃离，异化出现等），出现了人之为人的基本维度（essential dimension of being-human）的灾难性丧失这一危险，但这一危险也为逆转（*Kehre*）的出现提供了契机。这样的逆转包括无产阶级革命，新神的降临，等

---

1　此语出自荷尔德林的代表作《帕特莫斯》（"Patmos"），原文为 "Wo aber Gefahr ist wächst das Rettende auch"，齐泽克将其译为英文："Where the danger is, grows also what can save us." 中文译法甚多："可哪里有危险，也就生长解放者"；"但有危险的地方，也有拯救生长"；"危险所在，拯救者也成长"；"但危险所在，亦是救恩萌生所在"；"在危险增大的地方，救援的因素也在增加"。——译者注

等。在晚年的海德格尔看来，只有新神才能拯救我们。我们能够想象一个"非基督教的"、非历史性的宇宙，一个完全处在这个范式之外的宇宙吗？在那里，（历史性的）时间只是静静流淌，没有任何目的论的曲率（teleological curvature）；在那里，有关危险的决断时刻（本雅明的"当今时刻"[1]）——"光明的未来"，能够救赎过去的未来，将脱胎于这一时刻——想法是毫无意义的。

　　尽管这个范式通常被等同于基督教，但最激进的基督教似乎为它提供了独特的扭曲：不得不发生的一切，早已发生，没有任何东西再需等待，我们不必等待事件的发生，不必等待弥赛亚的到来，弥赛亚已经到来，事件已经发生，我们就生活在它们的余波之中。黑格尔呢？这个有关历史终结的基本态度，也是黑格尔传达的消息，是他的格言"密涅瓦的猫头鹰要等黄昏到来才会起飞"[2]传达的消息。但至关重要的一点（无论这一点多么难以把握）在于，这一立场绝非使我们注定只能做被动的反思（passive reflection），相反，它为积极的干预开辟了天地。

　　这意味着，黑格尔不是"荷尔德林范式"的一部分，尽管人们通常把他视为这一范式的主要代表。某种历史目的论被错误地安在了黑格尔的头上：存在着质朴的开端，它是一种直接性，缺乏内在财富（inner wealth），未经清晰说明；然后是发展，它意味着分散，意味着堕落，直至彻底的异化，这为逆转的出现提供了可能性。马克思在其著名的《资本主义之前的经济生产方式》（"Pre-capitalist modes of economic production"）的草稿中，利用了这种类型的目的论的历史图式（teleological scheme of history）。根据这一图式，资本主义生产方式的独特性在于："从原始时代开始，劳动一直沉浸于它自身的客观条件之中，现在则被迫忍痛离开。职是之故，它一方面显现为真正的劳动，另一方面显现为劳动的产品，显现为客体化的劳动，逆着真正的劳动，获得了

---

1　"当今时刻"（Jetzt-Zeit），这是本雅明提出的一个概念。这里的"当今"是一个具有弥赛亚维度的时间范畴，与"过去"（Vergangenheit）、"现在"（Gegenwart）和"未来"（Gegenwart）中的"现在"不同，因为它不仅与现在纠缠不已，而且浓缩了人类的历史，还暗示了人类的觉醒（Erwachen）时刻的到来。总之，这是一个异乎寻常的概念，不可以寻常概念视之。——译者注
2　参见黑格尔，《法哲学原理》，范扬、张企泰译，商务印书馆，1961年，第13-14页。——译者注

彻底的自治，成了价值。"[1] 工人于是显现为"无客体的、纯粹主观性的劳动能力，与客观的生产条件完全相反，而客观的生产条件不是工人的财产，而是工人之外的财产，是为自身而存在的价值，是资本"。不过，这个[2]极端异化形式是必不可少的转变点。

在这种极端异化形式下，劳动——生产活动——在资本与雇佣劳动的关系的掩护下，显现为与自身条件的对立，与自身产物的对立。因为是必不可少的转变点，这种极端异化形式本质上以头脚倒置的形式，包含了对生产所做的全部有限预设（all limited presuppositions of production）的解体，甚至创造和制造了有关生产的无限预设（unconditional presuppositions of production），并由此为单个人的生产力的全盘普遍发展，创造和制造了全部物质条件。[3]

因此，历史是一个渐进过程，在这个过程中，主观活动与客观条

---

1　Karl Marx and Friedrich Engels, *Gesamtausgabe*, Abteilung Ⅱ, Band 1, Berlin: Dietz Verlag 1976, p. 431.——作者注。原文为："labor is torn out from its primordial immersion in its objective conditions, and, because of this, it appears on the one side itself as labor, and, on the other side, as the labor's own product, as objectified labor, obtains against labor a completely autonomous existence as value." 参见中文版："劳动从它同它的客观条件的原始共生状态中脱离出来，由于这种脱离，一方面，劳动表现为单纯的劳动，另一方面，劳动的产品作为物化劳动，同［活］劳动相对立而获得作为价值的完全独立的存在。"马克思，恩格斯，《马克思恩格斯全集》，第 46 卷（上册），人民出版社，1979 年，第 520 页。——译者注

2　这段文字，作者未注明出处。参见中文版："作为资本，作为对活劳动能力的统治权，作为赋有自己权力和意志的价值而同处于抽象的、丧失了客观条件的、纯粹主观的贫穷中的劳动能力相对立。"马克思，恩格斯，《马克思恩格斯全集》，第 46 卷（上册），人民出版社，1979 年，第 449 页。——译者注

3　Karl Marx and Friedrich Engels, *Gesamtausgabe*, Abteilung Ⅱ, Band 1, p. 432.——作者注。原文为：However, this "extreme form of alienation, in which, in the guise of the relationship of the capital towards wage labor, labor, productive activity, appears as opposed to its own conditions and to its own product, is a necessary point of transition - and, for that reason, in itself, in an inverted form, posited on its head, it already contains the disintegration of all limited presuppositions of production, and even creates and produces the unconditional presuppositions of production, and thereby all material conditions for the total, universal development of the productive forces of the individuals." 参见中文版："极端的异化形式，是一个必然的过渡点，因此，它已经自在地、但还只是以歪曲的头脚倒置的形式，包含着一切狭隘的生产前提的解体，而且它还创造和建立无条件的生产前提，从而为个人生产力的全面的、普遍的发展创造和建立充分的物质条件。"马克思，恩格斯，《马克思恩格斯全集》，第 46 卷（上册），人民出版社，1979 年，第 520 页。——译者注

件割裂开来，也就是说，主观活动不再沉浸于实体性整体（substantial totality）之中。在现代资本主义社会中，随着无产阶级的出现，这个过程达到了顶点。无产阶级即工人们的非实体性主体性（substance-less subjectivity），他们与自己的客观条件被彻底割裂。不过，这种割裂本身已经是对无产阶级的解放，因为它创造了纯粹的主体性（pure subjectivity），使之免于所有的实体性束缚，纯粹的主体现在只需要拥有自己的客观条件。正是从这个意义上说，马克思依然停留在"荷尔德林范式"中：哪里有危险（十足的异化），哪里就会出现拯救我们的力量。所以说，这个历史过程观基本上还是目的论的历史过程观：迄今为止，全部历史都指向当下，我们生活在关键时刻（kairos），生活在变易时刻，我们能够在悲惨的当下看到这样的可能性——新的一幕即将拉开。

但是，这个过程（始于实体性的统一，中经主体的异化，终至主体与实体的重新统一，在此期间，实体被彻底主体化，被主体重新占有）真的是黑格尔式的过程吗？首先要注意的是，发现自己处于从危险（Danger）向救赎（Redemption）逆转的边缘，留意历史的终极目标（或充当历史的终极目标的代理），这样的关键时刻之立场（kairos position）不是黑格尔采纳的立场。辩证过程的终结时刻不是综合的统一，不是消除异化（dis-alienation）——这样的消除异化被视为重归（主观性或实体性）太一。在黑格尔看来，异化构成了主体。这是就下列激进意义而言的：主体并不先于自身的异化而存在，而是通过自身的异化而存在。主体是通过丧失自己才脱颖而出的。结果，黑格尔的"和解"不是克服异化，而是与异化和解。黑格尔说过，在消除异化时，主体"在自己的大对体身上发现了自己"。这时，我们应该牢记这一表述包含的激进歧义：主体不仅在自己的大对体那里识别自身活动的被异化的结果，而且把去中心化的大对体（decentered Other）视为自己的容身之所。也就是说，它承认自己具有去中心化的品格（decentered character）。这才是主要的。

更准确地说，异化可以"克服"，但这样说的前提条件是，我们所谓的异化，指主体的自我体验——主体把自己体验为某个实体性大对体（substantial big Other）的从属时刻（subordinated moment），这样的实体性大对体（历史、命运、上帝、自然等）控制着一切。当主体通过自身的体验知道"根本不存在大对体"（拉康语）时，知道大对体只是假象，它具有非一致性和对抗性的特征时，异化被"克服"了。不过，这并不意味着，主体重新拥有了大对体，相反，主体相对于大对体而言而具有的匮乏，被移入大对体之内。这样的匮乏加倍（redoubling of the lack），我的匮乏与大对体中的匮乏的这一重叠，并没有消除匮乏，相反，主体通过自身的体验知道，（实体性）大对体中的匮乏/裂缝是可能性之条件（condition of possibility），是主体的容身之所。

这意味着，早在异化之前，就存在着裂缝：异化并没有把裂缝或丧失（gap or loss）引入预先存在的有机统一，相反，它掩盖了大对体内部的裂缝。在被异化时，主体把大对体体验为操控一切的充分能动者（full agent），体验为"拥有"（主体匮乏之物）的人。也就是说，异化的幻觉与移情的幻觉毫无二致，这幻觉便是，大对体知道。［因此，消除异化时采取的步骤与理应知道的主体在精神分析过程结束时的堕落基本相同。］我们那时所得到的辩证过程的结构，与在更高的新统一中出现的实体直接性/异化/和解（substantial immediacy/alienation/reconciliation）这个三元组有云泥之别：并不存在先于丧失的原初统一，丧失之物是回溯性地建构起来的，真正的辩证性和解（dialectical reconciliation）在于完全接受这种回溯性（retroactivity）导致的结果。

让我们回到前面曾经引用过的有关印度的那个例子，回到那里的文化理论家们的抱怨上来。那些文化理论家抱怨说，被迫使用英语是文化殖民主义的一种形式，这篡改了他们的真实身份。在这种情形下，"和解"意味着与英语和解，意味着接受英语，而不是把它视为通往新印度的障碍，视为为了支持某种当地语言而理应放弃的语言，而是把它视为使能媒介（enabling medium），视为获得解放的积极条件。能否战胜殖民，并不在于能否回归某种纯真的、前殖民的实体，更不在于能否把现代文明与前现代根源（pre-modern origins）加以"综合"，而在于——说起来有些自相矛盾——彻底丧失这些前现代根源。换言之，当作为一种媒介的英语被废除时，殖民主义没有被克服，但是，当殖民者在他们自已开启的游戏中被打败时，殖民主义才真正被克服了。也就是说，当不费吹灰之力，新的印度身份就能用英语表达时，当英语“被开除国籍”、丧失与“土生土长”的盎格鲁－撒克逊说话人（Anglo-Saxon speakers）的享有特权的联系时，殖民主义才真正被克服了。

有人认为，“以纯正的方式”被“自己”的语言蹂躏，优于被强加的外语蹂躏。如果我们要放弃这种污秽的想法，那我们就应该首先强调，被迫使用外来的、“普遍”的语言，此举有其解放性的一面。从中世纪直至很近的现在，西方的通用语一直是拉丁语，它是“第二性”的、非纯正的语言，是从希腊语那里“堕落”而来的，摆脱了希腊语的纯正性负担（authentic burden）。这个事实包含着某种历史智慧。正是拉丁语的这种空洞性（emptiness）和“非纯正性”（inauthenticity），允许欧洲人以自己的具体内容填充之，因而它与希腊语的一本正经、飞扬跋扈的性质形成了对比。爱尔兰作家塞缪尔·贝克特（Samuel Backett）在开始用法语这门外语写作时，获得了同样的教益，舍弃了自己的根源的“纯正性”。简言之，把外语视为压迫性的强加于人，此举模糊了自己的语言的压迫性之维，回溯性地提升自己的母语，使之成为失去的乐园，认为自己丧失了极其纯正的表达方式。一旦我们把强加于人的外语视为压迫性的语言，视为与我们的内在生命错位的语言，那么要迈出的一步，就是把这种不和谐转入我们自己的母语。[1]

这道理完全适用于基督教中的堕落（Fall in Christianity）：摆脱堕落罪坑（Fall into sin）的出路，不是重返上帝，而是使堕落圆满实现，是上帝死去。我们理应这样解读基督的遗言：“成了！”（《约翰福音》19:30）借助上帝（彼岸）之死，和解得以实现。这也是为什么拉康拒不接受下列标准的基督教观念的原因：耶稣拯救了我们，因为他承担了我们的罪孽，并以自己的牺牲，为我们的罪孽付出了生命的代

---

[1]　但是，也有与此截然相反的体验，即把我们自己的语言体验为乡下人的、原始性的、打上了私人激情和粗暴行为的标志的语言，体验为只能妨碍清晰推理和表达的语言。这种体验推动我们使用普遍使用的第二语言，以便清晰和自由地思考。国语（national language）不就是这样出现并逐渐取代众多方言的吗？

价。"的确，基督的历史故事并没有把自己展示为拯救人类的计划，而是展示为拯救上帝的计划。我们不得不承认，执行这个计划的人，基督，已经为此付出代价，至少可以这么说。"[1] 在什么意义上拯救上帝？通过承认堕落之罪孽，大对体中的匮乏被模糊掉了：上帝是纯净的；如果当初没有堕落，我们会住在天堂里，享受着充足的、未被阉割的原乐。[2] 不过，这恰恰不是在基督之死中发生的事情：他的牺牲没有模糊大对体（天父）的缺乏，相反，它展示了这一匮乏，即大对体的不存在。黑格尔已经注意到，死在十字架上的，是彼岸之上帝自己（God of Beyond Himself）：不是我们对他（或为他）牺牲我们自己，而是上帝牺牲了他自己并死去。这个悖论传达的消息只能是，根本不存在我们要对他（或为他）牺牲的人。换言之，正如勒内·吉拉尔（René Girard）曾经说过的那样，基督的牺牲是注定终结牺牲之逻辑（logic of sacrifice）的举动。基督承担了全世界的罪孽，确实如此，但这些罪孽不属于我们，而匮乏是上帝中的匮乏（the lack is in God Himself）。

---

1　Jacques Lacan, *Le seminaire, livre XX: Encore*, Paris: Seuil 1975, p. 98.

2　与此完全相同的逻辑还出现在某些审判秀（show trials）中：被告人坦白认罪，为制度存在的问题和遭遇的失败承担罪责，因而为组织贡献良多，维持了组织的纯洁性。日常生活中出现的麻烦不是组织的责任。同样，与此相同的努力——努力拯救大对体——维持着神经症患者的罪恶感：神经症患者责备自己，自愿承担失败的责任，为的是维持理想父亲之幻象（fantasy of an ideal father）。

# 第八章　"存在着非关系"[1]

## 两部有关主体性的电影

让我们从黑格尔那个古老的美好区分开始。它便是外部极限（*Grenze*）与内在限制（*Schranke*）的区分。外部极限是简单的外部极限，它无法通过反射，返回到它遇到的实存物那里。如此一来，在遇到外部极限时，我甚至不把它视为限制，因为我无法触及任何可以与之比较的外部点。我是在某个视域之内审视事物的，这一视域只允许我以某种方式审视某些事物。但我并不如此看待这一视域。站在这一视域之内，我认为它是无休无止和无穷无尽的。或者用美国前国防部长拉姆斯菲尔德的话说，在我受到外部极限的限制时，我不知道我不知道的东西。一旦外部极限变成内在限制，它就成了真正的限制，成了我意识到的障碍，成了我试图克服的障碍——现在我终于知道了我不知道的东西。例如，生态灭绝的威胁强迫人类把自己视为一个物种，即地球上众多物种中的一个。因为有了"人类只是物种之一"的观念，人类的普遍性退化成了动物物种的具体性（particularity of an animal species）：诸如全球气候变暖之类的现象使我们意识到，无论我们的理论活动和实践活动多么具有普遍性，在某个基本的层面上，我们只是地球这个行星上的另一个生物物种而已。然而，为了把自己视为众多物种之一，我们不得不把自己从我们的具体的立场上抽离出来，莫名其妙地采纳了普遍的立场：为了宣布我们人类只是茫茫宇宙中的一撮尘土，我们不得不从拟神的全球视角（quasi-divine global point of view）审视自己。（在这里，我们再次遇到了拉康对"被阐明的主体"和"阐明的主体"的区分。）这是黑格尔在谈及从极限（limit）向限制（limitation）过渡时，想要表达

---

1　原文为"There is a Non-Relationship"。——译者注

的意思：一种物种，一旦意识到自己作为一个物种受到的限制，也就是说，一旦成为"自为"的物种，它就不得不打破自身的极限，采纳普遍性之立场（position of universality）。

另一个例子：康德所谓的自在之物是未知的，也是不可知的，但我们知道，我们可以接触的现实只是超验地构成的现象性现实（transcendentally constituted phenomenal reality），所以我知道，在这样的现象性现实之外，存在着不可知的未知因素（X）。可以预见，黑格尔的观点是，这样的限制导致了他所谓的"恶劣"（或"虚假"）的无限：我知道，在现象性现实之外存在着某物，但我所能做的，是在一个无休无止、无穷无尽的过程中，以一种现象性的规定（phenomenal determination）取代另一种现象性的规定。简言之，我只能以一种有限的实存物（finite entity）取代另一种有限的实存物，而永远无法穷尽无限，填满无限。因此，无限只能被视为一个推动我们从一个有限的规定走向另一个有限的规定的空白。结果，我发现自己处在一个被分割为某物和空无的世界，而我所能做的，就是制造越来越多的、新型的某物，以之填补空无之空白（void of Nothing）。在这里，黑格尔式的解决之道是转移视角，即从客观视角转向主观视角：通过放弃在超越有限实存物的超验客观性（transcendent objectivity）中寻找无限的绝对（infinite Absolute），我们超越了"坏无限"。我们对投身于"超越"每个有限实存物这一无休无止的活动的主体[1]，采取反思性步骤（reflexive move）：真正的无限正是主体的不断超越有限（incessant overpassing of finitude）这一动态立场（dynamic stance）。在这里，无限之客观方面和主观方面（objective and the subjective aspect of infinity）被视为存在（Being）与化成（Becoming）的对立：处于自身存在中的无限绝对（infinite Absolute in its Being）是我们无法触及的超验实存物（transcendent entity），处于自身化成中（in its Becoming）的无限绝对则是不停地克服全部有限规定

---

1 "投身于'超越'每个有限实存物这一无休无止的活动的主体"（subject engaged in the endless activity of "overpassing" each finite entity），此语包含多重含义：（1）主体在"超越"每个有限的实存物，这是主体的活动；（2）主体一直在"超越"每个有限的实存物，因而这是无休无止的活动；（3）主体积极参与这一活动。——译者注

（finite determinations）的过程。当然，黑格尔的观点是，化成是存在之真相（Becoming is the Truth of Being），也就是说，作为存在的无限绝对（infinite Absolute as Being）是卓有成效的化成过程的物化结果（reified result of productive process of Becoming）。换言之，真正的无限只是有限本身（finitude as such）而已，只是有限自身具有的限制而已，有限自身具有的限制推动着有限，使它不断地克服自己。

关于外部极限和内在限制，还有一个特点值得注意。那就是，真正的极限从来都不是自然地显现出来的：在外部极限那种情形下，我们尚未抵达那里，我们实际上受到限制，但我们对此一无所知；在内在限制那种情形下，我们已经越过了那里，知道了限制的存在，并在这个意义上说，我们超越了这一限制，知道了这两个方面[1]。消除外部极限和内在限制之间的张力的办法，是把极限彻底内在化：当极限不再被视为外部的局限，而是被视为固有的自我局限（immanent self-limitation），而且这种自我局限构成了被局限的实存物（limited entity）的身份时，极限最终被设置为极限[2]。要抵达真正的无限，还需百尺竿头，更进一步：有机体的自我关联（organism's self-relating）不得不扬弃（包围或克服）有机体与大对体的关系，如同在有关人类自由的情形下表现出来的那样。在决定论的世界（determinist universe）里，自由如何可能？为了回答这一问题，康德提出了所谓的"整合命题"（incorporation thesis）：我被原因决定，但我可以回溯性地决定，由哪一种原因来决定我。作为主体，我们被动地接受病态客体和病态动机的影响。但是，尽管如此，我们还是拥有最低程度的反思力量（reflexive power），我们由此决定是否接受以这种方式被影响。或者，冒险用德勒兹－黑格尔式的话说：主体是会反思的褶子（reflexive fold），借助于它，我回溯性地决定那些将要决定我的原因，或者至少决定将这种性线决定模式来决定我[3]。因而，从根本上讲，"自由"是回溯性的：在其最基本的层面上，自由不是这样的自

---

1 "这两个方面"，指"限制的存在"和"超越了这一限制"。——译者注
2 "极限最终被设置为极限"，这里的关键在于"设置"二字。极限还是极限，但不再是客观的极限，而是被主体"设置"的极限。——译者注
3 这句话的意思是，我被决定，但因为拥有最低程度的反思力量，我可以回溯性决定，由哪些原因来决定我，由哪个性线决定的模式来决定我。——译者注

由行为——它突然冒出来，开启了新的因果联系；自由是这样的回溯性的行为——决定由哪个因果联系或因果序列来决定我。在这里，我们应该添加对斯宾诺莎所做的黑格尔式扭曲：自由不只是"被认可 / 被知道的必然性"（recognized/known necessity），而且是被认可 / 被接受的必然性（recognized/assumed necessity），是通过这一认可而被构成 / 被实现的必然性（constituted/actualized necessity）。

不过，想实现从生命向主体的过渡，尚需再迈出一步：使活的有机体成为活的有机体的内在局限，把有机体与其外部环境分割开来的极限，必须通过反射返回有机体自身，成为极限，以防止有机体完全成为自己。正是在这个意义上，拉康把主体界定为 $，界定为被画上斜线的主体：主体想成为自己，但以失败告终，主体真的就是这一失败的产物。为了更加清晰易懂地理解这一悖论，不妨通过两部电影来说明问题。

阿方索·卡隆（Alfonso Cuaron）的《地心引力》（*Gravity*，2013）讲述的故事是，由莱恩·斯通博士（由桑德拉·布洛克扮演）和马修·科沃斯基（由乔治·克鲁尼扮演）等人组成的美国太空组正在维护哈勃望远镜，以便让它和亚特兰蒂斯号航天飞机一起返回地球。这时，俄国人发射了一颗导弹，击碎了它自己发射的一颗废弃卫星。结果，卫星残骸以很高的速度四处飞散，摧毁沿途的一切，也使莱恩困于太空，束手无策。在经历了一系列挫折（包括失去了全体人员）后，她进入了受损的中国空间站天宫八号，借助于其中的一个救生舱返回地球，重获了新生和自由。关于这部影片，存在着三种愚蠢的批评：1. 尽管它出类拔萃地描绘了人在真空中自由飘浮的经验，但缺乏《2001 太空漫游》（*2001: A Space Odyssey*，1968）以及其他类似作品具有的形而上学深度（metaphysical depth）；2. 影片中的对话极其陈腐，荒诞可笑；3. 它遵循的是原型女权主义的"最后幸存的女孩"的模式［此外，它还以更加朦胧的方式，给那个女孩起了个听上去像是男性的名字——莱恩（Ryan），与影片《异形》中的雷普利（Ripley）颇为类似］，但那个女孩还是在男性的帮助下死里逃生（帮助来自科沃斯基，他一直在引导她逃生，直至自己死去，但即使已经死去，他还是在她感到绝望的生死攸关之时，出现在她的幻觉中）。

第一种批评显然是错误的：如果有什么不同的话，《地心引力》捕捉的现实经验远比《2001 太空漫游》的新纪元陈词滥调（New Age platitudes）更加纯正。它的纯正性在于它捕捉经验的方式：它直接呈现在极端无奈的情形下在太空中飘浮的经验，而没有用什么东西来代表这种经验。[1]让我们再次回到弗雷德里克·詹姆逊的看法上来。詹姆逊认为，海明威采用简洁明快的文体，不是为了再现某种类型的（叙事）主体性，相反，他为了能够以某种文体来写作，才虚构了叙事的内容。和海明威一样，《地心引力》采用了最低程度的叙事因素，目的是使卡隆能够展示在太空中飘浮的庄严经验。这部影片颠倒了那个古典套语（classic *topos*）：人类由于引力的作用而被绑在地球上，但渴望摆脱这一束缚。詹姆逊已经注意到，本是极度令人不快和引发幽闭恐怖的经验，却被当自由的典范来赞美，这有多么诡异。卡隆似乎紧随这一洞识，把引力本身、引力造成的持久冲击力，展现为正在太空中自由飘浮的主体的欲望客体，更确切些说，展现为她的重心（point of gravity）。（不过，与此同时，卡隆手法精妙，没有把真空描绘为危险的源头：影片中的全部麻烦都来自地球，或者说，来自围绕地球旋转的碎片。）

因此，我们要不惜一切代价，避免对它做任何鲁莽的"精神分析"解读，因为这样做，会把这个外部空间的探险化约为主人公内心骚乱的某种投影。不错，我们获知，若干年前，在学校操场发生的一次故事中，莱恩作为一个单身母亲，失去了四岁的孩子。这是一个相当古怪的事实，因为在美国，四岁的孩子尚未达到入学的年龄。[2]或许这样理解这个非一致性不算是过度解读：它表明，莱恩的痛失爱子只是幻象性的虚假记忆。但无论如何，《地心引力》绝不是这样的影片：外部空间探险只是展示主人公"真正"内在生命之旅的屏幕。这部电影的片名原本可以是《少妇与太空》（*The Young Woman and Space*），它讲述的故事比

---

1　卡隆的同事吉尔莫·德尔·托罗（Guillermo del Toro）执导的《环太平洋》（*Pacific Rim*）也是如此：值得庆贺的是这部影片的物质质感（material texture）是它展示机器的方式。它展示出来的机器是纯然物质性的机器，是生锈、笨拙和沉重的机器。
2　这件罕见而有趣之事是由詹姆斯·沙默斯（James Schamus）提醒我的。

海明威的《老人与海》还要精彩。把罗伯特·雷德福（Robert Redford）
主演的影片《一切尽失》（*All Is Lost*）的标题改为"老人与海"，亦无
不可。《地心引力》与《一切尽失》之间存在着明显的相似性：两部
影片都把主人公化约为绝对丧失（absolute loss）这个最低点（minimal
point），主人公都是要死里逃生的独行者。这倒不是说，独行者对抗绝
对丧失，这个社会背景无关紧要。关键在于，不要把主人公的与世隔绝
（absolute isolation）解读为某种社会骚乱的表现形式，而要把它解读为
一个社会事实（social fact），解读为这样的隐喻——我们每个人都在当
前的全球资本主义中陷入了困境，因为我们越来越多地像为生存而苦苦
挣扎的单子（monads）那样活着。

　　这是为什么说第二种批评——对影片的陈腐对话的批评——同样不
得要领。抽象地看，这个观察是真实的，但我们应该把影片中的对话视
为一个优雅的提醒，它提醒我们注意下列事实：这种影片提供的基本的
原生经验（raw experience）不在这里，而在别的什么地方，那里出现的
词语只是用来限制这一经验的实在界（the real of this experience）而已。
广而言之，在享乐（enjoyment）与阐释（interpretation）的复杂关系中，
情形不仅是这样的：文本提供的直接享乐，我们对于文本的痴迷，只
会模糊"深层意义"，我们可以通过阐释来挖掘这一"深层意义"。情
形往往是这样的：把阐释的冲动强加于己，为的是模糊享乐的愚蠢直
接性（stupid immediacy of enjoyment）。斯洛文尼亚作家鲍里斯·帕霍
尔（Boris Pahor）最近庆贺自己百岁寿辰。他有一部作品，是有关好人
的。有人请他就其中的一段文字发表评论，他玩世不恭地引用了塞尔维
亚的一则谚语："即使一只兔子，也做好了舔好人那儿的准备。"我们
可以想象这在记者和评论者那里引发了怎样的阐释学努力（hermeneutic
endeavour）。这些记者和评论者无法接受下列事实：这个老人只是漫不
经心地说了句下流话，并自我陶醉而已。这不就是要付出阐释学努力的
秘密动机吗？之所以要发现作者的"深层意义"，是因为要通过阐释来
消解直接享乐（direct enjoyment）这个令人不快的事实，把享乐转化为
某种"更深刻"的知性态度（intellectual attitude）。这道理完全适用于
《地心引力》：有关莱恩的创伤性经历的全部叙事内容，都是用以模糊她

眼前的创伤的符号性假象（symbolic semblance）。

那最后一种批评呢？在这种批评中，莱恩成了孤苦无助的、歇斯底里的女性，她需要男性的干预，才能在生死存亡之时拯救自己的性命。这是较为准确的观察，但我们应该以与此完全相反的方式来解读之：在这部影片的生死攸关的转折点上，科沃斯基作为幻觉，出现在莱恩面前，所以行为（决策）依然是她的，男性被化约为假想的道具，以促成女性行为（feminine act）。就在莱恩因为极度绝望而要自杀时，关键时刻出现了。这时，她使联合号飞船对准了天宫太空站，却发现飞船的推进器没有燃料。在与格陵兰岛的一位因纽特渔民短暂通话之后（她只是听到他在与婴儿喃喃细语），她开始听天由命，关闭了舱内的氧气供应，意在自杀。就在她开始丧失意识时，科沃斯基出现在舱外并进到舱内；他责备她拱手认输，告诉她如何使用联合号的登陆火箭，推动太空舱，奔向天宫太空站。虽然莱恩意识到，科沃斯基的归来只是幻觉，但依然获得了新的动力和求生的意志。她恢复了氧气供应，启动登陆火箭，直奔天宫太空站。

在幻觉中出现的科沃斯基提供的建议用语甚是精确。在描绘莱恩面临的选择时，他没有把自杀描绘为可怕的失败，而是把它描绘为简单的逃避：她会自由地飘浮在真空中，没有痛苦，没有糟糕的记忆，充满了没有生机的欢乐和静谧。与此相反，艰难的选择是对生命的选择（对恢复引力的选择），是对痛苦的担当和焦虑的选择。莱恩最终的形而上学决定（metaphysical decision），我们所有人的纯粹的零度选择（pure zero-point choice），皆在于此：是选择积极参与还是选择自暴自弃？是肯定还是否定外在现实？因此，在这里，失重的真空不仅是现实的另一部分，而且代表着绝对死亡，代表着原初空白这一实在界（the real of the primordial void）。正如古代唯物主义者们指出的那样，只有某种突然转向（swerve）或偏移[1]引入某个不对称的引力点（asymmetrical point of gravity）并进而打破中立平衡的对称性（symmetry of the neutral

---

1 "偏移"（*clinamen*）一词出自卢克莱修（也有人说出自伊壁鸠鲁），指无法预测的原子偏移。卢克莱修认为，原子在凭借自身的重量径直穿过空间时，会在某个不确定的时间和不确定的空间发生少许偏移，这足以改变它自身的运动，并为世界上有生命的东西提供自由意志。——译者注

balance），生命才会出现。

为什么莱恩不能独自做出选择？为什么她需要（幻想化的）大对体的支持？因为严格说来，这里涉及的选择不是（已被构成的）主体的选择，而是构成主体性之维（constitutive of the very dimension of subjectivity）的选择。从常识的角度看，主体先于自由的选择：要想有自由的选择，就必须先有做出选择的主体。但在巴迪欧看来，自由的选择先于主体：主体不是自由选择的能动者（agent of a free choice），不是自由地做出选择的人，而是积极的自由选择之结果。只有在选择忠于某个事实（fidelity to an Event）之后，主体才会出现，才会作为积极投身于强化那一事件的后果之工作（engages itself in the work of enforcing its consequences）的能动者出现。不过，这个选择本身是被迫的选择，因为伦理学的全部重量（whole weight of ethics）都压在了我的身上，迫使我做出积极的选择，不能错过事件性的相遇（evental encounter）。它是这样的选择：做出选择的主体必须自己亲自做出选择。正是这个缘故，绕道于大对体这个人物（figure of an Other）是必不可少的。出于同样的原因，在精神分析中，主体不能通过自我反思这一行为，径直进行自我分析，他需要作为他的移情客体（object of transference）的精神分析师这个外部人物。如果莱恩完全独立地做出选择，那她就会被提升，进而站在绝对主体的上帝般的立场上。这样的绝对主体能够在回溯性的自因（retroactive *causa sui*）这个完美的封闭圈内选择或创造自己。

这个必不可少的虚拟大对体不必是另一个人，它还可以是一只动物，就像在李安的《少年派的奇幻漂流》（*Life of Pi*）中那样。这部影片是根据扬·马特尔（Yann Martel）的同名畅销小说改编的。使这部大片独一无二的是，它的六亿美元票房收入中的八成来自美国之外，主要来自亚洲地区。这部影片讲述的是派·帕特尔（Pi Patel）长大成人的故事。他是印度人，爸爸给他起的名字是 Piscine（在法语中它的意思是游泳池）。在还是个孩子的时候，他就把自己的名字改成了"派"（Pi），即古希腊字母中的"π"。他之所以这样做，是因为他名字发音特殊，他总是被人叫做"撒尿的帕特尔"（Pissing Patel），他为此心烦不已。派的家人拥有一家动物园，他对里面的动物兴趣浓厚，对其中一只名为理查德·派克（Richard Parker）的孟加拉老虎更是情有独钟。派十六岁时，父亲决定举家迁往加拿大，想在那里卖掉动物园，然后在那里安居。一艘日本货轮载他们前往那里。在船上，派的父亲与船上的厨师发生了争执，因为厨师与派的母亲说话时粗鲁无礼。他们经历了一场风暴。风暴来临时，派正在甲板上。风暴过后，派发现自己已经置身于一条救生船，陪伴他的是在船难中受伤的一匹斑马，一头失去幼崽的猩猩。一条花斑鬣狗从覆盖半条船的篷布下面钻了出来，它杀死了斑马。让派痛苦的是，在一场打斗中，花斑鬣狗致命地伤害了猩猩。突然，名叫理查德·派克的孟加拉虎也从篷布下面钻了出来，杀死并吃掉了花斑鬣狗。

救生船终于抵达墨西哥海岸，孟加拉老虎踉踉跄跄地离开了派，消失在丛林中。因为过于虚弱，派无法与老虎一道离去，只能躺在沙滩上，直至被一群人营救，并被送往医院。在那里，日本货轮投保的保险公司的保险代理人聆听了他对整个事故的叙述。他们觉得他的故事不可思议，请他说出事故的"真相"，哪怕只是为了让他们撰写的报告真实可信。于是他给他们提供了不太奇幻的详细说明：当时，与他一起登上救生船的有他母亲，一个断了腿的海员，一个厨师；厨师杀害了海员，把他做成了诱饵和食物；在一次打斗时，母亲为了救他，把他推到了一个小筏子上，母亲则被厨师捅了几刀，然后落水，被鲨鱼吞没；后来，派返回救生船，抓过一把刀，杀死了厨师。现在，作者－叙述者注意到了这两个故事的并行不悖：猩猩是派的母亲，斑马是海员，鬣狗是厨师，老虎则是派自己。派问作者，你更喜欢哪个故事？作者说，他喜欢有老虎的那个故事。派对此的回应是："上帝也是如此。"[1]

瞥了一眼保险公司报告的副本，作者注意到，保险代理人遵循着约翰·福特[2]"记录传奇，而不是事实"的著名格言，选择的也是那个

---

1 据译者理解，"上帝也是如此"（And so it is with God），此语包含三重含义：（1）上帝的存在无法验证，信不信上帝，你只能自己决定；（2）有老虎的故事才是好故事，有上帝的生活才是好生活；（3）在无神论者看来，有老虎的故事纯属向壁虚构，但在有神论者看来，有老虎的故事真实可信。——译者注

2 约翰·福特（John Ford），美国导演，1928 年首次拍片，至 1966 年共拍摄 140 多部影片。作品多体现勇敢开拓的美国精神，被誉为美国最伟大的电影导演之一。——译者注

故事。我们不禁想起了那个犹太教拉比的著名答案。拉比给孩子讲了个美丽的神话，孩子问他："那是真的吗？真有这回事吗？"拉比的回答是："没有这么回事，但那是真的。"这是不是说，这部影片以后现代-尼采式的方式（postmodern-Nietzschean way）最终断定，与现实相比，虚构具有至高无上的地位？在这里，我们应该留意小说和影片的差异：小说的确放射出新纪元的后现代精神，但影片彻底改变了小说的完整面貌。这做法类似于卡隆在其影片《人类之子》（Children of Men）中的做法，该片是根据詹姆斯（P. D. James）的同名小说改编的，但也彻底改变了小说的整体面貌。

这个故事中有两个相关的系列：一个系列是人（派、他母亲、厨师和海员），一个系列是动物（老虎、猩猩、鬣狗、斑马）。克尔凯郭尔曾经对人做过一个著名的分类：他把人分为军官、侍女和烟道清扫工。可以（甚至应该）沿着克尔凯郭尔的这一思路，审视那两个系列，把所有的人分为母亲、厨师和海员，或把所有的动物分为猩猩、鬣狗和斑马。但派是个例外，是第四个特立独行的因素：他出现在两个系列中，但都带着某种形式的扭曲。在人的系列中，他只是他自己，但在动物系列中，他以双重面孔出现，一个面孔是他自己，一个面孔是老虎，即他的动物配对物（animal counterpart），他的超越人类之维（more-than-human dimmension）。这个反射运动至关重要：为了拥有人和动物这两个系列，必须出现一个过度因素，让它成为主体的替身。如此一来，主体就必须被分裂，必须被两次铭刻（doubly inscribed），必须与自己的替身直接互动。换言之，那个孩子无法只用四个动物来讲故事，他还必须成为故事的一部分，并在故事中与装扮成老虎的自己相遇。这时，老虎即黑格尔所谓的"对立的规定"。这意味着老虎并不存在，意味着他没有出现在任何一个故事中。那么，他的身份是什么？在弗兰西斯·培根的某些画作中，我们看到了（通常是赤裸的）躯体，与躯体一起出现的，是一个奇怪的、黑色斑点似的、不成形的形状（formless form）。它看上去像是从躯体上长出来的，几乎随时都会脱离躯体而去。它就像某种诡异的隆起物（protuberance），再也不能缩回躯体，不能重新融入躯体。因此，它打破了躯体这个有机整体的平衡，使它永无宁日。这就是拉康以他的

概念 *lamella* 所表达的东西。这个纯粹的金刚不坏之身，这个永远丧失的过度（它是小客体的伪装，是欲望的客体成因的伪装），还使人类的欲望"永恒化"，使人类永远贪得无厌（这与人类的本能性需要形成对比）。关于这部影片，我们现在终于明白，在派的奇遇结束时，老虎必须消失在丛林里：影片讲述的故事是主人公长大成人的故事，当主体放弃自己的诡异隆起物，终于知道自己必须自立时，他真的长大成人了。

这使我们回到了巴迪欧和拉康的差异上。用《少年派的奇幻漂流》中的话说，在巴迪欧的世界里，不存在的老虎没有立足之地。在巴迪欧看来，主体是无客体的（object-less）；但在拉康看来，主体与一个悖论性客体——小客体——密切相关。当然，巴迪欧的观点是，主体不应受限于主体与客体之间的超验的相互关系（transcendental correlation），客体代表着客观现实秩序（order of objective reality）。不无讽刺意味的是，用来指称被巴迪欧忽略的拉康式运作（Lacanian operation）的术语正是巴迪欧的术语，它便是抽离（subtraction）。再次不无讽刺意味的是，在这方面，拉康才是唯物主义者，因为他提供了一个病态的"污渍"，一个偶然的剩余和／或过度，使之成为对主体的（非）物质性支撑，而主体又与超验地构成的客观现实（transcendentally constituted objective reality）密切相关。小客体是必须从现实中抽离的东西，因为只有这样，现实作为超验地构成的现象领域（transcendentally constituted field of phenomena）才能出现。拉康的论点是，存在着（超验地构成的"外在现实"这个）客体，因为存在着分裂的主体。主体的这一构成性分裂（constitutive split）——它先于主体与客体的分裂——是下列两者间的分裂：一者是主体（＄），一者是主体的不可能的‐实在界的客体对应物（impossible-real objectal counterpart），即纯粹虚假的小客体。通过抽离，我们所谓的"外在现实"出现了。那时，某物已被从"外在现实"中抽离，而这个"某物"即小客体。因此，主体与客体（客观现实）的相互关系是由这同一个主体与其客体相关物（objectal correlate）、不可能的实在界的小客体（impossible-real *objet a*）的相互关系来维持的。上述相互关系中的第二个相互关系是一个完全不同的相互关系：它是在同一空间内永远无法相遇的两个时刻（如主体和客体）之间的某种否定性的相互关系，是它们之间的不可能的联系，是它们之间的非关系（non-relationship）。之所以如此，不是因为它们彼此离得太远，而是因为它们是处在莫比乌斯环（Möbius band）之两面的同一个实存物。在与此完全不同的语境中，即在冷战时期实施的 MAD（确保同归于尽）战略中看到与此完全相同的悖论，不应大惊小怪：

> 这是我们这个时代的奇特悖论。使得［核］劝阻有效发挥作用（而且发挥得如此淋漓尽致）的关键性因素，竟然是潜在的担忧：一旦遇到极其严峻的危机，劝阻会失效。在这种情况下，人不会拿着自己的生命开玩笑。如果我们绝对肯定，核劝阻的作用百分之百有效，能保护我们免受核攻击，那么，它在反对常规战争方面的劝阻价值（dissuasive value）就会急剧降低，几近于无。[1]

这里的悖论是非常精密的悖论：MAD 战略发挥作用，不是因为它完美无瑕，而是因为它不够完美。也就是说，完美的战略（如果一方对另一方发起核攻击，另一方会自动反击，双方最后同归于尽）存在着致命的缺陷：如果攻击的一方怀揣着这样的希望——他先发制人，发起攻击，对方却继续像理性的能动者（rational agent）那样行事，结果会怎样？现在，被攻击的一方面临的选择是：自己的国家几近毁灭，他既可以反击，进而引发巨大灾难，导致人类灭绝，也可以不反击，使人类幸免于难，至少还有这样的可能——自己的国家稍后得以复兴。理性的能动者会选第二个选项。使得这一战略行之有效的，恰恰是这样的事实，我们永远无法确定，它会完美地运行：一旦情形完全失控，怎么办？要知道，有各种可以轻易想象出来的理由导致失控（从一方对另一方的"非理性"攻击，到简单的技术故障、通信失误等）。正是因为存在着永久的威胁，双方才都不想过于接近 MAD，才能够避免常规战争。如果 MAD 战略完美无缺，它就会认可这样的态度："打一场全面的常规战争吧，因为我们都知道，任何一方都不会冒险发起核攻击！"所以说，这

---

1　Bernard Brodie, *War and Politics*, New York: Macmillan 1973, pp. 430-431.

个战略的实际构想并不是"如果我们实施，核灾难就不会发生"，而是
"如果我们实施，核灾难就不会发生，除非发生无法预见的事件"。这道
理同样适用于今天对生态灾难的前瞻：如果我们什么都不做，生态灾难
必定发生；如果我们倾尽全力，它就不会发生，除非发生无法预见的事
件。这个无法预见的因素"e"正是实在界残余（remainder of the Real），
它打破了预测出来的完美策略（projected perfect strategy）的完美的自我
封闭（perfect self-closure）。它是一个切口，阻止了这个圆圈完全画圆
（拉康也正是在这个意义上使用小客体一词的）。肯定"e"的悖论性身
份的是，在那里，可能性和不可能性，positive 和 negative[1]，是完全重合
的：只有在它阻止自己完全有效时，它才能使防范策略有效。简言之，
这个因素不正是少于空无（的某种事物）吗？它是否定性的，是一个障
碍，是一个索引，该索引表明，已经从该事物中取走了某种东西（在这
种情形下，它就是完美运行的劝阻策略）。但是，一旦我们消除障碍，
填补空白，我们就会失去这个障碍试图阻止的东西，也就是说，与以前
相比，我们得到的会更少。

　　小客体的这个被扭曲的空间（this twisted space of the *objet a*），把我
们带回到色欲之维（erotic dimension）。来自葡萄牙的一位体态丰满的女
士有一次给我讲了一件绝妙的趣闻：她新近结交的情人首次见到全裸的
她时说，如果减去一两公斤的体重，她的体形就会完美无缺。当然，真
相是，如果真的减去一两公斤的体重，她可能会变得更加平凡：看上去
破坏完美的因素，却创造了它要打破的完美之幻觉，如果去除这个过度
因素，我们就会失去完美本身。

## 烟道清扫工存在的必要性

　　如我们所料，这个过度因素，即小客体，打破了每一个分类系统，
打破了从属（genus）到种（species）的分类系统。让我们回到克尔凯郭

---

1　positive 和 negative，含义丰富，可以译为：肯定与否定、积极与消极、正面与负面、阳面与
阴面、证实与证伪、认可与拒绝等等。——译者注

尔对人所做的"不朽分类"[1]：

> 一个才子说过，我们可以把人分为军官、侍女和烟道清扫工。依我之见，这种说法不仅机智，而且深刻。需要巨大的思辨天资，才能设计出更好的分类。当分类无法尽善尽美地穷尽它所有的客体时，随意凑合的分类是完全可取的，因为它启动了想象力。[2]

在克尔凯郭尔的同代人马克思那里，我们发现了同一个悖论性分类的两个不同的版本。首先，在《资本论》中，马克思把工人与资本家的市场交换概括为：

> 天赋人权的真正乐园。统治那个乐园的，只有自由、平等、财产和边沁。自由，是因为商品（如劳动力）的买方和卖方只受制于他们的自由意志。他们是作为自由的能动者签订合约的，他们达成的协议只是这样的形式，以这种形式，他们合法地表现了他们的共同意志。平等，是因为一方与另一方结成关系，就像一方与商品的简单拥有者结成关系，而且他们是等价交换。财产，是因为每一方只支配自己拥有的东西。边沁，是因为每一方都只照料自己。把他们撮合在一起并使他们结成关系的唯一力量，是自私自利，是自己的收益和私利。[3]

我们不禁要使这段文字接受双重的克尔凯郭尔式修正：首先，术语

---

1　Jacques Lacan, *Écrits*, New York: Norton 2006, p. 600.

2　Sören Kierkegaard, *Fear and Trembling/Repetition*, Princeton: Princeton University Press 1983, p. 162. 此后对克尔凯郭尔、海涅和马克思的征引，我蒙恩于姆拉登·多拉尔（Mladen Dolar）。

3　Karl Marx, *Capital*, Vol. 1, Chapter 6, "The Buying and Selling of Labour Power," available at www.marxists.org.——作者注。参见中文版："……天赋人权的真正乐园。那里占统治地位的只是自由、平等、所有权和边沁。自由！因为商品例如劳动力的买者和卖者，只取决于自己的自由意志。他们是作为自由的、在法律上平等的人缔结契约的。契约是他们的意志借以得到共同的法律表现的最后结果。平等！因为他们彼此只是作为商品所有者发生关系，用等价物交换等价物。所有权！因为他们都只支配自己的东西。边沁！因为双方都只顾自己。使他们连在一起并发生关系的唯一力量，是他们的利己心，是他们的特殊利益，是他们的私人利益。"马克思，《资本论》（第1卷），人民出版社，1975年，第199页。——译者注

应该是三个，而非四个，即自由、平等、边沁；然后，我们应该揭示马克思显然在暗示的法国大革命倡导的三元组，即自由、平等、博爱。我们在此面对的是隐喻性替换（父亲被压到横线下面，逐渐消失，被"边沁"取而代之）。这清楚地表明，从资产阶级革命的实际结果看，我们得到的不是自由个体的博爱，而是狭隘的自我主义。

悖论性分类的第二个版本也出现在《资本论》中，它涉及"一般等价物"（general equivalent）在其他商品中的身份问题：

> 仿佛既与狮子、老虎、兔子以及其他真实动物一道（这些动物聚在一起，构成了动物王国中各种属、种、亚种、家庭等），又在它们之外，还存在着一种动物，即整个动物王国的单独化身。[1]

这两种类型的悖论性分类显然是彼此对立的：在第二种情形下，补充性因素（货币、动物）直接为普遍性维度本身提供了形体，也就是说，以补充性因素为形体，（商品或动物的）普遍性在它的"种"中遇到了自身；在第一种情形下，补充性因素（边沁）代表着荒诞的特殊性。（它也是普遍的，这是在下列严格意义上说的：它为普遍性赋予了特殊的色彩——在马克思那种情形下，它为理解下列问题提供了关键：在资本主义社会里，自由和平等实际上意味着什么？）这两种情形的差异在于先前设置（the preceding set）之结构的差异：如果它是成双作对的（男人和女人、富裕阶层和贫困阶层），那第三个因素就是"最低"的因素（打破了和谐性关系的烟道清扫工，或在排犹主义中，打破了和谐阶级关系的犹太人）；如果它是一个（原则上开放的）系列（商品的系列、人的系列等），那补充性因素就是最高的因素（货币、国王、黄金等）。在第一种情形下，过度因素导致纷争，引入了对抗和斗争；在第二种情形下，过度因素引入了统一，把其他因素整合在一起。或者用拉康的性化公式（formulae of sexuation）说，普遍性之替身（商品之间

---

1 Karl Marx, *Capital*, Vol. 1, Chapter 1, "The Commodity." ——作者注。中文版《资本论》中没有这段文字。——译者注

的货币）遵循的是"阳性"的例外逻辑，例外代表着普遍性；用来补充"两仪"的因素（烟道清扫工、暴民）遵循的是"阴性"逻辑，因为它使得"两仪"成为"并非全部"（non-All）的、非一致的事物。

　　就边沁而论，我们还可以引入同样的三元逻辑（triadic logic），即一对对抗，外加对它们的一个补充：存在着自由与平等的对抗［埃蒂安·巴利巴尔（Étienne Balibar）想用他的平等自由（égaliberté）克服这一对抗］，"边沁"则指这种对抗的原因。因为自由意味着市场交换的自由，所以，在我们面对资本和劳动的自由交换时，形式上的平等（formal equality）变成了事实上的不平等（factual inequality）。反过来也是一样，因为平等在法律的眼中是形式上的平等，所以，对于出卖劳动力的人而言，市场上的自由交换变成了不自由。简言之，实现自由平等（égaliberté）的前提条件就是把"边沁"清除出去。

　　诚然，烟道清扫工这个因素是特定的补充，它为所有先前的术语赋予特殊的色彩（即揭示这些术语在具体的历史整体中的"真实含义"）。然而，不要对它做这样的解读：仿佛烟道清扫工这个因素代表着常识，如同海涅（马克思和克尔凯郭尔的另一位同时代人）在那个著名格言中表达的那样。海涅的这个格言是：我们应该把"真理、自由和蟹肉汤"看得高于一切。[1] 在这里，"蟹肉汤"代表着所有小小的乐趣。倘若缺了它们，我们就会成为恐怖分子（即使不是现实中的恐怖分子，也是精神上的恐怖分子），执守一个抽象的观念，强行把它付诸现实，丝毫不考虑具体的环境。他们要传达的信息与海涅要传达的信息完全相反：纯洁的原则已被"蟹肉汤"之特殊性（particularity of "crab soup"）玷污，也就是说，特殊性已经污染了原则的纯洁性。海涅与马克思的差异是显而易见的，它涉及普遍性之身份（status of universality）。海涅倡导通情达理的智慧，提醒我们不要直接献身于普遍的规范，直接运用普遍的规范。马克思的观点则与此截然相反：添上"边沁"，这意味着，在资本主义社会，自由/平等不是真正的自由/平等，所以我们应该清除"边

---

1　海涅的原话是："你瞧，那时苹果馅饼是我的酷爱——现在我酷爱的是爱情、真理、自由和蟹肉汤……"（Apple tarts, you see, were my passion at that time — now it is love, truth, freedom, and crab soup. ... ）Heinrich Heine, *The Harz Journey and Selected Prose*, Penguin Books 1993, p. 121。

沁",努力实现具有真正普遍性的自由 / 平等。

在这里,我们还应该注意这种补充因素与德达里的补充(Derridean supplement)的差异:后者是对"一"(在场、源头)的补充,而在克尔凯郭尔、马克思和拉康(拉康的名字应该加在这里,他是克尔凯郭尔和马克思的烟道清扫工)看来,过度因素是对"两仪"(the Two)的补充,是对和谐对偶(如阴与阳、两个阶级)的补充——资本家、工人和犹太人;或者,也可能是,上流社会、下层社会和暴民。[1] 在军官、侍女和烟道清扫工这个三元组中,后者实际上只能被视为 *Liebes-Stoerer*,即打断他们交媾的粗暴入侵者。[2]

在事物的等级秩序中毫无立足之地的垃圾,是这种补充化性因素的化身。难怪同样的悖论在垃圾的世界里复制了自身。如今的公共垃圾箱分工越来越细,纸张、玻璃、金属罐、包装纸盒、塑料制品等,都有专门的垃圾箱。事情在此变得日益复杂:如果我要扔掉一个带塑料带的纸袋或笔记本,我是把它扔进废纸箱,还是扔进塑料制品箱呢?难怪我们常常在"垃圾箱"的统称下面看到详细的说明:纸张、书本、报纸等,但不包括精装本图书或带塑料封皮的图书,等等。在这种情形下,按部就班地处理废弃物可能要花半小时或更多的时间,详细阅读说明并做出艰难的决定。为了省些力气,于是有了补充性的垃圾箱,以之容纳一般的废弃物(general waste),以供我们扔掉与垃圾箱上标明的标准不相符的其他废弃物,仿佛除了纸垃圾、塑料垃圾外,还有垃圾本身(trash as such),即普遍的垃圾(universal trash)。

烟道清扫工是体现了非关系的因素,他支撑着作为一种非关系的因素[3]:如果去除这个因素,我们就只能得到两极对立这个简单的二元

---

1 这里的立场似乎是充满歧义的:我们可以把大清洗视为对所有破坏社会和谐的烟道清扫工予以清算的努力,但发动者自己不就是至高无上的清扫工吗?

2 我们不妨一条道走到黑,设想终极的粗暴行为:在军官与侍女一番云雨后,烟道清扫工以一种迟到的避孕行为进行干预,用刷子清扫她的"烟道"……我们还不应该忘记,侍女和烟道清扫工也组成了一对儿——不妨回想一下那个古老的神话:烟道清扫工即纯真侍女的勾引者。

3 这句话的意思是:(1)烟道清扫工是一个补充性因素,是非关系(non-relationsip)的化身,之所以如此,是因为非关系是抽象的,他则是具体的,非关系是"里",他是"表","表""里"合一;(2)烟道清扫工支撑着这个补充性因素,也就是说,没有烟道清扫工,这个因素就无法立足,而这个因素(也可以说)就是非关系。总之是强调烟道清扫工、补充性因素和非关系的关系。——译者注

性（duality of polar opposites）——如阴与阳的宇宙法则——而无法得到真正的对抗。换言之，只把事件流的层面（level of evental flow）或对抗的层面（level of antagonism）与物质因素对立起来，是不够的，还必须把事件流或对抗铭刻于（inscribed in）、反射入（reflected into）物质因素，使物质因素成为它的因素之一，成为这样一个伪因素（pseudo-element）——它为无法被化约为物质因素的东西提供形体。

还可以在普遍与特殊的不平衡中发现这个过度的元素的容身之所。普遍对其实际特殊性的过剩，指向一个怪异的过度性的特殊因素[1]，如同切斯特顿所做的那样。切斯特顿曾向"我的读者（他们绝大多数是人）"发表评论。斯洛文尼亚一个著名足球运动员在一次重要的比赛获胜后说："我要感谢我的父母亲，特别是我的母亲和父亲。"那谁是那个多出来的"亲"、第三个"亲"，既非母亲亦非父亲的"亲"呢？[2]在20世纪80年代初的一次选举集会上，法共总书记乔治·马歇（George Marchais）的一席话创造了类似的喜剧效果。那时，他抑扬顿挫地说道："在分析形势时，我们不仅没有错误，而且正确！"第三种立场，即既不正确也不错误的立场何在？[3]

大家都知道丘吉尔有关民主的那句俏皮话。它通常是这样被引用的："撇开所有其他的政府形式不论，民主制度是最糟糕的政府形式。"其实，丘吉尔所言（他是1947年11月11日在英国下议院说这番话的）没有这么强烈的悖论意味，也不这么妙趣横生："在这个充满罪恶和悲哀的世界上，许多政府形式都已被尝试，而且会被继续尝试。没人会装模作样地声称，民主制度是完美和明智的。的确，据说，撇开时不时地

---

1　这句话的意思是，"普遍"减去"其实际特殊性"，会出现一个"差"，这个"差"就是过度、过剩或剩余（excess），即"怪异的过度性的特殊因素"（weird excessive particular element）。——译者注

2　"我要感谢我的父母亲"中的"父母亲"（parents）在英文中是复数，它可以指两人，也可以指两个以上的人，但在汉语中，只能译成"父母""父母亲""双亲"等，总之只能指两人，而不能多于两人。——译者注

3　因为深受二元思维的影响，我们总是认为"没有错误"就是"正确"，"正确"就是"没有错误"，两者内涵和外延完全重合。但在齐泽克看来，"没有错误"的外延大于"正确"，两者无法重合。也就是说，必定存在着"没有错误"但又不"正确"的领域，即"既不正确也不错误"的领域。——译者注

被尝试的所有其他政府形式不论，民主制度是最糟糕的政府形式。"[1] 可以把它潜在的逻辑完美地凸显出来，方法是把拉康的"性化公式"应用于丘吉尔的格言，重新改变他的格言："在所有的制度中，民主制度最糟糕；不过，其他制度比民主制度更糟糕。"如果我们把所有可能的制度放在一起，并根据其价值评定等级，那么民主制度最为糟糕，层次最低；但是，如果我们把民主制度与所有其他制度一一对比，那它优于其他制度。[2] 与此类似的东西不同样适用于（或似乎适用于）资本主义吗？如果我们经抽象的方式分析资本主义，试图在由所有可能的制度组成的等级秩序中确定资本主义的地位，它就是最糟糕的制度——混乱、不公正、具有破坏性等等。但是，如果我们以具体实用的方式，把它与每个可替代它的制度加以对比，那它就更有优势。

普遍和特殊这一"不合逻辑"的不平衡直接显示了意识形态的功效。2012 年 6 月底，就在美国最高法院对奥巴马的医疗改革方案进行裁决前，一项民意调查表明，"绝大多数受访者赞成该法律中的绝大多数内容"：

> 路透社：易普索集团举办的一项民意调查表明，绝大多数人反对巴拉克·奥巴马总统的医疗改革方案，尽管他们更加强烈地支持它的绝大多数条款。……调查结果表明，共和党人正在说服投票人：即使他们喜欢其中的大部分内容（诸如允许儿童与其父母一道拥有医疗保险，直至二十六岁），也要拒绝奥巴马的改革方案。[3]

在这里，我们遇到了最纯粹的意识形态：多数人想鱼与熊掌兼得，

---

1 顺便说一句，"据说"（it has been said）是据何人所说？是具体的个人，或只是共同的智慧？我们不得而知。

2 在逻辑学和判断理论中，我们有时会遇到与此类似的悖论——不可传递性（intransitivity）：A 优于 B，B 优于 C，但我们不能总能得出 A 优于 C 的结论：直接比较 A 和 C，C 可能更优。认为出现这样的悖论，是因为标准发生了变易（同时比较三者时，采用的标准相同，但把它们一一加以对比时，标准在不知不觉中发生了变易）。想通过这样的解释来消除这一悖论，显然过于举重若轻了。在某种程度上，这当然是真的。但关键在于，这一变易是内在固有的，不是随心所欲的。也就是说，变易之所以发生，是因为特性存在差异。比如，我们比较三人，看谁最美。A 美于 B，B 美于 C，不过，在比较 A 和 C 时，可能会出现这样的情形：某些细微特性方面的强烈对比，会破坏 A 的美丽，于是 A 劣于 C。

3 "Most Americans Oppose Health Law Provisions," www.reuters.com, June 24, 2012.

在握有（意识形态的）蛋糕的同时又能吃掉它（真实的蛋糕），大饱口福。也就是说，他们既想获得医疗改革的真实利益，又要拒绝它的意识形态形式（把医疗改革视为对"自由选择"的威胁）。他们拒绝水，但接受 H₂O，或者，他们拒绝水果（这个概念），但他们想要苹果、李子、草莓等。不久前，在尤·奈斯博（Jo Nesbo）的惊悚小说《猎头游戏》（*Headhunters*）中出现了一个笑话，它涉及类似的悖论系列（paradoxical series）："秋天的空气里的汽车尾气有一股儿刺鼻的盐味，让人联想起大海、石油开采和国民生产总值。"[1] 在这里，一个反常时刻，添加给了由自然因素和物理因素构成的系列。它便是国民生产总值，即残酷盘剥大自然的代名词。如此悖论系列的另一个版本来自鲍勃·迪伦（Bob Dylan），他最近（2012 年 9 月）接受了《滚石》杂志的采访：

> 这个国家在肤色的问题上搞得乱七八糟。这事让人六神无主。人们找碴掐架，只是因为肤色不同。现在疯狂至极，让任何国家裹足不前，或让任何社区裹足不前，或让任何东西裹足不前。黑人知道，某些白人不想放弃奴隶制。如果他们（白人）得逞，他们（黑人）会继续生活在枷锁之下，而且他们（黑人）不能假装对此一无所知。如果你的血管里流淌着奴隶主或三 K 党的血液，黑人能够闻到血腥味。这种东西徘徊至今，挥之不去。正像犹太人能够闻到纳粹的血腥味，塞尔维亚人能够闻到克罗地亚人的血腥味一样。这个国家建在奴隶的脊背上。……如果当初能以更加和平的方式放弃奴隶制，美国会远远好于现在。

由闻血腥味的人们（blood-smelling people）组成的一个怪异系列：黑人与奴隶主、犹太人与纳粹、塞尔维亚人和克罗地亚人。前两对范畴把一般的族裔范畴（黑人、犹太人）与特定的经济/社会/政治范畴（奴隶主、纳粹）对立起来，而不是把它与整个群体（白人、德国人）对立起来。但在塞尔维亚人那种情形下，与塞尔维亚人对立的不是克罗地亚

---

1　Jo Nesbo, *Headhunters*, New York: Vintage Books 2011, p. 18.

人中的乌斯塔沙[1]分支，而是全体克罗地亚人。[2]这显然是向种族主义迈出的一步：一对范畴，外加一个术语，而这个术语又展示了真实的、潜在的种族主义立场。更确切地说，使之成为种族主义的，不是克罗地亚人的特殊身份，而是下列事实：只有克罗地亚人才拥有这种身份。也就是说，正确的表述不是用乌斯塔沙（克罗地亚的纳粹帮凶）取代克罗地亚人，而是在前两对范畴中，用白人取代奴隶主，用德国人取代纳粹。奴隶主和纳粹的可怕行径是全体美国白人和全体德国人的污点。说纳粹有罪而其他德国人无辜，这也太容易了。这也适用于乌斯塔沙在二战期间的所作所为。所以，当黑人看白人时，他能够（也有权利）在他身上"闻到奴隶主的血腥味"，即使这个白人与奴隶制毫不相干，也是如此。

存在着类似的范畴划分，在那里，集合（set）被划分为荒诞、失衡的子集（subsets），如同在尤金·维纳格（Eugene Wigner）的俏皮话中那样："世界上有两种人，一种人是约翰·冯·诺依曼（Johnny von Neumann），另一种人是我们这些凡夫俗子。"还可以回想一下那些充满犬儒智慧的妙语："有两种人，一种人……，另一种人……"在这里，关键是划分的随意性：一种人被绞死，另一种人绞死人；一种人喜爱雅文邑[3]，另一种人痛恨雅文邑。终极的范畴划分不是这样的划分吗：一边是某物，一边是空无？"世界上有两种人，一种人必死无疑，另一种人根本不存在。"[4]或者，"世界上有两种人，一种人必死无疑，另一种人永垂不朽"。关键在于，第二个子集是空的。

依据马克思的一般商品观，他的版本会是这样的："市场上的商品分两种，一种是具有特定使用价值的特殊商品，另一种是一般的商品。"依此类推，不妨再次回忆一下瓦尔特·本雅明的《论一般的语言

---

1 乌斯塔沙（Ustashi），"克罗地亚革命运动"在克罗地亚语中的简称，克罗地亚法西斯主义、种族主义、极端民族主义、恐怖主义组织，活跃于1929—1945年间，其成员在二战时期曾经大肆屠杀塞尔维亚人、犹太人、吉卜赛人以及南斯拉夫政治异议人士。——译者注

2 的确，关于二战时期针对塞尔维亚人的犯罪，大家记忆犹新。但这甚至更适用于德国人，为什么犹太人没有闻到德国人的血腥味？

3 雅文邑（Armagnac），产于法国的白兰地酒。——译者注

4 此语甚难翻译，它的原文是："There are two kinds of people in the world: those who will die and no one else." 大意谓：世界上有两种人，一种人终有一死，另一种人嘛……另一种人根本就不存在。也就是说，人必有一死，无可逃避。——译者注

和特殊的人类语言》一文。在这篇论文中，关键并不在于，人类语言只是某种普遍语言"自身"的一个"种"，而这样的普遍语言也由其他的"种"组成。其实，除了人类语言，再无其他语言。但是，为了领会这个"特殊"的语言，我们必须引入最低程度的差异，将其视为把"特殊"语言与语言"自身"隔离开来的裂缝。因此，特殊语言是"实际存在的语言"，是实际传情达意的语言，它与正式的语言结构形成了对比。这个本雅明式的教益被哈贝马斯所忽视，哈贝马斯的所作所为正是我们应该竭力避免的。他把理想的"一般语言"——语用普遍性（pragmatic universals）——直接设置为现实存在的语言的规范。沿着本雅明那篇论文的标题提供的思路，我们应该把社会法则的基本集合描述为"一般的法则和它的特殊的粗暴超我黑暗面"。在这里，"特殊"本身就是"普遍"的一个方面，即"罪恶"的、未曾救赎和不可救赎的那一面。用具体的政治术语说，根据定义，任何一种政治，只要通过诉诸某种实体性的（种族、宗教、性别、生活方式等）特殊性来奠定自己的根基，它就是反动的。因此，由解放性的（"阶级"）斗争引入和维持的划分，不是这样的划分：把一个整体划分为两个特殊的阶级。它是这样的划分：一边是组成整体的诸部分（Whole-in-its-parts），一边是组成整体的诸部分的残余（Remainder），它在特殊之内代表着普遍，代表整体"自身"，与整体的诸部分相对。在这里，我们应该牢记：残余这个概念具有两个方面的含义。它一方面指这样的剩余之物，即在抽离全部具体内容（整体的因素、特定部分）之后的剩余之物；另一方面指这样的剩余之物，即把整体划分为部分为这一行为导致的结果。这时，通过这个最终的划分行为，我们得到的不是两个特殊的部分或因素，不是两个某物，而是一个某物（剩余之物），一个空无。

两个对立物，外加一个烟道清扫工，这个三元组是黑格尔式的三元组吗？我们提到了克尔凯郭尔、海涅和马克思，他们都想突破黑格尔唯心主义逻辑学的限制。或许这个事实表明，做这样的悖论性分类或悖论性划分的目的，就是打破黑格尔图式（Hegelian scheme）的非一致的逻辑框架？不过，细看之下，事情变得愈加复杂：正如我们已经看到的那样，黑格尔的《法哲学原理》中的君主展示了最高（纯粹能指）与最低

（生物学、偶然性）的并存，而最低则是过度因素的特征。由于使纯粹的符号性因素（王室头衔）与偶然的肉体性因素（阴茎）重合起来，青年马克思的这一做法不是比他发出下列行为时，比他自己知道的更正确吗[1]：他在批判黑格尔的法哲学时尖刻地指出，黑格尔的君主只是他的阳物的附加物而已？[2]

正是从拉康赋予此词[3]的意义上说，烟道清扫工实际上代表着阳物因素。何以这么说？因为烟道工代表着纯粹的差异：军官、侍女和烟道清扫工是男性、女性，外加他们的差异自身，作为特殊的偶然客体。我们还要问，何以这么说？因为差异不仅是有差别的（not only is difference differential），而且在对抗性的（非）关系中，它先于它区分的术语（terms it differentiates）而存在：不仅女人是非男人（not-man），反之亦然，而且女人还是阻止男人完全成为男人之物，反之亦然。它就像政治空间中的左翼和右翼：它们的差异是这样的差异，该差异会随着感受差异的方式的不同而不同。如果我们从左翼或右翼的角度来审视，整个政治空间就会呈现出不同的结构。没有第三种方式，即没有"客观"的方式。在左翼看来，政治分歧把整个社会机体一分为二；在右翼看来，社会是按等级划分组成的整体，只是它受到了边缘入侵者的滋扰而已。因此，"自在"的差异不是符号性／差别性的（symbolic/differential），而是不可能的－实在界的（real-impossible），即躲避和抵抗符号性把握（symbolic grasp）的东西。这种差异是普遍自身（the universal as such），但不是这样的普遍——因为被提升而超越了它的两个"种"，进而成了中性框架，而是这样的普遍——它是它们的构成性的对抗（constitutive antagonism）。第三个因素（烟道清扫工、犹太人、小客体）代表着差异自身，代表着先于被区分的术语而存在的"纯粹"的差异／对抗。如果能把社会机体完整地划分为两个阶级，而没有出现过度因素（犹太人、

---

1　这句话的意思是，与"老年"马克思相比，青年马克思的做法更正确；青年马克思知道自己正确，但实际上他比他自己知道的还要正确。——译者注
2　我们在亚历山大·索科洛夫（Alexander Sokurov）拍摄的影片《遗忘列宁》（*Телец*）中遇到了类似的形象，即被化约为自己的愚蠢肉体的人。
3　"此词"，指后面的"阳物因素"。——译者注

暴民等），那就不会有阶级斗争，只会有明显分化的两个阶级。这第三个因素不是躲避阶级划分（把社会纯然划分为两个阶级）的经验残余之标志，而是它们的对抗性差异（antagonistic difference）的物化，因为这个差异先于被分化的术语而存在。在排犹主义的空间中，"犹太人"代表着社会对抗自身：没有犹太入侵者，两个阶级会相安无事，和谐共处。我们现在终于明白，何以第三个因素——入侵因素——是事件性的（evental）：它不只是另一个实证性的实存物，它还代表着永远打破"两仪"之和谐的因素，它使它们进入了永不停息的再适应过程（process of re-accommodation）。

这第三个因素——补充成对范畴的小客体——的一个极端案例，是由一件怪事引发的。这事发生在实施凯末尔主义的土耳其，时间是1926年。凯末尔主义现代化纲领的一部分，是强制推行新的"欧洲"楷模。让女性遵守这样的楷模，告诉她们如何穿衣戴帽、如何说话做事，以摆脱压迫性的东方传统。正如大家都知道的那样，真的出现了一部《帽子法》，它为人们（至少是大都市里的人们）如何覆盖自己的脑袋做出了规定。于是：

> 1926年，在埃尔祖鲁姆省，以对抗《帽子法》为由，一个女人和一群人一道被执行了死刑。她个子很高（几近两米），看上去很有些阳刚之气。她以沿街叫卖披肩为生，这才有了她的名字"披肩妹"。在记者尼美特·阿兹克的笔下，她"身高两米，面色乌黑，梳着蛇一般的细发辫，……走起路来也像男人"。当然，作为一个女人，她不应该戴软呢帽，否则她就不会因任何事情而"犯罪"。但是，或许是因为仓促，宪兵们把她误当成了男人，匆匆忙忙地把她送上了绞刑架。"披肩妹"是土耳其历史上第一个被处以绞刑的女性。她绝对不"正常"，因为阿兹克的描述与在那个特殊时代确立的有关女性正常状态的任何标准都不相符。她或许属于那个古老的传统，属于讲究宽容和文化包容的"特殊人群"，但又带有某种遗传性的"错乱"。不过，向"现代性"的强制和草率转型，不允许这样的包容存在，因而她必须被消灭，永远销声匿迹。据报道，"被绞死的女人

要不要戴一顶帽子？"是她的遗言。喃喃自语地说这句话时，她正走在通往绞刑架的路上。这句话毫无意义，只是代表着语义的空白（semantic void），只是表明，这绝对是来自实在界的一幕，它颠覆了语义学的规则：它是第一个失去阳刚之气的（这是就"充满男性气质"一词的主要词源意义而言的），所以她能"失去阳刚之气"。[1]

我们如何阐释这个怪异的、荒诞的、过度的杀人行为？浅显的解读会是巴特勒[2]式的：通过她的跨性别的外貌和行为，披肩妹凸显出性别差异的偶然性特征，告诉我们性别差异是如何通过符号建构起来的。所以，她对正常确立的性身份构成了威胁。我的解读稍微（或并不那么稍微）有些不同：披肩妹没有颠覆性别差异，反而代表着这一差异本身。就其创伤性的实在界（traumatic Real）而论，它无法被化约为任何清晰的符号性对立。她令人不安的外貌，把清晰的符号性差异转换成了对抗这个不可能的-实在界（impossible-real of an antagonism）。

这个过度因素的另一个极端案例，是有关第一次世界大战的最为辉煌的幻觉性传奇。这是一个经久不衰的传言：在无主之地（no-man's-land）中的某个地方（那是荒凉的焦土废墟，堆满了腐臭的尸体，布满了积水的弹坑、弃用的战壕和隧道），生活着一帮疯疯癫癫的逃兵。[3]他们来自各个交战国家，包括德国、法国、英国、澳大利亚、波兰、克罗地亚、比利时、意大利。他们在友好与和平中过着隐匿的生活，避免被人发现，互帮互助。他们衣衫褴褛，长着长长的胡须。他们从来都不允许别人看到他们，尽管偶尔也会有人听到他们疯狂的喊声和歌声。他们只在战斗结束后的夜间离开这个处于地下的阴暗世界，去捡些动物尸体，弄些饮水和食物回来。这个传奇的美妙之处在于，它清晰地描述了某种另类共同体的生活，展示了对战场上出现的疯狂行径的拒绝：在这个团

---

1　Bulent Somay, *L'Orient n'existe pas*, Doctoral Thesis defended at Birkbeck College, University of London, November 29, 2013.
2　巴特勒，指朱迪斯·巴特勒（Judith Butler），美国著名学者，加州大学伯克利分校修辞学与比较文学系教授，主要研究政治哲学、伦理学、女性主义和酷儿理论。——译者注
3　我在此依据的是：Paul Fussell, *The Great War and Modern Memory*, Oxford: Oxford University Press 2000.

体中，来自各个交战国的人们和平共处，他们唯一的敌人就是战争。尽管他们代表着最为疯狂的战争形象——过着野蛮生活的弃儿，但他们同时又做了自我否定。那可真是个夹在不同战线中间的和平岛，那里有无视战争的普遍的兄弟情谊。通过忽视有关我们和他们的官方分界线，他们代表着真正的分界线，唯一重要的分界线。这是对整个帝国主义战争空间的否定。他们是第三个因素，揭露了战争的虚假二元性。简言之，在那种处境下，他们是真正的列宁主义者，重复着列宁的姿势——拒绝为爱国的狂潮所裹胁。所以，并不是说，他们只代表着漠不关心，他们还代表着真正的差异（阶级对抗），一如烟道清扫工代表着性别差异本身。[1]

因为对抗是非关系［根本不存在性和谐（*il n'y a pas de rapport sexuel*），根本不存在阶级关系］的另一个称谓，所以，还可以说，作为"两仪"（两种性别、两个阶级）的阴影而使"两仪"心神不宁的第三个因素——即过度因素——代表着拉康的"存在着太一（这个某物）"（*Y a d'l'Un*），而"存在着太一"则是"根本不存在大对体"（*il n'y a pas de l'Autre*）的另一面。或者用稍微不同的方式说，因为"存在着太一"中的"太一"是使得性关系成为不存在之物（makes sexual relationship inexistent）的"除不尽的余数"，所以，"存在着太一"还与"根本不存在性和谐"紧密相关：它是这种和谐的客体-障碍（object-obstacle）。"存在着太一"中的"太一"主要还不是神秘的包罗万象的太一，即来自弗洛伊德的名声不佳的"海洋般的感觉"之太一[2]，而是"一小片实在界"，是排泄物般的残余（excremental remainder）。它打破了"两仪"的和谐。在阐明这个重要的区别时，纪·勒·戈菲（Guy le Gaufey）使我

---

1　一边是对抗，小客体，一边是失效的询唤，两者的联系在于，询唤本身总是取代-背叛-模糊对抗。"阶级斗争"的对抗性特征（antagonistic character）恰恰意味着，两个阶级的成员从来都没有直接通过询唤成为纯粹的阶级主体（资本家和无产阶级），他们总是以神秘-替代的方式（且以着装为例，富人通过询唤变成了民粹主义者，穿上了牛仔裤，等等）成为纯粹的阶级主体（资本家和无产阶级）的。正是从这个意义上说，小客体是作为失效的询唤的索引出现的残余物，也就是说，是作为这样的索引出现的残余物：该索引提示我们，个人通过询唤变成其符号性身份，这个过程总是取代对抗。
2　这句话的意思是，"海洋般的感觉"本身就是"太一"。"海洋般的感觉"一语为罗曼·罗兰首创。1927 年，他致函弗洛伊德，用它指天人合一、万物同体之感。弗洛伊德认为它是某种无意识的残余。婴儿无法把父母和除父母之外的一切区别开来，故有这种感觉。但随着婴儿长大成人，这种感觉逐渐消失，但并未彻底消失，还存在着残余，影响着他的生活。——译者注

们注意到了晚年拉康从"根本不存在性和谐"向"存在着（性的）非和谐"［*il y a du non-rapport (sexuel)*］的转移。这一转移与康德对下列两者的区分完全吻合：一者是否定判断，即对谓词的否定；一者是无限判断，即对非谓词的肯定。这两者的对立，恰如"he isn't dead"与更加诡异的"he is un-dead"的对立[1]。还可以把"根本不存在性关系"解读为两性永恒冲突这个古老母题的一个变体：男人和女人无和谐可言，因为男人来自火星，女人来自金星，他们生活在不同的世界，总是无缘相遇。但"根本不存在性关系"包含着更加激进的含义：在悖论性的"超限"客体（trans-finite object）那里，性关系的这一不可能性被实证化了。悖论性的"超限"客体之为"超限"客体，是因为它和它的匮乏完全重合，或者说，它超过了自己，成了自己的过度。这意味着，阳性（masculine）和阴性（feminine）不只是无法同步的两种实存物，在某种程度上，性别差异先于两性。所以说，从逻辑上讲，性别差异在先，两性在后，两性是对差异（the Difference）这一僵局的反应，是消除差异这一僵局，或使之符号化的努力。差异这一僵局是以被称为小客体的伪客体（pseudo-object）的形式出现的。职是之故，我们不应该说，小客体是非性的（not sexual）：它是无性的，但这里的"无"与"吸血鬼是无死的（un-dead）"中的"无"毫无二致。"无死的"意味着既不是活的，也不是死的，而是活死的（living dead）。同样，小客体既不是性的，也不是"非性的"，而是"在性上非性的"（sexually asexual）。它是怪物，无法用两性中任何一性的坐标来确定其位置，但它依然是性的。正如拉康指出的那样，这里处于险境的正是"所有原则的原则"的转变，即从非矛盾这一存有论的原则（ontological principle of non-contradiction）向"根本不存在性关系"这一原则的转变。[2]

---

1 "he isn't dead"是否定判断，可直译为"他不是死人"，意谓"他没有死"；"he is un-dead"是无限判断，可直译为"他是无死之人"。两者存在着细微但至关重要的差异：前者指生理上尚未死去之人，即一般意义上的"活人"；后者可能指"活人"，也可能指生理上已经死去，但仍以某种形式"活着"的人，即臧克家所谓的"有的人死了，他还活着"中的"人"。恐怖片中的活死人、僵尸也是这样的"无死之人"。——译者注
2 在这里，我重新回到了我的下列著作的第11章的思路：Slavoj Žižek, *Less Than Nothing*, London: Verso 2012。

## 欲望、驱力、德勒兹、拉康

从"根本不存在……"（there is no…）向"存在着非……"（there is a no-...）的过渡，是如何影响拉康的欲望与驱力这对基本范畴的？不是这样影响的吗：在欲望中"根本不存在关系"（there is no relationship），在驱力中"存在着非关系"（there is a non-relationship）？欲望是康德式的（基于这个原因，我们可以认为，拉康自20世纪50年代以来的经典教学是某种"纯粹欲望批判"），驱力是黑格尔式的。欲望与它的客体没有关系，它涉及把它与它的客体分割开来的裂缝，它与匮乏的客体（lacking object）有关。相形之下，驱力把匮乏本身当成其客体，在错过的满足（missing satisfaction）的循环运动中寻求满足。欲望与驱力、阳性与阴性以及其他类似的成对范畴（直至物理学中的波与粒子的二元性），构成了无法超越的视差——其他的选择是绝对的和无中介的（unmediated），两极之间不存在更高的统一，不存在共同的基础。我们尤其要避免断言——无论是公开地还是在暗中——两极中的一极高于另一极，比如断言，归根结底，粒子浓缩或物化了波的相交，或者在拉康把基于例外的"阳性"全部（"masculine" All grounded in an exception）与"阴性"的并非全部（"feminine" non-All）对立起来的情形下，断言通过排除例外，并非全部之分散多样性（dispersed multiplicity of non-All）能被整合成一个普遍的整体（universal Whole）。[1]不过，它岂不成了超验主义（transcendentalism）的终极形式，同时设定了我们不能抵达的有限边界（limit beyond），还有任何方式超越或颠覆成对的视差范畴（parallactic couple）吗？黑格尔打赌说，超越或颠覆成对的视差范畴还是可能的：概括两极之间的裂缝，概括两极造成的僵局（这样僵局可以以两种方式——"阳性"和"阴性"、粒子和波等——被形式化），而不

---

1　至于驱力与欲望的视差，首选当然是驱力。一旦选定驱力，欲望就会显现为屈从于阉割的驱力，屈从于律法及其禁令之政体（regime of Law and its prohibition）的驱力，就会围绕着一个匮乏（a lack）做循环运动。

是概括两极的共同基础，还是可能的。[1]

在拉康看来，就其形式结构而言，欲望和驱力是对立的：欲望漂浮在无穷无尽的匮乏转喻（metonymy of lack）上，驱力则是封闭的循环运动；欲望总是无法满足的，驱力则生成自身的满足（generates its own satisfaction）；欲望是由符号性律令/禁令支撑的，驱力则停留在对律令的辩证（dialectic of the Law）之外。因此，欲望和驱力构成了相互排斥的视差统一（a parallax unity of mutual exclusion）：每一方都不能化约为另一方，也不存在能使它们走到一起的共同空间。与拉康不同，德勒兹肯定了欲望的流出（flux of desire）这个无穷无尽的生产性运动。它在逻辑上先于父性律令（paternal Law）的整合性干预（totalizing intervention）。德勒兹的肯定是对先于所有否定性的生命（life prior to all negativity）的肯定。

面对拉康和德勒兹的张力，艾伦·舒斯特提出了简明扼要的解决之道：德勒兹所谓的欲望等于拉康所谓的驱力，它是机械性的生产性运动，先于对匮乏的全部辩证和否定性（all dialectics of lack and negativity）而存在。尽管如此，还是存在着推翻这个等式的一个特征：德勒兹的欲望是开放、漂浮、扩张和生产性的，拉康的驱力则是自我封闭、重复性的。欲望和驱力的拉康式对立的关键在于，存在着疏离性的速率（alienating *vel*），你必须做出选择：你不能两者兼得，既拥有扩张性的开放（expanding openness），又拥有积极的肯定（positive affirmation），

---

1 标准的物理学模型把空间和时间视为现实的两个"原始"特征，无法把它们化约为更"原始"的事物状态，或把它们从更"原始"的事物状态中推演出来：现实中的任何事物都处于空间和时间中，无一例外。不过，有人正在努力把广义相对论和量子物理学结合起来，以此克服空间和时间的分裂。这种努力假设存在着这样一种状态，那里不存在时间：时间来自某种"异世界"（infra-world），所以从概念上讲，它必须从内部没有时间的一种基材（a substrate in which there is no time）中推演出来。依据这一假说，建构一种"时间热力学"应该是可能的。在这种"时间热力学"中，时间显现为处于时间坐标之外的微过程运作的结果。见下列著作第八章：Etienne Klein, *Le facteur temps ne sonne jamais deux fois*, Paris: Flammarion 2009.（它的标题——《时间——邮差从不按两次铃》——当然是对詹姆斯·凯恩的硬汉侦探小说《邮差总按两次铃》的戏仿。）谢林已在前科学的层面（pre-scientific level）提出类似的观点。在《世界时代》的草稿中，谢林设想了前神圣驱力这个原初现实的、非时间的动力机制（a proto-real atemporal dynamics of divine drives）。因此，时间出现于这个驱力漩涡（vortex of drives）受到"压抑"之时。简言之，时间是为了解决令人痛苦的驱力僵局（deadlock of drives）才出现的，它相当于"压抑"——把某种创伤性的未知因素（X）"压入"原初的过去（primordial past）。

而没有任何匮乏，也不做任何否定。颇具悖论意味的是，正是禁止性的律令（prohibitory Law）打开了这个领域，使能动者"去地域化"（deterritorializing），切断把能动者缚于某个具体身份（particular identity）的根源：律令所禁止的，正是我们的下列行为——乱伦性地沉浸于具体的狭窄地域。

在这里，德勒兹和拉康的差异是难以弥合的，它涉及存有论空间的基本坐标。德勒兹停留在由生产（production）和代表（之场景）构成的典范性的现代对立之中。基本的存有论事实是生产性的肯定过程（productive affirmative process），它总是处于对代表之场景（scene of representation）的过剩之中；否定、匮乏等，只能在事后，通过这个过程的内在分裂、自我破坏而产生。拉康的坐标与此截然不同，这种不同的第一个迹象，是他对代表这一概念的惊人复原["能指为另一个能指代表主体"（a signifier represents the subject for another signifier）]：在拉康看来，代表从来都不是以有限和扭曲的方式反映生产过程的屏幕或场景，相反，它是空白或裂缝，从内部割裂了生命的过程（process of life），引入了主体性和死亡。

不过，正是在这一点上，事情开始变得真正有趣起来，因为这种视差分裂（parallax split）在德勒兹的著作中卷土重来。德勒兹的概念大厦依赖两种逻辑，它们同时共存，尽管它们相互排斥：

——一方面是感觉的逻辑（logic of sense），即作为感觉-事件的非物质化成（immaterial becoming as the sense-event）的逻辑，作为身体性-物质性的过程-原因之结果（effect of bodily-material processes-causes）的非物质化成的逻辑，生成性过程（generative process）与其非物质性感觉-结果（immaterial sense-effect）彻底分裂的逻辑："因为是物质性原因的无形结果（incorporeal effects of material causes），多重体（multiplicities）是无感觉的实存物，或是由于某种原因而形成的无菌的实存物。纯粹的化成（pure becoming）之时间，总是已经过去或永远尚未到来的时间，构成了多重体的这种无感觉性或无菌性（impassibility or sterility）。[1]电影不就是表面化成之无菌流动的终极例证吗？电影影像本来就是无菌的和无感觉的，是有形原因的纯粹结果（pure effect of corporeal causes），尽管它获得了自己的伪自治（pseudo-autonomy）。

——另一方面是作为存在之生产的化成（becoming as the production of Beings）的逻辑："应该把计量属性或广延属性（metric or extensive properties）视为一个单一过程，在这个过程中，连续的虚拟时空逐渐变成现实的不连续的时空结构（actual discontinuous spatio-temporal structures）。"[2]

在分析电影和文学时，德勒兹强调情感的去实体化（de-substantialization of affects）：在艺术作品中，情感（如厌倦）不再能归因于实际的人，它成了自流漂浮的事件（free-floating event）。如此说来，情感-事件（affect-event）的这个非人格强度（impersonal intensity）是如何与身体或人联系起来的？在这里，我们遇到了同样的含混不清：或者这种非物质的情感是由作为纯粹化成的无菌表面（sterile surface of pure Becoming）的互动身体（interacting bodies）生成的，或者它属于虚拟强度（virtual intensities）之一种，身体就是通过现实化（actualization）——即从化成向存在的过渡——从虚拟强度中脱颖而出的。[3]

这种对立不还是唯物主义和唯心主义的对立吗？在德勒兹那里，这意味着：《感觉的逻辑》（*The Logic of Sense*）与《反俄狄浦斯》（*Anti-Oedipus*）的对立。要么感觉-事件，即纯粹化成之流（flow of pure Becoming），是身体-物质的原因（bodily-material causes）的缠结导致的非物质性的（中性的、既不主动也不被动的）结果，要么是积极的

---

1　Manuel DeLanda, *Intensive Science and Virtual Philosophy*, New York: Continuum 2002, pp. 107-108.

2　Ibid., p. 102.

3　对这一思路的更详尽的阐述，请见：Slavoj Žižek, *Organs Without Bodies*, New York: Routledge 2003。

身体性实存物（positive bodily entities）本身就是化成的纯粹流动（pure flow of Becoming）的产物。要么无限的虚拟性之域（infinite field of virtuality）是互动身体的非物质结果，要么身体本身来自这个虚拟性之域，在这个虚拟性之域实现了自身。所以，一方面，曼纽尔·德兰达（Manuel DeLanda）在对德勒兹的存有论的精彩评论中肯定了"处于产品之下的过程的消失"，肯定了这样的逻辑，它依赖于漫长（也是黑格尔-马克思）的"物化"传统："对处于产品之下的过程进行伪装，这个主题是理解德勒兹哲学的关键，因为他的哲学方法被设计出来，至少部分地是为了克服由这种掩饰促成的客观错觉。"[1]另一方面，真正的生产层面也被毫不含糊地指定为虚拟的层面：在构成性现实之中和之下，在"最终产物的广延属性和定性属性"[2]之中和之下，我们应该发现虚拟性之密集过程（intensive process of virtualities）的痕迹——存在与化成（Being and Becoming）作为实际与虚拟（Actual and Virtual）联系了起来。一边是对虚拟所做的毫不含糊的肯定，肯定它是生产的场所，而生产的场所派生了构成性现实，一边是同样毫不含糊的陈述——"虚拟产自实际"（the virtual is produced out of the actual），我们如何把它们结合在一起？

　　不应该认为多重性（multiplicities）拥有通过这些系列彼此积极互动的能力。德勒兹认为，它们只被赋予了被感染的能力，因为它们是——用他的话说——"被动的实存物——被动的结果"。可以以下列方式解释多重性之中立性或无菌性。尽管它们趋异的普遍性（divergent universality）使它们不受任何特殊机制的支配（同一个多重性可以若干因果机制来实现），它们却依赖于下列经验事实：某一个或另一个因果机制实际上是存在的。……德勒兹把多重性视为有形原因导致的无形结果，也就是说，把多重性视为自身并不具有因果力量（causal powers）的实际原因导致的历史结果。[3]

1　Manuel DeLanda, *Intensive Science*, p. 73.

2　Ibid., p. 74.

3　Ibid., p. 75.

德勒兹所谓的化成是含混不清的，它既是生产的过程，又是无菌的结果。难道这种含混不清没有把我们带回到拉康的那对范畴——欲望与驱力？一边是欲望的生产性流出，一边是事件的无菌性（sterility of the event），它们的对立不就是德勒兹的视差（Deleuzian parallax）？不就是德勒兹版本的欲望与驱力的对立？注意到下列一点至关重要：黑格尔处于这一争端的核心，尤其处于对他的思想所做的两种截然相反的解读的核心。沿着德勒兹的思路（具有悖论意味的是，德勒兹是最终的反黑格尔派），我们得到了对黑格尔所做的居于主导地位的历史主义的"动态"解读：现实是持续变化的动态过程，在这个过程中，一切坚实的东西早晚都会冰消雪融，所有静态的事物（或"本质"）都是这个过程的冰冻之时，这些时刻也会在静态事物终结之后土崩瓦解，所有的否定和匮乏都只是透视幻觉（perspectival illusions），这些幻觉是由派生差异这个包罗万象的肯定过程（all-encompassing affirmative process of generating differences）派生出来的。对于辩证过程的这一视境的真正黑格尔式的回应，是从拒绝接受其潜在的进化论前提开始的。如果还有什么东西与黑格尔绝对背道而驰，那就是这样的观念了：在历史变化的过程中，某种生命形式逐渐形成，它先是以令人困惑的迹象（confused indications）为伪装，然后走向成熟，拥有自己的光荣时刻，最后和所有的生物一样一命归西。如果还有什么东西，我们可以称为基本的黑格尔式直觉（Hegelian intuition），那黑格尔式直觉的核心便是，从来都没有什么"适宜"的时刻：生命形式一开始就受到阻挠，它调动自己的潜能，制定绝望的策略，以之应对自己内在的僵局。这也是黑格尔强调"我们不应该从太一性（oneness）开始，然后转向二元性（duality）"[1]的原因。为什么不应该这样做？因为"太一"是通过转向二元性构成的，通过自身的分裂构成的。同样的观点已由詹姆逊提出。在谈到《安提戈涅》时，他认为不应把人的律法与神的律法之间的对立解读为：

> 发生在国家与家庭或家族之间的、撕裂了社会的斗争，而要首

---

1　G. W. F. Hegel, *Werke*, Frankfurt: Suhrkamp 1986, Band.19, p. 450.

先解读为这样的分裂：它最初通过表明它的首次大分化（勇士与祭司的分化，或城邦与家族的分化，甚至外部与内部的分化等），创造了社会。……每个幼体强权（larval powers）都创造了他者，都在强化与其对手的区分。……最终撕裂并摧毁城邦的矛盾……是当初把它创造出来，使它成为能够独立生存的结构的那个对立。[1]

在这里，我们再次看到了把黑格尔与历史进化主义分隔开来的楚河汉界。从历史主义的观点看，每个历史人物都有其成熟之时，随之而来的则是衰落时期。比如，资本主义一直都在稳步发展，直至 19 世纪中叶。在那期间，它必须由它与前现代生活形式的斗争来支撑自己。但是，随着阶级斗争的加剧，资本主义成了人类进一步发展的障碍，因而必须被克服。但在真正的辩证家看来，当一个系统以非对抗的方式运行时，根本就不存在成熟之时。听起来有些自相矛盾的是，资本主义同时既是"进步"的，又是对抗的，是处于衰落时期的，而且它的衰落这一威胁，正是它的"进步"的动力（资本主义只有不断地革自己的命，才能应对它的构成性的"障碍"）。因此，家庭与国家不只是社会整体（social whole）的两极，社会还必须自己割裂自己，只有这样，它才能成为一个整体。正是社会整体的这一撕裂，正是"通过表明它的首次大分化（勇士与祭司的分化……），创造了社会"。我们应该在这个意义上解读巴迪欧的主张："实在界并非促成团结之物，而是制造分裂之物。"为了说得更加明确，我们应该追加一句：实在界就是分裂（对抗性分裂），它因此促成了社会符号领域（socio-symbolic field）。简言之，《安提戈涅》不是讲述和谐的希腊城邦如何分崩离析的戏剧，而是讲述和谐的希腊城邦如何构成的故事。黑格尔认为，作为一部戏剧，《安提戈涅》展示的是"一个被阐明的社会自身的形成"[2]。黑格尔的这一解读证明，黑格尔的社会思想具有彻底的反统合主义的特征（anti-corporatist nature）。黑格尔这一思想的潜在前提是，每一个社会阐明（social

---

1　Fredric Jameson, *The Hegel Variations*, London: Verso Books 2010, pp. 82–83.
2　Ibid., p. 80.

articulation）天生就是"无机的"（inorganic），是对抗性的，而且历来如此，总是如此。这种洞识给我们提供的教益在于，无论何时，只要读到一个原初的统一（original unity）如何被腐蚀，如何被撕裂的描述，我们就应该想到，我们现在面对的，正是回溯性地建立起来的意识形态幻象，它模糊了下列事实：这种原初的统一从来都不曾存在，它只是由分裂过程导致的回溯性投影。从来都不存在这样的和谐国家——它的统一被撕裂，使勇士和祭司分道扬镳。

## 绝 对

批评马克思主义的人指出，在社会生活中，从来不仅仅存在两个对立的阶级。这些人完全不得要领。正如我们已经看到的那样，正是因为从来都不仅仅存在两个对立的阶级，这才有了阶级斗争。总是存在着取代阶级斗争的第三因素（犹太人、暴民等），而且第三因素不仅仅是阶级斗争的"并发症"，它们本身就是阶级斗争。简言之，阶级斗争恰恰是争夺领导权（hegemony）的斗争，即力争占有这些第三因素的斗争。

正是从这个意义上说，应该把阶级斗争"绝对化"。使阶级斗争绝对化的，不是两个阶级的直接冲突，而是取代了这个纯粹对抗的过度（the very excess which displaces such pure confrontation）。使阶级斗争绝对化的，是纯粹的对抗性差异（pure antagonistic difference）与模糊这一差异的过度（excess that blurs the difference）的并存——仿佛纯粹差异只是作为处于分化术语（differentiated terms）之外的特殊因素存在的。在这个因素中，纯粹的关系性（pure relationality）——差异之形式（form of difference）——再次与它的对立物并存，而它的对立物也是直接存在的实证性因素。正是这个缘故，我们应该以黑格尔的关键概念"决断"（*Entschluss*）为背景，把黑格尔的绝对理解为这样的行为——解除束缚（ab-solution）、解除封闭（*ent-schliessen*）：一旦最终的逆转（final reversal）使自己摆脱了自己的过程性（processuality），整体就成了绝对性的整体。这就是在《逻辑学》结束时，绝对理念"决定"在自然中外化自己，使自然摆脱自己，在自然中敞开（dis-close）自己的原因[1]。这还是在读"绝对反冲"（*absoluter Gegenstoss*）一词时必须把重音放在"绝对"上的原因：一边是依据偶然性的物质原料之概念形式（notional form）对这种物质原料进行调停，一边是这种物质原料变成自己的直接对立物，只有在后者补充前者时，我们才能抵达绝对的视点（absolute standpoint）。还是以国家为例来说明问题。国家是一个整体，它扬弃自身的特殊因素，使之成为理性整体的诸多时刻（moments of a rational whole）。这个过程可以终结，也就是说，国家可以把自己确立为实际存在的理性整体（actually existing rational totality）。但有一个前提：只有当这个过程在某个附加因素中达到顶峰时，国家才能成为理性的整体。在这个附加因素中，被扬弃的自然直接性（sublated natural immediacy）以其最野蛮的形式回归了，以国王这个人物的形式回归了。国王的统治权是由最愚蠢的自然偶然性（natural contingency）决定的，是由生物学后代（biological descendancy）这个事实决定的。这同样适用于绝对反冲：当被考察的某物（或过程）直接与其（退化而成的）出发点并存时，当它与自身的丧失（its own loss）重叠时，我们才抵达了绝对之视点（standpoint of the absolute）。

这是为什么绝对反冲的介质是符号性秩序的原因：虽然绝对反冲适用于每一个通过向后"反冲"而成为现在这个样子的实存物，符号性秩序直接就是这个反冲结构自身（this structure of recoiling as such）。在这个结构中，事物通过隐没于自己的符号（disappearing in its sign）而变成它现在的样子。如果在最宽泛的意义上界定文学，把文学界定为或明或暗地涉及任何类型的叙事的整个领域，那我们可以说，没有什么不是文学——文学成了某种普遍的介质，即使最激烈狂暴的政治斗争或军事斗争，也贯穿着意识形态的神话，由意识形态的神话来支撑。不过，正是由于一切都是文学，所以文学什么也不是：它从来都没有呈现"自身"，它总是已经退隐，总是被剥夺了自身的纯粹性，被社会斗争和政治斗争、经济利益、色情描写等所贯穿和扭曲。似乎我们可以说，每个

---

1    这里的"自己"指的全是"绝对理念"。——译者注

社会领域都是如此。比如，经济不同样既是普遍的，同时又被所有的其他领域（法律、意识形态、私人创伤和私人利益）所渗透？所以说，没有什么东西不是经济的，"纯粹"的经济根本就不存在。尽管如此，"文学"这个符号性的叙事领域（symbolic sphere of narratives）是独一无二的，因为它不是经济或法律那样的特殊领域，而是结构整个社会生活领域（structuring the entire field of social life）的一种介质。

　　严格以黑格尔赋予"绝对"一词的意义理解"绝对反冲"中的"绝对"，至关重要。这与对"绝对"的标准看法恰成对比。根据标准的看法，绝对是可望而不可即的。只能通过反冲，在一定距离之外靠近绝对，把绝对视为总是躲避我们的把握的超验未知因素（transcendent X）。从黑格尔的观点看，我们只需要添加一句：绝对就是这一反冲，是反运动（counter-movement），是反运动在从绝对那里撤退时创造出来的东西[1]。"绝对"之物就是从中撤退（withdrawing-from）和创造的并存。我们也应该这样理解黑格尔有关太一的同一性（identity of the One）的观念，这是在黑格尔看来统一性是"反思性的规定"（reflexive determination）的原因。关于太一，解构主义者会罗列无穷无尽的变体，告诉我们它如何永远不可能完全实现自己，如何总是已经被不可化约的多重性所贯穿，太一如何总是"多于太一"（又没有变成两仪），如何被额外的特性或踪迹所补充，而这些特性或踪迹又颠覆了它的太一性，等等。对于这样的解构步骤，推测起来，黑格尔不会这样回应：尽管如此，太一还是包罗万象的整体，它"调停"和"扬弃"所有的多重性。他可能会迈出更加激进的一步：太一本身就是"加太一"（plus-One），或者说，是"处于剩余中的太一"（le-plus-Un），是补充性的特性，它把自己附加到了它所统一的事物身上。

　　这使我们回到了"空粒子"（den）这一概念那里。德谟克利特用它指构成原初空白（primordial Void）的粒子，它的存有论身份即"少于空无"的身份。空粒子似乎揭示了黑格尔思想的局限，揭示了他的

---

1　作者的意思是，根本不存在我们通常理解的"绝对"，即某种超验存在物，它只是运动在完成后撤退（即反冲）时回溯性地创造出来的东西。——译者注

无能为力——他没能想到实在界。在这里，我们必须一丝不苟，因为黑格尔显然想到了"大对体中的匮乏"或结构性的不可能性（structural impossibility）这一意义上的实在界。如果把实在界与对实在界的标准看法［实在界即实体性的原质（substantial Thing）］对立起来，这种实在界就会变得清晰可辨。不妨回想一下，拉康是如何实现逆转的。可用爱因斯坦的狭义相对论向广义相对论过渡来说明这一逆转。虽然狭义相对论已经引入了弯曲空间的概念，它还是把这一弯曲视为物质导致的结果：物质的出现，弄弯了空间，也就是说，只有真空才是非弯曲的。随着从狭义相对论向广义相对论的过渡，因果关系被颠倒过来：物质没有造成空间的弯曲，相反，物质是空间弯曲造成的结果，物质的出现表明，空间已被弄弯。

　　这与精神分析有什么关系？两者的相关性远远超乎我们的想象：拉康以与爱因斯坦极其类似的方式向我们表明，与其说实在界——原质——是弄弯了符号性空间的惰性存在（inert presence that curves the symbolic space），是把裂缝和非一致性引入了符号性空间的惰性存在，不如说它是这些裂缝和非一致性导致的结果。在其创伤理论的发展过程中，弗洛伊德改变了当初的立场。他改变立场的方式，类似于爱因斯坦从狭义相对论向广义相对论的转移，令人颇感怪异。刚开始时，他把创伤视为从外部侵入我们精神生活的某种东西，它打破了我们精神生活的平衡，破坏了用来组织我们的经验的坐标（如强奸或痛苦的折磨）。从这个角度看，问题在于如何使创伤符号化，如何使创伤融入我们的意义世界，消除其使人精神错乱的冲击力。后来，弗洛伊德选择了与此相反的方法。他对"狼人"（那个著名的俄国患者）所做的分析把下列事实孤立起来，把它视为他早年经历的影响其一生的创伤性事件：一岁半时，他目睹了父母后背式做爱的场景。不过那时没有任何创伤性可言：这个场景远远没有让他感到目瞪口呆，他只是把此事埋进了自己的记忆，至于它有什么意义，他绝对一无所知。只是在若干年后，在他作为一个孩子痴迷于"孩子是从哪里来的？"的问题并建立了婴幼儿特有的性理论时，他才唤醒了当年的记忆，为的是把它用作创伤性场景，形象地揭示性的秘密。这个场景只是回溯性地被创伤化了，被提升为创伤性的实在界（traumatic Real），为的是帮助孩子应对他自己的符号性世界中出现的僵局［他无法破解性这个难解之谜（enigma of sexuality）］。与爱因斯坦从狭义相对论向广义相对论的转移毫无二致，在这里，最初的事实是符号性的僵局（original fact here is the symbolic deadlock），创伤性事件死而复活，为的是弥合意义世界中出现的裂缝。

这道理不完全适用于社会对抗这个实在界（the Real of a social antagonism）吗？排犹主义"物化"（以一个特殊的群体体现）了内在的社会对抗：它把犹太人视为从外部侵入社会躯体和打破其平衡的原质。从严格的阶级斗争的立场转向法西斯主义排犹主义，在这期间发生的事情，不只是简单地以一个敌人形象（犹太人）取代另一个敌人形象（资产阶级、统治阶级），斗争的逻辑完全不同。在阶级斗争中，阶级陷入了社会结构固有的对抗中；但在排犹主义那里，犹太人被视为引发社会对抗的外部入侵者。所以，要想恢复社会秩序，我们需要做的全部事情，就是消灭犹太人。也就是说，以与狼人完全相同的方式（狼人作为一个孩子从记忆中挖出了父母做爱的场景，以建立婴幼儿特有的性理论），法西斯主义的排犹主义拔高了犹太人，把他们视为引发社会堕落的畸形原质。

我们或许会说，到目前为止，一切都好：黑格尔不仅实现了爱因斯坦式的"弯曲空间的逆转"（curved space reversal），而且再三操练之。难题在于，实在界只是（或不外乎）表象的非一致性和／或无意识（ics），只是（或不外乎）表象的裂缝，只是（或不外乎）表象固有的不可能性？会不会还是别的什么东西？或者干脆打开天窗说亮话：作为原质的实在界（the Real *qua* Thing）能够完全溶入符号性的外表这个无意识吗？我们在这里碰到的是标准的恋物癖批判存在的局限，是"通过化约把原质变成内在僵局导致的恋物癖结果"这一做法存在的局限。拉康奋斗多年，才从"根本不存在（性）关系"转向"存在着非关系"：他一次又一次地要"赋形于差异，隔离非关系，把它视为构成主体的不可或缺的成分"[1]。拉康在反对太一时，以它的两种形态为目标。

---

1　Guy le Gaufey, *Le Pastout de Lacan*, Paris: EPEL 2006, p. 151.

一个是想象性太一（imaginary One），它是通过镜像的融合（specular fusion）而具有太一性（One-ness）的。另一个是符号性太一（symbolic One），它是化约性的，涉及一元属性（*le trait unaire*）。客体在其符号域（symbolic registration）中被化约为这一属性。符号性太一是差异性阐明之太一（One of differential articulation），而不是融合之太一（One of fusion）。问题是，在此之外，是否还存在着一个太一，即实在界太一（One of the Real）？拉康在《再来一个》（*Encore*）中提出的"存在着太一"扮演的不就是这个角色吗？它不就是先于大对体的差异性阐明（differential articulation of the big Other）的太一，是虽无边界却又特殊的太一，是既不在性质上也不在数量上被决定的太一，是用来指力比多流动（libidinal flow）的最低程度的收缩、浓缩的"存在着太一（这个某物）"（*Y a d'l'Un*）？[1]

---

1  这段文字极其晦涩。它的大意是：黑格尔虽然在哲学史上实现了爱因斯坦式的飞跃，但他的"实在界"只停留在外部事物的表象上，认为"实在界"表现为表象的非一致性、不可能性和出现的裂缝等。拉康则不同，他更关注精神上的非一致性、不可能性和出现的精神分裂。但齐泽克认为拉康也有局限，因为他看到了两个太一，即想象界太一和符号界太一，却没有看到实在界太一，虽然拉康对此已经有所阐发。最后一句是齐泽克对实在界太一的阐释，可惜使用的是反问句，又夹杂引语，且语法累赘，结果必定语义含混，殊难理解，甚至难以理喻。——译者注

# 第九章　从这里到空粒子

埃里克·弗兰克·拉塞尔（Eric Frank Russell）的短篇科幻小说《唯此一途》（"The Sole Solution"）是从一个独处老人的糊里糊涂和不着边际的自言自语开始的：

> 他在黑暗中盘算着。那里没有别人。没有声音，没有低语。没有抚慰的手。没有温暖的心。黑暗。孤单。永久的监禁，身边唯有黑暗和沉寂，波澜不兴。还没有定罪，却已遭囚禁。没有过错，却被惩罚。不堪忍受，却不得不忍受，除非想出逃离之计。休想得到他人的援救。谁都不会有悲哀、同情、怜悯之情。

老人于是开始设计逃离的办法：

> 最容易的逃离是通过想象。犹如穿着约束衣的人，在自己想象的梦幻世界里探险，然后逃离肉体的牢笼。但仅仅做梦是不够的。梦是不真实的，而且稍纵即逝。必须获得真正的自由，长久的自由。这意味着，他必须把梦幻变成坚固的现实。这种现实要设计得非常精致，能够永久延续下去。

他做了长期的辛勤劳作，规划了所有的细节，终于等到了动手的时刻：

> 机不可失。实验必须开始。
> 他身体前倾，凝视着黑暗，说道："要有光。"
> 就有了光。

在这里，我们得到的是终极缝合点（ultimate *point de capiton*）：最后几行文字回溯性地表明，那个老人的不着边际的自言自语是上帝自己在创世之前的内心活动。这个最终逆转的美妙之处在于，它颠覆了大家熟知的那个版本。那个版本把神的思想过程展示为一个疯子妄想出来的胡言乱语。这个疯子以为自己就是上帝。对于哲学家来说，故事的结局不足为奇：开端并不处于开端，这是谢林的《世界时代》中的札记给我们上的第一课。在那里，他主要关注的是，在开端之前，究竟发生了什么。当然，所有开端的开端都来自《约翰福音》的"太初有道"。在此之前，空无一物，也就是说，只有神圣永恒之空白。不过，在谢林看来，永恒并非无可名状的块状之物（nondescript mass）——那里发生了很多事情。在"道"之前，存在着由盲目驱力构成的嘈杂无序-精神错乱的世界。这些驱力不断地旋转着，其脉动也尚未分化。开端始于"道"被宣告之时。这时，"道"压抑、拒绝驱力的自我封闭的循环（self-enclosed circuit of drives），把它赶进了永恒的过去（eternal Past）。简言之，在真正的开端之时，出现了"决定"（Resolution），即决策之行为（act of Decision）。通过把过去与现在区分开来，它消除了先前不堪忍受的张力，即驱力的旋转运动。真正的开端是从"封闭"旋转运动向"开放"进程的过渡，是从驱力向欲望的过渡，或用拉康的话说，是从实在界向符号界的过渡。[1]

正如所有真正通达的诺斯底派和神秘主义者都很清楚的那样，这个叙事中缺少了点什么：我们无法从混乱和盲目的旋转运动直接转向创世行为，在这期间，必定还发生过什么事情，无形的原初深渊（formless primordial abyss）也必须被化约为纯粹的空无（pure Nothingness）。因此，我们必须把下列两者区分开来：一者是原初深渊的空无性（Nothingness of the primordial abyss），即非人的"神体"，它还不是真正的上帝，而是"在上帝之内又超乎上帝自己"之物；一者是收缩——谢林所谓的"*Zusammenziehung*"（收缩）这个原初姿势的空无性，这个姿

---

1　欲知对此话题的详细解读，请见下列著作第一部分：Slavoj Žižek, *The Indivisible Remainder*, London: Verso 2007。

势是至高无上的利己主义姿势，是从现实中退却并把自己化约为自我的时段性（punctuality of Self）的姿势。（在这个神秘的传统中，向前迈出这至关重要一步的，是雅各·波墨[1]。）这种"向自我退却"（withdrawal-into-the-self）是恶的原初形式（primordial form of Evil），而且从作为神体的深渊（abyss of the Godhead）的空无性向作为自我的空白（void of the Self）的空无性的过渡，存在着必然性。这种必然性是从潜在性（potentiality）向现实性（actuality）过渡的必然性：神圣的空白（divine void）是纯粹的潜在性，它只有伪装成恶的时段性（punctuality of Evil）才能实现自己，生出儿子-道（Son-Word）是超越此恶的出路。[2]

对于黑格尔来说，这个推理路线似乎是完全陌生的：在黑格尔那里，前概念的混沌（pre-conceptual chaos）似乎没有立足之地，他的体系始于存在，而存在是最初的和最空洞的纯粹概念。但真是这样吗？黑格尔的《逻辑学》的真正开篇（第一章第一节"存在"）的第一句话是："存在，纯粹的存在——没有任何进一步的规定。"[3] 当然，悖论在于，这个否定性的限定——"没有任何进一步的规定"——添加了一个关键特性，即最低程度的理想化。因此，我们应该以维特根斯坦式的方式解读这一重复，把它视为回荡着如下日常对话的回声的短语："是什么使你这样做的？""义务，纯粹的义务。"这不就是第一个黑格尔式的重复，引入了最低程度的理想化的重复吗？它不是对同一事物（the same）的重复，因为通过它，前存有论的未知因素获得了其理想的纯洁性（ideal purity）。简言之，在这个最低程度的重复中发生的事情是，我们从我们只能称之为"少于空无"的某种事物向空无过渡。第一个存在还不是与其对立物并存的纯粹存在，而是前存有论的"少于空无"，它在德谟克利特那里的称谓是空粒子；通过原初的重复，这个（原）存在

---

1　雅各·波墨（Jacob Böhme），德国哲学家、基督教神秘主义者、路德派新教神学家。著述甚多，但不见容于世。——译者注
2　卡巴拉（Kabbalah）也意识到了这一点，因为它宣称，在创世之前，上帝必须创造空无性，必须创造空白，以便用创世来填补之。因此，在创世之前出现的是神圣的自我收缩（divine self-contraction）。
3　参见中文版："有、纯有，——没有任何更进一步的规定。"黑格尔，《逻辑学》（上），杨一之译，商务印书馆，1976年，第69页。——译者注

具有了空无之纯洁性（进入了空无之真空），并因此变成了某物。[1]

## 在空粒子与偏移之间

并非只是到了柏拉图那里，形而上学和唯心主义才显露出来：唯心主义和唯物主义早已在前苏格拉底思想（pre-Socratic thought）中开战，巴门尼德和德谟克利特的对立完美地表明了这一点。巴门尼德代表着昆汀·梅拉苏（Quentin Meillassoux）会称为"原始相关主义"（ur-correlationism）的东西：存在和思想（逻各斯）是相互关联的，它们是同一个事物；此外，只有存在才存在着（only being exists），非存在并不存在（non-being does not exist）。与此相反，在德谟克利特看来，非存在的存在丝毫不亚于存在的存在，非存在是存在的原初分裂（original split），是存在所固有的。海德格尔是对的，尽管有些张冠李戴：没错，前苏格拉底的思想是前形而上学的，但前苏格拉底的思想不是巴门尼德的思想，而是从德谟克利特开始的思想。哲学史就是这两条路线斗争的历史，就是巴门尼德和德谟克利特斗争的历史。

为了表达这种"少于空无"，德谟克利特求助于一个绝妙的新词"空粒子"（该词由公元前六世纪的诗人阿乐凯奥斯首创）。于是，他的存有论的基本格言变成了："Nothing is no less than Othing"，或者像德文版所说的那样，"*Das Nichts existiert ebenso sehr wie das Ichts*"。[2] 这里的译文或许依赖的是埃克哈特大师的德语译文。他创造了新词"*Ichts*"（实有），以之为"*Nichts*"（空无）的正面版本。"*Nichts*"指具有正面/生成性维度（positive/generating dimension）的空白，即所有的创造都始

---

1　最后一句话的意思是：出现"原初的重复"（primordial repetition）之前，存在（being）还不是真正的存在，只是原存在（proto-being），即存在之前的存在；出现"原初的重复"之后，原存在终于具有了空无（Nothing）具有的纯粹性，出现在空无的空间，然后变成某物。也就是说，存在之为存在，经历了三个阶段：前存有论的存在，即原存在；占据空无的空间，具有了空无具有的纯粹性；最终成为某物。齐泽克所谓的"少于空无"，即原存在的生存空间。它不仅"少于空无"，而且"前于空无"。——译者注。参见 Frank Ruda's outstanding "Dialectics, Contradiction, Iteration. Thinking by Dividing"（manuscript, 2012）。——作者注

2　这两句话都属于俏皮话，几乎无法翻译，因为里面不仅出现了新词（Othing 和 *Ichts*），而且新旧词（Nothing 和 Othing，*Nichts* 和 *Ichts*）押韵。它们大意谓：空无不亚于实有。——译者注

于那里的虚无（nihil）。埃克哈特从中看到的是主语（I, *Ich*）与否定性的联系。注意到下列一点至关重要：与维特根斯坦晚年的做法（他走向了日常语言，把日常语言视为生命世界的一部分）相反，唯物主义通过逆语而思（thinking against language），始于违反日常语言的规则。[1]

依据哲学常识，伊壁鸠鲁以其"偏移"概念使德谟克利特激进化了。在德谟克利特那里，原子是太一，它们自由地飘浮在真空中。伊壁鸠鲁的"偏移"概念却为下列观念提供了首个哲学模型：实存物之为实存物，只是因为它"来得太迟"。"来得太迟"是相对于它自身而言的，是相对它自身的同一性而言的：并不是说，先有原子，然后原子偏离了自己的直线（或没有偏离）——原子只是它们的"偏移"而已。在"偏移"之前，并不存在偏离了自己的直线的、实体性的"某物"。这个偏离自己的直线的"某物"正是通过"偏移"创造、显现出来的。因此，"偏移"就像没有质量的光子：对于普通的粒子（如果真有这种东西的话），我们把它想象为具有质量的客体，一旦它的运动加速，它的质量就会增加。不过，光子没有质量，它的全部质量都是它运动加速导致的结果。这里的悖论是这样一种东西的悖论：它总是（也只是）对自身的过度[2]：在处于"正常"状态时，它空空如也（it is nothing）。这使我们回到了拉康的作为剩余享乐的小客体（*objet a* as surplus-enjoyment）那里：根本不存在"基本享乐"（basic enjoyment），即这样的"享乐"，先有了它，然后我们给它添加"剩余享乐"。享乐总是剩余的享乐，总是过度的享乐。在这里，自在的客体（object-in-itself）——光子、原子——没有被否定／调停，它是作为它自身的调停导致的（回溯性）结果出现的。

可以以两种方式解读这种可回溯性（retroactivity），解读"事物不过是它自身的偏离或过度导致的结果"这一观念：一种方式是德勒兹式的，一种方式是拉康式的。在德勒兹对斯宾诺莎的解读中，实体（Substance）不过是持续的"堕落"过程而已（它通过"堕落"变成了

---

1　对于空粒子更加详细的说明，请见下列著作的第一章：Slavoj Žižek, *Less Than Nothing*, London: Verso Books 2012。

2　"对自身的过度"，即相对于自身而言的过度，即对自身的超越。——译者注

自己的确定和特定的模式）；存在着的一切都是"堕落"。（如果我们获准在更加字面化的意义上解读维特根斯坦《逻辑哲学论》中的那个著名命题——*Der Welt ist was der Fall ist*[1]——就好了，这样就可以在"der Fall"中发现"堕落"之意。）根本不存在这样的实体，它堕落、弯曲、中断流动等等。实体只是如此"<u>堕落</u>"具有的无限能产性的能量（infinitely productive capacity）而已，"堕落"是实体仅有的现实。以这种方式解读斯宾诺莎，实体和"偏移"（实体的弯曲派生了确定的实存物）是直接并存的。以这种终极的思辨同一性（ultimate speculative identity）呈现出来的实体，不过是它自身的"堕落"过程而已，不过是把它推向能产性规定（productive determination）的否定性而已。在这里，斯宾诺莎与黑格尔的差异是至关重要的：在斯宾诺莎看来，实体依然是用来框定其模式的不断运动（incessant movement of its modes）的稳定的、平静的内在框架（stable and peaceful immanent frame），依然是能够以极乐的直觉（blissful intuition）来设想的框架；但在黑格尔看来，派生了自身模式的实体本身就是对抗性的，是"被画上斜线的"，它打上了不可化约的内在张力（irreducible inner tension）之标志——正是这种内在的"矛盾"，使实体不断地生成它的具体模式。简言之，从斯宾诺莎走向黑格尔，就是从 S 走向（$），从实体走向主体。

这样的偏移性移动不是已经由德语单词的前缀 *ver* 挑明了吗？*ver* 出现在弗洛伊德的一个完整序列的概念之中：*Verdrängung*（压抑）、*Verdichtung*（压缩）、*Verschiebung*（替换）、*Verneinung*（否定）、*Verwerfung*（拒斥）等。[2] 所有这些都与否定（*nein*）直接相对。与彻底（自我关联）的否定这个基本的黑格尔式步骤相比，弗洛伊德的 *ver* 暗示了不同的步骤：在自我矛盾被带往极致，并由此通过矛盾的自我取消（self-cancellation）而促成新的维度时，冲突并没有解决；冲突丝

---

1  这句话似乎应为 *"Die Welt ist alles, was der Fall ist"*，英文一般译为 "The world is everything that is the case"。其大意谓：世界就是以原本面貌呈现出来的一切。——译者注

2  一般而言，德语单词的前缀 *ver*，暗示了对它修饰或限定的言语活动的某种否定，或使它变得虚假、不正确、不真实，总之是表明出了差错。比如 *Versprechen* 是说错，*verhören* 是听错。但在弗洛伊德那里，情形又有所不同：误说实际上说出了说者的心声，误听实际上听到了听者自己的渴望，它们不仅是正确的，而且道出了真相。——译者注

毫都没有得到解决，"矛盾"没有被带到高潮，而是止步不前，以妥协构形（compromise-formation）为伪装，进入了暂时的静止状态。这种妥协不是黑格尔的"否定之否定"意义上的"对立的同一"（unity of the opposites），而是荒唐可笑的失败了的否定（failed negation），是被阻挠、被颠覆、被歪曲、被扭曲了的否定。[1] 因此，可以把弗洛伊德式的事件（*Ereignis*）称为 *Vereignis*，即一个脱轨 / 损毁的事件（event of derailment/detraction）。或者说，零层面的 *ver* 是 *verfangen*，即被某物抓住或缠住，无法脱身。从这个意义上说，或许 *ver* 凸显出驱力的极小形式（minimal form），即被缠住或抓住。[2] 因此，（死亡）驱力不是否定性具有的破坏性力量：仿佛必须对它加以约束或限制，否则它会把所有的积极形态吞入它的深渊。相反，（死亡）死力正是以极小形式呈现出来的这一约束，正是这个极小的"偏移化"（clinamenization）。驱力处于 *ver* 的一边，而不处于 *nein*（不）的一边。被打破的平衡（disturbed equilibrium）、破缺的对称性（broken symmetry）是量子物理学所谈及的，通过被打破的平衡、破碎的对称性，特定的现实从真空中脱颖而出。被打破的平衡、破碎的对称性不也是 *ver* 的一个版本吗？[3]

　　从西塞罗到爱因斯坦，不屑一顾地反对卢克莱修的"偏移"理论，已经形成漫长的历史。西塞罗声称，没有原因的运气（chance without cause）纯粹是无稽之谈。爱因斯坦则为量子物理学提供了一个著名的妙语："上帝不掷骰子。"他们为什么如此抗拒"偏移"这一概念？"偏移"指的是偏离（直线），指的是 X（或少于充分的 X）的局部方面，等等。当我们提出下列问题时，事情变得有趣起来：如果这里的 X 是空无呢？

---

1　我的这一看法来自姆拉登·多拉尔（Mladen Dolar）。

2　*Verfangen*：缠住。*Sich verfangen*，被缠住、缠住、被抓住、抓住某物。*Sich in etwas verfangen*：被某物抓住。*Sich in der eigenen Schlinge verfangen*：落入自己的陷阱。——译者注

3　还要把另一个 *ver* 加入弗洛伊德的概念序列，它就是在弗洛伊德之后，拉康所谓 *Versagung* 中的那个 *ver*：它是对主体的存在（subject's being）的幻象内核的彻底（自我关联）的丧失 / 放弃。首先，为了在我看来比我的生命还要重要的成因-原质（Cause-Thing），我牺牲了我的一切；然后，因为做出了牺牲，作为交换，我得到了这个成因-原质自身的丧失（loss of this Cause-Thing itself）。在专论移情的讲座（讲座之八）上，拉康为保罗·克洛岱尔（Paul Claudel）的《人质》（*L'otage*）提供了详尽的阐释（*Le seminaire, livre VIII: Le transfert*, Paris: Seuil 1982）。另见我在《除不尽的余数》第二章中对 *Versagung* 的解读。

我们可否把"偏移"视为原初性的？如此一来，没有什么东西先于它而存在，充分存在之物（fully existing thing）只是一个海市蜃楼，它是事物偏离自己的同一性所导致的回溯性结果。沿着这些思路，再依据拉康的性化公式，可以列出对"偏移"的两种可能的解读：

  ——阳性版："偏移"即例外——存在着太一，它是预先存在的实体性的现实（preexisting substantial reality），"偏移"指的是对这一现实的第二次偏离，是脱离常态的例外。[1]

  ——阴性版：普遍化的"偏移"——存在着不可化约的、多种多样的扭曲、转向、褶子、非线性、不一致性、偏离、例外等，但是因为除此之外一无所有，没有对例外的例外，没有可供例外用来偏移的实证现实，这个疯狂的多重现实被常态化，失去了张力。如此一来，我们最终得到的是德勒兹式的太一存有论（Deleuzian ontology of the One），多重的偏离（multiplicity of deviations）从那里中流出。

不过，这一对解读没有穷尽所有的可能性。还有另外一种阴性版，一种更加纯正的拉康式的阴性版，在那里，"偏移"并不与彻底的自我关联的否定性（radical self-relating negativity）对立，而是指这种彻底的自我关联的否定性的存在。以这种方式，我们可以避开能够派生实体的德勒兹式太一（Deleuzian One of generative substance）：以被阻碍的／不可能的太一（blocked/impossible One）为背景，"偏移"大量出现。我们还应该这样解读"捍卫失去的原因"（in defence of lost causes），包括这个术语的政治意义：并非"取走了原因，结果必定消失"（*Ablata causa tollitur effectus*），而是恰恰相反，就像如果老猫不在，老鼠就自由地玩耍那样[2]；失去原因，结果才能大量出现。正是这个缘故，拉康才认为真

---

1　我们应该在此加上巴迪欧的版本。他的版本颠覆了德勒兹对"偏移"所做的后现代普遍化解读。在巴迪欧看来，事件-"偏移"是单一的，是单一的过度（singular excess），它打断了存在秩序（order of Being）中的一系列的实证因果链。——译者注

2　作者的意思是，"老猫"是原因，"老鼠自由地玩耍"是结果，因此，只有取走原因（"老猫"），才会出现结果（"老鼠自由地玩耍"）。——译者注

正的原因（the Real Cause）是不在场 / 失去的原因（absent/lost Cause）：当太一被画上斜线，空粒子就会大量增加。

　　探讨"偏移"这个话题，不是因为对哲学史感到好奇，而是因为它使我们回到了量子宇宙论如今正在研究的问题那里：为什么存在着某物而不是空无？[1] 在这里，科学提供了两个模型：一个是大爆炸（the Big Bang），一个是对称性破缺（symmetry breaking），两者指的都是某种偏移性干扰或堕落。这倒不是说，在我们的现实充分构成之前，存在着前堕落的、非全部的原现实（pre-Fall non-All proto-reality），在那里，多重的虚拟状态（multiple virtualities）相互叠加，快乐地共处，然后这个多元的乐园（plural paradise）由于堕入单一的现实（single reality）而被毁灭——原现实已被禁止、阻挠，所以堕落总是已经发生了。

　　关于宇宙的起源，现在居于主导地位的理论是大爆炸理论。大爆炸理论声称，（我们的）宇宙始于最初的一个点或奇点（an initial point or singularity），它扩张了几十亿年，才成为我们现在看到的样子。奇点指时空中的一个点或一个区域，在那里，引力使物质具有了无限的密度。如此一来，物理定律被悬置起来。对物理定律的这一悬置，是奇点的一个关键特征，它允许我们在其他语境下使用这一术语。雷·库兹韦尔就把技术奇点（Technological Singularity）界定为"未来的一个时期，到了那时，技术变革的步伐会如此迅捷，技术变革的影响会如此深刻，以至于人类的生活将不可逆转地改弦易辙。尽管这个时期既不是乌托邦式的，也不是反乌托邦式的，但它将改变我们用来赋予我们的生活以意义的概念。从我们的日常事务模式到人类的生命周期（包括死亡），均在我们的生活之列"[2]。基于可以理解的原因，天主教徒认为大爆炸理论为上帝提供了一个开口：自然定律在奇点被悬置，这意味着这个事件不是自然事件，它表明，存在着直接的超自然干预。因此，奇点是创世时刻的科学称谓。天主教徒热衷指出，"大爆炸理论之父"是来自比利时的

---

[1] 这句话的原文是"why is there something and not nothing?"，还可以译为"为什么存在着某物而不是一无所有？"它是西方哲学提出的基本问题之一：为什么世界以"有"的状态，而不是以"无"的形态呈现出来？为什么世界上总是存在着某物，而不是空空如也？——译者注

[2] Ray Kurzweil, *The Singularity Is Near*, New York: Penguin Books 2006, p. 9.

天主教神父乔治·勒梅特（Georges Lemaître），他在 1933 年首次提出
了大爆炸的雏形。不过，使得这个图景变得复杂的是，一个领域通过坍
塌，成了一个黑洞的奇点，这是对大爆炸的某种反向运动。于是我们可
设想大爆炸的奇点和黑洞的奇点，把大爆炸视为黑洞的另一面（通过大
爆炸，在黑洞中消失的东西重新出现在另一个宇宙中）。这样的重复节
奏（repetitive rhythm）为大爆炸提供了唯物主义的视角。

从哲学上讲，更有趣的概念是破缺对称性（broken symmetry），因
为它通过界定空无性回答了下列问题：某物是如何脱胎于空无的？[1] 真
空状态或量子真空并不是某种绝对空白，它包含短暂的、忽生忽灭的
电磁波和粒子。当这些极其细微的波动作用于越过某个临界点的系统
时，这些波动会决定该系统进入哪个分叉，进而决定该系统的命运。在
没有意识到波动（或"噪音"）的外部观察者看来，波动的选择是任意
的。这个过程被称为对称性破缺，因为这样的过渡使系统从同样混乱的
状态进入了两种确定的状态中的一种确定状态。最著名的物理例证是放
在（对称性）山顶上的处于平衡状态的小球：小球所处的位置遭受的细
微干扰，即使小到令人无法觉察的程度，也会使小球快速滚下，进入最
低的能量状态。关键在于，这种坍塌是真正偶然的。并不是说，原因是
如此的微不足道，以至于我们无法觉察其存在。远较此激进的是，波动
是在不充分存在的（前存有论的）虚拟实存物［not-fully-existing (pre-
ontological)］这个层面上发生的。在某种程度上，这些虚拟实存物"少于
空无"，就像德谟克利特的空粒子。[2]

---

1　下列两者的分裂甚是有趣：一者是作为堕落的事件（event as Fall），即破缺的对称性、被打
破的平衡；一者是巴迪欧式的事件，它打破了事物的正常流动（如邂逅爱情、科学发现等）。这两
者的关键性的不对称性在于：堕落打破（干扰）了空白，进而创造了"生活的常态运行"（normal
run of life）；巴迪欧的事件则打破了事物的这一常态运行。尽管如此，我们应该注意，爱情事
件（love event）也是某种堕落（坠入情网），它创伤性地打破了我们先前的存在所具有的空洞性
（emptiness of our previous existence）。

2　此外，我们应该注意大爆炸和对称性破缺这两个事件之间的根本性的非对称性：大爆炸是
被无限压缩的奇点的爆炸，对称性破缺则涉及无限的潜能领域（infinite field of potentialities）的
坍塌。通过坍塌，它成了被决定的有限现实（determined finite reality）。可以以多种方式把这两个
事件对立起来：相对论（大爆炸的概念来自相对论）与量子宇宙论，唯心主义与唯物主义，甚至
阳性［基于例外的普遍性之逻辑（logic of universality）］与阴性［并非全部的潜能领域（a non-All
field of potentialities）］。

因此，从德谟克利特走向伊壁鸠鲁，从空粒子走向"偏移"，涉及最低程度的"亚里士多德化"："偏移"因其概念性的结构（notional structure）已经发挥着偏离的作用，它偏离的是被预先假定为太一的原子（presupposed atom as the One），即具有重量等属性的实体。也就是说，当原子被"亚里士多德化"，进而成为实体性太一（substantial One），并与德谟克利特的原子（它还不是太一，只是空粒子，即"少于空无"）形成鲜明对比时，空粒子变成了"偏移"。那么，解决之道就是想象没有预先假定的实体性太一的"偏移"（clinamen without the presupposed substantial One），想象相对于空无而言属于过度的过度/偏离（excess/deviation which is excessive with regard to nothing）？倘若如此，原初步骤就不是从空无中抽离（通过从空无中抽离，"少于空无"脱颖而出），而是最低程度的重复（通过最低程度的重复，空无性脱胎于空粒子）。或者说，原初的否定三元组（triad of negation）不是某物－空无－空粒子（这已经预先把某物设定为既有之物），而是空粒子－空无－某物。起初，存在着空粒子（y a de den）。[拉康的"存在着太一"意义上的"太一"不是纯粹的能指，不是符指化的太一，而是"少于空无"，是最小的空粒子污渍（minimal stain of den）。]如果以这种方式解读黑格尔的存在（Sein）、纯粹存在（reines Sein），那我们可以对标准的黑格尔研究（这种研究首先是由谢林概括出来的）做出回应。根据这种标准的黑格尔研究，黑格尔从存在－空无（Being-Nothing）向化成和某物（Becoming and Something）的过渡是假的，是诡辩。我们能对此做出回应，是因为我们从纯粹存在和空无的单纯的逻辑性共存（mere logical coincidence of pure Being and Nothing）向实际的化成和某物（actual Becoming and Something）过渡，那实际的偶然性存在的剩余（surplus of actual contingent existence）来自何处？黑格尔式的回答是：来自空粒子的前存有论密度（pre-ontological density of den），来自少于空无之物（what is less than nothing）的前存有论密度——在从第一个存在向第二个（纯粹）存在的过渡中被抹除的东西，可以说，提供真材实料。另一方面，没有空无（空白），就没有空粒子，空无是"绝对矛盾"这个"被禁"的太一（"barred" One of "absolute contradiction"），"绝对矛盾"则是空粒子激增的背景。

　　这意味着，我们应该超越堕落这个话题，超越"某物如何（通过被打破的对称）脱胎于空无"这一话题。仅仅断言堕落总是已经发生，断言空无只是对偏移性偏离的回溯性预设（retroactive presupposition of clinamenesque deviations）是不够的；我们还必须从"偏移"返回空粒子，从某物（某物是作为对空无的偏离出现的）回到少于空无。还可以把这一步概括为怪异版的"否定之否定"。我们从某物及其结果／阴影／扭曲（Something and its effects/shadows/distortions）起步，而且这个话题可以以全方位的辩证调停（dialectical mediations）的方式展开：某物通过它的偏离实现它的潜能，这些偏离构成了它的整个领域，如此一来，某物就是它自己与它的偏离的统一。对于这个出发点的第一次否定，是激进版的"偏移"：并不是先有原子／太一，然后它们偏离，某物只存在于对它的扭曲之中。与此完全相同的悖论是以拉康的小客体为例证明的，小客体的身份即畸像（anamorphosis）的身份：它是一幅画的一部分，从正面直接审视，它显现为无意义的污渍，如果我们改变方位，从侧面审视，就会看到一个已知客体的轮廓。拉康的看法更加激进：欲望的客体-成因正是这样一种东西，从正面看，一无所有，唯有空白，只有侧着看它，才能看到某物的轮廓。文学中最美妙的例证出现于莎士比亚的《理查二世》的第二幕第二场。在那里，布希（Bushy）试图安慰王后，并为征战沙场的不幸的国王忧心忡忡：

> 每个悲哀的实体都有二十个影子，
> 它们都像是悲哀，其实并非如此。
> 因为悲哀的眼睛，涂上了朦胧的泪水，
> 会把一个完整事物，分割成许多客体。
> 就像透视什么东西，
> 正眼望去，一片模糊；
> 斜目而视，却可以看到形体。
> 对与国王的分离，尊敬的王后斜目而视，
> 结果看到的不是他，而是悲伤的形体。

正眼望去，那不过是些子虚乌有的影子。[1]

这就是小客体：一个实存物，没有实体性的一致性（substantial consistency），本身"一片模糊"，只有在从被主体的欲望和恐惧所扭曲的角度来审视，才能看到确定的形状，否则它就是"子虚乌有的影子"。如此说来，小客体是怪异的客体。它只是在一个污渍的掩饰下，把主体刻入了客体领域（inscription of the subject itself into the field of objects）。只有当这个领域的一部分被主体的欲望扭曲得变形时，那个污渍才能呈现为形体（acquires form）。

不过，在这里，我们应该做更深入的想象，想到"否定之否定"：小客体不仅是子虚乌有的影子，是幽灵般的表象，在它之下或之后没有实体，而且它是少于空无，我们必须为它添加事物的状态，才能得到空无。神智学思辨（theosophical speculations）关注的观念是，在最初（或者说得更确切些，在最初之前），只有空无，只有纯粹潜能这个空白（void of pure potentiality），只有渴望得到空无（wants nothing）的意志，只有先于上帝的神圣深渊（divine abyss prior to God），而且这个空白被莫名其妙地打破，然后一去不返。面对这个难解之谜，唯物主义的解决之道甚为精密，它涉及量子物理学中的希格斯场（Higgs field）的关键悖论：和每个场一样，希格斯场的特征是它的能量密度（energy density）和它的强度（strength）。不过，"开启希格斯场，打破粒子和力的对称，从能量的角度看，对希格斯场有利"[2]。简单地说，在我们拥有纯粹真空时（当关闭希格斯场，使之处于不运转的状态时），希格斯场不得不付出一些能量——空无也不是白白得来的。宇宙在处于完全放松的状态，"自由自在地休息"时所处的位置并非零点——空无也必须由能量的投

---

1　参见中文版："每个悲哀的本体都有二十个影子，它们的形状都和悲哀本身一样，但它们并没有实际的存在；因为镀着一层泪液的愁人之眼，往往会把一件整个的东西化成无数的形象。就像凹凸镜一般，从正面望去，只见一片模糊，从侧面观看，却可以辨别形状；娘娘因为把这次和王上分别的事情看偏了，所以才会感到超乎离别以上的悲哀，其实从正面看去，它只不过是一些并不存在的幻影。"莎士比亚，《莎士比亚全集》第三卷，朱生豪等译，人民文学出版社，1994年，第175页。——译者注

2　Paul J. Steinhardt and Neil Turok, *Endless Universe: Beyond the Big Bang*, London: Phoenix 2008, p. 82.

入来维持。也就是说，从能量的角度看，只有付出代价才能维持空无
［纯粹真空这个空白（void of the pure vacuum）］。

这个悖论迫使我们把两种真空区别开来：首先是"假"真空，然后是
"真"真空。在"假"真空中，希格斯场是关闭的，存在着纯粹的对称，但
粒子和力尚未分化。之所以说这个真空是"假"的，是因为只有消耗一定
数量的能量，它才能维持。在"真"真空中，尽管希格斯场是开启的，对
称被打破了，粒子和场开始分化，但能量的支出为零。也就是说，这时，
从能量的角度看，希格斯场正处于不活动的状态，处于绝对静止的状态。[1]
在最初，存在着假真空。然后这个真空被扰乱，对称被打破。之所以如
此，因为和任何能量系统一样，希格斯场的开启使它消耗最少的能量。
这是"存在着某物而不是空无"（there is something and not nothing）的
原因。我们在这里回到了德谟克利特的空粒子概念：空粒子是"比空
无更便宜的某物"，是诡异的、前存有论的、少于空无的"某物"。

如同我们已经看到的那样，把两种空无（Nothing）区分开来至关重
要：一种空无是前存有论的空粒子之空无，"少于空无"之空无；一种
空无是被设置为空无的空无（Nothing posited as such），被设置为直接否
定（direct negation）的空无。为了使某物出现，必须否定前存有论的空
无，即是说，必须把前存有论的空无设置为直接／明确的空洞性（direct/
explicit emptiness）。只有在这种空洞性中，才能出现某物，才能出现
"某物而不是空无"。因此，创世的首个行为（first act of creation）是腾
空空间（emptying of the space），创造空无（creation of Nothing）。或者
用弗洛伊德的话说，死亡驱力和创造性升华（creative sublimation）错综
复杂地联系在一起。

或许这为唯物主义提供了最为简洁的定义：唯物主义即两种真空之
间存在的不可化约的距离。这是甚至连佛教都一直是"唯心主义"的原
因：在涅槃概念中，这两种真空被混为一谈。弗洛伊德也没有非常清晰
地领悟到这一点，他有时把死亡驱力与"涅槃原则"（nirvana-principle）

1　Paul J. Steinhardt and Neil Turok, *Endless Universe: Beyond the Big Bang*, London: Phoenix 2008, p. 92.

一概而论，从而错过了他的死亡驱力概念的核心：死亡驱力是某个超越生死的重复所具有的"不死"的、淫荡的不朽（"undead" obscene immortality）。涅槃作为对前有机宁静（pre-organic peace）的回归，是"假"真空，因为它的开支超过了驱力的循环运动。如同拉康详细阐明的那样，在驱力的领域内，同样的分裂还被打扮成目的（goal）和目标（aim）之异：驱力的目的（得到自己渴望的客体）是"假"的，它掩盖了它的"真"目标，那就是通过再三错过自己渴望的客体，繁殖自己的循环运动。如果说与客体的幻象化统一（fantasized unity with the object）带来了充分的 / 不可能的乱伦原乐（full/impossible incestuous jouissance），那么，驱力再三错过自己的客体就不仅迫使我们满足于较少的享乐，而且派生出它自身的剩余享乐（plus-de-jouir）。因此，死亡驱力的悖论与希格斯场的悖论如出一辙：从力比多经济（libidinal economy）的立场看，系统反复穿越驱力的循环（traverse the circle of the drive），比它处于绝对静止状态"便宜"。[1]

## 空粒子与太一[2]

确切地说，空粒子是如何与一（One）联系起来的？问题在于：太一（the One）——符指化的特征 / 踪迹（signifying feature/trace）——与空粒子，$S$ 和 $a$，原本就是不可分割的一对吗？或者说，这只是阳性版，所以我们还应该设置一个女性版，在那里，存在着不与太一相伴相生的"原初"空粒子？换言之，我们的思想能否超越符指化的切口（signifying cut），即一，外加它的残余 / 过度？如果不能超越，我们的思想岂不是依然停留在作为我们思想的终极视域（ultimate horizon of our thinking）的符号性秩序的超验视域（transcendental horizon of the

---

1　我在这里回到了我在下列著作第十四章中充分展开的思路：Slavoj Žižek, *Less Than Nothing*, London: Verso Books 2012。

2　严格说来，"太一"（the One）不同于"一"（One or one），因为它是哲学存有论意义上的"太一"，不是数学中的"一"。"太一"不等于数学中的"一"，正如首字母大写的"二"（Two）不同于普通的"二"（two）。——译者注

symbolic order）之内？因为空粒子是从空无中抽离出来的，而这种空无已是否定太一的结果（result of the negation of the One），所以，空粒子来自怪异的非黑格尔式的"否定之否定"？或者它先于太一而存在？

　　注意到下列一点至关重要：这种空无并不处于某物之外，它不是原始的原子论观念中的一一原子（Ones-atoms）之间存在的空洞空间（empty space）。空无使得太一成为不完整、局部、并非全部（non-All）之物，由此留下的空白由幻象客体（fantasy object）来填补，由小客体来填补，或者用斯多葛学派的话说，由非物质性的 lekta——"可说之物"（sayables）来填补，或者由其他的填充空白之物（other fillers of the void）、非存在之形式（forms of non-being）来填补——小客体即"被实证化的否定性"（positivized negativity）。这甚至适用于笛卡儿的我思，我思以同样的方式与会思考之物（res cogitans）联系起来，即我思作为纯粹的事件性非存在（purely evental non-being）与实体性存在（substantial being）联系起来。因此，从我思走向会思考之物，颠覆了黑格尔的从实体走向主体。在笛卡儿那里，借助于会思考之物，主体变成了实体。如此说来，"偏移"就是堕落/偏离（fall/deviation）——从太一那里堕落或偏离太一，正如主体就是堕落/偏离——从实体（主体的自我分裂）那里堕落或偏离实体（主体的自我分裂）？至关重要的是澄清这些多重层面（multiple levels）的差异：对于空白的纯粹自我关联性的否定性（pure self-relating negativity of the Void）——被阻挠/被禁止的太一（the thwarted/barred One）；空粒子的多重性、居住在这一空白中（因而在某种程度上也是这一空白）的"少于空无"的多重性；作为对符指化太一的过度/剩余（excess/remainder over the signifying One）的小客体。那么，情形是这样的吗：当太一出现时，空粒子变成了小客体，于是，在太一的前提下（under the condition of the One），小客体即空粒子，即空粒子在太一政体（regime of the One）中的残余，即无法被化约为太一的过度（excess that cannot be reduced to the One）？或者，我们可以设想先于太一而存在的小客体？

　　正如海因茨·魏兹曼（Heinz Wismann）简洁扼要地指出的那样："存在是被剥夺的非存在状态"（being is a privative state of non-being），

也就是说，存在是作为 othing[1] 出现的。在这里，我们回到了有关抽离（subtraction）的那个关键问题上：黑格尔的方法已对抽离运动（subtractive movement）鞭长莫及，还是依然可把抽离运动视为黑格尔的否定之否定的一种形式？即使自拉康以来强调黑格尔在这一点上存在局限的那些人，也还在使用"否定之否定"一语，只是通常以"怪异"之类的形容词[2]加以修饰。他们的主要论点是，抽离显然与黑格尔的逻辑不符。黑格尔的逻辑是，否定正面的起点（positive starting point），然后在更高的层面上回到起点。他们认为，抽离中没有更高的综合，只有怪异的否定，它不会善始善终——否定了空无，我们得到的是德谟克利特式的"othing"。但是，黑格尔式的过程真的代表着更高级的、"被调停"的回归——重新回到起始位置？难道黑格尔没有从空无开始，如此一来，黑格尔式的过程表现为"始于空无，中经空无，终于空无"（from nothing through nothing to nothing），就像黑格尔在其《逻辑学》中已经表明的那样？因此，德谟克利特的作为空粒子的原子（atom *qua* den）和伊壁鸠鲁的"偏移"并不构成一对范畴，它们并不居于同一个概念空间（conceptual space）：要想让伊壁鸠鲁的"偏移"出现，原子必须已是亚里士多德的太一。那么，我们能否冒险假设，空粒子是对空无的"偏移"？也就是说，当我们试图把"偏移"视为一种偏离，同时又没有实证性的实体供它偏离时，我们得到了空粒子？在这里，我们又回到了"不死之人"的话题上，而"不死之人"是康德的"无限判断"的产物：不死之人不就像空粒子这个幽灵一般的实存物（spectral entity）？它既不是某物，也不是空无，还不介于某物和空无之间——它是少于空无，俨然镜中的映像，而又没有被映照物[3]。

　　难道我们在这里遇到了某种原初悖论（primordial parallax）？换言之，原子／空白与"偏移"的二元性是不可化约的，如此一来，无法对它追根溯源？这岂不同样适用于太一与空粒子的二元性？尽管如此，我

---

1　注意"othing"与"nothing"的联系，它抽离了"nothing"中的"n"，指"非空无"。——译者注
2　作者在这里使用的是"谓词"（predicates）。——译者注
3　这句话的意思是，空粒子就像镜中的映像，但一般说来，镜中的映像必是镜外的某物的映像，但在这里，只有"映像"，没有"某物"。——译者注

们应该追加一句：如果太一与空粒子的分裂，如同人们用德语所说的那样，是无法绕过的（*das Unhintergehbare*），是我们的思想无法超越的终极视域，那么，太一（符指化的踪迹）还是享受了优先权，也就是说，我们总是已经身处符号界之内：空粒子是结果，而不是开端；与作为异化－分离这个双重操作的结果（result of the double operation of alienation-separation）的小客体完全相同，空粒子是怪异的否定之否定的结果［先否定提供了空无的存在（negation of being which gives nothing），然后从空无中抽离］。不过，把空粒子视为先前的双重操作的产物，并在这个意义上认为它依赖于符号化的太一，这是否已经足够？德谟克利特不是从空粒子的多重性（multiplicity of *den*）着手的吗？倘若如此，我们如何去想象先于符指化的太一的空粒子？小客体的怪异身份为回答这个问题提供了关键。

正如我们刚才说过的那样，小客体——空无的化身——是双重否定的结果，是双重否定的产物／残余：首先是主体的异化（在大对体中的异化），然后是主体的分离（与大对体的分离）。主体的分离不是非异化（dis-alienation），不是主体对大对体的重新占有，而是大对体本身与它的大对体的分离。如此一来，主体对大对体的异化被转移到大对体那里，成了大对体的自我异化。因此，小客体主要还不是主体丧失的客体，不是主体缺乏的东西，而是大对体缺乏的东西，从大对体那里抽离出去的东西。以与此完全相同的方式，空粒子是双重否定的结果：对导致了零的一的否定（negation of 1 which results in zero），再加上从导致了空粒子的零（zero which results in *den*）中抽离。不过，至关重要的是不要在这里止步不前：我们还应该颠倒这个操作，否则会陷入突如其来的某种符号界神学（theology of the symbolic）。符号的异化（symbolic alienation）不是开端，在此之前必定还发生过什么，残余物——空粒子——肯定已经是起点，正如德谟克利特所认为的那样。在德谟克利特看来，空粒子是不可分割的原子的名称。

究竟在何种意义上说，原子是不可分割的？吉伯特·赖尔曾经开玩笑一般地提出这样的想法：终止芝诺式的无穷无尽的分割（即把实存物分割成越来越小的部分）的唯一方式，就是抵达"最后的分割"

（last division）点。在那时，一（One）不能再被分割成两个实证部分（positive parts），只能被分割成部分（part）和空无性（nothingness）。原子的悖论就在这里：它不能被分割（成两个某物），因为它就是最后的分割中的某物（最后的分割把某物与空无分割开来）。黑格尔清楚地看到了这一点：原子不是飘浮在空洞的空间 - 空白（empty space-void）中的一（Ones），否定性是这些一所固有的，否定性处于这些一的核心地带。这是胡说八道吗？如果我们把原子视为多于空无又少于一，那这就是胡说八道；如果我们使原子少于空无，而不是使它成为介于零和一中的某物（something between 0 and 1），成为添加给原子并不能使原子成为一反而使原子成为空无的某物（something has to be added to the atom not to make it One but to make it Nothing），那就不是胡说八道。

不过，这个零层面的空粒子不只是先于太一而存在。在这个问题上，拉康的看法与德勒兹以及巴迪欧不同。关于多重性和太一的关系[1]，他们三人展示了不同的版本。在巴迪欧看来，首要的事实（primary fact）是多重性中的多重性（multiplicity of multiplicities），随之而来的是太一，而一是通过算作一（counting-as-One）出现的。在德勒兹看来，生命之流（Life flux）这个能产性 - 内在性的太一（productive-immanent One）派生出多重性；在拉康看来，多重性是以负一（minus One）为背景出现的。简言之，在拉康那里，一的缺席 / 失败是多重性所固有的，它是多重性的决定性缺席（determining absence）。也就是说，之所以存在着多重性，是因为太一被其固有的不可能性所阻塞。或者，用黑格尔式的更具思辨性的术语说，和主体一样（主体想成为主体，但以失败告终，主体是这一失败的结果），太一是作为它自身的不可能性之结果（as the effect of its own impossibility）出现的。在柏林，你可以点"加不加"[2]或干脆"附加无"（with-out）的啤酒，以便把它与用不同的水果萃取物调味的啤酒（"柏林啤酒"，即白啤酒，可以是绿色或红色或别的颜色）区分开来。如此一来，因为"白色"是中性色，所以这种并不存在

---

1　可以把这里的"多重性和太一的关系"粗略地理解为"多"和"一"的关系。——译者注

2　"加不加"是"*mit ohne*"和"with without"的直译，指不以水果萃取物调味的"白啤酒"。其实这里所谓的"白啤酒"并非白色，而是黄色，因为它是相对"黑啤酒"而言的。——译者注

的"白色"具有三个子类：红色、绿色及其他。这与空集是任何集合的子集无异，与无产阶级是社会中的"加不加"无异。无产阶级之所以是社会中的"加不加"，是因为他们的真正位置是没有位置（no place）。因此，原初的状态不是简单的不计其数和反复无常的多重性，而是不含一的多重性（multiplicity with/out One），它被打上了固有障碍（immanent obstacle）的标记，而这样的固有障碍，阻止它成为一。[1]一缺少了什么，一即"少了一个"（one less），而且这种缺乏本身是一个积极的事实（positive fact），它引发了重复/驱力。正是因为太一正在缺乏什么，非一致性的多重性（ics multiplicity）才向自身显现（appears to itself），才再次展现自己（re-presents itself）。

无法呈现的、不可数的"飘浮的过度"（floating excess）——（暴民等）——并不直接是实在界，而是实在界的征兆，即这样的事物的征兆：它不存在，只能被建构为虚拟的基准点（virtual point of reference），建构为纯粹的对抗（pure antagonism）。飘浮的过度是对抗/实在界的征兆。因此，我们必须放弃"边缘性的过度（marginal excesses）正在抵制和抗击以主人能指为化身的中心（Centre）"这整个隐喻，因为真正的对抗是从领域内部切下的对抗（antagonism that cut from within the field）。因此，原初的过度是主人能指自身，它之所以出现，目的在于遏制对抗。（就社会生活而论，不是边缘对抗国家：国家之所以出现，目的在于遏制处于社会机体核心地带的对抗，即"阶级斗争"。）

因此，彻底的解放行为（radical emancipatory act）的第一步，不是认同边缘的过度，不是哀婉动人、休戚与共地认同征兆，把征兆提升为新的普遍性（"我们全是暴民""我们全是犹太人""我们都在加沙"等），而是以新的能指概括潜在的对抗。用拉康的话说，本想看"最初"的因素，结果会在 S（Ⱥ）的维度上看到 $S_1$ 这个主人能指，并把它视为表明大对体具有非一致性的能指。正如斯宾诺莎会说的那样，这是把"上帝"的概念视为我们无知的积极形式（positive form of our very ignorance）。或者说，在社会生活中，这是在看阶级斗争/对

---

1    关于这一思路，我深深地蒙恩于阿兰卡·祖潘契奇。

抗、（非）可能性之条件、阻止统一之障碍、非一（not-One）是如何使太一成为可能的。但是，我们如何同时思考下列两个基本结构：一个是空粒子（"少于空无"）的基本结构；一个是超越了超验（beyond the transcendental）的对抗的基本结构，即实体的主体化的被扭曲了的空间（twisted space of the subjectivization of substance）的基本结构？在这个被扭曲了的空间里，我们与原质保持距离，却被它囊括其中。解决之道就是把小客体视为主体的化石，视为这样的实存物——它既是空粒子又是把主体刻入实在界的模式（mode of the inscription of the subject）？

## 从 ISR 到 a, S( Ⱥ ), $

为了澄清这个至关重要的观点，且从拉康的想象界-符号界-实在界（ISR）这个三角关系说起。不过，这个三元组绝非为拉康所专有。它的另一个版本是由卡尔·波普尔在其有关第三世界的理论中提出的。[1] 波普尔逐渐意识到，我们通常把现象划分为外在物质现实（从原子到武器）和内在精神现实（情绪、希望、体验），这种做法是不充分的：我们谈论的观念，不是在我们心间一闪而过的念头，之所以这么说，是因为虽然我们的念头已经消失或改变，这些念头所指的事物却保持不变（比如，我在想 2+2=4 的时候，我的同事也想到了，我们想的是同一件事，尽管我们的念头在物质形态上有所不同；在谈话时，一群人谈到了三角形，不知何故，他们谈的是同一件事；等等）。当然，波普尔不是唯心主义者：观念不能脱离我们的心灵而独立存在，它是我们精神运作的结果，尽管如此，不能把观念直接化约为心理活动或精神操作，它们具有最起码的理想客观性（ideal objectivity）。正是为了捕捉这个理想客体领域（realm of the ideal objects），波普尔创造了"第三世界"一词，它或多或少地相当于拉康所谓的符号性秩序或"大对体"（big Other）。不过，在这里，"秩序"一词不该使我们误入歧途：拉康的符号性秩序不是固定的理想范畴或规范的网络。解构主义和女权主义对拉

---

1　Karl Popper, *Objective Knowledge*, Oxford: Oxford University Press 1972.

康理论的标准指责，皆以拉康理论所谓的隐含的规范内容为目标：根据这种指责，拉康的"父亲之名"概念，即调节性差异（regulates sexual difference）的符号性律令的代理者，引入了一种规范，这一规范即使永远不能充分实现，也把标准强加于性，把那些边缘人（同性恋者、易装癖者等）排除在外；此外，这个规范显然是有历史条件的，不是人之为人（being human）的普遍特征，据说即使拉康也承认这一点。这种指责依靠的是对"符号性秩序"中的"秩序"一词的误解：

> 法律意义上的"秩序"不过指一个特定领域而已。它没有指明，秩序要被尊重和服从。它甚至不是需要保持的理想或和谐。拉康意义上的符号界不过指本质上的失序（essential disorder）而已，它出现在语言与性（the sexual）的结合处。[1]

因此，拉康的符号性秩序本来就是不一致的、对抗性的、有缺陷的、"被画上斜线的"，是虚构之秩序（order of fictions），其权威是冒牌货的权威。真正把波普尔的第三世界视为永恒理想秩序（eternal ideal order）的作者是罗杰·彭罗斯（Roger Penrose），他赋予这个概念以清晰的柏拉图式唯心主义扭曲：（数学）理念的存在不仅独立于我们的心灵，它们甚至能够派生物质现实。彭罗斯提出了他自己的版本的三个世界，在那里，三个世界相互缠绕，就像埃舍尔著名的"瀑布"画——水永远向下流淌，形成一个闭路。正如吉姆·霍尔特（Jim Holt）概括的那样：

> 存在着三个世界：柏拉图式理念世界、物理世界和精神世界。不知何故，每个世界都能派生其他两个世界中的一个世界。借助于数学的魔力，柏拉图式理念世界派生物理世界。借助于脑化学（brain chemistry）的魔力，物理世界派生精神世界。借助于意识性直觉（conscious intuition）的魔力，精神世界派生柏拉图式理念世界。回过头来，柏拉图式理念世界派生物理世界，物理世界派生精

---

1　François Balmès, *Structure, logique, aliénation*, Toulouse: eres 2011, p. 16.

神世界，循环往复，以至无穷。通过这种自给自足的因果循环，数学创造了物质，物质创造了心灵，心灵创造了数学，三个世界彼此相互支撑，盘旋在空无性这个深渊的半空中。[1]

尽管如此，三个世界的埃舍尔式的相互依赖与拉康的"三界"（ISR）不同。三个拉康式的维度是以下列方式缠绕（纠结）起来的：任何两个维度都不能直接连接，它们只能通过第三个维度相结合。所以，如果割去第三个维度，另外两个维度也会失去联系。重点在于，任何两个维度都不存在（直接）关系，因为任何一个维度要与另一个维度发生关系，都要通过第三个维度。只有通过想象界——小客体——实在界和符号界才能联系起来；只有通过符号界——S（Ⱥ）——想象界和实在界才能联系起来；只有通过实在界——\$ 即被画上斜线的主体——符号界和想象界才能联系起来。如果把这个三元组应用于事件这一概念，我们就会得到三个事件性维度（three evental dimensions）：

> 想象界事件：它是无形的感觉之流（flux of sense），是纯粹去实体化的感觉-事件（pure de-substantialized sense-event），是古代斯多葛派所谓的 *lekta*（"可说之物"），或者就其最纯粹的诗意而言，是这样的俳句：它的最后一行是纯粹被动的事件性飞动（evental flash），是甫一问世即告消失的短暂表象（fleeting appearance）——飞溅的水花，模糊的阴影……[2]

> 符号界事件：它是"用词得当"产生的准魔力结果（quasi-magical effect），是主人能指（$S_1$），是缝合点。能指在缝合点上落入所指（falls into signified），并因此引入了新秩序（"和谐"），同时为正在谈论的领域提供了结构原则（structuring principle）。

> 最后是实在界事件［或者说，作为实在界的事件，或实在界中的事件（the event as/in the Real）］，这一事件通常被视为弗洛伊特

---

1 Jim Holt, *Why Does the World Exist?*, New York: Norton 2012, p. 180.
2 这里的俳句显然是指松尾芭蕉的作品，如"闲寂古池旁，青蛙跳进水中央，扑通一声响"。《古池》"树下肉丝、菜汤上，飘落樱花瓣。"《赏樱》——译者注

有的事件。它是创伤，是虽然"绝无可能"（或不可思议）却真的已经发生的事件，是惊天动地的相遇或入侵，它无法被符号化，无法融入我们的意义视域。从强暴到宇宙灾变，均在此列。[1]

不过，仅有想象界－符号界－实在界这个简单的三角关系是不够的。我们需要添加另外三个过度实存物（excessive entities），每个过度实存物都记录了想象界－符号界－实在界这三个基本维度中的一个维度的构成性的失败／僵局：

想象界：感觉之流总是由一个单一的非知觉点（singular point of nonsense）维持的。为了能够流动起来，感觉之流必须为一个小故障所困。拉康为这个小故障提供的名称是小客体，即欲望的客体－成因。

符号界：由主人能指强加的"和谐"总是掩盖了构成性的非和谐（constitutive disharmony），这种非和谐之能指是拉康所谓的被画上斜线的大对体之能指（signifier of the barred Other）。因此，要采取的步骤是从（$S_1$）走向 S（Ⱥ），比如，从国家走向阶级斗争，走向穿越社会大厦的对抗／不可能性之名称（name of the antagonism/ impossibility that cuts across the social edifice）。

最后是实在界：创伤性的外在原质（traumatic external Thing）在主体自身的空白（＄，被画上斜线的主体）那里登峰造极。应该把甘地的名言"如果你要使世界发生变化，那你要成为这一变化"[2]改写为"你已是你在寻求的恐怖，你已是世界上存在的恐惧"。真正的创伤是主体自己，是主体的深渊般的焦点（abyssal focal point），黑格尔称之为世界之夜。或许我们应该这样理解《安提戈涅》中的合唱队唱出的名句："世上有很多诡异／可怕的东西，但最诡异／可怕的莫过于人类。"

---

1　欲知对这个三元组的详细说明，请见：Slavoj Žižek, *Event*, London: Penguin Books 2014。
2　这句话的意思是：欲改变世界，先改变自己。——译者注

就这样，我们提到抵达了拉康在《再来一个》中画出的图示（图9-1，这里略作修改）:[1]

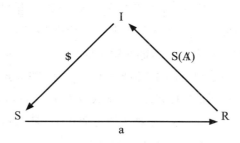

**图9-1　拉康的三界关系图**

我们在三角形的中间看到的，是不可能的原质这个核心空白（central Void of the impossible Thing）。如果离它太近，我们随时会被它吞噬。[2] 拉康同意罗杰·彭罗斯的看法，即三个世界"盘旋在空无性这个深渊的半空中"。根据广义相对论和量子宇宙论，我们可以把这个核心空白称为事件-视界（Event-Horizon）之空白。在广义相对论中，事件-视界是时空中的疆界。超出疆界，事件无法影响外部观察者。疆界是"不归点"（point of no return），在那里，引力变得极其强大，摆脱它的吸引是不可能的。它最著名的实例是黑洞：它是"黑"的，因为视界内的光线永远无法抵达观察者。[3] 相对论中的情形就是如此，而且总是如此：至关重要的是确定，我们是立足于何处观察正在接近视界的客体的。在外在的观察者看来，客体的运行似乎在变慢，从来都不会穿过视界。不过，如果观察者被置于移动的客体上，她不会感受到任何奇异的效果，因为客体会在有限的时间内穿过视界。

尽管要把三个附加因素——S（Ⱥ、$ 和 a）——严格区别开来，但它们还是显现出相同的反射结构（reflexive structure），一个填充自身之匮乏的因素具有的结构：能指的匮乏之能指（signifier of the lack

---

1　Jacques Lacan, *Encore*, Paris: Seuil 1975, p. 99.

2　拉康把这个核心空白称为 J，即原乐-原质之空白（void of the Jouissance-Thing）。

3　根据广义相对论，黑洞附近的逃逸速度大于光速，因而任何光线都不可能从事件-视界之内逃脱。——译者注

of a signifier）[1]；代替客体之匮乏的客体[2]；脱胎于自身不可能性（its own impossibility）的主体，脱胎于自身的符号性再现之失败的客体。让我们从小客体谈起：拉康把小客体界定为"无法在镜子里抓住"的客体，因为它就像吸血鬼，"没有镜像"[3]。但是，如果情形完全相反呢？如果像在恐怖片里那样，小客体是只能在镜子里看到的虚拟器官呢？在恐怖片中，我在镜子里看到了某物，但现实中并没有它的踪迹。这样的代表着某个客体的缺席的悖论性客体，不会仅仅出现在内容的层面上（不会只是符号或客体体系），还必定把主体囊括其中。我们不妨想象一个神话般的原初情景，在那里，符号代表现实中的客体；然后，一个陌生的符号出现了，就像数字中的零，它是一系列符号/数字中的一个，但与此同时，它又是另一种符号：

> 一个旨在在客体缺席（absence of object）的情形下反对符号缺席（absence of sign）的符号。因此，它不是为了表明存在着一种此时此地的品质（a *hic et nunc* quality）而首先转向世界的符号，而是这样的符号，它旨在表明，在一个要求符号存在（谁要求符号存在？为谁存在？）的领域里，我们杜撰了一个符号，以便表明和指出客体的缺席。
>
> 有了这个零，我们就要面对一个古怪的符号：它并不直接指向任何事物，但它有所指，这个事实间接地把"对他而言空无一物的人"（the-one-for-whom-there-is-nothing）指定为计算过程不可或缺的一部分。……有了零，计算的人（the-one-who-counts）被包括在计算之内，但不是作为被计算的客体（倘若如此，会平淡无奇），而是作为这样的人被包括在计算之内：他维持着计算活动，使计算

---

1　这句话的意思是：（1）存在着某个客体，但它缺乏能指，故而形成了"能指的匮乏"；（2）然后出现了一个能指，但这个能指并不指客体，而是指"能指的匮乏"，因而是"能指的匮乏"的能指。——译者注

2　这句话的意思是：（1）本应存在着某个客体，却不存在；（2）然后出现了某个客体，来代替那个本应存在的客体。——译者注

3　Jacques Lacan, *Écrits*, New York: Norton 2006, p. 819.

活动独立于只是作为背景存在着的被计算的客体。[1]

　　小客体是一个点位（the point），在那里，主体在众多客体中遇到了自己，遇到了自己的不可能的客体对位点（impossible objectal counterpoint）。这里的"不可能"指的是，小客体是主体的另一面，小客体和主体从来不能以直接对立的方式或在镜子里看到对方。也就是说，＄和 *a* 没有关系，它们是莫比乌斯带上同一个位置的两面。这意味着，小客体代表着"客体本身"（object as such），代表着框定变量的框架（frame of a variable）。正是从这个意义上说，它是（拉康版的）超验客体，是"纯粹"欲望官能（faculty of desire）的标志：它自身并不具有实体性的一致性（substantial consistency），它只是对切口（cut）或不足（inadequacy）的幽灵般物化（spectral materialization），或者如拉康简明扼要地指出的那样："小客体是个切口。"[2] 为了凸显由于得到了欲望的客体而导致的癔症沮丧（hysterical frustration），拉康经常重复一个公式："我要求你拒绝我给你的东西，因为这不是那一个。"[3] 这个公式的要义不仅在于，我们在现实中抓住的实证客体（positive object）从来都远远不及理想客体（ideal object）——这个理想自身只是想象性再现（imaginary representation）而已；这个公式的要义还在于，如果我想得到与理想客体完全一致的客体（就其属性而言），那么同样的分裂还会出现[4]。换言之，小客体不是可望而不可即的理想客体，因为任何经验客体与之相比都是不充分的——"小客体正是这种不充分性本身"[5]。从这个意义上说，小客体是"要求中预先存在的空白"（the presupposed void in a demand）[6]，这个空白维持着对"这从来都不是那一个"（this

1　Guy Le Gaufey, *L'objet a*, Paris: EPEL 2012, pp. 141-142.

2　Jacques Lacan, in his unpublished seminar *Le désir et son interprétation* (May 1959).

3　这句话的英文是："I demand that you refuse what I offer you because this is not that." 据译者揣摩，"这不是那一个"包括两个层面的含义：（1）给你东西，不是我的本意，我想让你拒绝接受之；（2）给你的东西，不是你现在真正渴望的东西，它与你的欲望不符，或偏离了你的欲望。——译者注

4　这里的分裂指"实证客体"与"理想客体"的分裂。——译者注

5　Guy Le Gaufey, *L'objet a*, p. 211.

6　Ibid.

is never that）的体验：普遍（"客体自身"）是作为纯粹的分裂（pure gap）存在的。

回想一下来自刘别谦的《妮诺契卡》的那个笑话："'服务员！给我来一杯不加奶油的咖啡。''对不起，先生，我们没有奶油了，不加牛奶行吗？'"这是一个关于小客体的笑话。但小客体在哪里？我们必须提个简单的问题：为什么我们要给咖啡加牛奶或奶油？因为纯咖啡里缺少了点什么东西，我们想用一系列的补充物来填补的，正是咖啡中的这个空白——咖啡与其自身的非一致性。这意味着，根本不存在充分的自我同一（full self-identical）的"纯咖啡"，每一种"纯咖啡"本身都是"什么也不加的咖啡"（coffee without）。正是在这里，我们锁定了小客体的位置：咖啡本身不是一，而是一加某物。即使（和尤其）在我们得到最为纯粹和纯正、不添加任何东西的产品（如"纯咖啡"，添加任何东西都会破坏其味道）时，这种填补空白的反射性逻辑（reflexive logic of filling in the void）也在发挥作用。在这种情形下，客体（咖啡）并不直接就是自己，它被加倍，发挥它自身的补充物的作用——它自己填补了它的单纯存在（mere existence）所创造的空白："这杯咖啡只是……单纯的咖啡。"

所以，首先存在着咖啡与其自身的非一致性，存在着咖啡固有的非可能性，然后才有过度的因素（excessive element）来填补这一匮乏。比如，在社会领域中，首先存在着阶级对抗，然后存在着作为过度因素的"非部分的部分"（part of no-part）。再说一遍，在这里，我们必须避免美化边缘性的征兆，美化过度性的、难以解释的因素，仿佛这些因素与系统（System）对抗，物化系统导致的紊乱。[1] 在社会爆发危机时，"纯咖啡"变成了"不含未知因素的咖啡"（coffee without X）。也就是说，先前被视为正常或"公平"的情形，突然被体验为不公正、缺乏某物的情形。但是，随之而来的对此情形的反叛加剧了危机，因为人们意识到，任何确定的未知因素都无法填补"没有……咖啡……的咖啡"所固有的

---

[1] 不过，对抗出现在先，并不意味着非关系（non-relationship）优先：至关重要的是迈出一步，从"根本不存在关系"走向"存在着非关系"。烟道清扫工是男人与女人之间、军官与侍女之间的非关系，（排犹主义者眼中的）犹太人（形象）是两个对抗阶级之间的非关系。

重言句式匮乏（tautological lack）。

因此，我们要对咖啡进行严格区分：1. 纯咖啡；2. 添加某物（牛奶、奶油、香草精、巧克力等）的咖啡；3. 不添加某物（牛奶、奶油等）的咖啡；4. 不添加牛奶（但添加奶油、香草精等其他补充成分）的咖啡；5. 添加牛奶（但不添加其他补充成分）的咖啡；6. 没有"咖啡"（去除了其关键成分——咖啡因）的咖啡；7. 不含作为匮乏的咖啡的咖啡（coffee without coffee as the lack），而正是这种匮乏构成了咖啡；8. 声称已经具备了那个未知因素的咖啡，即声称发挥它自身的补充成分之作用的咖啡。在这里，基本形式是7——已经不含有某物（未知因素、小客体）的咖啡。1、3、5、7 和 8"在经验上"相同；2、4 和 6 则已为纯咖啡添加某物，或已从纯咖啡中剔除某物；2和 4"在经验上"也是相同的，均为添加了某物的咖啡，但或者经过或者没有经过缺席的调停（只加牛奶的咖啡，或只加奶油而不加牛奶的咖啡）。3 和 5 是对称性的：都是不加某物的咖啡，但或者经过或者没有经过缺席的额外调停（只是不加牛奶的咖啡，或不加牛奶而不是不加奶油的咖啡）。其他的两对是 1 和 8、6 和 7。在 1 和 8 那里，咖啡是纯咖啡和具有反射性之纯（reflexively plain）的纯咖啡；在 6 和7 那里，咖啡是没有咖啡 / 咖啡因的咖啡和没有其他补充成分的咖啡。其他的配对也是可能的，我们还可以建构神话般的黑格尔式叙事：从纯咖啡开始（1），但觉得它是伴随着匮乏，伴随着"并非如此"（ce n'est pas ca）而产生的（7）；然后以某物（牛奶、奶油等）填补这种匮乏（2）；在确定这种补充成分无法填补匮乏之后，以另一种补充成分（奶油而不是牛奶）取而代之（4）；当所有这些努力均告失败后，把咖啡设置为它自身的补充成因（5）；从逻辑上讲，随之而来的是，出于纯度方面的考虑，拒绝所有的补充成分，因为它们破坏了咖啡真正的味道，总之我们想要没有任何补充成分的咖啡（3），如果特别讨厌某种补充成分，可以直接提出，只要没有这种补充成分的咖啡，其他的补充成分均可（5）。最后，对"不加某物"的痴迷，最终使我们把某物从咖啡中剔除：我们把匮乏转化为过度，认定咖啡的问题并不在于它缺乏某物，而在于包含太多的某物（如咖啡因），于是我们把这种有害的过度（poisonous excess）从咖啡中剔除（6）。为了获得真正的“纯”咖啡，必须把它的过度剥离。当然，如此一来，我们再次跌入陷阱：我们剔除的正是咖啡的精髓，即咖啡因；职是之故，必须用咖啡因以外的某物来补充咖啡，以确保它依然有咖啡的味道（就像以糖精代替糖一样）。于是我们得到了具有潜在危害的假咖啡，它本身就危害重重（导致癌症等），由此引发的反应只能是重新回到纯咖啡那里（1）。

在这里，我们必须回顾另一个涉及咖啡的事件，它同样来自一部颇受欢迎的影片，但这一次它是有关英国工人阶级的影片，题为《奏出新希望》（Brassed Off）。[1] 主人公护送一个年轻漂亮的女孩回家。在他们走到她住的公寓楼的门口时，女孩问他想不想进去喝杯咖啡，他说：“有个问题——我不喝咖啡。”她笑着回答说：“没问题——我也没有咖啡。”她的回答包含的爱欲力量在于，通过否定之否定，她没有提及性，却对他发出了令人尴尬、直截了当的诱惑：她先是邀请一个男人进去喝杯咖啡，然后承认她没有咖啡，这时，她并没有取消邀请，而是承认，喝杯咖啡只是借口或托词，而且这借口或托词无关紧要。在这里，我们可以想象多个层面的邀请。不妨先从直接的沟通开始：“我想让你来我的公寓。”“我也想，我们上去吧！”其次是兜圈子，而且表明自己正在兜圈子：“我想让你来我的公寓，但我不好意思直接开口，所以我要温文有礼，问你想不想上去喝杯咖啡。”“我不喝咖啡，但我还是想和你一起，所以我们上去吧！”再次是那个傻瓜的回答：“你想不想去我的公寓喝杯咖啡？”“抱歉，我不喝咖啡。”“你个傻瓜，说的不是咖啡，咖啡只是借口！”“哦，我明白了！好啊，我们上去做吧！”第四是在两个层面之间直接跳来跳去的对话版本：“你想不想来我的公寓喝杯咖啡？”“想啊，我想和你做爱。”（或“抱歉，我太累了”。）第五是倒置过来的版本：“你想不想去我的公寓？”“抱歉，我现在没有心情喝咖啡。”（突然退到彬彬

---

1　我在这里继续了下列著作第八章的分析：Slavoj Žižek, *Less Than Nothing*, London: Verso 2012。

有礼的状态，当然是极端的攻击和羞辱行为。）我们还可以沿着"不加……咖啡"（coffee without …）的思路，想象这样的版本："我今天晚上太累了，所以我愿意去你住的地方，只喝咖啡。""我现在正来例假，所以我不能向你提供没有性的咖啡（coffee without sex），但我有部很棒的影片光盘，来杯没有光盘的咖啡，如何？"直至最终的自我反射性的版本（self-reflexive version）："你想不想去我住的地方？""我不知道我究竟是想做爱还是想看电影，所以我们上去喝杯咖啡，好吗？"

为什么直接邀请无法奏效？因为真正的问题并不在于，咖啡从来都不仅仅涉及咖啡。真正的问题在于，性从来都不仅仅涉及行为。根本不存在性关系。这是为什么性行为需要幻象支撑（fantasmatic supplement）的原因。所以，不仅礼节方面的审查（polite censorship）阻止我们直接发出"我们上去做吧"的提议，咖啡或类似咖啡之类的东西还必须被提及，以便为性行为提供幻象框架。换言之，在影片那个场景中遭到原初压抑（primordially repressed）的，不是性行为（职是之故，在明确的文本中，必须以咖啡代替性行为）；受到压抑的，是在发生性行为时迷失的东西，即性行为固有的不可能性 / 失败。用咖啡代替性行为，是次级压抑（secondary repression），其功能在于把原初的压抑（primordial repression）模糊掉。[1]

在性行为中迷失的，只是它的原因（cause）。在拉康处理原因和因果关系（causality）这一话语时，提到康德至为关键。[2] 在康德看来，现象性现实的肌质是不存在裂缝和非连续性的完整因果链的肌质：只有当一个事物有充分的理由存在时，它才能存在。但是，弗洛伊德的无意识

---

1　达里安·利德（Darian Leader）在他有关精神分析的著作中提及与此类似的一则逸事。有个患者报告了一个令他无地自容的口误：他带着一个女士去一家豪华宾馆的餐厅就餐，心里盘算着饭后带她去开房。这时服务员走了过来，他想对他说"请给个双人桌"，却说成了"请给个双人床"。利德拒绝对此做一望便知的"弗洛伊德式"解读，即把这个口误视为真实性意愿（real wish for sex）的直接迸发，而是做了与此截然相反的解读：他把这个口误解读为警告——不要贪吃，解读为提醒——就餐只是借口，真正的目标是上床。因此，这个口误是一个绝望的努力——努力压抑令人痛苦的怀疑：即使性行为也不是"真东西"（the real thing），某种东西在性行为中已经迷失。

2　我在这里依据的是：Simon Hajdini, "Why the Unconscious Doesn't Know Time," *Problemi* 5-6 (2012) (in Slovene).

恰恰出现于现象性现实出现非连续性和裂缝之时。这时，一个古怪的、不在场的未知因素（X）开始干预、破坏因果关系的流动，开始引入非连续性：

> 要把原因与因果链中的确定之物区分开来。换言之，要把原因与定律区分开来。举例说吧，想一想在作用力和反作用力的定律中呈现出来的画面。有人可能会说，这里只有一个单一的原理：没有彼，就没有此。一个物体掉在地上，碎了一地，它的质量并不是这样的原因：由于这个原因的存在，作为对它丧失的生命力的回报，它收到了某种东西。它的质量已经融入这种生命力，为了以返归效应（return effect）消解其连贯性，它又重新具有了这种生命力。这里没有裂缝，除非或许到了最后，才有裂缝出现。
>
> 另一方面，无论何时，只要我们谈到原因，总是存在着某种反概念之物（something anti-conceptual），不确定之物。月亮圆缺是潮涨潮落的原因。我们是根据经验知道这一点的，我们知道"原因"一词在这里得到了正确的使用。或者说，瘴气是热病的原因。但这样说没有任何意义。这里有个漏洞，某种东西在这个间隙里摇摆不定。简言之，只有在事情进行得不顺利时，才有原因。
>
> 好！正是在这个点上，我想通过粗略估算，让你明白，弗洛伊德的无意识就位于这个点，位于原因与其结果之间，那里总是出现问题。重要的并不是无意识决定神经症。弗洛伊德一旦认定无意识决定神经症，会像庞提乌斯·彼拉多[1]那样，非常开心地去洗手了。或早或迟，会找到某种东西，比如体液决定物（humoral determinates）来承担责任。在弗洛伊德看来，它会是相当的非物质性的。……所以，非连续性是必不可少的形式，以这种形式，无意识首先对我们显现为现象，即非连续性。在那里，某种东西表现为

---

1　庞提乌斯·彼拉多（Pontius Pilatus），罗马帝国犹太行省的第五任总督，曾判处耶稣死刑。在《马太福音》中，彼拉多以洗手表示自己不承担处死耶稣的责任。——译者注

一种摇摆不定。[1]

原因与结果之间的这个裂缝，弗洛伊德称为 *Nachträglichkeit*[2]：原因与结果并不保持直接的、连续的联系，它在一定距离之外，在经历了时间的鸿沟（temporal gap）之后，派生出结果。我们应该走得更远：在某种程度上，原因是对众多结果的回溯性结果（a retroactive effect of its effects）。在"狼人"那种情形下，父母后背式做爱，这个场景在事发很久之后才成了创伤性场景。但是，有人会立即反诘，弗洛伊德发现了无意识，这一发现的全部意义不就在于，这种非连续性只是首次出现，随后它会被废止，鸿沟会被填平吗？"无意识"不就是因果链的别名？它能使我们重新肯定，存在着完整的决定论链条（complete chain of determinism）。对此，拉康的赌注押在了果断的否定上："无意识"指的不是填平鸿沟的完整的实体性因果链，而是指危及每个符号性构成（symbolic formation）之一致性的彻底非连续性。代表这一努力——努力填补鸿沟和重新推出用以建立完整因果链的叙事——的不是无意识，而是幻象。这里的模型是马克思有关原始积累的幻象，它讲述了有关资本主义起源的故事。我们应该牢记，康德的自由观也暗示了这种非连续性，暗示了另一个维度对现象性因果关系秩序（order of phenomenal causality）的进入。如果无意识之非连续性（discontinuity of the unconscious）就是自由的别名呢？

这使我们回到了那个"不加牛奶的咖啡"的笑话上，它是以下列标准对话为背景产生效果的："请给我来一杯加奶油的咖啡！""对不起，我们没有奶油了，但我可以给你来一杯加牛奶的咖啡。"这个笑话还可以重新讲述为一个有关口误的笑话。那个男士想说"奶油"，结果说成了"牛奶"。发生这样的口误，不是因为奶油原本是真正的乱伦客体，必须对它进行压抑。他这么说，是为了压抑咖啡中的原初匮

---

1　Jacques Lacan, *The Four Fundamental Concepts of Psycho-Analysis*, New York: Norton 1979, pp. 21–22.

2　*Nachträglichkeit*，一般译为"事后性"（afterwardsness）、"延迟作用"（deferred action），指创伤性事件发生一段时间之后，被伤害的主体对该事件所做的回溯性的理解和感受。——译者注

乏（primordial lack in coffee）。这一匮乏不能通过创造"奶油（被省略的补充成分）原本会填补这个匮乏"的幻象，由牛奶或奶油来填补。换言之，被压抑的不是奶油，而是奶油中所没有的东西（the without in cream）。这时，存有性－经验性的匮乏（ontic-empirical lack）取代了存有论的匮乏（ontological lack），掩盖了下列事实：咖啡本身并非充分的咖啡，咖啡本身存在着裂缝，任何补充成分都无法填补这个裂缝。在这里，我们应该把下列两者区分开来：一者是不在场的原因（absent Cause），即对抗这个实在界（Real of an antagonism）；一者是小客体，即（欲望的）客体－成因。它们不是一回事：真正的"不在场的原因"是作为不可能的实在界（the Real as impossible），是太一这个不可能性（impossibility of the One），是构成某个领域的对抗（antagonism constitutive of the field），恰如这样的对抗或不可能性——它已经作为资本主义的"具体普遍性"刻入了资本主义的核心；然后才有了欲望的客体－成因这个过度因素，它在结构化的符号性空间（structured symbolic space）中没有真正的位置。[1]

总而言之，"并非不加奶油"的咖啡不是不加牛奶的咖啡，而是不加牛奶的咖啡，即对另一个补充成分的否定。[2] "纯咖啡"和"并非不加奶油的咖啡"（即"不加牛奶的咖啡"）是有差别的：后者依然打着匮乏的标示，但匮乏的位置已经转移。在尼尔·戈登（Neil Gordon）的小说《无处可逃》（*The Company You Keep*）结尾处，一直躲避美国当局的前"地下气象员"[3]成员咪咪·路丽（Mimi Lourie）面临艰难的选择：她是应该逃往加拿大，继续保持自由之身，还是向当局自首，

---

1　参见 Alenka Zupančič, "Where Does the Dirt Come From?" (Od kod prihaja umazanija?), *Problemi* 5-6 (2012), p. 16.

2　此语殊难理解。原文为："A coffee 'not without cream' is not a coffee *without* milk, but a coffee without *milk*, i.e., the negation of another supplement." 注意其中的斜体单词。怀疑"not without cream"中的"not"为衍字。中译似应为："'不加奶油'的咖啡不是不加牛奶的咖啡，而是不加**牛奶**的咖啡，即对另一个补充成分的否定。"注意其中的粗体字。——译者注

3　"地下气象员"（Weather Underground），"地下气象组织"（Weather Underground Organization）的简称。该组织是美国的一个极左派组织，成立于1969年，以秘密暴力革命推翻美国政府为目标，曾进行过一系列针对美国政府的炸弹袭击，还策划过暴动和劫狱事件，轰动一时。——译者注

面临牢狱之灾，以为她先前的情人、地下气象员杰森·西奈（Jason Sinai）开脱罪责，使他免遭指控？当杰森把咪咪的选择告诉富有同情心的记者本尼·舒尔贝格（Benny Schulberg）时，本尼表示，他怀疑咪咪已经做好了自首的准备。杰森勉强承认，或许本尼所言不虚。感到奇怪的本尼问他，为什么他要帮助咪咪逃跑。杰森的解释是，为了使她的证词被法庭接受并为他开脱，咪咪应该心甘情愿地向当局自首，而不是被当局捕获。然后他又说道："在不能自首之前，她不必被捉住。"[1]

　　潜在的逻辑很清楚：为了在自首和不自首之间做出选择，咪咪必须处在能够做出选择的位置上；只有保持自由之身，她才能处于这个位置。也就是说，只有在她逃往加拿大，没有受到迫在眉睫的追捕时，她才能处于这个位置。不过，这不是故事的全部。如果这是故事的全部，如果杰森的看法只是下列显而易见的事实——只有在没有被捕时她才能自首，那他就会这样说："在能自首之前，她不必被捉住。"但杰森没有这样说，因为他与本尼所见略同：咪咪（或许）不会自首。这意味着，就为杰森开脱而论，咪咪身陷囹圄或逃之夭夭，无关紧要。那为什么要帮她逃离？杰森只是想给咪咪一个自首的机会，从而为他开脱。但他还想给咪咪一个不去自首的机会，使她身处做出真正的伦理选择的情境之中。对我而言，与此类似的情形会是这样的：我把一堆钱留在桌上，然后离开房间，知道留在房间里的人会忍不住偷走这些钱，尽管那人是我的朋友。我这样做，不是要给他一个机会，让他偷走我的钱，而是要给他一个机会，不偷走我的钱。关键并不在于，我想保住这笔钱。如果是这样，我根本不会把钱放在桌上。在这里，与《妮诺契卡》中的笑话相似之处出现了：杰森确立的因果联系并不是两个积极事实（咪咪逃离和咪咪自首）之间的联系，而是两个消极事实之间的关系。也就是说，某种事情不发生（something not happening）是其他事情不发生（something else not happening）的前提条件。这就像在那个笑话中那样，服务员提供的是不加牛奶的咖啡，而不是不加奶油的咖啡。

---

1　Neil Gordon, *The Company You Keep*, London: Penguin Books 2013, p. 364.

而且主体的身份是由同样诡异的逻辑决定的：主体像代名词，即代指名称的名称，在那里没有名称指向确定的客体／人：主体是"主体自身"（subject as such），这是他"被画上斜线"的原因，他全部的实证内容被一笔勾销的原因。在坚称我思（我即我）具有抽象的单一性时，笛卡儿及其超验的追随者们是正确的，因为他们反对对实证性的、具体的人类（positive concrete human being）做后黑格尔式肯定：主体是"抽象的"、中空的，是实际存在着的抽象（actually existing abstraction）这个悖论，"具体人格"（concrete personality）的全部财富都是随后到来的，是用来填补这个空白的。为了抵达主体的这一维度，我们必须完成下列净化步骤：从想象界的人（imaginary person）走向 $ （空洞的－被画上斜线的主体），从同胞走向邻居，从内在生命的财富（wealth of inner life）走向主体性之深渊（abyss of subjectivity）。

但这里的关键是，小客体是支撑主体的客体，没有小客体，主体就不存在。自萨特（以其"主体即先于任何客体而存在的否定性"之观念）至巴迪欧（他的公式是"没有主体的客体"）的现代传统，全都忽视了这个必须由其不可能的客体配对物（impossible objectal counterpart）来维持的否定性。没有客体"自身"，就没有主体。或如拉康在《再来一个》（Encore）中所言："主体和小客体的互惠互利是绝对的。"[1]小客体通常被视为单一的残余，它躲避符指化的捕捉（signifying capture）。不过，我们应该牢记，和在黑格尔的无限判断中一样，在小客体中，下列两个极端是同时并存的：一个极端是客体自身；一个极端是除不尽的余数。除不尽的余数又是下列两者间的分裂：一者是 *je ne sais quoi*（妙不可言的特性），我的欲望的成因；一者是排泄物。

正如拉康在有关精神分析的伦理的讲座中所言，主体是"遭受能指之苦的实在界的那个［部分－方面］"[2]：主体是（活的）实在界对能指入侵的回应，是实在界对能指以符号性秩序（symbolic order）进行"殖民"的回应。如此一来，主体的存在并不先于自身的丧失，他是作为对

1　Jacques Lacan, *Encore*, p. 114.
2　Jacques Lacan, *The Ethics of Psychoanalysis*, New York: Norton 1997, p. 142

自身的丧失的回归，从自身的丧失中诞生的：主体旨在代表自己，但这种代表以失败告终，主体就是这一失败遗留下来的空白。这使我们回到了拉康关于能指的定义那里。拉康认为，能指是"为另一个能指代表主体"的东西：符号性结构中总是存在着匮乏，该匮乏由某个"反射性"能指（"reflexive" signifier）来填补、维持，甚至被打上这个"反射性"能指的标志，而这个"反射性"能指则是能指的匮乏之能指（signifier of the lack of the signifier）。这是主人能指（代表主体的能指）中总是存在着冒牌因素（element of imposture）的原因：它的迷人力量隐藏了匮乏，隐藏了失败。[1]这也是我们理应在此迈出第三步的原因：主人能指是冒牌货，它注定要隐蔽符号性秩序的匮乏（失败、非一致性）；它实际上是大对体的匮乏／非一致性之能指（signifier of the lack/inconsistency of the Other），是"被画上斜线"的大对体之能指。这意味着，新的主人能指的兴起不是符号性事件（symbolic event）的终极定义：螺丝还会继续拧紧，即从 $S_1$ 走向 S（$\cancel{A}$），从新的和谐走向新的不和谐，这为抽离（subtraction）提供了范例。也就是说，抽离本不就是从主人能指的掌控中抽离吗？追求彻底解放的政治不就是这样的政治吗：它所做的就是从主人能指的统治下抽离，就是通过生产大对体的非一致性／对抗之能指，把主人能指悬置起来，使之无效？

被画上斜线的大对体之能指就是在从对一个概念的扭曲（distortion of a notion）向构成这个概念的扭曲（distortion constitutive of this notion）过渡中制造出来的：被画上斜线的大对体之能指命名大对体的构成性非一致性（对抗、不可能性）——它命名律法（Law）概念固有的犯罪之维；它命名（私有）财产概念固有的"盗窃"。它命名这样的对抗：它不是"情况变糟"的结果，反而构成了事物的"正常"秩序自身。比如，当"阶级斗争"不再仅指劳资双方的冲突自身（罢工、抗议等），而且指劳资关系的结构化原则（structuring principle）时，"阶级斗争"

---

1　不妨回想一下斯宾诺莎的下列洞察力：在传统的"上帝"观中，"上帝"高高在上，是居住在天堂里的人。斯宾诺莎认为，这种观念模糊了我们知识上的匮乏，"上帝"的荣耀不应该使我们无视下列事实：上帝其实只是否定性的称谓（negative designation），是对我们所不知道的事情的称谓。

就成了 S（Ⱥ）。如此一来，尽管存在着"阶级和睦"（class peace）时期，还是要把"和睦"阐释为一方在斗争中（暂时）获胜。所以，如果制造被画上斜线的大对体之能指——而不只是制造新的主人能指——就是最激进的符号性事件（symbolic Event）呢？

## 征候、小客体、$

我们能从这个角度清晰地感受空粒子与小客体的差异：空粒子是"少于空无"，小客体则是"多于一而少于二"（more than one, but less than two），是幽灵般的补充，它令太一寝食不安，它阻止太一实现存有论团圆（ontological closure）。空粒子和小客体的这一对立的至关重要的蕴含是，空无和一（Nothing and One）之间一无所有，空无和一之间没有"近乎没有之物、近乎空无之物、多于空无又少于一之物"。唯物主义的关键公理是：零和一之间一无所有。这与唯心主义形成了对比，因为唯心主义非常喜欢辨识某个更高精神秩序的踪迹（"近乎空无之物"）。与此同时，我们应该牢记，拉康不仅是关于二的诗人（poet of the Two），不仅是尊重大对体性（respect for Otherness）的诗人，拉康给我们提供的教益就是高尔吉亚（Gorgias）有关阿喀琉斯和乌龟的悖论给我们提供的教益：我们无法从一走到二。这是二元能指（binary signifier）最初受到压抑的原因，也是不存在性关系的原因。简言之，小客体是被太一处理过（processed through the One）的空粒子。如果把第三个过度因素——如克尔凯郭尔所举例子中的烟道清扫工——考虑进去，我们就能阐释这个过度因素发挥作用的三个层面：

（3）在二与三之间。正如拉康所言，3 不是三个 1 的和，在其最基本的层面上，它是 2+a，即二加上一个过度因素，该过度因素打破了 2+a 的和谐。阳性和阴性加上一个过度因素［拉康把这小客体称为"非性客体"（a=sexual object）］，两个阶级加上暴民［无阶级的过度（excess of no-class）］，就是如此。[1]这个过度来自差异，而不来自纯粹的符号性差异，来自对抗这个实在界。我们还可以用拉康创造的新词"征候"（*sinthome*）——最基本层面上的"征候"——命名这个过度：它是二、一对儿（阳-阴、男-女、社会中的两个阶级），加上"存在着太一"中的太一。太一使性别（或阶级）关系同时既不可能又可能，因为它是构成性的障碍（烟道清扫工、犹太人、暴民）。

（2）在一与二之间。继2+a后，出现了1+a：太一（the One）从来都不是纯粹的一（pure One），它总是由其影子般的二重身（shadowy double）来补充的，由"多于一而少于二"来补充的。换种稍微不同的方式说，在拉康看来，性别差异并非两性的差异，而是一（性别）与其自身的差异：一永远无法抵达二，二是它的补充性配对物（its complementary counterpart）。也就是说，正如拉康所言，并不存在其他的性别（Other Sex）。这个过度因素就是小客体：它是"多于一而少于二"，是伴随着每个一并使它不完整的影子。

（1）少于零。最终出现了一个悖论性因素，我们只能把它算作少于零（less than zero），它的形象始于德谟克利特的空粒子，直至量子物理学中的希格斯玻色子（Higg's boson）。它是"使空无的成本超过某物"（makes nothing cost more than something）的因素，也就是说，应该把它纳入前存有论的混沌之中。这样一来，我们就会得到纯粹的真空——尽管在这里，我们必须引入额外的区分……

零层面、出发点不是零，而是少于零，一个无法用实证术语来描述的纯粹负值。就此而论，它会发挥匮乏/过度（lack/excess）的功

---

1　性别差异和阶级差异之间的相似性是有限度的，但性别差异和阶级差异的差异出现在我们意想不到的地方：并不是说，一者是永恒的，一者从历史上讲是有限的。它们全都是"永恒"的。这是在这样的意义上说的：对抗无法在其自身的领域内消除。根本不存在和解，因为对抗是一种区别，它先于被区别之物而存在。只有走出性本身（sexuality as such），比如借助于无性繁殖走出性本身，我们才能克服性别差异；只有进入完全不同的社会领域（radically different social field），我们才能克服阶级斗争。

能。空无（空白）是镜子（屏幕），在它里面，少于空无显现为某物，前存有论的混沌（pre-ontological chaos）显现为存有性实存物（ontic entities）。换言之，出发点不是这样的不可能性：太一不能充分实现自己，成为一。它是这样的不可能性：零（空白）不可能获得空白之稳定性（stability of the Void），因为空白被不可化约地分裂为前存有论的混沌和真正的空白（量子物理学把这种空白视为两个真空的差异）。正是这个零层面的张力，这个从内部劈开空白的张力，促成了一、二等的崛起这一整个运动（entire movement of the rise of One, Two, etc.），促成了由我们在前面详细阐明的四个版本组成的一个矩阵：两个真空之间的、前存有论的原现实（pre-ontological proto-reality）这一空白和真正的空白，被兴起的一消除（一是穿过真正的空白这道屏幕的前存有论空粒子）；这个一的不完整性导致了对它的补充物的出现，导致了过度的影子二重身（excessive shadowy double）的出现。一个二（Two），即另一个一（another One），以及从影子二重身向太一秩序（order of the One）的转化，都来自这一张力。不过，因为这种二元性无法发挥和谐配偶（harmonious couple）的作用，二永远由一个过度因素来补充。

在这个层面上，我们被迫引入另一个关键性的区分，即下列两者间的区分：一者是空粒子，即量子波（quantum waves）的领域，前存有论震荡（pre-ontological oscillations）的领域，"少于诸空无"（less than nothings）的领域；一者是把空粒子转化为一的操作者（operator），把前存有论的空白（pre-ontological void）净化为真正的空无的"净化者"（purifier）。不要把这个操作者等同于小客体，它是某种被倒置的小客体。也就是说，小客体是虚拟性/幽灵般的、非实体性的未知因素（X），它要补充实际存在的客体，填补处于现实核心地带的空白。我们在这里面对的，却是这样的未知因素（X）：必须把它纳入前存有论的真空（pre-ontological vacuum），以便使它成为空无。只有以这样的空无为背景，现实的客体才会现身。如果这个记录了空无之对抗（antagonism of Nothing）的未知因素（X）、这个未知因素（X）的不可能性（不可能成为空无）、小客体的配对物，就是 $，就是以其原形式（proto-form）呈现出来的、处于最基本层面的（被画上斜线的）主体呢？

关于这个主体，我们在康德那里不是有过预感？在那里，超验的主体，通过其综合活动，借助于令人迷惑不解的多重感官印象，构成了"客体"的现象性现实？这个主体的前存有论身份（ontological status）不是彻底含混不清的吗？他不是经验性的，不是现象性现实的一部分，因为他是具有自发性的自由主体，现象性现实则受制于因果决定论，但他也不是本体性的，因为他以经验性的自我体验（empirical self-experience）现身。以同样的方式解读海德格尔思想的最基本的坐标（most elementary coordinates），不也是可能的吗？海德格尔反复强调，存有论团圆（ontological disclosure）并不存有性地（ontically）引发/创造实存物——在存有论团圆出现之前，某物已经"在那儿了"，只是它还没有在充分的存有论意义上存在而已。这个未知因素（X）是海德格尔版的"少于空无"、纯粹实在界（pure Real）。因此，在这个前存有论实在界（pre-ontological Real）的中间，定在（*Dasein*）现身了，它是存在之团圆的"在那儿"（"being-there" of the disclosure of Being），是存在之团圆的"那儿"（there），是存在之团圆的场所（site）。这个定在（出于众所周知的原因，海德格尔拒绝称之为"主体"）使空无这个场所（site of Nothing）保持开放状态，使作为空白的存在自身（Being itself as the Void）这个场所保持开放状态。正是以这个空白为背景，实存物出现了。所以，再说一遍，定在是"操作者"，它把前存有论空白（pre-ontological Void）转化为作为背景的存有论空无性（ontological Nothingness）这一空白。在这个背景内，实存物出现和消失。在这两种情形下，形式过程完全相同：$，即在前存有论领域内出现的小故障，使它在存有论的层面上实现了自己。但是，这个在存有论层面上构成的现实从来都未得以充分实现，它还需要由一个悖论性客体——小客体——把它缝合。小客体是主体在客体世界中的配对物，它把主体失真地刻进了现实。

因此，我们得到了对抗的三个层面：二（the Two）从来不是二（two），一（the One）[1] 从来不是一（one），空无（Nothing）从来不是空

---

1　这里的"一"指"太一"。

无（nothing）。征候——被画上斜线的大对体之能指——记录了二的对抗（antagonism of the Two），记录了它们的非关系（non-relationship）。小客体记录了太一的对抗（antagonism of the One），记录了太一的无能为力——它无力成为一（one）。$ 记录了空无的对抗（antagonism of Nothing），记录了空无的无能为力——它无力成为与自己和平相处的空白，无力消除所有的斗争。智慧的立场（position of Wisdom）是，空白带来了终极和平，即这样一种状态，在那里，所有的差异均被抹除；辩证唯物主义的立场是，即使在空白中，也没有和平可言。

# 译后记

翻译此书时，我一直在想两个问题：齐泽克为什么要写这本书？他在这本书中都写了些什么？

## 一

窃以为，他写本书的动力之一，是想证明，他是名正言顺的哲学家。

他不是哲学家吗？难道他还会为此忧心忡忡吗？

在学术界，齐泽克的"头衔"和"雅号"多得令人目不暇接："知识明星""文化明星""激进学者""理论狂人""好斗的学者""学术摇滚明星""学术魔法大师""知识戏法大师""当代关键思想家""超级巨星理论家""网络共产主义者""全球百大思想家""牺牲型知识分子""扣人心弦的演说家""文化理论界的猫王""国际知名知识分子""最大胆的知识分子""知识分子中的新型品种""桀骜不驯的思想家和评论家""现代最重要的跨学科思想家""卢布尔雅那学派的形象代言人""我们这个时代最重要的黑格尔主义者""最多产、最著名和最具争议的思想家""积极介入社会事务的全球公共知识分子"等等。

相形之下，称其为"哲学家"的，少之又少。即使称其为"哲学家"，也大多对"哲学家"的名号加以修饰或限制，称之为"明星哲学家""小丑哲学家""网络哲学家""新反动哲学家""挑衅性的哲学家""世界上最时髦的哲学家""西方最危险的哲学家""特立独行的哲学家""异乎寻常的哲学家"，或者干脆称之为"哲学界的波拉特""哲学界的坏孩子"等等。"旁门左道""野狐参禅"的讽刺意味扑面而来。

学界如此，民间亦然。有一项多达数万名受访者接受的问卷调查表明，只有不到三分之一（32%）的受访者认为他是"哲学家"，认为他是"学者"的受访者少之又少（6%），有近一半（49%）的受访者认为他扮演的最重要的角色是"公共知识分子"。在这些受访者中，只有10%的受访者认为哲学是他著作中最诱人的话题，远远低于"文化／艺术"（64%）、"政治"（62%）、"对新自由主义的批判"（58%）、"精神分析"（54%）、"共产主义／马克思主义"（51%）、"对后现代主义的批判"（47%）和"宗教"（28%）。

人们怀疑他是不是地地道道的哲学家，一方面是因为他的学术生涯有自己的特点。比如，他涉猎甚广，似乎无所不知，无所不晓，对一切都兴趣盎然和激情澎湃。特里·伊格尔顿（Terry Eagleton）把这种博学视为"知识滥交"（intellectual promiscuity），同时说他是"犹太黑色幽默的杰出代表"和"卢布尔雅那的伍迪·艾伦"，唯独不说他是"哲学家"，哪怕是加了限定词的"哲学家"。人们怀疑他是不是实实在在的哲学家，另一方面是因为他的学术研究在下列两者之间摇摆不定：一者是对当代精神文化（contemporary psychoculture）所做的哲学分析，一者是对当代哲学所做的精神文化分析（psychocultural analysis）。即是说，他时而以哲学研究精神文化，时而以精神文化分析哲学：哲学时而是目标，时而是手段。这种摇摆不定难免使人疑窦丛生：他真的是传统意义上的学院派哲学家吗？

他虽然生于"现实存在的社会主义"（actually existing socialism）国家南斯拉夫，但早在十几岁时就沉浸于西方文化，二十岁时即负笈法国求学，二十二岁时就在法国出版了专论海德格尔和德里达的本科毕业论文《差异之痛》，二十六岁时获得哲学硕士学位，此后又分别在他的祖国和法国获得两个哲学博士学位。此外他还积极参与当地的社会活动和政治活动，并将哲学付诸实践。后来他一直任教于卢布尔雅那大学哲学系，同时在伦敦大学伯克贝克人文学院担任"国际主任"一职，更在众多大学和研究机构兼职，其中包括巴黎第八大学精神分析系（1982—1983 年，1985—1986 年）、明尼苏达大学比较文学系（1992 年）、卡多佐法学院（Cardozo Law School，1994 年）、哥伦比亚大学（1995 年）、普林斯顿大学（1996 年）、位于纽约的社会研究新学院（New School for Social Research，1997 年）、位于埃森的文化科学研究院

（Kulturwissenschaftliches Institut，2000—2002 年）等等。尽管如此，本质上，他是闲云野鹤式的思想家，是苏格拉底式的漫游者。

　　应该说，他是哲学家，但并非学院派哲学家。在这个意义上，齐泽克延续了德国古典哲学之前的学术传统。在中世纪后的几百年间，没有一位大哲学家跻身大学，心甘情愿地成为"教书匠"，更没有人进入研究机构，成为研究员。

　　众所周知，西方的高等教育源于欧洲的 12 世纪，当时最著名的大学是意大利的博洛尼亚大学（University of Bologna）、法国的巴黎大学(Université De Paris) 和英国的牛津大学。它们从事纯理论研究，与社会保持相当的距离，故被称作"象牙塔"。那时的大学已经羽翼渐丰，也都设有哲学课程，但真正的哲学家都置身大学之外，不让教学这等"俗务"缠身。霍布斯、笛卡儿、斯宾诺莎、莱布尼茨、洛克、贝克莱、卢梭全都如此，无一例外。

　　有史以来，第一个在大学获得教职的大哲学家是康德，但他从不讲授自己的"三大批判"，保持了哲学研究的纯洁性，也算是呵护了自己哲学家的声誉。19 世纪中后期的哲学家，包括叔本华、克尔凯郭尔和马克思，都不曾在大学任教，英国 19 世纪最伟大的哲学家穆勒也是如此。尼采属于例外，但与康德类似，他在大学里讲授的内容与他的哲学思索风马牛不相及。只有在进入 20 世纪后，最杰出的哲学家才被大学一网打尽，成了"学院派哲学家"，开启了哲学的职业化生涯。其功效，颇类似于我国的科举考试制度，"天下英雄入吾彀中矣！"本是"放养"的哲学家终于被"圈养"起来，几乎所有的哲学思索都变成了哲学史研究。

　　齐泽克虽然也"浪迹天涯"，"混迹"于各个大学和研究机构，但他并不甘心被"圈养"。与传统的学院派哲学不同，他几乎从不撰写传统意义上的哲学论文，而是把全部精力放在著作上。而且他多次被人指控"自我抄袭"，被搞得声名狼藉。之所以如此，是因为他总是把整章整节的内容，从一本书上直接剪下，然后毫不犹豫地粘贴到另一本书上。他承认这是事实，但不愿承担"自我抄袭"的恶名，因为在他看来，指责他"自我抄袭"，无异于指责他"自我强奸"。也有人为他辩解，说"自我抄袭"是"互联网时代最卓越的写作技巧"之一,其文本符合互联网时代的超文本的特征,而且这种文本可以通过"混搭的数字镜头"来解读。但在学院派看来,这种辩解过于苍白乏力,不足为训。

即使洗心革面,郑重其事地从事哲学研究,齐泽克做哲学(do philosophy)的方式也异于常人。有人发现,齐泽克掌握了其他哲学家没有掌握或不屑掌握的独门绝技,那就是他的三大"修辞利器":笑话、例子和反问句。

先说反问句。他喜欢使用反问句,这在他的文本中俯拾皆是,使用"what if"之类的反问句更是他独一无二的标志。他总在问:"如果事实正好与之相反呢?""9月11日在纽约发生的事情岂不是与此如出一辙?""国际恐怖组织难道不是大型跨国组织的粗暴替身?""短路带来的冲击力不正是批判性解读的最佳隐喻之一?""全球性地行动和本地性地思考,这样的做法,我们还能坚持多久?""难道这些问题不正是我们这个时代面临的生死攸关的问题?难道这不就是左翼自2016年以来求仁得仁的结果?"……他的很多所谓"论文"的标题都采用了反问句的形式,如《何以只有无神论者才有信仰》("Why Only an Atheist Can Believe")、《何以说拉康不是后结构主义者》("Why Lacan Is Not a Post-Structuralist")、《通俗文化如何充当进入拉康世界的门径》("How Popular Culture Can Serve as an Introduction to Lacan")、《何以辩证法学者要学会数到四》("Why Should a Dialectician Learn to Count to Four")和《从欲望到驱力:何以说拉康并不属于拉康派》("From Desire to Drive: Why Lacan Is Not Lacanian")……虽然读起来铿锵有力,但也有些咄咄逼人的味道,令那些追求理性和客观的学院派哲学家不以为然,一笑置之。

再说笑话。他喜欢讲笑话,是名闻天下的"段子手"。他讲过很多笑话(包括黄色笑话和准黄色笑话)。这些笑话早已单独成册。有些笑话甚是"经典",以至于即使过去多年,想起来都令人哑然失笑。他讲笑话的方式也是独树一帜。他不仅在著书立说时讲,在发表演讲时讲,而且在严肃的游行示威时带领大家一起讲。2011年10月9日他在纽约祖科蒂公园(Zuccotti Park)参加"占领华尔街"的抗议活动时,带领抗议民众大声朗诵"红墨水缺货"的笑话。中间不断出现笑场,使严肃的抗议活动显得极其生动活泼，也给他的学术活动打上了极其另类的标签。

这样做，显然有损齐泽克"哲学家"的声誉和颜面，被人视为"爱开玩笑的跳梁小丑"也是势在必然。这一方面是他的天赋使然（"犹太黑色幽默的杰出代表"），一方面是迫不得已之举。他有时要用笑话简明扼要地说明问题。比如，他讲过的那个有关波兰军人的笑话就是如此。他说有一个士兵在宵禁时间开始之前，就过早地射杀了某个行人，因为这个士兵知道，这个行人住在很远的地方，无法在宵禁开始之前赶回家中。借助这个笑话，齐泽克将自己置于一系列批评黑格尔的人的对立面（从阿尔都塞到福柯，再从福柯到哈贝马斯），说他们就像那个波兰士兵，在得到黑格尔的"绝对之知"之前就将黑格尔一枪击毙。其实，"他们对黑格尔的批评只能用来驳斥他们自己对绝对之知的偏见"。

他在第一部英文著作《意识形态的崇高客体》中讲过许多笑话，但在第二部英文著作《因为他们所做的，他们不知道》（*For They Know Not What They Do*）中却"庄严肃穆"，结果该书销路不畅，令出版社不悦。他回忆说："我的第二本书（比第一本书）在理论上更加充实，但不出所料，它并不怎么受人追捧，因为那里面没有多少下流笑话，等等。很多事情都取决于环境。""甚至连出版我著作的出版社也是这么想的。在左页出版社，他们总在暗示我，'你只会开玩笑'。然后我告诉他们，'好吧，现在我给你们一本书，……那里不会有［笑话］'。他们又开始责备我，'等一下，笑话呢？笑话在哪儿？没有笑话，没人会买这本书的'。我几乎想说，让我受欢迎，就不能让人们拿我当回事。我觉得，出于这个原因，作为一个流行的喜剧演员或者别的什么，我有责任当众自杀。"如此的"身不由己"，难免使他产生"破罐子破摔"的任性，干脆"一不做二不休"，不再遮遮掩掩和藏藏掖掖，讲起笑话来不再有任何顾忌。当然，对于一个哲学家来说，这无异于学术上的自杀。他深明此道，只是苦于无计可施而已。"为人不自在，自在不为人"，真乃放诸四海而皆准，俟诸百世而不惑之真理。

最后一项绝技，在他善于举例子。从日常生活中无关紧要的琐碎细节（可口可乐、星巴克咖啡和健达奇趣蛋［Kinder Surprise Egg］）到电视上令人眼花缭乱的广告，再到丰富多彩的好莱坞影片，他是信手拈来，毫不费力。对于严肃的哲学来说，这也是天真幼稚之举。康德把举例子视为"判断力的学走器"（go-cart of the judgment），是婴幼儿蹒跚学步时才用的东西，因为它有损于观念的"普遍有效性"。在康德、谢林和黑格尔的著作中（黑格尔的"讲义"或所谓的"讲演录"不在此列），很难找到例子。但在齐泽克看来，这绝对低估了例子的价值：例子是传播观念的卓有成效的手段，也是哲学论证的立竿见影的工具。生动、具体的例子和抽象、普遍的概念同样重要。例子不比概念卑微，概念不比例子高尚。在齐泽克看来，一个论点就是一个例子，只是这个论点还没有意识到自己就是一个例子。来自日常生活的例子就是哲学的具体化。

齐泽克引用好莱坞影片——尤其是希区柯克电影——等经典产品，直击西方主流文化的要害。在这方面，我印象最深的是他对电影《泰坦尼克号》的分析。他以该片为例，阐释拉康的精神分析理论。在电影中，船撞冰山后，罗斯对出身卑微的情人杰克信誓旦旦地说："没有什么能把我们分开！我永远不会放弃你！"但实际上，她却把他推入了冰冷的深海。齐泽克认为，这一幕"完美"地例证了拉康的下列断言：要想获得符号性权威的身份，"承载这一身份的血肉之躯就必须付出死亡——甚至被人谋害——的代价"。他还把这个例子引入他本人的"文化自杀"。"当我亲爱的朋友……找到我，提议编选《齐泽克读本》时，我的第一反应是：值得编选'读本'的作者，其地位必定会大幅提升，而他也要为此付出代价。他要付出的代价不就是要把他当成行尸走肉的活死人，而不再被视作有血有肉、生老病死的实体吗？这是不是说，至少在某种程度上，我的一个重要方面不得不遁入往昔（the past）这个黑暗的深渊？"

可以想象，这样的"哲学书写方式"与学院派的"哲学书写方式"有着怎样的天壤之别，会令自命不凡的学院派哲学家多么的不屑一顾。不错，正如乔纳森·瑞（Jonathan Rée）所言，他是"天才的演说家——慷慨激昂、铿锵有力、直言不讳和充满悖论，而且其写作与其演说一样精彩"。但这样的演说，这样的"言文合一"，却偏离了寻常的学术写作惯例。这惯例便是，与口语保持距离，对言谈敬而远之。信守学术写作的惯例，符合人们对知识分子的预期，更与学院派哲学家对自身的自诩一致。如此的放浪不羁，只能使齐泽克与学院派哲学渐行渐远。就连他最好的朋友阿兰·巴迪欧也质疑他的哲学家身份："确切地说，齐泽克并不属于哲学领域。"巴迪欧认为，他只是"哲学的读者"（reader of philosophy），而非哲学家，因为他对哲学的贡献微不足道，只是提供了研究哲学的一种方法。

　　这如何不令他焦虑万分？2016 年 5 月 27 日，他在"齐泽克研究国际学术会议"上发表了题为《我是哲学家吗？》的主旨演讲，表达了自己内心深处的惶恐不安："我担心自己被排除在学术机器之外，不被视为'严肃'的哲学家。"他竭力为自己辩护："我的确提出了一种'本体论'：我的著作不只是对他人哲学的不一致性的解构性反思，它确实勾勒出某种'现实结构'。或者，用简单粗暴的康德式术语来说：我的研究的最后视域并不是在无法触及的实在界（inaccessible Real）这一背景下对认知失败的多重叙述。'超越先验'这一步骤在我的《绝对反冲》的第一部分中已有概述。在那里，我详细地部署了基本的辩证步骤，即把认识论的障碍（epistemological obstacle）逆转为本体论的不可能性（ontological impossibility）这一步骤，而这种逆转构成了原质（the Thing）自身的特征。我努力把握原质，却以失败告终，因此必须把这种失败（重新）视为原质自身的特征，视为不可能性，而这种不可能性已经深深刻入实在界的心脏。"

　　齐泽克认为，自康德和黑格尔之后，哲学的内涵和形态都发生了天翻地覆之变，因为哲学话语不再是坚忍自若的主人话语（stoically unfazed master's discourse）。康德之后，"古典或新古典风格的哲学"，即作为"世界观"的哲学，作为志在把握完整现实的基本结构的哲学，已经变得不再可能。随着康德的"批判转向"的出现，哲学变成了自我反思，变成了审视自身可能性之条件的话语，或者更准确地说，变成了审视自身不可能性之条件的话语。用来描述宇宙的等级理性结构（hierarchic rational structure）的形而上学必定陷入二律背反，不可避免地需要幻想来填补结构中的空白。"一言以蔽之，在康德那里，哲学不再是主人的话语，它的整个大厦都被内在的不可能性、失败和非一致性所贯穿。"到了黑格尔那里，一切都变得更加不可救药，黑格尔的辩证哲学不仅没有重返"前批判的理性的形而上学"（pre-critical rational metaphysics），而且变成了对主人话语的癔症式颠覆（hysterical undermining），因为他造成了形而上学主张的内在的自我毁灭。"简而言之，黑格尔的'体系'只不过是一次系统性的哲学方案失败之旅。"齐泽克认为，从这个意义上说，所有的德国观念论都属于"反哲学"的范畴：康德的批判哲学早已不再是真正的哲学，而是未来哲学的"绪论"，是对哲学（不）可能性之条件的质疑；费希特不再称自己的思想为哲学，而是称之为科学知识的教学（Wissenschaftslehre）；黑格尔声称他的思想不再是纯粹的哲学（对智慧的热爱），而是智慧（知识）本身。

如此说来，把齐泽克称为"新反动哲学家"，说他的哲学是"反哲学"，他所持有的哲学立场是"反哲学的立场"，不恰好证明，他才是德国古典哲学的真正传人和"后德国古典时代"的哲学家吗？

二

齐译克要向世人证明，他是堂堂正正的"严肃"的哲学家，虽然这里的"哲学家"不再是传统意义上的"哲学家"，这里的"哲学"也不再是制造"坚忍自若的主人话语"。他在斯洛文尼亚主编"文选"丛书，与左页出版社一道发起"本我在哪里"丛书，为杜克大学出版社主编"原文如此"丛书，为麻省理工学院出版社主编"短路"丛书，为哥伦比亚大学出版社主编"暴动"丛书，为总部位于柏林的八月出版社主编"拉康探索"丛书，都是这种努力的一部分。可惜收效甚微。

他的拿手好戏是撰写短小精悍的小册子，但他偏偏要写些皇皇巨著，故意跟自己过不去。《视差之见》、《少于空无》（*Less Than Nothing*）和这本《绝对反冲》都是如此。2006 年出版的《视差之见》被视为"齐泽克多年以来最重要的理论著作"。它开启了齐泽克的实验之路：超越他先前对黑格尔和拉康的解读，凸显他自己的关键概念，以支撑他自己的哲学思想体系。2012 年出版的《少于空无》长达 1038 页，被视为"独门知识绝技的炫耀"。在这个"太长不读"（too long, don't read）的时代，在西方出版这样一部价格不菲的著作，令西方出版界大呼"匪夷所思"。但他真的有自己的哲学思想体系吗？现实是，他只有"反哲学"的思想体系，而没有"哲学"的思想体系。弗里德里克·詹姆逊曾经说过，"视差的立场是反哲学的立场，因为它不仅避开了哲学的系统化，而且把'哲学的系统化是不可能的'作为核心论题"。同样，《少于空无》也是一部"反书"（anti-book），因为它是一场极其异乎寻常的、令人瞠目结舌的绝佳表演。它的结构也具有他全部著作的结构所具有的共同特征。美国哲学家罗伯特·皮平以挪揄的口吻调笑这样的"特征"："这本书的结构非同寻常，它是以下列谚语为基础的：世界上第二大乐事是事前酒（the drink before），第三大乐事是事后烟（the cigarette after）。我们在这里得到了'事前酒'，即前黑格尔的语境（pre-Hegelian context），它是理解黑格尔这个选项所必需的（大量的精力被放在了柏拉图笔下的巴门尼德身上，放在了基督教、上帝之死和费希特的身上）；然后我们得到的是'那件事本身'（两次！一次是与黑格尔，一次是与拉康）；我们最后得到的是'事后烟'（海德格尔、列维纳斯、巴迪欧，以及关于'量子物理学之本体论'的结语）。""那件事本身"（the Thing itself）用的是胡塞尔的"回到事物本身"（return to the Thing itself）的"梗"，但同时又指男女性事。他所谓的"事前酒"和"事后烟"，也是如此，充满了调侃意味。

　　但这调侃中凸显了黑格尔和拉康在齐泽克著作中的极端重要性。但与《少于空无》不同，《绝对反冲》把重心放在了黑格尔的身上。之所以如此，是因为随着时光的流逝，拉康的重要性开始下降，黑格尔的重要性开始上升。在齐泽克看来，拉康虽然重要，但他也只是解读黑格尔的工具。到了2019年，拉康的地位再次发生断崖式下跌，因为他声称，西方的全部哲学都发生在五十年间，即康德出版《纯粹理性批判》的1781年至黑格尔去世的1831年。

　　齐泽克立志延续这一传统，成为黑格尔哲学在20世纪末和21世纪初的继承人和阐发者（当然也不是不分青红皂白地全盘继承，至少他"做哲学"的方式就与黑格尔大异其趣）。说到黑格尔，我们一般称之为19世纪唯心主义哲学的集大成者和辩证法大师。但他到底是如何"唯心"的，又是如何"辩证"的，论者大多洋洋洒洒数万言，学术术语满天飞，却令一般读者不得要领，不明就里。所以有必要在此冒着"简单化"的风险，对黑格尔的辩证哲学稍做极度通俗化的介绍。只有这样，我们才能理解，齐泽克对黑格尔的辩证哲学做了怎样与众不同的继承和阐发。

就西方哲学史而言，有人认为柏拉图极端重要。阿尔弗雷德·怀特海说过："对欧洲哲学传统最可靠的总体概括就是，它是由对柏拉图的一系列注脚组成的。"有人认为笛卡儿不可小觑，黑格尔也称之为"现代哲学之父"。也有人认为黑格尔举足轻重，说自黑格尔以来的哲学史由对他的一系列的回应构成。换言之，自黑格尔以来的哲学史不过是对黑格尔的一系列的回应的历史而已。可以赞美他，可以批判他，可以阐释他，可以蔑视他，但就是不能对他视而不见，充耳不闻，无视其代表作——《精神现象学》、《逻辑学》、《法哲学》和《历史哲学》。

黑格尔的著作殊难理解，但不同著作的难易程度并不完全相同。最好理解的还是《历史哲学》，因为它要处理特定的历史事件，所以不像其他著作那样一味地诉诸逻辑论证。这为理解他的其他著述打开了方便之门。他的《历史哲学》颇具原创性，因为在他之前，历史并不像现在这样受人重视，甚至到了"忘记过去就意味着背叛"的地步。历史无人重视，关于历史的哲学更是无从谈起。大卫·休谟著有《英格兰史》，莱布尼茨曾为德国一个宫廷家族编写过家族史，但均与历史哲学无涉。没有历史哲学，自然就没有历史观可言。比如谈及人性，康德认为人性分为两部分，一部分是理性，一部分是兽性（野蛮的欲望），自古而然，亘古不变。但黑格尔认为，人性随着历史的发展而变化：在古希腊，人性是和谐的，人并没有意识到理性与欲望的冲突。理性与欲望的冲突，只能发生在特定的历史阶段，而非普遍现象。黑格尔认为，随着新教的出现，个人意识开始形成，人性亦随之大变。终有一日，人类会克服理性与兽性的分裂，重新走向和谐。

在黑格尔那里，历史是个不断变化的"辩证过程"。古希腊没有理性和欲望的分裂，没有个人与社会的对立，但那只是简单、朴素、天真、幼稚的和谐，因为那时尚无"个人"意识，"个人"尚未把自己与城邦分离开来，也没有明辨善恶是非的能力。苏格拉底的出现彻底改变了这一局面。他质疑一切，提出"什么是正义？""什么是美德？"之类的问题，而且无论如何回答这些问题，答案总是漏洞百出，不堪一击。在古希腊人看来，这是对雅典社会的腐蚀和颠覆，苏格拉底也因此命丧黄泉。但这并没有阻止古希腊社会的和谐走向土崩瓦解，因为"个人"意识开始形成，它是历史发展的必不可少的第二个因素，处于古希腊社会统治原则的对立面。如果说古希腊社会的和谐是"正题"（thesis），那"个人"意识则是"反题"（antithesis）。"个人"意识最终导致了法国大革命的爆发，导致了史所罕见的"大破坏"和"大恐怖"，因此必须让位于"合题"（synthesis）——它要把和谐与"个人"意识融为一体，并形成新的"正题"。然后又会出现新的"反题"和新的"合题"。如此反复，以致无穷。

总之，历史是一个过程，总是处于变化之中，而变化的过程是"辩证"的过程，"辩证"又以"正题"、"反题"和"合题"的形式呈现出来。"辩证"与"异化"密切相关。所谓"异化"指的是，本来属于我们自己的一部分的东西，却是外来之物，是异己之物，是敌对之物。变化走向何方？表面看来，历史是成千上万的随机冲突的结果，因而不可预测。但黑格尔认为，历史有其固定的方向和目标，因为它总是使精神朝着自由的方向发展。我们总是朝着实现人类自由的方向前进，这是一个不断强化自由意识和自我认识的过程。最后的结果是，精神终于认识到自己是终极的实在（ultimate reality），与自己相抵触的异化之物其实是自己的一部分。这就是所谓的"绝对之知"（Absolute Knowledge）。有了"绝对之知"，就会有"绝对自由"（Absolute Freedom）。有了"绝对自由"，精神就不再被外部力量所控制，而以理性的方式面对世界。

但"历史"究竟是什么？按一般人的理解，它不应该是抽象的概念，而应该是具体的事物。果真如此的话，又是哪些具体事物呢？自然、个人和由个人组成的社会？与我们的理解不同，在黑格尔那里，历史既不自然，也不是个人和由个人组成的社会，更不是自然、个人和社会的总和。一言以蔽之，它就是"精神"（Geist）。在我们的语言中，"精神"不仅指人的心理活动和心理状态，而且指精力、活力和意志，甚至指宗旨和主要意义（"领会文件的精神"）。在德语中，"精神"指人的心理活动和心理状态（这与我们相同），但它还具有宗教的意味，指超越个人心理活动和心理状态的终极实在（这是它与我们的相异之处）。黑格尔相信，精神隐身于万事万物之中，并非万事万物本身。

也就是说，精神是抽象的存在，但它又不只是抽象的存在，也不是柏拉图所谓的永恒不变的"理念"（ιδέα），因为精神永远体现在个人、社会、风俗和制度之中，体现在历史的变化过程之中。历史最终会形成理性的、有序的社会。但这里的理性（rationality）不是康德所谓的"纯粹理性"（pure reason），理性的社会也不是由法国大革命彰显的"纯粹理性"的社会。法国大革命不仅要消灭国王、贵族和宗教，还想使一切"纯粹理性化"。为什么每周只有七日，而非十日？为什么每个月的天数长短不一，为什么不能使它们整齐划一，统统调整为三十日？为什么巴黎的街道横七竖八，为什么不能使它们横平竖直？等等。黑格尔认为，这样的理性是疯狂的抽象理性，施之于社会，必定造成触目惊心的灾祸。真正的理性是在现实中寻找合理之物，滋养它，培植它，强化它，发展它，最终使之自然成长，自我实现。毕竟，"现实的就是合理性的，合理的就是现实的"。

这样的思想虽然生动地体现在黑格尔的《历史哲学》以及《精神现象学》中，但对此加以严密论证的，却是他的《逻辑学》。他在那里提出了崭新的逻辑观：逻辑并非像亚里士多德设想的那样，是脱离了内容的形式。表面看来，逻辑是永恒不变的真理形式，与特定的历史内容无关，其实它总是与实际内容联系在一起，两者密不可分，相辅相成。辩证是在实际的历史过程中实现的。因此，无论是理解现实，还是理解历史，都不是理解静止的事态，而是理解永恒的变化。变化的终极目标一方面是"绝对之知"（和"绝对自由"）的确立，另一方面是"有机社会"的形成。

如果黑格尔有幸复活，我们也有幸拜见他，那必定会当面向他请教："万事万物，究其本质，是一成不变的，还是日新月异的？"他会答："日新月异。"我们会问："那究竟是什么在变？"他会答："你不是都说过了嘛，是'万事万物'。但'万事万物'只是表象，真正变化的是精神。"我们问："精神为什么不原封不动，而一定要千变万化？"他会答："因为精神内部存在着异化。"我们问："变化是以什么形式发生和发展的？"他会答："辩证的形式。"我们问："具体说来，辩证的形式又是怎样的形式？"他会答："辩证的形式是从'正题'走向'反题'，再从'反题'走向'合题'，然后从'正题'重新开始……"我们问："如此变化，可有最终目标？"他会答："有。这目标，就个人而言是'绝对之知'，就社会而论是'有机社会'。"

如此说来，黑格尔的观念并不难于理解。但阅读黑格尔的著作却困难重重。他的著作大多如同天书，阅读他的著作如同受刑，那里充满了黑洞，是真正的迷宫。他用语艰涩，语法怪异，是典型的"弯弯绕"，以至于叔本华和罗素都认为他并无任何思想，只是在一味信口开河和故弄玄虚，是"以艰深文浅陋"的哲学骗子。有一则逸闻趣事颇能说明问题。奥地利画家弗里德里希·冯·阿梅林（Friedrich von Amerling）在谈到他和德国作曲家、剧作家瓦格纳于19世纪40年代在德累斯顿求学的日子时说："有一天我去看他，发现他对刚刚开始学习的黑格尔现象学激情澎湃。他言之凿凿，告诉我那是有史以来最好的著作。为了证明他所言不虚，他为我阅读了他印象最深刻的一个段落。因为如坠云里雾中，我请他再读一遍，读完之后，我们全都不知所云。他又读了第三遍和第四遍，直至最后我们面面相觑，不禁大笑起来。现象学就这样寿终正寝了。"

但两百多年的历史证明，事实并非如此简单，因为他真的"干货满满"，只是知音难觅。他没有像叔本华和罗素那样清晰地阐述自己的哲学观念，有两个方面的原因：一是他的思想的性质，一是当时的哲学的氛围（即他所谓的"时代精神"）。他的思想异于常人，极其深奥，以至于近三百年后，用再清晰不过的语言进行极其简单化的阐述，还是不能完全为人理解和把握。而且他倾尽全力挖掘其深刻的思想，无暇顾及也根本不在乎读者的感受。就当时的哲学氛围而论，生僻的词语、晦涩的概念、扭曲的语法、冗长的语句，外加强迫症一般的重复，是哲学的时尚。康德和费希特等人如此，黑格尔又何尝不可旁方抓药，如法炮制？话说回来，即便如此，黑格尔在世时就产生了广泛的影响：他的观念遍地开花，波及若干领域——不仅影响了哲学，而且影响了历史学、政治学、神学和经济学等等。毕竟他的历史视境（historical vision）异于常人，他的"精神"、"异化"、"辩证"、"绝对之知"和"有机社会"等概念启人深思。

当然，以上只是对黑格尔所做的常识性理解和常识性解读。齐泽克不是寻常人，不走寻常路，见识不同于流俗，眼界不同于凡人，他对黑格尔的阐发同样独具匠心。他不以"正题""反题""合题"的形式阐述黑格尔的辩证哲学，而是借助于拉康的精神分析，以"反冲"这一隐喻，细致地剖析黑格尔哲学的辩证机制。正如克里斯蒂安·福克斯（Christian Fuchs）所言，在齐泽克那里，辩证是自身熄灭和自身燃烧同时进行的干柴烈火，是设定自身预设（posits its own presuppositions）的扬弃过程。因此，辩证的逻辑实为"回溯性之逻辑"（logic of retroactivity），真正的辩证是"回溯性的辩证"（retroactive dialectic）。用黑格尔在《逻辑学》中的话说就是："因为已经粉身碎骨，被反射的规定获得了自己的真正意义，成了自身之内，自己对自己的绝对反冲。也就是说，本来从属于本质的被设置性只是被扬弃的被设置性。反过来说，只有自我扬弃的被设置性才是本质的被设置性。"这话听起来费劲，但齐泽克对此所做的解释同样艰涩和深奥："一旦被设置性被自我扬弃，本质就不再被外部的大对体直接规定，不再被它与它的他者性结成的一整套关系直接规定，不再被它与它置身其间的环境结成的一整套复杂关系直接规定。相反，它自己规定自己，它进入了自身之内，成了'自己对自己的绝对反冲'。"齐泽克志在"提升绝对反冲这一思辨概念的地位，使之成为普遍的存有论原理"，使"辩证唯物主义是黑格尔所谓的走向客观性的思想这一思辨态度的唯一真正的哲学继承者"成为不言自明的真理。

可能是害怕读者难以理解，齐泽克反复引用黑格尔的《逻辑学》，不厌其烦地阐明黑格尔哲学的辩证机制。黑格尔在《逻辑学》中说："反思在它面前找到了一个直接物，它超越了该直接物，并从该直接物那里返回。但这个返回只是对反思在它面前发现之物的预设。被发现之物因而只能通过被甩在后面而存在。……所以，要把反思运动视为对自身的绝对反冲。因为对于返回自身的预设——本质就来自这一预设，只能是这一回归——只处于回归本身之内。"齐泽克解释说，绝对反冲因而代表着彻底的对立物的并存。在这里，行动显现为对它自身的反行

动，或者更确切地说，否定性步骤（丧失、退缩）本身派生了它所要
"否定"的东西。一方面是"被发现之物因而只能通过被甩在后面而存
在"，另一方面是它的颠倒版（我们要回归的，只能出现在"回归自身
之内"，就像国家借助"重返自己已经丧失的根源"构成自身一样）。和
"绝对反冲"一样，黑格尔所谓的"绝对反思"也是由这两个方面构成
的：反思不再处于反思客体的外部，它把反思客体预设为既定之物，但
它完成了循环，并设置了对它自身的预设。用德里达的话说，在这里，
可能性之条件同时又是不可能性之条件：阻止我们充分肯定我们自己身
份的障碍物，为充分肯定我们自己的身份开辟了空间。

　　当然，齐泽克并不像康德和黑格尔那样一味地进行逻辑推理，而不
顾及读者的理解能力。他随时可以祭出他的一大修辞利器——以生动实
例阐述辩证哲学的精妙机制。比如，他以英国对印度的殖民化为例，分
析印度的现代化进程所遵循的文化逻辑。为了批评种族主义，他批评多
元文化主义；他批评文化多元主义，是因为根据多元文化主义，存在着
一种在文化上保持"中立"的视角，可以透过这个视角，理性、客观和
公正地审视所有文化，进而肯定所有文化的特殊性。在齐泽克看来，这
无异于赋予这种"中立"的视角以优先权，同时把其他文化视为"他者
文化"，反而陷入了新的种族主义僵局。他还认为，左翼应该奋起推翻
全球性的资本帝国，但推翻全球性资本帝国的方式不是肯定不同文化的
特定的身份，而是重新肯定新的普遍性。比如，平等自由（égaliberté）
这个欧洲普遍主义价值观理应得到尊重，左翼更是应该勇于冒着骂名，
继承这一欧洲遗产。他甚至为老牌殖民主义进行辩护，认为欧洲对非欧
洲传统的殖民既是灾难，亦有益处，因为它使"双重摆脱"（非欧洲传
统既摆脱自己的传统又摆脱欧洲的传统）成为可能。

　　在本书中，他对这个辩证过程和这个文化逻辑做了更加细致的说
明：首先是殖民前的印度，它充满了丰富性和多样性，但这样的丰富性
和多样性无人问津，也毫无价值；然后是英国殖民者的粗暴干预——把
殖民秩序的超验结构强加于印度，用西方的普遍主义为自己的行为辩
解；再后是印度对殖民化的抵抗，揭露西方在殖民印度的过程中如何挂
羊头卖狗肉，打着自由平等的幌子，公然背叛自由平等的原则。这是对

自由平等精神的完全肯定，但做出这种肯定的前提是切断自己古老的根源，肯定这种自由平等精神的现实普遍性。"简言之，只有在西方理念被印度'扩展适用'之后，它才获得了现实普遍性：一旦印度人接受了欧洲人的民主平等的理念，他们会变得比欧洲人还欧洲人。"这样一来，我们就会明白：充满矛盾的混乱（所谓的"丰富性"和"多样性"）是古老的根源，它被否定，但对它的否定反而使它得以反向设置；一边是现在，一边是已经丧失的古老根源，两者间的张力被创造出来，构成了所谓的第二个阶段；到了第三个阶段，古老的根源被视为可望而不可即之物，因而被相对化，"这时我们正处于外在的反思中，也就是说，我们的反思处于被设置的根源之外，被设置的根源被体验为超验的预设；到了绝对反思的第四阶段，我们的外在反思运动被重新移入根源本身，成了它自身的自我退缩或去中心化。"齐泽克要求"辩证法学者"要学会数到四，而不是数到三（"正题""反题""合题"），原因就在这里。

我们必须承认，黑格尔的辩证哲学在 20 世纪已经丧失活力。（顺便说一句，大约在 2005 年前后，译者见到一位来自德国的哲学教授，他对中国学者对黑格尔如此"念念不忘"感到不可思议。他说，在德国，黑格尔早已石沉大海，无人问津。闻听此言，译者甚是震惊，所以至今记忆犹新。）很多学者认为，黑格尔的哲学体系是决定主义、封闭主义和极权主义的哲学体系。仿佛真的如同齐泽克所言，黑格尔是过去两个世纪以来的终极"黑兽"（bête noire）：经验主义、唯物主义、历史主义、存在主义、生命哲学、分析哲学、自由主义、宗教道德主义、结构主义、解构主义等等，无不避之唯恐不及，全都根据自己与黑格尔哲学的差异，证明自身存在的合理性和合法性。这使它们呈现出与传统哲学完全不同的特点。以第二次世界大战之后的法国哲学为例。那时的法国哲学的资源并不来自传统的哲学领域，而是来自文学和社会科学。前者以罗兰·巴特和德里达为代表，后者以列维－斯特劳斯和福柯为典范。包括黑格尔在内的传统哲学一直认为，"做哲学"旨在获得客观知识或真理。但在罗兰·巴特和德里达等人来看，这个目标难以企及，因为客观知识或真理要用语言表达，而语言充斥着隐喻，因此以语言表达出来的客观知识或真理已经被扭曲和被破坏。这与笛卡儿以来的哲学家们的看法大相径庭，因为在他们看来，哲学语言是清晰、直接、明确和透明的，它足以揭示和传达知识和真理。因此，德里达强调哲学作为"严谨科学"（rigorous science）的"不可能性"，因为语言的"滑移"（slippages）、"裂缝"（fissures）和不稳定性使得"第一哲学"（first philosophy）不可能达到它要达到的目的，即无法获得值得信赖的可靠知识。依据德里达的解构理论，真理是"不可判定的"（undecidable）。

与这些哲学家不同，齐泽克从来没有怀疑过语言的清晰性、直接性、明确性和透明性。正是这个缘故，任何把他视为"后结构主义"或"后现代主义"哲学家的企图都是不可原谅的。在齐泽克看来，这些人如此害怕以德国古典哲学（尤其是黑格尔的辩证哲学）为代表的传统哲学，把黑格尔描绘为信口开河和荒诞不经的"绝对唯心主义者"，是弗洛伊德所谓的"遮蔽记忆"（Deck-Erinnerung）和拉康所谓的"幻象构成"（fantasy-formation）在作怪。他们的恐惧和逃避，恰恰说明黑格尔辩证哲学具有强大的革命性和穿透力。齐泽克的《绝对反冲》志在激活黑格尔的哲学，使其重新进入批判理论的视野。齐泽克通过《绝对反冲》向我们表明，把黑格尔的辩证哲学置于当代资本主义的语境之下加以解读，至关重要。在这个基础上，他致力于重构辩证的逻辑，并将其置于历史的考察之上，进而确立他自己的哲学体系。

最后，我要真诚感谢北京启真馆王志毅总经理。王总经理不仅是资深出版人，在我眼中更是博学睿智的饱学之士，是温文儒雅的仁人君子。此书顺利译出，不仅得益于他专业、敏锐和独特的眼光，而且得益于他多年来对译者的信任、支持和鼓励。感谢张兴文编辑，他的细致和认真令人感动，与他前后十几年的交往，给我留下了难以磨灭的美好记忆。感谢伏健强编辑，虽然我们相识不久，但他对译者真诚以待，给我留下了深刻印象。

季广茂

2023 年 7 月 16 日

本书内容仅为作者个人观点，供读者研究参考用，不代表出版者立场。

编者